Walter Pötzl

Sagen und Legenden
Schwänke und Ortsneckereien

Beiträge zur Heimatkunde des Landkreises Augsburg
Band 21/2006
Herausgegeben vom
Heimatverein für den Landkreis Augsburg e.V.

Walter Pötzl

Sagen und Legenden
Schwänke und Ortsneckereien

Augsburg 2006

Titelbild: Aufnahme von Franz Häußler (Vgl.: Häußler, Franz: Closter Thierhaupten. Geschichte in Bildern, Thierhaupten 1989, 13).

Impressum:

Texterfassung und Bearbeitung: Claudia Ried M. A. und Sabine Mengis
Redaktion: Claudia Ried M. A.
Layout: Der Autor und Sabine Mengis

Herstellung: Schoder Druck GmbH & Co. KG, 86368 Gersthofen

(c) Heimatverein für den Landkreis Augsburg e.V.

ISBN 3-925549-19-6

Erzählen war einst ein wesentlicher Bestand der Volkskultur. Mehrere, ganz unterschiedliche Entwicklungen haben dazu beigetragen, dass der Erzählkultur heute nicht mehr jene Bedeutung zukommt wie ehedem. Inhaltlich spannte sich der Bogen von den Legenden bis zu den Schwänken und dokumentierte so die Vielfalt des Lebens. Sagen erzählten die Gründungen von Klöstern und die Zerstörungen von Burgen, sie verbreiteten aber auch die Furcht vor den Hexen. Die Quellenlage fällt für die einzelnen Regionen des Landkreisgebietes ganz unterschiedlich aus. Dank der Sammeltätigkeit von Josef Rühfel liegt sie für das Gebiet zwischen Wertach und Schwarzach besonders günstig. Für den Altlandkreis Augsburg hat Prof. Dr. Hermann Endrös einiges zusammengetragen. Die Wiedergabe der Texte weiß sich der Originalität verpflichtet. Bevor man zu einem Lexikon greift, sollte man einige <u>Lesehilfen</u> versuchen: Den Text laut lesen führt oft bereits zum Erfolg. Der Dialekt kann weiterhelfen. Einzelne Buchstaben haben mitunter andere Lautwerte (z. B. <u>v</u>nd = <u>u</u>nd; gr<u>ew</u>lich = gr<u>eu</u>lich; b<u>ov</u>m = B<u>au</u>m; li<u>ht</u> = Li<u>ch</u>t). Schwierigere Wörter werden jeweils am Ende der Texte erklärt.

Das Buch ist auch ein **Lesebuch**. Es enthält über 300 Texte unterschiedlicher Länge und ganz verschiedener Gattungen. In der Erzählforschung ist es seit langem üblich, Texte und Kommentare getrennt zu publizieren. Mit Rücksicht auf die Leserschaft wurde in vorliegendem Band beides beieinander gelassen, auch auf die Einreihung der Texte in Motivregister wurde verzichtet. Dennoch werden die Erzählforscher auch in diesem Band vieles finden, was für ihre Forschungen von Interesse ist. Der allgemeine Anmerkungsapparat wurde bewusst klein gehalten. Sehr oft genügte der Hinweis auf die Artikel in der **Enzyklopädie des Märchens**, dem „Handbuch zur historischen und vergleichenden Erzählforschung" (EM), da dort auch die entsprechende Literatur angeführt wird. Das bis Band 12, Faszikel 2 (bis „Speckdieb") gediehene Werk steht im Lesesaal der Staats- und Stadtbibliothek Augsburg.

An erster Stelle der Dankadressen steht bei diesem Band die Staats- und Stadtbibliothek Augsburg, in der man auf die gedruckten Texte zurückgreifen konnte. Handschriftliche Texte wurden im Staatsarchiv Augsburg, im Archiv der Abtei Oberschönenfeld und im Archiv des Bistums Augsburg herangezogen. Bei den Schwänken und Ortsneckereien lieferten verschiedene Gewährsleute Material.

Vom Zusammentragen und Kommentieren des Materials führt noch ein weiter Weg zum Buch. Hier gilt der Dank vor allem Claudia Ried M.A., die Texte transkribiert, Korrektur gelesen und die Redaktion übernommen hat, und Sabine Mengis, die den Text bearbeitet, das Layout erstellt und das Register angefertigt hat; Verena Golling hat abschließend Korrektur gelesen.

Dank gilt auch dem Landkreis Augsburg, der seinen Heimatverein so ausgestattet hat, dass er derartige Aufgaben schultern kann, und den Kolleginnen und Kollegen im Kreistag, die einen entsprechenden Zuschuss gewährt haben.

Die gute Zusammenarbeit mit der Druckerei Schoder in Gersthofen hat sich auch bei diesem Band bewährt.

Möge der vorliegende Band dazu beitragen, Erzählgut weiterzugeben und den Wert des Erzählens wieder bewusster zu machen.

Prof. Dr. Walter Pötzl
Kreisheimatpfleger

Inhaltsverzeichnis

Was die Leute erzählten — 10
Bevorzugte Erzählorte 12 - Erzählgattungen 15

Was Geistliche und Lehrer, Dichter und Schriftsteller niedergeschrieben haben — 30

Sagen und Legenden — 42
Wie Legenden entstehen 42 - Geschichte in Gründungssagen und Gründungslegenden 44 - Bürgermeister Roms als Ahnherrn der Marschalken von Pappenheim-Biberbach 45 - Die Göttin Cisa auf dem Perlachturm 45
Römergründungen 47 - Klostergründungen 53 - Herzog Tassilo als Gründer von Thierhaupten 55 - Die Gründung des Doppelklosters Holzen 60 - Die Gründung des Klosters Oberschönenfeld 65 - Das Kloster Leuthau 82 - Die Gründung des Klosters Salmannshofen 82 - Vermutete Klöster 83 - **Wallfahrten, Kirchen und Kapellen 85** - Die Wallfahrt zum „Herrgöttle" von Biberbach 85 - Die Kreuzpartikel in Klimmach 89 - Eine Architekturkopie des römischen Pantheons auf dem Lechfeld 90 - Das verletzte Kultbild in Habertsweiler 95 - Das Baumaterial für die Kapelle in Stadel 96 - Die Kapelle auf der Kapellenwiese in Reischenau 96 - Die Kapelle St. Cosmas und Damian beim Westheimer Schloss 97 - Die vierzehn Nothelfer vertreiben Räuber 97 - Die Theklakirche über Welden und das wahre Gelübde des Grafen Joseph Maria Fugger 98
Präsentation in Farbe 106

Legenden unserer Heiligen — 112
Albertus von Wörleschwang im Kreis der Elenden Heiligen 113 - Gisebert in Zusmarshausen 118 - Hildegund von Schönau in Zusmarshausen 119 - Radegundis von Wellenburg 123 - Der Heilige Ulrich in der Legende 126 - Die Legende der Hl. Felicitas inspiriert einen Bildschnitzer und hilft ihm, einen schweren Schicksalsschlag zu überwinden 132

Historische Sagen — 136
Von zerstörten und untergegangenen Burgen und Schlössern 137 - Die Zerstörung der Burg Wolfsberg 138 - Vom Untergang der Burg zu Walkertshofen 142

- Die Schlossfräulein vom Kirchberg bei Heretsried 143 - Vom Untergang der Burg zu Birkach 147 - Das versunkene Schloss im Hohlenberg bei Wehringen 148 - Der Tyrann auf dem Wasserschloss in Achsheim 148 - Die versunkene Burg auf dem Schatzberg bei Eppishofen (Stuhleberg) 150 - Zwei Steppacher Schlösser 150 - Das Schloss im Foretholz 151 - Das versunkene Schloss beim Bruderhof 151 - Die Zerstörung des Anhauser Schlosses durch die Steinekircher 151 - Die Grünholder-Sage aus Gablingen 152 - Ortsnamen deuten auf Burgen hin 153 - Die Burg der Fugger in Graben 153 - Die Aufmerksamkeit für Burgen und Sagen 153 - Die Gruft in der Kirche zu Hardt 154

Von unterirdischen Gängen 155

Von verborgenen Schätzen 157 - Die Fräulein vom Rauhenberg und vom Gabelsberg 159 - Der Raunlbrunnen auf dem Schlossberg in Markt-Biberbach 161 - Der Schlossschatz von Kleinaitingen 162 - Das Schlossfräulein von der Giessenburg 163 - Der Schatz im Schöpfbrunnen im Eichenloh 163

Kriege 164 - *Der Ritter im goldenen Saal* 165 - Neuanfang nach dem Krieg 165 - Stammeltern für Zusmarshausen 166 - Das geheimnisvolle Femegericht 167 - Der Gerechtigkeitssinn der Schlossliesl von Zusmarshausen 168 - Ein unbekannter Held des Dreißigjährigen Krieges 170 - Das Mädchen und die Schweden 171 - Wie ein Augsburger die Schweden vom Kloster Lechfeld vertrieb 171 - Der Schwarze Reiter 172

Einzelfälle 174 - Hans Fugger aus Graben 174 - Vom Klaffenberg bei Schönenfeld 175

Verstoß gegen die Ordnung 175 - ,,Wo (so) geht`s Bobingen zu?" 175 - Hell und frei stand die Kapelle in der Sonne - Die wunderbare Geschichte der Nachtkapelle von Aretsried 177

Erklärungssagen 178 - Der Tabakshändler zu Ostendorf 179 - Die drei Kreuze bei Gessertshausen 180

Der bayerische Hiasl und sein Bube Andreas Mayr aus Neusäß 184

Matthias Klostermairs und seiner Bande Verbrechen im Landkreisgebiet 186 - Erinnerungen an den bayerischen Hiasl 188

Sensationen auf Flugblättern 190

Titel-Auswahl 191 - Zeichen am Himmel und Missgeburten kündigen die Endzeit an 195 - Kometen und andere Himmelszeichen 196 - Eine Haloerscheinung über

Schwabmünchen 210 - *Wunderbarliche seltzame erschroeckliche Geburten* in Zusmarshausen und Lauterbrunn 211 - 1565: Fünflinge in Emersacker 215 - **Langerringen 1589: Hans Altweckers fünffacher Mord und Selbstmord 217** - Das Flugblatt 217 - Die Familie Altwecker in Langerringen 217 - Die schreckliche Bluttat 218 - Die Behandlung des Falles 219 - Das Bild 220 - **Der fünfjährige Johann Lauter aus Großaitingen wird durch die Anrufung des Wunderbarlichen Gutes gerettet 220** - Johann Lauter aus Eisenbrechtshofen, Bauer in Großaitingen 222 - Die Familie 222 - Das Anwesen 223 - **Das Wunderwerck von 1648, das auch Unkatholische anerkennen 224** - Das religiöse Leben in Großaitingen um 1660 225 - Des jungen Hans Lauters eigener Weg 225

Erfundene Geschichten von Paul von Stetten dem Jüngeren   234
Ein Baum in Hammel erzählt Geschichte 235 - Dichtung und Wahrheit 236 - Die historische Wahrheit 238 - Der Briefroman 241

Hexen, Geister und Irrlichter   246
Aberglauben in Volksglaubensberichten 247
Von Zauberern, Hexen, Druden, Kobolden und elbischen Wesen 253 - Die Hexe ritt Huckepack 258
Von umgehenden Toten, Gespenstern, gespenstigen Tieren und Lichterscheinungen 258 - Gespenstige Tiere 268 - Droh- und Scherzgestalten, Waldgeister 269 - **Schimmelsagen 269** - Der Münzau-Schimmel 270 - Der Bärenbach-Schimmel 270 - Der Ried-Schimmel 271 - **Pudel- und andere Tiersagen 271** - Die Justina 271 - Der Mann ohne Kopf 272 - Die feurige Henne 272 - Fastnacht 272 - Der Grenzpfahlversetzer 273 - Die umgehende Baumeisterin 273 - Maaß und Gewicht kommt vors Gericht 273 - Das Schwoirmändle 273 - *Das Hoi-hoi-hoi-Männle im Rauen Forst 274* - *Der „Gänslesgrabamao" 274* - *Das Krotenstegmännlein 274* - *Das Jägerbüble mit Horn 274* - *Die Kutsche auf dem Waldweg nach Steinekirch 274* - *Der Reiter auf dem Schimmel 274* - Der Geist im Gut 275 - Das Bettenfirst-Männlein 275 - Der Spuk in der Kohlstatthühle 276 - Sagen und Geschichten aus dem Holzwinkel 276 - Die Sage vom Hoimann 277 - Bock, Pudel und Mann ohne Kopf 277 - Der Bulachpudel 278 - Die Sage vom Voglach-Pudel 278 - Unerlöste Seelen 278
Vom Wilden Heer 279 - Glockensagen 281 - Menschen mit übernatürlichen (magischen) Gaben und Kräften 281 - Der Teufel 283 - Umgehende Tote 283 - Pudel und

Schimmel - mythische Tiere 284 - Aufhocker und Alb 286 - Geister und Gespenster 286 - Irrlichter und Arme Seelen 287 - Distanz und Kritik 288 - Die drei Fräulein 289

Schwänke und Ortsneckereien 294

Hans Sachs und Gersthofen 295 - *Der muenich mit dem enspon 296 - Waruemb die pauern lanczknecht nit gern herbergen 298 - Der Schwab mit dem rechen 302* - **Michael Lindeners Anhauser Schwank 303**
Die sieben Schwaben 305 - *Die neun Schwaben 305 - Wie die sieben Schwaben in den Stauden stecken bleiben 307 - Wie die sieben Schwaben einem Mägdlein begegnen, und wie der Blitzschwab von ihr auf die Kirbe geladen wird 308 - Wie die Bobinger das Geräucherte erfanden 309*
Ludwig Ganghofers Erinnerungen an seine Weldener Zeit 310 - *Die geschwätzige Pfarrköchin 310 - Die Angst der Kuhmagd vor den Geistern 312 - Die Rache der Forstgehilfen 313*
Das mittelschwäbische Schilda in Kleinaitingen, Oberottmarshausen, Grünenbaindt und Langenreichen 317
Schwänke und Ortsneckereien 318 - *Z`Döpshofen hat der Schimmel glacht 319 - Döpfshofen am Jordan 320 - Die Agawanger „Weinvertilger" 320 - Wie die Untermeitinger und die Gräbinger zu ihren Spitznamen kamen 320 - Die Teufelstotschlager in Anried und Aystetten 321 - Die Endivescheisser von Aystetten 321 - Die Ottmarshauser Haarschneider 321 - Die Täfertinger Kuderschneider 321 - Die Hainhofer Adamfänger 321* - **Weitere Erklärungsgeschichten 321** - *Spott in Versen 324 - Neckreime 324* - **Ortsneckereien im Landkreis Augsburg 327**

Abkürzungsverzeichnis	332
Geographisches Register	335
Anhang:	
Stumpenliedlein	341
Tanzlieder aus den Stauden	343
Heimat im Buch	

Die Großmutter als Erzählerin.
Titelbild zu Ludwig Bechsteins Märchenbuch.
Abb. aus: Dichtung der Romantik, Bd. 10, Volkstum 1, 1961, 91.

Was die Leute erzählten

Anders als bei den Worten Roman oder Drama, mit denen wir Lesen oder (auf einer Bühne) Spielen verbinden, denken wir bei Märchen, Sagen, Legenden, Anekdoten und Geschichten, Schwänken und Ortsneckereien oder Witzen zunächst an das Erzählen. Es gilt als gewiss, dass diese Inhalte zunächst und unter Umständen sehr lange mündlich weiter gegeben wurden und dass sie erst später niedergeschrieben wurden. Man darf aber nicht übersehen, dass Veröffentlichungen ihrerseits wieder zum Erzählanlass werden konnten. Gerade die Märchen der Brüder Grimm und ihre Quellen bieten hier ein vorzügliches Beispiel. Andererseits wurden die von den Brüdern Grimm veröffentlichten Märchen, vor allem die der kleinen Ausgabe von 1825, die bis 1858 neun weitere Auflagen erlebte, wieder zur Quelle für das Erzählen (und das gilt z. T. noch heute).[1] Dabei bestand die Veröffentlichung nicht nur im Buch (und in der Aufnahme einzelner Märchen in Schulbücher), sondern auch im Bilderbogen und im Wandbild der Schulen. Noch bevor die „Ausgabe letzter Hand" 1858 erschien, bekamen die Grimmschen Märchen eine starke Konkurrenz durch Ludwig Bechsteins „Deutsches Märchenbuch" (Leipzig 1845, fünfte Auflage bereits 1847), das von der zwölften Auflage (1853) an mit 174 Illustrationen Ludwig Richters versehen wurde.[2] Im Rahmen der Erzählkultur kommt auch noch heute dem Märchen die herausragendste Stelle zu. Für das vorliegende Buch muss das Märchen in der Einleitung deswegen kurz angesprochen werden, weil man über das Erzählen im Volk, ohne das Märchen zu erwähnen, nicht schreiben kann. Auf das Landkreisgebiet bezogene Märchen gibt es nicht, das liegt auch im Wesen des Märchens begründet (s. u.), aber die Grimmschen Märchen, vielleicht auch die Bechsteins und die Hans Christian Andersens, wurden auch bei uns erzählt und gelesen.[3]

Die Brüder Grimm sammelten und edierten Märchen, Sagen und Weistümer (u.a. auch aus Thierhaupten) und begannen ein großes Wörterbuch. Auch wenn wir heute ihre mythologische Schule sehr skeptisch beurteilen, steht außer Zweifel, dass von ihnen große Impulse ausgingen, die bis weit ins 20. Jahrhundert hineinreichten.
Abb. aus: Rölleke, Heinz: Grimms Märchen. Text und Kommentar, Frankfurt am Main 1998, Umschlagseite (Suhrkamp-BasisBibliothek 6).

Bevorzugte Erzählorte

Die Antworten auf die Umfrage des Vereins für Volkskunst und Volkskunde der Jahre 1908/09 nennen nur einmal ausdrücklich das Erzählen.[4] Pfarrer Joseph Weckerle aus Mittelneufnach erwähnte bei der *Beschäftigung an den Abenden: bei den Frauenspersonen: Nähen, Stricken, z. Z. auch Spinnen; bei den Mannspersonen: Unterhaltung mit Erzählen, auch Karten- und andere Spiele.* Die Differenzierung nach Geschlechtern findet sich auch in den anderen Orten. So schreibt der pensionierte Lehrer Georg Ebner in Gersthofen: *Die Beschäftigung an den Abenden ist das Lesen der Zeitung oder eines Buches; das weibliche Geschlecht strickt und häckelt und die männlichen erwachsenen Personen gehen auch in den sogenannten Heimgarten zu anderen Familien, wo man sich mit Kartenspiel unterhält.* Den **Heimgarten** erwähnen auch andere Berichterstatter, in Kutzenhausen offensichtlich auf beide Geschlechter bezogen: *An den Winterabenden gegenseitige Heimgarten; Mannspersonen Kartenspiel; ledige Weibspersonen stricken.* In Steinekirch liest der Mann an den Abenden die Zeitung oder geht *ab und zu* in den Heimgarten, während die Frau näht. Der Hauptlehrer Ludwig Maier in Wörleschwang differenzierte zwischen den Sommer- und den Winterabenden. An den Sommerabenden gingen die jungen Leute, besonders die männlichen, oft bis 10 Uhr spazieren und sangen mitunter auch ein Liedle. *Im Winter geht die männliche Jugend in „Hoamgarta", die weibliche bleibt „dahoem" und strickt. Ältere Leute „leasat geara ebbes".* In Altenmünster dagegen seien die Heimgarten *geistlicherseits schon seit 30 – 40 Jahren verdrängt worden.* Nach Meinung des Lehrers Ludwig Link seien die Pfarrer *mit Recht* dagegen vorgegangen, da es bei diesen Anlässen zu Unfrieden und Feindschaften, zu Prozessen und Beleidigungsklagen gekommen sei. Auch wenn nur wenige Berichte vorliegen, dürften sie doch ein repräsentatives Bild für die Abendgestaltung abgeben, das sich auch auf die meisten anderen Dörfer übertragen lässt. Auch wenn das Erzählen ausdrücklich nur einmal erwähnt wird, wohl weil es als selbstverständlich angesehen wurde, darf man es bei den typischen Frauenarbeiten unterstellen und beim Kartenspielen der Männer annehmen. Auch in unserer Zeit werden auf Stricknachmittagen Neuigkeiten ausgetauscht und beim Kartenspielen bleibt beim Geben dafür Zeit, wenigstens für einen Witz.

Von den oben angeführten Gattungen zeigt der Witz wohl am deutlichsten, dass Erzählen eine Begabung ist (zudem erreicht er den geringsten Grad an Schriftlichkeit). Jeder kennt Mitmenschen, die den besten Witz, wenn sie ihn erzählen, verderben. Aber auch bei den anderen „Erzählgattungen" erfahren wir, dass bestimmte Mitmenschen etwas spannend erzählen können, während andere die gleichen Inhalte höchst langweilig wiedergeben. Das hängt entscheidend auch von der Persönlichkeitsstruktur des Erzählers ab. Goethe bescheinigte seiner Mutter eine sprühende und anregende Erzählbegabung.[5] In der Kinderstube dominierten über Jahrhunderte Mütter und Großmütter und erst eine sich abzeichnende Erweiterung der Väterrolle könnte gewisse Veränderungen bewirken. Für etwas ältere Kinder kam aber auch schon früher der Großvater für bestimmte Geschichten in Frage. An den Winterabenden spielten, vor allem solange Flachs angebaut wurde, die **Spinnstuben** eine große Rolle (auch wenn sie von der Obrigkeit der damit verbundenen sittlichen Gefahren wegen bekämpft wurden).[6]

Das Wirtshaus als Ort der Geselligkeit, wo getrunken und gegessen, gespielt und erzählt wurde.
Aus der Bamberger Halsgerichtsordnung, Mainz 1510.
Abb. aus: Potthoff, Ossip D., Kossenhaschen, Georg, Kulturgeschichte der deutschen Gaststätte, Berlin 1932, ND Hildesheim u.a. 1996, 144.

Aber auch andere Arbeiten, die die Bewohner des Dorfes gemeinsam verrichteten, wie etwa das Fronen (lange noch erhalten bei der Instandsetzung von Wegen und Stegen) boten vor allem bei den Arbeitspausen Gelegenheiten zum Erzählen. Das war auf den großen Höfen auch der Fall, wenn man zur Erntezeit Hilfskräfte einstellte.[7] Im Dorf gab es bestimmte „Erzählorte" wie den Dorfbrunnen oder das Gemeindebackhaus, den Krämer, die Badstube und die Schmiede, die Sennerei und vor allem das **Wirtshaus**.
Vermittler von Neuigkeiten in die Häuser hinein waren vor allem Personen, die viel herumkamen, wie Leute, die auf die Stör gingen (wie Näherinnen oder Sattler), Postboten und Viehhändler, terminierende Bettelmönche, Hochzeitslader und Leichansagerinnen.

Gewiss, man soll vergangene Zeiten nicht romantisch verklären, aber daran besteht kein Zweifel, dass ehedem weit mehr erzählt wurde als heute.[8] Dafür sind verschiedene Entwicklungen verantwortlich: Großeltern wohnen nur mehr selten mit den Enkeln zusammen, Heimgarten sind so gut wie ausgestorben, der Supermarkt bietet bei weitem nicht mehr jene Möglichkeit zum Austausch von Neuigkeiten wie der Dorfkrämer und das Wirtshaussterben der letzten Jahrzehnte zeigt Wirkung.[9] Die Medien, insbesondere das Fernsehen, haben zu einer Verarmung der Erzähltradition geführt. Dessen ungeachtet entstanden auch neue sagenhafte Erzählungen und Erzählanlässe (die aber bei weitem nicht die Intensität der traditionellen erreichen).[10]

Bäder und Badstuben waren Orte der Geselligkeit und damit auch des Erzählens.
Abb. aus: Kurzweil viel ohn` Maß und Ziel, München 1994, 31.

Die Wirklichkeit der Spinnstuben lag wohl irgendwo zwischen den beiden Bildern.
Der Holzschnitt von Hans Sebald Beham aus dem Jahre 1524 wurde seitenverkehrt auf Flugblättern des 17./18. Jahrhunderts verwendet. Nur eine Frau sitzt am Spinnrocken (N), ein weiterer Rocken steht ungenützt an der wandfesten Bank, eine Frau betritt mit ihrem Rocken die Stube (V), eine andere hält ihren Rocken beim Tanz (B) und eine andere hat ihn, offensichtlich in Abwehr eines zudringlichen Mannes (Z), zerbrochen. Das Bild steckt voller, z. T. derber erotischer Szenen (L, M, K, E, F, D, X u. W).
Die Flugblätter zeigen nur Spinnrocken, obwohl sich zu ihrer Zeit bereits das Spinnrad durchgesetzt haben dürfte. Das erste Spinnrad im Landkreisgebiet lässt sich 1583 in Täfertingen nachweisen, es wird aber bereits als alt bezeichnet (Hartmann, Anni: Geräte zur Textilherstellung, in: Pötzl, Walter, Dies.: Geschirr und Gerät in alter Zeit, Augsburg 1995 (Beiträge zur Heimatkunde des Landkreises Augsburg Bd. 13), 186–202; hier 195). Auf den Bildern von 1895 aus der Schweiz benützen die Frauen Spinnräder. Die Männer sitzen auf der Bank und rauchen ihre Pfeifen. Dieses Bild zeigt eine romantisierende Darstellung der Spinnstube bei der es überaus züchtig zugeht.
Abb. o. aus: Harms, Flugblätter V, 14; Abb. rechts oben aus: Eder, Katharina, Gantner, Theo: Bilder aus Volkskalendern, Illustrationen des 19. Jahrhunderts, Rosenheim 1987, 148.

Dann setzte sich die Mutter ans Licht und ich surrte und schnurrte, daß es eine Freude war.

Erzählgattungen

Den Erzählerinnen und Erzählern ging (und geht) es in erster Linie um Inhalte, für die sich ihr Publikum interessiert(e), nicht um **Gattungen**.[11] Gattungstermini beruhen vor allem auf Vereinbarungen unter den Forschern, sind also künstlich geschaffene Hilfsmittel. Sie haben sich aber bei bekannten Inhalten, insbesondere bei den Märchen, eingebürgert. Bei historischen Sagen und bestimmten Legenden taucht oft die Frage nach der Historizität auf.

Was ein Witz ist, wissen die meisten (auch wenn manche bloße Obszönitäten für einen Witz halten). Inhalte, die sich nicht so ohne weiteres bestimmten Gattungen zuweisen lassen, werden gerne einfach als „Geschichte" bezeichnet. Für Forscher wie S. Thompson haben Gattungsbegriffe ohnedies nur andeutenden Charakter.

Als möglicher Ausgangspunkt für eine Gattungstheorie gelten die Anschauungen der Brüder Grimm über die gegenseitigen Beziehungen und Unterschiede von Märchen, Sage und Mythos. Sie gelangten zu der Annahme, dass sich die ursprünglichen Mythen aufgespalten haben und zu verschiedenen Gattungen wie Märchen, Sprichwörtern, Rätseln und Bräuchen geworden sind. Klare Definitionen haben auch sie nicht formuliert. Das mag auch daran liegen, dass die reinen Gattungen in der Überlieferung nur selten vertreten sind. In der Vorrede zum ersten Band der Deutschen Sagen (1816) formulierten die Brüder Grimm: *Das **Märchen** ist poetischer, die **Sage** historischer; jenes stehet beinahe nur in sich selbst fest, in seiner angeborenen Blüte und Vollendung; die Sage, von einer geringern Mannigfaltigkeit der Farbe, hat noch das Besondere, daß sie an etwas Bekanntem und Bewußtem hafte, an einem Ort oder einem durch die Geschichte gesicherten Namen. Aus dieser ihrer Gebundenheit folgt, daß sie nicht, gleich dem Märchen, überall zu Hause sein könne, sondern irgendeine Bedingung voraussetze, ohne welche sie bald gar nicht da, bald nur unvollkommener vorhanden sein würde. Kaum ein Flecken wird sich in ganz Deutschland finden, wo es nicht ausführliche Märchen zu hören gäbe, manche, an denen die Volkssagen bloß dünn und sparsam gesät zu sein pflegen.* Die zahlreichen Veröffentlichungen neben und nach den Brüdern Grimm, die das ganze 19. Jahrhundert und darüber hinaus andauerten, schufen ein gewisses Gattungsbewusstsein.[12] Eine starke Resonanz fand in der Wissenschaft Andre Jolles´ Buch „Einfache Formen" (Halle a. S. 1930). Darunter versteht er Formen, die sich, sozusagen ohne Zutun eines Dichters, in der Sprache selbst ereignen, aus der Sprache selbst erarbeiten (S. 8). Er zählt dazu Legende, Sage, Mythe, Rätsel, Spruch, Kasus, Memorabile, Märchen und Witz, die er als Formen der Naturpoesie im Sinne Jacob Grimms begreift.[13]

Trotz intensiver und umfangreicher Forschungen, lassen sich gewisse „Erzählungen" nicht eindeutig bestimmten Gattungen zuweisen, was auch im Wesen der Volkserzählung begründet ist. So enthält etwa die renommierte Enzyklopädie des Märchens (EM) auch Artikel über „Legendenschwank", „Schwankmärchen" und „Legendenmärchen". Was das Volk erzählt, richtet sich eben nicht nach den Gattungen der Wissenschaftler.[14]

Johannes Bolte, der seit 1913 mit Georg Polivka die „Anmerkungen zu den Kinder- und Hausmärchen der Brüder Grimm" herausgab, definierte 1930: „Unter **Märchen** verstehen wir seit Herder und den Brüdern Grimm eine mit dichterischer Phantasie entworfene Erzählung besonders aus der Zauberwelt, eine nicht an die Bedingungen des wirklichen Lebens geknüpfte wunderbare Geschichte, die hoch und niedrig mit Vergnügen anhören, auch wenn sie diese unglaublich finden."[15] Die Vielzahl der Märchen lässt sich allerdings nicht leicht auf einen Nenner bringen. Antti Aarne beschränkte sich 1910 in seinem Typenregister auf drei Gruppen: (1.) Tiermärchen, (2.) eigentliche Märchen (Zauber- oder Wundermärchen (von denen man fast sagen könnte, sie seien die eigentlichen Märchen)), legendenartige Märchen, novellenartige Märchen, Märchen von geprellten Teufeln und Riesen) und (3.) Schwänke.[16] Das Märchen wurde auch als „eine Liebesgeschichte mit Hindernissen, die ihren Abschluß in der endgültigen Vereinigung des Paares findet" definiert (Walter A. Berendsohn). Im Märchen siegt das Gute.

Märchen interessieren im Rahmen dieser Einleitung, weil man mit guten Gründen unterstellen darf, dass sie auch bei uns erzählt und gelesen wurden (und noch werden), ihnen fehlt aber der Ortsbezug (s. o. die Aussage der Brüder Grimm).[17] Man muss sich mit den Märchen hier aber auch beschäftigen, weil es um die Abgrenzung zu den benachbarten Gattungen Sage, Legende und Schwank geht.

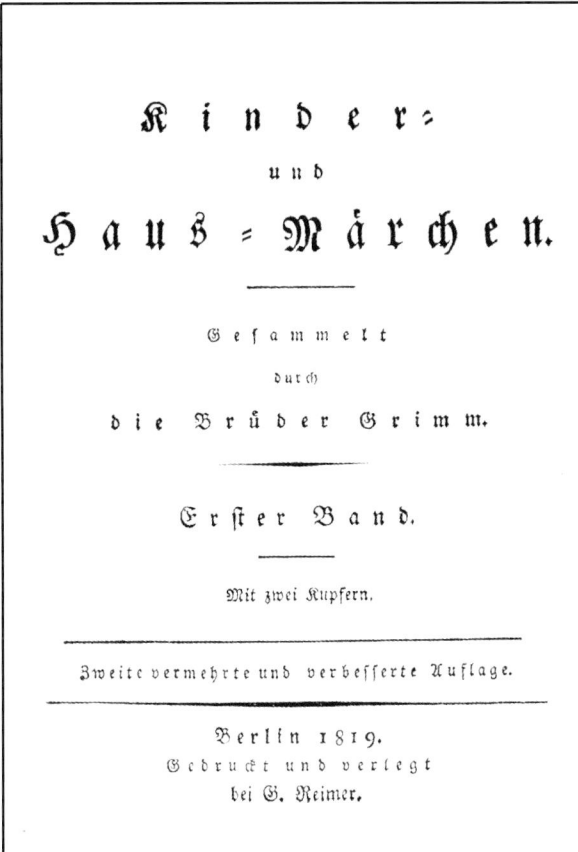

Titelblatt.

Sage war ursprünglich kein Begriff der volkstümlichen Tradition. Er kann sich inhaltlich nicht auf das mittelhochdeutsche Wort *sage* (Aussage, insbesondere vor Gericht; mündliche Mitteilung, nicht notwendigerweise unzuverlässiges Gerücht; lat. fama, rumor) berufen, sondern geht auf L. Wächters Publikation „Sagen der Vorzeit 1-7" (1787 – 98) zurück und meint die literarische Sage (Buchsage). Obwohl in literarischen Zeitschriften um 1800 eine rege Diskussion über den Wert von Sagen einsetze, machten erst die Brüder Grimm mit ihren zwei Bänden „Deutsche Sagen" (1816/18) den Ausdruck Sage allgemein bekannt. Sie verklammerten Erzählungen über Riesen und Zwerge, Geister und Teufel (Bd. 1) mit meist aus Chroniken exzerpierten historischen Traditionen (Bd. 2).[18] Das Grimmsche Wörterbuch beschreibt im 8. Band, der 1893 erschien, Sage als *kunde von ereignissen der vergangenheit, welche einer historischen beglaubigung entbehrt* und weist ihr darüber hinaus den Rang von *naiver geschichtserzählung und überlieferung* zu, *die bei ihrer wanderung von geschlecht zu geschlecht durch das dichterische vermögen des volksgemüthes ungestaltet wurde*. Die Brüder Grimm bezogen die Bewertung *historisch* allgemein auf Vergangenes, auf Geschehnisse der *Vorzeit* im Gedächtnis des Volkes; ihnen ging es nicht in erster Linie um die Historizität des Berichteten.[19]

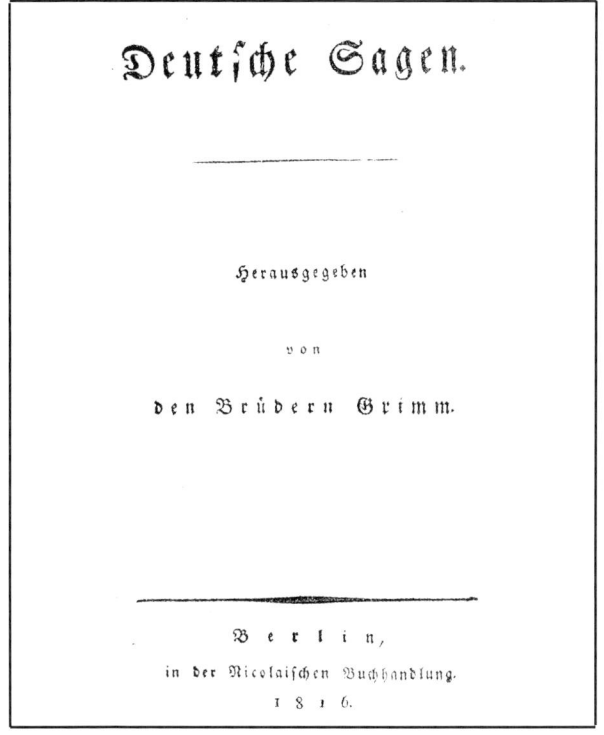

Titelblatt.

Im Gegensatz zum unbestimmten „Es war einmal" des Märchens, liegt der Sage doch eine gewisse Zeitvorstellung zugrunde, vor allem bei der historischen Sage, mitunter auch bei der dämonologischen Sage. Nicht selten erscheinen sogar Jahreszahlen oder die Epoche wird deutlich durch die handelnden Personen, die Namen tragen (im Gegensatz zum König oder zur Prinzessin des Märchens schlechthin). Bei der Sage weiß man in der Regel, wo das Geschehen abläuft. Das Märchengeschehen ereignet sich irgendwo.

Sage und Märchen verbinden die Vorstellung vom Außergewöhnlichen, vom Ganz-Anderen. „Genau das, was die beiden Gattungen einander nahe rückt, die Vorliebe für das Wunderhafte, Übernatürliche (im modernen Bewusstsein: Über- oder Unwirkliche) trennt sie auch voneinander. Im Märchen fehlt das Gefühl für das Numinose, die jenseitigen Gestalten haben nichts Gespenstisches an sich, Zauber und Wunder werden erzählt, als ob sie sich von selber verstünden, sie verlieren an spezifischem Gewicht … Die Sage stellt die beiden Welten, die profane und die numinose, als zwei scharf voneinander geschiedene Dimensionen dar, im Märchen ist der Abstand weit geringer, der Diesseitige des Märchens kann dem Jenseitigen und Zauberischen begegnen, ohne darüber in Erstaunen, geschweige denn in eine starke Gefühlsspannung zu geraten."[20]

Charakteristisch für das Märchen ist der gewöhnlich gute Ausgang, dem der überwiegend schlechte der Sage gegenübersteht. „Zaubermärchen zeigen vorwiegend ein durch Optimismus geprägtes Weltbild, in dem das Böse letztlich überwunden und vernichtet wird. Die Sage ist demgegenüber von Pessimismus bestimmt, sie ist härter und oft genug bedrückend, der Mensch den transzendenten Mächten und den Naturgewalten schutzlos ausgeliefert." Im Märchen wird die Furchtlosigkeit des Helden bewundert und belohnt, in der Sage dominiert die Angst.[21] Wer (als Erwachsener oder Kind in fortgeschrittenem Alter) ein Märchen hört oder liest, weiß, dass er sich in einer irrealen Welt befindet, dass die Wahrheit auf einer anderen Ebene liegt. Die ironischen Schlussformeln (… *und wenn sie nicht gestorben sind …* u. ä.) tragen dazu bei. Dennoch können sich auch in der irrealen Welt des Märchens Realitäten widerspiegeln (vgl. z. B. die gesundheitlichen Folgen der Lohnspinnerei im Märchen von den drei Spinnerinnen oder die negative Rolle der Stiefmutter, die sozialgeschichtlich darauf zurückzuführen ist, dass viele Frauen im Kindbett oder an dessen Folgen starben und die Männer gezwungen waren, zur Versorgung der kleinen Kinder und des Hauswesen wieder zu heiraten). Die Sage dagegen, vor allem die historische, mitunter auch die dämonologische, wird vom Volk zunächst, wie vielfach auch die Legende, geglaubt.[22]

Die Sagensammler des 19. Jahrhunderts bewegte primär ein historisches Interesse, aber anders als die Historiker, die die Monumenta Boica oder die Monumenta Germaniae Historica herausgaben und dort Urkunden und Gesetze, Chroniken und Annalen früherer Jahrhunderte edierten, um daraus Erkenntnisse zu gewinnen, *wie es eigentlich gewesen ist* (Ranke), gingen sie vor allem dem nach, was im Volk über Geschichte erzählt wurde. Jakob Grimm formulierte bereits 1807: *Die älteste Geschichte jedwedes Volkes ist Volkssage.* Er suchte in den dämonologischen Sagen den Niederschlag der alten Göttermythen, was dann 1835 zum Band *Deutsche Mythologie* führte. Die darauf sich gründende mythologische Schule wirkte weit ins 20. Jahrhundert hinein (und kam schließlich der Germanentümelei der Nationalsozialisten entgegen), dabei gehören andere, in der früheren Forschung kaum beachtete Sagen vermutlich weit altertümlicheren Kulturschichten an.[23]

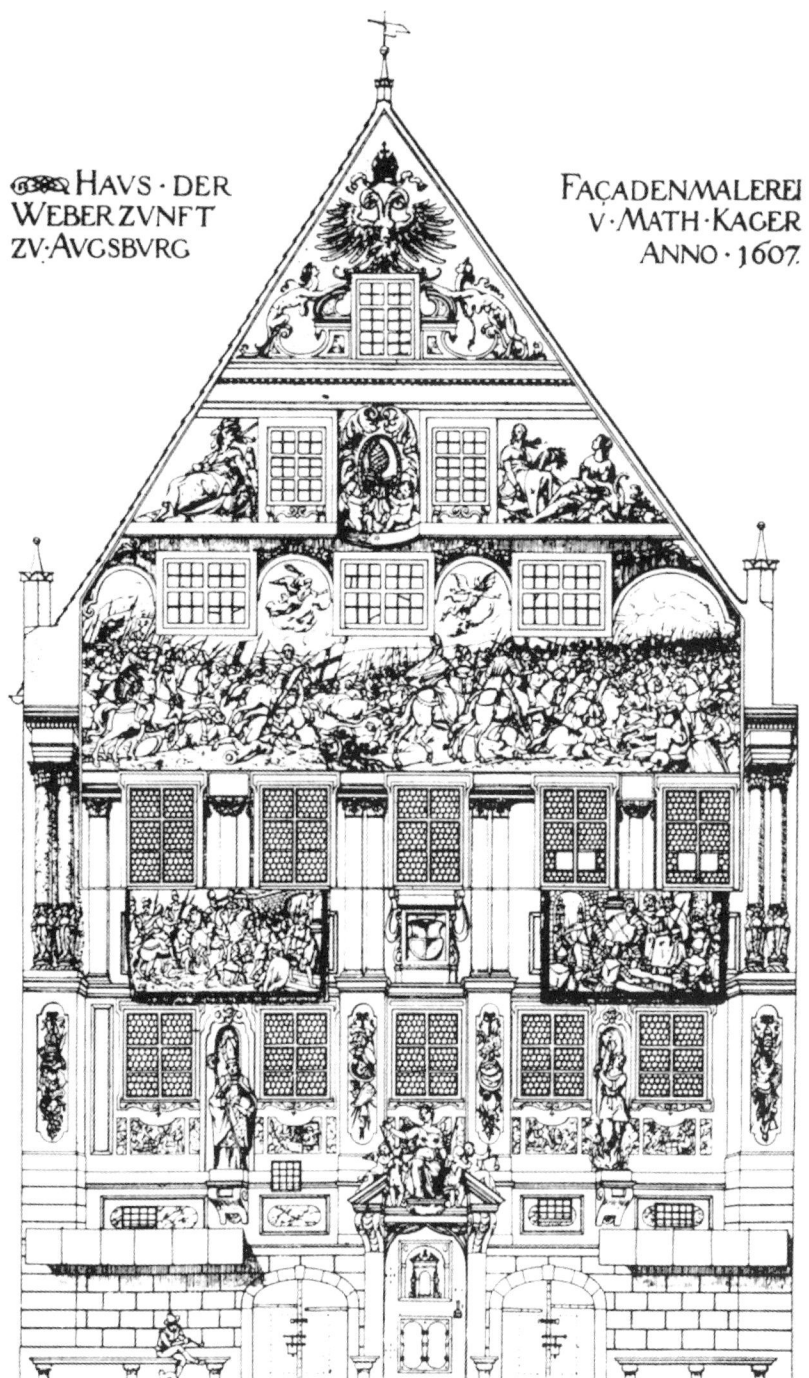

Sagen waren – bevor eigene Sagenbücher entstanden – nicht nur in den Geschichtswerken, sondern auch in den Bildern an repräsentativen Gebäuden präsent, wie die Schlacht gegen die Ungarn am Augsburger Weberhaus.
Abb. aus: Kapfhammer, Stadtsagen, 58.

Die Brüder Grimm hatten mit ihrer Einteilung der Sagen bereits einen Weg gewiesen, der heute auch noch eine gewisse Gültigkeit beanspruchen kann, nur wurde das Spektrum erweitert. Hermann Bausinger begnügte sich 1968 mit drei Hauptkategorien (dämonische Sagen, historische Sagen und aitiologische Sagen).[24] Lutz Röhrich (s. Anm. 19) widmete den Totensagen, den dämonologischen Sagen, den Regionalsagen, den Erklärungssagen, den christlichen Sagen (Exempel und Legenden) und den historischen Sagen eigene Abschnitte. Klaus Graf (s. Anm. 19) stellte (für das Mittelalter) eine Auswahl wichtiger Gruppen von Erzählungen vor, die man als Sagen beansprucht hat: (1) Exempla, (2) Tendenzerzählungen (z. B. Ritualmordbeschuldigungen), (3) Herrschersagen, (4) Ursprungssagen, (5) Freiheitsüberlieferungen und (6) Ätiologische Erzählungen. So wie bei den Märchen gab es bei den Sagen seit den 20er Jahren des vorigen Jahrhunderts verschiedene Versuche, Sagen nach Typen und Motiven zu klassifizieren, wobei am Beginn die Unternehmungen von Aarne (s. o.) selbst standen, die finnischen Ursprungssagen zu ordnen. Mehrere Forscher, darunter auch J. Künzig (1936: Typensystem der deutschen Volkssage. Gruppe B: Hexensagen; Gruppe H: Hausgeister- oder Koboldsagen) haben Systeme vorgelegt und in mehreren Tagungen diskutiert. Dabei wurde in den frühen 60er Jahren ein internationales System erarbeitet, das für nationale Sagenkataloge verbindlich sein sollte:

1.) Ätiologische und eschatologische Sagen
2.) Historische und kulturhistorische Sagen
   2. 1 Entstehung von Kultorten und -gütern
   2. 2 Sagen und Lokalitäten
   2. 3 Frühgeschichtliches
   2. 4 Kriege und Katastrophen
   2. 5 Aus der Gruppe herausragende Menschen
   2. 6 Verstoß gegen eine Ordnung
3.) Übernatürliche Wesen und Kräfte/Mythische Sagen
   3. 1 Das Schicksal
   3. 2 Der Tod und die Toten
   3. 3 Spukorte und -erscheinungen
   3. 4 Geisterumzüge und -kämpfe
   3. 5 Der Aufenthalt in der anderen Welt
   3. 6 Naturgeister
   3. 7 Geister von Kulturorten
   3. 8 Verwandelte
   3. 9 Der Teufel
   3.10 Krankheitsdämonen und Krankheiten
   3.11 Menschen mit übernatürlichen (magischen) Gaben und Kräften
   3.12 Mythische Tiere und Pflanzen
   3.13 Schätze
4.) Legenden (Götter- und Heroenmythen)

Derartige Systeme dienen der internationalen Vergleichbarkeit von Sagen (s. Anm. 19). Es soll bei der Ordnung des umfangreichen Materials aus dem Landkreisgebiet als Orientierung dienen, was sich aber nicht unbedingt auf die Reihenfolge beziehen muss. Insbesondere die Nähe von Ursprungssage (2.1) und Ursprungslegende zwingt zu einer gewissen Ausnahme.

Im Gegensatz zu Märchen, Sagen und Schwänken gehört die **Legende** nicht zu den originären Volkserzählungen. Das verrät schon die Herkunft des Wortes (von lat. legere, legenda = das zu Lesende, bezogen auf die liturgische Lesung; legenda vita = das vorzulesende Heiligenleben). Seit dem 9. Jahrhundert wird legenda auch ohne Zusatz vita gebraucht. In den Klöstern war es üblich, die Vita des Tagesheiligen zu lesen und so entstanden nach dem Kalender angelegte Legendare. Große Bedeutung erlangte die Legenda aurea des Jacobus a Voragine (c. 1263 – 67) und über ein Jahrhundert später vor allem in Deutschland „Der Heiligen Leben."[25]

Titelseite.
Heiligenlegende für den Hausgebrauch. Eingebunden ist auch ein Blatt "Familienregister".

Inhaltlich bezieht sich die Legende nicht nur auf die Heiligen. Bereits die Apokryphen ergänzten die kanonischen Schriften und erlangten große Bedeutung für die Literatur und die Kunst.[26] In ihnen kommt Maria eine besondere Bedeutung zu.[27]

In manche Heiligenlegenden wurden auch Wunder eingeflochten, meist aber stehen sie im Anhang. Die Wallfahrtsorte führten nicht nur Mirakelbücher, sondern gaben sie auch wie Biberbach, Klosterlechfeld und Wörleschwang in Druck, wodurch die Mirakel zum Lesestoff für das Volk wurden.[28] Die Mirakelbücher enthalten in der Regel auch die Gründungslegenden, die nicht immer leicht von Ursprungssagen zu trennen sind.[29]

Auch wenn die Legende zunächst eine „Lesegattung" ist und es auch weiterhin bleibt, denn weit bis ins vorige Jahrhundert hinein gehörte eine Heiligenlegende zur Standardausrüstung eines gut katholischen Haushalts (ähnlich wie die Bibel bei den evangelischen Christen), so wurden Legenden auch erzählt. Sie waren im katholischen Bereich sicher weit gegenwärtiger als Märchen, Sagen und Schwänke. Zwar befanden sich bildliche Darstellungen örtlicher Sagen ehedem auch auf Rathäusern – in Kempten z. B. ist das auch noch der Fall –, Stadttoren und öffentlichen Gebäuden und Märchenbilder schmücken in Oberbayern auch Bauern- und Bürgerhäuser, doch erreicht das bei weitem nicht die Intensität wie die Heiligenfiguren und Heiligenbilder in den Kirchen. Das liegt auch im Kult begründet, denn die Heiligen wurden als Kirchen- und Namenspatrone, als Patrone von Bruderschaften und Zünften, von Städten und Ländern verehrt und sie wurden bei bestimmten Anliegen angerufen. Das Kirchenpatrozinium war in Schwaben das „Fest" schlechthin. All das bewirkte auch, dass die Legenden der Heiligen nicht nur gelesen, sondern auch erzählt wurden.[30]

Obwohl der **Schwank** neben dem Witz zu den häufigsten, noch gebrauchten Erzählformen gehört, scheint es schwieriger zu sein, eine Definition zu gewinnen als beim Märchen, bei der Sage oder bei der Legende.[31]

Das Substantiv „Schwank" ist eine Nominalbildung zum Verb „schwingen". Mittelhochdeutsch *swanc* bedeutet „schwingende Bewegung, Schwung, Schlag, Hieb, Streich" (als ursprüngliche Fachtermini der Fechtersprache). In übertragener Bedeutung meint das Wort dann die „Erzählung eines Streiches". In mittelhochdeutscher und frühneuhochdeutscher Zeit ist das Wort eher negativ besetzt im Sinne von „boshafter oder listiger Streich, Ränke, Finte". Die Bedeutungsentwicklung führt dann zum „komischen, spaßhaften Streich, den man jemandem zur Belustigung und Unterhaltung spielt" und als Gattung meint Schwank dann die „Erzählung eines lustigen Streichs, einer schnurrigen Geschichte". Jörg Wickram gibt zu seinem 1555 in Straßburg erschienenen „Rollwagenbüchlein" an, es enthalte *vil guter schwenck vnd Historien so man in schiffen vnd auff den wegen, deßgleichen in scherheuseren vnd badstuben zu langweiligen zeiten erzellen mag, die schweren Melancolischen gemüter damit zu ermündern*. Er nennt mit den Schiffen und Wegen und Badstuben Orte und Anlässe, für die er seine Schwänke schreibt (und wo er sie vielleicht auch aufgenommen hat) und bekundet gleichzeitig die Intention des Schwankerzählens, die melancholischen Gemüter zu ermuntern. Auch Hans Sachs will *gut schwenck* bieten. Schwankstoffe gestaltete Hans Sachs auch in den **Fastnachtsspielen**, die in Nürnberg eine längere Tradition hatten.[32] Neben Fastnachtsspielen gehörten Stücke aus **Till Eulenspiegel** und aus dem **Schildbürgerbuch** (Frankfurt 1589), weil sie Aufnahme in die Lesebücher fanden, zu den wohl am weitesten verbreiteten Schwänken.[33] Wegen ihrer lokalen Bezüge nicht in den Lesebüchern, aber sonst bei uns weit verbreitet waren die „Abenteuer" der **Sieben Schwaben**, die Ludwig Aurbacher 1823 in seinem *Volksbüchlein* erzählte.[34]

Abb. aus: Gröber, Karl: Die sieben Schwaben, Augsburg o. J., 16.

Die Brüder Grimm sahen nur in Sagen und Märchen, nicht aber im Schwank eine selbständige Grundform volkstümlicher Erzählung und A. Aarne (s. o.) ordnete in seinem Typenregister die Schwänke als eine von drei Hauptgruppen dem Oberbegriff Märchen unter, doch blieb das nicht ohne Widerspruch. Neben Unterschieden in der Form ist es vor allem der andere Bezug zur Wirklichkeit. Nach Max Lüthi greift der Schwank die Positionen des Märchens an und zersetzt sein Weltbild, „indem er etwa das Märchenwunder durch betrügerische Kniffe des Helden (oder durch technische Wunder) ersetzt".

Als „Kurzform" des Schwankes wird der **Witz** bezeichnet (K. Ranke). Gemeinsam ist beiden zweifelsohne die Bauform und die Zugehörigkeit zu den „Pointetypen", doch entwickelt sich im Schwank die Pointe aus anschaulichen Bildern, im Witz liegt sie in der blitzartigen Erhellung, der überraschenden Entdeckung, in der plötzlichen Verbindung einander fremder Elemente. Der Witz ist daher viel stärker im Geistigen verankert als der Schwank.[35]

Wesentliche Ausgangspunkte und Themen des Schwanks sind Spannungen und Konflikte: Differenzen zwischen Mann und Frau (vgl. in der Enzyklopädie des Märchens die Artikel „Eheschwänke und -witze" bzw. „Ehebruchschwänke und -witze"), verschiedene Weltbilder bei Geistlichen und Laien, Streitsachen zwischen Meistern, Gesellen und Lehrlingen, Auseinandersetzungen zwischen Bauern und Gesinde, Konfrontationen von Herrschern und Untertanen. Die Spanne der Hauptfiguren reicht zwar vom Knecht bis zum Heiligen, doch tauchen bestimmte Personen besonders häufig auf. Dazu gehören auch des Zölibats bzw. Keuschheitsgelübdes wegen Geistliche, Mönche und Nonnen (vgl. in der Enzyklopädie des Märchens die Artikel „Pfarrer", „Beichtschwänke", „Fastenschwänke", „Katechismusschwänke"), aber auch weltliche Herren vom Bürgermeister bis zu regierenden Häuptern. Zu ihnen (aber auch zu den Ehemännern) entwirft der Schwank eine heitere Gegenwelt. Dabei kann das dramaturgische Prinzip der Fallhöhe wirksam werden: Je höher eine Person steht, desto tiefer wird ihr Fall empfunden. Mit der pointierten Entlarvung des Geistlichen, des Mönchs und der Nonne wird nicht nur die Person in Frage gestellt, sondern auch das von ihr vertretene kirchliche System. Die Personen können zu Typen werden (ein Mann, eine Frau, ein Mönch ...), doch kommen auch konkrete Personen vor.[36]

Der Schwank kennt wie das Märchen das „Es war einmal", aber auch wie die Sage eine mehr oder minder deutliche zeitliche Fixierung. Er kann irgendwo spielen, aber auch an einem ganz konkreten Ort.

Das wesentlichste Element des Schwanks ist die Komik, die unterhalten will und die auf das Lachen zielt.

Aus manchen Schwänken entwickelten sich **Ortsneckereien** (aber auch manche Ortsneckerei könnte sekundär einen Schwank erzeugt haben).[37] Ortsneckereien können auf unterschiedliche Motivgruppen zurückgeführt werden (z. B. Lage und Eigenart des Ortes, häufige Berufe und Beschäftigungen, charakteristische Eigenschaften, Haartracht und Kleidung, Speisen und Wohlstand u. ä.). Sie wollen auf kurze und treffende Weise charakterisieren, aber auch verspotten, beschimpfen, ausgrenzen oder diskriminieren. Sie sind somit Ausdruck der Tatsache, dass das Zusammenleben von Nachbargemeinden von Konflikten geprägt sein konnte, die sich in Aggressionen entluden. Die Gerichtsakten der Frühen Neuzeit sind voll von Streitigkeiten um „Trieb und Trat" oder um Flurgrenzen. Die Familienforscher stellen nicht selten fest, dass es zwischen bestimmten Dörfern Heiratsschranken gab.[38] Ortsneckereien sind heute weitgehend verschwunden.

[1] Denecke, Ludwig: Jakob Grimm und sein Bruder Wilhelm, Stuttgart 1971 (Sammlung Metzler 100); Ders.: Jakob Ludwig Carl Grimm, in: EM 6, 171–186; Ders.: Wilhelm Carl Grimm, ebenda, 186–195.

[2] Vgl. die gut lesbare Geschichte des Märchens: Woeller, Waltraud, Woeller, Matthias: Es war einmal ... Illustrierte Geschichte des Märchens, Freiburg i. B. 1994 (Herder 4267); zu den einzelnen Märchen (nicht nur der Brüder Grimm) grundlegend: Scherf, Walter: Das Märchenlexikon, 2 Bde., München 1995.

[3] Dégh, Linda: Erzählen, Erzähler, in: EM 4, 315–342; Bausinger, Hermann: Erzählforschung, ebenda, 342–348; Wienker-Piepho, Sabine: Orale Traditionen, in: EM 10, 331–346; Gerndt, Helge: Volkserzählforschung, in: Harvolk, Edgar (Hg.): Wege der Volkskunde in Bayern. Ein Handbuch, München-Würzburg 1987, 403–420.

[4] Pötzl, Jahrhundertwende, 27, 54, 73, 98, 105, 109, 131, 138 u. 149. Die Antworten für ganz Bayer. Schwaben jetzt bei: Willi, Gerhard: Alltag und Brauch in Bayerisch-Schwaben. Die schwäbischen Antworten auf die Umfrage des Bayerischen Vereins für Volkskunst und Volkskunde in München von 1908/09, Augsburg 1999.

[5] Iurij M. Sokolov (Russian Folklore, Hatboro 1966) kennzeichnet zehn Arten von Erzählern:

1.) den Epiker, der ruhig und gemessen Heldengeschichten darbietet

2.) den Träumer und Phantasten

3.) den Moralisten und Wahrheitssucher

4.) den Realisten, dessen besonderes Gebiet Lebensgeschichten sind

5.) den Spaßmacher, Humoristen und Erzähler harmloser Anekdoten

6.) den bitteren, sarkastischen Satiriker

7.) den Zotenreißer

8.) den Dramatiker, der der Erzählung durch lebhafte Gestaltung des Dialogs Spannung und Unmittelbarkeit verleiht

9.) den literarisch Gebildeten

10.) den Erzähler in der Kinderstube (EM 4, 326f; hier 9 u. 10 zusammengefasst)

[6] Bei uns heißen die Spinnstuben **Gunkelstuben** (Gunkel/Kunkel = meist gedrechselter und bemalter stärke-

rer Stab am Spinnrad oder auf einem Gestell, auf den der Flachs gesteckt wurde). Vgl. Hartmann, Anni: Geräte zur Textilherstellung, in: Pötzl, Walter, Dies.: Geschirr und Gerät in alter Zeit, Augsburg 1995 (Beiträge zur Heimatkunde des Landkreises Augsburg Bd. 13), 186–202. Die Gunkelstubenordnung für Siegertshofen aus dem Jahre 1700 unterscheidet große und kleine Gunkelhäuser für Töchter und Mägde, die getrennt sein mussten. Die Buben sollten zu ihren eigenen Gunkelhäusern gehen und nicht zu den Mägden, sondern ihnen ausweichen, sonst drohte eine Strafe von 30 Kreuzern (Birlinger, Wörterbuch, 207f). Nach der Zucht- und Polizeiordnung des Heilig-Geist-Spitals von 1764, die auch für die Ämter Mittelneufnach, Gabelbach und Täfertingen galt, waren die Gunkelhäuser wie *andere Kupler-Gelegenheiten abzustellen und zu bestrafen* (Pötzl, Kriminalgeschichte, 57). Vgl. Naegele, Anton: Schwäbische Kunkelstuben. Ihr Brauchtum und ihre Bekämpfung. Ein Beitrag zur Geschichte des Bauerntums, in: Volk und Volkstum 3, 1938, 92–120; Brückner, Wolfgang: Das Spinnstubensyndrom im 19. und 20. Jahrhundert, in: BJbVk 2005, 117–127.

7 Aufgrund eines breiten Materials aus allen Teilen der Welt hat Linda Dégh die Erzählgelegenheiten, wie sie für die 2. Hälfte des 19. Jahrhunderts bis zum Ende des 2. Weltkriegs charakteristisch waren, nach drei Kategorien klassifiziert (EM 4, 334f):
1. Gemeinschaften unter Angehörigen von Wanderberufen in ländlichen Gebieten außerhalb der Städte:
a) nichtbäuerliche Gruppen: Handwerker, Soldaten, Hausierer, Krämer, Seeleute, Bettler, Wanderprediger, Fischer u.a.
b) bäuerliche Gruppen ohne Landbesitz: Gleisbauarbeiter, landwirtschaftliche Saisonkräfte, Lohnarbeiter, Holzfäller, Hirten, Jäger
2. Zusammenkünfte innerhalb der Dorfgemeinschaft:
a) zu gemeinsamen Arbeiten
b) in der Freizeit zu zwanglosen Winterabenden und formelleren festlichen Anlässen
3. Unfreiwillige Gemeinschaften von relativ kurzer Dauer:
a) im Krankenhaus
b) in Strafanstalten
c) bei Reisen mit Bahn, Bus oder Flugzeug
d) beim Militär (Wehrdienst, Krieg oder Gefangenschaft)

8 Da offensichtlich der überwiegende Teil der heutigen Volkskundler in mehr oder minder großen Städten aufgewachsen ist, werden dörfliche Strukturen mangels eigenen Erlebens vielfach nicht mehr wahrgenommen.

9 Vor 40 Jahren gab es in dem Allgäuer Dorf, in dem ich aufgewachsen bin, noch drei Gasthäuser, heute besteht davon kein einziges mehr. Die nach dem sonntäglichen Gottesdienst in den Vereinsheimen abgehaltenen Frühschoppen können die traditionellen Wirtshäuser kaum ersetzen.

10 Vgl. z. B.: Brednich, Rolf Wilhelm: Die Maus im Jumbo-Jet. Neue sagenhafte Geschichten von heute, München 1992 (Beck`sche Reihe 435).
Die dort (Nr. 16) in zwei Varianten wiedergegebene Geschichte von der „verschwundenen Anhalterin" z. B. war vor 20/25 Jahren auch im Augsburger Raum im Umlauf. Ich wurde damals von mehreren Personen gefragt, was ich davon hielte.

11 Honko, Lauri: Gattungsprobleme, in: EM 5, 744–769.

12 Vgl. die umfangreiche Liste in HDA 1, XV–LXI.

13 Das Buch erschien 1982 in Tübingen in der 6. Auflage. Vgl. Bausinger, Hermann: Einfache Formen, in: EM 3, 1211–1226; Ders.: Jolles, Andre, in: EM 7, 623–625.

14 Kinder im Vorschulalter oder während der ersten Grundschuljahre wollen ein Märchen hören, alles andere läuft unter Geschichte.

15 Lüthi, Max: Märchen, Stuttgart 1962 (Sammlung Metzler 16; 10. aktualisierte Auflage, bearbeitet von Heinz Rölleke, Stuttgart 2004); Bausinger, Hermann: Märchen, in: EM 9, 250–274.

16 Aarne, Antti, Thompson, Stith: The Types of the Folktale, Helsinki [3]1961; die gegenwärtige Forschung konzentriert sich stark auf die **Zaubermärchen**, die als die eigentlichen Märchen angesehen werden (vgl.: Röth, Dieter: Kleines Typenverzeichnis der europäischen Zauber- und Novellenmärchen, Hohengehren 1998); Rausmaa, Pirkko-Liisa: Aarne, Antti Amatus, in: EM 1, 1–4.

17 Josef Rühfel, Volkskundliches, 200 Nrn. 20–22, schreibt unter der Überschrift „Märchentrümmer": *Das*

Märchen von der Brautschau (Grimm 2, 155) wird auch bei uns erzählt; ebenso die Geschichte vom Blaubart und Trümmer der Märchen von der Karfunkelhöhle, dem Naternkrönlein und dem Goldemer, dem Jüngling, der sein goldenes Haar verbarg unter dem Vorgeben, er habe den Grind.

Das Märchen von den drei Faulen (Grimm 2, 151) habe ich in dieser Weise von drei faulen Schäfern erzählen hören: Ein Gutsherr, bei dem sich drei Schäfer zum Einstand gemeldet hatten, wollte den faulsten von ihnen dingen; wer am längsten brauche, um zu ihm zu kommen, solle sein Schäfer werden. Die drei legten sich unter einen Baum. Der erste kroch zum Ziel, nachdem er unterwegs oft genug umgefallen und vor Faulheit liegen geblieben war; der zweite erreichte es langsamer durch Rutschen und Wälzen und noch ausgiebigere Rasten; der dritte blieb ruhig liegen und war zu faul, sich auch nur umzudrehen, als die steigende Sonne ihm den Schatten nahm. Als die zwei ersten fertig waren, und der Gutsherr ihn aufforderte, seine Kunst zu zeigen, rief ihm der Schäfer eine grobe Einladung entgegen und sagte, er solle doch zu ihm kommen, wenn er etwas wolle. So gewann er die Stelle. Schäfer stehen allgemein im Rufe der Faulheit, obwohl ein guter Hirte genug zu tun hat. Einen langsamen und trägen Menschen heißt man zuweilen einen Schäfer, und von Schäfern und Jägern behauptet das Volk, sie taugten überhaupt nichts.

Das Märchen von dem toten Kind, das nach dem Tod im nassen Hemdchen einhergehen muß und nicht zur Ruhe kommen kann, weil die Mutter es unaufhörlich mit ihren Tränen benetzt, wird auch bei uns erzählt.

Bolte, Johannes, Polivka, Georg: Anmerkungen zu den Kinder- und Hausmärchen der Brüder Grimm Bd. III, Hildesheim ²1963, 207–213 kennen diese Variante zu „Die drei Faulen" nicht.

[18] Schwaben übergehen die Brüder Grimm im 1. Band fast ganz, obwohl sich der Bogen von der Schweiz bis *Deutschböhmen,* von Bayern bis Westfalen spannt. Der Herrgottstritt (Nr. 185) bildet die Ausnahme. Im 2. Band ist Schwaben etwas besser vertreten (Nrn. 421, 456, 527–534). Dabei stammen nur zwei Sagen aus Bayerisch-Schwaben (Nr. 473: Der Schuster zu Lauingen; Nr. 532: Stiftung des Klosters Wettenhausen). Hatten die Brüder Grimm die Kinder- und Hausmärchen mit zehn *Kinderlegenden* abgeschlossen, so fügten sie auch in die Sagen Legenden ein wie den Herrgottstritt (s. o.), Das Christusbild zu Wittenberg (Nr. 347), das Muttergottesbild am Felsen (Nr. 348), Das Gnadenbild aus dem Lärchenstock zu Waldrast (Nr. 349), Ochsen zeigen die heilige Stätte (Nr. 350) und Notburga (Nr. 351). Dass die Brüder Grimm nicht mehr Legenden in ihre Märchen und Sagen aufnahmen, dürfte sich auch aus ihrem reformierten Bekenntnis, das der Heiligenverehrung und damit auch der Legende fern stand, erklären. Dass es dennoch mit wenigen Beispielen geschah, zeigt auch, dass die Gattungsbegriffe noch nicht sehr gefestigt waren.

[19] Röhrich, Lutz: Sage, Stuttgart 1966, ²1971 (Sammlung Metzler 55); Röhrich, Lutz, Uther, Hans-Jörg: Sage (1–9), in: EM 11, 1017–1041; Brednich, Rolf Wilhelm: Sage (10: Rezente Erscheinungsformen), ebenda, 1041–1049; Graf, Klaus: Sage, in: LMa VII, 1254–1257.

[20] Lüthi, Märchen (wie Anm. 15), 7. Auflage, 6–15: Abgrenzung gegen benachbarte Gattungen: Sage, Legende, Mythos, Fabel, Schwank, 7f.

[21] Röhrich/Uther, Sage (wie Anm. 19), 1020f.

[22] Das erlebt man dann, wenn man mit guten Gründen die Historizität von bisher für wahr gehaltener Geschichte wie z. B. den Ort der Lechfeldschlacht, die nicht dort stattfand, wo wir heute das Lechfeld sehen, sondern irgendwo im Westen von Augsburg, oder die Historizität der Dienstmagd Radegundis von Wellenburg in Frage stellt (zu Radegundis v. Wellenburg s. u. das entsprechende Kapitel; zur Lechfeldschlacht vgl. Pötzl, Herrschaft, 44–71: Die Schlacht „auf dem Lechfeld" im Jahre 955. Bischof Ulrichs große Verdienste). Man gerät dann schnell in die Nähe der persona non grata.

Angefeindet wird man auch, wenn man bezweifelt, dass je Jakobspilger durch die Stauden zogen.

Freude löst man auch in Thierhaupten nicht aus, wenn man Herzog Tassilo als Klostergründer in Frage stellt.

[23] Röhrich/Uther: Sage (wie Anm. 19), 1027f.

[24] Bausinger, Hermann: Formen der "Volkspoesie", Ber-

lin ²1980 (Grundlagen der Germanistik 6), 170–178.
25 Böhne, Winfried: Legende, in: Lexikon für Theologie und Kirche (2. Auflage) 6, 876–878; Buckl, Walter: Legende, in: Lexikon für Theologie und Kirche (3. Auflage), 741–743; Leonardi, Claudio: Hagiographie A. Anfänge, B. Lateinische und volkssprachliche Hagiographie (Westen) und Handschriftenüberblieferung I.

Gallisch-fränkisch-germanischer Bereich; Kunze, Konrad: III. Deutsche Literatur, in: LMa IV, 1840–1845 u. 1846–1848; Barone, Giulia: Legenda aurea. A. Werk, Kunze, Konrad: B. Überlieferung und Rezeption IV. Deutschland, in: LMa V, 1796–1799; Kunze, Konrad: „Der Heiligen Leben" („Prosa-Wenzelpassional") u. „Der Heiligen Leben, Redaktion", in: Verfasserlexikon (2. Auflage) 3, 617–627.

Hexe schlägt Attilas Heer in die Flucht (Fresko am Barfüßer Tor). Abb. aus: Stetten, Paul von: Erläuterungen der in Kupfer gestochenen Vorstellungen aus der Geschichte der Reichsstadt Augsburg, Augsburg 1765. Paul von Stetten bemerkt dazu: *Für die Wahrheit will ich nicht gut stehen, dann es gibt Leuthe welche behaupten Attila wäre nie in unsere Gegend gekommen. Indessen sollte es mich verdrüßen wann sie nicht wahr wäre, dann sie ist einmal recht artig und ganz unwahrscheinlich ist sie eben auch nicht. Dann häßliche böse Weiber können einem wohl Forcht einjagen, sie darffen nicht einmahl Hexen seyn.*

25 Rosenfeld, Hellmut: Legende, Stuttgart ⁴1982 (Sammlung Metzler 9); Ecker, Hans-Peter: Legende, in: EM 8, 855–868; Ders.: Legendenmärchen, ebenda, 868–871; Ders.: Legendenschwank, ebenda, 871–874.
26 Rädle, Fidel: Apokryphen, A. Biblische Stoffe, in: LMa I, 759–762; Masser, Achim: II. Volkssprachen (1) Deutsche Literatur, ebenda, 762f; Plotzek-Wederhake, Gisela: B. Kunst, ebenda, 786–770; vgl. die entsprechenden Artikel im Lexikon der christlichen Ikonographie, 8 Bde., Rom-Freiburg 1994; Engemann, Josef: Kindheitsgeschichte. I. Frühchristentum, in: LMa V, 1151f; Restle, Marcell St.: Byzanz und der Osten, ebenda, 1152f; Braun-Niehr, Beate, Niehr, Klaus: III. Abendländisches Mittelalter, ebenda, 1153–1155.
27 Schmid, Josef: Apokryphen. I. Exegese, in: Marienlexikon 1, 193–195; Hoffmann, Werner J.: II. Literaturgeschichte. 1. Mhd. Apokryphen, ebenda, 195–197; Masser, Achim: Leben. 1. Deutsches Marienleben des Mittelalters, in: Marienlexikon 4, 49–51.
28 Wagner, Fritz: Miracula, Mirakel, in: LMa VI, 656–659; Heinzelmann, Martin (Hg.): Mirakel im Mittelalter. Konzeptionen, Erscheinungsformen, Deutungen, Stuttgart 2002 (Beiträge zur Hagiographie Bd. 3); Lemmer, Manfred: Mirakel, in: Marienlexikon 4, 460–464; Pörnbacher, Hans: Mirakelbücher. I. Literaturwissenschaft, in: Marienlexikon 4, 464f; Pötzl, Walter: II. Frömmigkeitsgeschichte, ebenda, 465; Pötzl, Kirchengeschichte, 156–192 (Ein dichtes Netz von Wallfahrtsorten und Gnadenstätten), 193–210 (Die Bewältigung des gefährdeten Alltags im Glauben); Pötzl, Walter: Mirakel-Geschichten aus dem Landkreis Augsburg, Augsburg 1979; Kohlberger, Alexandra: Maria Hilf auf dem Lechfeld. 400 Jahre Wallfahrt, Augsburg 2003 (Beiträge zur Heimatkunde des Landkreises Augsburg Bd. 18); Pörnbacher, Literaturgeschichte, 204–207 (Die Mirakelbücher).
29 Kriss, Rudolf: Die Volkskunde der Altbayrischen Gnadenstätten Bd. 3, München-Pasing 1956, (Ursprungslegenden).
30 Aus meiner Schulzeit ist mir noch ein Religionslehrer in Erinnerung, der uns aufgetragen hatte, etwas über unseren Namenspatron in Erfahrung zu bringen und es in einer der nächsten Stunden zu erzählen.
31 Straßner, Erich: Schwank, Stuttgart ²1978 (Sammlung Metzler 77); Ott, Norbert H.: Schwank. I. Deutsche Literatur, in: LMa VII, 1616–1618; Bausinger, Hermann: Schwank, in: EM 12, 318–332.
32 Müller, Maria E.: Fastnachtspiel, in: LMa IV, 314–316; Ridder, Klaus, Steinhoff, Hans-Hugo (Hg.), Frühe Nürnberger Fastnachtspiele, Paderborn 1998 (Schöninghs mediävistische Editionen Bd. 4).
33 Hucker, Bernd U.: Eulenspiegel, Til(l), Volkstümliche Sagengestalt, Zentralfigur eines frühneuhochdeutschen Prosaromans, in: EM IV, 94–96.
34 Eine „Geschichte des Schwanks im deutschen Sprachbereich" bei Straßner, Schwank (wie Anm. 31), 26–87, ferner in Petzoldt, Leander (Hg.): Deutsche Schwänke, Stuttgart 1979 (Reclam 9954), 363–400. Der Hauptteil dieses Bändchens „macht den Versuch, einen repräsentativen Überblick über Formen und Motive des Schwanks von seinen Anfängen in der frühmittelalterlichen Literatursprache bis hin zu den aus volkskundlich-bewahrendem Interesse des 19. und 20. Jahrhunderts angelegten landschaftlichen Schwanksammlungen zu vermitteln" (307); 331–360: Notizen und Definitionen zum Schwank; vgl. auch Kapfhammer, Schwänke.
35 Straßner, Schwank (wie Anm. 31), 12–18 (Der Schwank und sein Verhältnis zu anderen Erzählgattungen; auch zur Anekdote, zur Fabel, zum Exempel, zum Sagwort und zur Humoreske).
36 Bausinger, Schwank (wie Anm. 31), 326–331 (Motive und Themen).
37 Brednich, Rolf Wilhelm: Ortsneckerei, in: EM 10, 376–382.
38 Vor etwa 10 Jahren erlebte ich es, dass bei einer Kirchenführung die Bewohner eines Dorfes sich nur für die eigene Kirche interessierten und gar keine Anstalten machten, anschließend die nur wenige Kilometer entfernte Nachbarkirche zu besichtigen. Dort warteten andererseits die Bewohner dieses Dorfes, denen es gar nicht eingefallen war, vorher die Nachbarkirche zu besuchen. Beide Dörfer sind seit der Gebietsreform in einer Gemeinde vereint. Derartige Verhaltensweisen, dass man ohne Not bestimmte Nachbardörfer einfach nicht besucht, sind heute z. T. noch wirksam.

Hochzeiten und Kirchweihen führten Menschen aus der Region zusammen.
Abb. aus: Weitnauer, Alfred: Allgäuer Chronik, Kempten/Allgäu 1962, 222.

Matthäus Marschalk von Pappenheim am Schreibpult. Porträt als Holzschnitt von Hans Burgkmair. Abb. aus: Pörnbacher, Literaturgeschichte, 170.

Bildnis des Hans Sachs 1545. Holzschnitt von Hans Brosamer. Abb. aus: Mummenhoff, Ernst: Der Handwerker in der deutschen Vergangenheit, Jena 1924, ND Köln 1980, 124.

Prof. Dr. Anton Birlinger.
Abb. aus: Alemannia 19, 1892, o. S.

Prof. Dr. Josef Rühfel.
Abb. aus: Stadtarchiv Bobingen.

Was Geistliche und Lehrer, Dichter und Schriftsteller niedergeschrieben haben

Es wäre eine reizvolle Aufgabe, im Rahmen einer groß angelegten Feldforschung zu ergründen, wie es um die gegenwärtige Erzählkultur im Landkreisgebiet bestellt ist. Dabei ginge es auch um Erzählorte und Erzählanlässe, aber auch um Inhalte und um die Frage, was von den Sagen und Legenden, den Schwänken und Ortsneckereien noch bekannt und was Neues dazugekommen ist. Dazu wären schätzungsweise zwei/drei Dissertationen oder mehrere Magisterarbeiten erforderlich. Aber auch deren Autoren müssten um das traditionelle Erzählgut wissen. Allein um dieses Erzählgut kann es in vorliegendem Band gehen. Damit ist die Hoffnung verbunden, dass manches, was bereits vergessen ist oder bestenfalls nur in der älteren Generation mehr oder minder in Bruchstücken fortlebt, wieder bekannt gemacht wird.

Im vorliegenden Quellen-Kapitel sollen vor allem Autoren vorgestellt werden, die umfangreicheres oder seltenes Material publiziert haben; andere, von denen nur einzelne Texte vorliegen, werden nur mit wenigen Zeilen bedacht. Anonyme Texte werden hier nicht berücksichtigt. Die wenigen archivalischen Quellen werden nur bei den edierten Texten besprochen.

Titelseite.

Matthäus Marschalk von Pappenheim (1458 – 1541) entstammte der einflussreichen Familie der Marschälle von Pappenheim-Biberbach. Er wurde am 1. Juni 1458 in Biberbach geboren, studierte in Heidelberg, Ingolstadt und Perugia, wo er 1492 zum Dr. iur. utr. promoviert wurde. Das Burgauer Feuerstattguldenregister nennt ihn als Besitzer von 48 Anwesen, vor allem in Markt und Biberbach und in den Nachbardörfern. Von 1492 bis 1498 war er Propst von St. Gertrud in Augsburg, seit 1493 auch Domkanoniker und seit 1496 Domkustos. Er gehörte zum Humanistenkreis um Konrad Peutinger und verfasste mehrere historische Werke, darunter auch die Geschichte *Von dem vralten Stammen vnd herkommen der Herren von Calatin / yetzund zu vnnser zeit der Edlen zu Bappenheim / Biberach / Wildenstain / vnd Egaw*, die 1554 in Augsburg bei Philipp Ulhart im Druck erschien. Das Domkapitel hatte infolge der Reformation 1537 Augsburg verlassen müssen; Matthäus Marschalk verstarb bereits am 14. Oktober 1541 in Druisheim. Die Geschichte seines Geschlechts, die einige interessante Kapitel enthält, wurde demnach erst 12/13 Jahre nach seinem Tod gedruckt.[1]

Hans Sachs (1494 – 1576) gilt als der berühmteste deutsche Dichter des 16. Jahrhunderts. Er wurde am 5. November 1494 in Nürnberg geboren und erlernte das Schuhmacherhandwerk. Auf der Gesellenwanderung kam er weit herum, vermutlich auch nach Gersthofen. Bereits als Lehrling war er in seiner Heimatstadt mit dem **Meistersang** vertraut geworden.[2] Hans Sachs schloss sich früh der Reformation an und erlangte ersten Ruhm durch das 1523 gedruckte Gedicht *Die Wittenbergisch Nachtigall*. Er verfasste 4286 geistliche und weltliche Meisterlieder und komponierte 13 Meistertöne. Er schrieb zahlreiche Spruchgedichte, von denen viele auch auf Flugblättern gedruckt wurden, darüber hinaus 85 Fastnachtspiele und 130 Komödien und Tragödien. Seine über 6000 Werke basieren vielfach auf literarischen Vorlagen, die die Zeitspanne von der Antike bis ins 16. Jahrhundert umfassen. So greift er z. B. viele Fabeln Aesops auf und setzt dazwischen Schwänke, die offensichtlich in seiner Zeit spielen.[3] Dabei lokalisiert er drei Schwänke in Gersthofen (*Ein dorff ligt in dem Schwabenlant,/ Gersthoffen so ist es genant* u. ä.). Hans Sachs starb am 19. Januar 1576 in Nürnberg.

Michael Lindener (1520/30 – 1562) wurde in Leipzig (oder in der Nähe) geboren, studierte dort, musste aber die Universität ohne Abschluss verlassen. Darauf folgte ein unstetes Wanderleben. Von 1550 bis 1556 betätigte er sich als Korrektor und Herausgeber bei einem Nürnberger Verleger, seit 1557 lässt er sich in Augsburg nachweisen, wo 1558 die beiden Schwanksammlungen *Katzipori* und *Rastbüchlein* herauskamen. „Im Ausmaß der Laszivität übertrifft … Lindener seine Zeitgenossen um Längen." (Hans-Jörg Uther). Im August 1561 erstach er einen Wirt und wurde deswegen hingerichtet.[4]

Anton Ginter (1655 – 1725) wurde in Friedberg geboren, studierte mit Unterstützung der Fugger bei den Jesuiten in Augsburg und wurde kurz nach der Priesterweihe (1679) mit der Fugger-Pfarrei Biberbach betraut. Faszinierend wirkte auf ihn und die Gläubigen die wortgewaltige Predigt des Marcus von Aviano (November 1680). Mit ihr setzte auch eine intensivere Verehrung des Biberbacher Kruzifixes ein, die Anton Ginter veranlasste, ein Mirakelbuch in Druck zu geben, das 1683 bei Simon Utzschneider in Augsburg erschien. Im Titel kündigte er an, dass in dem Buch von dem Hl. Kreuz eine *Außführliche Erklärung / vnd eigentlicher Bericht Von dessen Herkommen / glaubwürdigen Ursprung* steht, und im Buch selbst bringt er vor den Mirakelberichten die *Glaubwürdige Relation Vom Vrsprung deß H. Creutz zu Marckt Biberbach*. Anton Ginter hat sich dann große Verdienste um den Bau der neuen Wallfahrtskirche erworben. Er erlangte als Prediger und als theologischer Schriftsteller mit vier umfangreichen, immer wieder aufgelegten Werken großen Ruhm. Im Pfarrhof hängt noch ein Porträt und in der Kirche zeigt ihn ein Wandfresko.[5]

Ludwig Aurbacher (1784 – 1847) wurde als Sohn eines Nagelschmieds in Türkheim geboren, kam als Chorknabe nach Dießen und dann ans Studienseminar nach München, wurde 1801 Novize in Ottobeuren, ging nach der Säkularisation nach Wiblingen, trat aber dann aus und wirkte von 1804 bis 1808 als Hauslehrer in Ottobeuren, wo ihm eine Professur für Literatur und Ästhetik am Königlichen Kadettenkorps in München vermittelt wurde (1809 – 1834). Dort war auch der Dichter August Graf von Platen sein Schüler. Umgang pflegte er mit J. Andreas Schmeller, Franz Graf

Pocci und Guido Görres, dem Sohn von Joseph Görres. Seine ersten Schriften gelten den Bedürfnissen seiner Schüler, doch dann verfasste er auch Beiträge für den Almanach *Charitas*, für die Anthologie *Fromme Sagen* und für den von Pocci und Görres betreuten *Festkalender*. Als Höhepunkt seines schriftstellerischen Schaffens gelten aber seine Volksbücher.

Ludwig Aurbacher
Abb. aus: Pörnbacher, Hans u.a.: Literatur in Bayerisch Schwaben. Von der althochdeutschen Zeit bis zur Gegenwart, Weißenhorn 1979 (Beiträge zur Heimatkunde von Schwaben Bd. 6), 180.

Das erste, 1827 erschienene *Volksbüchlein* enthielt *die Geschichte des ewigen Juden* und *die **Abenteuer der sieben Schwaben***, das zweite von 1829 die *Legende von St. Christoph* und die *Wanderungen des Spiegelschwaben*. Neben diesen „Leitgeschichten" stehen in beiden Bändchen *viele andere erbauliche und ergötzliche Historien*. Friedrich Sengle, der beste Kenner der Literatur der Biedermeierzeit, hält Aurbacher für einen „hervorragenden Kleinepiker".[6]

Friedrich Panzer (1794 – 1854), der in Eschenfelden in der Oberpfalz geboren wurde, war Ingenieur zunächst bei den Bauinspektionen in Speyer, Würzburg, Bamberg und Nürnberg und stieg dann zum Regierungsbaurat (1839) und zum Ministerialoberbaurat (1843) in München auf. Auf seinen zahlreichen Dienstreisen sammelte er, größtenteils aus mündlicher Überlieferung (wobei er nur gelegentlich seine Gewährsleute nennt), Sagen und Legenden und zeichnete Bräuche auf. Dabei ging es ihm nicht um einen Querschnitt des damaligen Erzählgutes, sondern um Stücke, in denen er mythologische Bezüge vermutete. Den ersten Band der *Bayerischen Sagen und Bräuche* widmete er 1848 **Jakob Grimm** und versah ihn mit dem Untertitel *Beiträge zur deutschen Mythologie.* Panzer lieferte mit den beiden Bänden die erste große Sagensammlung für Bayern.[7]

Alexander Schöppner (1820 – 1860), der in Fulda geboren wurde, trat bei den Augustinereremiten in Münnerstadt ein, studierte in Würzburg Theologie und Philologie, wurde promoviert und war seit 1843 als Gymnasialprofessor an Ordensschulen tätig. 1847 verließ er den Orden und wurde Weltpriester. In diesem Jahr begann er Sagen zu sammeln, wofür er in den folgenden Jahren wiederholt vom Dienst beurlaubt wurde. Sein dreibändiges *Sagenbuch der Bayer. Lande. Aus dem Munde des Volkes, der Chronik und der Dichter* enthält insgesamt 1368 Nummern; den Schwerpunkt bilden historische Sagen und Legenden. Im Unterschied zu anderen Sammlern seiner Zeit war er nicht der mythologischen Schule verhaftet. Andere Schriften, vor allem die humoristischer Art, veröffentlichte er unter dem Pseudonym Johannes Einsiedel.[8]

Auch wenn Panzer und Schöppner nur wenige Texte aus dem Landkreisgebiet bringen, gewinnen diese Bände doch Bedeutung für die Einordnung der übrigen Texte im vorliegenden Band. Das gilt auch für **Karl Freiherr von Leoprechting** (*Aus dem Lechrain. Zur deutschen Sitten- und Sagenkunde*, München 1855) und für Anton Birlinger (*Volksthümliches aus Schwaben*, 2 Bände, Freiburg i. B. 1861/62), die nicht in das Landkreisgebiet hereinreichen. Leoprechting erwähnt allerdings einmal Meitingen auf dem Lechfeld. Birlinger verdanken wir aber in anderen Publikationen viel.

Anton Birlinger (1834 – 1891), der in Wurmlingen geboren wurde, studierte in Tübingen Philosophie und kath. Theologie, wurde zum Dr. phil. promoviert, ließ sich zum Priester weihen und wirkte kurz als Vikar beim Pfarramt Saulgau. Mit Hilfe von Stipendien arbeitete er als Privatgelehrter bis er sich 1869 bei Karl Simrock in Bonn habilitierte. Wegen des Unfehlbarkeitsdogmas ließ er sich 1871 laisieren. 1872 wurde er außerordentlicher Professor für Altgermanistik an der Universität Bonn, wo er „unangepasst und eigenwillig" (R. Schenda) bis zu seinem Tod wirkte.
Als sein Hauptwerk gelten die zwei Bände *Volksthümliches aus Schwaben* (s. o.), wo er *Sagen, Märchen, Volksaberglauben* (zusammen mit M. R. Buck) und dann *Sitten und Gebräuche* vorstellte. Er war aber auch darüber hinaus literarisch sehr fruchtbar in Monographien (z. B.: Schwäbische Volkslieder, Freiburg 1864; Nimm mich mit! Kinderbüchlein mit sieben Holzschnitten von F. Pocci, Freiburg ²1870) und in Zeitschriften (wiederholt in der Germania). Seit 1873 gab er seine eigene Zeitschrift **Alemannia** heraus, in der er wiederholt Schwabenneckereien und Liedlein publizierte, die auch aus dem Landkreisgebiet stammen. Im September 1864 war in München sein **Schwäbisch-Augsburgisches Wörterbuch** erschienen. Er war damit einer wiederholten Aufforderung Jakob Grimms gefolgt, *der in seinen lezten Jaren der Mundart ungleich mer nachhieng denn früher*. Die Arbeiten am Wörterbuch wurden unterstützt durch das Staatsministerium des Innern für Kirchen- und Schulangelegenheiten und durch die Bayer. Akademie der Wissenschaften. Das Wörterbuch beruht auch auf der Auswertung zahlreicher historischer Texte, von denen manche, wie die aus dem Schlossarchiv Mickhausen, heute nicht mehr auffindbar sind, es erweist sich aber auch über die Erklärungen der Wörter hinaus als Fundgrube für Sprüche, Reime und Lieder. Dabei tauchen besonders oft Stücke aus den Stauden auf. Lieder, Sagen, Sitten und Kinderspiele stehen darüber hinaus auch in einem Anhang.[9]

Ludwig Ganghofer, 1906 (Aufnahme: Hanfstaengel).
Abb. aus: Stadtmuseum Kaufbeuren, Inv. Nr. 2133.

Ludwig Ganghofer (1855 – 1920), der in Kaufbeuren geboren wurde, verbrachte seine Kindheit und die Ferien als Gymnasiast in Welden. Am 1. Dezember 1859 war die Familie nach Welden gezogen, wo der Vater als Förster zu den Honoratioren des Marktes (Ganghofer schreibt immer vom Dorf!) gehörte. Nach dem Besuch des Polytechnikums beschloss Ganghofer Schriftsteller zu werden und er brachte es dann zu den am meisten gelesenen Autoren. „Die Familienchronik und die Weldener Jugendjahre lieferten das Reservoir für seine Gestalten, die er in naiv-herzlichen, auch sentimentalen Hochlanderzählungen aus dem Schwäbischen ins Oberbayrische transponierte, angereichert durch Liebes- und Gebirgsromantik und idealisierende Lebensbejahung" (Leonhard Lenk). Karl Pörnbacher rechnet vieles zur Trivialliteratur, vertritt aber die Meinung, dass die sehr schwäbische Autobiographie *zum Besten aus seiner Feder gehört. Der Lebenslauf eines Optimisten. Bd. 1: Buch der Kindheit* erschien 1909, wurde also erst 40 – 50 Jahren nach der erzählten Zeit niedergeschrieben. Auch wenn man deswegen gewisse Abstriche machen muss, enthält Ganghofers Lebenslauf interessante volkskundliche Inhalte.[10] Drei Episoden lassen sich unter den Schwänken unterbringen.

Die **Umfrage** des Bayerischen Vereins für Volkskunst und Volkskunde aus den Jahren 1908/09 erkundigte sich auch nach Glaube und Sage (III), nach der Volksdichtung (IV) und nach der Mundart (V). Der Erzählforscher Friedrich von der Leyen, der den Fragebogen zusammenstellte, erkundigte sich nach dämonologischen Sagen, nach Sagen über Pflanzen, Tiere und Himmelserscheinungen, nach Ursprungssagen, nach Sagen über versunkene Glocken und unterirdische Gänge und nach Sagen über Landplagen und Kriege. Bei der Volksdichtung standen Lieder bei bestimmten Anlässen und in bestimmten Gruppen, Märchen, Schwänke und Ortsneckereien im Mittelpunkt. Im Abschnitt „Mundart" ging es vor allem um Namen, aber auch um Redensarten.[11] Wie bei allen Umfragen hängt die Qualität der Antworten von den Gewährsleuten ab. Mehrere Sagen bringt lediglich der Bericht aus Altenmünster. Michael Geldhauser aus Dinkelscherben bemerkt zwar, dass der Glaube an Gespenster, Hexen und Druden noch stark vorhanden ist, bringt aber dazu keine Sagen. Er hält es für merkwürdig, dass vom Schloss und seinen Bewohnern keine Sage *geht*, erzählt aber dann kurz die Sage vom Spitalpudel. Auch andere Autoren sprechen Sagen nur kurz an. Pfarrer Joseph Weckerle aus Mittelneufnach weiß von einem Irrlicht, bemerkt dann aber zu den anderen Punkten (III, 2 – 6), dass nichts bekannt sei. Er bringt aber ausführlichere Angaben zur Volksdichtung und zur Mundart. Das trifft auch für einige andere Berichte zu.

Josef Rühfel (1878 – 1956) wurde in Straßberg als Sohn des Käsers geboren, besuchte das Gymnasium St. Stephan in Augsburg und nach dem Abitur 1899 dort auch das kgl. Lyzeum, um dann in München neuere Sprachen zu studieren. Im Oktober 1903 legte er die Prüfung in Englisch und Französisch ab, 1905 folgte das Staatsexamen. Zwei Jahre später wurde er mit der Dissertation „Die Belesenheit des Thomas Nash" promoviert. Er unterrichtete von 1907 bis 1914 am Gymnasium Altkirch im Oberelsass, dann am Lyzeum in Straßburg, wo ihm 1917 der Titel eines kaiserlichen Professors verliehen wurde. Nach der Entlassung durch die Franzosen zog er 1919 nach Fürth, wo er zunächst an der Oberrealschule, dann von 1923 bis zu seiner Ruhestandsversetzung in den Jahren 1942/43 am Gymnasium unterrichtete.

DAS RÜHFEL - GEBIET

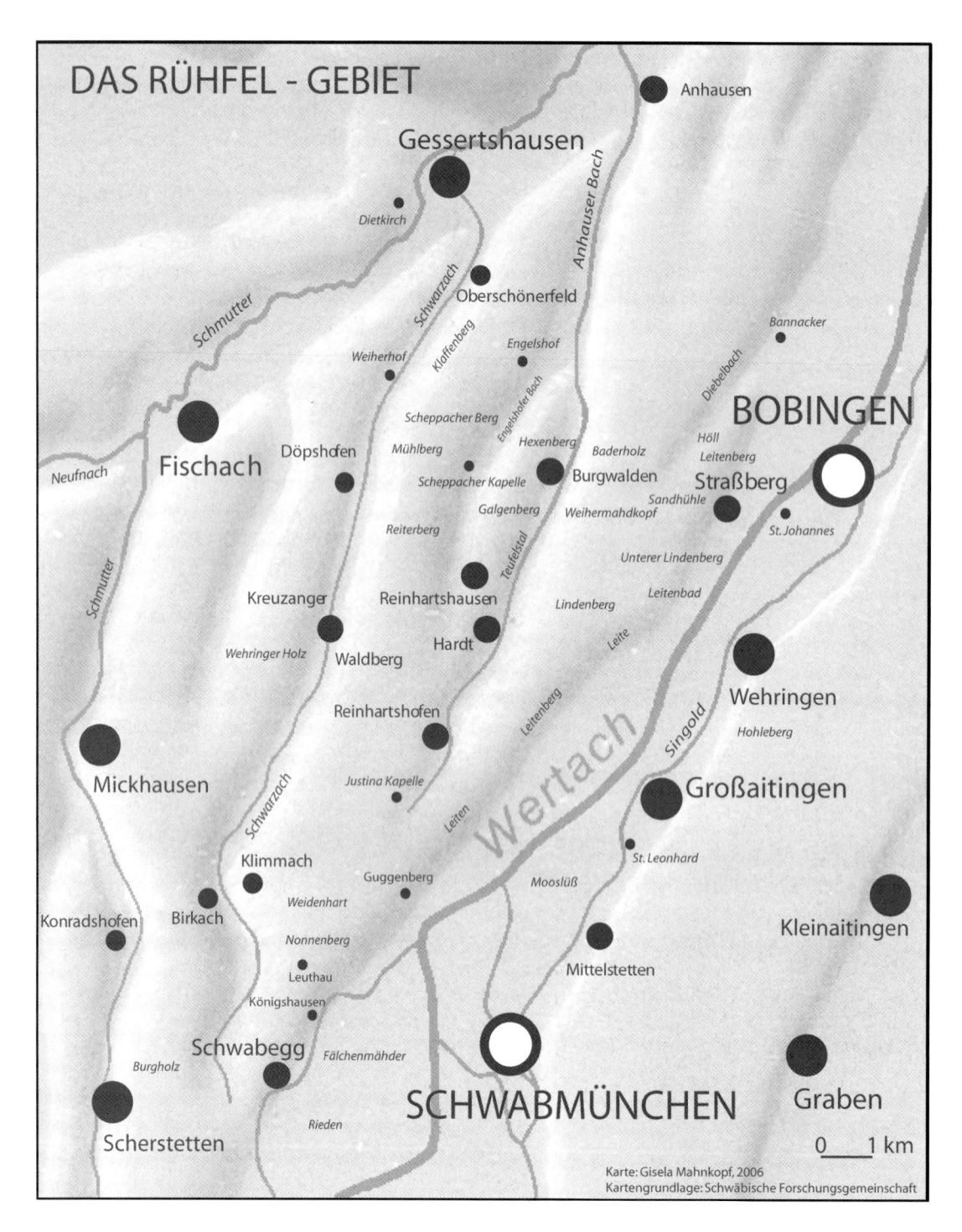

Karte: Gisela Mahnkopf, 2006
Kartengrundlage: Schwäbische Forschungsgemeinschaft

In den letzten Jahren des 2. Weltkrieges suchte er eine Bleibe in Straßberg, was ihm jedoch nicht gelang, sodass er schließlich im Haus des Bürgermeisters von Margertshausen sein Domizil aufschlug. Nach dem Ende des Krieges zog er wieder nach Fürth, wo er am 2. März 1956 verstarb.[12]

Prof. Dr. Josef Rühfel als Wanderer.
Abb. aus: Stadtarchiv Bobingen.

Trotz seiner beruflichen Tätigkeit im Elsass und in Fürth blieb Rühfel seiner schwäbischen Heimat, in der er die Ferien verbrachte, eng verbunden. Im Jahre 1910 erschien in Augsburg seine „Geschichte des Dorfes Straßberg bei Augsburg", zwei Jahre später „Scheppach und der Scheppacher Hof, ein Beitrag zur Geschichte des Klosters Oberschönenfeld". Beide Untersuchungen beruhen auf solider archivalischer Quellenarbeit. Von größter Bedeutung für das vorliegende Buch ist aber sein umfangreicher Beitrag **„Volkskundliches aus der Augsburger Gegend"**, der 1919 im 6. Jahrgang der Bayerischen Hefte für Volkskunde erschien (S. 131–212). Aus der Augsburger Gegend berücksichtige er *hauptsächlich das südwestliche Viertel, also etwa das Land zwischen Wertach und Schmutter*, das südöstliche, den Lechrain, habe Freiherr von Leoprechting (s. o.) in einem *klassischen Büchlein* beschrieben. Rühfel kannte natürlich die einschlägige Literatur und wusste, dass in Birlingers Wörterbuch (s. o.) manches über dieses Gebiet steckt, doch er bekannte auch: *Das Meiste in dieser Schrift habe ich aus dem Munde der Leute gesammelt.* Aber ähnlich wie hundert Jahre früher die Brüder Grimm klagte er: *Ein besonders fetter Sagengrund, um einen Ausdruck Jakob Grimms zu gebrauchen, ist die Augsburger Gegend nicht mehr.* Das *lächelnde Halbwissen* habe *unter den Schlagwörtern wie Kampf gegen den Aberglauben und altmodisches Wesen unendlich viel vernichtet, das für die germanische Mythologie von größten Werte wäre.* Beim Sammeln bekomme man oft alles durcheinander, aber man sei froh, wenn sich unter der Streu edle Weizenkörner fänden. Gleich zu Beginn seines Vorwortes verrät Rühfel seine Intention: *Diese Arbeit ist für Freunde der Heimaterde und für die Forscher geschrieben, die sich mit wissenschaftlicher Volkskunde und vergleichender Mythologie beschäftigen.*

Rühfel gliedert seinen umfangreichen Stoff in zwei große Bereiche:

*(I.) **Legenden, Sagen von Kirchen und Klöstern** (S. 132–155)*
1. *Die Kirche zu Wehringen*
2. *Der Uorlisbrunnen*
3. *Der Mangbrunnen*
4. *Das ewige Licht zu Döpshofen*
5. *Von einem Hirtenbuben*
6. *Gründung des Klosters Oberschönenfeld*
7. *Vom Klaffenberg bei Schönenfeld*
8. *Die drei Kreuze bei Gessertshausen*
9. *Die Geistermesse zu Augsburg*
10. *Die Gruft in der Kirche zu Hard*
11. *Vom Kloster Litun*
12. *Albert, Giselbert, Siegebert*
13. *St. Hildegunde*
14. *Adelgunde von Anhausen*
15. *Die fromme Magd Radegunde*
16. *Bräuche beim Beten*
17. *Vom Wallfahrten*
18. *Erntebräuche; das Sauvertragen*

*(II.) **Weltliche Sagen** (S. 155–195)*
a) *von Zauberern, Hexen, Druden; Kobolden und elbischen Wesen*
b) *von umgehenden Toten, Gespenstern, gespenstischen Tieren und Lichterscheinungen*
c) *Droh- und Scherzgestalten, Waldgeister*
d) *Von verborgenen Schätzen*
e) *Von unterirdischen Gängen*
f) *Vom Wilden Heer*

Daran hängt Rühfel zwei weitere, eigenständige Abschnitte an: (1.) *Ortsneckereien, kleine Geschichten, Märchentrümmer* (S. 195–203) und (2.) *Sympathiemittel, Aberglauben* (S. 203–212).
Auch wenn man Josef Rühfels Bewertung, die er mitunter doch vornimmt, obwohl er im Vorwort versichert, er *habe soviel wie möglich darauf verzichtet, die mythischen Züge zu deuten*, im einzelnen nicht teilt, so ist dennoch das Material, das er erhoben hat, von unschätzbarem Wert. Kein anderer Teil des Landkreisgebietes wurde in einer Zeit, wo noch manche Überlieferungen bekannt waren (auch wenn Rühfel mehr erwartet hatte), so intensiv erforscht wie die Region zwischen Wertach und Schmutter. Günther Kapfhammer hat 13 Stücke in seine Bayerischen Sagen übernommen und für den Band „Brauchtum" erwies sich Rühfel als wichtige Fundgrube.[13]

Im Jahre 1920 erschien im Verlag Aurora in Dresden-Weinböhla sein Band „**Die drei Nornen**. Ein Beitrag zur germanischen Mythologie mit besonderer Berücksichtigung süddeutscher Überlieferungen". Drei Jahre später brachte derselbe Verlag als „ein Seitenstück" den Band „**Der Zwerg**. Eine mythologische Untersuchung" heraus.

Titel der zwei mythologischen Bücher von Prof. Dr. Josef Rühfel.

Josef Rühfel erwähnt auch **Gustav Euringer** (1854 – 1922), den Augsburger Bankier und Schriftsteller, dessen *Augsburger Wanderbuch für Freunde der Natur und Vorzeit* unter dem Haupttitel *Auf nahen Pfaden* in den Jahren 1910 bis 1916 in zweiter Auflage erschienen war.[14]

In den Heftchen der 1899 von Kurat Christian Frank (1867 – 1942) gegründeten Zeitschrift **Deutsche Gaue** findet sich mancher interessante Beitrag. Frank war Schüler von Wilhelm Heinrich Riehl.[15]

Von den historisch-statistischen Beschreibungen der Landkapitel enthalten die des Archidiakonatsbezirks Augsburg von 1856 und die der Landkapitel Schwabmünchen (1912 – 1932) und Kirchheim (1934 – 1939) manchen Hinweis auf die eine oder andere Sage.[16]

Hugo Moser (1909 – 1989), Mitbegründer und erster Präsident des Instituts für Deutsche Sprache, ergänzte, was Anton Birlinger und Joseph Rühfel an Ortsneckereien gesammelt hatten und publizierte das Material 1950 unter dem Titel „Schwäbischer Volkshumor". Im Jahre 1981 erschien eine erweiterte zweite Auflage.[17]

Theodor Jörg (1901 – 1980), geboren in Mindelheim, Lehrer, zum Schluss Hauptschullehrer, hatte Band 3 des Heimatbuches „Der Landkreis Krumbach", der die Volkskunde behandelte, bearbeitet (Weißenhorn 1972), was wohl den Anlass gab, ihn für das Heimatbuch des (Alt-)Landkreises Schwabmünchen zu gewinnen, wo er dann den Beitrag „Sagen, Ortsneckereien und Brauchtum" einbrachte.[18]

Titelseite.

1 Zoepfl, Friedrich: Matthäus Marschalk von Pappenheim-Biberbach (1458 – 1541), in: Lebensbilder 10, 1973, 15–34; Pötzl, Märkte, 43f; Pörnbacher, Hans u.a.: Literatur in Bayerisch Schwaben. Von der altdeutschen Zeit bis zur Gegenwart, Weißenhorn 1979 (Beiträge zur Landeskunde von Schwaben Bd. 6), Nr. 84a und 84b (Abb. aus der Calatin-Geschichte: Beginn von Kap. XXVIII mit Holzschnitten der Schlösser Calatin und Altenburg).

2 Brunner, Horst: Meistersinger, in: LMa VI, 486–488; zum Meistersang in Schwaben vgl. Pörnbacher, Literaturgeschichte, 104–110.

3 Sämtliche Fabeln und Schwänke von Hans Sachs. In chronologischer Ordnung nach den Originalen hrsg. v. Edmund Goetze, 6 Bde., Halle a. S. 1893 – 1913; Bd. 3: Die Fabeln und Schwänke in den Meistergesängen hrsg. v. Edmund Goetze und Carl Drescher, Halle a. S. 1900; 3. Auflage, besorgt von Hans Lothar Markschies, Halle a. S. 1955 (Neudrucke deutscher Literaturwerke des XVI. und XVII. Jahrhunderts Nr. 110–117); Brunner, Horst: Sachs, Hans, in: LMa VII, 1223; Märzbacher, Dieter: Hans Sachs, in: EM 11, 971–986.

4 Michael Lindener: Rastbüchlein und Katzipori, hrsg. v. Franz Lichtenstein, Tübingen 1883 (Bibliothek des Literarischen Vereins in Stuttgart Bd. 163); eine Auswahl bei Kapfhammer, Schwänke, 83–93; Uther, Hans-Jörg: Lindener, Michael, in: EM 8, 1083–1088.

5 Pötzl, Lebensbilder, 67–82; Pörnbacher, Literaturgeschichte, 198f; Justus, Stephanie (Hg.): Biberbach. Katholische Pfarr- und Wallfahrtskirche St. Jacobus, St. Laurentius und Heiliges Kreuz, Regensburg 1997 (Grosse Kunstführer 199).

6 Stempflinger, Eduard in: Neue deutsche Bibliographie 1, 456; Pörnbacher, Literaturgeschichte, 246–249; Kapfhammer, Schwänke, 136–144.

7 Alzheimer-Haller, Heidrun: Panzer, Friedrich, in: EM 11, 515f.

8 Alzheimer-Haller, Heidrun: Schöppner, Alexander, in: EM 12, 180–182.

9 Schenda, Rudolf: Birlinger, Anton, in: EM 2, 410–412 (das Augsburg-Schwäbische Wörterbuch ist in der Auswahlbibliographie nicht erwähnt).

10 Lenk, Leonhard, in: Neue deutsche Biographie 6, 60f; Pörnbacher, Karl: Ganghofer, Ludwig, Schriftsteller, Erzähler 1855 – 1920, in: Lebensbilder 11, 1976, 289–326; Ganghofer kam später nie mehr nach Welden (obwohl ihn der Markt 1909 zum Ehrenbürger ernannte), tätigte aber 1919 eine großzügige Spende für eine neue Orgel in der Pfarrkirche (Langenmair, Ludwig: Welden. Ein Markt mit reicher Vergangenheit, Welden 1986, 164).

11 Pötzl, Jahrhundertwende, 3–10 (Die bayerische Umfrage von 1908/09; dort ein Faksimile des Fragebogens), 10–15 (Die Umfrage in den Bezirksämtern Zusmarshausen, Augsburg und Schwabmünchen, Karte der Belegorte gegenüber dem Titelblatt). Die detaillierten Fragen nach Benennungen wurden im „Atlas der deutschen Volkskunde" fortgeführt (Belegorte aus dem Landkreisgebiet: Pötzl, Jahrhundertwende, 192; Ders., Brauchtum, 12–16); Pötzl, Walter: Der Atlas der deutschen Volkskunde als regional- und lokalgeschichtliche Quelle, in: Fassl, Peter, Kießling, Rolf (Hg.): Volksleben im 19. Jahrhundert. Studien zu den bayerischen Physikatsberichten und verwandten Quellen, Augsburg 2003 (Veröffentlichungen der Schwäbischen Forschungsgemeinschaft Reihe 10, Bd. 2), 183–197. Ein Beispiel für die Auswertung des sprachlichen Materials im Atlas der deutschen Volkskunde bei: Pötzl, Walter: Brauchtum und Volksfrömmigkeit, in: Pötzl/Wüst, Bobingen, 405–443 hier 430.

12 Wagner, Richard: Professor Dr. Josef Rühfel – Ein Leben für die Heimat (mit einem Beitrag über das Leitenbad bei Wehringen), in: HVLA Jb 1977, 86–95; Stingl, Wolfgang: Straßberg, in: Pötzl/Wüst: Bobingen, 902–929, hier 925; der Rühfel-Nachlass befindet sich jetzt im Stadtarchiv Bobingen.

13 Kapfhammer, Sagen, 115–122 (unter der nicht gerechtfertigten Überschrift „Sagen aus dem Lechfeld"); Pötzl, Brauchtum, passim. Da in den vorliegenden Band zwar viele, aber längst nicht alle Texte übernommen werden und sie zudem wegen der inhaltlichen Parallelen zu Texten aus anderen Orten in einer anderen Ordnung gebracht werden müssen, wäre eine kommentierte Ausgabe des gesamten Rühfel-Beitrages ein wünschenswertes Bändchen, dessen sich vor allem die Stadt Bobingen und die Gemeinden Gessertshau-

sen, Wehringen und Großaitingen annehmen sollten.
14 Stadtlexikon, 385f.
15 Simnacher, Georg: Christian Frank 1867 – 1942. Priester, Kulturhistoriker, Heimatforscher, in: Lebensbilder 13, 1986, 309–332.
16 Grimm, Augsburg; Schröder, BA VIII; Zoepfl, BA IX.
17 Die erste Auflage erschien in der Reihe „Schwäbische Volkskunde NF", Bd. 9/10. Wie wichtig die Zusammenstellung Hugo Mosers ist, erlebte ich, als ich vor einigen Jahren auf dem Landkreisfest über Ortsneckereien referierte und dann eine Liste der Ortsneckereien mit der Bitte verteilte, zu bestätigen, ob diese Necknamen noch in Gebrauch sind (bzw. ob es Ergänzungen gibt).

Die Reaktionen waren gleich Null, vielmehr herrschte großes Erstaunen darüber, dass es diese Verspottungen einst überhaupt gegeben hat.
Das lag aber auch am eingeladenen Publikum. Ältere Menschen kennen durchaus noch Ortsneckereien.
18 LK Schwabmünchen, 358–382; Jörg gibt leider nur am Anfang Quellen und Gewährsleute an, übernam aber, ohne es anzugeben, viel aus Rühfel. In die geschichtlichen Sagen reiht er auch Legenden ein; des Weiteren setzt er die Überschriften „Schatzsagen", „Unerlöste Seelen", „Schimmelsagen" und „Pudel- und andere Tiersagen".

III. Glaube und Sage.

1. Gespenster und umgehende Tote, gespenstische Tiere (Pferde, Hunde, Böcke, Drachen usw.), Irrlichter, Spuk, Wildes Heer, Wilder Jäger (Meute?)
2. Teufel, Riesen, Zwerge, Haus- und Naturgeister, die Druden, die Mahren, die Alpgeister (männliche, weibliche, Wald-, Wasser-, Korngeister, der Pilwiz (oder Pilmes) und der Pilmesschnitt (Durchschnitt), Haus-, Stall-, Speicher- und Scheuerngeister, Hausschlangen, Hauskröten.
3. Zauber, Weissagung, geeignete Zeiten, Mittel, Träume, Zauberer, Hexen, Wechselbälge, Segenswünsche, Amulette.
4. Sagen über Pflanzen und Tiere, Himmelserscheinungen, (Wind, Gewitter, Wolken, Regenbogen, Schnee). Gestirne (besonders Mondeinfluß), Wasser und Feuer. Welche begegnenden Tiere und Menschen bringen Glück, welche Unglück?
5. Sagen über Entstehung, Untergang von Ortschaften, Höfen, Burgen, Klöstern, über versunkene Glocken, unterirdische Gänge, Höhlen, Schätze und derer Bewachung etwa durch gespenstische Hunde, verzauberte Menschen, wütende Drachen, Heilige, Kaiser, Ritter.
6. Sagen über Ein- und Auswanderung der Bevölkerung. Landplagen, Krieg.

IV. Volksdichtung.

1. Volkslieder (womöglich mit Melodie), Handwerks-, Kirchen-, Ernte-, Mägde-, Soldaten-, Liebes-, Spott-, Scherzlieder. Lieder für besondere Anlässe, Jahreszeiten, Handwerkssprüche, Jägersprüche und Schreie.
2. Kinderlieder: Wiegen-, Reitliedchen, Sprech- und Gedächtnisübungen. Reime über Regen, Schnee, Sonnenschein, Storch, Kuckuck, Maienkäfer, Schnecken usw. Reime beim Beerensammeln, Pfeifenschneiden. Kinderspiele, Abzählverse.
3. Märchen, Schwänke, Schnurren, Nachbar- und Ortsneckereien (Sagmandl).
4. Rätsel und Scherzfragen.
5. Sprichwörter, Sinnsprüche, Redensarten, Bauernregeln, Inschriften an Haus und Gerät.

V. Mundart.

1. Name des eigenen Orts. In mundartlicher Form, Namen der Dorfstraßen und des Dorfes, merkwürdige Flur-, Weg-, Bach- und Hofnamen. Namen der Felder, der Wiesen, der Berge, der Wälder und Waldschneisen, der Bäche, Flüsse, Gräben, Teiche, Seen, Moore.
2. Spitznamen für Einzelne, ganze Städte, Ortschaften.
3. Ruf- und Locknamen für Haustiere, merkwürdige Tier-, Pflanzen-, Gesteins- und Bodennamen.

Aus dem Fragebogen des Bayerischen Vereins für Volkskunst und Volkskunde in München e. V. von 1908.
Abb. aus: Pötzl, Jahrhundertwende, 4–7.

Wie Legenden entstehen

Als Attribut wurde dem Hl. Ulrich ein Fisch beigegeben. Der Fisch symbolisiert das Wasser, das sich in einem Attribut kaum darstellen lässt. In der Ulrichsvita Gerhards übersteht der Heilige Wassergefahren. Deswegen wurde er offensichtlich zum Patron in Wassernöten.

Da man aber den Fisch nicht ohne weiteres deuten konnte, konstruierte man eine Erklärungslegende. Nach ihr speiste der Heilige an einem Donnerstagabend mit dem Bischof Konrad von Konstanz und am Freitagmorgen stand noch Fleisch auf dem Tisch. Der Bote des Bayernherzogs sah dieses Stück Fleisch und brachte es seinem Herrn, um den Heiligen anzuschwärzen. Doch als er es auspackte war es ein Fisch. Der Meister der Ulrichslegende, die über der Türe zur Sakristei in Ulrich und Afra hängt, zeigt den Boten, der zu den Bischöfen kommt.

In jeder älteren Kirche findet sich eine Darstellung des Hl. Ulrich, der als Attribut einen Fisch hält.
Abb. o.: Hl. Ulrich um 1520/30, Langerringen, Pfarrkirche St. Gallus und Nikolaus. Aus: Mayer, Bettina: Bildschnitzerpersönlichkeit und Regionale Stilausprägung im Spätmittelalter, Augsburg 2002, (Beiträge zur Heimatkunde des Landkreises Augsburg Bd. 16), 314.

Abb. rechts aus: Hans Holbein der Ältere und die Kunst der Spätgotik, Augsburg 1965 (Ausstellungskatalog), 243 Nr. 55.

Sagen und Legenden

Das Erzählgut, das in vorliegendem Band vorgestellt wird, lässt sich in zwei großen Blöcken zusammenfassen, in (1.) Sagen und Legenden und (2.) Schwänke und Ortsneckereien. Dafür sprechen vor allem inhaltliche Gründe. Zwischen Sage und Legende besteht eine gewisse Verwandtschaft. „Legende und Sage konnten hier leicht ineinander übergehen, denn sie sind strukturell nicht zu verschieden: beide wurzeln im Glauben." (Lutz Röhrich, der einen eigenen Abschnitt „Christliche Sagen (Exempel und Legenden)" bildet)[1] Sage und Legende haben die historisch-menschliche Beziehung gemeinsam (Gustav Mensching). Die Verwandtschaft insbesondere von historischer Sage und Legende kann so eng sein, dass sich über die Zuweisung bestimmter Erzählungen trefflich streiten lässt. Das ist auch der Grund, warum abweichend von der beabsichtigten Gliederung (s. S. 20) im folgenden Kapitel Gründungssagen und Gründungslegenden zusammengenommen werden.

Geschichte ist in der historischen Sage und in der Legende in anderer Weise gegenwärtig als in der dämonologischen Sage. Dennoch weist diese Gegenwart eine große Spannbreite auf. Um ein historisches Ereignis, von dem kaum etwas bekannt ist, ranken sich, entstanden aus dem verständlichen Bedürfnis mehr zu wissen, neue Erzählungen. Diese können sich von anfänglichen Vermutungen („so könnte es doch gewesen sein") schon in der nächsten Generation zur Gewissheit versteifen. Wenn es dann in der Schule erzählt wird, ist es nur schwer zu erschüttern. Angereichert wurden auch die Biografien von Herrschern, weil man mit dem Bild vom Herrscher bestimmte Eigenschaften wie Mut und Klugheit, Großzügigkeit und Freigebigkeit verband. So konnten Episoden übertragen werden. Von den Kaisern des Mittelalters sind Karl d. Gr. und Friedrich Barbarossa am stärksten in der Sage verankert. Politische Dimensionen gewinnt die Herrschersage in den weit verbreiteten Sagen vom Friedenskaiser. Bestimmte Epochen haften im Geschichtsbewusstsein des Volkes besonders stark. Dazu gehört bei uns die Zeit der Ungarneinfälle, aber wie in anderen Regionen auch die Zeit des Rittertums (mit dem verbreiteten Raubrittermotiv), die Pestzeit und der Dreißigjährige Krieg und die Franzosenzeit. In diese Epochen werden Dinge gesetzt, die man nicht einordnen kann wie vorgeschichtliche Wälle und Gräber, Sühne- und Caravacakreuze.

Erklärungssagen bildeten sich nicht nur im dämonischen Bereich. Das eherne Bildnis eines Löwen, das Heinrich der Löwe als Symbol seines Geschlechtes im Hof der Burg in Braunschweig aufstellen ließ, löste eine umfangreiche Sage aus. Infolge seines Wasserpatronates hatte man dem Hl. Ulrich als Attribut einen Fisch zuerkannt. Als man diese Zusammenhänge nicht mehr verstand, erklärte eine (neue) Legende den Fisch. Das Stück Fleisch, das der Bote des Bayernherzogs an einem Freitag am Tisch des Heiligen fand und mit dem er ihn anschwärzen wollte, verwandelte sich dann in einen Fisch. Dass sich Speisen verwandeln, um den Heiligen zu schützen, ist ein häufiges Legendenmotiv (vgl. z. B. die Legenden der Hll. Elisabeth und Radegundis). **Wandermotive** im Bereich der Legende erwiesen sich in der Barockzeit als so mächtig, dass man zu den Katakombenheiligen, von denen man in der Regel nichts wusste, gewissermaßen aus „Versatzstücken" Legenden schreiben konnte. Den Wandermotiven der Legenden entsprechen die Wandersagen. So wird von über 30 deutschen Burgen und befestigten Städten erzählt, dass bei einer Belagerung den Frauen freier Abzug unter der Bedingung gewährt worden sei, nur das mitzunehmen, was sie auf dem Rücken tragen konnten. Sie hätten dann alle ihre Männer hinausgetragen, was dann die Belagerer zur großmütigen Aufgabe der Belagerung veranlasst habe. Selbst die niederschwäbische Stadt Weinsberg, nach der wir diesen Sagentypus benennen, kann diese Sage nicht zweifelsfrei als ihr ursprüngliches Eigentum erklären. Die Sage vom Apfelschuss z. B. findet sich bereits mehrfach im 12./13. Jahrhundert in Skandinavien und wurde dann auch auf den Schweizer Nationalhelden Wilhelm Tell übertragen (um dessen Historizität es nicht gut bestellt ist).[2]

Wandermotive mahnen zu größter Vorsicht, schließen Historizität aber nicht automatisch aus; das Verhältnis scheint ähnlich zu liegen wie bei den Topoi.[3] Parallelitäten und Ähnlichkeiten können auch darin begründet sein, dass Menschen in vergleichbaren Situationen ähnlich reagieren; dazu bedarf es keiner Abhängigkeiten.

Das Verhältnis von der Sage zu einer historischen Wirklichkeit kann sehr eng sein (wenn etwa nachweisbare Ereignisse oder Persönlichkeiten in der Erzählung lediglich „ausgeschmückt" werden), kann sich aber so weit verflüchtigen, dass dann die Sage nur mehr für die Geschichtsauffassung einer bestimmten Epoche steht und konkreter Historizität ganz entbehrt.[4] Erdichtete Geschichte zeigte dennoch ihre Wirkung, wurde oft lange geglaubt, bis Historiker die Dichtung auflösten. In den meisten Sagen und Legenden steckt ein historischer Kern (und sei es, wie bei der Legende von der Dienstmagd Radegundis von Wellenburg die fränkische Königin Radegundis). Selbst in der Sage vom Rattenfänger von Hameln lässt sich als historischer Kern der Auszug der Kinder am 26. Juni 1284 ausmachen, auch wenn über die Hintergründe unterschiedliche Meinungen (Kolonistenzug, Katastrophe, Kinderkreuzzug) bestehen. Die dämonisierende Gestalt des Rattenfängers allerdings taucht erst im 16. Jahrhundert auf.[5]

Unbeschadet der Frage nach der Historizität haben natürlich Sagen und Legenden, Märchen und Fabeln auch als Erzählungen ihren Eigenwert. Dessen ungeachtet muss insbesondere bei historischen Sagen und Legenden die Frage nach der Historizität gestellt werden.

Geschichte in Gründungssagen und Gründungslegenden

Die Frage nach Ursprung und Herkommen und die Antwort darauf erwies sich schon in der Antike als starker Impuls für die Bildung von Sagen. Die Abstammung des Geschlechts, des Stammes oder gar des Volkes aus einer Verbindung mit einem Gott oder die Gründung der Stadt durch eine Persönlichkeit der Frühgeschichte hoben das eigene Selbstwertgefühl.

Die Brücke von der Antike zum Mittelalter bildeten die Trojaner (nicht die siegreichen Griechen). Als Gründer Roms galt auch Äneas und als Gründer Londons sein Enkel Brutus. Briten, Dänen und Franken führten auf einen Trojaner ihre Herkunft zurück. Nach einer Chronik des 7. Jahrhunderts zogen die Franken nach dem Fall Trojas Donau aufwärts, drangen bis zum Rhein vor und gründeten eine Stadt nach dem Vorbild Trojas, die allerdings unvollendet blieb. Xanten nahm diese Tradition für sich in Anspruch und nannte sich auf Münzen *Troja Francorum*. Die Sympathie für die Abstammung von den Trojanern kommt z. T. auch daher, dass von der *Äneis* Vergils eine große Wirkung auf die Literaten des Mittelalters ausging.[6] – Troja kann in Gründungssagen als Altersmaßstab dienen: Man ist so alt oder gar älter als Troja.

In der Frühgeschichte können auch, allerdings weniger als Städtegründerinnen, die Amazonen auftreten.[7]

Aus dem Alten Testament werden die Söhne Noahs, insbesondere Japhet als Städtegründer in Anspruch genommen.

Mit erwiesener Römergründung gab man sich vielfach nicht zufrieden, man wollte älter sein als Rom. Andererseits führen Orte, aber auch Geschlechter Römer stolz als ihre Gründer oder Ahnen an. So gilt Cäsar als Gründer der Bäder in Bath, Magdeburg und Lüneburg. Aufgefundene Monumente und Inschriften lösen oft eine Sagenbildung aus.

Bürgermeister Roms als Ahnherrn der Marschalken von Pappenheim-Biberbach

Matthäus Marschalk von Pappenheim-Biberbach (s. o. S. 31) führte sein Geschlecht auf Bürgermeister Roms zurück: *Die wolgebornen vnnd Edlen Herren von Calatin genandt / haben Jren Vrsprung / als gwißlichen mit der warhait beybracht mag werden / von den Edlesten / vor zeyten Bürgermaister zu Rom / Calatini genandt* (Kap. XI). Mit Drusus und Tiberius seien sie über die Alpen gekommen und hätten das Schloss *Calatin ob Neuburg ... am gestat der Thonaw / nit ferr vndterhalb da der Lech in die Thonaw fellt* gegründet. Dieses Schloss sei gegen Ende des 12. Jahrhunderts verloren gegangen und die Calatiner hätten Rechberg, Biberbach, Alt-Pappenheim, Manshofen und andere Schlösser erworben (Kap. XXVII). In Kapitel XXVIII stellt Matthäus Marschalk die zerbrochenen Schlösser Calatin und Attilia oder Altenburg, *oberhalb Newburg / bey ainer halben meil auff ainem hohen berg an der Thonaw* gelegen, vor. Das Schloss Attilia wird *yetzund von den Landleütten vnd gemainen mann Altenburg genandt* (Ruine „Alte Burg" bei Kramersberg an der B 16 zwischen Neuburg und Oberhausen).[8]

Die Göttin Cisa auf dem Perlachturm

Im Laufe des Mittelalters wuchs aus verschiedenen Motiven die Gründungssage von **Augsburg**. Als ältestes Dokument gilt das *Excerptum ex Galica Historia*, das wohl von Domkanonikern stammt und sich in einer aus Ursberg stammenden Handschrift aus der Zeit um 1135 erhalten hat.[9]

Anbetung der Göttin Cisa in der Meisterlin-Chronik Hektor Müllichs.
Abb. aus: Weber, Dieter: Geschichtsschreibung in Augsburg, Augsburg 1984, Abb. 78.

Der Text erweist sich als diffuse Kompilation (was auch vom Exzerpt-Charakter herrühren könnte). Nach ihm haben die Schwaben die Stadt Augsburg gegründet, sie aber nicht mit einer Mauer, sondern mit Wall und Graben umgeben. Die Schwaben nannten die Stadt Cisaris nach der Göttin Cisa, die sie dort in einem Tempel aus Holz verehrten. Diese Stadt griffen die Römer an, sie wurden aber vernichtend geschlagen. Das *Excerptum* griff im 13. Jahrhundert auch Prior Albert von St. Ulrich und Afra auf, im 15. Jahrhundert wurde es dann ein wichtiges Element der städtischen Chronistik. In seiner im Auftrag des Stadtpflegers um 1437/47 geschaffenen Reimchronik ließ ein Kleriker namens Küchlin versprengte Trojaner nach Gallien gelangen und von diesen Schwaben und Germanen abstammen. Diese hätten noch vor der Gründung Roms Augsburg gegründet. Bei Sigmund Meisterlin treten 1456 an die Stelle der Trojaner die Amazonen – lange bevor Troja zerstört wurde. Illustrationen zu Abschriften dieser Chronik in der deutschen Übersetzung zeigen u.a. die Schwaben, wie sie Augsburg erbauen, den Angriff der Amazonen und die Anbetung der Göttin Cisa.

Wohl bereits im Rahmen der intensiven Beschäftigung humanistischer Kreise mit der Frühzeit der Stadt kam es zur Gleichsetzung eines Medusenhauptes mit der Göttin Cisa. Nach Clemens Senders Chronik von 1536 war der *abgöttin angesicht* oben am Predigthaus von St. Ulrich und Afra eingemauert. Noch zu Markus Welsers Zeit war es *vber dem Thor S. Vlrichs Kirchen zu sehen* (*groß steinerin Götz ... so Cisae Bildnuß seyn soll*).
Elias Holl ließ ein Bild der Cisa als Wetterfahne auf den Perlachturm setzen. Das Medusenhaupt, das Markus Welser abbildet, befindet sich heute im Römischen Museum.[10]
Hartmann Schedel in Nürnberg nimmt 1493 diese Traditionen in seine berühmte Weltchronik auf (f XCIv–XCIIr), beginnt aber mit einer Erweiterung, denn etliche sagten, *das das schwabisch volck vonn Japhet dem sun Noe herkom, der erstlich diss land bewonet, vnd alda diese stat erpawen hab*.[11]
Auf diesem Stand bleiben dann die Chronisten des 16./17. Jahrhunderts. Auf Ablehnung stößt die früheste Geschichte dann bei Paul von Stetten (1765) und Christian Jakob Wagenseil (1819).[12]

Medusenhaupt, Kalksteinskulptur des 2. Jahrhunderts n. Chr. Original im Römischen Museum der Stadt Augsburg, daneben Marcus Welsers Abbildung des Fundes.

Ein Medusenhaupt wurde als Göttin Cisa interpretiert.
Abb. aus: Roeck, Bernd, Bellot, Josef: Kommentar zur Augspurgischen Chronica, Neusäß 1984, 17.

Die Gründungssagen der Stadtchroniken finden ihre Fortsetzung in der Erzählung von der historisch gesicherten Eroberung durch die Römer.

Auf den Perlachturm setzte Elias Holl die Göttin Cisa. Abb. aus: Schweinberger, Willy (Hg.): 2000 Jahre Augsburg. Das Buch zum Jubiläum, Augsburg 1984, 8.

In den ehemaligen römischen Provinzen waren die Römer in vielfältiger Weise immer irgendwie gegenwärtig, Baumaßnahmen förderten immer neues Fundgut zutage, das man unschwer den Römern zuweisen konnte.[13] Schwierigkeiten hatten dagegen die Menschen mit den Relikten des Limes, so dass die Sage von der Teufelsmauer entstand. Andererseits waren die Römer im Geschichtsbewusstsein so verwurzelt, dass man z. B. eindeutig mittelalterliche Bauwerke als Römertürme bezeichnete (z. B. die Bergfriede der Burgen Wolfsberg über Steinekirch und Kemnat bei Kaufbeuren, aber auch den Tower in London).
Da im Landkreisgebiet keine alten Städte lagen, entfallen die für andere Regionen so typischen Stadtgründungssagen. So beschränken sich Gründungssagen vor allem auf Klöster und Wallfahrtsorte, gelegentlich auch auf Kirchen. Wenn in ihnen Motive wie die wegweisenden Tiere oder das heimlich an einen anderen Ort verbrachte Baumaterial oder andere wunderbare Geschehnisse auftauchen, entsprechen die Texte mehr den Legenden. Zu den Gründungssagen darf man auch jene Erzählungen rechnen, die Gründungsvorgänge ohne jedes typisch sagenhafte Motiv, aber auch ohne historisches Dokument berichten. Den Erzählern und Schreibern ging es nicht um die Gattungen Sage oder Legende, sondern darum, Geschichte zu erzählen, wie sie sie wussten und begriffen.

Römergründungen

Matthäus Marschalk von Pappenheim (s. o. S. 31f) schrieb im 49. Kapitel *Von dem Schloß Biberbach*:

(**T 1**) *DAS Schloß Biberbach / hat den namen von dem Biber / deren vil daselbst herumb seind / vnd vom bach der da durch laufft vnd rinnt / Daher auch zuuor vil Edel knecht / die von Biberbach genendt worden seind / deren wappen waren drey Biber inn ainem Schildt.*

Dann im jar Christi 1145 haben gelebt die Edlen / Wilhalm vnd Arnold von Biberbach / Dise haben gestifft das Clösterlin Wienberg / Augustiner orden / als noch brieff darüber vorhanden seind.

Item Anno domini 1167 hat gelebt Vlrich von Biberbach / ist Abt worden zu Augspurg zu Sant Vlrich / als Hetzilo der Abt starb Anno 1167 in der ordnung der 17. Abt / hat regiert siben Jar mit grossem lob. Er hat die Bibliothecam fast gemert / vnd vil Dörffer an das Clostr kaufft / ist gestorben als man zalt 1174 jar / am vierten tag des Mertzen.

Dises Schloß Biberbach ligt in Vindelicia zwi-

schen der Zusam vnd Schmutter / an ainem lustigen schönen ort / auff ainem zimlichen bühel / zwo meil wegs von Augsburg / Vnd hat das Schloß seinen anfang gehabt / als Octauianus Augustus der Römisch Kaiser Regiert hat / da alles Teutschland biß an die Thonauw hinan / dem Römischen Reich vnderworffen gewesen ist / Dann Drusus ain bruder Tiberii hat im fünffzehenden jar nach Christi geburt die Vindelicier gar überwunden / zu welcher zeit die Statt Augspurg noch kain maur hett / als oben ain wenig / vnd vnden mer gesagt wirdt.

Das neünvndvierzigst Capitel.
Von dem Schloß Biberbach.

Das Schloß Biberbach / hat den namen von dem Biber / deren vil daselbst herumb seind / vnd vom bach der da durch laufft vnd rinnt / Daher auch zuvor vil Edel knecht / die von Biberbach genennde worden seind / deren wappen waren drey Biber inn ainem Schilde. Dann im jar Christi 1145. haben gelebt die Edlen / Wilhalm vnd Arnold von Biberbach / Dise haben gestifft das Clösterlin Wienberg / Augustiner orden / als noch brieff darüber verhanden seind. Item Anno domini 1167. hat gelebt Vlrich von Biberbach / ist Abt worden zů Augspurg zů Sant Vlrich / als Hetzilo der Abt starb Anno 1167. in der ordnung der 17. Abt hat regiert siben Jar mit grossem lob. Er hat die Bibliothecam fast gemert / vnd vil Dörffer an das Closter kaufft / ist gestorben als man zalt 1174. jar / am vierdten tag des Mertzen. Dises Schloß Biberbach ligt in Vindelicia zwischen der Zusam vnd Schmutter / an ainem lustigen schönen ort / auff ainem zimlichen bühel / zwo meil wegs von Augsburg / Vñ hat das Schloß sein anfang gehabt / als Octauianus Augustus der Römisch Kaiser Regiert

Phantasiedarstellung des Schlosses Biberbach.
Abb. aus: Staats- u. Stadtbibliothek Augsburg.

Biberbach ist ain fast groß Schloß gewesen / mit ainer gwaltigen maur vmbgeben / wie das der eüsser thurn / auch der inner thurn bey der porten noch anzaigen.

In den Historien vnd schrifften zu Benedict Beürn ließt man wie vmb das jar Christi 935. Arnold Hertzog in Bayern das Closter Benedict Beürn zerstört vnd verwüst hab / da sey ain Münch mit namen Simpertus gen Biberbach kommen / vnd daselbst gewont.

Es ist auch ain klainer thurn / vnd ain thor da gewesen / haißt noch der Türlißthurn / dardurch ist die Landstraß gangen / vnd ist man dardurch mit wägen gefaren. So hat es auch vil handwercks leüt da gehabt an der maur herumb wonendt / als man noch ettlich anzaigung findt. Dannen her steht noch ain starcker thurn / vnd ain hauß an der maur / darauß man erkennt / das es ain alt Schloß gewesen ist.

Des gibt auch zeügknuß ain alter stain / den man daselbst herumb bey S. Niclas Capellen gefunden hat / mit Lateinischer Römischer schrifft beschriben / darauß man gedencken kann / das die Römer da gewont haben. Vnd dieser stain ist gen Augspurg gefürt worden / ligt noch in Doctor Conrad Peütingers hauß / daran ist diese schrifft.

Der noch heute in die Außenmauer des Peutingerhauses eingemauerte Stein mit der Inschrift.
Aufnahme: Pötzl.

```
D                    M
PERPETVAE           SECVRITATI
C. IVLIANVS IVLIVS DEC. MVN
IIII VIRALIS SIBI ET
SECVNDINAE PERVINCAE
CONIVGI CHARISSIMAE
ERGA SE DILIGENTISSIMAE
FOEMINAE RARISSIMAE
SINGVLARIS EXEMPLAE
PVDICICIAE
QVE VIXIT ANNOS XXXXV
MENS VII: DIES XXI: ET
IVLIANVS IVLIO IVNIORI ET
IVCVNDO ET IVSTO FILIIS
VIVIS VIVOS FECIT
```

Ist zu Teutsch diese mainung.

In den Ehren der Götter (oder als wir yetzund sprechen / zu Ehren allen gläubigen Seelen) vnd der ewigen rhu / hat C. Julianus Julius ain Rathsfreund / Bürger / vnd ain vierer / die da haben müssen recht sprechen dises orts / In seinem Leben im selbs / vnd Secundine Peruince seiner liebsten haußfrawen / die gegen im allen fleiß geprauchet hat / deren gleichen man nit findt / vnd die ain Exempel ainer sonderlichen keuschait gewesen ist / die da gelebt hat 45. jar / siben Monat / 21. tag / vnd deßgleichen seinen Sünen Julio dem Jüngern / Jucundo / vnnd Justo diese gedächtnuß machen lassen / weil Sy noch lebten.

Diser Stain ist vmb Biberbach / wie gesagt / gefunden worden / darauß man mag abnemen / das Biberbach ain alt Schloß / vnd herrlicher Sitz gewesen sey / vnd von den Römern erstlich erbawen. Es haben hernach die Inngebornen Landleut auch da gewont / sonderlich die Edelleut von Biberbach / welche / als oben auch gesagt / drey Biber in aim Schilt geführt haben. Warumb vnd wa her Sy aber diß Wappen genommen / acht ich die vrsach / das dises Schloß zwischen der Thonaw / vnnd dem Lech ligt / da findt man stättigs / vnd facht vil Biber / vorauß in der Thonaw / als auch Solinus bezeugt / im Buch von den Wunderwercken der welt. Es hat auch ain durchfliessend bächlin / darumb wirdts genendt Biberbach / wie diß Sprüchlin anzaigt.

Der Biber / vnd ain klainer bach / Ist meins namen Erste vrsach.

Das zwayvndsibentzigst Capitel.
Von Marschälcken / vnd Edlen von Dornsperg.

Hiltprand Marschalck von Rechberg / am Sun Herrn Vlrichs von Rechberg.

Anna von Biberbach.

Das Wappen der Marschalken (l.) und der Biberbacher (r.).
Abb. aus: Matthäus Marschalk von Pappenheim.

Daher sich die Edelleüt genendt / vnd ir Wappen darauff formiert haben. Vmb dise zeit ist alda gesessen Albrecht von Biberbach / wie man seinen namen im Closter Holtz noch findt / der hat ain ainige Tochter verlassen / die ward ainem Marschalck von Calatin verheyrat / von deß wegen hernach die gantz herrlichait / vnd das Schloß an die Marschälck von Calatin kommen ist /

Vnd diese Edelleüt / welche hernach Marschälck von Biberbach genandt wurden / haben das Clösterlin Sant Niclas im Holtz / das man sunst im Dorff Mutterhofen nennt / Sant Augustins Orden gestifft / welches gen Hamelberg tranßferiert ward von Conrado dem Bischoff von Augspurg / der gestorben ist Anno domini 1167. vnd ward zum andern mal von Hamelberg gen Augspurg von Vdalschalck dem Bischoff zu Augspurg tranßferiert / ist yetzt das Closter zum hailigen Creütz.
(Der besseren Orientierung wegen wurden die Abschnitte gegenüber dem Original z. T. neu gesetzt.)

Wienberg ist Weihenberg bei Wertingen, ein Frauenkloster, das Bischof Walter 1145 bestätigte. Die Edelfreien von Biberbach treffen wir um diese Zeit oft im Umkreis der Staufer. Wilhelm erscheint 1144 in zwei Urkunden König Konrads, sein Bruder Arnold taucht zwischen 1152 wiederholt im Umkreis Friedrich Barbarossas auf.[14]

Die Annalen des Klosters St. Ulrich und Afra aus der ersten Hälfte des 14. Jahrhunderts vermerken zum Jahre 1165 (in Übersetzung): *Im selben Jahr starb Hezilo, Abt der Heiligen Ulrich und Afra in Augsburg; dem folgte nach Uodalricus, der aus der Burg Biberbach stammte (de castro Biberbach exortus), der (dem Kloster) zwölf Jahre und drei Monate vorstand.* Zum Jahre 1175 heißt es: *In diesem Jahr wurde, nachdem Abt Uodalrich gestorben war, Heinrich von Maisach gewählt.* Die Angaben Matthäus Marschalks stimmen demnach nicht ganz mit den Annalen, die ihrerseits nicht richtig rechnen, überein. Wilhelm Wittwer erwähnt 1497 in seinem *Catalogus abbatum* zwar, dass unter diesem Abt mehrere liturgische Bücher geschrieben und bestimmte Güter erworben wurden, in der Bibliotheksgeschichte und in der Gütergeschichte spielte dieser Abt dennoch keine besondere Rolle.

Die Säkularisationen Herzog Arnulfs, die dieser vornahm, um die Abwehr der Ungarngefahr zu finanzieren, sind in der bayerischen Geschichte hinreichend bekannt. Die Chronik von Benediktbeuern, auf die sich Matthäus Marschalk offensichtlich bezieht, berichtet, dass man wieder begann das Land zu bewohnen, nachdem die Ungarn von den Baiern getötet worden waren. Sintpertus, ein Mann guten Angedenkens, habe begonnen das Dorf Biberbach (*villam Bibirbach*) zu bewohnen.

In der Tradition von Hl. Kreuz in Augsburg erscheinen Otto Marschalk von Biberbach und seine Frau Katharina als Gründer des kleinen Klosters bei der Nikolauskapelle in Muttershofen (Gem. Gablingen). Dieses wurde in den Jahren 1159/60 verwüstet (wovon Matthäus Marschalk nichts berichtet) und daraufhin von Bischof Konrad auf den Hammelberg (Stadt Neusäß) und dann an die Stelle des von Bischof Ulrich an der Stadtmauer in Augsburg gegründete Spitals verlegt. Der von Matthäus Marschalk für die zweite Translation genannte Bischof Udalschalk (1184 – 1202) findet in der Tradition von Hl. Kreuz keine Bestätigung.[15]

Matthäus Marschalk von Pappenheim, der sein Geschlecht auf die Calatini, die römischen Bürgermeister zurückgeführt hatte (s. o.), datiert den Beginn des Schlosses Biberbach ebenfalls in die Zeit der Eroberung des Alpenvorlandes durch die Römer, vertut sich dabei aber in der Zeit (15 nach statt 15 vor Christi Geburt). Als Zeugnis führt er einen alten Stein mit lateinischer Inschrift an, den man bei der Nikolauskapelle gefunden habe. Der Stein liege bei Dr. Konrad Peutinger und dort hat Matthäus Marschalk die Inschrift wohl abgeschrieben und für das Buch ins Deutsche übersetzt. Matthäus Marschalk, der zum Humanistenkreis um Konrad Peutinger gehörte, kannte wohl auch dessen Sammlung von Altertümern, sicher auch dessen kleine Schrift darüber.

In dieser wird die Inschrift mit dem Hinweis, der Stein stamme aus der zwei Meilen entfernten Nikolauskapelle, wiedergegeben. Das bezieht man aus Augsburger Perspektive auf das kleine, mit St. Ulrich und Afra eng verbundene Kloster in der Wagenhals-Vorstadt östlich des Roten Tores. Markus Welser bemerkt im Anhang zu seiner Chronik von 1595 (Antiqua Monumenta, 16 Nr. 15): *In der Peutinger Hauß / dahin es auß S. Niclaus Kirchen / welche ausser der Statt gestanden / gebracht worden.* Damit ist eindeutig das Kirchlein des Benediktinerinnenklosters gemeint, das 1537 aufgehoben wurde. An einer anderen Stelle hatte sich Peutinger geäußert, der Stein sei in einem Dorf bei der Burg Biberbach gefunden und in seinem Anwesen unter seinem Schlafzimmer in die Mauer eingefügt worden. Klärung in die etwas verworren scheinende Situation brachte dann Johann Nepomuk von Raiser: Der aus einem Dorf bei Biberbach stammende Stein wurde zunächst nach St. Nikolaus bei Augsburg und von da um 1534 in das Peutinger Haus gebracht. Der Stein befindet sich noch heute, eingemauert in eine Außenwand, im Peutinger Haus. Das D(is) M(anibus) fehlt allerdings, Peutinger scheint es, weil es bei Weihesteinen durchaus üblich war, in seiner Publikation ergänzt zu haben.[16]

Der Holzschnitt, den der Herausgeber von Matthäus Marschalks Geschichte zum Schloss Biberbach bringt, ist eine reine Phantasiedarstellung. Den gleichen Holzschnitt verwendet er für Calatin (XXVIII), Kühlenthal (LI) und Pappenheim (LXXVI). Die Angaben, die er verbal zum Schloss macht, lassen sich nicht ohne weiteres in Einklang bringen. Das große Schloss sei von einer gewaltigen Mauer umgeben gewesen, worauf noch der äußere Turm und der innere Turm beim Tor hinwiesen. Daneben gab es einen kleinen Turm mit einem Tor, der noch der *Türlißthurn* hieß und durch den die Landstraße ging. Diese Durchfahrt könnten zwei Bilder von 1693 an der Emporenbrüstung der Wallfahrtskirche meinen (s. Fb 4b). Des weiteren standen noch ein starker Turm und ein Haus an der Mauer. Der Torturm, durch den die Landstraße führte, kann sich nur auf Biberbach beziehen; für Markt ist er aufgrund der topographischen Lage nicht möglich. Über die Burg Markt sind wir durch das detailreiche Bild aus der Zeit um 1570 gut unterrichtet; mit ihm lassen sich die Angaben Marschalks von Pappenheim nicht in Einklang bringen. Die Biberbacher Burg wurde gegen Ende des 14. Jahrhunderts zerstört, die Pappenheimer wohnten auf Markt. Es überrascht, dass zur Zeit Marschalks von Pappenheim in Biberbach noch so viele Relikte der großen Burg standen.[17]

Als man 1854 in <u>Gersthofen</u> die alte Pfarrkirche abbrach, um Platz für einen Neubau zu schaffen, fand der leitende *Civilbauinspektor* Freiherr v. Stengel neben vielen Tuffsteinen auch eine größere Anzahl Stücke härteren Kalksteins. Seiner Aufmerksamkeit ist es zu danken, dass schließlich ein dem Merkur gewidmeter Votivstein, zwei Merkurstatuen und ein Merkurkopf sowie eine Geniusfigur gefunden wurden. Die Fundstelle liegt nahe der Via Claudia und Merkur ist der Gott des Handels. Von Anfang an hat man auf einen Merkurtempel geschlossen, doch das galt als Hypothese. Dr. Leo Weber, der langjährige Leiter des Römischen Museums, verweist darauf, dass die Figuren in Zweitverwendung und nicht auf ihrem ursprünglichen Aufstellungsplatz gefunden wurden (und daher von irgendwoher geschleppt sein können) und dass Grundrisse fehlen. Dr. Wolfgang Czysz dagegen spricht unbedenklich von einem Merkurheiligtum.

Kaplan Albert Grimm (Kirchliche Altertümer und Kunstdenkmale im Archidiakontasbezirk Augsburg, in: Archiv für die Geschichte des

Bistums Augsburg 1, Augsburg 1856, 461–494) sah darin einen Ansatz für frühes Christentum. Er schrieb 1856:

(T 2) *In Gersthofen war also eine Römerkolonie. Nun waren es aber bekanntlich gerade die von den Römern bewohnten Orte, nach welchen in Deutschland zuerst das Christenthum verpflanzt wurde, wo zuerst, häufig an den Stätten der Götzentempel und aus deren Trümmern, christliche Kirchen erbaut wurden. Daß dieses auch in Gersthofen so gegangen, beweisen deutlich die ausgegrabenen Altar-, Statuen- und Tempelreste.*

Merkurrelief aus Gersthofen. Auf dem Geldbeutel in der linken Hand des Gottes sitzt Amor.
Abb. aus: Krauße, Johannes: Chronik Gersthofen, Gersthofen 1989, 73.

Von jener ersten, im 4. oder 5. Jahrhunderte hier erbauten Kirche ist freilich keine Spur mehr vorhanden; diese mag schon unter den verheerenden Stürmen der Völkerwanderung oder bei den Zügen der Ungarn zerstört worden seyn. Dagegen beurkundet der alte noch vorhandene Turm mit steinernen Zügen, daß in Gersthofen (Gerfredeshofen, Gershofen) schon frühe wieder ein würdiges, von Steinen erbautes Gotteshaus errichtet worden.

Das Jacobus-Patrozinium an Altstraßen verweist zwar auf den Kult des Heiligen in Compostela, der in Augsburg seit dem Ende des 11. Jahrhunderts wirksam wird, doch gibt es auch, wenn auch nur vereinzelt, Patrozinien, die ins frühe Mittelalter zurück reichen. Mit guten Gründen darf man annehmen, dass der römische Herrenhof im germanischen Maierhof seine Fortsetzung fand. Er stand etwas außerhalb der Siedlung, sein Ackerland lag in nächster Nähe, auf seinem Areal wurde die Kirche gebaut und man entdeckte dort eine karolingische Scheibenfibel.[18]

Albert Grimm (s. o.) zitiert aus einer Beschreibung der Pfarrei Leitershofen, die Pfarrer Biechele um 1726 verfasst hat:

(T 3) *Die Kirche ist uralt, und schier zu zweifeln, ob sie nit von der Heidenschaft herkomme; dann noch nit vor vielen Jahren hinter dem Altar ein steinerner Tisch, dessen zerfallene Trümmer noch auf dem Freithof liegen, gestanden, in Figur wie vor Alters die Heiden ihre Brandopfer darauf gehalten. Es gibt auch der Augenschein noch, daß vor Alter kein förmlicher Thurm allda gewesen, sondern erst auf das vordere Theil gebaut worden, mit gebrochenen Steinen, dagegen die alte Mauer mehrertheils von Tuffstein und eingeworfenen Kislinstein auf die alte Manier gebaut ist.*

Offensichtlich in Unkenntnis eines romanischen Altars interpretiert der Pfarrer das ausrangierte Stück als heidnischen Brandopferaltar. Von der Hand zu weisen ist allerdings seine Interpretation nicht, denn das Baumaterial des Fundaments der ältesten festgestellten Kirche bestand vorwiegend aus römischem Abbruchmaterial in Form kleinerer und mittelgroßer Handquader aus Tuff- und Kalkstein.[19]

Den drei Texten aus dem 16., 18. und 19. Jahrhundert ist gemeinsam, dass von römischen Fundstücken auf römische Siedlungen geschlossen wird. Die Frage der sehr häufigen Zweitverwendung behauener römischer Steine war nicht bewusst. Wie weit diese transportiert wurden, bleibt ungewiss, wohl nicht zu weit und kaum, wie Leo Weber meint, von Augsburg nach Gersthofen. Die Funddichte in Gersthofen unweit der Via Claudia lässt kaum Zweifel an einer römischen Siedlung aufkommen.

Aber auch romanische Kunstwerke wurden als römische Kunstwerke interpretiert. Anlass dazu boten die Fratzenköpfe am Kirchturm in Wehringen.[20] Josef Rühfel (s. S. 35–39) gab die Meinung seiner Zeit wieder (Rühfel, Volkskundliches, 132 Nr. 1):
(**T 4**) *Die Wehringer Kirche soll ursprünglich ein Götzentempel gewesen sein, der Turm ein Römerturm. Außen und innen sind steinerne Häupter eingemauert. Unter dem Anwurf seien noch alte Bilder verborgen.*

Die Autoren dieser Texte erzählen Gründungsgeschichten, die keineswegs auf gesicherten historischen Fakten beruhen und insofern kann man sie den Sagen zurechnen. Als richtige Sagen kann man sie dennoch nicht bezeichnen, aber Ansätze dazu sind vorhanden. Ob sich aus diesen Ansätzen Sagen entwickelten, wissen wir nicht, da dazu die Texte fehlen.

Klostergründungen

Die Klosterlandschaft des Landkreisgebietes war dichter, als es heute den meisten bewusst ist. Zu den bekannten Klöstern Oberschönenfeld, Holzen, Thierhaupten und Klosterlechfeld kommen die Klöster in Salmannshofen und Welden und die nur kurzlebigen Klöster in Violau, Leitau, Hausen (bei Heretsried), Muttershofen und Hammelberg (s. o.).[21]
Von keinem der mittelalterlichen Klöster kennen wir ein genaues Gründungsdatum. Klöster treten ins Licht der Geschichte, in einer Urkunde oder in einer historischen Notiz, nachdem sie bereits längere Zeit existierten. Wenn man sich, oft erst Jahrhunderte später, für die Anfänge interessierte und das Archiv keine Antwort gab, konstruierte man Gründungsgeschichten und brachte die Gründung mit bekannten Persönlichkeiten in Verbindung.[22]

Fratzenkopf (Maske) an der Südseite des Kirchturms in Wehringen.
Abb. aus: Pötzl, Kunstgeschichte, 21.

Klostergründungen des hohen Mittelalters

Holzen
ca. 1150 (-1170)
Doppelkl. -1802

Thierhaupten
(750?), 1028 - 1802

Meinhartshofen

1401

Salmannshofen
ca. 1280 - 1401

Hausen
vor 1280

Muttershofen
1154 - 1158/60

Heszilinbach
(12. Jh.), 1261

Hammel
(1160 -) v. 1167

Augsburg
HL Kreuz
1167 - 1802
St. Margareth
1261

Oberschönenfeld
v. 1248 - 1802

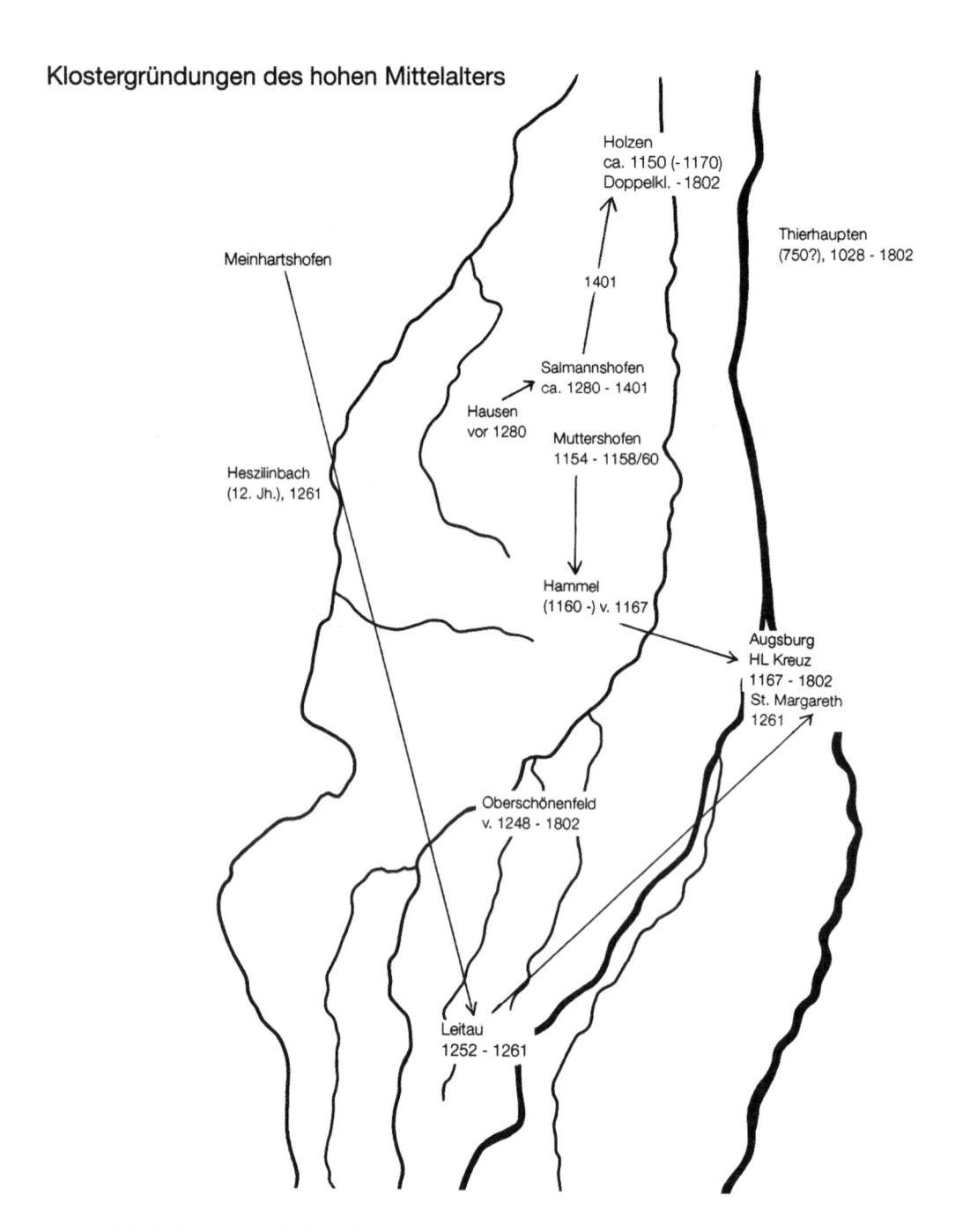

Leitau
1252 - 1261

Abb. aus: Pötzl, Kirchengeschichte, 65.

54

Dabei war man sich nicht immer bewusst, dass die Gründer im Nekrolog stehen, weil man im Totengedächtnis für sie betete. In Oberschönenfeld gedenkt man noch heute am 9. November der Gründerin Mechthild von Kemnat, im Nekrolog von Thierhaupten fehlt Tassilo, den die Legende in Anspruch nimmt, und gerade deswegen kommt er als Gründer kaum in Frage.

Dennoch ist Thierhaupten das älteste Kloster auf dem Landkreisgebiet, ein Kloster in Münster in den Stauden, das aus dem Ortsnamen und dem Benedikt-Patrozinium konstruiert wurde, lässt sich nicht erweisen.[23]

Herzog Tassilo als Gründer von Thierhaupten

Im seit den 20er Jahren des 11. Jahrhunderts gesicherten Kloster Thierhaupten bildete sich spätestens im 14./15. Jahrhundert die Tradition, Herzog Tassilo habe das Kloster gegründet. Das ist nicht ungewöhnlich, denn damals nahmen viele bayerische Klöster Tassilo als Gründer in Anspruch. Tassilo war eine typische „Kristallisationsgestalt".[24] Der Historiograph Bernhard von Kremsmünster (gest. ca. 1326) rechnete in seiner *Narratio* zu den berühmten Klöstern, die Tassilo gegründet habe, Kremsmünster, Lorsch und Wessobrunn. Nach ihnen nennt er, eingeleitet mit einem „ebenso", vier weitere Klöster. Die nächste Gruppe setzt er deutlich ab: „Ebenso soll er gebaut haben ..." Er lässt sechs Zeilen frei, in die eine andere Hand zehn Klöster eintrug, an 8. Stelle Thierhaupten (an 9. und 10. Stelle Neresheim und Schwäbischwörth, gegründet 1095 bzw. vor 1049). In seiner *Historia* zählt er neben Kremsmünster 14 weitere Tassilo-Gründungen auf, an letzter Stelle Thierhaupten. Der Historiograph beabsichtigte mit diesen Aufzählungen offensichtlich eine Erhöhung des eigenen Klostergründers. Die Behauptung, Tassilo habe Thierhaupten gegründet, geht von der Aufzählung in diesen Listen aus. Bernhard von Kremsmünster erzählte für sein Kloster folgende Legende: Als Tassilo in der damals noch wüsten Gegend von Lorsch weilte, habe sein Sohn Gunther auf der Jagd einen Eber verfolgt und diesen auch getroffen, doch das Tier habe schließlich Gunther tödlich verletzt. Als Tassilo in einer stürmischen Nacht Totenwache hielt, sei ihm ein Hirsch erschienen, der ihm bedeutet habe, wo er den Leichnam begraben und ein Kloster stiften soll. Wann diese Legende von Kremsmünster nach Thierhaupten wanderte, wissen wir nicht. Erstes Zeugnis dafür ist nicht ein schriftlicher Bericht, sondern das Wappen auf dem Siegel des Abtes Ulrich Fuchs von 1449, das eine Hirschkuh zeigt.

Siegel von Abt Ulrich Fuchs von 1449 mit der Hirschkuh im Wappen.
Abb. aus: Pötzl, Kirchengeschichte, 62.

Den ersten schriftlichen Hinweis auf die Legende, allerdings nicht auf die Hirschkuh, sondern auf den Eber, der Tassilos Sohn tötete, finden wir im 51. Kapitel bei Matthäus Marschalk von Biberbach (s. o. S. 31f):

Grab des sagenhaften Tassilosohnes Gunther in Kremsmünster. Auf der Grabplatte aus der Zeit um 1300 liegt auch der Eber.
Abb. aus: Wutzel, Otto: 1200 Jahre Kremsmünster. Stiftsführer, Linz 1977, 78.

(T 5a) *Das ainvndfünfftzigst Capitel. Wa die Edelleüt von Biberbach ir begrebnuß haben vnd von dem Closter Thierhaupten.*
Wa die Edlen von Biberbach ir begrebnuß haben gehabt / kann man nit grundtlichen wissen / ettlich mainen Sy ligen zu Sant Vlrich zu Augspurg / aber das baß zu glauben ist / so acht ich / Sy ligen zu Thierhaupten im Closter / weil es zu irer zeit in großem aufnemen vnd würden gewesen ist / vnd dartzu gar nahend gegen Biberbach schlecht über den Lech hinüber ligt. Dises Closter Thierhaupten hat den namen von ainem Wilden Schwein / das auff ainem gejaid des Hertzog Thessels Sun zu tod gehawen hat. Die Münch seind Benedictiner Ordens / im Bistumb Augspurg. Ist erstlich gestifft vnd angefangen worden in den Ehren Sancti Petri vnd Pauli der Apostel / von dem gwaltigen vnd mächtigen Hertzog Thessel auß Bayern Anno domini 750. zur zeit Pipini des Künigs inn Franckreich / der ain vatter war des großen Kaiser Carls / wie man aigendlich im Closter Krembsmünster läßt. Zum andern mal ists aber gestifft worden Anno 846. von Lothario des Kaisers Ludouici Pii Sun / der wurd auch der ander stiffter diß Closters genennt / Vnd diser Lotharius thailet zu letst seine land vnder die kinder / vnd gieng in das Closter Prumia in Lothringen / das Er auch gestifft hette / nam den Orden an / vnd ward ain Münch / hat daselbst Gaistlich in großer andacht gelebt. Er hat diesem Closter ain pfund lötigs gold verschafft vnd geschenckt Anno 850. ist darnach gestorben Anno 855. Nachdem ist das Closter von den Haunen vnd Vngern / oder als etlich wöllen / von Arnulpho Hertzogen in Bayrn / mit dem zunamen der böß / zerstört worden / Vnd zum dritten mal auffgericht vnd gebawen worden von dem Hochwirdigen Herrn Gebhart Bischofen zu Regenspurg / der ain Graf war von Wittelspach / vnd von seinem bruder Rabotho Anno domini 1022. vnder Kaiser Hainrichen dem andern. Also sag ich / das die Edlen von Biberbach zu Thierhaupten ir begrebnuß haben gehabt / vnd dem Closter vil guts thon.

(baß = böse, schlecht; schlecht = gerade; gejaid = Jagd; vatter = verdruckt für vetter; Haunen = Hunnen)

Matthäus Marschalk von Biberbach beschäftigte sich mit Thierhaupten, weil er dort die Grablege der Edlen von Biberbach vermutete (was aber durch das Nekrolog nicht bestätigt wird). Wie andere Historiker seiner Zeit (Veit Arnpeck, Johann Staindel) hielt er Thierhaupten für eine Tassilo-Gründung, setzte aber dann eine zweite Gründung für das Jahr 846 durch

Kaiser Lothar an. Johannes Aventin, der große bayerische Geschichtsschreiber, hielt Lothar I. überhaupt für den Gründer Thierhauptens. Die Lothar-Tradition basiert auf dem Nekrolog von Thierhaupten, in dem am 3. Dezember an Lothar I. erinnert wird, doch auf Anfang Dezember fällt nicht der Todestag Lothars I. (gest. 855 IX 29), sondern der Todestag Lothars III. (gest. 1137 XII 4). Bei einer späteren Abschrift dürften die beiden Herrscher verwechselt worden sein. Matthäus Marschalk jedenfalls hat sich sehr um die Geschichte Lothars I. bemüht. Er versucht eine Synthese zwischen der Tassilo-Tradition und der Lothar-Tradition, indem er eine zweite Gründung durch Lothar ansetzt, ohne zu erwähnen, dass das Kloster vorher untergegangen ist. Zerstört wurde Thierhaupten dann durch die Ungarn, oder, wie etliche sagen, durch Herzog Arnulf mit dem Zunamen „der Böse" (s. o.). Mit der nach seiner Version dritten Gründung durch Bischof Gebhard von Regensburg betritt Matthäus Marschalk historisch gesicherten Boden. Seine Argumentation, die Edlen von Biberbach hätten in Thierhaupten deswegen ihre Grablege gesucht, weil dieses Kloster zu ihrer Zeit in großem Ansehen stand, findet in der Klostergeschichte eine gewisse Bestätigung.

Abt Joachim Fendt (1547 – 1553) ließ die Gründungslegende in lateinischen Versen, die der Dichter Kaspar Brusch verfasst hatte, an der Klostermauer festhalten (in Übersetzung):
(**T 5b**) *Tassilo, Herzog der Baiern und Langobardischer König,*
von Odilo und Hiltrud, der Schwester König Pippins gezeugt,
hat zuerst den Höchsten dieser Altäre und heiligen Gebäude errichtet,
damit dort die versammelte Gemeinschaft der Mönche
dem gezeugten Herrn, dem Vater und dem Geist, dem dreieinigen Gott, diene.

Er hat mit einzigartigem Mut die Gründung vollzogen, weil er (während er als Jäger in Raetien Nachstellungen den wilden Tieren bereitete) den Sohn verloren hat, der von einem wilden Tier in dieser Gegend verletzt und getötet wurde.[25]

(dem gezeugten Herrn = Anspielung auf das „gezeugt, nicht geschaffen" im Credo)

Der Benediktiner Jean Mabillon (1632 – 1707), der Begründer der wissenschaftlichen Diplomatik und Paläographie, schrieb im zweiten Buch seiner 1704 in Lüttich herausgekommenen *Annales Ordinis S. Benedicti* (S. 242) zu den drei im Jahre 777 in Deutschland gegründeten Klöstern (in Übersetzung):
(**T 5c**) *Es wird überliefert, dass das zweite Kloster Thierhaupten (Thierauptense) ist, das der Herzog Tassilo in der Diözese Augsburg, unweit des Lechs, am sehr fischreichen Fluss Ach, drei Meilen von Augsburg und zwar zur Ehre des hl. Petrus gegründet hat. Wenn man den allgemeinen Angaben glauben kann, war Ulinus der erste Abt des Ortes, dem Wilhelm folgte. Man sagt, der Anlass zur Klostergründung sei der Tod von Tassilos Sohn Gunther gewesen, der während der Jagd von einem wilden Tier getötet worden sei.*
Mabillon wusste natürlich, dass man die gleiche Legende in Kremsmünster erzählte.

Neben der in den Grundzügen aus Kremsmünster stammenden Legende, die aber nicht den Hirsch als weisendes Tier übernahm, kam eine andere Version auf. In ihr steht der jugendliche Herzog selbst im Mittelpunkt, der sich auf einer Jagd in dieser Gegend verirrt und daraufhin das Gelübde getan habe, wo er wieder zu den Seinen stoße, ein Kloster zu gründen. Diese Version taucht erstmals 1735 bei Agnellus Candler, dann 1753 bei Coelestin Leuttner auf.

Agnellus Candler gab in München sein Buch *Arnolphus Male Malus Cognominatus* heraus. Er kannte offensichtlich den Mabillon-Text, denn er schreibt von der fischreichen Ach und von den drei Meilen nach Augsburg, ergänzt aber, dass es ebenso viele Meilen nach Schwäbischwörth sind. Als Gründungsjahr nennt er allerdings das Jahr 750, das er in Thierhaupten auf einer Inschrift gefunden habe. Der entscheidende Satz zur Gründungslegende lautet (in Übersetzung):

(**T 5d**) *Anlass der Gründung waren Irrtümer in den Wegen, auf denen der Herzog auf der Jagd eine Hirschkuh verfolgte und sich verirrte; daraus konnte er sich nicht herausarbeiten, bevor er ein Gelübde getan hatte, den Dienern Gottes ein Haus zum Gedächtnis der Apostelfürsten zu errichten.*

Als 96 Jahre seit dem ersten Bau das Gebäude durch einen unheilvollen Brand in Asche gefallen war, wurde es durch die Großzügigkeit Kaiser Lothars 846 von neuem errichtet; von daher kommt es vielleicht, dass Aventinus Lothar als ersten Begründer dieses Klosters begrüßt. Ein weiteres Mal wurde das Kloster von den Ungarn verwüstet, von Bischof Gebhard von Regensburg und seinem Bruder Rapoto aber restauriert im Jahre 1022, wie ein im Kloster existierender Inschriftstein anzeigt.

Als Anlass für die Wiedererrichtung durch Kaiser Lothar, die er in das Jahr 846 setzt, sieht Candler ein Brandunglück, als Anlass für die Gründung durch Bischof Gebhard im Jahre 1022 die Zerstörung durch die Ungarn. Der Inschriftstein, auf den er sich bezieht, enthielt allerdings nicht die Jahreszahl 1022, sondern die Jahreszahlen zur Regierungszeit des Abtes Himbrico, 1028 und 1036.

In seiner *Historia Monasterii Wessofontani*, die 1753 in München und Freiburg i. B. erschien, schreibt P. Coelestin Leuttner, Sekretär der Bayerischen Benediktinerkongregation, zu der auch Thierhaupten gehörte, in Kapitel I, § IV (Bischofskirchen und Klöster, die Tassilo gründete oder förderte), Abschnitt 22 (in der Übersetzung von Adalbert Mayer und Erika Schelb):[26]

(**T 5e**) *Kloster Thierhaupten*
Nach ältester Überlieferung wurde dieses Kloster in Oberbayern nach der Regel des heiligen Benedikt von unserem Thassilo gegründet.

Tassilo-Statue um 1700 in einer Wandnische der ehemaligen Klosterkirche. Die Stifterschaft Tassilos für das Kloster Thierhaupten ist allerdings zweifelhaft. Abb. aus: Geschichte Thierhaupten, 193.

Als der Herzog auf der Jagd ein wildes Tier verfolgte, vom Weg abkam und sich verirrte, versprach er, ein Kloster für die Diener Gottes zu gründen, wenn er unversehrt bliebe. Daher zeigen die Insignien bis heute einen Hirschkopf, der von einem Pfeil durchbohrt ist. Aventin gibt Kaiser Lothar als Gründer dieses Klosters an. An anderer Stelle aber nennt er deutlich Thassilo als Gründer. Was soll man erst dem nichtkatholischen Gasser glauben, er habe die noch früheren Anfänge dieses Klosters gefunden, und der Dinge behauptet, die nicht einmal Aventin zu sagen wagt?

Der Text zeigt, wie sehr Aventin als Autorität geschätzt wurde. Achilles Pirmin Gasser (1505 – 1577), ein humanistischer Universalgelehrter, verfasste 1576 die *Annales Augustani*. Er bezeichnet Herzog Odilo, den er für den Bruder (nicht den Vater) Tassilos hielt, als Gründer Thierhauptens. Er redet nicht vom Kloster, sondern vom *Monachorum collegium*, das nahe beim Lech lag. Uttino sei dessen erster Abt gewesen. Ein Wappen, auf dem die Hirschkuh von einem Pfeil durchbohrt wird, ist nicht bekannt.[27]

Für diese Version entschied sich der Abt, als er Franz Josef Maucher 1762 beauftragte, ein Fresko über der Orgelempore zu schaffen. Es zeigt Herzog Tassilo in der Position des Votanten. Die Hirschkuh ist wohl eher als weisendes Tier, denn als verfolgtes Tier zu deuten. Mit diesem Fresko reihte der Abt den als Stifter angesehenen Tassilo an die Heiligen an, was in den Bildprogrammen barocker Kirchen auch sonst vorkommt (vgl. z. B. Irsee). Sonst ist Tassilo heute noch in Thierhaupten gegenwärtig in der Stiftertafel aus dem Beginn des 17. Jahrhunderts (im ehemaligen Kapitelsaal), auf dem Hochaltarbild aus dem Ende des 17. Jahrhunderts und in der Tassilostatue aus der Zeit um 1700.[28]

Alexander Schöppner (s. S. 33) publizierte diese Version der Legende, verzichtete aber aus unerfindlichen Gründen ganz auf die Hirschkuh (Schöppner, Sagenbuch Nr. 443):

(T 5f) *Tassilo, Herzog in Bayern, befand sich in der waldreichen Umgegend Thierhauptens auf der Jagd. Da er nun einem Wilde nachjagte, und sich dabei verirrte, machte er das Gelübde, wann er wieder zu den Seinigen gelangen sollte, wollte er Sankt Benedikten ein Kloster erbauen. Dieß geschah und das Kloster führte davon ein Wild im Wappen.*

Zur Frühgeschichte Thierhauptens bringt Prior Georg Beck (s. u. unter Holzen) folgende Passage:

(T 5g) *Das vierte Capittel meldet in waß für vnderschiedliche Clöster sich der Hölzer Innwohnente Anachoriten begeben.*

Nach Stifftung deß würdigen Gottshauß Thüerhaubten, Benedictiner Ordens in Obern, Augsburger Bißtumbs, in der ehr SS. Petri et Pauli, von dem großmechtigen Herzog in Bayrn Tassilone Anno 750 wohneten ire etlich Anachoreten in der gegendt herumb des Lechs, da iezt Khillenthal, etwan ein Graffschafft, Nachmahls Anno 1270 von den Truchsässen von Dornsberg bekrieget, welche gleichfals selbige wider verkhaufft Marquarden von Randeckh, Bischoffen in Augsburg Anno Christi 1361 … Vnder andern Eremiten was einer mit Namen Vlinus, welcher, wie glaubhafftig, Herzog Tassiloni sondern Commendiert worden, wahre deßwegen zur Prälatur beruffen, Anno 752, welchem succediert Gulielmus, nachmal Madogoldus, glaublicher Mangoldus.

Einsiedler spielen in den Vorgeschichten von Klöstern oft eine Rolle (z. B. Irsee). Die Äbte Ulinus und Wilhelm stehen im Thierhauptener Nekrolog, Ulinus, als erster Abt dieses Ortes, am 2. Januar, Wilhelm am 24. Mai.[29]

Hirsch (und Hirschkuh) sind in der griechischen und in der germanischen Mythologie gegenwärtig, spielen aber auch bei christlichen Autoren der Antike und des Mittelalters eine Rolle. Nach der Legende erliegt der Hirsch einem starken Durst, weil er Schlangen vertilgt. Der Physiologus, das älteste und meistverbreitete Tierbuch des christlichen Mittelalters, bezeichnet den Hirsch als Christus, der die Schlange, d. h. den Teufel, mit himmlischem Wasser tötet. Besonders deutlich wird die Christussymbolik des Hirsches in der Legende des Hl. Eustachius, der an einem Karfreitag auf der Jagd die Vision eines Kreuzes zwischen den Geweihstangen eines verfolgten Hirsches gehabt habe. Eustachius gehört zum Kreis der 14 Nothelfer, die schon vor dem „Ereignis", das dann zur Gründung von Vierzehnheiligen führte, verehrt wurden. Im 15. Jahrhundert wurde die Eustachius-Legende auf den Hl. Hubert übertragen, mit dem sie noch größere Popularität erlangte.[30]

Jörg Kastner liegt wohl richtig, wenn er den Jagdszenen der Tassilo-Legende Gleichnischarakter zuschreibt und sie aus der mittelalterlichen Allegorese erklärt. Mit der Symbolgestalt des Hirsches verbindet sich allerdings das Motiv der weisenden Tiere, das in den Wallfahrtslegenden häufig auftritt (s. u.).

Die Gründung des Doppelklosters Holzen

Auch die Gründungsgeschichte von Holzen lässt sich nicht ganz von der Legende lösen, doch ist davon nicht die Existenz des Klosters seit der Mitte des 12. Jahrhunderts betroffen. Diese wird in Urkunden der Päpste Eugen III. (1153) und Lucius III. (1183) gesichert. Lucius nahm die Nonnen des Klosters des Hl. Johannes Baptista am Neuwasser unter seinen Schutz und bestätigte die freie Wahl des Meisters. In einer Urkunde aus dem Jahre 1180 erscheint unter den Zeugen der Priester Heinrich vom Holz, der 1183 als Propst genannt wird. Pröpste als Vorsteher des kleinen Männerkonvents vertraten das Doppelkloster nach außen, Meisterinnen standen an der Spitze des Frauenkonvents.[31]

Kloster Holzen unten am Berg auf der Landtafel von Joh. A. Rauch 1613/14.
Abb. aus: Pötzl, Kirchengeschichte, 110.

Pater Georg Beck (1576 – 1619), unter Abt Leonhard Hörmann (1602 – 1621) Prior in Hl. Kreuz in Donauwörth, verfasste Chroniken mehrerer Klöster, darunter 1607 auch eine von Holzen.[32] Das Titelblatt der Chronik von Holzen lautet:

(**T 6a**) *RELATIO von der Fundation des würdigen Gottshauß Anfangs zum Newen Wasser, Nachmals zum Holz genannt Auß den ältisten Cronicis, geschicht vnd Jarbüechern, souil dismals hat könden erkhündigt werden, aufs fleissigst zuesamen getragen vnd gezogen./ Gott zue Ewigem Lob, Dem Gottshauß zue Lieb, der E(hr)w(ürdigen) F(rau) Anna Maistrin*

sambt ganzer Gottergebener gaistlicher Congregation zu sonderngebürenden gefallen ANNO XPI MDVII.
(Am Ende des 10. Kapitels schreibt er:)
Item da Bischoff Conrad, ein Graf von Lüzelnstain, ein Ellsässer, bei leben war Anno 1152 Ist Marquardus Marschalckh von Darnsberg vnd Bobingen bei Leben gewest. Dieser sambt seinem Sohne Othone verlassen gebürlichen tail Ire Erbschaft von der Herrschafft Dornsperg, geben grundt vnnd Boden sambt ganzer Hofstatt Zue S. Johannis Capellen Im selben Jar Anno MCLII welches anfangs alles schlechtlich mit einer zeunene huett verwahret, bey nebn liegendts Holz auch mit einer schlechten Höggen bis an graben ist umbgeben worden.
Daß XI. Capittul. Aigentlicher Bericht vom Stiffter Marquarden, was Ine bewögt zum Gaistlichen Standt.
Otto der Elffte Sohn Marquardi Nachdem er sich seines vätterlichen Erbes zue Darnsperg verzihen, hat er sich mit Bobingen beschlagen lassen, dann da sein beliebter Vatter tödtlich Kranckh lage vnd nun gleichsamb das Sterbstündlein vorhanden, das er solt diesen Zehrntal valediciern vnd abgnaden, Sein zersterblich Cörpel der erden geben, vnd um die Seel ein unbekhandten Weg zum particular vnd gestrengen Richter Gottes wandern, vnd mer den mentschen nit nachvolgen als ein Lamp oder Leylach, darin der Cörper gefetschet wirdt. In diesem gedanckhen erhöbt er sein euferiste Zueflucht zue Gott, vouiert Ihme von Herzens grundt, so er wieder zue seinen Cräfften vnd gesundtheit khomme, wölle er nit allein all Sein Guett zuer Bawung eines Gotteshaus darstrecken, sonder selbsten auch den gaistlichen Standt eintreten, alle beste Affecten Mentschliche defecten, vbertrettung seines zuegebrachten Lebens Seinem äußersten Vermögen noch außtilgen, abliegen vnd durch leibs mortification abbiessen. Die Allmacht Gottes hilfft Ihme wunderbarlich. Gedenckht auch alsbaldt an sein Gelibt, volstreckht dasselbige aufs eheist. Bekhombt Bald ein Zuegang von Ehrwürdigen, Edlen, Erbarn Personen, so wol von Mannß als Frauenbildern. Nennt das Gottshauß erstlich Newwasser, wegen für fliessendte Bachs. Damals hatten sie noch kein Regel, sonder Lebten nach der Appostolischen Lehr, da Inen Victus vnd Amictus noch Nott-nufft verordnet was. Bawet aines das andere in Übung aller christlichen Tugendten täglich auf, achteten diese auch mer, als Iren hochen stammen, Herkhomen vnd Ehrentittul Ihn gebott … Entlich da Sie die Hl. Regel S. Benedictus Vaters heyligen ErzVatters bekhamen, hüelten sie einige factis et moribus Volgt das XII. Capittel. Von Arnoldo vnd Gertrude Marquardi des Stiffters Leibliche Khündern (Arnold wird Converse, Gertrud will ihrem Vater und Bruder gleich sein, wird dann Meisterin).
Daß XIII. Capittel: Wie der Gaist Gottes Gaistliche Männer vnd Ehrwürdige Priester beriert vnd den Stifftern zuegesandt, Sie In dem fürnemen zuesterckhen.
Daß XIV Capittel Meldt von Sigofrido dem Priester vnd Probsten auch warumbe Er gleichfals ein Stiffter genent werde.
Habe mich vil bemiehet in stettem Lesen vnd Langem Suechen, ob ich finden möchte, wer dieser Sigefridus aigentlich gewesen, aber Nie nichts gewiß funden, doch Probierlich halte Ich ganzlich Er seye entweders des rechten grundes Stiffter Marquardi wo nit Brueder oder Sohn, doch negster befreundter gewest, Vrsachen dises, weilen eben in der Genealogia vnd dem Stammen Baum auf Othonem Als öltisten Sohn (Salvo meliori iudicia) Sigefridus volget, der gelebt Anno 1171. Fürß ander hett in Marquardus nit gleich anfangs zuo einem Priester weichen lassen, in sonderlich als ersten Priester dies orths er khiesen, vnd sich selbsten vnd sein Disciplin als ein Conuers mit den Sei-

nigen begeben, wenn er nit entweders auß seinen Stammen oder doch Sonst ein Kheren eines frommen gottseeligen gelertten vndt wol mortificierten Mannß gewesen.

Zum dritten hält mich gar nit ab, das in einem Vnbrauchsamen Calendario das Gottshauß gefunden württ also geschriben den 13. April Sigefridus de Stuelen. Seittemal wir aber gehörtt, die Dornsperger ihre Namen auch nach Iren Innhabenden Süzen geschöpffet haben, habe mich gleichwol vil bemüehet, entweders des orths Stuelen oder des geschlechts derselbigen Edlen, aber in kainem Thurnier Buech, darInnen vil hundert von Namen verfast, noch in keiner Mappa oder Landtaffel, von dem Fleckhen Stuelen nichts nit gefunden. (Spätere Notiz am Rand: Von dem Schloss Stuelen, Jetzt Mihlen Zwischen Welden vnd Feyhelau am end meldung).

Meinen Fundament vnd Grundt fölt nit vngeriembt bey dem was in der kürchen auf Pergament geschriben, vnder ein Alten geschmelzten glaß, daran der Stiffter Sein muetter vnd der Bischoff, darbei Er ordiniert gefunden worden, alß:

Anno Domini M.C.LXIIII sub Episcopo Augustano Conrado de Lizelstain vir virtutibus plenus nomine Sigefridus, praepositus et fundator huius incliti Monasterij Zum Holtz presbiter ordinatus est.

Anno M. C. XXX III Xi April diem obitus sui feliciter clausit in ipsa sacra gloriosimae Resurectionis vigiliam Cuius animam in Lucem sempternam collocare dignetur Amen DEVS. Merekhe souil auß disem Stylo, das Er nit alt ist, Lasse es gesein, das erst bey der E. W. F. Anna von Baldöck diese Schrifft In die zerbrochene glaß treuer eingefasst worden, wo aber hero es der Schreiber bekhommen, waiß Ich nit, allein gibe Ich zuerkhennen, dass Er auch kein recht clar Lauttere bericht der sachen gehabt.

Daß der ordination Sigefridi vnnder Conrado Bischoffen sich zuegetragen, Ist kundtbar, darauß Schließlich, das er ein Namhaffte Persohn gewest, weilen seiner weihung so ordenlich gedacht wirdt. Mueß auch (weilen er virtutibus plenus ain Mann voller Tugent genent würdt.) Ihn Hailigkeit des Lebens, anderen weit fürgeleichtet haben, hat in deß wegen Gott Zweifels ohne sonderlich prädestiniert, Zur ewigen Glorj, das er eben Sambstag vor Ostern mit Christo glorificierter gestalt solle Inns himlische Paradeiß transferiert werden. Das aber darfür gehalten wirdt, als wenn sein Muetter Demita oder Dietmundis, Diemuet genant neben Ihme Khnient im glaß erschiene, lasse Ichs darbei beruehen, beneben genzlich halte, Sie sey Marquardi Ehegemahl gewest, vnd Sigifrid neben Othone, Arnulpho vnd Gertrude ein Sohn verbleibe, wie aber wenn es Gertrudis die erste Maisterin wehre, welche danache vil Leicht den Orden noch nit lang angetreten!

Möchte aber einen bedenkhen machen, warumbe von souilen Stifftern meldung beschehe, wie vnd was gestalt Er Sigefridus fundator genent werde, Antwortt beschließlich auß dem daß er auch Fundator genent wirdt, ist noch einmal greiflich, das er ains mit den ersten geschlechts gewest, vnd deß wegen Fundator genent würdt, weilen er Pater praepositus, vnd in spiritualibus Als anfänger vnd Gaistliche Disciplin forttPflanzung gewest.

Nach dises Tugendtreichen Mannß Sigefride Priesterweihe, als ahn von tausent Einhundert viervndSechzigisten Jahr huebe erst an die Closterliche Zucht, sowol vnder Mann als Frauen Bilder, Lebte obberierter Gottseeliger Probst noch 19 Jahr, allen ein Zier, Liecht vnd Exempel der Volkhommenheit. Er hat des Gotteshaus namen geendert, In dem es Zuuor Zum newen wasser genet waß, Nennt er's Zum Holz, Zweifels ohne wegen vmbligendes Gestreüß vnd gehülz.

(Darnsberg = Donnersberg, heute Donnsberg (Gemeinde Nordendorf);[33] Zehrntal = Tal der Zähren, d. h. Tränen; valedicieren = Lebe wohl sagen; mortification = Abtötung; Victus und Amictus = Nahrung und Kleidung; factis et moribus = Regeln und Gebräuche; salvo meliori iudicia = mit wirklich besseren Gründen; converse = Laienbruder; Kheren = Umkehr; mortificieren = abtöten; Stuelen = Stuhlenmühle nö. Wörleschwang an der Zusam; Feyelau = Violau; Inschrift 1: Im Jahre des Herrn 1163, unter dem Augsburger Bischof Konrad von Lizelstein, ist der Mann voll von Tugenden namens Sigfried, Propst und Gründer dieses bekannten Klosters zum Holz, zum Priester geweiht worden; Inschrift 2: Im Jahre 1183 am 11. April hat er den Tag seines Weggangs glücklich beschlossen, an der Vigil der glorreichen Auferstehung; Gott möge seine Seele beim ewigen Licht unterbringen. Amen.; E. W. F. = ehrwürdige Frau)

Anna von Rehlingen wurde am 21. April 1603 zur Meisterin gewählt, wird aber seit 1606 auch als Äbtissin tituliert. Bischof von Augsburg war seit Mitte 1152 (bis 1167) Konrad aus dem Geschlecht der Edelfreien von Hirscheck (bei Eichstegen, Kreis Saulgau). Die Angabe „von Lützelstein" entstammt den spätmittelalterlichen Bischofskatalogen.[34]

Marquard von Donnersberg (und sein Sohn Otto) wird hier fälschlicherweise als Gründer von Holzen in Anspruch genommen. Beide Namen sind in der Genealogie der Donnersberger nicht vertreten.[35] In der zweiten Hälfte des 16. Jahrhunderts kam die Meinung auf, ein Marquard habe Holzen gegründet. Achilles Gasser (s. o.) scheint der Erste zu sein, der dazu Anlass gab, er war sich allerdings nicht sicher. In der Übersetzung im zweiten Band der Welser-Chronik heißt es: *vmb das Jahr Christi 1152 ward auch das Nonnen Closter im Wald, zum Holz genannt, dazu Markward von Holzheim die Hofstatt geschenkt hat, gestiftet vnd bald hernach von Hartwichen Bischoffen zue Augsburg confirmiert*, vier Seiten weiter aber: *Vnder gemeltem Bischoff Hartwich, sagt man, seye das Nonnen Closter im Holtz erstlich aufkommen, da man aber nicht weiß, wer der Stiffter gewesen*. Es liegt offensichtlich eine Verwechslung mit Markward von Holzheim vor, der in Holzener Urkunden zwischen 1288 bis 1308 wiederholt auftaucht. Sein Sohn Ulrich stiftete seinen Anteil an der Mühle in Nordendorf für einen Jahrtag für sich, seinen Vater und weitere Mitglieder der Familie. Diese Stiftung wurde offensichtlich als Stiftung des Klosters missverstanden. Die Welser-Chronik argumentierte noch vorsichtig: Stifter einer Hofstatt (nicht des Grundes für das Kloster) war Markward von *Holzheim*, den Stifter des Klosters kenne man nicht.[36] Eine Rolle spielte offensichtlich auch die Verwechslung von Holzheim mit Holzen. Georg Beck geht dann weiter: Aus Markward von Holzheim macht er Markward von Donnersberg, dessen elfter Sohn Otto heißt. Dieser habe sich, nachdem er seinen Besitz bei Donnersberg zur Stiftung des Klosters verwendet hatte, mit Bobingen belehnen lassen. Ein bischöflicher Dienstmann Otto von Bobingen taucht zwischen 1156 und 1182 häufiger unter den Ministerialen des Bischofs auf. Von ihm scheint Georg Beck gewusst zu haben; er machte ihn dann zu Markwards Sohn. Die Donnersberger spielten aber in Bobingen keine Rolle.[37] Bereits Alfred Schröder hielt Karl Stengels Annahme, Markward Marschall von Donnersberg habe zusammen mit seinem Sohn Otto das Kloster Holzen gestiftet, für „unkontrollierbar und in der vorliegenden Form (für) wenig glaubwürdig". Joachim Jahn denkt an eine Verwechslung mit Kloster Muttershofen und dessen Stifter (s. T 1).[38] Dann wäre aber auch Holzen eine Gründung der Marschalken von Biberbach, was etwas unwahrscheinlich erscheint, denn sie hätten dann etwa zur gleichen Zeit zwei Klöster gestiftet (nachdem die Edlen von Biberbach vorher schon Weihenberg gegründet hatten, s. T 1). Auch wenn es problematisch ist, aus dem Schweigen einer Quelle Schlussfolgerungen zu ziehen, darf man doch annehmen, dass Matthäus Marschalk von Biberbach davon berichtet hätte, wenn es eine solche Tradition gegeben hätte. Dass er Holzener Quellen, vermutlich ein Nekrolog oder ein Anniversar, herangezogen hat, geht aus seiner Bemerkung hervor, man finde den Namen Albrecht von Biberbach, dessen einzige Tochter einen Marschalk von Pappenheim geheiratet hat, im Kloster Holzen.

Ein Markward Marschalk (ohne weitere Angabe) taucht um die Mitte des 12. Jahrhunderts als Zeuge auf.[39] Er lässt sich nicht einordnen. In der Genealogie der frühen Pappenheimer und in der Genealogie der Edelfreien von Biberbach fehlt der Name Markward.[40]

Georg Beck nennt als Motiv für die Stiftung eine schwere Erkrankung Markwards, er schreibt aber nichts von einer Rückkehr vom Kreuzzug. Inhalt seines Gelübdes ist nicht nur der Bau eines Klosters bei der Johanneskapelle, sondern die Verpflichtung, selbst in dieses Kloster einzutreten. Ihm schlossen sich Männer und Frauen an, die zunächst noch ohne Regel lebten.

Georg Beck, der sich für Markward als Gründer entschieden hatte, bekam dann Schwierigkeiten mit Siegfried, die er im Kapitel XIV aufarbeitet. Er konnte an einer Inschrift, die sich unter einem Glas befand und deutliche Angaben enthielt, ja nicht vorbeigehen. Vom Stil her bezweifelte er das Alter (des Glases) und meinte, es sei erst unter Anna von Baldeck (1569 – 1603) gefertigt worden. Er unterschied davon die Schrift, glaubte aber, dass auch der Schreiber keine rechte Vorstellung hatte. Nach der additiven Schreibweise der Vier (IIII statt IV) kann das Original der Schrift durchaus aus dem 12./13. Jahrhundert stammen. Da Beck um Siegfried Fundator nicht herumkommt, dieser aber nicht in sein Markward-Konzept passt, erklärt er das Fundator im erweiterten Sinn und bezeichnet Siegfried als Begründer der Ordensdisziplin. Nicht äußern will er sich zu der Meinung, im Glas erkenne man neben Siegfried kniend seine Mutter, zu der er mehrere Namensvarianten anbietet.

Auch Karl Stengel teilte die Inschrift mit, aus der hervorgeht, dass Siegfried, der Propst und Gründer dieses Klosters, im Jahre 1164 zum Priester geweiht wurde und dass er 1183 starb. Damit ist sicher Siegfried von Donnersberg gemeint. Mit dem 1180 in einer Urkunde genannten Propst Heinrich lässt sich die Inschrift dadurch in Einklang bringen, dass Siegfried vor 1180 resigniert haben könnte, aber erst 1183 gestorben ist. Die weitere Entwicklung der Tradition sieht dann in Siegfried einen Sohn Markwards und in Gertrud, der ersten Meisterin, seine Tochter.

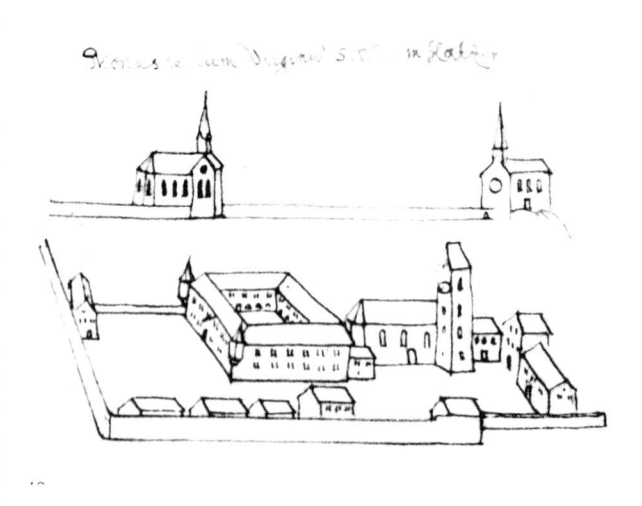

Kloster Holzen unten am Berg, Neubauten von 1546 – 1569; auf dem Berg die Karl-Borromäus-Kapelle (1612 – 14) und die Loreto-Kapelle (1619).
Abb. aus: Pötzl, Kriminalgeschichte, 48.

Im ersten Absatz seiner *Ausführliche(n) Beschreibung des Hochberühmbten Adelichen Stüfts Vnd Frauen-Closters Zum Holz* schrieb Pater Joseph Zollner, Prior von St. Ulrich und Afra in Augsburg, dann Propst in Liezheim, um 1750:

(**T 6b**) *... dessen Freylen Tochter aber Gertaud die erste Vorsteherin deren von ihr versammleten gottliebendten und Welt-hassenden Closter Jungfrauen. Gleicherweyss wollten beede des Stüfters Jüngere Herren Söhn, Sigefridus und Arnulfus in die Fußstapfen des gottseeligen Herren Vatters großmüttig Eintretten; und ist aus disen Sigefridus, nachdem Dises Löbliche Closter zum Holz zuerkennet sein vrsprüngliches Herkommen einer gewüssen St. Joanni dem Taufer zu ehren erbauten Capellen, St. Joannis Baptist im Wald genandt, nahe an der schmutter und nit weith entfehrnet von beeden nunmehro zerfallnen schlössern Küllenthahl und Dornsperg.*

Es war nehmlich Herr Marquard Marschall von Pappenheim, Herr von Dornsperg und Bobingen / Bucelinus in Heül. Teutschlandt v(ide) Holz, setzet anstatt Bobingen Biberbach / mit einer schweren Kranckheit gefehrlich behaftet, da er sich dan gegen gott mit einem gelibt hoch verbunden, daß so fern er sollte durch seinen göttlichen Beystandt zu voriger gesundheit, er so dan an dem orth obersagter St. Johannes Capellen ein Closter Erbauen wolle. Als er nun vollkommentlich gesund worden, hat er sein Versprechen getreulich gehalten, und mit guthaissen seines ältesten Sohns Otto aus aigenen seinen Dornspergischen Mittlen für Mans- und Frauen-Persohnen des heiligen Bendicti Ordens ein Closter auf seinem grundt, Neuwasser genandt, erbauet umb das Jahr 1151 ...

Marquard dan der Stüfter des Closters wurde selbsten allda mit grossem Eufer der erste Religioser Anno 1164 zum Prüster geweihet, als erster Probst dahier verordnet worden: Arnulfus hingegen wollte aus demuth die prüsterliche Würdte durchaus nit annehmben, sonderen nur als ein gemeiner Leyen-Bruder, oder so genandter Conversus nach dem Beyspihl seines Herren Vatteren Marquardi in dem Closter die Heül. Ordensgelibt ablegen.[41]

(Bucelinus, Heül. Teutschlandt = Übersetzung von: Bucelinus, G.: Germania.....sacra et prophana, Ulm 1662)

Damit hat sich im Wesentlichen die Version von Georg Beck als Standard-Version durchgesetzt. Später erklärte man aus der Nähe zum zweiten Kreuzzug Graf Markward von Donnersberg zum Kreuzfahrer.

Der Bericht über die Gründung von **Muttershofen**, den Matthäus Marschalk von Biberbach am Ende seines 49. Kapitels gibt, wurde dort belassen (s. T 1).

Die Gründung des Klosters Oberschönenfeld

Gesichert ist die Existenz des Klosters durch die Urkunde Innozenz IV. für das Jahr 1248. Die Klostertradition nennt 1211 als Gründungsjahr, doch dürfte damit der Vorgängerkonvent in Oberhofen (Weiherhof) gemeint sein, wo sich noch ohne Regel eine Gemeinschaft frommer Frauen zusammengefunden hatte.

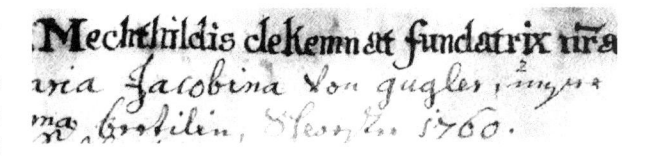

Eintrag im Nekrolog.
Abb. aus: Archiv des Klosters Oberschönenfeld.

Noch heute gedenken die Nonnen von Oberschönenfeld im Nekrolog am 9. November ihrer Gründerin (*fundatrix nostra*) Mechthild von Kemnat, am 11. Dezember beten sie für Volkmar von Kemnat, für seine Frau Mechthild, ihren Sohn Markward und ihre Erben und am 30. März gedenken sie Volkmars von Kemnat allein. Am 11. Dezember 1254 schenkte Volkmar von Kemnat dem Kloster Vogtei und Patronatsrecht der Kirche Dietkirch und erlaubte jedem seiner Familie und jedem seiner Leute, Güter dem Kloster zu übergeben.

Siegel Volkmars. Legende: S(igillum) VOLC(mari) DE KEM (nat Came)ETRARII DVCIS SVEVIE (Siegel Volkmars von Kemnat, Kämmerer des Herzogs von Schwaben).

Abb. aus: Rottenkolber, Josef: Geschichte des Allgäus, München 1951, 297.

Damit schuf er eine wichtige Voraussetzung für die Güterausstattung des Klosters. Am 1. Juni 1256 bestellte Bischof Hartmann (aus dem Geschlecht der Grafen von Dillingen) Volkmar, seine Frau Mechthild und deren Sohn Markward zu Bewahrern und Schützern des Klosters und nennt sie ausdrücklich Klostergründer (*fundatores loci*). Nekrologeinträge und Urkunden erweisen Oberschönenfeld gewissermaßen als Hauskloster der Kemnater.[42]

Die Burg Kemnat erhob sich zwischen Irsee und Kaufbeuren, der Bergfried steht noch (zum größten Teil). Volkmar II., der Weise, war eine der faszinierendsten Persönlichkeiten der schwäbischen Geschichte von ca. 1230 bis 1283. Wir treffen ihn und seinen Sohn Markward oft in der Nähe Konradins und dann auch Rudolfs von Habsburg. Er war mit Mechthild von Arbon verheiratet, die ihm ein stattliches Erbe am Südufer des Bodensees einbrachte. Ihre Tochter Adelheid trat in Oberschönenfeld ein und stand dann dem Kloster von 1262 bis 1271 als Äbtissin vor. Die Gemahlin des Sohnes Markward ist namentlich nicht bekannt, es spricht aber einiges dafür, dass sie eine Hattenbergerin war. Mit Siegfried von Hattenberg war Engelburg, die Tochter Volkmars, verheiratet. Die Burg Hattenberg lag auf dem Höhenrücken zwischen Ried und Wollmetshofen. Mehrere Hattenberger tauchen im Nekrolog von Oberschönenfeld auf.[43]

Der Burgstall Hattenberg.
Abb. aus: Schneider, Otto, Gutmann, Horst, Ruckdeschel, Wilhelm: Archäologische Wanderungen um Augsburg, Stuttgart-Aalen 1977, 65.

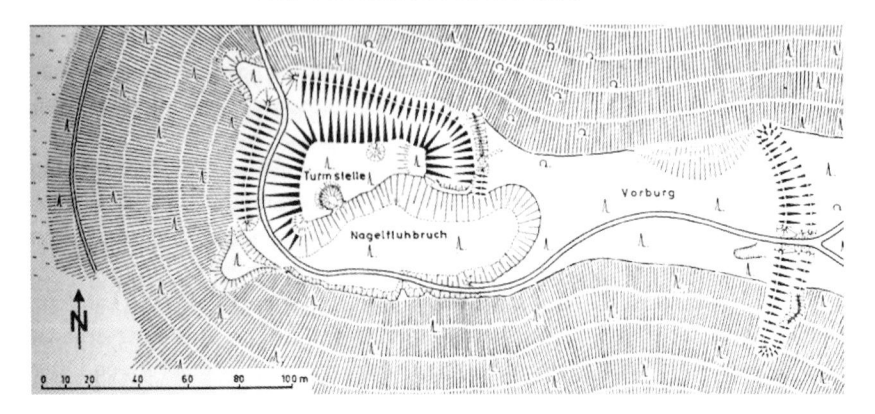

Die Kemnater und die Hattenberger

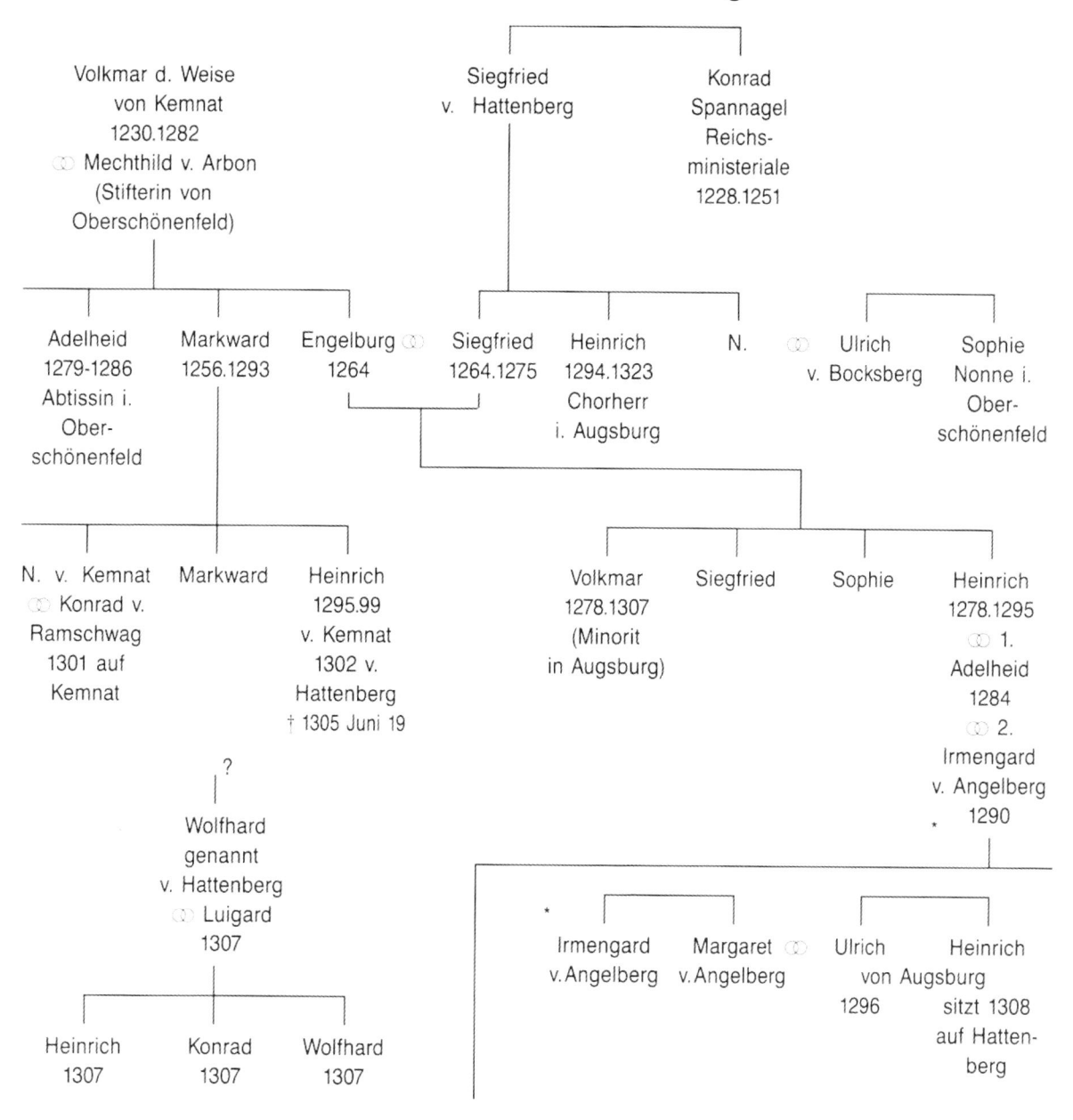

- **Volkmar d. Weise von Kemnat** 1230.1282 ⚭ Mechthild v. Arbon (Stifterin von Oberschönenfeld)
  - Adelheid 1279–1286, Äbtissin i. Oberschönenfeld
  - Markward 1256.1293
    - N. v. Kemnat ⚭ Konrad v. Ramschwag 1301 auf Kemnat
    - Markward
      - ? Wolfhard genannt v. Hattenberg ⚭ Luigard 1307
        - Heinrich 1307
        - Konrad 1307
        - Wolfhard 1307
    - Heinrich 1295.99 v. Kemnat 1302 v. Hattenberg † 1305 Juni 19
  - Engelburg 1264 ⚭ Siegfried 1264.1275

- **Siegfried v. Hattenberg** / **Konrad Spannagel** Reichsministeriale 1228.1251
  - Siegfried 1264.1275 (⚭ Engelburg)
    - Volkmar 1278.1307 (Minorit in Augsburg)
    - Siegfried
    - Sophie
    - Heinrich 1278.1295 ⚭ 1. Adelheid 1284 ⚭ 2. Irmengard v. Angelberg * 1290
      - Irmengard v. Angelberg
      - Margaret v. Angelberg ⚭ Ulrich von Augsburg 1296
      - Heinrich sitzt 1308 auf Hattenberg
  - Heinrich 1294.1323 Chorherr i. Augsburg
  - N. ⚭ Ulrich v. Bocksberg
  - Sophie Nonne i. Oberschönenfeld

Abb. aus: Pötzl, Walter: Geschichte und Volkskunde des Marktes Dinkelscherben, Dinkelscherben 1987, 41.

Den zeitgleichen Zeugnissen, den Urkunden und Nekrologeinträgen, ist bei der Gründungsgeschichte zweifelsohne der Vorzug zu geben vor Chroniken, die erst Jahrhunderte später entstanden sind.

Das erste Bemühen um die Erhellung der Geschichte wird im Auftrag für die Wappentafel deutlich, der um 1500 ausgeführt wurde. Man folgte offensichtlich dem Beispiel von Kaisheim. Die Kaisheimer Tafel allerdings wirkt etwas vornehmer, die Oberschönenfelder dagegen etwas rustikal.[44] Es ging bei diesen Tafeln in erster Linie aber nicht um Geschichte, sondern um Stifter- und Wohltätergedenken (s. Fb. 2). In Oberschönenfeld finden sich die meisten Namen im Urkundenbuch und/oder im Nekrolog. Von den drei ersten Wappen abgesehen ist auf den ersten Blick keine Ordnung erkennbar. Wenn an erster Stelle das Kemnat-Wappen steht, dann kommt darin auch zum Ausdruck, dass man die Kemnater als Stifter ansah (s. o.). An die zweite Stelle setzte man, noch vor den Hattenbergern, das Wappen der Grafen von Dillingen. Bischof Hartmann aus dem Geschlecht der Grafen von Dillingen (1248 – 1286) stellte noch vor seiner Bischofsweihe, als gewählter (und bestätigter) Bischof, wichtige Urkunden im Zusammenhang mit den Zuwendungen Volkmars für das Kloster aus (s. o.), denen dann weitere folgten. Eigentliche Zuwendungen der Dillinger an das Kloster sind urkundlich nicht belegt. Die wichtige Rolle Bischof Hartmanns gerade für die Anfänge Oberschönenfelds steht aber außer Zweifel. Für das Dillinger Wappen an so bevorzugter Stelle könnte aber auch die Tradition verantwortlich sein, wie sie Johann Knebel bereits 1531 in seiner Kaisheimer Chronik zum Ausdruck brachte (s. T 7a). Wenn das Hattenberger Wappen nicht neben dem Kemnater platziert wurde, wie man es von der familiären Bindung erwarten durfte, dann lag das wohl daran, dass die Hattenberger erst in der „zweiten" Generation als Wohltäter auftauchen und dass man den Grafen von Dillingen, denen der für Oberschönenfeld so wichtige Bischof Hartmann entstammte, den Vortritt lassen wollte.

Trotz der Schreckenszeit des Dreißigjährigen Krieges verfasste die Äbtissin **Elisabeth Herold** (1633 – 1657) in der Kampfpause zwischen dem Schwedischen Krieg und dem Schwedisch-Französischem Krieg in den Jahren 1636 bis 1644 eine Chronik ihres Klosters.

Porträt der Äbtissin Elisabeth Herold.
Abb. aus: Pötzl, Kirchengeschichte, 149.

Geholfen hat ihr der Beichtvater P. Michael Rieger, der die lateinischen Urkunden übersetzte. In engem Zusammenhang mit der Chronik muss man auch die Äbtissinnengalerie sehen, die sie nach Abschluss ihrer Arbeit an der Chronik in Auftrag gab. Modell saßen für die früheren Äbtissinnen Schwestern und getreue Klosterbedienstete des Jahres 1644. Der Maler erhielt für jedes der 28 Bilder drei Gulden, in dieser Notzeit ein stolzer Preis, doch wurde die Summe meistens in Getreide oder in Holz beglichen.[45]

Im „Vorspann" beschreibt Elisabeth Herold ihre Intentionen:
1.) Die Äbtissinnnen und was sich in ihrer Regierungszeit an *gedenkhwürdigen Sachen* zugetragen hat.
2.) Die Gütergeschichte des Klosters
3.) Die Guttäter des Klosters

Im zweiten Abschnitt beteuert sie, dass sie im eigenen Archiv nichts über den Ursprung finden konnte. Sie hatte aber gehört, dass in einem alten Buch des Klosters etwas vorhanden war. Sie bezieht sich damit auf die Chronik, die der Konventuale Johann Knebel im Jahre 1532 für sein Kloster Kaisheim verfasst hat.[46] Nach der Überschrift des entsprechenden Kapitels ließ Knebel eine halbe Seite für eine Abbildung, die aber nicht eingebracht wurde, frei (Bl. 29). Über der Überschrift befindet sich ein Abschnitt über Friedrich II. und seine Wahl zum künftigen Kaiser im Jahre 1211. Neben den kurzen Text wurde ein Rahmen für ein Bild des Kaisers gezeichnet und eine andere Hand schrieb an den Rand die Jahreszahl **1211**. Der ganze Abschnitt über Friedrich II. hat mit Oberschönenfeld nichts zu tun, wurde aber fälschlicherweise von der Äbtissin (oder einer ihrer Schwestern), nicht aber von Knebel, auf Oberschönenfeld bezogen. So kam es zum Gründungsjahr 1211, an dem in Oberschönenfeld bis heute festgehalten wird.

Elisabeth Herold will das Oberschönenfeld-Kapitel *von Wort zu Wort* übernehmen. Dass es aber mit der wörtlichen Übernahme nicht so weit her ist, soll die Gegenüberstellung zeigen: (**T 7a**: Knebel) *Wie daß closter Oberschenefeld gebauet ist worden und dem abt von Kaiserßham befolchen.*

Vor Alten zeiten da sassen Edel grafen zu Dillingen, die sonder liebhaber wasen der gaistlichait vnd den gottsdienst ze fudern genaigt wasen, auch am land und leuten reich. Hetten aber dieselben grafen in der reüschenau in welden genant ain anfang der weld ain gegendt Oberhoffen genant, gelegen am Hungerberg an aim bach, die schwarzach genant. An demselben ort baueten Die edlen grafen von Dilling ain wonung vnd behaussung, verordneten darein etlich bethschwestern, Dieselbig lebten da vnder der gehorsam ainer masterin vnd hetten kain bestette regel angenomen. Vnder disen weilen giengen Die grafen von Dillingen ab und füel die grafschaft Dem ro. kaiser haim. Derselbig gab sy den Edelen und treffenlichen grafen von Kyburg (wie ich dann nachlengs hab anzaigt in der chronica deß herkomens der stat Schwebischen-werd, darum ichs izund alles will übergen). Dieselben hettend nu die graffschaft lang in handen und stifteten auch vil closter und kirchen. Alß aber Die liebe in den herzen der menschen noch pron und vil hailiger vätter besonder orden vnd obseruanz anfiengen, vnder welichen Der hailig vater Rupertus von Molismo Dem closter s. Benedictenorden Ain sondern orden mit vergunst Bapstlicher hailigkait anfieng In Hochburgund An dem ort oder statt Cistercium genant, vnd also noch der ganz orden Cistercer orden genant würdt oder von etlichen s. Bernharts orden, Welicher hailiger vatter Bernhardus nach Ruperto der erst pflanzer ist gewest. Alß nu Diser orden vnder der regel s. Benedicti zu nam vnd bestetiget waß, HatDiser obgemelten versamlung Der schwestern Zu

Obernhofen gefallen, sich weyter In rechte ordnung vnd obseruacion ze thon. Vnd Auf solichs Bey Iren Herren angehalten, Inen solichs zu gestatten, Vnd dise Ire wonung zu verandern an gelegner vnd geschickter ort, Daß Inen alles zu würd geben. Da haben die andechtigen schwestern Angefangen vnder sich herab auf ain halbe fierthail einer meil zu end deß Klafferbergs an dem obgenannten bach, Ain recht vnd closterlich wesen Zu bauen vnd daß Obern Schonefeld genant. Doch an der alten statt noch ain wonung gelassen vnd die acker und wißmäder Zu thail darein geschlagen vnd bey dem Neuen closter Ander acker vnd wisen angefangen Zu reytten. Wie nu daß Closter zum thail waß gepauen, haben sy mit ainhelligem rath und verwilligung deß bischoffs zu Augspurg Den orden und obseruacion von Cisterz angenomen, vnd zu ainem ewigen vatter, abt und visitator nach brauch deß ordens Dem abt und conuent zu Kaißhain vnderworffen vnd in allen geistlichen sachen gehorsam versprochen. Derselbig abt (auß fürbit deß bischoffs vnd andrer herren) nam die sach an, verordnet inen bücher vnd ander sach, auch ain beicht vater zu auß seinem closter Kaisham.

(Die Landschaft „Reischenau" griff ehedem weiter aus als heute; der Text erscheint am Anfang gestört, Elisabeth Herold lässt sogar eine kleine Textlücke; Observanz = Reformkreis innerhalb eines Ordens; Robert von Molesme (ca. 1028 – 1111), Gründer der Zisterzienser; Cistercium = Citeaux; Bernhard von Clairvaux (ca. 1090 – 1153), die überragende Persönlichkeit der Zisterzienser in der ersten Hälfte des 12. Jahrhunderts)

(**T 7b**: Herold) *Folgen hernach die Nammen aller Abbtissinen die in hiessigem Stüfft und Gotts Haus Oberschönenfeldt, wohl und löblich Regieret haben auch alle gedenkhwürdigen Sachen, so sich in wehrenter ihrer Regierung Zugetragen, wie die Güetter Von Und Zu dem Gottshaus kommen, es sey durch Kauff, Geschenkh oder Vertauschung. auch werden Insonderheit die Guettether des Gottshaus hieher gesezt, Von dem Jahre, Nach Christi Geburt 1211 bis aufs Jahr 1633.*

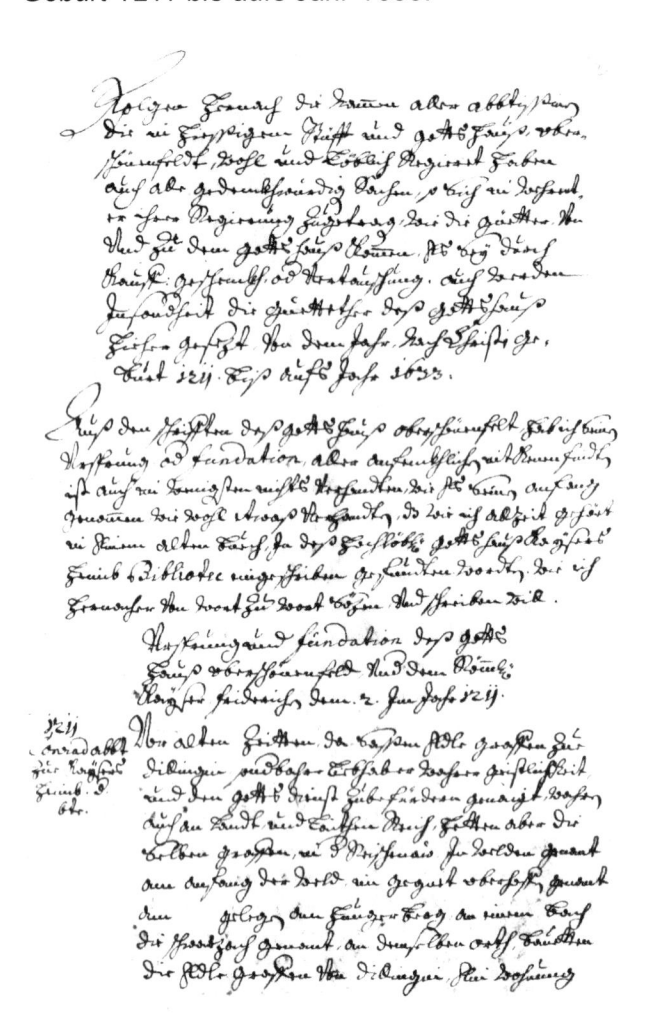

Beginn der Chronik der Elisabeth Herold.
Abb.: Archiv des Klosters Oberschönenfeld.

Aus den Schrifften des Gotts Haus Oberschönenfelt hab ich seinen Ursprung oder Fundation aller anfenkhlichen nit kenen findten ist auch im wenigsten nichts vorhandten, wie es seinen Anfang genomen, wie wohl etwas Vorhandten, das wie ich allzeit gehört in einem alten Buch, In des Hochlöblichen. Gotts Haus Kaysersheimb Bibliotec eingeschrieben gefundten wordten. Wie ich hernacher Von Wort zu Wort sözen, Und schreiben will.

Ursprung und Fundation des Gotts Haus Oberschönenfeld under dem Römmischen Kayser Friderich dem 2. Im Jahre 1211. (An den Rand geschrieben: *1211 Conrad abbt Zue Kaysersheimb, der 6te.*) *Vor alten Zeiten, da sassen edle Graffen Zue Dillingen, sonderbahre Liebhaber Wahrer Geistlichkeit, und den Gotts Dienst Zubefürdern genaigt, wahren auch an Landt und Laithen Reich, hetten aber die selben Graffen, in der Reischenau, In Welden genant am anfang der Weld, ain Gegent Oberhoffen genant am* (kleine Lücke) *gelegen am Hungerberg an einem Bach die Schwarzach genant, an demselben Orth bauetten die edlen Graffen Von Dilingen, eine Wohnung und Behausung, verordnetten darinen etliche Bethschwestern, die selbigen lebten da Under dem Gehorsamb einer Maysterin, Und hetten kein bestelte Regäl angenommen. Under disen Weillen gingen die Graffen Von Dilingen ab, Und fiehl die Graffschafft dem Römischen Kayser heimb, der selbig gab sie dem edlen und trefflichen Graffen Von Küburg, dieselben hetten nun die Graffschafft lang in Händten, Und stifteten auch vill Clöster Und Kürchen, als aber die Liebe in den Herzen der Menschen noch brennet, Und vill heylige Vätter besonders Ordens und Observation anfingen, Under welchen der heylige Vatter Robertus Von Molismo, dem Closter St. Benedicts Ordten, einen sondern Ordten (mit Vergunst Päpstlicher Heyligkeit) anfing In Hochburg und an dem Orth oder Statt Cistercium genant. Und also Noch der ganze Orden, Cisterzer Orden genent wirdt, oder Von etlichen St. Bernards Orden, welcher heylige Vatter Bernardus nach Roberto, der erste Pflanzer ist gewesen. Als nun dieser Orden Under der Regel St. Bernardi zugenomen, und bestättiget ward, hat dieser obgemelter Versammlung der Schwestern Zue Oberhoffen gefallen, sich weitter in rechte Ordtnung und Observation Zuthun, Und auf solches bey ihrem Herrn angehalten, Ihnen solches Zugestatten, Und diese ihre Wohnung zu verändern an gelegner Und geschickern Ort, das ihnen alles war zugeben. Da haben die andächtigen Schwestern angefangen, Und sich herab auf ein Halb Viertl einer Meill, Zu Endt des Klaffersbergs an dem obgedachten Bach, ein recht Und clösterlich Wesen Zuebauen, und daselbig Oberschönenfeldt genant doch an den alten Standt noch ein Wohnung gelassen, Und die Äckher Und Wiesmähde Zum Thail darin geschlagen und bey dem Neuen Closter andere Äckher und Wissen angefangen Zue bauen oder Zurichten.*

Wie Nun das alte Closter Zum Thail war erbauth haben Sie mit Einhelligem Rath Und Verwilligung des Bischoffs Zue Augspurg, den heyligen Orden Und Obervanz Von Cisterz angenommen, und Zue Einem Ewigen Vatter, Abbt und Visitator nach des Ordens Brauch dem Abbt und Convent zue Kaysersheimb Underworffen Und in allen gaistlichen Sachen Gehorsamb versprochen. Der selbige Abbt aus Fürbitt des Bischoffs Und anderer Herrn name die Sach an, Verordnet ihnen Büecher und andere Sachen auch einen Beichtvatter Zue aus seinem Closter Keysersheimb.

Was Nun hiervon geschrieben, daß das Gotts(haus) *im Jahr 1211 soll seinen Anfang und Ursprung genomen Und bekomen haben, ist wohl Zu glauben, wan man schon in den Schrüfften des Gotts Haus nichts finden thuet, daß in selbigen Jahren etwas denkh-*

würdtiges Und Namhaftes wehr gehandtlet worden. So ist Jedoch glaubwürdig oder aufs wenigst wohl Zue vermuthen, daß solche Schrüften in Kriegs Leüffen oder durch andere Übl dem Gotts Haus seyen (Am Rand: 1475) Enthnommen oder verlohren worden, wie dan In Einer Suplication an ihr päpstlichen Heyligkeit Legaten ist einverleibt worden (als hiessige Abtisin und Convent die Confirmation widerumb wegen des Gotts Haus Güetter und Incorporirten Pfahren Von Ihro Heyligkeit Legaten begehrt) daß sie umb ihre Brieff (die sie in Kriegs Leuffen nach Augspurg dem Herrn Domdechant Zue verwahren geben) durch Kriegs Noth kommen sein, darunter wohl auch solche Schrüften kenden gewesen sein, wie es in den Ersten Jahren ergangen Und was sich darin verlaufen, daß ich nun muß also unwissent an seinem Orth (so schon lengsten auch den vorig lebenden verborgen gewesen) verbleiben lassen, Und zu dem Jenigen mich begeben, So klar, lautter Und wahrhafftig noch in Schriften gegenwärtig Zufindten Und Zu sehen ist. Welche älteste Jahr Zeit Sich erzeigt nach Christi Unsers Lieben Herrn Geburth 1248: desto glaubwürdtiger aber ist, daß das Gottshaus 1211 schon seinen Anfang genommen, Weill ich aus einem gar Uhralten Todten oder Seelen Buch hab heraus gesuecht Und gefundten 3 Abbtissinen hiessiges Gottshaus, die doch in den Schrifften de Anno Domini 1248 bis auf Unsere Jahr nit gefundten werden: daraus leichtlich abzunehmen diese 3 Frauen Abbtissin haben in denen Jahren Vom Anfang des Gottshauses 1211 bis auf das Jahr 1248 Regieret, deren Nammen, Und wie sie Im Todten oder Seelen Buch geschrieben seind, hieher sezen wöllen. Auf solche Manier und mit solchen Wortten.

Die alt Abbtissin.

Honesta mulier antiqua abbatissa Anna Metterin dicta.

Catharina de Tettingen. Antiqua Abbatissa hujus Monasterii. 90. Ego ab Incarnatione 1300.

Diese 3te Frau Abbtissin Catharina macht mir Einen großen Zweiffel, obs nit Im Todten Buch mit der Jahr Zahl gefehlt seih, da vor 300 solt 200 gesezt sein, Und mecht diese Frau Abbtissin zwischen der Frauen Adelheitis, Und Frau Agnes von Luzingen Regiert haben. Ist dan die Jahr Zahl nit gefehlt, Und recht gesezt 1300 Und 90 so ist darfür Zuhalten diese Frau Catharina mecht Zwischen Frau Anna Von Schweningen, Und Frau Gerdrudis Von Freyberg regiert haben. In Schriften ist Nichts Von ihr Zufindten. Kan wohl sein, daß sich under selbiger Zeit nichts Zugetragen daß Schriften bey dem Gotts Haus aufgerichtet worden, oder aber ist dergleichen schon geschehen, So seindt etwa die Nammen nit darzu gesezt worden, wie ich Vill dergleichen Brieff durchlessen, da die Frau Abbtissin wohl darinen, aber mit Namen oder Stamm nit genent worden. Weil ich mich aber in disem Werkh alleinig auf die schriftlichen Urkundten so Vor Augen steure Und für glaubwürdtige Zeügen dises meines schlechten zusammen tragenen Werkhs brauch und halt, will ich diß, was ich im Todten oder Seelenbuch gefunden, auch nit für Unrecht, oder als wehr es geföhlt halten. Sondern dise Frau Abbtissin nach Ausweissung der Jahr Zahl 1390 an ihrem gebürend Orth Und Stöhl sezen, die andere Zweyen Frauen Abbtissinnen aber seindt Nothwendtig die erste bei dem Gotts Haus Zuhalten, so Under den Jahren Von 1211 an biß aufs Jahr 1251 der Regierung Frau Wilburgis gelebt Und regiert haben, die ich nach Nattürlicher Vermuthung sezen Und ihre Jahre ungefehrlich zugeben will, darmit die Ordtnung in diser Sach recht Vom Jahr 1211 bis auf ietzige Unsere Zeitten gehalten Und gesezt werden. Gott geb sein Gnaden. Amen.

Diese Gründungsgeschichte galt gewissermaßen als die offizielle Gründungsgeschichte.

> **Ober-Schönfeld. Superior speciosus Campus.**
>
> Ein Frauen-Closter in Augspurger Bißthum / drey Stund von der Stadt Augspurg / in der Grafschafft Burgau / in der Reischenau gelegen / dessen Ursprung aus folgenden zu vernehmen. Es befanden sich Anno 1211. zur Zeit der Regirung Kayser Friedrichs des andern / Edle Grafen zu Dillingen / sonderbare Liebhaber der Geistlichkeit / und Beförderer der Ehre GOttes, und weilen sie an Geld, Land und Leuthen sehr reich waren / thäten selbige in der Reischenau / bey dem Hungerberg an einer Bach Schwartzach genannt / einige Wohnung und Behausung aufführen / allwohin sie mit grossem Eifer etwelche Gottsförchtige Jungfrauen und Beth-Schwestern verordneten / welche unter dem Gehorsam einer Maisterin sehr aufferbaulich lebten. Eine kurtze Zeit hierauff ist dieser frommen Grafen ihr Stammen und Nahmen völlig abgestorben / und solche Grafschafft mithin dem Kayser anheim gefallen / welcher selbige demnach denen Grafen von Khüeburg übergeben / so mit denen vorigen Grafen von Dillingen gegen GOtt in gleichem Eifer viel Clöster und Kirchen gestifftet. Weilen nun eben damahlen der allgemeine Ruff von der Heiligkeit des Cistercienser-Ordens durch Teutschland immer mehr und mehr sich ausgebreitet / ist diesen in GOtt versamleten Jungfrauen eine Begierd ankommen / unter dessen Regul und Regirung sich zubegeben. Solches demnach zuwerckstelligen / haben sie bey neuernennten Grafen von Khüeburg um Erlaubnuß angehalten / ihre Wohnung zuändern / und an einem gelegeneren Ort ein Regularisches Closter zubauen / welches ihnen auch gar gerne gestattet worden. Worauff sie etwann eine halbe Stund von ihrer vorigen Behausung

Beginn des Beitrages über Oberschönenfeld im CISTERCIUM.
Abb.: Archiv des Klosters Oberschönenfeld.

In dem Standardwerk *Verteutschtes CISTERCIUM BIS-Tertium oder Cistercienser Ordens-Historie*, das Pater Augustin Sartor aus Ossegg in Böhmen 1708 in Prag herausgab, wird sie so wiedergegeben (S. 834–837), wobei die geographischen Verwirrungen (s. o.) nicht übernommen wurden. In diesem Standardwerk für Zisterzienserklöster im deutschen Sprachraum wird die Lage von *Ober-Schönfeld* so beschrieben: *Ein Frauen-Closter in Augspurger Bißthumb / drey Stund von der Stadt Augspurg / in der Grafschaft Burgau / in der Reischenau gelegen*. Der Bericht spricht konsequenter vom Grafen vom Kyburg, nennt aber auch keinen Namen, bei dem die Nonnen die Erlaubnis einholten, ein Kloster an anderer Stelle zu bauen. Bei der ersten Äbtissin allerdings nimmt Augustin Sartor Anleihen, bei der anderen Variante des Gründungsberichts (T 7d) und bezeichnet Hildegund von Brennberg als erste Äbtissin.

Noch prägnanter formuliert die Gründungsgeschichte ein Abriss im Schwäbischen Archiv von 1793:

(**T 7c**) *Im Jahre 1211 ließen die Grafen von Dillingen in einem Landgut, das man Oberhofen nennte, an dem kleinen Fluß Schwarzach, eine Kapelle mit einem kleinen Hause erbauen, in welchem einige Jungfrauen ohne gewisse Regel und Orden beisammen wohnen und Gott gemeinschaftlich dienen sollten, die ihre Vorsteherin Meisterin nannten. Nachdem alle Grafen von Dillingen ausgestorben waren, und die Grafschaft erblich denen von Kyburg zugefallen, so baten diese Jungfrauen, daß ihnen an einem bequemeren Orte ein Kloster zu bauen erlaubt werden möchte. Auf erhaltene Bewilligung wurde das Kloster dahin gebaut, wo es noch steht. Mit Zuthun es Bischoffs von Augsburg nahmen sie den Cistercienser-Orden des H. Bernhards an, und ernannten sich den Abt des Klosters Kaisersheim zum beständigen Visitator, und zwar zum ersten den Abt Conrad daselbst, der 1229 gestorben ist, und nannten das Kloster Ober-Schönefeld. Die Zeit, um welche es geschehen, ist nicht bestimmt bekannt, doch war es wahrscheinlicher Weise um das Jahr 1220, da Sigfried von Rechberg III. zu Augsburg Bischoff gewesen ist.*

Im Jahr 1254 haben Volkmar von Kemnat und seine Ehegattin Mechthild, die im Todenbuch Fundatrix (Stifterin) genennet wird, mit ihrem einigen Sohn Marquard, das Kloster dotiert, und die Pfarrey Diekirch mit aller Zugehör demselben geschenket, welche Schenkung Bischoff Hartmann zu Augsburg, der letzte aus dem Geschlechte der Grafen von Dillingen und Kyburg, im Jahr 1255 nicht nur bestätigt, sondern auch die Edle von Kemnat dem Kloster zu Patronen und Schutzherrn (Advocatos) gesetzt hat. Daher kommt es, daß an Festtagen die Grafen von Dillingen, und die Edlen von Kemnat, der Fürbitte des Volkes empfohlen werden. Weil aber in Baiern am Lech ebenfalls zuvor schon fromme Schwestern in dem Dorfe Burgheim ein Kloster unter einer Meisterin erbauet hatten, das sie auch Schönefeld nannten, so wurde 1245 dieses auch dem Willen des Abtes Richards von Kaiserheim Nieder- und jenes Ober-Schönefeld genennet.
Reihe der Aebtissinnen.

Der Text geht über die Vorgaben der Chronik von Elisabeth Herold hinaus. Der Zeitpunkt des Anschlusses an den Zisterzienserorden und der Umsiedlung nach Oberschönenfeld sei zwar nicht bekannt, doch sei die Zeit um 1220 wahrscheinlich. Der Autor weiß um das Nekrolog, in dem Mechthild von Kemnat als Stifterin bezeichnet wird, und er weiß, warum an Festtagen die Grafen von Dillingen und die Edlen von Kemnat der Fürbitte des Volkes empfohlen werden.

Elisabeth Herold übernimmt aus der Chronik Knebels (fälschlicherweise, s. S. 69) die Jahreszahl 1211 und legt daher den Ursprung von Oberschönenfeld in die Zeit Kaiser Friedrichs II. (1211 – 1250), was dann in der Tat zutrifft. Vielleicht kam der Fehler bei der Auswertung der Knebel-Chronik dadurch zustande, dass man ja wusste, dass das Kloster in der ersten Hälfte des 13. Jahrhunderts entstanden war und man deswegen bereitwillig den Abschnitt über Friedrich II. auf Oberschönenfeld bezog. Elisabeth Herold übernahm unter der Jahreszahl 1211 auch den Hinweis auf Konrad, den sechsten Abt von Kaisheim (1217 – 1237), nicht aber die spätere Randbemerkung (1219 lege 1209).

Die mächtigen Grafen von Dillingen erfassten das Landkreisgebiet kaum. Man kann bestenfalls von Streubesitz ausgehen. Solcher ist nur in einer Urkunde belegt: Im Jahre 1258 beurkundete Bischof Hartmann, dass sein Vater, Graf Hartmann (IV.) von Dillingen, noch zu Lebzeiten seine Güter in Ottmarshausen und Habertsweiler dem Kloster Kaisheim geschenkt hat. Dem Kloster Kaisheim machte Hartmann IV. mehrere Schenkungen. Die Besitzungen lagen in Wörnitzstein, Wolpertstetten, Gremheim und in Ulm. Das Kerngebiet der Dillinger erstreckte sich von der Donau nach Nordwesten. Das alte Hauskloster der Dillinger war Neresheim, aber auch an der Gründung von Elchingen waren sie beteiligt. Graf Hartmann IV. (ca. 1180 – 1258), der Sohn Graf Adalberts III. und Vater Bischof Hartmanns, gründete das Dominikanerinnenkloster Maria Medingen; auch die Klöster der Franziskanerinnen und der Dominikanerinnen in Dillingen werden mit ihm in Verbindung gebracht. Er legte den Grund für das Zisterzienserinnenkloster Wettingen im Aargau und unterstützte die Klöster Söflingen bei Ulm und Heiligkreuztal bei Saulgau. Johann Knebel liegt daher richtig, wenn er von den Dillingern als besonderen Liebhabern der Geistlichkeit und Förderern des Gottesdienstes spricht. Die weiteren Angaben Knebels zu Oberhofen (Weiherhof) sind verwirrend, die näheren (Schwarzach, Hungerberg) präzise. Diese werden nur verständlich, wenn dem Kaisheimer Mönch eine Beschreibung aus Oberschönenfeld vorlag. Dass Oberhofen in der Vorgeschichte Oberschönenfelds eine Rolle spielte, steht auch urkundlich fest, keineswegs aber eine Beteiligung der Grafen von Dillingen. Dass ein Kaisheimer Mönch bei einer Klostergründung auch an die Grafen von Dillingen dachte, wird verständlich. Knebel bringt keine Jahreszahlen, macht aber Angaben zu den Dillingern, leider ohne Namen zu nennen. Zu Beginn der Regierungszeit Friedrich Barbarossas wurde die Herrschaft unter den Brüdern Adalbert II. von Dillingen und Hartmann III. von Kyburg (bei Winterhur) geteilt. Adalbert starb 1170 offensichtlich kinderlos, von Hartmann leiten sich zwei Linien her: die jüngeren Grafen von Dillingen und die jüngeren Grafen von Kyburg, die beide noch drei Generationen fortlebten. Es ist nicht bekannt, dass die Herrschaft 1170 an das Reich fiel, aber Knebel kann nur diese Jahre meinen. Die Beschreibung der Gemeinschaft in Oberhofen entspricht dem üblichen Muster: eine Gemeinschaft von Frauen, die ohne bestätigte Regel unter einer Meisterin lebt. Nach der Zunahme des Zisterzienserordens sollen die Schwestern selbst die Aufnahme in den Orden betrieben haben. Damit verbunden war die Verlegung an einen besser gelegenen und geschickteren Ort. Auch dieser wird wieder exakt beschrieben (Distanz, Klaffenberg). Die Wohnung behalten die Nonnen in Oberhofen bei. Damit spielt Knebel offensichtlich auf die in den Urkunden aufscheinende kurzfristige Zurückverlegung von Oberschönenfeld nach Oberhofen an.[47]

Mit der am Rand stehenden Jahreszahl 1475 verweist Elisabeth Herold auf eine von Äbtissin und Konvent an den päpstlichen Legaten (Kardinal Marcus, Patriarch von Aquileja) gerichtete Supplik (Bittschrift), die in Kriegsläufen verloren gegangenen Urkunden zu bestätigen. Die Supplik hatte bereits am 19. April 1474, als der Legat in Augsburg die entsprechende Urkunde ausstellte, Erfolg. Dass am Rand die Jahreszahl 1475 steht, kommt daher, dass der Generalvikar Johannes Gossolt am 11. Februar 1475 die Anweisung des Patriarchen erfüllte und darüber eine Urkunde ausstellte.[48] Elisabeth Herold mutmaßt, unter den im Haus des Augsburger Domdekans verwahrten Urkunden hätten sich vielleicht auch Schriften über den Anfang des Klosters befunden, die verloren gingen.

Elisabeth Herold weiß, dass sie in ihrem Archiv als älteste Urkunde die von 1248 verwahrt. Sie hat aus der Knebel-Chronik leichtfertig die Jahreszahl 1211 übernommen und versucht jetzt dafür eine eigene Begründung. Sie hat das Nekrolog herangezogen und darin drei Äbtissinnen gefunden, die sie nicht einordnen kann. Zwei von ihnen setzt sie in die Zeit von 1211 bis 1248. Die Versuchung ist verständlich, der Grund aber keineswegs zwingend, denn es gibt für die ersten Jahrhunderte keine geschlossene Äbtissinenreihe (Tod oder Resignation einer Äbtissin/Wahl einer neuen Äbtissin) und die genannten könnten auch an anderer Stelle einzureihen sein. Quellenmäßig bedingte Lücken dürfen nicht einfach geschlossen werden. Es sprechen aber auch gewichtige Gründe gegen die beiden Namen: Es ist höchst ungewöhnlich dass im Nekrolog nur steht *Die alt Äbtissin*, ohne dass eine Name dazugefügt ist. Gegen *Anna Metter* spricht der Gebrauch eines Familiennamens (es sei denn die Stelle ist verlesen für „Anna von Möttingen" o. Ä.) und die Annahme, dass sich die Chorfrauen und die aus ihnen gewählten Äbtissinnen aus dem Adel rekrutierten. Erst mit Willibirgis tritt 1251 eine urkundlich gesicherte Äbtissin auf. Der Name Willebirgis taucht auch bei den Grafen von Dillingen auf. Hartmann IV. (s. o.) war mit einer Willibirg (vielleicht von Truhendingen) verheiratet und hatte eine Tochter gleichen Namens, die Graf Ulrich von Helfenstein heiratete.[49] Die Versuchung ist groß, die Äbtissin von Oberschönenfeld irgendwo bei den Grafen von Dillingen und ihren Nebenlinien anzureihen, zumal sie auch gut in die Legende passen würde, doch die Basis dazu erscheint zu schwach.

Porträt der Äbtissin Hildegard Meixner.
Abb.: Archiv des Klosters Oberschönenfeld.

Unter der Äbtissin Hildegard Meixner (1685 – 1722) entstand eine andere Version der Gründungsgeschichte, an die eine Liste der Äbtissinnen angehängt ist, die bis Anna Maria Weinhart reicht. Dabei fehlt aber das Sterbejahr von Elisabeth Herold (gest. 1657 V 27) und das Jahr für den Regierungsbeginn der Anna Maria Weinhart (1657 – 1685). Die erste Äbtissin ist Hildegondis von Brengberg (1220 – 1230), Elisabeth Herold erwähnt Hildegund von Brennberg nicht, erst eine spätere Hand hat deren Namen in der Chronik nachgetragen und so wird sie mit der *alten Äbtissin* (s. o.) identifiziert. Auf dem Bild in der Galerie lässt sie Hildegund von 1211 bis 1240 regieren. Woher Elisaberth Herold den Namen *von Brennberg* nimmt, darüber lassen sich nur Vermutungen anstellen. Der Ortskundige denkt natürlich an die Brennburg, die keltische Viereckschanze bei Willmatshofen. Hat Elisabeth Herold dort ein Ministerialengeschlecht angenommen?

Warum schrieb man im Kloster diese Gründungsgeschichte auf? Man besaß doch die Chronik der Elisabeth Herold und im Konvent hing die Galerie der Äbtissinnen. Die Erwähnung von Graf Mangold von (Donau)Wörth lenkt die Vermutung in eine bestimmte Richtung. Georg Beck, Prior des dortigen Klosters, hat mehrere Chroniken verfasst, u.a. über Holzen (T 6b), aber auch über Oberschönenfeld (s. o.). Seine Oberschönenfelder Chronik ging offensichtlich verloren. Könnte diese Version der Gründungsgeschichte nicht eine Abschrift aus dieser Chronik sein? Sie entspricht seinem Stil und die Tendenz ist unverkennbar, einen Manegold von Donauwörth noch vor die Grafen von Dillingen in die Gründungsgeschichte von Oberschönenfeld zu setzen. Elisabeth Herold scheint Becks Chronik nicht gekannt zu haben. Als sie dann aber unter Hildegard Meixner (oder bereits unter ihrer Vorgängerin?) auftauchte, schrieb man vorliegende Version, in der die Grafen von Dillingen nur in einem kurzen Abschnitt gewürdigt werden.

Diese Version entspricht weit mehr einer Sage, als die Gründungsgeschichte bei Elisabeth Herold.[50]

(**T 7d**) *Mangoldus, Graf Von Wörth, Und Ynhaber der Grafschaft Burgau, sich in der Reyschenau, am Hungersberg mit iagen divertierent, Und erlustigendt ersahe einen Ibel bekleidt- Und aussehenden alten Waldtbrueder, ab deme er sich anfenglich etwas entset-*

zet, iedoch endlich angeredet, Und gefragt, wer er seye? aus was Ursach er sich in dieser wilden aynöde aufhalte? Und darinnen eines so harten Und strengen Lebens wandel pflege? Ich antwortete der Brueder von adelichem Geblueth gebürttig, füehrte die iahr meiner blüehenden iugendt kein gleichmäsiges leben, sonder Völlig aus dem geschlecht schlagendt, Gott meinen Herrn hab ich baldt mit allen erdänchlichen sündt Und lastern beleydiget, Und Zue disem hat mein Herr Vatter in dem schloss Zue Anhausen wohnendt, Vom falschen argwohn überwunden, mein Liebste Frau Muetter erbähmlich umb ihr Leben gebracht, dessentwegen meine eigne begangne Villvältige sünden, Wie auch den Vollzognen todtschlag meines Herrn Vatters abzuebüessen, von unserem grundtgüettigem Gott Perdon, gnadt, ja den himel selbsten Zue erlangen, so hab ich mich in diese Wüesteney, auf eynrathung meines gewesten, und Zuo Anhausen wohnhaften Pfarherrns begeben, in welcher ich nunmehr 19 iahr tarf wohl darumb sagen Zue Göttlichem sattem begnügen hab Zuo gebracht Umberweilen der allgüettige Gott miehr geoffenbahret, daß er die Seel zwar meiner Liebsten Frau Muetter Zue denen himlischen Frewden ayngelassen, der Seel aber meines Herrn Vatters den eyngang Zue dem obigen Leben noch etliche iahr verschlossen hab.

Mangoldus demnach disen Waldtbrueder nit nur für heilig, sondern noch derzue für einen wahren Propheten, haltendt, verlangte ihme Vorzuesagen, wie es den ihme heüt oder morgens ergehn werde? der Waldtbrueder thuet sich gegen den Grafen die gethane Frag Zue beantworten, mit nachfolgenden Wortten entschuldigen, was masen Gott ihm die Zeit, Und Stundt vorbehalten, er auch allein das Zueküenpftige seinem begehren nach Zue willfahren, so begehre er nur einen kleinen dreitägigen Verzug, der Graf liesse ihm disen Vorschlag wüste nichtsdestoweniger ihme in etwas belieben, kieme derentwegen nach Verloffnen drey Tägen widerumb Zuem brueder, der thuet ihm eröffnen, wie das er mit einer großen manschaft über das meer werde fahren, ihne zwar heischtenst anliegen lashendt, wie Und was mittel, Und Weeg das heilige Landt dennen Saracenersen er könte und möchte abnemen, alleinig vom Ungückh überfallen, werden die seinigen Von ihnen nit nur auf des Haubt geschlagen, sondern er selbsten tödtlich verwundt, an seiner Wunden baldt sterben, der leib in das Vatterlandt geführt, Und in die Begräbnus seiner Eltern, Und Anherren bey gelegt werden: Auf disen Berricht nimbt der Graf einen freündlichen Uhrlaub Von dem Waldtbrueder, befilch sich in sein heiliges Gebett, kombt in seine Gräftliche Residenz, erzellt allen Verlauf Wurza, seiner liebsten Gemahlin, und macht sich gleich auf dero eynwilligung auf den Weg dem heiligen Landt zue. Underdessen liesche ihr die Gräfin belieben, nit so vill aus weiblichem Fürwitz, als Christlicher Liebe Und andacht auch disen Waldtbrueder, von deme ihr der Herr Graf, vill erzellt, Und von fueß auf mit Wortten satsam beschriben hat, Zue besuchen. Kommt Zue seinem Hüttlein, eröffnet die Thür, Und ersihet ihn todts Verfahren mit aufgehebten Händen, auf der erden knyen, läßt ihn derentwegen Von ihren dienern Zuer Erden bestattigen, Und innerhalb einer kurzen Zeit ober seinem grab, nechst dem Oberhofen eine Kapellein erbauen A 1168.

Wohin verlobten sich den gleich dern Frauen Gräfin Zwey adeliche Camerfreüwlein, Und drey andere gebohrene Augspurgerin, die auch anfenchlich nit under einer gewissen Ordens Regul, wohl aber schwösterlicher Versamblung Und gehorsam einer so sye Mueter oder Meisterin benambsten, einen solchen auferbaüwlichen, from Und tugendtsamen lebenswandel mit Und undereinander führten, daß selbiger nit nur in dennen nechsten anligenden, sondern auch Von ihnen weit entfehrnten Törfern, Märckthen, Und Stätten kundt Und ruchbahr wurde, absönderlich da theils die schwere Kriegszeiten des Reiches Uerloffen, theils aber diese 5 Versamblete andechtige schwöstern mit Vergünstigung des bischofs Zue Augspurg sibotti Namens, (Welches nachgehendts ein Religios Zue Keissersheim worden ist) ihre erste, mit einer anderen, ihnen Zue ihrem geistlichen Standt bequemlicher Wohnung, wo sye noch heutigen tags stehet, Oberschönenfeldt genandt mit welchem Namen Oberschönenfeldt Richard Abbat zue Keissersheim dieses, mit einem adeligen in Bayren ligenden Kloster Niderschönenfeldt underschiden hat, verendert haben.

Haben demnach disen ihren anderen bauen mit rath Und that, ia größtem Unkosten die Edle Grafen Von Dillingen derogestalten beföderet, das dise Gnädige Und Gräfliche Familia billich Und recht für die erste Und vornembste Stüfterin gehalten, Und angelobt würdt:

Andere Guetthäter anbelangendt, welche alle reichlich dises nunmehr stehendes Gottshaus Oberschönenfeldt beschenkht haben, wollte ich in der wahrhait ehender die tag oder gar die stundten des iahrs, als deroselbigen Namen auf das pabyr bringen, würdt derentwegen Zuem schuldigistem danch, wie auch Und absönderlich deroselbigen Seelen selligkeit ehender Zue besseligen iahrlich jedesmal der Gottsdienst gehalten, und an ihren Jahrstägen von einer Kloster Frau die 7 busspsallmen gebetten, welches andechtige Und ynbrünstige gebett Gott erhörendt, dises unser Kloster also benediziert, Und gesegnet, das es von Underschiedlichen Päbsten Und Christi Statthalteren: benambslich Innocentio, Alexandro IV. Gregorio X. Nicolas, Honorio IV. Bonifacio, Clemente V. Luzius II., Johanne XXII., Clemte VI., Innocentio VI. anderen mehr mit villen absönderlichen wie auch des Hl. Cist. Ordens Indulgentijß Und freyheiten ist begnadet worden, crafft deren es an geistlichen Und weldtlichen güetthern dergestalten erwachsen, daß es nunmehr nit baldt einem anderenn Frauen Kloster hyerinfahls etwas würdt nachgeben, masen dises unser Kloster jetz schon 31 Äbbtissinnen Zehlet, als:

		Gestorben
Hildegondis Von Brengberg	A 1220	A 1230
Anna Metterin	A 1230	A 1251
Williburgis	A 1251	A 1262
Adelhaydis	A 1262	A 1270
Hilda	A 1270	A 1278
Adelhaydis	A 1278	A 1284
Agnes Von Lutzingen	A 1284	A 1299
Hildegundis	A 1299	A 1304
Elisabetha	A 1304	A 1316
Margaretha Von Lutzingen	A 1316	A 1327
Irmelgardis	A 1327	A 1332
Hildegundis	A 1332	A 1342
Agnes Von Lutzingen	A 1342	A 1362
Catharina Von Villenbach	A 1362	A 1379
Catharina Von Lutzingen	A 1379	A 1384
Anna Von Schweningen	A 1384	A 1390
Catharina Von Tettingen	A 1390	A 1398
Gertrudis Von Freyberg	A 1398	A 1449
Anna Marschalkin Von Pappenheim	A 1449	A 1463
Dorothea Von Lamberg	A 1463	A 1493
Barbara Vötterin Von Schweningen	A 1493	A 1508

Margaretha Vötterin
Von Schweningen   A 1508   A 1517
Ursula Von Wintzer   A 1517   A 1522
Ursula Von Tanneck   A 1522   A 1552
Agnes
Von Burthenbach   A 1552   A 1601
Walpurga Schißlerin   A 1601   A 1603
Susanna
Willemayerin   A 1603   A 1624
Apollonia Wörlin   A 1624   A 1633
Maria Elisabetha
Heroldin   A 1633   A
Anna Maria
Weinharttin   A

Welche alle zweifels ohne der grundtgüettige Gott, weilen sye löblich Und wohl regieret, Und also ihm in allem treüer seyndt gewesen, dort in der anderen freudtlich glückseligen Weldt, für ihren bestverdinten Lohn, über vill würdt bestelt haben;

dieser aber unser ietz Regierenden Gnädigen Frauen Maria Hildegardi Meisnerin, als welche in bester, Und sorgvältigster Regierung keiner ihrer Vorfahein thuet waichen, daß ich sye mit gründlicher Wahrheit eine sorgfältige Martham taufen tarf, nach langer frewdt und fridtsamer glückseliger Regierung, wie auch erlebten gesunden iahren mit Magdalena endlich den besten theil des Himmels verleihen würdt.

(divertieren = abschweifen)

Manegold (IV.) von Wörth, der vor 1156 starb, war nicht Inhaber der Grafschaft Burgau;[51] diese bildete sich zu seiner Zeit erst. Interessant ist, dass der Schreiber nicht von der Markgrafschaft Burgau spricht. Urheber dieser Verbindung ist wohl Georg Beck, der auf Bitten Markraf Karls (1560 – 1618) auch eine Chronik der Markgrafen von Burgau verfasste. Georg Beck lässt in seiner Chronik von Hl. Kreuz Mangold noch am Kreuzzug Barbarossas teilnehmen und vor Akkon an der Pest sterben.

Die Kapelle beim Weiherhof.
Abb. aus: Pötzl, Kreuze, 19.

Die Geschichte verbindet zwei Erzählstränge: Das Schicksal des Waldbruders und die Geschichte Graf Manegolds. Der Waldbruder, dessen Name nicht fällt, büßt sein sündhaftes Leben und den Totschlag, den sein Vater an seiner Mutter beging. Als Motiv dieses Verbrechens wird der Argwohn genannt, den der Vater gegen seine Frau (wohl wegen vermuteten Ehebruchs) hegte. Sitz dieses Geschlechts ist das *Schloss* in Anhausen. In Anhausen lässt sich im 11./12. Jahrhundert ein Ministerialengeschlecht nachweisen, doch wäre es verwegen, hier Verbindungen zu konstruieren.[52]

Einsiedler (und Waldbrüder) lebten noch in der Barockzeit auch bei uns; in der Literatur (und nicht nur in Sagen und Legenden) sind sie gegenwärtig.[53]

Dieser Waldbruder hat die Gabe der Prophetie und er sagt Graf Mangold den Kreuzzug voraus, von dem er nicht mehr zurückkehren wird. Hier wird die Übernahme aus Becks Geschichte von Hl. Kreuz (s. o.) deutlich.

Während sich der Graf auf Kreuzfahrt befindet, macht sich seine Frau zum Waldbruder auf, findet ihn tot in seinem *Hüttlein,* lässt ihn bestatten und über seinem Grab bei Oberhofen 1168 eine Kapelle erbauen. Die Jahreszahl überrascht, da der Bericht, von den Regierungszeiten der Äbtissinnen abgesehen, keine Jahreszahlen enthält.

An dieser Stelle mündet die Mangold-Legende in die Gründungsgeschichte der Elisabeth Herold ein, nur dass der Personenkreis in Oberhofen näher bestimmt wird: die Gräfin mit zwei adeligen Kammerfräulein und drei Augsburgerinnen. Neu ist auch die Erwähnung Bischof Sibotos (1227 – 1247) beim Umzug von Oberhofen nach Oberschönenfeld. Dabei wird eingefügt, dass Siboto Mönch in Kaisheim wurde.[54] Auch dieser Einschub macht deutlich, woher die Manegold-Legende kommt. Gleiches gilt auch für die Erwähnung von Abt Richard (1240 – 1252), der die beiden bestehenden Schönefeld-Klöster in Oberschönenfeld und Niederschönenfeld (gegründet 1241) unterschied. In dieser Version der Gründungsgeschichte fällt die Jahreszahl 1211 (s. o.) nicht. Setzt man die Regierungszeiten des Bischofs und des Kaisheimer Abtes in Bezug zu einander, dann ließen sich die Jahre 1230 bis 1240 als Zeitraum für den Umzug nach Oberschönenfeld gewinnen. Das ist dann auch das Jahrzehnt, in dem Volkmar von Kemnat (s. o.) in die Geschichte eintritt. Es überrascht, dass der Bericht zwar die Grafen von Dillingen würdigt, nicht aber die Herren von Kemnat, obwohl dann die Totengedächtnisse beschrieben werden und das Kemnater Wappen auf der Wappentafel an sie erinnerte. Da der Text aber nach Kaisheim verweist, wird das verständlich, denn dort gelten die Kemnater nicht als Stifter und Wohltäter, sie tauchen aber als Zeugen in Kaisheimer Urkunden auf.

Wichtig sind für den Autor/die Autorin die päpstlichen Privilegien, die mit Innozenz (IV.) beginnen und bis Innocenz VI. (1353) reichen. Mit Nikolaus zwischen Gregor X. und Honorius IV. kann nur Nikolaus III. (1277 – 1280) gemeint sein, von dem sich im Archiv keine Urkunde befindet (wohl aber von Nicolaus V. aus dem Jahre 1451). Nikolaus III. hat aber 1279 für Kaisheim eine Urkunde ausgestellt. Wie Lucius II. (1144 – 1145) in diese Reihe kommt, bleibt unerklärlich. Lucius III. allerdings urkundete 1184 und 1185 für Kaisheim. Die Ordinalzahl könnte verschrieben sein. Die Päpste Innozenz IV. und Honorius IV. stellten auch für Kaisheim Urkunden aus. Es liegt der Verdacht nahe, dass sich die Liste dieser Päpste auf Kaisheim bezieht. Im Urkundenbestand von Oberschönenfeld fehlen auch Urkunden von Bonifaz (VIII.), Clemens V. und Johannes XXII. Andererseits weist der Bestand auch Urkunden von Alexander IV. von 1255 und 1256 und von Martin IV. von 1284, sowie von späteren Päpsten (Nikolaus V., Benedikt XII., Gregor XII., Martin V., Sixtus IV., Alexander VI. und Leo X.) auf, die in obiger Aufzählung keine Berücksichtigung fanden.[55]

Es verwundert nicht, dass den Sagensammlern die Mangold-Geschichte besser gefiel als die um Historizität bemühte Gründungsgeschichte der Elisabeth Herold. So hat sie auch Alexander Schöppner (s. S. 33) aufgenommen (Sagenbuch, 444 Nr. 419):

(T 7e) *Romantisch im freundlichen Schmutterthale, drei Stunden von Augsburg, liegt das Kloster Oberschönenfeld, dessen Entstehung* *die Sage berichtet. Graf Mangold von Wörth, Herr der Grafschaft Burgau, der auf einer stattlichen Burg zu Anhausen wohnte, verirrte sich auf der Jagd und traf in tiefer Wildniß einen Einsiedler, der in hölzener Klause Gott diente. Graf Mangold forschte nach der Lebensgeschichte des Waldbruders und dieser erzählte, wie seine Frau Mutter durch des Vaters Jähzorn auf seinem Schlosse zu Anhausen schmählich ermordet worden, wie dann bald darauf sein Herr Vater gestorben und er demselben noch vor seinem Absterben zur Sühne dieser Schuld und zur Abbüßung eigener Jugendsünden eine Wallfahrt in das heilige Land gelobt habe, wie er diese angetreten und einem jüngeren Bruder Hab und Gut hinterlassen, endlich seine Wallfahrt glücklich überstanden und in diese Wildniß zurückgekehrt sei, um Gott zu versöhnen. Wie erstaunte Mangold bei dieser Erzählung: der gute Waldbruder war kein Anderer, als sein todt geglaubter Ahnherr. Freudig und schmerzlich zugleich war dieß Erkennen, denn der fromme Mann hatte keine Lust, seine Klause je wieder zu verlassen. Oft noch hat ihn Mangold besucht und fromme Lehren von ihm empfangen, bis er einstmal seine Leiche traf. Da ließ Mangold auf seinem Grabhügel eine Kapelle bauen zum Oberhof, zum Weiherhof genannt; in dieser Kapelle haben zwei adeliche Kämmerfräulein aus dem Geschlechte des Grafen Mangold mit noch drei Augsburgerinnen gelebt und ein Klösterlein gegründet, deren Vorsteherin sie Meisterin nannten. Die Frauen führten einen erbaulichen Lebenswandel, so daß Siboto, Bischof von Augsburg, sich ihrer annahm und durch seine Hilfe um 1168 das Kloster Oberschönenfeld entstand, welches sich nachmals durch verschiedene Schankungen vergrößerte und bis auf diesen Tag blüht.*

Im Vergleich zum handschriftlichen Text aus dem Beginn des 18. Jahrhunderts im Archiv des Klosters (T 7d) ergibt sich die Frage, bietet Schöppner eine andere Version oder hat er oder sein Informant R. A. Böhaimb den Text in Oberschönenfeld nur oberflächlich gelesen? Graf Mangold von Wörths Burg steht in Anhausen. Nicht er hat die Wallfahrt ins Hl. Land angetreten, sondern der Waldbruder, der vorher seinem jüngeren Bruder Hab und Gut überlassen hat. Doch der Waldbruder hat die Wallfahrt überlebt und ist zurückgekehrt. Mangold muss mit Erstaunen feststellen, dass der Waldbruder sein Ahnherr ist. In dieser „Version" entdeckt dann Mangold selbst den toten Waldbruder und lässt über seinem Grabhügel eine Kapelle bauen. Jetzt kehrt der Text wieder zur Handschrift zurück, allerdings mit der Änderung, dass 1168 nicht die Kapelle gebaut wird, sondern um 1168 das Kloster entsteht.

Die Schöppnersche Version erscheint aber auch wie eine Verkürzung der wesentlich längeren handschriftlichen Fassung. Dem Bestreben, eine kürzere Fassung zu gewinnen, könnten auch die inhaltlichen Änderungen zum Opfer gefallen sein.

Die Schöppnersche Version entsprach mehr als die um Historizität bemühte Gründungsgeschichte der Elisabeth Herold denen, die sich für Sagen interessierten. Gustav Euringer (s. S. 39) erzählte sie ebenso wie Josef Rühfel (s. S. 35–39). Rühfel bezieht sich nicht auf Schöppner, sondern auf die Oberschönenfelder Klosterchronik und auf Schiller (Theobald Schiller: Oberschönenfeld 1211 – 1911. Gedenkblätter zum siebten Centenarium seiner Gründung, Oberschönenfeld 1911). Rühfel erklärt in einer Klammer den Begriff „Ahnherr" als *Bruder seines Vaters oder Großvaters*. Er übergeht die Jahreszahl 1168 und Bischof Siboto und schließt dann mit dem treffenden Satz: *Diese Frauenvereinigung bildete den Grundstock zum Kloster Schönenfeld.*[56]

Das Kloster in Leuthau

Für etwa 20 Jahre bestand in Leuthau ein Kloster des Sixtusordens.[57] Eine eigentliche Sage zum Kloster scheint nicht überliefert zu sein. Von den Waldbezirken Nonnenberg und Heiligenstatt sagte man, sie seien von drei Fräulein gestiftet worden.

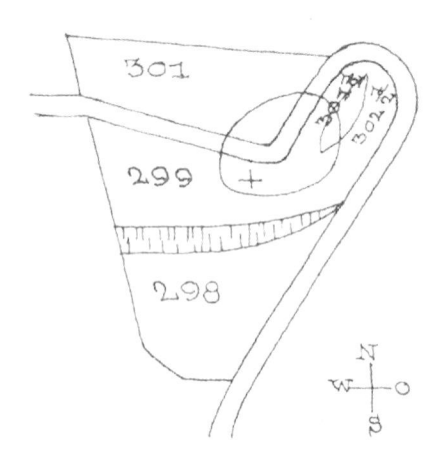

Skizze zur Lage des Klosters Leuthau (+).
Abb. aus: Rühfel, Volkskundliches, 137.

Nach manchen soll dort ein Schloss, nach anderen das Kloster Leuthau gestanden haben, doch Rühfel wendet dagegen ein, dass Kloster Litun Kloster am Bergabhang bedeutet und sucht am Leitenberg in der Flur Kapellacker. Ein dort entdeckter Begräbnisplatz stützt seine Annahme.[58]

Die Gründung des Klosters Salmannshofen

Wie Hl. Kreuz in Augsburg mit Muttershofen und dem Hammelberg, St. Margareth in Augsburg mit Leitau und Oberschönenfeld mit Oberhofen, hat auch Salmannshofen ein Vorgängerkloster.[59]

Matthäus Marschalk von Biberbach (s. S. 31) schreibt:

(**T 8**) *Das fünfftzigst Capitel. Von andern Clöstern vmb Biberbach herumb.*

Es ist auch vor zeiten ain Closter Cistercienser Ordens vmb Biberbach gelegen / vnd in der herrschafft der Marschälck von Biberbach / nit weit von Lauterbrunn / welches Dorff auff der Straß gegen Bonstetten ligt / gewesen / da sicht man noch ettlich alte gemeür / vnd andere anzaigung. Dises Closter ist hinweg gelegt worden über die Thonaw hinüber / vnd dem Clostr Kaißhaim eingeleibt worden / da Kaißhaim von Hainrichen dem Grauen zu Lechsgmund / vnnd von seim Gemahel Leytgard gestifft ward / Anno domini 1133 als man in ainem alten brieff Wilhalmen Marschalcks ließt / des Datum ist Anno 1135. Diese Edeleüt von Biberbach haben auch vnder irem Schutz gehabt Salmanßhofen / ist ain frawen Closter / der dritten Regel S. Francisci / aber als ich mer warhafftiger find / so seind die Marschälck erstlich Herrn darüber gewesen / welches Closter gestifft worden ist Anno domini 1200.

Mathäus Marschalk bringt den Namen <u>Hausen</u> nicht, weiß aber um dessen geographische Lage. Die Siedlung bei <u>Heretsried</u> war zu seiner Zeit bereits abgegangen, aber man sah noch etliche Mauern und andere Anzeichen.[60] Vor 1282 wurde der Frauenkonvent nach Salmannshofen verlegt. Nicht bekannt ist, seit wann der Konvent in Hausen war und nach welcher Regel er lebte. Matthäus Marschalk hält die Frauen für Zisterzienserinnen, wohl deswegen, weil er behauptet, sie seien verlegt und mit Kaisheim vereinigt worden. Für einen Frauenkonvent in Kaisheim aber gibt es keinerlei Hinweise.[61] Wie Matthäus Marschalk zu seiner Behauptung kommt, der Konvent von Hausen sei mit Kaisheim vereinigt worden, entzieht sich unserer Kenntnis. Er zeigt sich aber gut über die Gründung Kaisheims informiert. Nach dem Kaisheim-Einschub kommt er auf Salmannshofen zu sprechen, wohin der Konvent von Hausen verlegt wurde. Das Jahr 1200 ist deutlich zu früh angesetzt. Stifter von Salmannshofen ist Graf Ludwig (V.) von Oettingen. Matthäus Marschalk kann daher sein Geschlecht nicht als Stifter in Anspruch nehmen, behauptet aber, die Marschalken hätten die Schirmherrschaft über Salmannshofen ausgeübt.

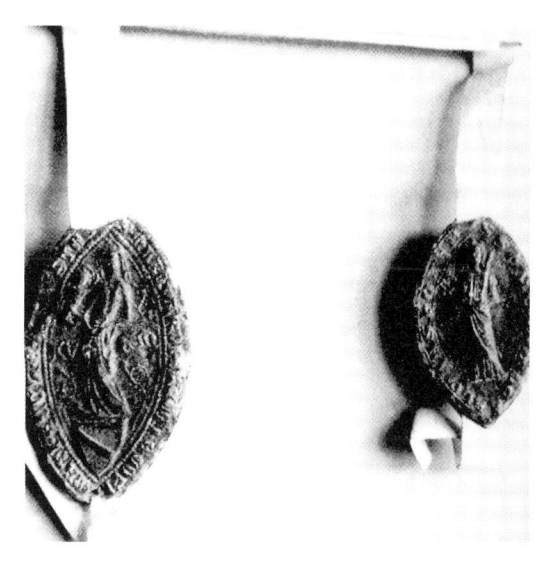

Siegel der Meisterin Katharina von Burgau und des Konvents aus Salmannshofen.
Abb. aus: Pötzl, Kirchengeschichte, 68.

Kapelle in Siefenwang.
Abb. aus: Pötzl, Kreuze, 153.

Vermutete Klöster

Dass Flurnamen wie *Nonnenberg* geradezu die Annahme provozierten, hier habe ein Nonnenkloster gestanden, ist verständlich. In Leuthau (s. o.) wird diese Annahme durch ein nachweisbares Kloster bestätigt. Andernorts bestätigen sich solche Vermutungen nicht.

An der Zusam bei Siefenwang (Dinkelscherben) liegen die *Nonnenäcker* und das *Nonnenmahd*. Deshalb erzählt die Sage, in ganz alten Zeiten habe bei der Kapelle in Siefenwang ein Nonnenklösterlein gestanden. Man denkt bei den beiden Flurnamen zunächst an Besitz von Oberschönenfeld, doch reichte dieser, von Reischenau abgesehen, nicht über die Zusam hinüber. Siefenwang gehörte zur Herrschaft Zusameck und mit dieser dann zum Domkapitel.[62]

Bei der Justinakapelle (zwischen Reinhartshofen und Guggenberg) bestand ein Eremitorium, das die Meinung aufkommen ließ, es habe sich um ein Kloster gehandelt. Im Salbuch der Pfarrei Großaitingen von 1580 heißt es, dass die auf einem Justinerlehen stehende Kapelle, zu der jährlich einmal ein Kreuzgang unternommen wurde, zerfallen und verwüstet sei.

Justina-Kapelle (Zeichnung: Winfried Zimmermann).
Abb. aus: Pötzl, Kreuze, 179.

Das galt auch für das *Bruderhäuslein* der Kapelle. Dompropst Wolfgang Andreas Rem von Kötz ließ 1581 die Kapelle renovieren und bestimmte, dass der Frühmesskaplan hier wöchentlich einmal zelebrieren müsse. Nach dem Visitationsbericht von 1658 lebte ein Eremit *in habitu s. Francisci* (in der Franziskanerkutte) bei der Kapelle, später waren es wohl auch zwei Eremiten.

In einem Visitationsbericht von 1752 heißt es, dass dort einstmals ein Nonnenkloster stand. Zwanzig Jahre später wird berichtet, das Benediktinerinnenkloster sei von den *Hunnen* (d. h. den Ungarn) zerstört worden. (Fb. 4) Auch eine Amtsbeschreibung von 1789 erwähnt das Benediktinerinnenkloster und ergänzt, dass der Ort Ebenhofen geheißen habe. In einem Salbuch der Dompropstei aus der Mitte des 15. Jahrhunderts heißt der Ort *Erberzhoven* und es bestanden dort vier Güter, die aber schon damals nicht besetzt waren, sondern von Großaitinger Bauern bewirtschaftet wurden. In der zweiten Hälfte des 18. Jahrhunderts hat ein Maulwurf dort einen wertvollen Ring ausgeworfen, der dem Pfleger übergeben wurde, und die Eremiten versicherten, der Boden bei der Klause klinge hohl, wie wenn gewölbte Räume darunter wären. Nach einer Aufzeichnung in den Pfarrakten von Großaitingen fanden die Eremiten bei der Zurichtung eines Hausgartens Überbleibsel von Grundmauern und eine dreieckige Guldenmünze mit einem unbekannten Bild. Eine statistisch-topographische Beschreibung von 1831 behauptet, die Nonnen seien von einem Bodenseekloster hierher geführt worden. Das Klostergut sei so groß gewesen, dass man 14 Pflüge benötigte, um es zu bebauen. Josef Rühfel ließ von einem Bauern, der die heimatlichen Verhältnisse und die Dreifelderwirtschaft noch kannte, das Ackerland errechnen und kam auf 525 Tagwerk. Das ist sicher unrealistisch, was Rühfel nicht ganz so sieht, aber er verweist mit Recht darauf, dass die Überlieferung von den 14 Pflügen und dem entsprechenden Ackerland etwas an die Sagen, die an öden Stätten und an verschwundenen Ortschaften kleben und vom Untergang fruchtbarer und gesegneter Gefilde berichten, erinnert. Dass in den Ungarnstürmen (oder durch die Säkularisationen Herzog Arnulfs, s. o.) Klöster untergingen, ist gesichert, aber daran heftete sich dann auch die Sage mancher anderer Klöster. Die Meinung von 1831, die Nonnen seien von einem Bodenseekloster hierher geführt worden, erinnert mehr an Klosteraufhebungen und -transferierungen während der Reformationszeit. Rätsel gibt das Patrozinium

St. Justina auf, weil es zu den höchst seltenen Patrozinien gehört. Die Kirche in Wörishofen z. B. ist ihr geweiht. Dabei kennt der Kalender zwei Heilige dieses Namens: Justina von Padua (7. X.) und Justina von Nikomedien (26. IX. zusammen mit Cyprian). Bei unserer Heiligen handelt es sich um Justina von Nikomedien, denn ihr Fest wurde am 26. September gefeiert und das erhaltene Bild zeigt die Heilige in einem Kessel (während Justina von Padua erdolcht wurde). In Kalendaren des Mittelalters tauchen bei uns fast ausschließlich Cyprian und Justina auf. In die Sagen um unsere Kapelle könnten aus Verwechslung auch Elemente aus der Kultgeschichte der Justina von Padua hereingewirkt haben. In Padua entstand im 8./9. Jahrhundert eine zweite Justina-Kirche, die von den Ungarn zerstört (s. o.) und nach dem Wiederaufbau den Benediktinern (s. o.) übergeben wurde. Zu Beginn des 15. Jahrhunderts entstand hier die Kongregation von S. Giustina (seit 1505 Cassinensische Kongregation), die treibende Kraft benediktinischer Reform in Italien. – Es ging auch die Sage, die Kapelle sei von einer Gräfin von Guggenberg gestiftet worden, was unbeschadet des Titels erst von der zweiten Hälfte des 18. Jahrhunderts an möglich wäre. Die Frage, ob hier wirklich ein Klösterlein stand, lässt sich beim vorhandenen, ganz unterschiedlichen Material nicht eindeutig entscheiden. Alfred Schröder zog eine Erinnerung an das Frauenkloster in Leuthau (s. o.) in Erwägung. Unzweifelhaft ist das Eremitorium.[63]

Wallfahrten, Kirchen und Kapellen

Wallfahrten sind ein allgemeines religionsgeschichtliches Phänomen. Wir finden sie in den Naturreligionen ebenso wie in den Hochreligionen. Ihnen liegt die Vorstellung zugrunde, dass an bestimmten Orten die Gottheit den Menschen besonders nahe ist.

Im Christentum waren es die Stätten des Hl. Landes, um die im Mittelalter auch gekämpft wurde. Dazu kamen die Gräber der Märtyrer, dann auch die anderer Heiliger, später bedeutende Reliquien wie in Köln, Aachen oder Andechs. Von anderer Qualität sind die eucharistischen Wallfahrten wie die zum Wunderbarlichen Gut in Hl. Kreuz in Augsburg. Im späten Mittelalter kamen dann die Gnadenbilder dazu. Bedeutende Kultobjekte wurden nachgebildet (Gnadenbildkopien, Architekturkopien wie die Loretokapellen) und ließen wiederum Wallfahrten entstehen.[64]

Mangels Überlieferung können wir für das Mittelalter im Landkreisgebiet nur Violau als gesicherten Wallfahrtsort nachweisen, die Belege für Albert in Wörleschwang und Adelgundis in Anhausen sind zu schwach, aber die Leute wallfahrteten wohl auch zur Hl. Radegundis nach Wellenburg und sicher nach Augsburg, Grafrath, Inchenhofen, Altötting und Lauingen. Seit den letzten Jahrzehnten des 16. Jahrhunderts blühten die alten Wallfahrten neu auf und neue Wallfahrten kamen dazu (Gabelbacherkreut, Klimmach, Westerringen, der Kobel und Klosterlechfeld), nach dem Dreißigjährigen Krieg war es neben mehreren mittleren Wallfahrten vor allem Biberbach.[65]

Längst nicht von allen Wallfahrtsorten haben sich Gründungslegenden erhalten und die meisten sind erst spät überliefert. In den Gründungslegenden tauchen bestimmte Motive immer wieder auf: Rastsagen, Wandersagen, Stromsagen und Gespannwunder.[66]

Die Wallfahrt zum „Herrgöttle" von Biberbach

Wallfahrten können aus dem Volk entstehen, werden oft aber auch durch tatkräftige Personen ins Leben gerufen und gefördert. Letzteres geschah in Biberbach durch Pfarrer Anton Ginter (s. S. 32).

Das mächtige Kruzifix, darunter das Gespannwunder. Titelbild zu Anton Ginters umfangreichem Werk CURRUS ISRAEL (*ordentlich außgetheilte Concepter auf die Sonn- und Feyrtäg des Jahrs*), Augsburg 1717 (noch siebenmal aufgelegt).
Abb. aus: Pötzl, Lebensbilder, 78.

In seinem 1683 gedruckten Mirakelbuch stellt er eine Gründungsgeschichte voran:
(**T 9a**) *Glaubwürdige RELATION Vom Ursprung deß H. Creutz zu Marckt Biberbach. Nachdeme das berühmte Hertzogthumb Wür-*

Noch bis ins 19. Jahrhundert hinein wurde das Gespannwunder auch auf Andachtsbildern dargestellt (Ausschnitt).
Abb. aus: Pötzl, Kirchengeschichte, 161.

tenberg nach verlassner Catholischer Religion zur newen getretten / vnd verschidne Klöster vnd Gottshäuser sambt Gottes vnd der Heiligen Bilder angefangen prophanirt zu werden / ware verhanden ein noch eyferig Catholischer Fuhrmann / disem trange zu Hertzen dises der New-Glaubigen stürmen wider die Creutz / vnd andere Bilder / derowegen auß innerlicher Devotion getriben / entziecht er / nach so vilen anderen zertörten Bildnussen / dises H. vralte vnd anmutigiste mit 4 Näglen cläglich angeheffte Creutz-Bildnuß / ladt solches / vmb bestermassen zu salviren / auf seinen Wagen / vnd führts allhero durch Biberbach. Als nun erwehnter Fuhrmann in der Hülle nächst bey der Pfarr-Kirchen gelegen / durchzufahren vorhabens ware / sihe! da stunden vnversehens die Pferd auff dem Weeg / vnd kunten mit keinem Gewalt von solchem Orth mehr fortgetriben werden / vnd obwohlen andere vom Dorff darzu gesetzt worden / ware dannoch vor vnmöglich erkennet solches ferner fortzuführen / biß endtlich ermelter Fuhrmann zu dem damahligen Pfarrherrn vnd Pflegern / der alldort noch Hoch-Freyherl. Pappenheimischen Herrschaft Marckt Biberbach / sich begeben / disen wundersamen Verlauff vorgestellet / vnd erkennet worden / dass solche Bildnus seine Ruhe keiner anderen als dieser Orthen verlange / dahero auch solche beygesetzt / vnd zur Verehrung an einen Pfeiler mitten in der Kirchen / dessen Vestigium noch heutiges Tags verhanden / vorgestellt worden. Bißhero von glaubwürdigenr vnd alter Tradition.

(Salviren = retten; Hülle = Hohlweg; Vestigium = Fundament)

Die Jahreszahl 1525, die später immer wieder genannt wird und die vom Bauernkrieg herrühren dürfte, fällt im Text nicht. Andere zeitliche Angaben stimmen nicht zusammen: Die Herrschaft der Pappenheimer ging über Kaiser Maximilian im Jahre 1514 an Jakob Fugger über, also noch deutlich vor der Reformation. Die Reformation wurde im Herzogtum Württemberg eingeführt, nachdem der wegen seiner Sittenlosigkeit und Verschwendung vertriebene Herzog Ulrich 1534 mit Hilfe von Philipp von Hessen und von französischem Geld zurückgekehrt war. Das große Jahr des Bildersturmes, bei dem viele wertvolle Kunstwerke vernichtet wurden, war – auch in Augsburg – 1537.[67] Am 10. November 1693 schrieb Ginter in ein Dokument, das in den Turmknopf eingebracht wurde, *Daß dieses sein heil. Und wundertätiges Kreuz vor allbereits als anderthalb hundert Jahren von eimem frommen Fuhrmann aus Württemberg alhier nach Biberbach gefliehet und in der alten Pfarrkirche an einer Saull zur Verehrung beygesetzt worden.* Später entschied sich Ginter dann konkret für das Jahr 1525 und für den Bauernkrieg und ließ 1725 das zweihundertjährige Jubiläum der Wallfahrt feiern.[68]

Das überlebensgroße Kruzifix lässt sich durch Vergleiche nicht zuordnen (was auch daran liegt, dass zu wenige Beispiele erhalten sind). Der Ausdruck erinnert aber an Kruzifixe in Reichenau-Oberzell bzw. Obermarchtal und von daher erscheint eine Herkunft aus Württemberg (bzw. Baden) nicht ganz unwahrscheinlich.[69] Dass sowohl Friedrich Panzer wie Alexander Schöppner (s. S. 33) die Biberbacher Legende offensichtlich unabhängig von einander aufnehmen, wurzelt im Bekanntheitsgrad des Herrgöttles von Biberbach; andererseits trugen beide Sagenbücher wieder dazu bei, Biberbach bekannt zu halten bzw. noch bekannter zu machen. Gemeinsam ist beiden das bei Ginter vorgegebene Gespannwunder. Schöppner (Sagenbuch, 433 Nr. 409) bezieht sich auf Mittermaiers Sagenbuch von 1850/51 (S. 145f), bei dem allerdings auch eine längere Passage über das Wüten der Schweden und die Ängste der Bevölkerung steht, die im Folgenden in Klammern gesetzt wird. Ludwig Mittermaier schloss sein Buch *Sagen und Geschicht-Buch aus der Vergangenheit der Städte: Burgau, Günzburg, Gundelfingen, Lauingen, Dillingen u. Wertingen* an Weihnachten 1850 ab, das Buch erschien dann 1851 (offensichtlich, wie das *Sagenbuch der Städte: Gundelfingen, Lauingen, Dillingen, Höchstädt und Donauwörth* in Dillingen).

(**T 9b**) *Das Kreuzbild zu Biberbach.*
Der unglückliche Schwedenkrieg ließ auch Wertingen nicht verschont. (Mittermaier: *Im Jahre 1646 drangen die grausamen Horden auch in das friedliche Zusamthal. In wilder Unordnung flohen die meisten Bewohner in die Wälder, welche zwischen dem Donau- und Zusamthal auf der Höhe sich hinziehen und die damals noch viel größer waren. Die Furcht beschäftigte hier nun tausend Hände. Schanzen wurden errichtet, und unterirdische Wohnungen gegraben, um gegen die gefürchteten Feinde sicher zu sein, denn man hatte schon erfahren, wie grausam sie mit den zurückgebliebenen in Wertingen verfahren seien. Eine Mutter, die ihr einziges sterbendes Kind nicht verlassen wollte und deßhalb am Krankenlager ihres Lieblings geblieben war, musste es mit eigenen Augen ansehen, wie die eindrin-*

genden Schweden ihr Kind nahmen und in das auf der Straße draußen lodernde Feuer warfen. Als die unglückliche Mutter hierüber in der Verzweiflung zu weinen und zu schreien nicht aufhörte, schnitten sie, dieses Jammers endlich müde, ihr die Spitze der Zunge weg. Wehrlose, schwache Greise blieben vom Schwerte nicht verschont und Wöchnerinnen und Säuglinge hatten das nämliche Loos. Am bedauernswerthesten waren aber Jungfrauen und Weiber daran. Manche, die den Gedanken ihrer Schande nicht ertragen konnten, nahmen sich selbst das Leben (wer erinnert sich nicht an die tugendhafte Römerin Lukretia?) und eine zweite Judith stieß einem solchen wollüstigen Knechte, indem sie ihm scheinbar nachgab, den Dolch in das Herz.)

Die Kirche, ja selbst der Ort des Heiligsten, der Tabernakel wurde erbrochen und die Hostien auf dem Boden herumgestreut. Ein württembergischer Fuhrmann, der Wein nach Augsburg führte, fand auf der Straße im Kothe ein Kreuz liegen, wie es von den wilden Horden zertreten und mit Unflath ganz überzogen war. Der Fuhrmann, dem es in der Seele wehe that, daß das Bildniß seines Erlösers von unheiligen Händen so geschändet wurde, hob es auf, legte es auf seinen Wagen und fuhr wieder weiter. Als er in Biberbach den Berg hinauf fuhr, blieb plötzlich der Wagen stehen und konnte trotz der größten Anstrengung der Pferde nicht weiter gebracht werden. Man eilte ihm zu Hilfe, spannte mehrere Pferde an den Wagen, allein auch dieses half nichts. Endlich zog man das Kreuz hinter den Fässern hervor und siehe! der Wagen konnte wieder ungehindert dahinziehen. Dieses Kreuz prangt noch heute in der Wallfahrtskirche in Biberbach auf dem Altare und gläubig wandeln viele Tausende nach dem Gnadenorte, wo der Heiland auf so sichtbare Weise ausgesprochen hat: „Hier will ich wohnen!"

Schöppner setzt das Gespannwunder in die Zeit des schwedischen Krieges (1632 – 1636) und berichtet zunächst (für Wertingen!) von der Sakramentsschändung der schwedischen Soldadeska. Derartiges Wüten dieser Soldaten wird auch von anderen Orten berichtet. Vielleicht wirkt hier die Geschichte des Biberbacher Pfarrers Ulrich Zusamschneider herein.[70] Die Schändung des Kreuzes geschieht nicht im Bildersturm, sondern im Schwedenkrieg (und offensichtlich nicht in Württemberg). Während Ginter sich zur Fracht des Fuhrmanns nicht äußerte, hat er nach Schöppner Wein geladen, den er nach Augsburg bringen will. Anlass zu dieser Annahme könnten die Meinrad-Bilder an der Emporenbrüstung gegeben haben, auf denen der Fuhrmann große Fässer geladen hat (s. Fb 4a + 4b). Nun waren Fässer damals allgemeine Transportbehältnisse (ähnlich unseren Containern) und nicht nur für den Wein bestimmt. Die Route von den Weinbaugebieten am Neckar über Dillingen, Wertingen und Biberbach nach Augsburg entspricht einer damals üblichen Handelsstraße.[71] Bei Schwierigkeiten an Steigungen spannte man weitere Pferde vor, für die Bauern war das ein willkommener Nebenverdienst.

Friedrich Panzer (Sagen Bd. 1, 179 Nr. 291) bleibt nur beim Kern des Gespannwunders und ändert dann viel:

(T 9c) Der hl. Kreuzberg bei Biberach.
Einst führte bei Biberach am Heiligen Kreuz in Schwaben ein mit sechs braunen Pferden bespannter Wagen ein Kreuz. Der Fuhrmann wußte nicht, wie es darauf gekommen war. Als nun die Pferde an den Heiligen Kreuzberg kamen, hielten sie an, knieten nieder und waren nicht mehr weiter zu bringen, bis das heilige Kreuz abgeladen und hingelegt wurde. Auf diesem Berg wurde nun eine Kapelle gebaut und das Kreuz errichtet. Alle fünfundzwanzig Jahre wird, nach Aussage des Erzählers, das Kreuz herabgenommen, auf einen mit sechs braunen Pferden bespannten Weinwa-

gen gelegt, in Prozession um den Berg gefahren und nach Beendigung der Feier wieder an seinen Ort gebracht.

Panzer wird Opfer einer weit verbreiteten Verwechslung: Er schreibt Biberach statt Biberbach. Zeitansätze, wie sie Ginter und Schöppner brachten, verkümmern bei Panzer zu einem unbestimmten *einst*. Andererseits glaubt Panzer aber zu wissen, dass der Fuhrmann sechs braune Pferde vorgespannt hatte. Der Fuhrmann ist hier nicht der Retter eines geschändeten Kreuzes, er weiß nicht einmal, wie es auf seinen Wagen gekommen ist. Während die beiden anderen Fassungen in der Realität bleiben und weitere Pferde vorspannen lassen, dokumentieren hier die Pferde besonders eindringlich ihre weisende Funktion, indem sie niederknien. Dass Tiere niederknien und anbeten, ist ein Motiv, das auch sonst auftaucht. Am bekanntesten ist wohl der Esel bei Antonius von Padua, der – im Gegensatz zum Ketzer – niederkniet und die Eucharistie verehrt (vgl. das Bild am linken Seitenaltar in der Pfarrkirche in Welden).[72] An der Geschichte vorbei geht die Meinung, erst aufgrund dieses Ereignisses sei eine Kapelle gebaut worden. Vielleicht schwang in der Vorlage das Wissen mit, dass die Biberbacher Kirche ursprünglich unten im Dorf stand. Panzer verweist auf einen *Erzähler*, der berichtet hatte, dass alle 25 Jahre das Kreuz auf einem mit sechs braunen Pferden bespannten Weinwagen in einer Prozession um den Berg geführt werde. Das erinnert an Kulte, in denen in Spielen die Gründungslegende wieder lebendig wurde (wie z. B. heute in St. Engelmar im Bayer. Wald). Bei der Säkularfeier von 1925 lud man in Biberbach das Kruzifix auf einen Wagen und führte es in einer Prozession herum. Davon hat sich ein altes Foto erhalten. Pfarrer Stiegler vermutet, dass das auch bereits 1825 so war und dass Panzers Erzähler davon wusste. Irrtümlicher Weise gelangte er dann zur Auffassung, dass diese Prozession alle 25 Jahre stattfinde.

Gespannwunder waren weit verbreitet. Den Tieren – und gerade den als dumm und dumpf geltenden Ochsen – wird hier eine Fähigkeit, den Wunsch des Heiligen zu erkennen, zugetraut, zu der Menschen nicht in der Lage sind. Gott offenbart sich den Menschen durch die Kreatur. In der einschlägigen Literatur gewinnt man den Eindruck, als seien vor allem Ochsen (und Maulesel) die Hauptpersonen der Gespannwunder. Das würde durch die Erfahrung gestärkt, das Ochsen besonders stur und eigenwillig sind. Schaut man aber auf die weniger bekannten Gespannwunder, dann findet man durchaus auch Pferde.[73] Die Pferde der Biberbacher Legende sind im Rahmen der Gespannwunder keine Ausnahme, sie gehören aber zur kleinen Minderheit.

Der Kreuzpartikel in Klimmach

Im Mittelpunkt von Hl. Kreuz-Wallfahrten können unterschiedliche Kultobjekte stehen: Gnadenbilder wie in Biberbach oder Fleinhausen, Kreuzpartikel wie in Donauwörth, Scheyern und Klimmach. Klimmach gehörte, wenn auch von der Markgrafschaft Burgau bestritten, zur Grafschaft Schwabegg. Seit dem Ende der Stauferzeit verfügten die bayerischen Herzöge über die Grafschaft, die sie aber als Pfand ausgaben. Im Jahre 1542 verpfändete der Herzog die Herrschaft um 14.800 Gulden an Hans von Rechberg zu Osterberg. Im Gegensatz zu seinem Vorgänger haben sich keine Klagen der Untertanen überliefert. Nach der Tradition machte Hans von Rechberg 1554 wohl, wie damals üblich, von Venedig aus, eine Wallfahrt ins Hl. Land.[74] Ein alter Bericht scheint sich nicht erhalten zu haben.

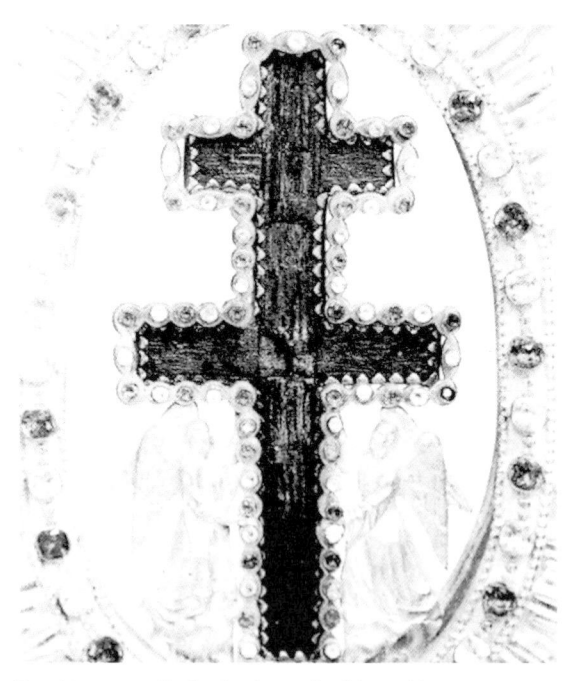

Der Kreuzpartikel, ein doppelbalkiges Kreuz.
Abb. aus: Pötzl, Kirchengeschichte, 188.

Theodor Jörg (LK Schwabmünchen, 362) bringt folgende Schilderung:
(**T 10**) *Wie Klimmach zu seiner Kreuzpartikel kam*
Als Klimmachs einstiger Grundherr Ritter Rechberg von seiner Pilgerfahrt ins Hl. Land mit seinem Schiff übers Mittelmeer fuhr, habe ein gewaltiges Unwetter das Wasser aufgewühlt, so daß alle Wallfahrer glaubten, ihr letztes Stündlein sei gekommen. Sie fielen auf die Knie und flehten innig zu Gott. Nun aber hatte Ritter Rechberg einen kostbaren Schatz bei sich, von dem er Segen und Heil erwarten durfte. Er gelobte, das Heiligtum, eine große Partikel vom Kreuze Christi, der Kirche von Klimmach zu schenken, wenn alle glücklich heimkehren dürften. Darauf glätteten sich die Wogen, schien die Sonne wieder und das Schiff erreichte bald die rettende Küste. Ritter Rechberg hielt sein Versprechen und so ist seit 1554 die Kreuzpartikel hochverehrter Schatz der Klimmacher Kirche. (s. Fb. 5)

Die Erzählung ist glaubhaft, der doppelbalkige Kreuzpartikel verweist auf das Hl. Land. Die Größe spricht allerdings gegen die Echtheit, aber das bleibt für den Kult irrelevant. Berührungsreliquien streckten längst den Originalbestand. Gelübde in Notsituationen waren allgemein üblich. Aus dem Text lässt sich herauslesen, dass Hans von Rechberg den Kreuzpartikel ursprünglich nicht für Klimmach gedacht hatte, aber Klimmach war die ärmste Pfarrei seiner Grafschaft. Ein Kreuzpartikel und die daraufhin zu erwartende Wallfahrt konnte Abhilfe schaffen. Nach einem Visitationsbericht von 1607 kamen am Fest der Kreuzauffindung Wallfahrer aus etwa 20 Orten nach Klimmach.

Eine Architekturkopie des römischen Pantheons auf dem Lechfeld

Am 13. September 1602 schrieb Regina Imhof, Witwe des ehemaligen Augsburger Bürgermeisters Raimund Imhof, der in Untermeitingen umfangreichen Besitz erworben hatte, dass sie beabsichtige, *auf dem Lechfeld zwischen Untermeitingen und Stadl, auch zwischen denen Post- und Fahrwegen, zur Ehre Gottes des Allmächtigen, auch im Namen Unser Lieben Frau, ein Capellen zu bauen und selbige zu U. L. Frauen Hilff zu benennen.* Der Bischof genehmigte den Bau. Der von der Stifterin gewählte Titel geht auf den Seesieg bei Lepanto und auf die Lauretanische Litanei zurück und ist älter als der Maria-Hilf-Titel des berühmten Gnadenbildes in Passau. Die Kapelle wurde von Elias Holl als Architekturkopie des Pantheons in Rom errichtet. Bereits 1605 tätigte Regina Imhof eine Stiftung, aus deren Erlös in der Laterne über der Kuppel ein Licht unterhalten werden sollte. Bereits die frühesten Darstellungen zeigen diese Laterne.[75]

Das Pantheon in Rom.
Abb. aus: Kohlberger, Alexandra: Maria Hilf auf dem Lechfeld, Augsburg 2003 (Beiträge zur Heimatkunde des Landkreises Augsburg Bd. 18), 29.

Die Kapelle auf dem Lechfeld auf einem Holzschnitt von 1609. Über der Kuppel erhebt sich die Laterne für die Lichtstiftung.
Abb. aus: Pötzl, Kirchengeschichte, 141.

Das Mirakelbuch *Bosor Lico-Campestris* (Augsburg 1662) bringt nur einen Teil der Gründungslegende (S. 14–16):

(**T 11a**) *Das vierdte Capitel. Maria Hülff auff dem Lechfeld wird erbawet. Num 1.*
Fünff vnd zwaintzig Jahr vor Christi Geburt / hat Marcus Agrippa Burgermaister zu Rom / einen herrlichen Tempel bawen lassen / zu Ehren aller Heydnischen Götter / vnd hat ihn Pantheon genennt? welcher auch verbliben ist / biß nach der Geburt Christi 607. Jahr / vmb welche Zeit Kayser Phocas besagten Tempel Bonifacio IV. Römischen Pabst für die Christen geschenkt hat. Der H. Bonifacius aber hat ihn raumen vnd säubern lassen: hernach eingeweyhet / Gott / der Junckfräwlichen Mutter Gottes Mariae / vnd dann zu Ehren aller Heyligen: ihme den Titul vnd Namen gegeben Maria Rotunda, weilen das Gebäw in einer schönen Runden stehet / Anno 610. vnder dem hohen Altar ligen begraben / die zween heilige Martyrer S. Rasius vnd Anastasius. In der Kirchen an derer Heyligen Reliquien sovil / daß der gantze Orth Terra Sancta, Exodi c. 3. ein heiliger Erdboden kann genennet werden. Num. 2. Nun ist die Wol-Edle vnnd Gestrenge Fraw / Fraw Regina im Hoff / Geborene Bemblin / pp. Deß Wol-Edlen vnd Gestr. Herrn Friderici Raymundi im Hoff / Patricii vnnd gewesten Herrn Burgermaisters zu Augspurg / pp Gottselige hinderlassne Witibin / lange Jahr in heiligen Gedancken gestanden / der vbergebenedeydten Junckfraw vnnd Mutter Gottes ein Ehr-würdigen Sitz auff Erden zuerbawen. Von dessentwegen sie schon so vil zuloben gewest / daß auff sie köndte gedeutet werden / was

Gott zu dem König David gesprochen / 3. Reg. 8. Quod cogitasti in corde tuo aedificare domum. Nomini meo, bene fecisti, hoc ipsum mente tractans. Das ist / Was du gedacht hast in deinem Hertzen / meinem Namen ein Hauß zu erbawen / hast du wolgethan / eben das / was du bey dir selbs im Sinn hättest.

Nnm. 3. Vnder wehrenden solchen Gedancken / vnd da sie noch allezeit nachgesunnen / starck im Zweifel gestanden / in was Form / oder vnder was für einem Titul vnnd Namen / das vorhabende Gebäw fortzusetzen seye / ist ihr Herr Sohn / der Wol-Edle vnd Gestrenge Herr Leonardus im Hoff / Ritter des H. Stephani / auß frembden Landen (in welche er geschickt / selbe zusehen) wider glücklich ankommen; vnd wie er seiner Fraw Mutter Intent vernommen / hat er jhr den Tempel Maria Rotunda sehr gerühmet (von dem erst oben gesagt ist worden) vnd denselben vorgeschlagen. Nach solcher Form dann in seiner Arth / vnd klein ist zubawen beschlossen worden.

Num. 4. Neben diesem ist jhr im Schlaff / gleichsamb als bey hellem Tag / so mercklich / so klar / zu drey vnderschidenen mahlen ein Altar vorkommen / wie er gleich hernach außführlich wird beschriben werden: auß welchem sie mit Rath der Geistlichen zimlicher massen hat schliessen können / was der Willen Gottes seye. Hat endlich den Altar ins Werck zustellen befohlen / wie sie jhn gesehen hette.

Num. 5. Auch weilen in dem Altar / neben der Bildnuß Christi / Maria sein Mutter in einem Fußfall gebildet / ein Advocatin / Fürsprecherin oder Nothelfferin anzeiget / also hat man der vorgenommenen Capellen gleich disen Namen gegeben / vnd Maria Hülff genennt / zugleich alles bald erbawet / glücklich gemacht vnd vollendet worden.

Das Mirakelbuch leitet demnach den Titel aus der Position Marias in der Gnadenbildgruppe her, was als Sekundärinterpretation zu werten ist.

Die erste Fassung der ganzen Gründungslegende fand sich in einer lateinischen Handschrift der Klosterbibliothek aus dem Jahre 1775. In der Nacherzählung bei Joseph Anton Endres (Geschichte der Wallfahrt und des Klosters Lechfeld, Regensburg 1893, 13) wird sie so wiedergegeben:

(**T 11b**) *Es sei einst die Schloßherrin von Untermeitingen auf der Rückkehr von Augsburg von Nacht und Dunkelheit überrascht worden und habe Richtung und Weg zur Heimat verloren. Da habe sie in der Angst ihres Herzens versprochen, an jenem Orte eine Kapelle zu bauen, wo sie zuerst ihres Schlosses ansichtig würde; und als ihr kurz darauf aus den Fenstern desselben ein freundliches Licht entgegenblinkte, habe sie den Kutscher eben jene Stelle mit dem Geißelstabe bezeichnen heißen, an welchem sie ihr Gelübde erfüllen wollte.*

Lange sei die Stifterin über den Titel, unter welchem das Kirchlein benediziert werden sollte, unschlüssig gewesen. Da sei ihr ein Traumgesicht in der Form des jetzigen Gnadenbildes maßgebend geworden.

Im Zentrum des großen Kupferstichs (27 cm x 19,6 cm) von Daniel Manasser von 1618 steht die Gnadenbildgruppe, die auf eine Traumvision der Regina Imhof zurückgehen soll. Darunter steht die Antiphon. An die Rotunde ist eine Außenkanzel aufgebaut, neben der Rotunde steht das Kloster. Am rechten Bildrand dient ein großes Wirtshaus den Pilgern. In den kleinen Häusern wohnten Familien, die die Wallfahrer mit allem möglichen versorgten, auch mit Devotionalien.
Abb. auf S. 93 aus: Pötzl, Kirchengeschichte, 140.

SANCTA MARIA SVCCVRRE
MISERIS IVVA PVSILLANIMES
REFOVE FLEBILES ORA PRO POPVLO
INTERVENI PRO CLERO INTERCEDE
PRO DEVOTO FEMINEO SEXV

EGO CIVITAS REFVGII OMNIBVS AD ME CONFVGIENTIBVS.
Aedes B.V. Matri Auxiliatrici in campo lycio sacra. Auguste Vindel.

Die beiden letzten Sätze scheinen zunächst nicht recht zusammenzustimmen. Von der Vision des Gnadenbildes scheint zunächst kein Weg zum Maria-Hilf-Titel zu führen, doch der große Kupferstich von Daniel Manasser aus dem Jahre 1618 bringt unter dem Gnadenbild die Antiphon *Sancta Maria succurre miseris* (Heilige **Maria** komm den Elenden zu **Hilf**e). Die lange dauernde Unschlüssigkeit will nicht so recht zu den urkundlich gesicherten Daten passen.

Jahrzehnte vorher hatte Alexander Schöppner (s. S. 33) unter Berufung auf das Mirakelbuch *Bosor Lico-Campestris* von 1662 (14ff) und auf die *Kurze Geschichte der Wallfahrt und des Klosters Lechfeld* (Augsburg 1830, 1–7) folgende Version veröffentlicht (Sagenbuch Bd. 2, 39 Nr. 500):

(**T 11c**) *Im Jahre 1602 lebte Frau Regina von Imhof, geborne Bämlin auf Reinhartshausen, Wittwe des Raimund von Imhof, Patriziers und Bürgermeisters in Augsburg, auf ihrem Lehngut Untermeitingen. Eine besondere Andacht zur Mutter Gottes veranlaßte diese edle Frau zu dem frommen Entschlusse, eine Kapelle zu Ehren Mariä Hilf zu erbauen.*

Lange Zeit konnte sie nun über den Platz mit sich selbst nicht einig werden, auf welchem sich die neue Stiftung erheben sollte. Endlich ergab sich, nach einer bis auf unsere Zeit fortgepflanzte Sage, folgendes Ereigniß.

Die edle Frau hatte sich einst bei Nacht und Nebel auf einer Rückreise von Augsburg nach Untermeitingen auf der weiten Ebene des Lechfeldes verirrt. In der Angst ihres Herzens versprach sie in stillem Gebete der Mutter Gottes dort eine Kapelle zu bauen, wo sie den Weg nach ihrem Schlosse finden würde. Kaum hatte sie bei sich dieses feierliche Versprechen gethan, als der frommen Frau aus finsterer Nacht die Lichter ihres benachbarten Schlosses entgegen schimmerten, worauf sie hocherfreut alsogleich ihrem Kutscher befahl, auf diesem Platze seine Peitsche in die Erde zu stecken. So entstand nun bald darauf das Kirchlein Maria Hilf auf dem Lechfelde, die hohe Stifterin aber gebot auf Anrathen ihres aus Italien rückkehrenden Sohnes Leonhard von Imhof, der Kapelle die Form der Kirche von Maria Rotonda in Rom zu geben. Den 9. April im Jahre 1603 wurde der Grundstein gelegt. Fromme Sage behauptet, daß Frau Regina Imhof die Errichtung des Hochaltares, wie er noch heutigen Tages steht, nach dem Vorbilde dreier nächtlicher Visionen selbst angegeben habe.

Nach dieser Version hätte Regina Imhof schon längere Zeit beabsichtigt, eine Marienkapelle zu bauen. Dass sie sich längere Zeit nicht für einen Platz entscheiden konnte, klingt nicht sonderlich glaubhaft. Diese Behauptung muss man wohl als verstärkendes Element für die folgende Errettung sehen.

Das höchst ungewöhnliche Gnadenbild in Lechfeld forderte geradezu zu einer Legende heraus.

Eine sprachlich sehr ausgeschmückte Kurzfassung bietet Theodor Jörg (LK Schwabmünchen, 362):

(**T 11d**) *Wie die Kirche „Maria Hilf" im Lechfeld entstand*

Regina von Imhof, die Witwe des Augsburger Bürgermeisters Raimund von Imhof, weilte gern auf ihrem Schloß in Untermeitingen. An einem Spätsommertag des Jahres 1602 rollte ihr Wagen wieder einmal zum Gögginger Tor hinaus. Bald zogen vom Lech graue Nebelschwaden her und der Fuhrmann trieb deshalb die Rosse zu raschem Laufe an. Schon nach etwa einer Stunde bemerkte der Kutscher, daß er in der dicken Milchsuppe vom rechten Weg abgekommen sein müsse. Er lenkte die Rosse bald weiter nach links, dann wieder nach rechts. Die geängstigte Frau im Wagen sah durch die Fensterlein nichts als die unheimlichen Nebelschwaden. Zudem wurde es immer dämmriger. Da wandte sich die fromme Regina zu Gott und gelobte, an der Stelle, von der aus wieder der rechte Weg gefunden sei, ein Kirchlein erbauen zu lassen. Ihr Gebet wurde erhöht, es dauerte gar nicht lange und die Nebelwolken zerflatterten im aufkommenden Wind. Da schimmerten die Lichter des nahen Schlosses herüber. Mit dankerfülltem Herzen befahl sie dem Fuhrmann seinen Peitschenstock als Merkzeichen in den Boden zu stecken. Schon im nächsten Frühjahr löste Regina ihr Versprechen ein.

Das verletzte Kultbild in Habertsweiler

Legenden erzählen, dass Gnadenbilder selbst den Ort bestimmten, an dem sie verehrt werden wollten und dass sie sich dorthin begaben. Legenden berichten aber auch, dass Gnadenbilder die Augen wendeten, dass sie weinten und dass sie riefen. Eine Steigerung liegt darin, dass Gnadenbilder bluteten, wenn sie verletzt wurden.[76] All diese Legenden bringen zum Ausdruck, dass das Kultbild vom gläubigen Volk als etwas Lebendiges begriffen wurde.

In Re (Diözese Novara, nahe zum Tessin) schleuderte am 29. April 1494 ein junger Mann einen Stein gegen ein Marienbild, das kurz zuvor an die Außenwand der Kirche gemalt worden war, worauf aus der Stirnwunde Blut hervorquoll. Kopien dieses Bildes erfuhren eine gewisse Verbreitung. Die größte Bedeutung erlangte die Kopie in Klattau in Böhmen, die ebenfalls geblutet haben soll. Eine Kopie des Re-Bildes in Klattau brachte Graf Schaumburg in sein Schloss in Emersacker. Unter seinem evangelischen Nachfolger entfernte man das Bild und heftete es an einen Baum, später baute man eine Kapelle.[77]

Theodor Jörg (LK Schwabmünchen, 362) bringt folgende Legende:

(**T 12**) *Das blutende Muttergottesbild in Habertsweiler*

Wer das dem hl. Leonhard geweihte Kirchlein zu Habertsweiler besucht, findet auf dem Hochaltar ein Muttergottesbild des Ziemetshauser Malers Strobel. Anstelle dieses Bildes befand sich 1885 ein Gemälde, das die Muttergottes mit blutüberströmtem Antlitz zeigte. Von diesem alten Bilde, das im vorigen Jahrhundert verschwand, erzählt die Legende:

Es ist schon viele hundert Jahre her, als das alte Habertsweiler Bild noch in einer offenen, kleinen Feldkapelle bei Emersacker hing und von den zur Arbeit ziehenden Bauersfrauen gern verehrt und mit Blumen geschmückt wurde. Während der Hütezeit eines Herbstes wußten einige Hirtenbuben aus Langeweile und Bosheit nichts anderes zu tun, als das Bild zur Zielscheibe zu wählen. In ihrem Übermut warfen sie mit Steinen nach dem Haupt der Hohen Frau. Als der erste Stein die Stirne traf, spritzte Blut heraus und lief über Augen und Wangen. Zutiefst erschrocken, flohen die Schänder. Als am nächsten Tag eine Bäuerin des Weges kam und zu einem Ave vor der Kapelle verweilen wollte, vermißte sie das Bild und berichtete im Dorf. Da beichteten die verängstigten Buben ihre böse Freveltat. In der vorhergegangenen Nacht aber hatten Engel das Bild nach Habertsweiler getragen und vor der Kapellentür niedergelegt. Die Dorfleute, nicht wenig erstaunt, stellten das Bild auf ihren Hochaltar und verehrten die Gottesmutter mit den Blutstropfen fortan in tiefer Frömmigkeit.

Der Erzähler kombinierte Elemente des Legendenkomplexes neu: Die Freveltat geschieht nicht in Re, sondern in Emersacker. Mit der offenen Feldkapelle spielt der Erzähler offensichtlich auf die Dreifaltigkeitskapelle an, in deren Vorgängerbau das Gnadenbild zuerst verehrt wurde. Als neues Element nimmt er die Übertragung des Bildes durch Engel dazu. Vorbild dafür ist die Loreto-Legende, die dann auch die Legende von Genazzano (Maria vom guten Rat) beeinflusste.

Das Bild der Feldkapelle in Emersacker wurde in die dortige Pfarrkirche übertragen, wo es noch heute in einem Anbau verehrt wird. Die Re-Kopie kam vor 1772 nach Habertsweiler, denn aus diesem Jahr hat sich noch eine Votivtafel erhalten (s. Fb 6).

Das Baumaterial für die Kapelle in Stadel

In die gleiche Kategorie wie die Gespannwunder (s. T 9a-c) gehören die Bauplatzlegenden, in denen eine übernatürliche Macht die von ihr getroffene Wahl eines Bauplatzes durch Wunderzeichen mitteilt.[78]

In Stadel (Markt Dinkelscherben) stiftete der Bauer Johann Knöpfle eine Kapelle, die 1739 erbaut wurde.[79] Die Legende erzählt:

Kapelle von Stadel.
Abb.: Landratsamt Augsburg, Kreisbildstelle.

(**T 13**) *Die Kapelle in Stadel, sagt man, sollte ursprünglich auf einem Acker am Fußwege von Stadel nach Dinkelscherben gebaut werden. Es sei dorthin auch schon Baumaterial geführt worden, das aber am Morgen des anderen Tages an jener Stelle gefunden worden sei, wo jetzt die Kapelle steht, und darum sei sie auch auf diesen Platz gebaut worden.*[80] Hier wurde ein beliebtes Wandermotiv verortet.

Die Kapelle auf der Kapellenwiese in Reischenau

Flurnamen regten zur Sagenbildung an (s. o. Leuthau bzw. unter „vermutete Klöster" Siefenwang). Von einer Kapelle in Reischenau erzählte man:

(**T 14**) *Die Wiese bei der großen Linde in Reischenau (beim Haus Nr. 1 fi) wird die Kapellenwiese genannt. Es soll in alter Zeit in der Nähe dieser Linde eine Kapelle zu Ehren Unserer lieben Frau gestanden haben, weshalb die bereits an diese Kapelle anstoßende Wiese die Kapellenwiese genannt wurde. Das Muttergottesbild in der Linde, das gegen 200 Jahre alt sein mag, soll aus dieser Kapelle stammen.*

Alte Beschreibungen erwähnen in Reischenau keine Kapelle. Der Flurname *Kapellenwiese* muss nicht unbedingt bedeuten, dass auf der Wiese eine Kapelle stand, er könnte auch darauf hinweisen, dass die Wiese zur Ausstattung einer (größeren) Kapelle gehörte. Im Jahre 1905 wurde die Kapelle zu den Vierzehn Nothelfern erbaut.[81]

Einige Kapellen gehen auf Verlöbnisse zurück, die in Notsituationen erfolgten. Die Berichte enthalten nicht selten legendenhafte Züge.[82]

Die Kapelle St. Cosmas und Damian beim Westheimer Schloss

Die Kapelle beim Westheimer Schloss (heute Notburgaheim). Abb. aus: Pötzl, Walter: Loreto – Madonna und Heiliges Haus. Die Wallfahrt auf dem Kobel, Augsburg 2000 (Beiträge zur Heimatkunde des Landkreises Augsburg Bd. 15), 134.

Heinrich Langenmantel (Onkel Karl Langenmantels des Erbauers der Santa Casa auf dem Kobel) ließ im Jahre 1587 im Hof seines Westheimer Schlosses eine Kapelle zu Ehren Marias und der Heiligen Cosmas und Damian erbauen. In der Familie Langenmantel erzählte man, Heinrich sei von plündernden Landsknechten schwer verletzt worden und habe gelobt, ein Kirchlein zu bauen, wenn er wieder genesen würde. Im Traum seien ihm die beiden Ärzte erschienen und hätten ihn geheilt. Vision und Heilung im Traum sind häufige Legendenmotive.

Die Kapelle ist noch ganz von der Gotik geprägt, doch treten bei der Auszier auch Renaissance-Elemente auf. Die Schnitzreliefs der Kapellenpatrone, die Karl Kosel als spätgotisch eingestuft hatte, wurden von Bettina Mayer der ersten Hälfte des 19. Jahrhunderts zugeschrieben.[83]

Die vierzehn Nothelfer vertreiben Räuber

Die Nothelferkapelle bei Münster. Abb. aus: Pötzl, Kreuze, 167.

Die Verehrung der Vierzehn Nothelfer taucht bei uns erst in der zweiten Hälfte des 15. Jahrhunderts, nach dem Ereignis von Frankenthal (heute Vierzehnheiligen), auf, doch hält die Intensität auch in der Barockzeit an. Das zeigt sich besonders in Holzen, wo man ein mirakulöses Christkindl bewusst in den Nothelferaltar einbrachte (*Dieses Liebe Kindlein ist des-*

wegen im altar der 14 Nothelffer vorgestölt, weillen beym Closter Franckhenthal mürakhuloser weis einem hürten das kindtlin Erschinen vnd vmb das Kindlein herumb 14 weiß bekleidte heilige).[84] Der Schwabmünchner Bürger, der auf dem Weg nach Mickhausen überfallen wurde, scheint die Nothelferlegende von Vierzehnheiligen gekannt zu haben, denn auch ihm erscheint diese Heiligengruppe. Die Zirkenhäuser stehen rechts der Schmutter gegenüber Münster.

Das Bild in der kleinen Nothelferkapelle zeigt die Heiligen über den Armen Seelen.

Theodor Jörg (LK Schwabmünchen, 362) bringt eine lebendige Schilderung:

(T 15) Wem die 14-Nothelfer-Kapelle ihre Entstehung verdankt

Vor etwas mehr als 200 Jahren wanderte ein Schwabmünchner Bürger in geschäftlichen Angelegenheiten nach Mickhausen. Unterwegs hatte er noch in Birkach zu tun, verspätete sich und kam in die Nacht hinein. Das Sträßlein führte durch dichten, dunklen Wald. Im trockenen Laub hörte der Mann plötzlich Schritte und ehe er sich versah, packte ihn eine Gestalt am Halse, eine zweite an den Armen und eine dritte zog ihm die Beine weg, so daß der Überfallene zu Boden fiel. Dann schlugen die drei wie wild mit Stecken auf ihn ein, daß ihm Hören und Sehen vergingen. Er spürte noch, wie man nach seiner Geldkatze suchte. In seiner Todesangst flehte er die heiligen Nothelfer um Beistand an, dann schwanden ihm die Sinne. Als er wieder zu sich kam, herrschte ringsum Stille. Da sprach er zu sich selbst: „Was für ein herrliches Bild sah ich doch! Mir sind die 14 Nothelfer erschienen, welche die ruchlosen Räuber verdrängten. Ich will für die Hilfe der Heiligen zum Dank und zur Ehr hier eine Nothelferkapelle erbauen lassen." Mühsam und voll Schmerzen schleppte sich der Verletzte zu den Zirkenhäusern. Rasch holte man den Bader von Mickhausen.

Nach glücklicher Genesung löste der Gerettete sein Versprechen 1764 ein.

Die Theklakirche über Welden und das wahre Gelübde des Grafen Joseph Maria Fugger

Noch um 1970 wurde als Grund für den Bau der Theklakirche ein Gelübde angegeben, das der Graf nach einem überstandenen Blutsturz getan haben sollte. Anlass dazu gab eine Votivtafel vom 2. August 1755, die noch heute im Chor der Kirche hängt (s. Fb 8a). Ludwig Langenmair, der verdiente Weldener Heimatforscher, der eine intensive Archivarbeit geleistet hat, hat die wahren Hintergründe aufgedeckt: Der Graf war nicht glücklich verheiratet und das Paar trennte sich bald. Der Graf wurde von den Verwandten seiner Frau verleumdet, wobei seine Schwiegermutter, die im kaiserlichen Hofkreis zu Wien einen besonderen Einfluss ausüben konnte, die Hauptrolle spielte. Der Kaiser verhängte über den Grafen schließlich die Reichsacht. Damit war der Graf nicht mehr Herr seiner Lehen und es wurden Verweser eingesetzt, die nicht nur schlecht wirtschafteten, sondern den Grafen in Gefangenschaft nahmen. Nach zwei Jahren wollten ihn Bauern befreien, worauf er nach Augsburg entlassen wurde. Er versteckte sich aber im Franziskanerinnenkloster in Welden und floh bei einer weiteren Verfolgung über Wertingen nach Friedberg, von wo aus er mit seinem Rechtsanwalt um seine Rechte und seine Wiedereinsetzung stritt. Im Jahre 1754 erkannte Kaiser Franz I., wie viel Unrecht geschehen war, und verlieh dem Grafen alle Rechte und Herrschaften wieder. Bereits 1753 hatte der Graf zwischen Bonstetten und Heretsried eine hölzerne Kapelle zu Ehren der Hl. Thekla, der Patronin wider den Jähen Tod, erbauen lassen, die man zwei Jahre später wieder abriss, um auf dem Theklaberg die herrliche Rokokokirche zu bauen.[85]

Der Stifteraltar in der Kirche: Die Hl. Thekla legt schützend ihre Hand auf die Schulter von Graf Fugger; ihr gegenüber der Hl. Joh. Nepomuk, dazwischen die Kirche mit dem angebauten Schloss.
Abb. aus: Pötzl, Kirchengeschichte, 223.

chenbau, der um 1900 noch Dominikus Zimmermann zugeschrieben wurde, gefördert, sondern auch durch Andachten und Gottesdienste und durch eine Bruderschaft (in Verbindung mit dem Hl. Nepomuk). Der bis dahin in Welden ungebräuchliche Taufname „Thekla" wurde jetzt sehr populär. Der Graf hat allerdings auch etwas nachgeholfen, indem er jedem Vater, der eine Tochter auf den Namen Thekla taufen ließ, 5 Gulden schenkte (frdl. Mitteilung Ludwig Langenmair).

Die Hl. Thekla steht hier im übertragenen Sinn als Patronin (nicht gegen den realen jähen Tod, sondern gegen den gesellschaftlichen Tod). Ein Emporenfresko zeigt die Heilige, wie sie Widersacher vertreibt (s. Fb 8b). In diese Symbolik fügt sich auch der neue Name: Neuleblangberg.
Graf Josef Maria Fugger hat die Verehrung der Hl. Thekla nicht nur durch den prächtigen Kir-

Welden Votivkirche St. Thekla, Westansicht.
Abb. aus: Neu, Wilhelm, Otten, Frank: Landkreis Augsburg, Augsburg 1970 (Bayerische Kunstdenkmale XXX), 310.

Die Heilige Ertz-Martiirin Thecla, Noth-Helfferin. Stich von 1757. Oben das Thekla-Bild, das noch heute im Chor hängt, darunter die Reliquienmonstranz, ganz unten der Graf mit dem Bruderschaftsstab, Theklakirche und Jagdschloss, die Gräfin. In den Kartuschen die Hilfe der Hl. Thekla (Todesgefahr, Krankheiten, Brand, Donner, Blitz und Hagel, und *Vieh-Prägten*).
Abb. aus: HVLA Jb 1978/79, 145.

[1] Röhrich, Lutz: Sage, Stuttgart 1966, ²1971 (Sammlung Metzler 55), 34–41, hier 39; vgl. auch: Rosenfeld, Hellmut: Legende, Stuttgart ⁴1982 (Sammlung Metzler 9), 12–35; s. o. S. 20.

[2] Röhrich, Sage (wie Anm. 1), 49–58; Graf, Klaus: Sage, in: LMa VII, 1254–1257;
Engels, Odilo: Heinrich d. Löwe, in: LMa IV, 2076–2078; Gerndt, Helge: Löwentreue, in: EM 8, 1234–1239;
Zoepfl, Friedrich: Das Fischattribut des hl. Ulrich, in: Christliche Kunstblätter 81, 1940, 24–31;
Schuler, Peter-Johannes: Weinsberg, in: LMa VIII, 2133f; Ders.: Weinsberg, Schlacht bei, ebenda;
Stettler, Bernhard: Tell, in: LMa VII, 530.

[3] In den Mirakelberichten der Wallfahrtsorte z. B. taucht häufig der Topos vom Versagen weltlicher Medizin und Hilfe auf, auf den auf den Votivtafeln die auf den Tischchen abgestellten Medizinfläschchen verweisen. Wenn aber ein Heil- oder Rettungsversuch bis ins Detail geschildert wird, findet er seine Parallelen (und Bestätigungen) in der Medizingeschichte oder in den verschiedenen Ordnungen, die auch Anweisungen für Katastrophenfälle enthalten.

[4] Neumann, Siegfried: Realitätsbezüge, in: EM 11, 387–400.

[5] Röhrich, Sage (wie Anm. 1), 51; Uther, Hans-Jörg: Rattenfänger v. Hameln, in: LMa VII, 468f.

[6] Graf, Klaus: Sage, in: LMa VII, 1254–1257, hier 1256 (4); Priesner, Liebgard: Gründungssage, in: EM 6, 264–271;
Contamine, Philippe: Trojanerabstammung (der Franken), in: LMa VIII, 1041; Dubielzig, Uwe, Stohlmann, Jürgen, Jung, Marc-Ren´e, Mehl, Dieter, Lienert, Elisabeth (V. Deutsche Literatur), Lavagnini, R.: Trojadichtung, in: LMa VIII, 1034–1041.

[7] Wesche, Markus, Lewicki, Tadeusz: Amazonen, in: LMa I, 514f.

[8] Ein Marschall Heinrich von Kallendin und mehrere Ritter von Kallendin tauchen wiederholt in Kaisheimer Urkunden auf (Hoffmann, Hermann (Bearb.): Die Urkunden des Reichsstifts Kaisheim 1135 – 1287, Augsburg 1972 (Veröffentlichungen der Schwäbischen Forschungsgemeinschaft Reihe 2, Bd. 11)). Der Bear-

beiter lokalisiert die abgegangene Burg zwischen Flotzheim und Fünfstetten.

9   Monumenta Germaniae Historica, Scriptores XXIII, 388–390; Übersetzung in: Kapfhammer, Günther (Hg.): Augsburger Stadtsagen, Regensburg 1985, 25f, dort auch weitere Texte und eine Einführung („Prolog") zur frühen Geschichte der Stadt Augsburg.
Eine wichtige Rolle in diesem Text spielt die phantasievolle Ausdeutung nicht mehr verstandener, wohl voralemannischer Lokalnamen, die von beteiligten Personen hergeleitet werden: **Kriegshaber** von dem Griechen Avar, **Pfersee** von einem Militärtribunen Verres, der **Hafnerberg** von einem Militärpräfekten Habe(i)no; **Cizunberg** (Kitzenberg) nannten die Bewohner noch lange die Stelle, wo der Cisa-Tempel stand (vgl. Stadtlexikon, Art. "Cisa", 333f).

10 Weber, Dieter: Geschichtsschreibung in Augsburg. Hektor Mülich und die reichsstädtische Chronistik des Spätmittelalters, Augsburg 1984 (Abhandlungen zur Geschichte der Stadt Augsburg Bd. 30), 32–46; Stadtlexikon, Art. „Geschichtsschreibung", 435f.

11 Text bei Kapfhammer, Stadtsagen (wie Anm. 9), 21–24 (mit freier Übersetzung); Wendehorst, Alfred: Schedel. I. S. Hartmann, in: LMa VII, 1444f.

12 Kapfhammer, Stadtsagen (wie Anm. 9), 34–39.

13 Vgl. die verschiedenen Beiträge von Gunther Gottlieb und Lothar Bakker in: Gottlieb, Gunther u.a. (Hg.): Geschichte der Stadt Augsburg von der Römerzeit bis zur Gegenwart, Stuttgart 1984, 18–87; ferner die verschiedenen Römer-Artikel im Stadtlexikon, 757–761; für das Landkreisgebiet: Czysz, Wolfgang: Das Umland von Augsburg in der römischen Kaiserzeit, in: Pötzl, Walter, Schneider, Otto (Hg.): Vor- und Frühgeschichte. Archäologie einer Landschaft, Augsburg 1996 (Der Landkreis Augsburg Bd. 2), 203–266.

14 Layer, Adolf: Die Edelfreien von Biberbach, ein staufisches Vasallengeschlecht, in: HVLA Jb 1974, 96–102; Pötzl, Herrschaft, 82.

15 Zoepfl, Friedrich: Das Bistum Augsburg und seine Bischöfe im Mittelalter, Augsburg 1955, 130; Dertsch, Richard: Das Kloster Weihenberg, in: Archiv für die Geschichte des Hochstifts Augsburg VI, 1929, 505–540;
Monumenta Germaniae Historica, Scriptores XVII, 430 (Ulrich u. Afra); Wittwer, Wilhelm: Catalogus Abbatum monasterii SS. Udalrici et Afrae Augustensis, in: Archiv für die Geschichte des Bistums Augsburg 3, 1860, 10–437, hier 131f; Müntefering, Robert: Die Traditionen und das älteste Urbar des Klosters St. Ulrich und Afra in Augsburg, München 1986; Hörberg, Norbert: Libri sanctae Afrae. St. Ulrich und Afra zu Augsburg im 11. und 12. Jahrhundert nach Zeugnissen der Klosterbibliothek, Göttingen 1983;
Monumenta Germaniae Historica, Scriptores IX, 218 (Benediktbeuren; der Herausgeber identifiziert *Bibirbach* mit Beuerbach bei Landsberg, was nicht überzeugt); Schmid, Alois: Arnulf (Arnold), 2. A., Herzog v. Bayern, gest. 14. Juli 937, in: LMa I, 1015f; Schwaiger, Georg: Säkularisation, in: LMa VII, 1277–1279; Pötzl, Kirchengeschichte, 64 (Die Augustinerchorherrn in Muttershofen und auf dem Hammelberg); Stadtlexikon, Art. „Heilig Kreuz", 484–486.

16 Vollmer, Friedrich Karl: Inscriptiones Bavariae Romanae sive inscriptiones Provinciae Raetiae adiectis aliquot Noricis Italicisque, München 1915, Nr. 136; Czysz, Umland (wie Anm. 13), 239.

17 Wörner, Hans Jakob: Ehemaliger Landkreis Wertingen, München 1973 (Bayer. Kunstdenkmale XXXIII), 169f; zu den Pappenheimern vgl. (in Auswahl): Haupt Graf zu Pappenheim: Geschichte der frühen Pappenheimer Marschälle vom XII. bis zum XVI. Jahrhundert, Würzburg 1927; Kraft, Wilhelm: Das Urbar der Reichsmarschälle von Pappenheim, München 1929 (Schriften zur bayerischen Landesgeschichte Bd. 3); HA Augsburg-Land, 77–90 (Die Reichsmarschälle von Pappenheim und Biberbach).

18 Grimm, Augsburg, 474; Weber, Leo: Römische Zeit, in: Krauße, Johannes (Hg.): Chronik der Stadt Gersthofen 969 – 1989, Gersthofen 1989, 65–75; Schneider, Otto: Vor- und Frühgeschichte, ebenda, 29–64; Czysz, Umland (wie Anm. 13), 221; Pötzl, Kirchengeschichte, 83f; Graf, Bernhard: Oberdeutsche Jakobsliteratur. Eine Studie über den Jakobuskult in Bayern, Österreich und Südtirol, München 1991 (Kulturgeschichtliche Forschungen Bd. 14); Pötzl, Herrschaft, 19.

19 Grimm, Augsburg, 483f; Schneider, Otto: Archäologie

in Kirchen und Kapellen, in: Pötzl, Kirchengeschichte, 29–51, hier 37 Nr. 12 (Plan), 41 (Profil) und 43.

20 Pötzl, Walter: Spuren romanischer Kunst, in: Ders.: Kunstgeschichte, Augsburg 1997 (Der Landkreis Augsburg Bd. 6), 10–29, hier 21f; ein römisches Gräberfeld in Wehringen wurde erst von den Archäologen freigelegt (s. Czysz, Umland (wie Anm. 13), 239–247).

21 Pötzl, Kirchengeschichte, 61–68 (Klostergründungen des hohen Mittelalters), 121–123 (Neue Klöster in franziskanischer Geistigkeit).

22 Kastner, Jörg: Die „Narratio de ecclesia Chremsmunstrensi". Welt und Geschichte des Klosters als Spiegel der Heilsgeschichte, Ein Beitrag zur Funktion der Allegorese in der mittelalterlichen Geschichtsschreibung, in: Ostbairische Grenzmarken 13, 1971, 246–258; Ders.: Historiae fundationum monasteriorum. Frühformen monastischer Institutionsgeschichtsschreibung im Mittelalter, München 1974 (Münchner Beiträge zur Mediävistik und Renaissance-Forschung Bd. 18); Holzfurtner, Ludwig: Gründung und Gründungsüberlieferung. Quellenkritische Studien zur Gründungsgeschichte der Bayerischen Klöster der Agilolfingerzeit und ihrer hochmittelalterlichen Überlieferung, Kallmünz 1984 (Münchner Hist. Studien XI).

23 Die Archäologen konnten die Fundamente einer Kirche aus dem 9. Jahrhundert, aber keinerlei Spuren eines Klosters feststellen. Schneider, Archäologie (wie Anm. 19), 32–34 und 36 (Grundriss Nr. 2).

24 Köhler-Zülich, Ines: Kristallisationsgestalten, in: EM 8, 460–466; Störmer, Wilhelm: Tassilo III., in: LMa VIII, 485f.

25 Debler, Nikolaus: Geschichte des Klosters Thierhaupten, Donauwörth 1908 – 1912, 279 Anm. 7.

26 Leuttner, Cölestin: Geschichte des Klosters Wessobrunn mit Hinweisen auf die allgemeine und besondere Geschichte Baierns, Augsburg und Freiburg i. Br. 1753, ND Wessobrunn 2001, 34.

27 Schmid, Alois: Aventinus, in: Große Bayer. Biographische Enzyklopädie Bd. 1, München 2005, 79; Stadtlexikon, Art. „Gasser", 430; Staats- u. Stadtbibliothek Augsburg, Aug. 40 (Annales Augustani), 31; im 2. Teil der Welser Chronik, die auf Gassers Annalen beruht, heißt die Passage (S. 13): *So ward auch das Mönchs Closter Thierhaupten von Vttilone gemeltem Herzoge zu Schwaben im Jahr Christi des HERREN sieben hundert zwey vnd fünffzig gestifftet, dessen erster Abt Uttinus gewesen.*
Pötzl, Kirchengeschichte, 311 (Wappentafel aus Zimmermann, Klosterheraldik); vgl. auch: Häußler, Franz: Closter Thierhaupten. Geschichte in Bildern, Thierhaupten 1989, 39, 56, 81f, 86, 89, 93f, 114f, 123, 131, 143.

28 Debler, Thierhaupten (wie Anm. 25); Pötzl, Kirchengeschichte, 61ff; Ders.: Herzog Tassilo als Klostergründer, in: Fassl, Peter (Hg.): Geschichte, Sanierung und heutige Nutzung des Klosters Thierhaupten, Augsburg 2000, 189–197; demnächst: Pötzl, Walter: Thierhaupten, in: Germania Benedictina, Bd. Bayern.

29 StAA KL Holzen 44, f 16r-v; Debler, Thierhaupten (wie Anm. 25), 5, 280 Anm. 12 und 281 Anm. 26/27; Pötzl, Tassilo (wie Anm. 28), 195f und 197 Anm. 30.

30 Gerlach, Peter: Hirsch, in: Lexikon der christlichen Ikonographie 2, 286–289; ebenda Bd. 8, Anhang, Register der Attribute, aus dem hervorgeht, dass auch die Heiligen Johannes von Matha und Meinulf von Paderborn (Gründungslegende von Böddeken) Hirsche mit Kreuzen im Geweih als Attribute führen. In der Gruppe der 14 Nothelfer begleitet eine Hirschkuh den Hl. Ägidius (vgl. Pötzl, Walter: Die Verehrung der Vierzehn Nothelfer vor 1400, in: Jahrbuch für Volkskunde 23, 2000, 157–186).

Bluhm, Lothar: Hirsch, Hirschkuh, in: EM 6, 1067–1072; Kastner, Allegorese (wie Anm. 22).

31 Pötzl, Kirchengeschichte, 63f; Pötzl, Herrschaft, 145–147 und 149–155 (Besitz- und Herrschaftsgeschichte); demnächst: Pötzl, Walter: Holzen, in: Germania Benedictina, Bd. Bayern.

32 StAA KL Holzen 44; zu Georg Beck: Deibler, Gabriele: Das Kloster Heilig Kreuz in Donauwörth von der Gegenreformation bis zur Säkularisation, Weißenhorn 1989, 94. Beck schrieb Chroniken auch über sein eigenes Kloster, über Kaisheim und über Oberschönenfeld. Sein Bruder Johannes war Abt in Kaisheim (1608 – 1626), seine Schwester Margaretha Priorin in Oberschönenfeld (gest. 1647).

33 Dertsch, Richard: Die deutsche Besiedlung des öst-

lichen bayerischen Mittelschwabens, in: Archiv für die Geschichte des Hochstifts Augsburg VI, 1925, 207–432, hier 355 Nr. 161.

34 Pötzl, Holzen (wie Anm. 31); Zoepfl, Friedrich: Das Bistum Augsburg und seine Bischöfe im Mittelalter, Augsburg 1955, 133–141.

35 HA Augsburg-Land, 119–135 (Marschälle und Truchsessen der Augsburger Hofkirche); die Leitnamen sind Siegfried und Heinrich.

36 StAA KU Holzen 8, 13a, 15, 19; zu Gasser vgl. Anm. 27; Welser-Chronik (Faksimileausgabe Neusäß 1984) II, 62 und 66; Stengel, Karl: Commentarius rerum Augustan. Vindelic. … , Augsburg 1647, Part. II, cap. 37, 174ff zitiert aus einem Nekrolog, der Konverse Marquard habe dem Hl. Johannes den ganzen Grund, auf dem die Kirche stand, geschenkt. Er sei am 4. April 1165 gestorben.
Leider lassen sich diese Angaben nicht nachprüfen.
Eine Verwechslung Holzen – Holzheim trat sogar bei den Beamten des Bayer. Hauptstaatsarchivs in München auf, die 1927 die Repertorien der Holzener Bestände anlegten.

37 Pötzl, Walter: Die Ministerialen „von Bobingen", in: Pötzl/Wüst, Bobingen, 73–76.

38 Schröder, BA VIII, 67 Anm. 12; HA Augsburg-Land, 119 Anm. 172.

39 HA Augsburg-Land, 80.

40 Kraft, Urbar (wie Anm. 17), 37 (Genealogie); Layer, Biberbach (wie Anm. 14), 100 (Genealogie).

41 Archiv des Bistums Augsburg: Hs 151.

42 Puchner, Karl (Bearb.): Die Urkunden des Klosters Oberschönenfeld, Augsburg 1953 (Veröffentlichungen der Schwäbischen Forschungsgemeinschaft Reihe 2, Bd. 2), Nrn. 1, 2, 4, 5, 8; Pötzl, Kirchengeschichte, 64ff; HA Augsburg-Land, 91f; Schiedermair, Werner: Das Zisterzienserinnenkloster Oberschönenfeld von 1211 – 1994. Ein geschichtlicher Abriß, in: Ders. (Hg.): Kloster Oberschönenfeld, Donauwörth 1995, 16–23 und 192f. Schiedermair interpretiert den richtig übersetzten Satz der Urkunde *damit sie* (d. h. die Kemnater) *wahre Gründer eures Ortes werden können* etwas tendenziös, denn die Kemnater *sollen* nicht als Gründer angesehen werden, sondern sie sind es jetzt wirklich (*veri*),

weil ihnen der Titel *conservatores et tutores* offiziell verliehen wurde. Man muss diese Passage der Urkunde in Relation setzen zum Nekrolog, in dem Mechthild von Kemnat als *fundatrix nostra* bezeichnet wird. Dass das Nekrolog erst in einer späteren Fassung überliefert ist, besagt nichts, denn Nekrologien wurden, wenn der Platz fehlte, in neue Codices übertragen. Nekrologien gelten als wichtige Quelle gerade für die Klostergeschichte.

43 Schröder, Alfred: Das Bistum Augsburg VII, Augsburg 1906 – 1910, 208–219 (Volkmar der Weise von Kemnat und sein Sohn Marquard), 226 (Stammtafel), 262–280 (Regesten: Die Ritter von Kemnat), 281–294 (Regesten: Die Herren von Hattenberg und die Hattenberger aus dem Geschlecht der Ritter von Kemnat von Kemnat); HA Augsburg-Land, 91–102 (Die Reichsministerialen von Kemnat und Hattenberg), besonders 97 (Karte: Die Herrschaft Kemnat-Hattenberg um 1300); Pötzl, Walter: Geschichte und Volkskunde des Marktes Dinkelscherben, Dinkelscherben 1987, 37–42, hier 37 (Die Ritter des 13. und frühen 14. Jahrhunderts) und 41 (Stammbaum der Hattenberger); Mahnkopf, Gisela: Burgen und Burgställe, in: Pötzl, Herrschaft, 86–113, hier 108f.

44 Schiedermair, Oberschönenfeld (wie Anm. 42), 18f; Ders. (Hg.): Kaisheim – Markt und Kloster, Lindenberg 2001, 76f.

45 Eberlein, Hans: Das Kloster Oberschönenfeld in seiner Bedeutung als Grundherrschaft und Kulturträger, Augsburg 1961 (Beiträge zur Heimatkunde des Landkreises Augsburg Bd. 2), 50–59, zur Chronik 58f; Schiedermair, Oberschönenfeld (wie Anm. 42), 32f (Äbtissinnengalerie), 52f (Äbtissin Elisabeth II. Herold). Die Chronik befindet sich noch im Archiv des Klosters (HD C 1a), die Bilder der Äbtissinnen (Größe etwa 95 cm x 78 cm) hängen noch an den Wänden.

46 Die Chronik befindet sich jetzt im Archiv des Bistums Augsburg (Hs 132; s. dazu: Kraft, Benedikt (Bearb.): Die Handschriften der Bischöflichen Ordinariatsbibliothek in Augsburg, Augsburg 1934, 97). Die Chronik wurde von Franz Hüttner herausgegeben in der Bibliothek des Literarischen Vereins in Stuttgart, Bd. 226, Tübingen 1902.

47 Layer, Adolf: Die Grafen von Dillingen, in: Jahrbuch des Historischen Vereins Dillingen 75, 1973, 46–101; UB Kaisheim (wie Anm. 8), Nr. 150 (Der Herausgeber setzt Ottmarshausen mit Oberottmarhausen gleich, wofür es allerdings keinen zwingenden Grund gibt), Nrn. 33, 42, 146, 152, 153; Hemmerle, Josef: Die Benediktinerklöster in Bayern, Augsburg 1970, 87; Zorn, Wolfgang: Hochgerichtsbezirke Schwabens um 1450, in: Historischer Atlas von Bayer. Schwaben, Augsburg 1955, Karte 26. In der „Grafschaft Dillingen" wird noch das Einflussgebiet der Grafen deutlich. Auch aus dem umfangreichen Material, das Jahn, HA Augsburg-Land, zusammengetragen hat, geht hervor, dass die Grafen von Dillingen hier keine Rolle spielten.
Zu Oberhofen in der Frühgeschichte des Klosters: UB Oberschönenfeld (wie Anm. 42), Nrn. 2, 3; dazu Schiedermair, Oberschönenfeld (wie Anm. 42), 16f.

48 UB Oberschönenfeld (wie Anm. 42), Nrn. 247, 250.

49 Layer, Die Grafen von Dillingen (wie Anm. 47), 72.

50 Archiv des Klosters Oberschönenfeld Nr. 1. 0.0.0.; Pötzl, Lebensbilder, 110–130 (Die Äbtissin Hildegard Meixner (1685 – 1722); Die Ausstattung von Violau und der Bau von Oberschönenfeld).

51 Steichele, Anton: Das Bistum Augsburg III, Augsburg 1872, 696–702 (Tod Manegolds vor 1156); Schröder, Alfred: Das Bistum Augsburg V, Augsburg 1895, 12–33 (Die Markgrafschaft Burgau, a.) älteste Zeit, b.) unter den Grafen von Berg); Pötzl, Märkte, 33–36 (neueste Literatur zur Markgrafschaft Burgau); Deibler, Hl. Kreuz (wie Anm. 32), 16f folgt bei Manegold IV. der bei Beck vorgegeben Tradition, ebenda, 142, zu den Werken Becks.

52 Steichele, BA II, 14; Pötzl, Herrschaft, 83.

53 Pötzl, Kirchengeschichte, 290 (eine erste Zusammenstellung der Eremiten der Barockzeit); Frenzel, Elisabeth: Einsiedler, in: EM 3, 1280–1290; Frank, Karl Suso: Eremitentum, mittelalterliches, in: LMa III, 2129.

54 Zoepfl, Bischöfe I (wie Anm. 15), 168–183. Nach seiner Resignation lebte Bischof Siboto noch bis 1262 in Kaisheim.

55 UB Oberschönenfeld (wie Anm. 42), 298 (Register: Päpste); UB Kaisheim (wie Anm. 8), (Hier sind die Päpste nicht zusammengefasst, man muss sie unter ihren Namen suchen).

56 Euringer, Gustav: Auf nahen Pfaden. Ein Augsburger Wanderbuch für Freunde der Natur und Vorzeit Lieferung 1, Augsburg ²1910, 28f; Rühfel, Volkskundliches, 133f Nr. 8; Schiedermair, Oberschönenfeld (wie Anm. 42), 192 Anm. 1 zählt auf, in welchen Werken die Gründungsgeschichte der Elisabeth Herold und in welchen die „Mindermeinung" der Mangold-Geschichte vertreten ist.

57 Pötzl, Kirchengeschichte, 66.

58 Rühfel, Volkskundliches, 136f Nr. 11.

59 Pötzl, Kirchengeschichte, 66f.

60 Dertsch, Besiedlung (wie Anm. 33), 297–432 Nr. 89; Helmer, Friedrich, Pöhlmann, Barbara, Renn, Manfred (Bearb.): Gemeinde Heretsried, Augsburg 1998 (Bayerisches Flurnamenbuch Bd. 6), 73f (Hausen), 85f (Kirchberg).

61 UB Kaisheim (wie Anm. 8); Seuffert, Ottmar: Das Zisterzienserkloster Kaisheim/*Kaisersheim* von 1133 bis 1802. – Ein geschichtlicher Abriss, in: Schiedermair (Hg.), Kaisheim (wie Anm. 44), 54–61.

62 Metzler, Carl Otto.: Die Geschichte der Pfarrei Oberschöneberg, Kaufbeuren 1906 (Bibliothek für Volks- und Heimatkunde Bd. 55), 111; Fried, Pankraz, Fürmetz, Gerhard: Obrigkeit und Ökonomie: Grundzüge der herrschafts-, sozial- und wirtschaftsgeschichtlichen Entwicklung des Klosters Oberschönenfeld bis zur Säkularisation, in: Pötzl, Herrschaft, 164–183; Pötzl, Dinkelscherben (wie Anm. 43), 54 (Die Herrschaft Zusameck im 13./14. Jahrhundert).

63 Schröder, BA VIII, 41–43 und 53; Rühfel, Volkskundliches, 173–141;
Ramseger, Ingeborg: Cyprian und Justina von Nikomedien, in: Lexikon der christlichen Ikonographie 6, 12–14; Kaster, Karl Georg: Justina von Padua, in: Lexikon der christlichen Ikonographie 7, 253–255.

64 Pötzl, Walter: Volksfrömmigkeit, in: Brandmüller, Walter (Hg.): Handbuch der bayerischen Kirchengeschichte Bd. I, St. Ottilien 1999, 995–1078; Ders.: Volksfrömmigkeit, in: Brandmüller, Walter (Hg.): Handbuch der bayerischen Kirchengeschichte Bd. II, St. Ottilien 1993, 871–961.

65 Pötzl, Kirchengeschichte, 81–94 (Das Wallfahrtswe-

sen des Mittelalters), 124–143 (Der Aufschwung des Wallfahrtswesens. Neue Kulte), 156–192 (Ein dichtes Netz von Wallfahrtsorten und Gnadenstätten).

66 Kriss, Rudolf: Die Volkskunde der Altbayerischen Gnadenstätten Bd. 3, München-Pasing 1956, 71–126.

67 Karg, Franz: „Dem Fuggerischen namen erkauft". Bemerkungen zum Besitz der Fugger, in: Pötzl, Herrschaft, 238–249, hier 239; Lexikon für Theologie und Kirche (2. Auflage) 10, 1267–1271.

68 Stiegler, Heribert: Das bildtheologische Programm der Kirche, in: Justus, Stephanie (Hg.): Biberbach. Katholische Pfarr- und Wallfahrtskirche St. Jakobus, St. Laurentius und Heiliges Kreuz, Regensburg 1997 (Grosse Kunstführer 199), 23–32, hier 23.

69 Pötzl, Spuren (wie Anm. 20), 23–26 (Der mächtige romanische Kruzifixus, genannt „das Herrgöttle von Biberbach"); Stiegler, Programm (wie Anm. 68).

70 Pötzl, Kirchengeschichte, 144–155 (Kriegsnöte der Klöster und Pfarreien); Pötzl, Kreuze, 124–143 (Zur Typologie der erhaltenen Feldkreuze), hier 126–128 (Ulrich Zusamschneider).

71 Zorn, Wolfgang (Hg.): Historischer Atlas von Bayer. Schwaben, Augsburg 1955, Nr. 28.

72 Vgl. z. B. die Wallfahrtslegende von Binabiburg, Walderbach und Burghausen bei: Schöppner, Alexander: Bayerische Legenden, hrsg. von Emmi Böck, Regensburg 1984, Nrn. 66, 116, 159.

73 Kriss, Volkskunde (wie Anm. 66), 91–104; Röhrich, Lutz: Gespannwunder, in: EM 5, 1179–1186.
Wer je einmal bei einem Festzug oder in St. Engelmar erlebt, dass Ochsen einfach streiken und es lange dauert, bis sie wieder weitergehen, der kann nachvollziehen, dass Ochsen bei den Gespannwundern dominieren. Pferde sind viel lenkbarer.
Pferde spielen eine Rolle in den Wallfahrtslegenden von Binabiburg, Speinshart, Baunach, Mariabuchen und Kaisheim (Schöppner, Legenden (wie Anm. 72), Nrn. 66, 112, 143, 170, 206).

74 Zoepfl, BA IX, 107, 155.

75 Pötzl, Kirchengeschichte, 139–142; Kohlberger, Alexandra: Maria Hilf auf dem Lechfeld. 400 Jahre Wallfahrt, Augsburg 2003 (Beiträge zur Heimatkunde des Landkreises Augsburg Bd. 18), 21–36;

Müller, Mechthild: Lepanto, in: Marienlexikon 4, 103f; Dürig, Walter: Lauretanische Litanei. I. Geschichte, II. Theologie, in: ebenda, 33–42; Nitz, Genoveva: Lauretanische Litanei. III. Ikonographie, in: ebenda, 42–44; Hartinger, Walter: Mariahilf-Verehrung, in: ebenda, 300f.

76 Kretzenbacher, Leopold: Das verletzte Kultbild. Voraussetzungen, Zeitschichten und Aussagewandel eines abendländischen Legendentypus, München 1977 (Bayer. Akademie der Wissenschaften, phil.-hist. Klasse, Sitzungsberichte, Jahrgang 1977, Heft 1); Henze, Clemens: Re, in: Marienlexikon 5, 415f; Pötzl, Walter: Augenwende, in: ebenda 1, 286 f.

77 Pötzl, Kirchengeschichte, 174.

78 Blümmel, Maria-Verena: Bauplatzlegende, in: EM 1, 1401–1404.

79 Neu, Wilhelm, Otten, Frank: Landkreis Augsburg, München 1970 (Bayerische Kunstdenkmale XXX), 268f.

80 Metzler, Oberschöneberg (wie Anm. 62), 111, 3b.

81 Metzler, Oberschöneberg (wie Anm. 62), 111, 3a; Pötzl, Märkte, 329; Neu/Otten, Landkreis Augsburg (wie Anm. 79), 252.

82 Pötzl, Kreuze, 190–209 (Motive und Anlässe der Setzung und Erbauung).

83 Pötzl, Walter: Loreto. Madonna und Heiliges Haus. Die Wallfahrt auf dem Kobel, Augsburg 2000 (Beiträge zur Heimatkunde des Landkreises Augsburg Bd. 15), 134–137; Mayer, Bettina: Bildschnitzerpersönlichkeit und Regionale Stilausprägung im Spätmittelalter, Augsburg 2002 (Beiträge zur Heimatkunde des Landkreises Augsburg Bd. 16), 40f; Artelt, Wolfgang: Kosmas und Damian, in: Lexikon der christlichen Ikonographie 7, 344–352; Dietrich, Wilhelm R.: Arzt und Apotheker im Spiegel ihrer alten Patrone Kosmas und Damian. Kultbasis – Kultweg – Kultzeichen – Kultorte in Baden-Württemberg, Lindenberg 2005.

84 Pötzl, Kirchengeschichte, 177f.

85 Neu/Otten, Landkreis Augsburg (wie Anm. 79), 305; Langenmair, Ludwig, Welden. Ein Markt mit reicher Vergangenheit, Welden 1986, 113f; Leibbrand, Jürgen: Thekla von Ikonium, in: Lexikon der christlichen Ikonographie 8, 432–436.

Präsentation in Farbe

(Fb. 1)

Tassilo-Bild in Thierhaupten, um 1608/10. Rechts oben die Klosteranlage von der Ach aus. Das Bild spielt auf keine der Legendenversionen an.
Der Text lautet:
Thassilo, Bayerns Herzog,
erster Gründer des Klosters der Heiligen Petrus und Paulus in Thierhaupten, im Jahre Christi 750. Er ist zusammen mit seinem Sohn Mönch geworden. Er tat sich hervor durch das Lob der Heiligkeit und den Ruhm der Wunder.
Abb. aus: Häußler, Franz: Closter Thierhaupten. Geschichte in Bildern, Augsburg 1989, 18.

Beginn der Wappentafel in Oberschönenfeld. (Fb. 2)
Aufnahme: Pötzl.

(Fb. 3)

Die beiden ersten Äbtissinnen der Galerie sind historisch nicht gesichert.
Eine Maria Anna Metterin soll die zweite Äbtissin gewesen sein.
Aufnahme: Pötzl.

(Fb. 4a)

(Fb. 4b)

(Fb. 4)

Das alte Altarbild der Justina-Kapelle. Das Martyrium der Heiligen.
Aufnahme: Winfried Zimmermann.
Abb. aus: Pötzl, Kreuze, 108.

Die beiden ersten Bilder der Wallfahrtsgeschichte von Biberbach von Joh. Kaspar Menrad an der unteren Emporenbrüstung.
1.) Das Kreuz wird auf den Wagen geladen.
2.) Das Gespannwunder in Biberbach.
Abb. aus: Pötzl, Kirchengeschichte, 161.

Graf Rechberg, auf einem Pilgerschiff, hält den dann Klimmach geschenkten Kreuzpartikel in die Höhe. Fresko, um 1708, im Chor der Wallfahrtskirche.
Aufnahme: Pötzl.

(Fb. 5)

(Fb. 7)

(Fb. 6)

Votivtafel mit dem Gnadenbild von Re aus dem Jahre 1772 in Habertsweiler.
Abb. aus: Pötzl, Kirchengeschichte, 173.

Bild des kleinen Altärchens in der kleinen Nothelferkapelle bei Münster. Im Halbkreis reihen sich die Nothelfer um den eucharistischen Kelch; unter der Wolkenbank die Armen Seelen.
Abb. aus: Pötzl, Kreuze, 110.

Votivtafel im Chor der Theklakirche: Bei einem Blutsturz soll sich Graf Josef Maria Fugger an die Hl. Thekla, die Patronin wider den jähen Tod, gewandt und ihr den Bau einer Kirche versprochen haben.
Abb. aus: Pötzl, Kirchengeschichte, 198.

(Fb. 8a)

(Fb. 8b)

J. B. Enderle zeigt im Fresko auf der Empore nicht den Blutsturz, sondern wie die Hl. Thekla, die Widersacher des Grafen, der "unter die Räuber gefallen ist", vertreibt. Im Pedantbild auf der Südseite überreicht die Hl. Thekla dem Grafen wieder die Insignien seiner Macht.
Aufnahme: Pötzl.

109

Bilder aus dem Radegundis-Zyklus in Waldberg

(s. S. 125 Nrn. 1, 3, 4, 6)
Aufnahmen: Pötzl.

(Fb. 10a)

(Fb. 10b)

(Fb. 10c)

(Fb. 10d)

Zusmarshausen (links das Türmchen der Gisebertkapelle) unter dem Schutz der Hl. Hildegund von Schönau, links unten eine Szene aus der Legende. Abb. aus: Pötzl, Walter (Hg.): Zusmarshausen. Markt, Pflegamt, Landgericht und Bezirksamt, Zusmarshausen 1992, 5.

(Fb. 11)

(Fb. 12)

Die drei Elenden Heiligen des Zusamtales im Gebet unter einer Eiche vereint. Die Tiere (Rinder und Schafe, keine Pferde) befinden sich auf der Weide. Bild aus der Gisebertkapelle jetzt im Heimatmuseum Zusmarshausen.
Abb. aus: Pötzl, Walter (Hg.): Zusmarshausen. Markt, Pflegamt, Landgericht und Bezirksamt, Zusmarshausen 1992, 215.

Legenden unserer Heiligen

Gründungslegenden von Klöstern und Wallfahrtsorten haben viele Motive mit den allgemeinen Legenden von Heiligen gemeinsam.
Heilige, die im Landkreisgebiet gelebt haben und hier bestattet wurden, lassen sich nicht nachweisen. Albert von Wörleschwang lässt sich aus der Legende nicht herauslösen, Radegundis von Wellenburg, die man aus guten Gründen hier hereinnehmen darf, ist zwar im Kult früher und dichter belegt, doch als historische Person kann man sie nicht bezeichnen. Historisch gesichert ist Hildegund von Schönau, allerdings nur auf ihrer Durchreise durch Zusmarshausen. Der Heilige Ulrich, von dem wir viele historisch gesicherte Fakten kennen, die auch das Landkreisgebiet erfassen, greift auch in der Legende in das Umland aus.[1]

Albertus von Wörleschwang im Kreis der Elenden Heiligen

Als früheste Zeugnisse für den Albertus-Kult gelten das für 1504 belegte Mitpatrozinium (neben Michael) für die Kirche in Wörleschwang und die Statue am Altar, die bisher in die Zeit um 1500 angesetzt wurde, von der man aber wusste, dass sie „stark barock überarbeitet" ist. Diese Einschätzung wird in einer neueren Untersuchung nicht geteilt. Bettina Mayer schreibt in ihrer Dissertation: „Stilistisch kann diese Annahme jedoch nicht bestätigt werden, weil die Figur des Heiligen in ihrer gesamten Ausarbeitung ausschließlich dem Stil der ersten Hälfte des 17. Jahrhunderts verpflichtet und etwa um 1625/40 entstanden ist. Die früheste Auskunft von einer Skulptur des Hl. Albertus von Wörleschwang stammt dann auch aus dieser Zeit. Sie beinhaltet die Umstellung der Statue aus der Kapelle des Heiligen auf den rechten Seitenaltar in der Kirche im Dreißigjährigen Krieg, weil die Kapelle eingemauert werden sollte, um sie vor plündernden Soldaten zu schützen."[2] Um 1700 war die Lage des Albertus-Grabes nicht mehr bekannt. Um diese Zeit kam der Kult zu einem Marienbild auf, der auch der Albertus-Verehrung neue Impulse gab. Pfarrer Matthias Winterholler gab 1711 ein Mirakelbuch in Druck, sein Nachfolger Andreas Preis 1725. In diesem Mirakelbuch dominieren die Mirakel zum marianischen Gnadenbild (79 gegenüber 16). In den weiteren über 500 bekannten Mirakeln verschiebt sich die Relation, so dass insgesamt 55 v. H. der Wallfahrer dem Hl. Albert, 36 v. H. dem marianischen Gnadenbild und 9 v. H. beiden zusammen dankten. Das liegt sicher daran, dass Albert zwei Patronate – über die allgemeinen Zuständigkeiten hinaus – auf sich ziehen konnte: In Ohrenkrankheiten (30 v. H.) und in Viehkrankheiten (23 v. H.).[3]

Der Kult blühte, aber man wusste von dem Heiligen, dem er galt, nichts. Pfarrer Joseph Andreas Preis, der 1720 die Pfarrei übernahm, stellte Nachforschungen an. Er wusste, dass die Bollandisten für ihr großes Quellenwerk Acta sanctorum (Band 1, Antwerpen 1643), alles sammelten und kritisch sichteten, was über Heilige in Erfahrung zu bringen war, und wandte sich an die Jesuiten in Dillingen. P. Heinrich Hiß teilte ihm mit, die Bollandisten hätten ihm geschrieben, Albertus, Gisbertus und Sigebertus, aus dem Königreich Schottland gebürtig, seien nicht leibliche Brüder, wie

behauptet worden war, sondern nur Landsleute gewesen. Mehr war auch in den Jahren 1744 und 1771 nicht zu erfahren.[4]
Wo sich der Leib des Heiligen befand, darüber waren unterschiedliche Versionen in Umlauf. Pfarrer Preis nahm 1726 die Aussagen der 70jährigen Frau des Schulmeisters zu Protokoll, die von ihrem Ahnherrn gehört hatte, der Leib des Heiligen sei in der Sakristei begraben worden. Durch ein kleines, niederes und enges Türlein habe man hineinschlüpfen können, um den Heiligen zu verehren. Im Schwedischen Krieg habe die Gräfin Fugger als Inhaberin der Herrschaft den Hl. Leib in Sicherheit gebracht. Darüber, worin die Sicherungsmaßnahme der Fuggerin bestand, herrschte Unklarheit. Die einen meinten, sie habe den Hl. Leib mit nach Tirol geflüchtet, die anderen, sie habe ihn in der Sakristei tiefer vergraben lassen. Ein zweiter Blitzschlag gab den Anlass, nach dem Grab zu forschen. Am 10. Juli 1742 suchten drei Geistliche in geheimer Mission nach dem Grab. Die Kommission kümmerte sich nicht um die Volksmeinung und ließ unter dem Albertus-Altar, dem südlichen Seitenaltar, graben, wo man zwar einige Gebeine, aber kein vollständiges Gerippe fand. Da wurde dem Pfarrer mitgeteilt, dass eine Frau aus Neumünster, die als besessen galt, verkündet hatte, man solle im Turmuntergeschoß neben dem Fenster graben. Der bischöfliche Kommissar ging darauf ein. Unter einem Brett kam ein Altar zum Vorschein, von dessen Existenz niemand etwas gewusst hatte. Unter dem Altar fand man in einem gemauerten Schacht Gebeine und einen Schädel. Die Beteiligten waren überzeugt, den Leib des Hl. Albertus gefunden zu haben. Fürstbischof Joseph entschloss sich, selbst die Gebeine zu begutachten. Am 23. Juli 1742 kam er mit großem Gefolge, 17 Geistliche fanden sich ein. Der Chirurgus und Leibbarbier untersuchte die Gebeine. Der Fürstbischof gab die Anweisung, an der Besessenen den Exorzismus vornehmen zu lassen und ihr dabei vor dem Albertus-Altar die Frage zu stellen: *Sind die gefundenen Gebeine die Gebeine des hl. Albertus?* Da auch ein zweiter Exorzismus zu keinem Ergebnis führte, ließ der Fürstbischof die Gebeine in einen hölzernen Schrein legen, verriegeln und sie dorthin legen, wo man sie gefunden hatte; die Erde wurde wieder aufgefüllt. Der Bischof konnte sich zu keiner positiven Entscheidung durchringen. Nach dem Mittagsmahl im Schloss in Zusmarshausen stellte der Fürstbischof an die anwesenden Geistlichen zwei Fragen:
1.) Sind die aufgefundenen Gebeine der Leib eines Heiligen?
2.) Ist es der Leib des Hl. Albertus?
Die Geistlichen beantworteten beide Fragen positiv: Die Gebeine wurden unter einem konsekrierten Altar gefunden, wo nur Gebeine von Heiligen bestattet wurden. Seit unvordenklichen Zeiten stand die Statue des Hl. Albertus in dieser Kapelle oberhalb dieses Altars, also handelt es sich um die Reliquien dieses Heiligen. Der Fürstbischof schloss sich diesen kultgeschichtlich überzeugenden Argumenten nicht an und sprach auch keine offizielle Kultbestätigung aus, er erließ aber auch kein Verbot, sondern setzte eine Kommission ein, die alte und glaubwürdige Männer befragen sollte. Am 8. August 1742 wurden 13 Männer befragt. Als erster erzählte Joseph Baumann, Gerichtsvogt und Heiligenpfleger, die Legende, die den Geistlichen offensichtlich nicht bekannt war:
(**T 16a**) *S. Albertus, S. Gisisbertus vnd S. Sigisbertus seyen vom Königlichem gblüeth gebohren auß Schottland, welche auß Lieb Gottes ihr Vatterland verlassen, vnd sich in Teütschland begeben, vnd Albertus* (habe) *in Wörleschwang, Gisisbertus in Zusmerhausen, Sigisbertus in Oberhausen als Hürthen das Vich geweydet, heiligmeßig gelebt, vnd täglich vnter einer aich im Wald zusamengekomen, göttliches Gesprech miteinander gehalten vnd*

gebetten Gott. Entzwischen die heilige Schuetzengel an Statt ihrer das Vich gehüetet. Vnter dessen haben auch die Einwohner zu Wörleschwang eine Kirchen auf dem Berg, den man noch heüt zu Tag den Kirchberg nennet, bauen wollen. Albertus aber entgegen gesetzet, man wolle disen Kirchbau vnterlassen, massen kein Stein auf dem Kirchberg werde verbleiben. So vill angeleget sollten werden, wie es auch geschehen; dan Was zu Tags auf dem Berg gebauet, seye zu nachts herunter zu einem Mooß gekomen. Vnd was noch verwunderlicher ware, als Albertus Sterben wollte, hatte er gebetten, man solle seinen Leib auf einen Kahren legen, den zwey vngelehrte Stire ziehen sollen, vnd wohin sie sein Leib ziehen und stehen bleiben sollten, da verlang er, sein leib begraben zu werden. Vnd wie die Einwohner zu Wörleschwang dises nach seinem Tod vollzochen, seindt die zwey Stüer eben bey obgemelten Mooß standen geblieben, vnd habe sich alsdan das Mooß vom freüen in ein harte erden verenderet.

Andere aber wollen glaubwürdiger behaupten, das mooß seye eingefihlet vnd Pfeiler darin geschlagen vnd darauf diese jetzt stehende Kürchen gebaut worden.

Nur zwei Befragte bringen dazu Ergänzungen; sie äußern sich vor allem zur Lage des Grabes und zur Echtheit der Gebeine und bezeugen selbst erfahrene Guttaten.

Der Gerichtsmann Johannes Pollinger sagte aus, er habe gehört: Als einstens S. Albertus, S. Gisisbertus et S. Sigisbertus bey Zusmerhausen beysamen gewesen vnd Gott gelobet, so seye ein Metzger von Oberhausen vorbeygeritten vnd zwar spath zu abents, den der heilge Sigisbertus noch gesehen, welcher dannoch zu rechter Zeit mit seinem Vich in Oberhausen eingetroffen.

Der Gerichtsmann Johannes Enderle berichtete: das dise drey Königlichen Prinzlen als fürther im Forst vnd Breithfeld negst bey Augspurg zusamen gekommen, Gott gelobet vnd gebenedeüet.[5]

Auf Gebetszetteln wird Albert „für das verlohrne Gehör und arme Vieh" angerufen.
Abb. aus: Pötzl, Walter (Hg.): Zusmarshausen. Markt, Pflegamt, Landgericht und Bezirksamt, Zusmarshausen 1992, 215.

Daneben besteht noch eine andere Version:
(**T 16b**) *Albertus, Gisebertus und Sigebertus, Königssöhne aus Schottland oder wenigstens Landsleute aus diesem Reich, kamen vor vielen Jahrhunderten nach Schwaben. Um ungestört Gott dienen zu können, lebten sie hier als Hirten, Albertus in Wörleschwang, Gisebertus in Zusmarshausen, Sigebertus in Oberhausen. Täglich kamen sie zusammen, führten fromme Gespräche und sangen Gottes Lob. Am Abend trafen sie immer zur rechten Zeit mit ihren Herden in ihren Dörfern ein.*

Figur des Albertus von Wörleschwang (siehe S. 113).
Abb. aus: Pötzl, Kirchengeschichte, 94.

Als Albertus sich dem Tode nahe fühlte, bat er, man möchte ihn an einem Moosplatz neben der Zusam begraben. Die Wörleschwanger aber hielten diese sumpfige Stelle nicht für einen geeigneten Begräbnisplatz. Zuletzt bat Albertus, man möge seinen Leichnam auf einen mit zwei jungen Ochsen bespannten Wagen legen. Wohin diese ihn fahren würden, da solle man ihn begraben. Nach seinem Tod erfüllte man diesen Wunsch. Die Ochsen zogen den Wagen zu jenem Moosplatz. Dort wurde der Heilige begraben. Die Bewohner von Wörleschwang wünschten aber für das Grab einen besseren Platz. Sie begannen, auf dem heute noch so genannten Kirchberg eine Kirche zu bauen. Dorthin wollten sie dann den Leib des Heiligen übertragen. Das Baumaterial, das sie am Tage angefahren hatten, wurde aber jeden Morgen am Grab des Albertus gefunden. So wurde dann neben seinem Grab die Kirche erbaut und über seinem Grab der Kirchturm.[6]

Die beiden Versionen zeigen kleine, aber keineswegs unbedeutende Unterschiede. In T 16b werden die Königssöhne eingeschränkt oder wenigstens Landsleute aus diesem Reiche. Sie kamen vor vielen Jahrhunderten nach Schwaben. Das Motiv, dass Engel, während sie beteten, das Vieh hüteten, fehlt in T 16b. Es ist eine Variante zur Legende des Hl. Isidor, in der ein Engel den Pflug führt, während er betet.[7] Neu ist aber die Passage, dass die Herden am Abend wieder rechtzeitig in den Dörfern waren. Oberhausen identifizierte man mit Oberhausen bei Augsburg (s. o. die beiden Ergänzungen). Das Wunderbare dieser Passage liegt darin, dass man ja für die Wegstrecke vom Zusamtal bis Oberhausen mit einer Herde eine gewisse Zeit brauchte. In der Legende kann sie dennoch bewältigt werden.

In der Abfolge sind Bauplatzlegende und Gespannwunder vertauscht. In T 16a ereignete sich die Bauplatzlegende noch zur Lebenszeit Alberts, in T 16b erst nach seinem Tod im Anschluss an das Gespannwunder. Im Gespannwunder ziehen jetzt Ochsen und nicht Stiere den Karren.[8] Die Passage vom Moos, das sich in harte Erde verwandelte bzw. von den eingerammten Pfählen fehlt in T 16b.

Das Faszinierende an der Albertus-Legende besteht darin, dass sie im Volk gegenwärtig war und bei einer Befragung erzählt wurde, während der Geistliche, der selbst bei den Bollanisten anfragen ließ, offensichtlich davon

nichts wusste.
Wann sich diese Legende gebildet hat, lässt sich nicht mehr ermitteln. Gesichert ist der Albertus-Kult, nicht der der beiden anderen Heiligen, in Wörleschwang für die Zeit um 1500 (Nebenpatrozinium). Die Verehrung eines Heiligen fordert irgendwann eine Legende. Die iro-schottische Missionswelle des frühen Mittelalters erfasste unseren Raum nicht. Die Heiligen des Zusamtales treten auch nicht als Missionare auf, sondern als Viehhirten ihrer Gemeinden, auch nicht als Einsiedler wie verschiedene Einsiedler im Umkreis der Schottenklöster, die im 11./12. Jahrhundert entstanden (am bedeutendsten St. Jakob in Regensburg, aber auch Kelheim, Eichstätt und Memmingen). Die Konvente der Schottenklöster versuchten lange, sich aus Landsleuten zu rekrutieren. In Griesstetten werden drei Heilige verehrt, die aus St. Jakob in Regensburg kamen und dort als Einsiedler lebten. In Höhlen hinter dem Pfarrhof in Etting bei Ingolstadt hatten sich drei Iren zurückgezogen. Sie gehörten offensichtlich zum Schottenkloster in Eichstätt. Der Kult der drei Elenden Heiligen griff über Etting hinaus aus (Dreiheiligen in der Pfarrei Heimenkirch, Landkreis Lindau; Hürbel, Kreis Biberach; Rechtenstein, Kreis Ehingen; Burgau (Loretokapelle); Oberbechingen, Landkreis Dillingen; Reisensburg bei Günzburg). Als Elende Heilige werden sie bezeichnet, weil sie in der Fremde lebten. Das Wort „elend" leitet sich her vom althochdeutschen „elilenti" (in einem anderen Land), das zum mittelhochdeutschen „ellende" (fremd, verbannt, unglücklich, jammervoll) verkürzt wurde und erst später die heutige Bedeutung annahm. In der Verbindung „Elende Heilige" (Heilige, die aus der Fremde kommen) hat das Wort seine ursprüngliche Bedeutung bewahrt. Dass die drei Heiligen des Zusamtales in diesen Kreis gehören, hielt Romuald Bauerreiss im Lexikon für Theologie und Kirche für möglich, Friedrich Zoepfl im Lexikon der christlichen Ikonographie und im Reallexikon zur Deutschen Kunstgeschichte mehr oder minder für gewiss. Die von ihm aufgenommene Jahreszahl 1010 scheint verschrieben zu sein für 1100. Diese Jahreszahl fand man 1724 bei der Kirchenrenovierung über dem Portal. Bei der Dichte der Etting-Belege im Schwäbischen (insbesondere in Burgau, Oberbechingen und Reisensburg), erscheint es nicht verwunderlich, dass man hier Anleihen nahm, als man für die Heiligen des Zusamtales eine Legende bildete. Man darf allerdings zwei Unterschiede nicht außer Acht lassen:
1.) Die Ettinger Heiligen tragen seltsame Namen: Archan, Haindrit und Gardan (die Griesstettener: Marinus, Zimius und Vimius), die Heiligen des Zusamtales haben deutsche Namen.
2.) Die Heiligen des Zusamtales sind gemeindliche Viehhirten (und keine Einsiedler). Als solche passen sie nicht in den Kreis der elenden Heiligen.

Vielleicht verlief der Prozess der Legendenbildung so: Zu den Heiligen in Wörleschwang und Zusmarshausen nahm man einen dritten dazu, um Anschluss an die Elenden Heiligen zu gewinnen. Es ist bezeichnend, dass sich in Oberhausen keinerlei Spuren eines Sigebert-Kultes erhalten haben (im Gegensatz zu Albert in Wörleschwang und Gisebert in Zusmarshausen). Man behielt aber die deutschen Namen bei (bzw. nahm einen neuen dazu) und beließ sie als Hirtenheilige. Die Hirtenheiligen des Zusamtales erinnern an den Hirtenheiligen Wendelin und den Bauernheiligen Isidor. Der Kult des Heiligen Wendelin kam bei uns in der zweiten Hälfte des 16. Jahrhunderts auf, in der ersten Hälfte des 17. Jahrhunderts kam der Isidorkult dazu. Nach der Legende des 14. Jahrhunderts war Wendelin ein iroschottischer Königssohn (!), der sich als Einsiedler in den Vogesen niedergelassen und das Kleinvieh gehütet habe (!). In Bobingen verdrängte Wendelin allmählich den älteren Kapellenpatron St. Wolfgang, in Obergermaringen entstand eine Wendelinswallfahrt. Obwohl Isidor, ein Bauer aus der Gegend um Madrid, erst 1622 kanonisiert worden war, wurde ihm bereits 1631 in Großaitingen eine Bruderschaft errichtet (dem eine weitere 1684 in Hiltenfingen folgte). Die Anleihe an der Isidor-Legende ist in T 16a deutlich. So dürften zwei Anleihen zum Kern der Legende der Heiligen des Zusamtales beigetragen haben: Der Kult der Elenden Heiligen, insbesondere von Etting, in der Nachbarschaft, und die Wendelinslegende.[9]

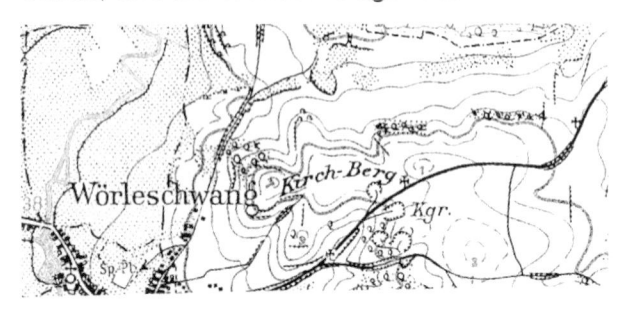

Wörleschwang mit dem Kirchberg. Südlich von ihm verläuft der alte Weg nach Reutern, an dem ein Sühnekreuz steht.
Abb. aus: Bayerisches Landesvermessungsamt, Topographische Karte 7529, München 1960.

Die auf **Albertus von Wörleschwang** allein bezogenen Teile der Legende, die Bauplatzlegende und das Gespannwunder waren weit verbreitete Motive. Wie sich der Flurname „Kirchberg" zur Bauplatzlegende verhält, ist schwer zu entscheiden. Nahe liegend scheint zu sein, dass hier tatsächlich eine Kirche stand, die erst nach Alberts Tod an die heutige Stelle verlegt wurde. Das würde voraussetzen, dass Albert eine historische Person ist. Josef Rühfel erklärte: *... denn als die alte Pfarrkirche Wörleschwang auf dem Berge baufällig wurde, und die Gemeinde sie wieder am alten Platz neu bauen wollte, sei Stein und Holz, das untertags zugefahren wurde, jeden Morgen an Alberts Grab gefunden worden, weshalb hier auch die neue Kirche gebaut wurde. Der Hauptpatron der Wörleschwanger Kirche ist der heilige Michael, und dieses Patronat gibt der Sage, die Pfarrkirche sei in ältester Zeit außerhalb des Dorfes auf dem Kirchberg gestanden, aus mythologischen Gründen nicht nur Wahrscheinlichkeit, sondern Gewißheit, weil Michaelskirchen sehr oft auf Anhöhen und Bergen an Stelle germanischer Heiligtümer gegründet wurden. Diese Deutung entspricht ganz der mythologischen Schule, die heute mit guten Gründen abgelehnt, oder wenigstens sehr skeptisch beurteilt wird.*[10] Für die sich unten ausbreitende Siedlung wäre die Kirche allerdings beschwerlich gewesen. Der Name „Kirchberg" könnte aber auch erst mit der Legende aufgekommen sein, als Ort, an dem man beabsichtigte, eine Kirche zu bauen (woran man dann gehindert wurde). Die Beschwerlichkeit der Kirche auf dem Berg bliebe aber bestehen.

Es mag einen dann als Heiligen verehrten Albert in Wörleschwang gegeben haben, was aber über ihn erzählt wurde, gehört in den Bereich der Legende.

Gisebert in Zusmarshausen

Gisebert führte im Kult ein gewisses Eigenleben. Er wurde in der Kapelle beim (alten) Spital verehrt, wo man auch sein Grab vermutete. In Zusmarshausen gab es vor 1534 sicher eine Stiftung zur Unterstützung der Armen. Die Urkunde Bischof Christophs von Stadion vom 23. Mai 1534 spricht nicht von der Gründung, sondern vom Bau des Spitalgebäudes. Nach den Visitationsakten von 1593 war das Kirchlein (wie viele Spitalkirchen) dem Hl. Geist geweiht, dem Hl. Gisebert gehörte einer der Seitenaltäre. Pfarrer Christoph Seitz (1690 – 1712) ließ das Grab suchen und stieß auf ein Gewölbe, brach aber dann die Nachforschungen ab. Pfarrer Anton Graf schrieb 1742 an das Ordinariat: *Es ist älteste Tradition, daß der hl. Gisebert, der mit dem hl. Albertus in unsere Gegend gekommen ist, hier das Vieh gehütet und in der Sakristei der Spitalkapelle begraben liegt. Die Kapelle wird deswegen Gisebertkapelle genannt. In ihr befindet sich ein uraltes Gemälde, das die drei Hirten Albertus, Gisebert und Sigebert darstellt, wie sie das Vieh weiden und unter einem Eichbaum beten* (s. Fb 12). Angeregt durch die Aktionen in Wörleschwang suchte man auch in Zusmarshausen nach dem Gisebert-Grab und stieß dabei auf ein gemauertes Grab, das aber leer war. Die Kapelle verfügte über ein eigenes Einkommen, über das in der St. Gisebert-Rechnung Buch geführt wurde. Jeden Mittwoch wurde nach dem Gottesdienst die Allerheiligenlitanei gebetet und dabei auch der Hl. Gisebert angerufen. Gisebert soll als großer Büßer und eifriger Beter gelebt und seine Herde hauptsächlich im Rothtal gehütet haben. Er galt als Patron der Feldfrüchte und der Haustiere. Als solcher wirkte er auch noch nach seinem Tod in der Notzeit des Dreißigjährigen Krieges. Das erzählt eindrucksvoll eine Legende:

(T 17) *Als während des Dreißigjährigen Krieges Zusmarshausen fast völlig verlassen war und das Milchvieh mit vollen Eutern jämmerlich brüllend durch die Gegend irrte, sei Gisebert als steinalter Hirte mit weitem Schlapphut auf seine Weideplätze zurückgekehrt, habe das Vieh gemolken und es von seinen Schmerzen befreit.* Die Legende schildert, ganz auf der bäuerlichen Erfahrungswelt beruhend, das Eingreifen des Viehpatrons. In ihr steckt aber kaum ein wahrer Kern, denn im Krieg griffen die Soldaten auf die Viehbestände zurück und der Dreißigjährige Krieg war mit einer derartigen Hungersnot verbunden, dass die Leute das wenige Vieh, das die Soldateska vielleicht verschont hatten, schlachteten und verzehrten.[11]

Hildegund von Schönau in Zusmarshausen

Engel retten die Hl. Hildegund, die am Galgen hängt.
Abb. aus: Annus Mariano-Benedictinus, Salzburg 1668, o. S.; siehe auch S. 122.

Während die Historizität von Albert von Wörleschwang und Gisebert von Zusmarshausen keineswegs erwiesen ist, bestehen keine Zweifel, dass Hildegund tatsächlich gelebt hat. Schönau bei Heidelberg war ein Zisterzienserkloster, das Bischof Burchard von Worms 1142 gründete und mit Mönchen aus Eberbach besiedelte. Aufsehen erregend war 1188 in Schönau der Tod der Hildegund, die als Mönch verkleidet unter dem Namen Josef das Noviziat absolviert hatte und deren wahres Geschlecht erst nach ihrem Tod bemerkt wurde. Ihre Lebensgeschichte hatte sie, ohne ihre Rolle zu verraten, dem Prior auf dem Totenbett erzählt. Ihre merkwürdige Vita wurde unmittelbar nach ihrem Tod von Engelhard von Langheim aufgezeichnet (A). Es folgte bald eine Vita metrica (B) und eine weitere, von diesen beiden abhängige Fassung (C). Caesarius von Heisterbach nahm eine erweiterte Fassung von (C) in seinen häufig benützten *Dialogus miraculorum* (I 40; D) auf.[12] Wohl um 1220/30 entstand eine umfänglich erweiterte Fassung (E).[13]

Hildegund stammte aus dem Gebiet von Köln, die Eltern brachten sie, um ein Gelübde zu erfüllen, in das Kloster Neuß (bei Düsseldorf). Sie verlor früh die Mutter und 1183 auf einer gemeinsamen Pilgerfahrt ins Heilige Land in Tyrus auch den Vater. Auf Geheiß ihres Vaters musste sie zu ihrem Schutz Männerkleider tragen und den Namen Josef annehmen. Nach dem Tod des Vaters wurde sie in Jerusalem von ihrem Diener beraubt. Hilflos stand die junge Frau in einem fernen Land, ihr blieb nur ein elendes Bettelleben, bis sie einen Landsmann traf, der sie in die Heimat mitnahm. Sie behielt ihre Männerkleidung bei. Nach mehr als einem Jahr wieder in Deutschland trat sie in die Dienste eines Kölner Kanonikers, der für den Kölner Erzbischof einen geheimen Auftrag an die Kurie übernahm. In der Gegend vor Augsburg gerieten sie in große Schwierigkeiten. In der Fassung (E) (s. o.) heißt es (in Übersetzung der wichtigsten Passagen ins Deutsche):

(**T 18**) *Darauf betraten sie auf ihrer Reise Schwaben und durchzogen die Städte und die Orte (oppida), die in diesen Gegenden lagen. Dabei gelangten sie zu einem gewissen Ort (oppidum), der in der Augsburger Diözese lag, namens Zusemarhusen, wo sie sich entschieden zu übernachten.*[14] *Am frühen Morgen brachen sie auf, um die Stadt Augsburg, die nahe war (nur zwei Meilen von ihrem Gasthaus entfernt), unerkannt betreten zu können. Sie fürchteten nämlich allzu sehr, weil es eine Reichsstadt war, dort von den Lehensleuten des Kaisers, von denen sich dort ein große Anzahl aufhielt, ergriffen und der Dinge und Briefe, die sie mit sich führten, beraubt oder durch Misshandlungen und Bestrafungen allzu schrecklich betroffen zu werden. Aber welches Wunder hat sich durch die Güte des allmächtigen Gottes in jener Region ereignet, so dass es in alle Ewigkeit gepriesen werden kann. Als sie sich am Morgen von jenem Ort (oppidulum), wo sie sich aufhielten, aufmachten, vertraute der Herr die Briefe, die er in den Stock eingeschlossen hatte, dem Josef an; er selbst aber eilte, allein auf dem Pferd sitzend, schleunigst der Stadt Augsburg zu. Als Josef ihm wie ein Schüler dem Lehrer zu Fuß folgen musste und eiligst einen Wald, der in der Nähe lag, betrat, war ihm ein sehr ruchloser Mann unmittelbar gefolgt, der nachts in dem vorher genannten Ort einen Diebstahl begangen hatte und einen Sack mit den gestohlenen Dingen mit sich trug. Als dieser gehört hatte, dass ihm die Menschen, die er beraubt hatte, folgten und ihn ergreifen wollten, gab er den Sack mit dem Inhalt dem Josef, gleichsam als wolle er zurückkommen und sein Reisebegleiter werden. Was sollte Josef tun? Er nahm den Sack, setzte sich darauf und wollte ihn halten, bis der Gefährte zurückkam. Er vermutete nichts Böses und fühlte sich mit gutem Gewissen sicher. Der Schuldige aber floh und verbarg sich, bis er sah, was dem zurückgelassenen Gefährten geschah. Es folgten unmittelbar die bestohlenen Menschen, sie kamen in großem Aufruhr, wilder als Löwen, sehr aufgeregt, und* ergriffen Josef, und setzten ihm mit unzähligen Schlägen hart zu, weil sie glaubten, jener sei der Schuldige und er habe den Diebstahl, der begangen worden war, ausgeführt. Als jener leugnete, um sich gegen jenes enorme Unrecht zu verwahren, wurde er nicht gehört, verlacht und beleidigt. Schließlich wurde er in den Ort zurückgebracht, um zum Tode verurteilt und hingerichtet zu werden.

(14) Als Josef sah, dass ihm die Verurteilung drohte und dass er durch die Hände der Ruchlosen wie ein Räuber getötet werden würde, verlangte er einen Priester, der die Beichte des Unglücklichen abnehmen und dem Unschuldigen das Sakrament des Leibes und Blutes des Herrn reichen sollte, damit er nicht ohne Stärkung sterbe. Dieser Wunsch konnte kaum ohne größere Schwierigkeiten erfüllt werden, da die Absicht der Anwesenden deutlich war. Der gerufene Priester kam, trug den Leib des Herrn bei sich und reichte ihn dem auf dem Rücken gefesselten Josef. Josef offenbarte sich, der Priester musterte den Stab, in dem die Briefe verborgen waren, und Josefs Gestalt und die des Mannes, der ihm den Sack gegeben hatte, und bekam Zweifel. Der Verdacht richtete sich auf einen Gauner. Als der Priester die Wahrheit herausgefunden hatte, stellte er Josef dem Volk vor, damit es sich entschuldige und damit man im Wald den Schuldigen suchte. Als man diesen ergriffen hatte, brachte man ihn zu Josef, der bestätigte, dass dies der Mann war, der ihm den Sack gegeben hatte. Schließlich wurde der wahre Dieb an einem Baum aufgehängt und Joseph wurde als Unschuldiger entlassen.

(15) Der Priester dankte Gott und entließ Josef zu seinem Herrn. Als Josef aber den Wald betrat, wurde er von Genossen des Diebes ergriffen und an dem Baum aufgehängt, wo der Verurteilte gerechterweise gehangen hatte. Ein Engel des Herrn war sofort zugegen, der ihn hielt.

(16) Der vom Himmel geschickte Bote sagte: Ich bin der zu deinem Schutz geschickte Engel des Herrn, fürchte dich nicht, denn ich werde dich befreien und dir die Zukunft, den Eintritt in Schönau, verkünden. Hildegund hörte himmlische Stimmen. Der Engel erklärte ihr, dass ihre Schwester Agnes gestorben sei.

(17) Inzwischen war das Gerücht an genannten Ort gedrungen, dass der Jüngling, der bei ihnen vom üblen Ruf befreit worden war, das Leben verloren hatte. Die Leute in dem Städtchen (civitatula) sprachen davon, dass der Jüngling an einem Baum hing. Aber Hirten, die in der Nähe ihre Herden weideten, und von ihrem Tod erfuhren – sie wussten nicht, dass sie noch lebte – nahmen ihren Körper vom Ast, aber in dem Moment, als sie ihn auf die Erde legen wollten, kamen zwei Wölfe und fielen in ihre Herden ein und sie vertrieben die Wölfe.

(18) Josef, frei von jeder Fessel, richtete sich auf. Der Engel sagte zu ihm: Gib mir deine Hand, ich werde dich auf mein weißes Pferd setzen und dich sehr schnell fortbringen. Während Josef auf dem Pferd saß, schlief er ein. Als er nach kurzer Zeit erwachte, sagte der Engel zu ihm: Siehst du diese Stadt? Es ist Verona. Dort wirst du deinen Herrn treffen.

Hildegund kann ihren Auftrag beim Papst erledigen. Nach der Rückkehr aus Italien trat Hildegund (bzw. Josef) in Schönau ein, überzeugt, ihre gezählten Tage auf diese Weise zu ihrem Heil und zu Gottes Ehre am besten verbringen zu können.

Gewisse Anklänge an die Jacobus-Legende sind unverkennbar: Das einem anderen untergeschobene Diebesgut, der aufgehängte, aber dann gerettete Heilige.
Die komplexe Bedeutung des Pferdes war grundsätzlich in ein gutes (Schimmel) und ein böses Prinzip (Rappe) geteilt. Der Schimmel als christliches Heilszeichen wurde von der Antike übernommen. Er war legitimiert durch

den reitenden Christus in Apk 19, 11–14 (*Dann sah ich den Himmel offen, und siehe, da war ein weißes Pferd, und der, der auf ihm saß, heißt „Der Treue und Wahrhaftige", gerecht richtet er und führt er Krieg … Die Heere des Himmels folgten ihm auf weißen Pferden …*). Der Schimmel wurde zur Insignie des christlichen Kaisers. Der rettende Engel entführt Hildegund nicht auf irgendeinem Pferd, sondern auf einem Schimmel.[15]

Interessant sind die Bezeichnungen von Zusmarshausen: Zunächst unterscheidet der Autor zwischen *civitates* und *oppida*, dann stuft er Zusmarshausen als *oppidum* ein. „Oppidum" bedeutet zunächst einmal einfach „Ort", kann aber auch den befestigten Platz oder gar die Stadt meinen. Wenn aber dann vom *oppidulum* die Rede ist, dann ist das Städtchen gemeint, was dann durch die Bezeichnung *civitatula* unterstrichen wird. Der Autor trifft mit diesen Deminutivformen die historische Situation von Zusmarshausen: den auf dem Weg zur Stadt stehen gebliebenen Markt.

Dass Zusmarshausen in einer Reisebeschreibung auftaucht, die den Weg vom Rhein über Augsburg nach Italien beschreibt, ist nicht verwunderlich. Die Lage an der Fernstraße etwa eine Tagesreise von Augsburg entfernt prägte den Ort.[16]

Hildegund starb am 20. April 1188 und erst jetzt wurde sie von ihren nichts ahnenden Mitbrüdern als Frau erkannt. Dass eine Frau die Kraft bewiesen hatte, sich freiwillig der harten Disziplin und dem Arbeitsleben eines Männerklosters zu unterwerfen, fasste man in Schönau sogleich als außerordentliches Beispiel göttlicher Begnadung auf. Hildegunds wenige Klosterjahre waren Teil einer aufregenden Lebensgeschichte, die sie selbst erzählt hatte und die bald in mehreren Versionen Verbreitung fand.[17] Die aufregende Lebensgeschichte erhält noch durch das Motiv „Frau in Männerkleidung" eine besondere Note.[18]

Wie kommt die Heilige aus dem Kloster bei Heidelberg nach Zusmarshausen? Gegenwärtig ist sie lediglich in einem großen Ölbild (110 cm x 85 cm), das jetzt im neuen Pfarrheim hängt, und ihren Namen trägt. Die Heilige im Zisterzienserhabit schwebt auf einer Wolke über dem Markt Zusmarshausen (s. Fb 11). In der linken unteren Bildecke wird eine Szene der Legende (18) dargestellt: Josef sitzt auf einem Schimmel, der Engel begleitet ihn. Im Baum hängt der besiegelte Brief, den er im Auftrag des Kölner Erzbischofs zum Papst bringen sollte. Im *Annus Mariano-Benedictinus*, der 1668 in Salzburg gedruckt wurde, findet sich ein Stich, der zeigt, wie Engel die unschuldig gehenkte Hildegund retten.[19]

Leider ist der vornehm gekleidete Bürger, der dieses Bild gestiftet hat, nicht bezeichnet.[20] Er muss aber die Hildegund-Legende und ihren Bezug zu Zusmarshausen gekannt haben. Den Bekanntheitsgrad der Legende förderte sicher der *Dialogus miraculorum* des Caesarius von Heisterbach (D). Der besondere Charakter der Legende dürfte große Aufmerksamkeit gefunden haben. Daniel Pape(n)broch veröffentlichte den Text (E) in den *Acta sanctorum* aus einer Handschrift, die sich in der Bibliothek Marcus Welsers befand. Die Verehrung der Heiligen wurde vor allem bei den Zisterziensern und noch mehr bei den Zisterzienserinnen gepflegt. Zu Oberschönenfeld lassen sich von Zusmarshausen aus keine besonderen Beziehungen ausmachen, aber nach Violau, das von Patres aus Kaisheim betreut wurde, zogen die Zusmarshauser einzeln oder als Pfarrei immer wieder.[21] Bezog von hierher der Stifter des Bildes seine Kenntnis über Hildegund (und Zusmarshausen)? Wir kommen über Vermutungen nicht hinaus.

Radegundis von Wellenburg

Martyrium der Hl. Radiana, mit kniendem Kardinal Matthäus Lang und dessen Wappen. Holzschnitt von Hans Burgkmair, um 1520 (Graphische Sammlung Albertina, Wien).
Abb. aus: JbVAB 36, 2002, Abb. 6.

Zur Zeit, als Radegundis als Dienstmagd in Wellenburg gelebt haben soll, lag die Burg auf dem Gebiet des Landkreises Augsburg (bis zur Eingemeindung Bergheims 1972 nach Augsburg). Seit der Übertragung ihrer Reliquien im Jahre 1812 nach Waldberg ist das Dorf in den Stauden der Kultort der Heiligen, wo jeweils am 4. Sonntag nach Pfingsten beeindruckend das Radegundisfest gefeiert wird.[22]

Das Radegundispatrozinium in der Nachbarschaft von Adelgundis in Anhausen und Remigius in Bergheim verweist in die fränkische Zeit. Im 15. Jahrhundert jedoch scheint man in Wellenburg von der fränkischen Königin Radegundis keine so rechte Vorstellung mehr gehabt zu haben, ja selbst über die Namensform war man sich nicht ganz sicher (Radegundis oder Radiana). Bekannt geblieben war offensichtlich, dass sich die Heilige durch ein großes soziales Engagement, insbesondere gegenüber den Leprosen, ausgezeichnet hatte. Vielleicht gab es sogar eine Darstellung mit den Attributen Kübel, Kamm und Bürste, wie sie sich dann bei der Dienstmagd wieder finden. Es bildete sich eine neue Legende, die Radegundis zur Dienstmagd machte. Das Wandlungswunder taucht in den Legenden mehrerer Heiliger auf.[23]

Der große Förderer des Kultes war Kardinal Matthäus Lang, Erzbischof von Salzburg und Inhaber der Herrschaft Wellenburg. Hans Burgkmair gestaltete in seinem Auftrag drei Holzschnitte, die sein Wappen tragen (wobei er sich auf einem selbst darstellen ließ). Der Künstler zeigt die Heilige, wie sie von Wölfen angefallen wird; als Attribut liegt auf dem Boden der Kübel mit der Bürste. Diese Darstellung findet sich auch auf den Münzen, die der Kardinal prägen ließ. Zwei kleine Figürchen könnten noch etwas älter als die Holzschnitte sein. Das bedeutet: Bildliche Darstellungen sind älter als der erste erhaltene Text der Legende, ein Phänomen, das nicht so ungewöhnlich ist (s. o. S. 55 das Siegel mit der Hindin in Thierhaupten).

Die früheste Form der Legende findet sich in den *Imagines sanctorum Augustanorum*, die 1601 gedruckt wurden. Sie lautet (ins Deutsche übersetzt):

Kupferstich von Joh. Georg Melchior Schmittner (1625 – 1705), entstanden wohl anläßlich der Elevatio des Jahres 1691; zwei Engel halten ein kunstvoll gerahmtes Bild mit dem üblichen Radegundis-Motiv, darunter halten zwei Putti einen Vorhang, vor dem die in Art der Katakombenheiligen gefaßten Gebeine präsentiert werden; vor den Stufen Schriftkartusche zwischen Allianzwappen.

Abb. aus: JbVAB 36, Abb. 5.

(**T 19**) *Die heilige Jungfrau Radiana oder Radegundis diente als Magd auf Wellenburg bei Augsburg. Sie zeichnete sich aus durch Liebe zu den Armen, besonders zu den Aussätzigen. Einst wollte sie diesen als Almosen Milch und Butter hinab bringen, da trat ihr der Burgherr entgegen und die Gaben verwandelten sich in Lauge und einen Kamm, womit sie sonst für gewöhnlich die Aussätzigen wusch und pflegte. Als er wieder seines Weges ging, wurden sie in ihre vorige Gestalt zurückverwandelt. Während sie so mit Eifer für die Aussätzigen sorgte, wurde sie im nahen Wald von Wölfen angefallen und erbärmlich zerfleischt. Drei Tage später starb sie eines seligen Todes. Ihr Leichnam wurde nach Augsburg überführt, um in der Grablege ihres Herrn ehrenhalber bestattet zu werden. Auf einen göttlichen Wink aber wurde er dorthin zurückgebracht, wo die Heilige bei Lebzeiten den Aussätzigen gedient hatte. Dort ist nun eine Kirche erbaut, in der die Verstorbene verehrt wird.*

Karl Stengel erzählt in seiner 1620 erschienenen *Kirchenchronik* (Nr. XXII) etwas ausführlicher. Zu Beginn führt er auch das Motiv des Neides ein. Radegundis sei von den anderen Knechten und Mägden *geneidet vnd hefftig verfolgt worden, deßwegen sie sich beflissen, diese andächtige Dienerin Gottes auch bei irem Herrn zu verunglimpffen vnd verhaßt zu machen.* Die Beschreibung der Tätigkeit bei den Leprosen mutet fast wie eine Entlehnung aus der Vita der Königin Radegundis an *(denen sie auch auß mitleiden pflegte zu dienen, ihre Häupter vnd Leiber zu waschen, zu säubern vnd die schäden zu heilen).*

Breiter angelegt ist die Darstellung der Legende auf 15 zwischen 1682 und 1691 gestifteten Ölbildern, die jetzt in Waldberg hängen:

1.) *Wie die selige Radegundis durch einen Diener der Untreue bei ihrem / Herrn beschuldigt wird.*
2.) *Das ist das Siechenhaus in welchem die selige Radigunde die armen / Kranken pflegte & Almosen verabreichte.*
3.) *Wie der Herr der seligen Radegundis ihre Milchlegel untersucht, unterdessen verwandelt / sich die Milch in Laug & und das Schmalz in Strehl.*
4.) *Wie die selige Radegunda zu den Siechen kam, ist die Laug Milch / u. die Strehl Schmalz geworden.*
5.) *Wie die selige Radegunda von Wölfen angepackt und zerfleischt / worden ist.*
6.) *Wie die selige Radegunda verwundet aufgefunden und von 2 Dienern in das / Schloß Wellenburg getragen wurde.*
7.) *Wie die selige Radegunda nach Empfang der heiligen Sterbesakramente / ihren Geist aufgibt.*
8.) *Wie die selige Radegundis von zwei ungezähmte Ochsen von Wellenburg herab / gezogen worden.*
9.) *Wie die selige Radegunda nach Augsburg gebracht, ist der Wagen auf / welchem der Sarg geführt, so unbeweglich geworden, daß man sie nicht begraben konnte.*
10.) *Wie die selige Radegundis nach Augsburg in ihres Herren Begräbnis ist / bestattet worden.*
11.) *Wie das Volk Gott zu bitten ermahnt wird, was mit dem Leichnam der seligen Radegundis / zu tun sei; man solle sie wieder nach Wellenburg führen.*
12.) *Wie die selige Radegundes aus Augsburg wieder nach Wellenburg verbracht / worden ist.*
13.) *Wie die selige Radegunda nach katholischem Ritus / zur Erde ist bestattet worden.*
14.) *Wie die Gebeine der seligen Radegundis erhoben und ausgesetzt worden sind.*
15.) *Den 24. ten Juni 1691 sind die Reliquien der seligen Radegundis dem Volke / das erste Mal gezeigt worden.*

Die Reihenfolge ist nicht eindeutig. In die Kunstdenkmale sind die Bilder aufgenommen, wie sie Ende der 60er Jahre an der Wand hingen.[24] Vor allem Nr. 12 (oben Nr. 8) ist falsch eingereiht. Etwas unklar ist auch oben die Einreihung von Nr. 13 (könnte auch nach Nr. 7 kommen). Nicht in die Logik der Legende passt Nr. 10.

War die Radegundislegende bisher zeitlich nicht fixiert, so änderte sich das durch Korbinian Khamm. Er schreibt in seiner *Hierarchia Augustana chronologica tripartita pars prima*, die 1709 in Augsburg erschien: *Zur Zeit des Bischofs Wolfhart von Roth (regierte von 1290 bis 1302) lebte eine sehr fromme Dienerin Christi und Jungfrau Radegunda, auch Radiana. Von der Gemahlin des Herrn Besitzers des Schlosses Wellenburg aus dem Augsburger Patriziergeschlecht der Portner gedungen und mit Arbeiten im Viehstall betraut.*
Wulfertshausen als Geburtsort der Heiligen spielt in der Barockzeit noch keine Rolle.

Der Heilige Ulrich in der Legende

Von der Legende, die das Fisch-Attribut erklärt, war bereits die Rede (s. S. 42). Neben dieser allgemeinen Legende spielt die Schlacht gegen die Ungarn, in der ein Engel dem Heiligen das Siegeskreuz überreicht haben soll, eine große Rolle, allerdings erst seit 1494 (Gehäuse des Ulrichskreuzes von Jörg Seld).[25] Der Kampf gegen die Ungarn ist als „Schlacht auf dem Lechfeld" in die Geschichtsbücher eingegangen, doch entspricht diese Beschreibung nicht der Quellenlage. In der Diskussion wurde bisher immer eine Stelle in Gerhards Vita übersehen: *... wurde von Gott, dem nichts unmöglich ist, der ruhmreiche Sieg König Otto gegeben, so daß das Ungarnheer die Flucht ergriff und keine Kampfkraft mehr hatte. Und obwohl eine unglaubliche Zahl von ihnen getötet war, verblieb von ihnen doch noch ein so großes Heer, daß die, die sie von den Bollwerken der Stadt Augsburg kommen sahen, glaubten, sie kehrten zurück, ohne vom Kampf beeinträchtigt zu sein, bis sie sahen, daß sie an der Stadt vorbei eilends ans andere Ufer des Lechflusses strebten.*

Ein Engel überreicht Bischof Ulrich in der Schlacht das Kreuz. Aus der 1522 gedruckten Meisterlin-Chronik.
Abb. aus: Frankenberger, Rudolf (Hg.): Vita sancti Udalria. Erlesene Handschriften und wertvolle Drucke aus zehn Jahrhunderten, Augsburg 1993, 55.

Daraus geht hervor, dass die besiegten Ungarn an der Stadt vorbei zum Lech flohen. Demnach muss die Schlacht im Westen von Augsburg stattgefunden haben. Da man die fliehenden Ungarn von den Bollwerken der Stadt aus sehen konnte, darf zumindest der Fluchtweg nicht zu weit weg von der Stadt angenommen werden. Das königliche Heer rückte von Westen her an, kam auf jeden Fall über den Sandberg.

Die Schlacht dürfte demnach in der Gegend von Steppach – Stadtbergen – Göggingen stattgefunden haben.[26] In Augsburg scheint sich das ganze Mittelalter über eine darauf basierende Tradition gehalten zu haben. Bei Clemens Sender (1536) ziehen die Weber zum Sandberg, um gegen die Ungarn zu kämpfen (s. o. S. 19).

Noch in den Tagen vor der Schlacht handelt eine Sage, die Theodor Jörg, leider ohne Quellenangabe, erzählt (LK Schwabmünchen, 359):

(**T 20**) *Graf Konrad und die Ungarn vor Münster 955*

Als das große Ungarnheer 955 vor Augsburg lagerte und die Stadt bedrängte, hofften Bischof Ulrich und seine tapferen Streiter auf das Heranrücken des königlichen Heeres. Immer wieder spähten scharfe Augen vom Ausguck der Türme in die Ferne. Dabei entging es den Beobachtern nicht, wie kleine Ungarnhaufen nach verschiedenen Richtungen ausschwärmten, um aus der Umgebung der Stadt die notwendige Verpflegung für das Lager zu rauben. Brand und Rauch waren die Spuren ihrer Züge, die weit ins Bayerische und in das Staudengebiet reichten. Mit Sorge dachte der Bischof an die Menschen in den Dörfern und Klöstern. Wenige Tage vor dem Eintreffen des Heeres Ottos I. schickte Bischof Ulrich den in der Stadt weilenden tapferen Grafen von Kranzegg zum Kloster Münster, um dessen Verteidigung zu leiten. Der Graf bestieg mit seinem zwölfjährigen Sohn Konrad, der in den letzten Jahren in Münster aufgezogen worden war, schon am frühen Morgen seinen schnellen Schimmel. Er mochte ein gutes Stündlein geritten sein und Dietkirch erreicht haben, als er von Norden her einen Trupp Reiter auf sich zueilen sah. Graf Konrad erkannte die kleinen wilden Ungarn, die mit wilden Rufen ihre Pferde antrieben. Da gab der Verfolgte seinem Roß die Sporen und mit weit ausgreifenden Beinen raste der Schimmel gegen Süden. Mit Entsetzen bemerkte der Fliehende nach einer Weile, daß sich der Abstand zwischen ihm und den Feinden verringert hatte. Noch waren es zwei Wegstunden bis Münster. Sollte er vor dem Ziel eingeholt werden, war seine Tapferkeit gegen die vielen Feinde vergebens, und mit Bitterkeit dachte er an das Schicksal seines Kindes. Er kam nun in die Nähe des Siegharthofes. Hier schloß sich der Wald im Tale für ein kurzes Stück und entzog den Grafen für einige Minuten den Augen der hetzenden Verfolger. Der Graf verließ die steinige Talstraße, um über die hügeligen Wälder Münster von Osten her zu erreichen. Die Ungarn aber rasten auf der Straße weiter. Doch als der Wald sich wieder öffnete, erkannten die Verfolger die List des Grafen. Rasch berieten sie, die eine Hälfte bog zurück, um die Spuren des Schimmels zu finden, die andere Hälfte ritt weiter gegen Münster. Das konnte der Graf vom Hügel aus gut beobachten. Kaum hatte er seinem schnaubenden Roß eine kurze Ruhepause gegönnt, vernahm er wieder durch die Stille des Waldes die Hufschläge der nahenden Ungarnrosse. So mußte der arme Schimmel nochmals zu größter Eile angetrieben werden. Bald darauf öffnete sich ein breiter Blick von der Höhe herab auf das immer näher kommende Münster. Da lag das kleine Kloster wie mitten in einem See. Klosterleute und Bauern hatten Dämme errichtet und dadurch Schmutter und Schweinbach gestaut. Auf den Wällen standen einige Bewaffnete als Wache. Da, ein Hornsignal! Die Wachleute eilten zusammen. Schon griffen die auf der Straße verbliebenen Ungarn an. Es begann ein erbittertes Ringen. Ein letzter Blick zeigte dem schaudernden Grafen, wie die Ungarn, ehe die Hilfe aus dem Kloster kam, die wenigen Verteidiger erschlagen und dann den Damm durchstochen hatten. – Der Wald schloß sich wieder, es kam das letzte abfallende Stück oberhalb von Mickhausen. Da zischte hart am Kopfe des Grafen ein Pfeil vorbei. Zugleich sank der Schimmel auf seine vorderen Hufe und Roß und Reiter stürzten den letzten steilen Hang hinab. Rasch konnten sich Vater und Sohn fast unverletzt erheben, doch der Schimmel blieb liegen. Da zog der Vater sein gutes Schwert, um sich zu verteidigen, der Sohn aber blies auf des Vaters Signalhorn den Notruf Münster zu. Daraufhin eilten sowohl die Ungarn vor dem Damm wie auch die Klosterleute herbei. Sie trafen auf die andere Hälfte, welche den Grafen umringt hatte, der wie ein Wütender um sich schlug. Nun entbrannte ein wilder Kampf Mann gegen Mann. Die Deutschen fochten gegen die Übermacht mit dem Mute der Verzweiflung. Da erlahmte plötzlich die Kampfkraft der Ungarn. Klein-Konrad war es gelungen, durch das Waldesdickicht zu entkommen.*

Er war zum Bienenstand des Klosters auf dem Zirken gelaufen, hatte einen Strohkorb erfaßt, rannte zurück und warf den Korb rückwärts in die kämpfenden Ungarn. Die wütenden Immen fielen über die Männer her und stachen sie jämmerlich.

Das brachte die Entscheidung. Nach halbstündigem Ringen war der Feind besiegt, ein Großteil erschlagen, der Rest entflohen. Erschöpft kehrten die Geretteten ins Kloster zurück, zuerst Gott zu danken und zu preisen.

Der Graf von Kranzegg ist eine Erfindung (natürlich reitet er auf einem Schimmel, s. o. S. 121f), das Kloster Münster eine Konstruktion (s. o. S. 55). Die lokalen und topografischen Angaben stimmen. Die Kriegslist entspricht einem weit verbreiteten Motiv. Seit Widukind von Corvey, der in seiner Sachsenchronik aus der Perspektive des Königs ausführlich über die Schlacht gegen die Ungarn berichtet, kursieren Sagen, nach denen belagerte Städte befreit werden, wenn volle Bienenkörbe auf die Angreifer geschleudert werden.[27]

Alexander Schöppner übernahm ein Gedicht von Georg Rapp (Sagenbuch Bd. 1, 44 Nr. 46)

(**T 21**) Die Schlacht auf dem Lechfeld.
Von Georg Rapp.
Um das geschichtliche Ereignis hat sich die Sage eingefunden.

Es wimmelt schwarz vom Hügel,
Durch Rauch und Brand einher,
Die Flamme weht als Flügel
Falb um das Ungarheer.
Der Lech, er kommt gezogen
Voll Leichen, grimm und bleich,
Die soll er niederwogen
Dem Ungar in sein Reich.

O Augsburg, Augsburg, mitten
In ihrem Schlachtenruf!
Sie kommen angeritten,
Sie traben Huf an Huf,
Sie jagen Mähn' an Mähne,
Nach deiner Pracht gewandt,
Die Pfeile an der Sehne,
Die Pfeile in der Hand.

Der Kaiser Otto kümmert
Sich heut' zum erstenmal,
Daß er im Stahle flimmert
Hinaus zur Todeswahl.

Verlierer und Bezwinger
Hat er ein Leid zum Lohn:
Der Räuberhorden Bringer
Ist sein empörter Sohn.

Drum klagest du so bange,
O alte Stadt, empor,
Im tiefen Orgelklange
Aus deinem Münsterchor.
Nur Einer unverzaget
Stellt sich noch ein für dich:
Als Licht im Dunkel taget
Dein Bischof Udalrich.
Er betet am Altare,
Er ringt, der Gottesmann,
Bis er von Gott erfahre,
Was dich erretten kann.
Dann hat er sich bewehret,
Das Kruzifix gefaßt:
„Jetzt hat er uns erhöret,
Der einst am Kreuz erblaßt!"

Auf seinem weißen Zelter,
In seiner Priestertracht,
So trägt er den Vergelter
Im Fluge nach der Schlacht.
Und seine Diakone,
Sie fliegen durch die Luft,
Mit dem Posaunentone,
Mit Fahn' und Weihrauchduft.

Da kommt der Herr geflossen
In jede Brust mit Macht,
Da hat er sich ergossen
Als Richter in der Schlacht;

Die Arme seiner Streiter
Mit seinem Arm berührt,
Und weiter, immer weiter
Sie in den Feind geführt.

Den haben sie gelichtet
Und abgehauen gar,
Er liegt umher geschichtet,
Zum Fraß der Rabenschaar.
Vor seines Sohnes Leiche
Der Kaiser Otto steht,
Da hoch aus seinem Reiche
Der Siegesjubel weht.

Von den Leichen der getöteten Ungarn, die den Lech hinuntergeschwemmt wurden und den Fluss rot färbten, wusste man noch lange. Fritz Hölzl, Thierhaupten, erinnert sich noch, wie sein Vater lebendig und beeindruckend davon erzählte.

Insbesondere von Heiligen, die viel unterwegs waren, bildeten sich Legenden um Quellen und Brunnen, die von den Heiligen, als sie Durst verspürten, erweckt worden sein sollen. Dazu gehört neben Willibald und Wolfgang (und anderen) auch der Hl. Ulrich. In Habach z. B. ist ein Ulrichsbrunnen bereits für das 11. Jahrhundert belegt.[28] Ein Ulrichsbrunnen ist auch zwischen Klimmach und Guggenberg belegt.
Josef Rühfel (Volkskundliches, 132 Nr. 2):
(**T 21**) *Der Vorlisbrunnen*
Geht man von Klimmach nach Guggenberg hinüber, so führt der Weg durch den Wald Weidenhart. Hier habe der heilige Ulrich gern gejagt. Einstens befand er sich mit großem Gefolge von Jägern hier auf der Jagd. Da er dürstete und nirgends Wasser fand, stieß er mit seinem Stab in den Boden, worauf ein Quell hervorschoß.[29]
Urle ist eine gängige Form von Ulrich. Die Legende erinnert stark an Moses in der Wüste (Exodus 17, 1–7). Ungewöhnlich ist, dass sich Ulrich auf der Jagd befand.

¹ Pötzl, Kirchengeschichte, 81–94 (Das Wallfahrtswesen des Mittelalters); Zoepfl, Friedrich, Volkert, Wilhelm (Bearb.): Die Regesten der Bischöfe und des Domkapitels von Augsburg. Von den Anfängen bis 973, Augsburg 1955 (Veröffentlichungen der Schwäbischen Forschungsgemeinschaft Reihe 2b, Bd. I/1), Nrn. 102–159; Pötzl, Herrschaft, 72–77 (Die ältesten Zeugnisse von Herrschaft).

² Mayer, Bettina: Bildschnitzerpersönlichkeit und Regionale Stilausprägung im Spätmittelalter, Augsburg 2002 (Beiträge zur Heimatkunde des Landkreises Augsburg Bd. 16), 36.

³ Kempter, Georg: Albertus von Wörleschwang, o. O. u. J., 29. Handschriftliche Mirakelbücher, 30. Gedruckte Mirakelbücher; Pötzl, Kirchengeschichte, 168–172 (Wörleschwang: Maria und Albert).

⁴ Kempter, Albertus (wie Anm. 3), 19 (Schottische Königssöhne).

⁵ Archiv des Bistums Augsburg BO 2184; Kempter, Albertus (wie Anm. 3), 36 (Das Protokoll vom 8. August 1742). Kempter gibt leider nicht den Originaltext wieder, sondern eine ins heutige Deutsch gebrachte Fassung. Ein Vergleich zeigt sehr schnell, dass der barocke Text viel kräftiger ist.

⁶ Kempter, Albertus (wie Anm. 3), 17 (Die Albertuslegende); Kempter übernahm diesen Text aus den *Acta Parochialis Ecclesiae in Wörleschwang* im dortigen Pfarrarchiv und hat ihn ins heutige Deutsch übertragen. Da das Pfarrarchiv inzwischen ins Archiv für das Bistum Augsburg gebracht wurde, dort aber noch nicht geordnet und daher unbenützbar ist, blieb leider nichts anderes übrig, als die Kempter-Bearbeitung zu übernehmen.

⁷ Intorp, Leonhard: Engel, in: EM 3, 1413–1430.

⁸ Blümmel, Maria-Verena: Bauplatzlegende, in: EM 1, 1401–1404; Röhrich, Lutz: Gespannwunder, in: EM 5, 1179–1186.

⁹ Martin, Jochen: Irische und irisch beeinflußte Klöster 590 – ca. 730, in: Jedin, Hubert u.a. (Hg.): Atlas zur Kirchengeschichte, Freiburg-Basel-Wien 1970, 25 A/B; Flachenecker, Helmut: Schottenklöster, in: LMa VII, 1543f; Ders.: Zwischen historischer Wahrheit und Legende. Die Elenden Heiligen und die Schottenklöster des 12. Jahrhunderts, in: Oberbayerisches Archiv 115, 1991, 177, 203; Kempter, Albertus (wie Anm. 3), 4 (Elende Heilige), 5 (Griesstetten), 6 (Etting), 7 (Dreiheiligen), 8 (Bodenwöhr), 10 (Hürbel), 11 (Rechtenstein), 12 (Burgau), 13 (Oberbechingen), 14 (Reisensburg), 16 (Elende Heilige im Lexikon); Pötzl, Walter: Volksfrömmigkeit, in: Brandmüller, Walter (Hg.): Handbuch der bayerischen Kirchengeschichte Bd. II, St. Ottilien 1992, 871–961, hier 909–935 (Heiligenverehrung/Bruderschaften); Pötzl, Kirchengeschichte, 211–223 (Die Heiligenverehrung der Barockzeit), 224–245 (In der religiösen Gemeinschaft der Bruderschaften).

¹⁰ Rühfel, Volkskundliches, 141–144; Pötzl, Kirchengeschichte, 15 (Die älteste Patrozinienschicht), 55 (Beim Rittertum beliebte Patrozinien); Pötzl, Walter: PATROZINIEN. Zeugnisse des Kultes – auch „Wegweiser durch die terra incognita der ältesten Landesgeschichte?", in: Zeitschrift für bayerische Landesgeschichte 68, 2005, 1–15.

¹¹ Steichele, BA II, 123; Kempter, Albertus (wie Anm. 3), 22 (Gisebert von Zusmarshausen); Both/Helmschrott, Zusmarshausen, 210–212; Pötzl, Walter (Hg.): Bauern – Handwerker – Arbeiter. Beiträge zur Wirtschafts-, Sozial- und Bildungsgeschichte, Augsburg 2001 (Der Landkreis Augsburg Bd. 4), 232–235; Pötzl, Kirchengeschichte, 145–155 (Kriegsnöte der Klöster und Pfarreien).

¹² Wagner, Fritz: C. v. Heisterbach, in: LMa II, 1363–1366; Ders.: Caesarius von Heisterbach, in: EM 2, 1131–1143.

¹³ Fuchs, Franz: Schönau, in: LMa VII, 1530; Bibliotheca Hagiographica Latina, Brüssel 1898 – 1899; Worstbrock, F. J.: Hildegund von Schönau, in: Verfasserlexikon, 2. Auflage, Bd. 4, 4–8.

¹⁴ Caesarius von Heisterbach (D) und Christoph Brower, ein bedeutender Jesuitenhistoriker (1559 – 1617) haben die Form *Zusmarhusium* (Acta sanctorum April II, 783 Annotata e).

¹⁵ Traeger, Jörg: Pferd, in: Lexikon der christlichen Ikonographie 3, 411–415; HDA 6, 1598–1652 (Pferd); Berg van den, Marcel: Pferd, in: EM 11, 909–924; Intorp, Leonhard: Engel, in: EM 3, 1413–1430.

¹⁶ Pötzl, Walter: Die Entwicklung des Zentralortes

Zusmarshausen vom späten Mittelalter bis zum Beginn des 20. Jahrhunderts, in: Ders. (Hg.), Zusmarshausen. Markt, Pflegamt, Landgericht und Bezirksamt, Zusmarshausen 1992, 17–43, hier 23–34 (Zusmarshausen in den Reiseberichten des 17./18. Jahrhunderts).

17 Schwarzer, Josef: Vitae et Miracula aus Kloster Ebrach, in: Neues Archiv 6, 1881, 516–529; Wattenbach, Wilhelm: Vita Hildegundis metrica und andere Verse, ebenda, 533–540; Worstbrock, Hildegund (wie Anm. 13); Liebers, Andrea: „Eine Frau war dieser Mann." Die Geschichte der Hildegund von Schönau, Zürich 1989; Henze, Barbara: Hildegundis von Schönau, in: Lexikon für Theologie und Kirche (3. Auflage) 5, 107f.

18 Wehse, Rainer: Frau in Männerkleidung, in: EM 5, 168–186.

19 Werner, Friederike: Hildegund von Schönau, in: Lexikon der christlichen Ikonographie 6, 537.

20 Hartmann, Anni: Kleidung und Tracht im Wandel der Zeit, in: Pötzl, Walter, Dies.: Häuser, Möbel, Trachten, Augsburg 1993 (Der Landkreis Augsburg Bd. 8), 194–329, hier 273–284 (Männerkleidung in der Zeit des Rokoko und der Aufklärung).

21 Pötzl, Walter: Wallfahrerinnen und Wallfahrer aus Zusmarshausen, in: Ders. (Hg.), Zusmarshausen (wie Anm. 16), 203–222.

22 Wahl, Karl: Verehrung der Radegundis in Waldberg, in: Pötzl/Wüst, Bobingen, 453–436; Pötzl, Brauchtum, 173–177.

23 Pötzl, Walter: Radegundis von Wellenburg – eine historische Person?, in: JbVAB 36, 2002, 60–79.

24 Neu, Wilhelm, Otten, Frank: Landkreis Augsburg, München 1970 (Bayerische Kunstdenkmale XXX), 294.

25 Seiler, Joachim: Von der Ulrichs-Vita zur Ulrichs-Legende, in: Weitlauff, Manfred (Hg.): Bischof Ulrich von Augsburg 890 – 973. Seine Zeit – sein Leben – seine Verehrung. Festschrift aus Anlaß des tausendjährigen Jubiläums seiner Kanonisation im Jahre 993, Weißenhorn 1993 (JbVAB 26/27), 222–265; Augustyn, Wolfgang: Das Ulrichskreuz und die Ulrichskreuze, ebenda, 267–315; Kosel, Karl: Die nachmittelalterlichen Darstellungen der Ungarnschlacht bis zum Ende der Türkenkriege, in: Rummel, Peter (Hg.): Bischof Ulrich von Augsburg und seine Verehrung. Festgabe zur 1000. Wiederkehr des Todestages, Augsburg 1973 (JbVAB 7), 312–338.

26 Karpf, Ernst: Lechfeld, Schlacht auf dem (955), in: LMa V, 1786; Pötzl, Herrschaft, 44–71 (Die Schlacht „auf dem Lechfeld" im Jahre 955. Bischof Ulrichs große Verdienste).

27 Ranke, Kurt, Klíma, Josef R.: Biene, in: EM 2, 296–307.

28 Pötzl, Walter: Die Anfänge der Ulrichsverehrung im Bistum Augsburg und im Reich, in: Rummel, Peter (Hg.): Bischof Ulrich von Augsburg und seine Verehrung. Festgabe zur 1000. Wiederkehr des Todestages, Augsburg 1973 (JbVAB 7), 82–115, hier 114; Ders.: Formen volkstümlicher Verehrung des hl. Willibald, in: St. Willibald. 787 – 1987, Beiträge zum Jubeljahr, St. Ottilien 1987 (Studien und Mitteilungen zur Geschichte des Benediktinerordens und seiner Zweige Bd. 98), 146–168, hier 157f; Uther, Hans-Jörg: Brunnen, in: EM 2, 941–950.

29 Birlinger, Wörterbuch, 419, 468; Ders.: Aus Schwaben. Sagen, Legenden, Volksaberglaube Bd. 1, o. O. 1874, 48. Birlinger bringt hier auch einige Hinweise auf andere Ulrichsbrunnen. Fast das Gleiche wie vom Vorlisbrunnen wird vom Bonifatiusbrünnlein zwischen Fulda und Horas erzählt.

Die Legende der Hl. Felicitas inspiriert einen Bildschnitzer und hilft ihm, einen schweren Schicksalsschlag zu überwinden

Die heilige Felicitas.
Abb. aus: Mayer, Bettina: Bildschnitzerpersönlichkeit und Regionale Stilausprägung im Spätmittelalter, Augsburg 2002 (Beiträge zur Heimatkunde des Landkreises Augsburg Bd. 16), Tafeln 15 und 16.

Nicht von der Hl. Felicitas selbst, sondern von der Figur, die sie mit ihren sieben Söhnen darstellt, ist eine Legende im Umlauf, die hier als **Anhang** wiedergegeben werden soll. Das bedeutende Kunstwerk stammt aus der Pfarrkirche in Anried, die der Hl. Felicitas und ihren sieben Söhnen geweiht ist. Die Figur kam 1894 durch Prälat Joseph M. Friesenegger als Leihgabe an das Diözesanmuseum in Augsburg, dann 1910 als Leihgabe an das Maximilianmuseum und wurde 1992 wieder in das Diözesanmuseum zurückgeführt. Zur großen Freude der Anrieder wurde die Figur zum Patrozinium im Juli 2006 für einige Wochen wieder an den Ursprungsort gebracht. Dabei wurde wiederum ein älterer Zeitungsartikel – als sich die Figur noch im Schaezler-Palais befand – kopiert, der die folgende Legende erzählt.

Die Figur aus Lindenholz (Höhe 69 cm, Breite

46 cm) hat in der Kunstgeschichte seit dem Ende des 19. Jahrhunderts immer wieder Beachtung gefunden. Alfred Schröder schrieb 1895: „... in Holz, eine Hl. Felicitas mit ihren Söhnen, die Heilige sitzend, ein Buch auf dem Knie, zu ihren Füßen die als Kinder dargestellten Söhne, welche sich mit Büchern und Obst zu schaffen machen, eine recht tüchtige Arbeit der Übergangszeit zur Renaissance in ursprünglicher Fassung". Diese Datierung wurde bis in die jüngste Zeit beibehalten (Führer Maximilianmuseum 1982: Anfang des 16. Jahrhunderts; Führer des Diözesanmuseums 2000: um 1500). **Bettina Mayer** kommt in ihrer kunsthistorischen Eichstätter Dissertation, in der sie den spätmittelalterlichen Skulpturenbestand der Altlandkreise Augsburg, Schwabmünchen und Wertingen untersuchte, zu einem wesentlich früheren Ansatz.[1] Sie lässt die Figur bereits um 1465/70 entstehen und ordnet sie der „regionalen Stilausprägung Kurfürstentum und Herzogtum Sachsen I" zu, zu der auch Michael und Gregor Erhart gehören, deren Umkreis Norbert Lieb die Figur zugeschrieben hatte. Der selben Stilausprägung entsprechen auch die um 1500 gefertigte Standfigur des Hl. Georg mit dem Drachen in Wellenburg und die um 1510/20 entstandene Figur des Hl. Benedikt in Oberschönenfeld.

Norbert Lieb (übernommen von Norbert Leudemann) urteilte: „Dem unbekannten Bildschnitzer ist es auf höchst kunstvolle Weise gelungen, die komplexen Verbindungen zwischen den Kindern untereinander und zu ihrer Mutter in Haltung, Gebärden und Blick sinnfällig auszudrücken und zu einem geschlossenen Ganzen zusammen zu führen." Hannelore Müller betonte die naive Erzählfreude, mit der der Bildschnitzer die Heilige in seine Gegenwart geholt und sie als schwäbische Mutter im Kreis ihrer Kinder dargestellt hat. Durch die bunte Fassung gewinne das Heiligenbild eine fast volkstümliche Unmittelbarkeit.[2]

Die Legende vom frommen Bildschnitzer
Berta Heinberg gibt leider nicht an, woher sie die Legende hat.

In dem friedlichen Dörfchen Anried bei Dinkelscherben lebte etwa um das Jahr 1490 ein tüchtiger Holzschnitzer, dem es um seines Könnens und Fleißes willen an Arbeit nicht fehlte. Zudem war der Meister ein ehrfürchtiger Mann. So war es ihm nicht nur Broterwerb, sondern Herzensfreude, je nach dem Auftrag die Mutter Maria mit dem Christusknaben oder diesen und jenen Heiligen so zart und liebreich darzustellen, wie es ihm seine fröhliche Vorstellungskraft eingab. Trotz aller Aufträge und Ehrungen jedoch wäre es dem Meister nie eingefallen, sich zu den Großen und Berühmten seiner Zunft zu zählen, weshalb uns sein Name nicht überliefert ist. Nur bei einem seiner Schnitzbilder wissen wir genau um seine Urheberschaft. Und das kam so: Bereits in jungen Jahren hatte sich der Meister mit einer schönen und tüchtigen Augsburger Bürgerin vermählt und sieben Buben sprangen und lärmten durch das geräumige Haus. Die Aelteren halfen dem Vater wohl schon beim Schneiden, Hobeln und Farbreiben. Die Jüngeren aber in ihrem blonden Gelock und munteren Gehäb gaben gar oft ein willkommenes Vorbild, wenn es darum ging, ein Englein oder auch das Jesuskind recht nach dem Leben zu konterfeien.–

Lange schien es, als könne ein Böses weder von außen noch innen an die stille Befriedung und sinnvolle Geschäftigkeit dieser Familie rühren. Da jedoch ließ das Schicksal sich an, die größte der Prüfungen zu verhängen – ob der Meister sie annehme und bestünde!

Es war Sommer. Ein schwüler, gewittriger Tag. Der Bildner war in aller Frühe nach Ziemetshausen geritten, um selbst bei der Aufstellung eines neuen Altars gegenwärtig zu sein. Ganz Anried war auf den Feldern, denn schweres Gewölk drohte der scheuerfertigen Ernte. Auch die Frau des Künstlers war mit den größeren Buben hinausgezogen, den Ertrag der Aecker zu bergen. Die drei Kleinsten spielten zu Hause.

Da brach das Wetter jäh und gewaltig los. Gleich einer der ersten zischenden Blitze fuhr in die hochgelegene Werkstatt des Schnitzers. Er entzündete einen Haufen Späne, der im Winkel geschichtet war, und setzte das ganze Anwesen in lichte Glut, ehe noch die Leute auf dem Feld es gewahr wurden. Zu spät eilten die Nachbarn herbei, um noch irgend etwas aus dem Haus und Schobern zu bergen. Die Mutter aber stürzte sich in die zuckende Lohe, die Kinder zu suchen. Auch die Söhne sprangen ihr nach, ehe die schreckgelähmten Umwohner sie hindern konnten. Rasch brachen die rauchenden Balken über den Trümmern zusammen. Keines ward lebend geborgen. Viele Monde kreiste der Bildner ruhelos um das Grab seines Glücks. Jahre vergingen, ehe er wieder eine Werkstatt errichtete. Vergeblich baten Pfarrer und Gemeinde, er möge für die neue Kirche, die im Herbst 1493 geweiht wurde, Altar und Schnitzbilder schaffen.

Da saß er eines Abends und las, wie oft, in dem verbliebenen Legendenbüchlein seiner Frau. Er fand die Geschichte der hl. Felicitas, jener tapferen Mutter, die alles dahingab um ihres sicheren Glaubens willen. Sinnend schloß er den schweren Band. Wie im Traum nahm er das Licht und ging zur Werkstatt hinüber. Er suchte einen alten, meterhohen Lindenklotz hervor und begann zu schneiden.

Er stand kaum auf. Er sprach kein Wort. Als aber elf Wochen vergangen waren, legte er das Schnitzmesser aus der Hand. – Sieben Knaben drängten sich aus kindlichem Spiel aufgeschreckt ahnungsvoll-ängstlich an die Gewandfalten der Mutter. Diese hielt in der herabgesunkenen Hand das Legendenbuch offen auf den Knien. Aufrecht und ruhig war ihr Haltung. Der Blick aber war über das Kommende hinausgerichtet, in ernster Sicherheit einer Ferne zugewendet, in der es kein Leid mehr gab. – Behutsam legte der Künstler ein Tuch um sein Werk und trug es zur neuen Kirche hinüber. Er stellte es auf die Altarstufen, unter das Bild des Gekreuzigten. Und zum ersten Male, seit das Unheil geschehen war, weinte er bitterlich.

Seitdem tröstete im Kirchlein zu Anried jahrhundertelang die hl. Felicitas im Kreise ihrer sieben Söhne alle Bittenden und Trauernden und kamen besonders die Mütter gern und oft zu ihrem Bildnis. Denn viel Kraft und Gnade ging aus von ihrem klaren, gütigen Antlitz.

Dass gegen Ende des 15. Jahrhunderts in Anried ein Bildschnitzer lebte, kann kaum der Wahrheit entsprechen. Im Gegensatz zu Ulm wurde selbst in Augsburg die Schnitzkunst erst kurz vor 1500 heimisch – durch Gregor Erhart und Adolf Daucher, die aus Ulm kamen. Ungewöhnlich ist auch, dass ein Bildschnitzer auf dem Land eine Augsburger Bürgerin heiratet. Das lässt die Vermutung aufkommen, dass die Legende aus Augsburg stammt, wo es in St. Peter am Perlach eine Felicitas-Kapelle gab und wo noch heute eine ähnliche Felicitas-Figur steht. Das wirft die Frage auf, ob nicht überhaupt die Felicitas-Verehrung von Augsburg aus nach Anried ausstrahlte. Von 1406 bis 1544 waren die Schmucker, Augsburger Patrizier, im Besitz von Anried. Auch dass ein Bildschnitzer in einer Heiligenlegende liest – was vorher sogar seine Frau getan hat – verweist eher in die Stadt. Die in Augsburg gedruckten Legendenwerke „Der Heiligen Leben" enthalten die Felicitas-Legende. Im vorliegenden Legendentext trifft zu, dass die Kirche in Anried 1493 geweiht wurde; bereits 1533 ist das Felicitas-Patrozinium erwähnt.[3]

Die Legende der Heiligen Felicitas

Die legendäre Passio verbindet mit Felicitas die Gruppe der sieben Märtyrer Felix, Philippus, Martialis, Vitalis, Alexander, Silanus und Januarius, die sie – nach dem Vorbild der alttestamentlichen Erzählung von den makkabäischen Brüdern und ihrer Mutter (2. Makk 7, 1-42) – als ihre Söhne ausgibt. Einen Anhaltspunkt für die Verknüpfung der in vier verschiedenen Katakomben ruhenden Märtyrer mit Felicitas bietet das Faktum ihrer Bestattung in der Nähe des Silanus im Coemiterium Maximini, wo sich auch die älteste Darstellung (6. Jahrhundert) befand. Nach der Passio wurde die Mutter mit ihren Söhnen im Jahre 162 unter Marc Aurel hingerichtet. Die Passio kannte bereits Petrus Chrysologus, Bischof von Ravenna (gest. 450).

Die Tage der sieben Brüder (10. Juli) und der Hl. Felicitas (23. November) sind auch in Deutschland in den Kalendaren des 9./10. Jahrhunderts vertreten. Zur Zeit Karls des Großen wurde der Leib des Hl. Alexander, den man für einen Felicitas-Sohn ansah, nach **Ottobeuren** übertragen und so wurde Ottobeuren das Zentrum der Felicitas-Verehrung in Schwaben. Die Felicitas-Kirchen in Bobingen und in Weinhausen (bei Buchloe) und die Kirche „Zu den sieben heiligen Brüdern" in Unterrieden (bei Pfaffenhausen) darf man als Stationskirchen nach Ottobeuren ansehen. Auch nach Augsburg, wo sich schon in der ersten Hälfte des 11. Jahrhunderts Felicitas-Reliquien nachweisen lassen, dürfte die Felicitas-Verehrung von Ottobeuren gekommen sein.[4]

[1] Mayer, Bettina: Bildschnitzerpersönlichkeit und Regionale Stilausprägung im Spätmittelalter, Augsburg 2002 (Beiträge zur Heimatkunde des Landkreises Augsburg Bd. 16), 63 (Literaturangaben), 133f (Beschreibung und Zuweisung).

[2] Leudemann, Norbert, Thierbach, Melanie: Museumskonzept und ausgewählte Kunstwerke, in: Rummel, Peter (Hg.): Das Diözesanmuseum St. Afra Augsburg, Augsburg 2000 (JbVAB 34,1), 129–169, hier 136f; Müller, Hannelore: Das Maximilianmuseum, München-Zürich 1982 (Große Kunstführer Bd. 90), 48 Nr. 9.

[3] Stadtlexikon, 792 (Schmucker); Schröder, BA V, 597–600 (Anried); Puchner, Karl (Bearb.): Die Urkunden des Klosters Oberschönenfeld, Augsburg 1953 (Veröffentlichungen der Schwäbischen Forschungsgemeinschaft Reihe 2, Bd. 2), Nr. 410 (Patrozinium).

[4] Lexikon für Theologie und Kirche (2. Auflage) 4, 66f; Lexikon der christlichen Ikonographie 6, 222f; Schwarzmaier, Hansmartin: Gründungs- und Frühgeschichte der Abtei Ottobeuren, in: Kolb, Aegidius, Tüchle, Hermann (Hg.): Ottobeuren. Festschrift zur 1200-Jahrfeier der Abtei, Augsburg 1964, 1–72 (dort Abb. Felicitas mit ihren (erwachsenen) Söhnen aus einer Handschrift des 12. Jahrhunderts und des sogen. Alexandermantels aus dem 8. Jahrhundert). Tüchle, Hermann: Bemerkungen zu den Kalendarien der Abtei Ottobeuren, ebenda, 113–139.

Die Hl. Felicitas mit ihren sieben Söhnen in der Kirche St. Peter am Perlach.
Aufnahme: Postkarte.

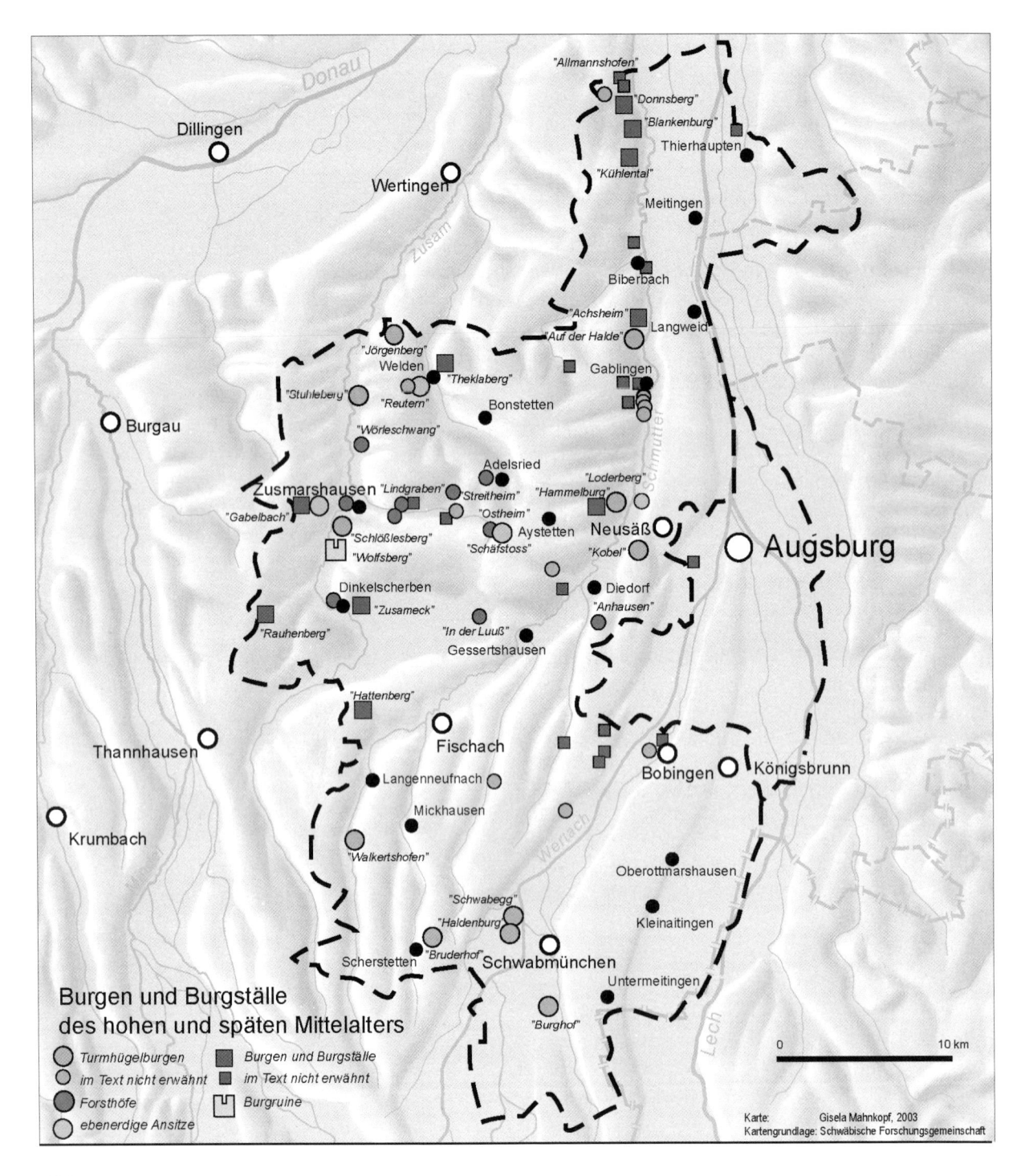

Burgen und Burgställe
des hohen und späten Mittelalters

- ◯ Turmhügelburgen
- ○ im Text nicht erwähnt
- ● Forsthöfe
- ○ ebenerdige Ansitze
- ■ Burgen und Burgställe
- ▪ im Text nicht erwähnt
- ⌂ Burgruine

Karte: Gisela Mahnkopf, 2003
Kartengrundlage: Schwäbische Forschungsgemeinschaft

Historische Sagen

Gründungssagen und Gründungslegenden wurden im dritten Kapitel zusammengeführt. Sie entsprechen dem Punkt 2. 1 (Entstehung von Kultorten und -gütern) des internationalen Systems für nationale Sagenkataloge (s. S. 20). In Punkt 2. 2 sollen dann Sagen und Lokalitäten erfasst werden. Für das Landkreisgebiet kristallisieren sich dabei ganz bestimmte Themenkomplexe heraus. Dabei sind Sagen von zerstörten und untergegangenen Burgen und Schlössern besonders häufig. Frühgeschichtliches (2. 3) ist nicht vertreten, Kriege und Katastrophen (2. 4) spielen eine gewisse Rolle, wobei die Grenze zwischen Sage und Geschichte, die sich so oder ähnlich ereignet hat, fließend verlaufen kann. Zu den Kategorien „Aus der Gruppe herausragende Menschen" (2. 5) und „Verstoß gegen eine Ordnung" (2. 6) liegen nur wenige Sagen vor.

Von zerstörten und untergegangenen Burgen und Schlössern

Im Landkreisgebiet lassen sich zahlreiche Burgen nachweisen, die aber oft nur bescheidene Anlagen waren. Die Sage übertreibt, wenn sie lieber von Schlössern als von Burgen spricht. Vielleicht spielen hier die Märchen herein, in denen durchwegs von Schlössern die Rede ist.[1]
Da von Burgen und Schlössern Herrschaft ausgeübt wurde, wurden in den Band „Herrschaft und Politik" (Der Landkreis Augsburg Bd. 3) dazu zwei allgemeine Beiträge aufgenommen, während andere mehr am Rande auf die Herrschaftssitze eingehen. Gisela Mahnkopf erfasst in ihrem Beitrag in Karten Erdwerke und Befestigungen der Vor- und Frühgeschichte, frühe mittelalterliche Fliehburgen, Ringwälle und Befestigungen und Burgen und Burgställe des hohen und späten Mittelalters (s. S. 132) und Alexandra Kohlberger stellt die Schlösser des 17./18. Jahrhunderts vor.[2]
Das dichte Netz von nachgewiesenen Burgen verführte offensichtlich dazu, auch dort Burgen anzunehmen, wo sich keine nachweisen lassen. Fälle wie der Rauhenberg im Wald bei Ettelried, der Buschelberg bei Fischach, die Schneeburg bei Welden oder die Haldenburg bei Schwabegg, deren Gräben und Wälle wir heute noch bewundern, von denen sich aber keine archivalischen Belege erhalten haben, dagegen sind relativ selten. Die zahlreichen, urkundlich belegten Ministerialen des Mittelalters saßen wohl in der Mehrheit auf kleinen Burgen (oder wenigstens befestigten Gehöften), die sie von den Bauernhöfen abhoben. Wie viele Burgen aber, von denen lediglich eine Sage erzählt, geschichtlicher Realität entsprechen, kann vielleicht in einzelnen Fällen die Archäologie klären. Dass Burgen in Sagen so stark präsent sind, liegt sicher auch an der Faszination des Rittertums, die bis heute anhält und im Festwesen der Gegenwart folkloristische Höhepunkte erreicht.
Die Berichte von Burgen reichen vom „Hier soll einmal eine Burg gestanden haben" bis zu mehrgliedrigen Erzählungen. Nur letztere werden im Folgenden gezählt (T 22–36), andere werden nur erwähnt.
Bestimmte Motive tauchen in diesen Sagen in verschiedenen Varianten immer wieder auf. Der Untergang der Burg erfolgt als Strafe für das sündhafte Treiben der Burgbewohner. Dieser besteht im üppigen Lebenswandel, der auch keine Ehrfurcht vor dem Brot (in Form von Küchlen oder Hefenudeln, T 23, T 25a, T 26, T 32) kennt, in der Ausgelassenheit (nacktes Tanzen, T 23),

im Besuch im Nonnenkloster (T 25a), in der Unterdrückung der Untertanen (T 27a), im Betrug (T 28) und im Raubrittertum (T 22, T 23). Die warnende Magd wird nicht gehört (T 23), der warnende Burgkaplan wird gar umgebracht (T 24). Dass eine Burg erobert und zerstört wird, was auch Resultat eines Vergehens ist (T 22, T 33), wirkt fast wie eine Ausnahme, ein Blitzschlag zerstört die Burg (T 23, T 24a) oder sie versinkt und verschwindet (T 25a, T 26, T 28, T 31, T 32). In den dämonologischen Bereich hinein wächst die Sage dann, wenn die Frevler zur Buße umgehen müssen (T 24a, T 25), wenn der krähende Hahn an die versunkene Burg erinnert (T 23, T 24a, T 31, T 32) oder ein feuriger Hund den Schatz bewacht (T 28).

Eng mit den Burgen sind Sagen von unterirdischen Gängen (T 22, T 29, T 58, T 59), aber auch von Schätzen, die man heben kann (T 24a, T 28, T 30, T 32, T 58, T 59, T 60, T 61), verbunden.

Die Zerstörung der Burg Wolfsberg

Die Erinnerung an die Burg Wolfsberg (über Steinekirch) ist nicht zuletzt deswegen besonders lebendig, weil noch ein großer Teil des Bergfrieds steht. Von etwa 1180 bis in die Mitte des 14. Jahrhunderts lässt sich das mächtige und einflussreiche Geschlecht der Fraße auf Wolfsberg nachweisen.[3] Über Konrad den Portner ging die Herrschaft Wolfsberg an die Schwelcher über, bei denen sie allerdings nicht lange verblieb, doch gelang es den Schwelchern, die Hälfte des Marktes Zusmarshausen zu erwerben. Im Städtekrieg, in dem die Bayernherzöge das Augsburger Hinterland verwüsteten, überließ Wieland Schwelcher am 29. Juni 1388 die bedrohte Burg den Herzögen, was die Augsburger als Treuebruch werteten. Ihre dreitägige Belagerung der Burg führte allerdings nicht zum Erfolg.[4]

Ursberger Mönche hatten für die Besucher des Krumbades eine schauerliche Raubrittergeschichte verfasst, die an die fantastischen Geschichten erinnert, wie sie auch Paul von Stetten zusammenschrieb (s. Kapitel 8 in diesem Buch). Andreas Streit, Bürgermeister in Steinekirch, übernahm 1882 diese Geschichte. In der „Geschichte des Ortes Steinekirch" (s. Anm. 3) ist diese (lange) Version nach einer Abschrift im Pfarrarchiv abgedruckt (S. 42–48), im Folgenden wird die kürzere Version nach Both/Helmschrott, Zusmarshausen, 213, wiedergegeben:

Ruine des Bergfrieds der Burg Wolfsberg bei Steinekirch von Südosten, das einzige bauliche Zeugnis der späten Ritterkultur im Gebiet des Landkreises. Abb. aus: Eberlein, Hans u.a.: Grundriß der Heimatkunde des Landkreises Augsburg, Augsburg ²1969 (Beiträge zur Heimatkunde des Landkreises Augsburg Bd. 1), Abb. 12.

Burg Wolfsberg. Aus: Raiser, Johann Nepomuck von: Antiquarische Reise von Augusta nach Viaca, Augsburg 1829, Tab. 1 Fig. 5.
Abb. aus: Pötzl, Herrschaft, 111.

(**T 22**) *Elf Jahre war die Familie der Schwelcher von der Veste Wolfsburg im Besitz des halben Marktes Zusmarshausen, bis er durch Kauf wieder in andere Hände gelangte. Bestand bisher die vornehmste Aufgabe dieser Burgritter darin, das bischöfliche Land vor fremder Gewalt zu schützen, so galten sie später als der besondere Schrecken des Zusamtales und als Avantmänner der Raubritter. Nachstehend nun eine sagenumwobene Geschichte aus dem Leben der Brüder Emich und Konrad Schwelcher, kennzeichnend für die Händel- und Rauflust dieser Rittersleut.*

Schon früh war der Vater gestorben. Mit der Vormundschaft der minderjährigen Söhne war ihr Vetter, der edle Ritter Johann von Roth, der auf seiner Burg Ettenbeuren bei Wettenhausen saß, betraut worden. Dieser war ein Nachkomme des Bruders von Bischof Wolfhart von Augsburg. Die beiden jungen Schwelcher hörten nicht auf die guten Ermahnungen des Vormundes; im Gegenteil, sie haßten ihn und pflegten die Gesellschaft übelbeleumdeter Ritter. Auch galt die Gegend um die Wolfsburg

Die Burgruine Wolfsberg im Jahre 1831.
Abb. aus: ZHVS 68, 1974, Abb. 6.

für friedliche Reisende als unsicher, die Burg als Räubernest und Mördergrube.

Nun trug sich Emich Schwelcher gar mit dem Gedanken, die Tochter seines Vormundes, des Edlen von Roth, die als das schönste und tugendsamste Mädchen weitum galt, zu heiraten und mit stolzer und frecher Manier wagte er die Werbung zu betreiben. Der Vater der Maid aber wies ihn mit dem Bemerken ab, er könne, vorausgesetzt er bessere sich, noch glücklich werden – allerdings nicht als seiner Tochter Mann.

Nach einiger Zeit begab es sich nun, daß zwei friedliche Handelsmänner aus Augsburg unweit der Burg von den Wolfsbergern angefallen wurden und nur mit Mühe diesen entkommen konnten. Im Schloß zu Ettenbeuren berichteten sie davon und baten um Schutz für die Rückreise nach Augsburg, worauf der Edle von Roth erwiderte: „Ein sicheres Geleit kann ich euch nicht geben, dazu ist meine Kraft zu schwach, doch ich will euch einen sicheren Weg zeigen. Mein Sohn Ulrich erklärt sich bereit, euch zu führen."

In stockfinsterer Nacht begaben sich die drei auf den Weg. Doch als sie sich an einem Waldrand entlang bewegten, tat sich plötzlich ein tiefer Graben vor ihnen auf. „Zu Hilfe!" schrie einer der Augsburger Handelsmänner, „ich bin verloren!" Er war in die Grube gestürzt. Aus dem Hinterhalt aber erscholl der Ruf: „Auf Gesellen, der Fuchs ist gefangen!" Es entspann sich ein wilder Kampf, in dem ein Augsburger fiel, der andere aber in der Dunkelheit entkommen konnte. Ritter Ulrich, unter dessen wuchtigen Schwertstreichen einige Wolfsberger ins Gras beißen mußten, wurde schließlich von der Übermacht bezwungen und gefangen genommen. Als nun aber Emich Schwelcher in ihm den jungen Roth erkannte, rief er aus: „Wie wird sich darüber mein Bruder Konrad freuen!" denn dieser lag krank auf der Burg, an einer Verwundung leidend, die ihm Hans von Roth, ein Sohn von Ulrichs Oheim, beigebracht hatte. Junker Ulrich wurde auf die Wolfsburg geschleppt. Im Burgverlies sollte er nach dem Willen der Schwelcher bis zum Jüngsten Tag schmachten, falls ihn nicht die Hand seiner Schwester loskaufen würde. Der Wolfsburger hatte bei dem Kampf mehrere Knappen verloren – es waren ihrer nur noch sechs, dazu zwei Ritter – und schwor daher in wildem Grimme: „Ich will nicht ruhen bis Roths Schloß als Leichenfackel für die Gefallenen brennt und der Seinen Weinen zum Leichenliede wird." Darauf der gefangene Roth: „Wolfsberger Frevel, reize nicht Gottes Zorn, dein Racheschwur zerstiebt vor seinem Schutz, den er uns gewähren wird. Trotze nicht auf deiner Veste; ich werde befreit werden!" Dann ließ er sich ruhig in den finstern Turm abführen. Den Leichnam des ermordeten Kaufmanns aber hatten die Wegelagerer mitgenommen, um das Haupt auf die Burgmauer zu setzen.

Der entkommene Augsburger trug die traurige Kunde von dem feigen Überfall aufs Schloß in Ettenbeuren. Entsetzen und Empörung bei allen Verwandten. Untertanen und befreundeten Rittersleuten in der Nachbarschaft, voran zu nennen Ulrich von Ellerbach und der Ritter von Zusameck. Man war sich einig, daß die Schandtat der Schwelcher gerächt und der Gefangene befreit werden müsse. Aber wie, galt doch die Burg nach Meinung des Zusameckers als uneinnehmbar. Da meldete sich Georg, des Rechbergers alter Knappe, zu Wort: „Ihr alle wisset, daß ich früher bei Friedrich von Teck, Herr auf Mindelberg, gedient habe. Ich war sein getreuer Begleiter; kein nächtlicher Ausflug wurde ohne mich gemacht. Einst in dunkler Nacht wurden wir drüben im Zusamtal von einem Haufen Städtischer überfallen und fanden keinen Ausweg zur Flucht. Da rief Konrad vom Wolfsberg ‚Folgt mir!' und wir schlüpften durch einen unterirdischen Gang unbemerkt in die Veste Wolfsberg. Die-

sen Weg habe ich mir gemerkt. Durch ihn will ich mit mehreren Knappen in die Burg eindringen, während die Stürmenden den Feind auf der Mauer beschäftigen." Nach diesem Plan schritt man denn auch zur Tat.

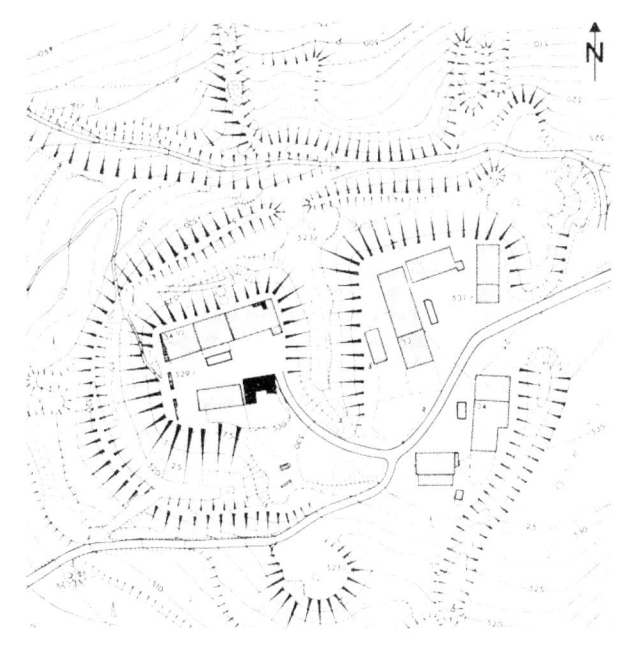

Burgruine Wolfsberg bei Steinekirch. Top. Aufnahme und Zeichnung: Otto Schneider und Arbeitskreis für Vor- und Frühgeschichte im Heimatverein für den Landkreis Augsburg e. V. 1973; Flurkarte NW XII. 32.
Abb. aus: Schneider, Otto, Gutmann, Horst, Ruckdeschel, Wilhelm: Archäologische Wanderungen um Augsburg, Stuttgart-Aalen 1977, 84.

Es war die Zeit um Maria Geburt. Beim steinernen Kreuz im Walde, gut eine Viertelstunde vom Wolfsberg entfernt, sammelte man sich. Im Schutze der Dunkelheit arbeiteten sich die Befreier an die Veste heran und erkletterten die Mauer, während der Trupp unter des Knappen Georg Führung durch den geheimen Gang in die Burg eindrang. Die Wolfsberger waren ahnungslos als plötzlich der Burgvogt in den Saal stürzte und schrie: „Wir werden überfallen, Feinde haben die vorderen Mauern überstiegen, Bewaffnete sind bereits im Zwinger. Zu den Waffen, sonst sind wir verloren!" Doch schon stürmten die Eindringliche die Treppen herauf. Emich wollte sein Schwert schwingen, aber er wurde zu Boden geschleudert. „Schont meines Lebens", bat er, „ich will jedes Lösegeld zahlen!" Was half`s? Er wurde gefesselt, der junge Ulrich von Roth aber aus dem Burgverlies befreit und seinem Vater zugeführt. Ulrich von Ellerbach, der den Sturm geleitet hatte, rief: „Kein Stein dieses Räubernestes soll auf dem andern bleiben!" und der Ritter von Rechberg vollendete: „Unser Werk ist getan. Die Burg werde dem Erdboden gleich, auf dem sie zur Schande des Rittertums und zum Verderben der Menschheit errichtet worden ist. Aber wo ist der Schwelcher Konrad?" – „Hier!" donnerte es aus einer Ecke des Saales. Er wurde vorgeführt und wie sein Bruder den Knappen zur Vollstreckung des Urteils übergeben.

Die beiden Schwelcher Emich und Konrad tauchen im Stammbaum der Schwelcher von Wolfsberg nicht auf. Die Zerstörung der Burg Wolfsberg erfolgte am 26. Januar 1462 durch Augsburger Söldner unter Führung des Hauptmanns Wilhelm von Rechberg. Die Burg gehörte damals den bayerischen Herzögen, die sie aber verpfändeten. Wenige Tage nach der Zerstörung sollen die Steinekircher inmitten der Trümmer die unversehrte Madonna der Burgkapelle gefunden und in ihre Pfarrkirche gebracht haben.[5]

Das Raubrittertum der Schwelcher entspricht einem weit verbreiteten Klischee für das Rittertum des späten Mittelalters. Dass Augsburger Kaufleute unweit von Wolfsberg überfallen wurden, ist unwahrscheinlich, denn hier verlief keine Handelsstraße. Diese durchzog das Tal der Roth von Schäfstoß nach Zusmarshausen und noch eine Karte von 1768 warnt am Waldrand von Schäfstoß vor Straßenräubern.[6]

Die von den Ursberger Mönchen erdichtete Geschichte fand ihre Fortsetzung in der Erzählung von der Adelheid von Roth, der Gemahlin Ulrichs von Ellerbach. Das Paar wohnte auf einer Burg, die an der Stelle des heutigen Krumbades stand. Die erzählten Ereignisse (Beschuldigung wegen Ehebruchs, Rache durch Verbrennen in einem Stadel, unversehrte Leiche, Reue und Sühnekreuz, Buße im Kloster) betreffen nicht das Landkreisgebiet.[7]

Vom Untergang der Burg zu Walkertshofen

Ein Geschlecht, das sich nach Walkertshofen benannte, taucht 1099 und im 12. Jahrhundert in Urkunden auf. Dann hören wir erst wieder von der Mitte des 14. Jahrhunderts an von einem in Walkertshofen ansässigen Geschlecht, doch ging der Besitz bereits 1391 an das Domkapitel über. Der Turmhügel ist noch heute gut erkennbar. Von einer Zerstörung der Burg ist nichts bekannt.[8]

Leider gibt Theodor Jörg (LK Schwabmünchen, 363) keine Quelle für die folgende Sage an:

Panoramabild Burgberg Walkertshofen (Foto: W. Mahnkopf).
Abb. aus: Pötzl, Herrschaft, 103.

(**T 23**) *Der Burgstall zu Walkertshofen kündet von einer ehemaligen Burg, die gegen Ende der Raubritterzeit durch Gottes Strafgericht untergegangen sei. Die einst rechtschaffenen, im Dienste des Kaisers stehenden Ritter, vergaßen nach dem Untergang der Hohenstaufen ihre Aufgabe und Berufung von Geschlecht zu Geschlecht immer mehr und lebten zum Schluß nur noch von Mord und Raub. Ehrlicher Kampf war ihnen so fremd wie Zucht und Sitte. Weil sie auch nichts arbeiteten und sich nur bedienen ließen, wurden sie bald recht verweichlicht. So legten sich die Burgfräulein gebackene Küchlein in ihre Schuhe, damit sie ja recht weich auftraten. Ritter und Junker hatten nach gelungenem Raubzug Freude an schwelgerischem Mahl und zuchtlosem Ball. Einmal trieben sie es ganz wild und nach ausschweifendem Essen und Trinken tanzte die ganze Burggesellschaft samt Gästen nackt im großen Rittersaal schon am frühen Nachmittag. Draußen im Burghof schritt traurig die alte Burgmagd zum Brunnen. Ihr Blick wandte sich kummervoll zum Himmel. Da gewahrte sie von Südwesten her ein schweres Gewitter nahen. Schwarze Wolken, von grellen Blitzen erleuchtet und von donnerndem Grollen begleitet, näherten sich mit Windeseile. Ihren Wassereimer stehend lassend, rannte sie hinauf zum Saal, riß die Türe auf und schrie so laut sie konnte: „Hört auf und betet, ein unheimliches Wetter zieht drohend auf die Burg. Gott sei uns allen gnädig!" Doch die Tanzenden lachten und der Nächststehende schob die Alte unsanft in den Söller hinaus. Kaum hatte die Magd, ins Dorf flüchtend, den Burggraben hinter sich, fuhr ein zündender Blitz in die Burg, diese sofort in ein Flammenmeer tauchend. Die Mauern erzitterten unter einem fürchterlichen Bersten und Krachen. Nach wenigen Augenblicken stürzte die Burg in sich zusammen in einen gähnenden Abgrund und alle begrabend, die am lästerlichen Toben teilgenommen* *hatte. Drei Tage später klang aus der Tiefe wie ein schauriges Klagen das Krähen des Burghahnes.*

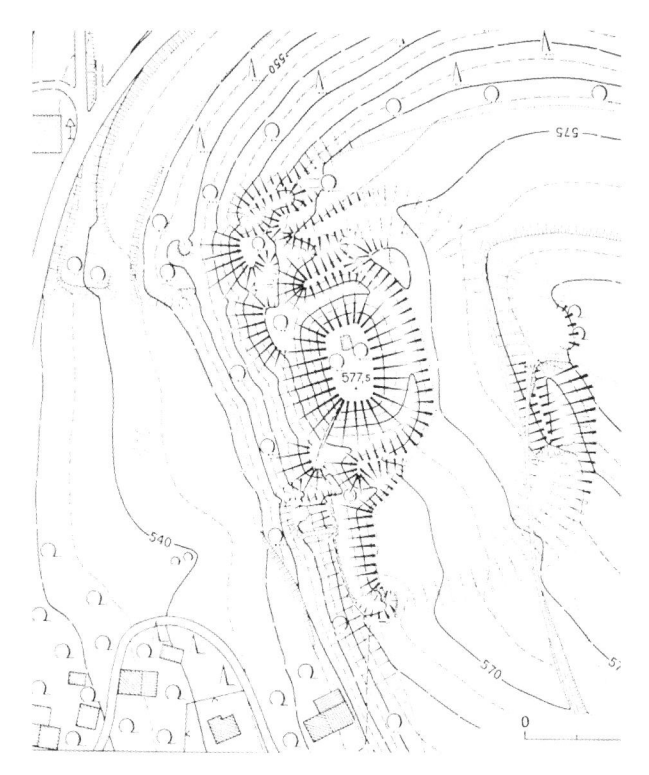

Burgstall Schloßberg bei Walkertshofen. Top. Aufnahme u. Zeichnung: H. Kennerknecht 1970 (LfD); Flurkarte NW V. 32.
Abb. aus: Schneider, Otto, Gutmann, Horst, Ruckdeschel, Wilhelm: Archäologische Wanderungen um Augsburg, Stuttgart-Aalen 1977, 62.

Vom Ortsnamen und vom Burgstall abgesehen, enthält der Text keinerlei lokalen Bezug. Der beeindruckende Burgstall verlangte offensichtlich eine Erklärung für den Untergang der Burg. In Wolfsberg wusste man von einer erfolgten Zerstörung, in Walkertshofen war davon nichts bekannt und so baute man aus gängigen Motiven (Abwendung vom Ritterideal, Hinwendung zum Raubrittertum; übermütiges und sündhaftes Treiben; Strafe durch Blitzschlag) eine Erklärung zusammen.

Die Schlossfräulein vom Kirchberg bei Heretsried

An der Ostgrenze der Gemarkung Heretsried liegt der nach Norden, Westen und Süden steil abfallende Hügel „Kirchberg", dessen Name wohl in Beziehung zur nördlich davon gelegenen abgegangenen Siedlung Hausen zu sehen ist. In Hausen befand sich das Vorgängerkloster von Salmannshofen. Die Kirche wurde offensichtlich nach der Verlegung noch längere Zeit als Pfarrkirche genützt. Sie könnte nahe beim Kirchberg gelegen und die Benennung ausgelöst haben.[9]

Auf dem Spitzkegel des Kirchberges wurden noch ein Mauerstück, Bauschutt und eine Brandschicht festgestellt. Quer zur ehemaligen Vorburg verläuft noch ein tiefer Halsgraben.[10] Belegt ist der Name Kirchberg erst vom 16. Jahrhundert an. Obwohl hier zweifelsohne eine Burg stand, wissen wir nichts über die Burgherrn. Der Graf Kuno von Kirchberg entstand wohl als Anleihe an die Fugger, die über das benachbarte Lauterbrunn die Herrschaft ausübten. Mit dem großen Wittelsbacher dürfte Otto I. (1156 – 1183), ein Parteigänger Friedrich Barbarossas, auch auf dessen Italienzügen, gemeint sein.[11]

(**T 24a**) *Zur Zeit des großen Wittelsbachers, des Herzogs Otto von Bayern, lebte auf dem Kirchberg der berühmte Graf Kuno von Kirchberg. Er hatte einen Sohn u. drei Töchter. Als der Graf mit seinem Sohn von einem Krieg aus Italien zurückkehrte, ritten beide in der heimatlichen Gegend über einen Berg. Da flatterte auf einmal ein Hahn ganz scheu und wild über den Weg und krähte jämmerlich. Man heißt heute noch diesen Berg den Krähberg. Dem Grafen wurde es bei diesem Vorfall ganz sonderbar zu Mute und er sagte zu seinem*

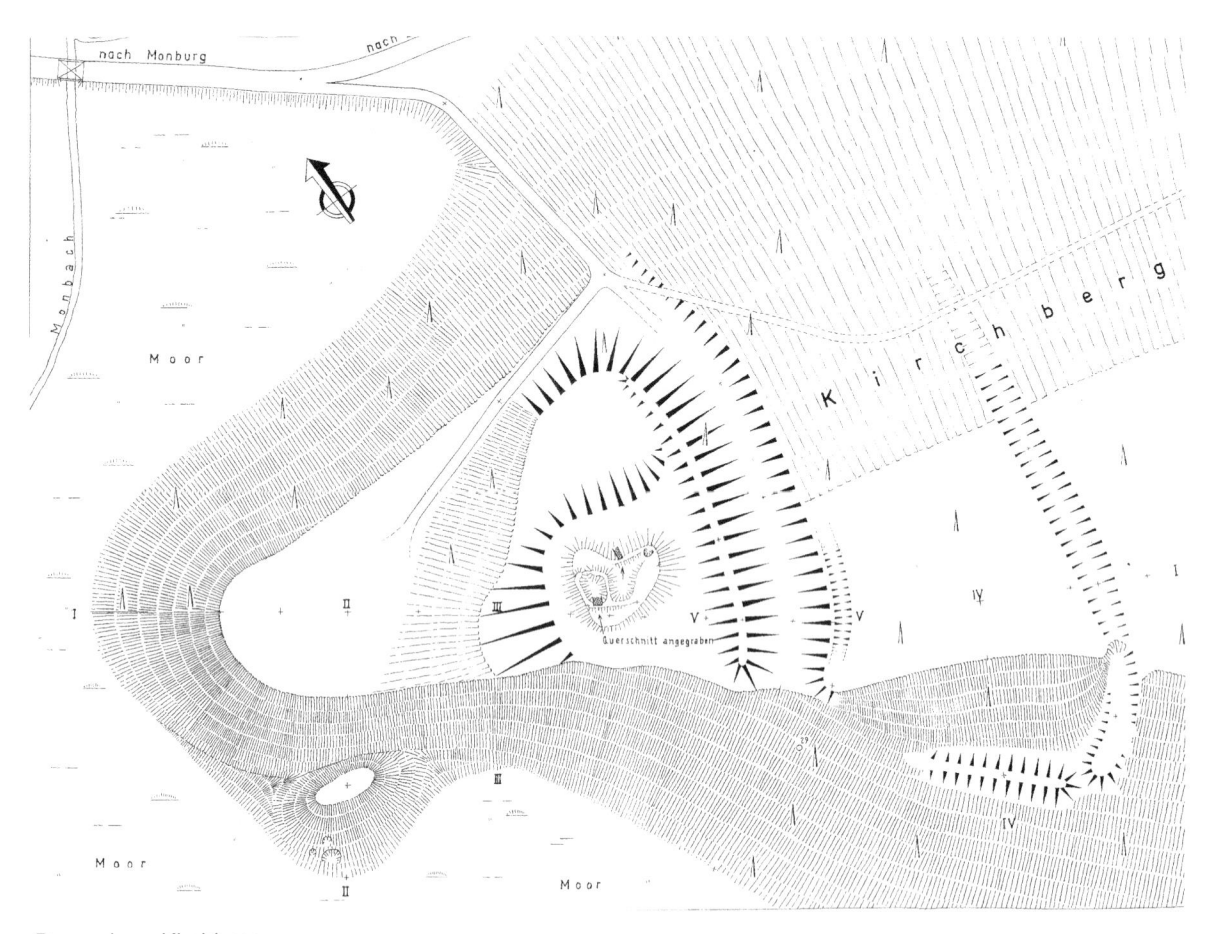

Burganlage Kirchberg.
Aufnahme und Zeichnung: Otto Schneider, Horst Dankerl und Arbeitskreis für Vor- und Frühgeschichte im Heimatverein für den Landkreis Augsburg e. V.

Sohne: „Wenn nur nicht daheim ein Unglück passiert ist!"
Als dann die beiden den Berg hinunter und über die Häuser-Mähden (Häuser-Wiesen) ritten, da sahen sie ihr Schloß zerstört in dicken Rauchwolken. Ganz erschrocken lenkten sie ihre Rosse zu einem nahen Edelhof, um zu erfahren, welches harte Geschick ihre Burg betroffen habe. Dabei mußten sie über einen Hügel, – man heißt ihn heute noch Reitersteg –, dort jagte ein Schimmel scheu und wild über den Weg. Der Graf fragte: „Oh Du lieber Gott, was ist doch geschehen. Alles ist vom Schloß verjagt und wild vom Schrecken."
Endlich kamen die beiden zu dem Edelhof. Dort erzählte ihnen der brave, treue Pächter unter bitteren Tränen die folgende Trauermäre: Als der Graf und sein Sohn vom Schlosse Kirchberg fort geritten waren, fand sich dort bald der lustige, gottlose Sohn eines nahen Raubritters ein, der sich bisher versteckt hatte, um nicht in den Krieg zu müssen. Dieser log

der Gräfin von Kirchberg und ihren Töchtern allerlei vor und bot sich ihnen als Schützer und Wächter an bis zur Heimkehr des Burgherrn. Er wußte sich gar fein und ritterlich zu benehmen und täuschte die Burgfrauen vollständig, obwohl der Herr Kaplan, – dem der Graf seine Burg und seine Familie übergeben hatte –, oft ängstlich vor dem fremden Eindringling warnte.

Der junge Ritter verblendete die Mutter und die Töchter immer mehr, veranstaltete Mahlzeiten und Trinkgelage, machte sie immer eitler, genußsüchtiger und verführte namentlich die Schloßfräulein nach und nach zu einem gottlosen Leben.

Gestern Abend saßen sie wieder lustig beisammen, als der Burgkaplan zu ihnen kam, ihnen ihr wüstes Leben neuerdings strenge verwies und sie vor Gottes Strafgericht liebevoll verwarnte. Nun ließ der junge Ritter den Kaplan in den Burghof schleppen, hetzte dort die Hunde auf ihn, die ihn in Stücke zerrissen. Doch der grausame Ritter hatte noch nicht ausgelacht, da zog rasch über der Burg ein rabenschwarzes Gewitter zusammen. Ein furchtbarer Sturm heulte um die Mauern, gräßliche Blitze zuckten aus den Wolken, gewaltige Donnerschläge schüttelten die ganze Burg. Endlich fuhr ein Büschel blitzblauer Funken in die Türme und Dächer, erschlug den gottlosen Frevler, die Gräfin und ihre Töchter und setzte alle Burggebäude in Brand.

Nach kaum einer Stunde war die Burg bis auf den Grund zerstört. Alle waren erschlagen und verbrannt, welche an dem Sündenleben sich beteiligt hatten. Alle anderen wurden gerettet. Sogar das Vieh wurde von unsichtbarer Hand losgelassen und die Stalltüren aufgerissen, damit es entfliehen konnte. Die Strafe Gottes war entsetzlich anzuschauen.

Man kann sich die Trauer des edlen Grafen bei solcher Kunde denken. Er lebte nur mehr der Sühne der schrecklichen Frevel. Graf Kuno baute in der Nähe das Kloster Salmannshofen für fromme Frauen. Als dieses Kloster zu klein geworden, gründete er noch das Kloster Holzen. Er selber hat sich bei dem Weiler Muttershofen ein Kirchlein und eine Klause errichtet und da gewohnt und gebüßt bis zu seinem seligen Ende. Noch heute steht das Kirchlein Sandiklaus (St. Nikolaus).

Die Bewohner der Gegend erzählen heute noch, daß die Seelen der drei Schloßfräulein keine Ruhe fanden, sondern daß sie leiden müssen an der Stätte ihrer Laster. Ihre Seelen seien in den Kirchberg gebannt und wandern nachts ruhelos über den versunkenen Trümmern der Burg. Zu gewissen Zeiten dürfen sie sich in einem schrecklich elenden Zustande sehen lassen und flehen dann Vorübergehende an, „von dem im Kirchberg vorhandenen Schätzen zu nehmen und damit zur Sühne der alten Frevel Gutes zu stiften."

Die Sage weiß, daß die drei Schloßfräulein vom Kirchberg bei abnehmenden Monde zwei Nächte hintereinander von 11–12 Uhr am Fuße des Berges an einem Kreuzweg von Apfldrag (Affaltern) nach Peterhof und von Heretsried nach Lützelburg sich auf drei Baumstöcke setzen dürfen, die ebenso alt seien als die Burgfräulein. Eines der Fräulein habe einen Schlüssel in der Hand. Eines habe eine kleine Truhe auf den Knien. Eines aber führe einen großen Hund mit glühenden Augen und feurigem Rachen am Halsband.

Wer nun noch unschuldig ist und sich von 11–12 Uhr bei den Schloßfräulein auszuhalten getraut, ohne sich zu fürchten, der bekommt soviel Geld, als der Anderl-, Jakob- und Thoma-Bauernhof zur selben Zeit miteinander wert gewesen seien. Diese drei Höfe waren aus dem Edelgute entstanden, welches der Graf Kuno seinem Pächter geschenkt hatte.

Es sei auch schon vorgekommen, daß eines der Fräulein jemand in besonderer Not erschienen sei und ihm geholfen habe.

Wenn aus der Gegend von Heretsried jemand nach Augsburg oder sonst wohin über den Krähberg und den Reitersteg vorbei muß, ruft man ihm heut noch nach: „Gib acht, daß der Hahn nicht kräht, daß der Schimmel nicht über den Weg springt oder du nicht gar an die Schloßfräulein hinläufst."

Der Verfasser dieser Sage, der sich bekannter Motive bediente, wusste um die Flurnamen der Gemarkung Heretsried. Die Häuser-Mähder und der Reitersteg (Reutersteig) werden im Flurnamenbuch behandelt (nicht aber der Krähberg).[12] Die Route, auf der Vater und Sohn zu ihrer Burg zurückreiten, erscheint etwas widersprüchlich, denn die Häuser-Mähder liegen nördlich des Kirchbergs, der Reutersteig südwestlich. Die Kreuzung der Fußwege Affaltern – Peterhof mit Heretsried – Lützelburg, wo die Schlossfräulein auf einem Baumstumpf sitzen sollen, ist exakt beschrieben.

Die sittliche Gefährdung der Frau und der Töchter während längerer Abwesenheit des Ritters ist ein weit verbreitetes Motiv. Die unschuldigen Tiere werden auf wundersame Weise gerettet. Der Ritter büßt für Vergehen, die er persönlich nicht begangen hat, doch spiegelt sich darin eine Art Gesamtverantwortung für das eigene Hauswesen. Klostergründungen als Buße sind ein bekanntes Motiv (am bekanntesten wohl in Fürstenfeld). Das Vorgängerkloster von Salmannshofen in Hausen ist dem Autor nicht bekannt, die Beziehungen Salmannshofens zu Holzen verkennt er. Holzen bestand lange vor Salmannshofen. Salmannshofen wurde im Jahre 1400 aufgelöst und mit Holzen vereinigt.[13] Die Nikolauskapelle in Muttershofen geht auf das kurze Zeit dort bestehende Vorgängerkloster von Hl. Kreuz in Augsburg zurück.

Im zweiten Teil der Sage ist das Schatz-Motiv mit dem Motiv der umgehenden Schlossfräulein verbunden. Der Schatz ist beträchtlich, er entspricht dem Wert von drei Bauernhöfen.

Im angrenzenden **Lützelburg** notierte man eine kürzere Version der Sage:

(**T 24b**) *Die Kirchberg Sage*

Wenn wir unsere Schritte von Lützelburg nach Westen lenken, dem Waldweg nach Heretsried entlang, so erhebt sich am Ausgang des Waldes zur Linken jäh ansteigend ein bewaldeter Hügel, der von lieblichen Wiesentälern umgeben ist. Von der Hügelkuppe mögen wohl in früheren Zeiten die Zinnen einer mittelalterlichen Burg durchs Tal hinaus gegrüßt haben. Von dieser Stelle geht nun folgende Sage:

Auf dieser Burg lebte einst ein Graf. Er war Witwer und verbrachte mit seinen drei Töchtern und dem Burggeistlichen friedlich seine Tage auf dieser Burg. Doch eines Tages mußte der Burgherr eine weite Reise antreten, um dem Kaiser bei den Kreuzzügen zu dienen, und er war deshalb sehr lange fort. In seiner Abwesenheit kamen die benachbarten Ritter und führten mit den Burgfräulein ein ziemlich ausschweifendes Leben. Wohl warnte der Hausgeistliche vor diesem sündhaften Wandel, aber die Jugend gab seinen Mahnungen kein Gehör. Sie setzen ihr Treiben fort und eines Tages ließen die Damen den unbequemen Geistlichen ermorden. Die Strafe folgte dem Frevel auf dem Fuße nach. Kaum war die grausige Tat vollbracht, kam ein fürchterliches Gewitter auf, und es fiel Feuer vom Himmel und vernichtete das Schloß mitsamt seinen sündhaften Herrinnen. Nur ein Hahn war am Leben geblieben. Als einige Tage später der Burgherr nach Hause kam, hörte er schon am Krähenberg den Hahn furchtbar krähen. Da ahnte er gleich, daß hier etwas Schreckliches geschehen ist. Die Seelen der 3 Burgfräulein aber finden ob ihrer frevelhaften Tat keine Ruhe. In stürmischen Nächten kann man sie am Hügel sitzen oder umherirren sehen ...

(Photogruppe des Theater- und Sportvereins Lützelburg (Hg.): Chronik Lützelburg, Lützelburg 1980, 157).

Diese Kurzfassung ist anders strukturiert. Die Ereignisse werden in der chronologischen Reihenfolge berichtet, während in T 24a der Graf erst nach seiner Rückkehr erfährt, was sich während seiner Abwesenheit ereignet hat.
Sachlich besteht ein Unterschied darin, dass in T 24b der Graf bereits Witwer ist und sich so das sündhafte Treiben nur auf seine Töchter bezieht.

Vom Untergang der Burg zu Birkach
Südlich der Straße von Klimmach nach Birkach ist auf den Wanderkarten ein archäologisches Denkmal eingetragen. Teilstücke von Wall und Graben sind noch erkennbar und werden als Abschnittsbefestigung gedeutet, die aus der Ungarnzeit stammen könnte.[14]
Für diese Bewertung spricht auch der Hinweis in der Sage, dass es auf der Burg keinen Brunnen gab und die Ritter das Wasser aus dem Froschbach (wohl ein Nebenname der Schwarzach) holen mussten.
Archivalisch haben sich zu dieser Anlage keine Quellen erhalten, weder von Klimmach noch von Birkach her. Ministerialengeschlechter sind nicht bezeugt.[15]

(**T 25a**) *Auf der rechten Talseite der Schwarzach zwischen Birkach und Klimmach erhebt sich ein bewaldeter Höhenzug. Er ist unter dem Namen „Schloßberg" bekannt. Hier hausten einst böse Ritter, die mit Hefenudeln kegelten und noch ärgere Dinge trieben. Sie führten ein üppiges, gottloses Leben, praßten und schwelgten im Überfluß und hatten kein Herz für die Not der Armen. Mitleidlos wurden diese von der Schwelle getrieben. Da auf dem Schloßberg kein Brunnen war, holten sie das Wasser in Fässern am Froschbach. Öfters ritten sie zum Klösterlein in Leuthau, aber nicht zum Beten. Sie ließen ihren Rossen die Hufeisen verkehrt aufnageln, damit man nicht wisse, ob sie hin oder her geritten seien. Weil sie so einen liederlichen Lebenswandel führten, ist das Schloß versunken. Zur Strafe aber müssen die bösen Ritter immer noch das Wasser mit zwei Schimmeln im Froschbach holen. In der Nacht hört man sie im Wasser patschen und manchmal auch rufen, daß der Wald widerhallt.*
(LK Schwabmünchen, 364)
(= ins Hochdeutsche übertragener Text von Birlinger, Wörterbuch, 467 II, 2.) siehe Abbildung:

Der Schloaszbearg bei Kchlimmə und Birkcha.

Wemmə vō Chlemmə nao Birkchə gaot, lauft mə am Schloaszbearg nā, itt gar hāə; dao sind beasə ritter gwēsə, die hond mit heffanudlə keglet und də hindərə buzzət. sē sind oft gē Schwaobegg ni grittə zuə də chloasterfraoə aber itt zum bétə. nao hend sē iərə ross d'eisiner hindərschgefürschgə ufnaglə lau, daz mə ett wüst ob sē 'nā oder 'nuff grittə sind. dao sind sē seall an' fröschbach rägfarə und hond waszer mit də fāszer gholet. 2 fasz hond sē ghett. weil sē gar so liederlə glébt hond, ist des schloasz ə maol versunggə. die beasə ritter miəszət allet nō waszer am fröschbach holə mit 2 schemmel; z'nax heart mə sē pflätschə im wäszer ond hond schō oft gchrafflet und gchülderet (v. Echo). im beərg dinn ist ao ə druhhə mit əmə schäz, dao sizt ə budl druff. oinige mand hend wellə gchrabə, därfət aber choi silblə redə: dao ist oim ə red 'nouszchommə und dao ist der schäz versonkchə und 's geəld verlāərə.

Dialektfassung.

Als Beispiel für das lasterhafte Leben der Ritter wird das Kegeln mit Hefenudeln angeführt. Das ist als Nebenmotiv zum nicht geachteten Brot als dem Hauptnahrungsmittel zu werten.[16] Als Kontrast zum üppigen Leben wird die Mitleidlosigkeit gegenüber den Armen betont und damit ein Verstoß gegen das Gebot der Nächstenliebe, insbesondere auch gegen das Ideal des Ritters. Sehr verhalten wird der Besuch bei den Nonnen in Leuthau beschrieben (*nicht zum Beten*). Er deutet das insbesondere in den Schwänken des späten Mittelalters häufige Motiv der sündhaften Männerbesuche in den Frauenklöstern an. Auch das Motiv der verkehrt aufgenagelten Hufeisen (um Spuren zu verwischen) taucht häufig auf. Das Schloss

147

wird nicht durch einen Blitzschlag zerstört, sondern versinkt. Der Schluss leitet in den dämonologischen Bereich über. Die Ritter müssen nicht umgehen, aber immer noch Wasser aus dem Froschbach holen.

Eine andere Variante spricht Josef Rühfel (s. S. 35–39) an:
(**T 25b**) *Auf dem <u>Haldenberg</u> sei ein Kloster gestanden, dorthin seien die Ritter von Birkach geritten (Könghausen). Eine andere Fassung erzählt, diese Ritter hätten mit vier Rossen Wasser im Froschbach geholt.*
(Rühfel, Volkskundliches, 188f Nr. 9).
Das Kloster Leuthau wird hier auf den Haldenberg verlegt.

Das versunkene Schloss im Hohlenberg bei Wehringen

Josef Rühfel bringt unter der Überschrift „Von unterirdischen Gängen" eine Variante zu T 25a:
(**T 26**) *Im Hohlenberg bei Wehringen ist ein Schloß versunken, weil die Schloßherren so übermütig waren, daß sie Hefennudeln als Kegelkugeln gebrauchten.*
(Rühfel, Volkskundliches, 188 Nr. 6b)
Archäologisch und archivalisch ist dieses Schloss nicht belegt. Alfred Schröder denkt eher an eine frühgeschichtliche Gräberstelle.[17]

Der Tyrann auf dem Wasserschloss in Achsheim

In der Flur „Weidach", 300 Meter ostwärts der Pfarrkirche, nördlich einer Altwasserschleife der Schmutter, lassen sich noch die Spuren eines Wasserschlosses ausmachen. Die flachrunde, in der Mitte leicht eingeschnürte Erhöhung, der zugefüllte Ringgraben und ein abgeflachter Wall auf der West- und Südseite sind noch erkennbar. Für das zwölfte Jahrhundert ist in Achsheim ein Ortsadel nachweisbar. Es lässt sich allerdings nicht mehr entscheiden, ob er auf diesem Wasserschloss oder auf der Turmhügelburg „Auf der Halde" (nordwestlich der Pfarrkirche) saß.[18]

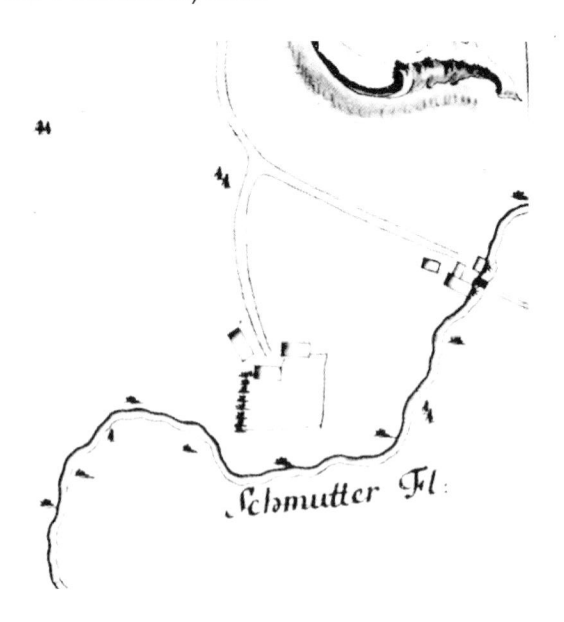

Im Plan von Kolleffel ist die Lage des ehemaligen Schlosses eingezeichnet.
Abb. aus: Kolleffel, Johann Lambert: Schwäbische Städte und Dörfer um 1750 Bd. 2, Weißenhorn 1974, 145.

(**T 27a**) *Vor vielen Jahrhunderten stand südöstlich des Dorfes Achsheim an der linken Schmutterseite ein Schloß. Sein Besitzer, ein Ritter ledigen Standes, war vom Laster des Geizes und der Gewinnsucht gezeichnet und ein Schrecken der Bauern, welche Güter von ihm zu Lehen hatten. Seine Leidenschaft und Liebe galt nur den Pferden; die hungrigen Armen aber, welche an sein Tor pochten, jagte er von dannen.*
Neben dem Herrenhaus seines Schlosses stand seit urdenklichen Zeiten eine kleine Sölde, welche einer armen Wittfrau gehörte; dieselbe nannte man „Weberwab'n". Dieses Anwesen war dem Ritter ein Dorn im Auge und

er sann darüber nach, dasselbe ohne Geld in seinen Besitz zu bekommen; denn die Weberwab'n hatte es ihm des öfteren schon zum Kauf angeboten. Kein Mittel war ihm zu diesem Ziel zu schlecht und so scheute er sich nicht, die Wittfrau der Hexerei zu bezichtigen. Jedoch die ehrliche und wackere Frau hielt dem peinlichen Gericht trotz Folterung stand und konnte zur Freude der Ortsbewohner unbescholten zurückkehren. Doch der Ritter ließ nicht von ihr ab und beschuldigte sie auf's neue, seine Pferde verhext zu haben. Ein nochmals einberufenes Gericht, das unter der alten Gerichtseiche westlich der Kirche, am sogenannten „Mißlhardt" stattfand, sprach sie zu guter letzt doch als Hexe schuldig. Sie wurde in der nahen Schmutter ertränkt und der Ritter erhielt ihr Anwesen als Schadenersatz zugesprochen. Nach einigen Jahren jedoch plagte den Edelherrn sein Meineid solchermaßen, daß er sich ständig von der Verstorbenen verfolgt sah; sowohl bei Tag wie auch des Nachts als weißer Geist. Sein Zustand verschlimmerte sich so, daß er die Nahrung verweigerte und bald darauf verstarb. Auf dem Totenbett gestand der noch die Unschuld der zum Tode verurteilten Wittfrau.*

Seitdem lastete ein Fluch auf dem Wasserschloß und es getraute sich niemand mehr dasselbe zu kaufen oder zu pachten. Seine Mauern verfielen, ein Teil der Quadersteine soll zum Bau der Ortskirche verwendet worden sein und den Rest besorgten die Hochwasser der Schmutter.
(LRA KHPF OA Achsheim)

Das Schloss vergeht nicht wegen des lasterhaften Lebens des Bewohners, sondern wegen seiner Tyrannei, die sich gegen die abhängigen Bauern und insbesondere gegen die Armen richtete. Als drastisches Beispiel wird sein Vorgehen gegen eine Witwe geschildert. Schutz der Witwen und Waisen und Unterstützung der Armen aber wurde vom christlichen Ritterideal her gefordert. Der namentlich nicht genannte Ritter verstößt krass dagegen. Er will ihr die Sölde (wohl Rest des Bauhofs der Burg) abdrücken, obwohl sie ihm zum Kauf angeboten wurde, und bedient sich dabei der Hexenbeschuldigung. Nun sind Hexenprozesse bei uns eine Angelegenheit der Frühen Neuzeit und nicht der Ritterzeit. Hier scheint ein gegen eine Achsheimerin, die allerdings ein junges Mädchen und keine Witwe war, geführter Hexenprozess (1717 – 1723) hereinzuspielen. Fälle von Frauen, die die Tortur überstehen sind nicht ungewöhnlich. Das im zweiten Verfahren unter der Gerichtseiche tagende Gericht ist eine Erinnerung an mittelalterliche Gerichtsbarkeit. Zur Zeit der Hexenprozesse wurden die Verfahren in den Amtshäusern geführt. Auf Hexerei stand der Tod durch Verbrennen, das Ertränken war anderen Delikten vorbehalten.[19] Die falsche Beschuldigung wegen Hexerei weitet sich zum Meineid aus. Die unschuldig Hingerichtete verfolgt den Täter und er zerbricht daran. Auf dem Wasserschloss lastet ein Fluch, sodass es niemand erwerben will und die Gebäude verfallen. Die Erzählung leitet den Fluch vom Meineid her, doch könnte die Abneigung gegen einen Erwerb des Schlosses auch daher rühren, dass auf der benachbarten Sölde eine Frau wohnte, die wegen Hexerei hingerichtet wurde.[20] Dass die behauenen Steine verfallener Burgen weiter verwendet wurden, ist vielfach belegt.

In Achsheim erzählte man noch eine andere Version vom Untergang des Schlosses, die mit T 27a nicht im Einklang steht, denn es wird eine letzte Besitzerin genannt. Mit ihr ist das weit verbreitete Motiv der Stifterin des Gemeindeholzes verbunden (s. u.), für die in der Kirche gebetet wird. Aus der kurzen Passage geht nicht hervor, warum das Schloss plötzlich versunken ist.

(T 27b) Anna Mertinger, die letzte Besitzerin des Schlosses, stiftete das Gemeindeholz. Für sie wurde daher in der Kirche noch lange gebetet. Als sie einst bei einer Insel, nahe des „blauen Steges" in der Schmutter badete, habe sie nach der Rückkehr nach ihrem Schloß dasselbe versunken gefunden.
(LRA KHPF OA Achsheim)

Die versunkene Burg auf dem Schatzberg bei Eppishofen (Stuhleberg)

Ludwig Link, Lehrer in Altenmünster, bringt in seiner umfassenden Beantwortung der Umfrage von 1908 unter III, 5 (s. S. 41) den Hinweis auf die gut erhaltenen Wälle auf dem Wallberg. Dort *stand das Schloß von Altenmünster, das einem alten Ortsadel gehörte, der aber schon vor dem 13. Jahrhundert verschwunden sein wird.* Im Abschnitt zuvor aber erzählt Link folgende Sage:

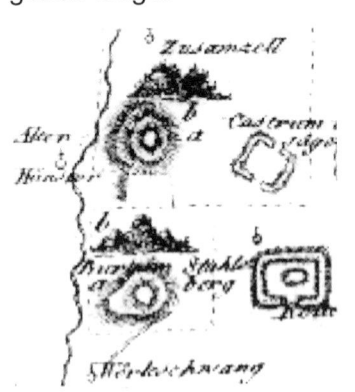

Planskizze des Forstgehilfen Bär in Raisers "Viaca" (1829), die den Burgberg Stuhleberg enthält. Abb. aus: Pötzl, Walter, Schneider, Otto (Hg.): Vor- und Frühgeschichte. Archäologie einer Landschaft, Augsburg 1996 (Der Landkreis Augsburg Bd. 2), 21.

(T 28) Unweit Eppishofen ist ein Berg, der Schatzberg, dort stand ein Schloß, wie man's noch sieht und da hausten 3 Ritterfräulein, deren eine blind war und bei der Vermögensverteilung von den 2 sehenden beim Abmessen des Geldes im „Metzen" (= Getreidemaß zu 28 oder 32 Liter) dadurch übervorteilt wurde, daß man ihr nur den umgestürzten Metzen mit kleinem Zwischenraum zwischen dem Boden des Meßgefäßes und vorstehenden Rändern füllte. Als die Blinde endlich den Betrug merkte, erzürnte sie, verfluchte ihre Schwestern und sich, worauf die ganze Burg in der Tiefe des Schatzberges verschwand. Ein feuriger Hund, der Teufel, bewacht den Schatz im Innern des Berges.
(Pötzl, Jahrhundertwende, 32f)

Mit dem „Schatzberg" kann nur der Stuhleberg gemeint sein, der auf der Gemarkung der ehemaligen Gemeinde Eppishofen liegt. Es verwundert etwas, dass Link nicht die Bezeichnung „Stuhleberg" gebrauchte. Der Stuhleberg ist eine Turmhügelburg. Diemar und Sifrid von Stulen erscheinen 1241 als Zeugen in einer Urkunde Graf Ludwigs von Öttingen, Sifrid wird dann 1266 in einer Urkunde Bischof Hartmanns als Zeuge genannt. Cunradus de Stuelen wird 1281 Ministeriale der Augsburger Kirche genannt.[21]

Das Motiv der häufig belegten drei Ritterfräulein erfährt hier eine andere Ausprägung. Die Blinde wird bei der Vermögensverteilung betrogen. Moralisch ist der Betrug deswegen besonders verwerflich, weil er an einer Blinden begangen wird. Auch diese Sage schließt mit einem dämonologischen Aspekt. Der feurige Hund, der den Schatz bewacht, wird als der Teufel interpretiert.

Zwei Steppacher Schlösser

Eine heimatkundliche Stoffsammlung für Steppach erwähnt zwei Schlösser:

(T 29) Westlich von Steppach – auf dem Berg hinter der Kirche – soll ein Schloß namens "Gockelhahnschloß" gestanden haben, von welchem ein unterirdischer Gang bis nach Augsburg geführt haben soll. Eine aus demselben stammende Glocke befand sich vor langen Jahren in der Kirche dahier. Auch wurden römische Münzen daselbst gefunden.

(**T 30**) *Rechts auf dem sogenannten Katharinenberg stand ein Schloß, in dem übermütige Fräulein hausten und das infolgedessen versunken sein soll. Ein Bauernmädchen fand dort einen Schatz, der später ihr Heiratsgut bildete.* (LRA KHPF OA Steppach)

Für keines der beiden Schlösser gibt es einen archäologischen oder einen archivalischen Nachweis. Lediglich die Flurnamen „Gockelhahn" und „Katharinenberg" sind gesichert. Lorenz Scheuenpflug kannte offensichtlich eine andere Variante zu T 29, nach der das Schloss versunken oder verwunschen wurde, wobei alle Bewohner umkamen. Als einzigen überlebenden Zeugen soll man unter besonderen Umständen nachts einen Hahn krähen hören.[22] Der Flurname „Gockelhahn", für dessen Herkunft es keinerlei Vermutung gibt, könnte in Kenntnis des Wandermotivs vom krähenden Hahn, der an das versunkene Schloss erinnert, zu T 27 geführt haben. Sie wurde dann angereichert durch den unterirdischen Gang und durch die Glocke, die aus dem Schloss stammen soll. In T 28 könnte ein tatsächlicher Schatzfund zur Sage geführt haben.

Das Schloss im Foretholz

Das Erdwerk im südöstlichen Teil des Langweider Forstes wird infolge der kaiserzeitlichen Keramik, des Tuffsteins und des Bauschutts in das 2./3. Jahrhundert nach Christus datiert.[23]

(**T 31**) *Noch diesseits des Lech neben der Straße von Stettenhofen nach Langweid im Wäldchen, das dem hiesigen Mayer gehört, und wo man jetzt noch den Graben sieht, sind noch Reste eines größeren Wachturmes vorhanden, vom Volke gewöhnlich Schlößle genannt. – Die Bauern erzählen sich nun, daß dort im Walde einst ein prächtiges Schloß gestanden sei, zu dem viel Besitz an Grund und Boden gehört habe. Dieses Schloß sei vom Erdboden verschlungen worden, sei mit Mann und Maus verschwunden. An der Stelle, wo es früher so stolz aufragte, hört man von Zeit zu Zeit den Gockel aus der Tiefe heraufkrähen. Warum das Schloß versunken ist, weiß man nicht. Vielleicht geschah es als Strafe für die Freveltaten eines herzlosen Schloßherrn? Der Hahn, der seinen Ruf zu uns heraufschickt, weiß es ganz bestimmt. Schade, daß wir die Gockelsprache nicht verstehen!*
(LRA KHPF OA Langweid)

Auch hier erinnert (wie in T 32) der aus der Tiefe krähende Hahn an das versunkene Schloss.[24]

Das versunkene Schloss beim Bruderhof

Der Bruderhof ist der Bauhof zur Burg, auf der von der Mitte des 13. Jahrhunderts bis 1370 die Ritter von Scherstetten, Ministerialen des Hochstifts, saßen. Der Turmhügel wurde durch einen tiefen und breiten Graben gesichert. Hügel und Graben beeindrucken noch heute (s. Abb. S. 183).[25]

(**T 32**) *Auf dem Bruderhof bei Erkhausen, wo ein Schloß versunken ist, hört man bisweilen aus der Erde den Hahn krähen. Es soll in den Nagelfluhfelsen viel Geld vergraben liegen und genug Leute haben danach gesucht. Das Schloß ist deshalb versunken, weil die Besitzer so gottlos waren, daß sie ihre Kinder mit Küchle vom Unrat reinigten (Konradshofen).*
(Rühfel, Volkskundliches, 186 Nr. 9)

In seinen topografischen Angaben ist Rühfel nicht genau genug. Der Burgstall liegt etwa 100 Meter südlich des Bruderhofes auf dem Schlossberg (gegenüber von Scherstetten). Die kurze Sage ist ein Konglomerat aus mehreren bekannten Motiven.

Die Zerstörung des Anhauser Schlosses durch die Steinekircher

Lorenz Scheuenpflug, der herausragende Kenner der Geschichte von Anhausen, zeichnete folgende Sage auf:

(**T 33**) *Der Schloßherr war sehr eifersüchtig. Seine Frau floh vor ihm auf ein Schloß bei Steinekirch. Er wußte nicht, wohin sie gegangen war. Er wollte sie ermorden, sandte seine Diener aus und ließ sie auf allen Schlössern der Umgebung suchen. Ein Diener ging heimlich mit der Frau durch. Als die Frau einmal vom Schloß Wolfsberg aus zum Erdbeerpflücken in den Wald ging, wurde sie von den Häschern überfallen und erdrosselt. – Als der Mord vollbracht war, wurde der Anhauser Schloßherr bald schwer krank. Er lag am Sterben und ließ aus der Stadt einen Pater kommen. Gerade zu dieser Zeit wollten die Steinekircher das Anhauser Schloß zerstören. Der Pater hielt den Geldsack heraus, warf ihn dann zu den Angreifern hinunter, sagte, daß der Schloßherr bald sterben werde und sie sollten von der Zerstörung absehen. Sie zerstörten aber trotzdem das Anhauser Schloß.*
(LRA KHPF OA Anhausen)

Das Schloss in Anhausen spielte in einer Version der Gründungsgeschichte von Oberschönenfeld eine Rolle (T 7d). Ob das Erdwerk im Wald „Windach" (1,35 km ostnordostwärts der Pfarrkirche), ein grabenumwehrtes Plateau, neben dem ostwärts ein langer Wall mit Torflankierung verläuft, Anlass zu den Sagen von einem Anhauser Schloss gab, können wir nicht entscheiden. Ein Ministeriale Volkmar von Anhausen ist bereits 1067, ein Ministeriale Sigeboto von Anhausen zwischen ca. 1140/43 und ca. 1162 – 1170 bezeugt.[26]

Hier wird ein Schloss infolge eines Rachefeldzuges zerstört. Der Ehemann lässt die treulose Frau erdrosseln. Nicht ins Standesgefüge passt die Wendung „Ein Diener ging heimlich mit der Frau durch". Die schwere Krankheit des Schlossherrn erscheint als Strafe für den Mord. Der Pater, der – statt des Ortsgeistlichen – aus der Stadt zum Sterbenden gerufen wird, war wohl ein Franziskaner oder ein Kapuziner, denn ihnen sagte man (oft im Gegensatz zu den Weltgeistlichen) eine besonders wirksame seelsorgliche Betreuung nach. Lorenz Scheuenpflug sieht im heruntergeworfenen Geldsack eine Anspielung an die Sage vom steinernen Mann. Sofern es eine Chronologie der Sagen gibt, muss T 33 vor T 22 liegen. Die Erzählung fügt sich in das Bild von den Schwelchern auf Wolfsberg.

Die Grünholder-Sage aus Gablingen
(**T 34**) *Die Verlängerung der Gablinger Hauptstraße nach Westen zu ist nach dem sagenhaften Geschlecht der Grünholder benannt. Die Familie soll während des Dreißigjährigen Krieges in der Nähe von Gablingen ein Schloß besessen und dort gelebt haben. Grünholder selbst wird als Musterbeispiel eines schlechten Menschen dargestellt, während seine Gemahlin Anna die Güte selbst gewesen sein soll. Weiter berichtet die Sage, daß Grünholder unter den Streichen der Schweden den verdienten Tod gefunden habe. Anna habe den Krieg überlebt und sei nach Kloster Oberschönenfeld geflohen; von dort habe man der auch dort wütenden Schweden halber weiterflüchten müssen, wobei sich die Spuren verlieren. Vielleicht wäre diese Familiengeschichte längst vergessen, hätte nicht Anna Grünholder der Gemeinde Gablingen ihren gesamten Wald vermacht. Daß sie darob in Ehren gehalten wurde, ist verständlich, und es verwundert*[27] *auch nicht, daß bis in unsere Zeit herein ihr zum Gedächtnis ein Jahrtag gehalten wurde.*
(Gablinger Chronik, Gablingen 1994, 256)

Ein Straßenzug und die Stiftung des Gemeindewalds gaben offensichtlich den Anlass zu dieser Geschichte. Das Grünholder-Geschlecht wird als *sagenhaft*, d. h. historisch nicht belegt, bezeichnet. Damit hängt es wohl auch zusammen, dass die Grünholder nicht auf dem Schloss gegenüber der Kirche sitzen, sondern außerhalb des Ortes. Die Grünholder

Straße weist in Richtung des Gablinger Harts. Dort befindet sich der Burgstall „Schlossberg", ein mittelalterlicher Turmhügel, der offensichtlich bekannt war. Da von ihm historische Nachrichten fehlen, konnte man dort leicht die Grünholder ansiedeln. Der schlechte Mann wird im Schwedischen Krieg (1632 – 1636) getötet, die gute Frau (und Stifterin des Gemeindewaldes) flieht nach Oberschönenfeld und von dort weiter. Der Erzähler wusste offensichtlich um die Flucht des Oberschönenfelder Konvents.

Ortsnamen deuten auf Burgen hin
Bürgermeister Ehle schrieb in Beantwortung der Umfrage von 1908:
(T 35) *„Biburg" soll entstanden sein aus: bei der Burg. Es soll nämlich auf dem nahen Buchenberg eine Burg gestanden haben. Es ist aber nichts mehr davon zu entdecken. In der Mundart heißt der Ort „Biber".*
(Pötzl, Jahrhundertwende, 49)
Die mundartliche Form des Ortsnamens und die historischen Belege *Biberin* führten zur Deutung „Siedlung an der Biber(ach)", doch nannte sich ein in den 30er Jahren des 12. Jahrhunderts auftretendes Ministerialengeschlecht *de Biburch* und auch im späten Mittelalter ist die Burg-Form (neben *Biber*) belegt. Die Burg könnte auch auf dem Hügel gestanden haben, auf dem die Kirche gebaut wurde. Die Topografie macht das wahrscheinlich, vor allem, wenn man bedenkt, dass die Straßen einst tiefer lagen.[28]
Nach einer schon im 18. Jahrhundert bezeugten Volksmeinung stand in **Giessenburg**, einem nach 1830 abgegangenem Weiler südlich von Untermeitingen eine Burg. Spuren der Burg sind archäologisch gesichert. Das Geschlecht der Giessen, das zwischen Lech und Ammer begütert war, war bald nach der Mitte des 13. Jahrhunderts bis 1320 Inhaber von Hurlach.[29] Von der Giessenburg erzählt man auch eine Schatzsage (T 61).

Die Burg der Fugger in Graben
Josef Miller, Pfarrer in Kleinkitzighofen, verfasste 1773 eine Beschreibung der Inschriften, Glocken und Grabmäler des Landkapitels Schwabmünchen. Bei seinen Nachforschungen erfragte er von dem Söldner Martin Bihler in Graben, in dessen Garten ihm ein runder, burgstallartiger Hügel aufgefallen war, dass hier nach der Überlieferung der Vorfahren eine „Burg der Fugger" gestanden und dass die Sölde des Befragten, damals ein strohgedeckter Riegelbau, das Stammhaus der Fugger gewesen sei. Alfred Schröder vermutet, dass sich diese künstliche Erderhöhung vielleicht Lukas Fugger als Unterbau für ein Lustschlösschen zurichten ließ, als er sich um 1504 wegen Überschuldung nach Graben zurückzog. Der damalige Ortspfarrer teilte dem Bistumshistoriker mit, dass sich die Erderhöhung im Garten von Haus Nr. 14 befindet. Nach Alfred Schröder „verdient die oben erwähnte Überlieferung einige Beachtung. Allerdings geht daneben auch die Sage, daß auf dem Hügel Leichen verbrannt worden seien; eine merkwürdige Tradition, falls sie echt und nicht gelehrt ist."[30]

Die Aufmerksamkeit für Burgen und Sagen
In Beantwortung der Umfrage von 1908 verweist der Lehrer von Altenmünster auf das Schloss auf dem Wallberg und bringt zum Stuhleberg eine Sage (T 28). Auch der Bürgermeister von Biburg verweist auf die Sage von einer Burg (T 35).
Der Pfarrer von Mittelneufnach unterscheidet zwischen Sage und Geschichte: *Die Nachrichten über abgegangene Burgen und Höfe in der Gemeindeflur Mittelneufnach sind historisch. Sagen dieser Orte bestehen nicht.* Der Lehrer Michael Geldhauser in Dinkelscherben ist verwundert darüber, dass es von Zusameck und vom Spital keine Sage gibt: *Merkwürdigerweise geht vom Schloß und seinen einstigen*

Bewohnern keine Sage, wohl aber vom Spitalpudel … Vom uralten Spital existiert keine Sage.
Der Lehrer von Steinekirch erwähnt keine Sage vom Wolfsberg (s. T 22). Er kannte offensichtlich die Erzählung der Ursberger Mönche nicht.[31]

Angereiht sei folgende Geschichte:
Die Gruft in der Kirche zu Hardt
Ein Brand vernichtete am 14./15. Februar 1946 die stattliche Schlosskapelle, deren vortreffliche Fresken Josef Mages 1769 gemalt hatte.

Die Schlosskapelle in Hardt erreichte die Dimension einer Filialkirche.
Abb. aus: LK Schwabmünchen, 433 oben.

Im Chor befand sich eine Gruftplatte mit der Jahreszahl 1769. Die Gruft barg die Gebeine der Zech von Deubach, die von 1691 bis 1760 das Gut besessen hatten. Vermutlich ließ Abt Josef Maria Langenmantel von St. Ulrich und Afra, der die Kirche neu baute und Schloss und Garten zu einer prächtigen Sommerresidenz ausgestaltete, die Gebeine sammeln und mit einer Platte überdecken. Das Rittergut Hardt wechselte oft die Besitzer.[32]

(**T 36a**) *Auf dem Hard ist eine Gruft. Da ist ein Stein, den kann man wegheben. Auf Stufen steigt man hinunter, da sitzen Tote im Gestühl, haben Ringe an den Fingern. Aber anrühren darf man sie nicht, sonst fallen sie zusammen. Es sollen Klosterherren gewesen sein.*
Vor fünfundzwanzig Jahren, als Grau noch Pächter auf dem Hard war, haben die Knechte einmal den Stein weggenommen und sind hinuntergestiegen in die Gruft. Einer hatte nämlich gesagt, er wolle den Leichen die Ringe von den Fingern ziehen. Als sie aber drunten waren und die Toten sitzen sahen, haben sie es alle zusammen bleiben lassen.
(Rühfel, Volkskundliches, 135 Nr. 10)
Theodor Jörg, der die Sage wohl von Rühfel übernahm (ohne das anzugeben), gestaltet den Text sprachlich etwas aus:
(**T 36b**) *Auf dem Hardt ist eine Gruft. In ihr liegt eine große Platte, die man hochheben kann; dann geht`s hinunter in die Gruft, in der in einem Gestühl Klosterherren sitzen, die an den Fingern goldene Ringe tragen. Mitte des 19. Jahrhunderts trauten sich einige furchtlose Knechte wirklich in die Gruft. Einer hatte nämlich versprochen, den Toten die Goldringe von den Fingern zu ziehen. Doch als sie der reglosen Gestalten ansichtig wurden, entfiel ihnen der Mut und sie verließen schnell den modrigen Raum.*
(LK Schwabmünchen, 365)
Josef Rühfel stellt die Sage in einen größeren Zusammenhang:
Die gleiche Sage geht von der Gruft Karls des Großen zu Aachen und von der des Kaisers Ludwig in der Frauenkirche zu München. Auch hier sitzen die zwei Toten aufrecht auf dem Thron. Wie übrigens vermutet wird, die Sage von der Münchner Kaisergruft sei der Aachener Überlieferung nachgebildet, so mag die Harder durch die Münchner entstanden sein. Denn als man 1822 beim Graben in der Sakristei der Frauenkirche auf Menschengebeine

stieß, verbreitete sich sofort das Gerücht, man habe den Kaiser im Sessel sitzend gefunden, er sei jedoch sogleich in Staub zerfallen.
Rühfel hatte sich offensichtlich selbst vom Inhalt der Gruft überzeugt:
In Wirklichkeit ruht in der Schloßkapelle zu Hard eine Dame mit einem Kinde, die beide in einen Sarg gebettet sind.
Rühfel hält aber noch einen weiteren kulturgeschichtlichen Zusammenhang für möglich:
Die Steinzeit hatte Hockergräber, und die Nordgermanen bestatteten ihre Toten oft stehend und sitzend in den sogenannten Riesenstuben, wo sie nach ihrem Glauben weiterlebten. Vielleicht beruhen die deutschen Sagen, die von Toten erzählen, die in gemauerten Grüften sitzen, nur auf Nachdämmerungen an die steinzeitlichen Bestattungen.

Blick in den Chor der Schlosskapelle.
Abb. aus: LK Schwabmünchen, 433 unten.

Regina Imhof (gestorben 1624), die Stifterin der Kapelle auf dem Lechfeld, soll auf einem Stuhl sitzend unter dem Hochaltar bestattet worden sein, das große Epitaph wurde 1669 angebracht.[33]

Von unterirdischen Gängen

Unterirdische Gänge sind oft mit Schlössern verbunden (s. T 22, T 29, T 58, T 59), aber sie finden sich auch sonst. Friedrich Panzer (s. S. 33) führt in seinem Sagenbuch 64 unterirdische Gänge auf. Er hat auch mehrere solcher Anlagen vermessen, die er mit einigem Recht, wenn auch irrtümlicher Weise für unterirdische Gänge ansah.
Der unterirdische Gang gehört zum „volkstümlichen Geschichtsbild" (Matthias Zender). Er verläuft zwischen zwei Burgen, zwischen zwei Klöstern, zwischen Burgen und Klöstern und Bürgerhäusern und Bauernhöfen. Im Rahmen konfessioneller Polemik wurde der unterirdische Gang zur ungehinderten Verbindung zwischen Mönchen und Nonnen. Oft benützen Zwerge solche Gänge. Aus- und Eingänge sind oft geheim. Ruinen, eingestürzte Kellerzugänge, Abwasserkanäle, ehemalige Verließe, Hohlräume, Felsklüfte und Höhlen bilden die Anlässe, unterirdische Gänge zu vermuten. Meist ist nur der Hinweis auf einen Gang überliefert, Erzählungen dazu bildeten sich nur selten aus. Meist handeln sie dann von dem Versuch, einen solchen Gang zu ergründen. Doch missglücken fast alle diese Versuche. Das Licht geht aus, es herrscht Stickluft oder ein tiefes Wasser hindert das weitere Vordringen.[34] Dennoch bleibt der Reiz, in solche vermutete Eingänge vorzudringen.

Josef Rühfel, Volkskundliches, 187–189, stellt unter der Überschrift *Von unterirdischen Gängen* elf Nummern zusammen, die hier von T 37–46 durchnummeriert werden.

155

(T 37) *Von Schönenfeld nach Engelshof geht über den Klaffenberg ein unterirdischer Gang zum unteren Bauernhof in einen Keller. Der Ausgang ist nicht mehr sichtbar, er ist verschüttet und zugemauert. Man weiß noch den Keller, wo der Gang hineinkommt. Er führte auch nach Scheppach und von da an ins Schloß Reinhartshausen und bis auf den Hard.* (Rühfel, Volkskundliches, 187 Nr. 1)
Rühfel führt dazu u. a. aus: Hierbei ist zu beachten, daß Hard und Engelshof nach der Überlieferung des Volkes Klöster waren, was jedoch nicht richtig ist. Es waren nur Klostergüter, die zuzeiten von Mönchen verwaltet und regelmäßig in den Freiwochen von Klostergeistlichen besucht wurden. Nach Hard kamen die Mönche von St. Ulrich, nach Engelshof die von St. Georg in Augsburg. Klöster und Schlösser waren nach der Meinung des Volkes durch Gänge verbunden. Diese Annahmen wurden bekräftigt durch Gewölbe und Gänge, die bei solchen Schlössern, Klöstern und Klosterhöfen aufgedeckt wurden. Der grüblerische Sinn vergrößerte in seinem Hang zum Geheimnisvollen, Unheimlichen und Abenteuerlichen das Wirkliche ins Ungemessene. Diese, dann in einer allgemeinen Feststellung mündende Äußerung überzeugt, nicht aber die ins Mythologische gehende Fortsetzung.[35]

(T 38) *Unter der Steintreppe, die in den nördlichen Keller des Engelshofer Schlößchens führt, befindet sich unter der siebenten oder achten Stufe ein Loch, unter dem ein gewaltig tiefer Raum sein muß. Denn man habe einst eine eiserne Kugel an ein Heuseil gebunden und hinabgelassen, ohne einen Grund zu finden.* (Rühfel, Volkskundliches, 187 Nr. 2)

(T 39) *Straßberg stand mit Guggenberg durch einen Gang in Verbindung.* (Rühfel, Volkskundliches, 187 Nr. 3; Nr. 4 bringt lediglich eine Aufzählung der sieben Schlösser zwischen Wellenburg und Reinhartshausen, Nr. 5 erwähnt unterirdische Gänge in Bannacker, Nr. 6a = T 26)

(T 40) *Der Hohleberg ist ein Bühel gegen die Bahn zu. Ein unterirdischer Gang führt von ihm nach Wehringen in den Keller von Glasers Haus. Durch diesen Gang kamen früher oft Zwergmännlein in den Keller und ins Haus und halfen bei verschiedenen Arbeiten. Doch wurden sie selten gesehen, denn wenn sie jemand erblickte, verschwanden sie. Besonders oft kamen sie in die obere Mühle und halfen nachts mahlen. Einst schenkte ihnen der Müller Kleider, darauf blieben sie weg (Wehringen).* (Rühfel, Volkskundliches, 188 Nr. 6b)

(T 41) *Zwerge sollen früher oft in unserer Gegend durch unterirdische Gänge in die Häuser gekommen sein und bei der Arbeit geholfen haben (Straßberg).* (Rühfel, Volkskundliches, 188 Nr. 7a)

(T 42) *Der alte Löffler, der im letzten Haus von Kreuzanger wohnte, sah öfters, wenn er von Fischach heimging, drei kleine Männlein im Vögele-Loch sitzen und bei einem Lichtlein Karten spielen. Das Vögele-Loch ist eine schöne tiefe Waldschlucht am Fußweg von Itzlishofen oder Vögele nach Döpshofen.* (Rühfel, Volkskundliches, 188 Nr. 7c; Nr. 7b berichtet nach einem Gewährsmann aus Klimmach von Wichteln in Zaisertshofen und Markt Wald)

(T 43) *Ein unterirdischer Gang führt von Hard nach Guggenberg über St. Justina.* (Rühfel, Volkskundliches, 188 Nr. 8)

(T 44) *Ein anderer ging von Schwabeck auf die Halde.* (Rühfel, Volkskundliches, 188 Nr. 9a; Nr. 9b = T 25b)

(**T 45**) *Von der Kirche zu Graben geht ein unterirdischer Gang bis ins Ried bei Kleinaitingen. Das Ried gehört noch zur Gräbinger Flur; dort soll ein Schloß versunken sein. (Graben.)* (Rühfel, Volkskundliches, 189 Nr. 10)

(**T 46**) *Ein unterirdischer Gang ging vom Fuggerhaus in Augsburg nach Wellenburg und von Wellenburg zur Seehühle, wo der Weiler Jauzhofen stand; andere von der Burg Schwabeck an die Wertach und Scherstetten zu.* (Rühfel, Volkskundliches, 189 Nr. 11). Jauzhofen (oder Judshofen) ist ein abgegangener Hof an der Vereinigung des Engelshofer Baches mit dem Anhauserbach.[36]
Nach den Recherchen von Josef Rühfel wäre das von ihm untersuchte Gebiet von einem dichten Netz unterirdischer Gänge durchzogen gewesen.

Von verborgenen Schätzen

Von verborgenen Schätzen war bereits bei den Sagen von den untergegangenen Schlössern die Rede (T 24a, T 28, T 30, T 32). Auch Josef Rühfel, Volkskundliches, 185–187 Nrn. 1–12, stellt in einem Abschnitt Schatzsagen zusammen, bringt aber einleitend eine allgemeine Interpretation: *Das Reichwerden fällt auf dem Lande mehr auf als in der Stadt. Man kann es nicht fassen, wie man in kurzer Zeit von Armut zu Wohlhabenheit gelangt, zumal da sich jeder Pfennig nachrechnen läßt, jede Erbschaft bekannt wird. Durch Arbeit, Sparsamkeit und Klugheit allein geht es nicht, meint man, auch nicht durch Geiz; da muß was anderes im Spiel sein, denn wo wir hinschauen, schinden und plagen sich die Leute und kommen doch zu nichts, müssen froh sein, wenn sie ihr tägliches Brot verdienen.*
Gegenüber dieser realitätsbezogenen sozialgeschichtlichen Interpretation hebt die Erzählforschung andere Aspekte hervor. Seit die Brüder Grimm eine erste Gruppe von Schatzsagen veröffentlichten, ist das Interesse der Sagensammler an diesem Thema nicht mehr erloschen; es gibt kaum eine andere Gruppe von Sagen, zu denen so viel Material zusammengetragen wurde. Die Schatzsage lebt von der Spannung zwischen der Möglichkeit, durch erfolgreiche Schatzhebung zu Reichtum zu gelangen, und dem allzu häufigen Scheitern dieser Bemühungen, indem die peinlich genau zu befolgenden Regeln verletzt oder Tabus gebrochen werden. (Brigitte Bönisch-Brednich). – Eine wichtige Voraussetzung für viele Schatzsagen ist die Durchsetzung der Geldwirtschaft im späten Mittelalter. Der historische Hintergrund besteht oft darin, dass in Notzeiten, bei uns vor allem im Dreißigjährigen Krieg, Geld und Wertgegenstände vergraben und versteckt wurden. Gelegentliche reale Schatzfunde nährten dann den Glauben an verborgene Reichtümer und ihre mögliche Hebung.[37]
Zunächst die Schatzsagen, die Josef Rühfel zusammen getragen hat:
(**T 47**) *So erzählt man sich von zwei Reinhartshauser Familien, daß eines ihrer Glieder im alten Schloßgarten Geld gefunden habe.* (Rühfel, Volkskundliches, 185 Nr. 1)

(**T 48**) *Auch vom alten Pantel in Straßberg hieß es, er sei im Äckerle oberhalb der Stauden beim Roden auf einen Schatz gestoßen. Als Beweise werden angeführt, daß der Mann im Verlauf eines Vormittags dreimal von der Arbeit weg nachhause gegangen sei, und die Tatsache, daß er vorher nichts hatte und nachher ein vermögender Mann war; endlich, daß der Rest des gefundenen Geldes, den er nicht mehr hatte wegbringen können, so viel betrug, daß auf jeden der anderen Arbeiter noch 40 fl. kamen.* (Rühfel, Volkskundliches, 185 Nr. 2)

(T 49) *Der Räuber Motzet hat im Schwarzbaurenkopf oder im Turmkopf Geld vergraben.* (Rühfel, Volkskundliches, 185 Nr. 3)

(T 50) *Bei der Schönen Aussicht, unweit der alten Wetterfichte (südlich von* Straßberg*), liegt irgendwo die Kriegskasse verborgen, welche die Franzosen dort zurücklassen mußten.* (Rühfel, Volkskundliches, 185 Nr. 4)
Rühfel erklärt dazu: *Die Sage von der verborgenen oder verlorenen französischen Kriegskasse ist eine Wandersage und wird auch im Görzer Land erzählt (A. v. Mailly: Mythen, Sagen und Märchen vom alten Grenzland am Isonzo).* Bezug genommen wird offensichtlich auf die Koalitionskriege (1792 – 1796, 1799 – 1801, 1803 – 1805).[38]

(T 51) *In dem Kessel zwischen* Wehringen *und* Straßberg *soll einmal eine Kutsche hineingefahren und versunken sein und eine Kiste voll Geld mit ihr.* (Rühfel, Volkskundliches, 185 Nr. 5)

(T 52) *Beim oberen Wirt in* Döpshofen *hat man auch schon Schatz gegraben auf Anraten einer Zigeunerin hin, aber gefunden hat man nichts.* (Rühfel, Volkskundliches, 186 Nr. 6)

(T 53) *Vor langer Zeit wollten Leute in* Langenneufnach *einen Schatz heben und beteten das Christophelesgebet dazu. Als sich der Schatz zeigte, konnten sie es nicht zurückbeten, da waren sie gebannt. Da hat man einen Kapuziner kommen lassen, der hat sie befreit und das ganze Geld dafür bekommen.*
Das Schatzgraben wurde nach Aussage alter Leute viel getrieben, die ja alle an verborgene Schätze glauben. (Rühfel, Volkskundliches, 186 Nr. 7)
Das Christophorus-Gebet verrichtete man zur Erlangung von Wohlstand, also auch bei der Schatzgräberei. Dass dieses Gebet weit verbreitet war, erkennt man auch daran, dass sich das Verb *christoffeln* (= Schatz-beschwören, zaubern) bildete. Wegen Gebrauch des Christopherus-Gebetes wurden im Jahre 1701 neun Männer mit zwei Tagen im Stock abgestraft.[39]
Unter Bezug auf Anton Birlinger (Aus Schwaben Bd. 1, 258) bringt Josef Rühfel einen weiteren Text zum Schatzgraben: *Die Augsburger Chronik von Gassarus und F. X. Bronner führen scharfe Worte gegen die Schatzgräber: So findet man im Augsburger Gebiet bei etlichen gewissen Dörfern am Wege kleine Berglein oder Hügelein, da man wohl siehet, daß sie mit Händen gehauffet worden, so artlich in die Runde zusammengepacket, als wenn sie gedrehet wären. Da haben sich etliche Landläuffer und Leutebetrüger gefunden, welche dem fürwitzigen und einfältigen Völklein eine solche Nasen gedrehet, daß sie fürgeben, wo man solche Hüglein finde, daß allda ein Schatz begraben läge, welcher mit gewissen Ceremonien und teufelischen Beschwerungen müßte gehept werden.*
Achilles Pirmin Gasser (1505 – 1577), ein humanistischer Universalgelehrter, schrieb kurz vor seinem Tod die *Annales Augustani*, die als Höhepunkt und Abschluss der Augsburger Chronistik gelten.[40]

(T 54) *In* Münster*, südlich von* Siegertshofen*, grub man hinter der Wirtschaft den Bühel ab. Während des Mittagsessens wurde die Arbeit eingestellt; unterdessen sank ein Wagen an der abgegrabenen Stelle ein. Der Wirt machte es schlau, schickte den Knecht an eine andere Arbeit und grub allein weiter. Er stieß auf ein Gewölbe mit viel Geld, Schwertern und Kleidern mit goldenen Borten. Soviel betrug der Schatz, daß er dem Knecht aus freien Stücken 600 fl. schenkte (*Konradshofen*). In Münster soll ein Kloster gestanden sein; darauf weist übrigens schon der Name Münster = monaste-*

rium hin. (Rühfel, Volkskundliches, 186 Nr. 8; Nr 9 = T 32)

(**T 55**) *Bei der Armenseelentafel am Weg von <u>Bannacker</u> nach <u>Straßberg</u> soll ein Schatz vergraben liegen. Ein Bauer von <u>Bobingen</u> soll es getan haben, und es sei unrecht Gut gewesen. Deshalb mußte er dort umgehen, und das Armenseelentäfelchen sei seinetwegen hingesetzt worden (<u>Straßberg</u>).* (Rühfel, Volkskundliches, 186 Nr. 10)
Heute finden sich nur mehr wenige Armeseelentafeln.[41]

(**T 56**) *Die vergrabenen Schätze rücken zu gewissen Zeiten an die Erdoberfläche und sonnen sich (<u>Straßberg</u>).* (Rühfel, Volkskundliches, 187 Nr. 11)

(**T 57**) *Von <u>Bobingen</u> bis <u>Schwabmünchen</u>, zwischen Halde und Hochstraße, sind drei Ritter oder Fürsten begraben. Jeder Leib liegt in drei Särgen, einem eichenen, einem bleiernen und einem silbernen. Verschiedene Leute gruben schon nach, fanden jedoch die richtige Stelle nicht.* (Rühfel, Volkskundliches, 187 Nr. 12)
Das Motiv, dass hochgestellte Personen in drei Särgen aus unterschiedlichem Material bestattet wurden, ist weit verbreitet.[42]
Wie hoch Josef Rühfels Nachforschungen zu veranschlagen sind, ergibt ein Vergleich: Aus dem von ihm erforschten Gebiet sind mehr Schatzsagen bekannt als aus dem gesamten übrigen Landkreis. Allerdings erzählen die übrigen Sagen ausführlicher.

Die Fräulein vom Rauhenberg und vom Gabelsberg

Eine außergewöhnliche Anlage ist der Burgstall Rauhenberg, tief in den Wäldern westlich von Ettelried versteckt. Ein Geschlecht „von Rauhenberg" lässt sich im Mittelalter nicht nachweisen. Ob hier die Burg der Ministerialen, die sich nach Ettelried benannten und die im 12. Jahrhundert und dann von 1264 bis 1332 nachweisbar sind, stand, bleibt eine offene Frage – die Entfernung erscheint doch recht groß. Gisela Mahnkopf macht auf den Grabstein der Elisabeth von Rauhenberg, die 1580 gestorben ist, aufmerksam. Sie war die

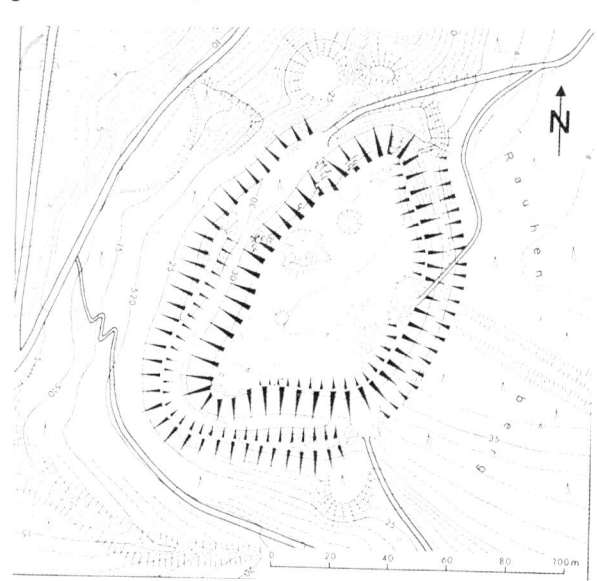

Burgstall Rauhenberg westlich von Ettelried. Top. Aufnahme: Otto Schneider, F. Nunner und Horst Gutmann 1970; Zeichnung: Otto Schneider; Flurkarte NW X. 34. Abb. aus: Schneider, Otto, Gutmann, Horst, Ruckdeschel, Wilhelm: Archäologische Wanderungen um Augsburg, Stuttgart-Aalen 1977, 94.

Schwester des Dompropstes Wolfgang Andreas Rem von Kötz, 1565 – 1588 Pfleger der Herrschaft Zusameck, und mit Christoph von Rauhenberg, gesessen auf Aschach (Oberösterreich) verheiratet. Kamen die Rauhenberg auf Aschach irgendwann von Ettelried nach Oberösterreich? Verbindungen zu Schwaben scheinen sie jedenfalls, wie die Ehe mit Elisabeth, geborene Rem von Kötz zeigt, gepflogen zu haben.[43]

(T 58) Auf dem Rauhenberg bei Dinkelscherben im Wald liegt der Schloßberg, ein mit Graben und Wald umgebener Hügel, auf welchem drei Schwestern wohnten, die man die Fräule von Rauhbe`g nannte. Den Wald Holaberg vermachten sie der Gemeinde Dinkelscherben. Auch die große Glocke im Turme dieses Marktes ist von ihnen gestiftet. Wegen dieser Schenkungen haben sie in Dinkelscherben einen Jahrtag mit Seelamt. Auch den Ettelriedern schenkten sie ansehnliche Gründe; daher müssen jene alle Jahre einen Rosenkranz für sie beten. Als sie einst das Gebet vergaßen, drohte ihre Kirche zu versinken.

Vom Schloßberg durch den Müllerberg bis in die Kirche in Ettelried zieht ein unterirdischer Gang. Vor einem Köhler auf dem Rauhbe`g wollte ein fremder Mann vorübergehen. Der Köhler rief: „Daher, daher!" Der Fremde folgte und lehnte sich mit dem Rücken an das Feuer des Meilers. Flammen sprühten aus seinem Rücken. Der Köhler, vermeinend, jener sei dem Feuer zu nahe gekommen, warnte: „Du brennst ja!" Schwieg der Fremde. Der Köhler sah ihm auf die Füße und bemerkte einen Geißfuß. Er hatte den Bösen gerufen und starb auch bald hernach. Vorstehende Ortsangaben und Erzählung von einem achtzigjährigen Greise.

Ein anderer erzählte: Einst hatten Schatzgräber den Schatz im Schloßberg schon ganz heroben; da rief einer: „Lupf ihn, lupf ihn!" Plötzlich versank die Kiste. Vom Schloßberg bis hinter den Altar der Kirche in Dinkelscherben zieht ein unterirdischer Gang, so groß, daß das Fräulein in der Kutsche zur Kirche fahren konnte. Vor dem Schlafengehen mahnen die Eltern ihre Kinder: „Bett`s fei au`für de Fräule vom Rahbe`g". So weit der zweite Erzähler.

„Wußten die Alten", frug ich, „nichts von einer Blinden und der Teilung des Schatzes?" „Noi, noi!" entgegnete lebhaft ein bisher schweigender Zuhörer, „des wa`auf`m Gabelsbe`g", erzählte nun die oft erwähnte Geschichte von der betrogenen Blinden und fügte hinzu: „`s

Rekonstruktionszeichnung Rauhenberg (Archiv Otto Schneider).
Abb. aus: Pötzl, Herrschaft, 107.

Schloß leit im Wald und heißt Hollebe`g, hab`s Hündle selbe` scho´ bella` höra`. E´mol z` Aestré hat`s Hündle `s stark bellt, segt a` Mo` zu sei` Wei`: Rösle, gáng nauf! Du bish i` de` Gnad Gottes! Se ish halt grad vo` de` Beicht komme`, und wa` rei` vo` Sünd`n. Abe`s Rösle hat se halt net traut."
(Panzer, Sagen Bd. 1, 143 Nr. 216)

Die mehrgliedrige Sage setzt sich aus mehreren bekannten Motiven zusammen. Die drei Fräulein, ein weit verbreitetes Motiv, beschenkten sowohl Dinkelscherben als auch Ettelried, weswegen ihrer in einem Jahrtag bzw. mit einem Rosenkranz gedacht wurde. Bei Nichteinhaltung dieser Verpflichtung drohte die Kirche von Ettelried zu versinken. Die Eltern mahnen ihre Kinder vor dem Schlafengehen, für die Fräulein zu beten. Etwas aus dem Rahmen fällt die Stiftung der großen Glocke in Dinkelscherben. Diese große Glocke, die noch heute geläutet wird, hat laut Inschrift Dompropst Wolfgang Andreas Rem von Kötz gestiftet.[44] Das nährt die Vermutung, dass man am Beginn der Sagenbildung um die Verbindung Rem – Rauhenberg wusste.

Entsprechend der Parallelität Ettelried // Dinkelscherben zieht ein unterirdischer Gang sowohl nach Ettelried wie nach Dinkelscherben. Letzter tritt hinter dem Altar aus und ist so groß, dass man darin mit der Kutsche fahren kann. Hier erfährt das häufige Motiv vom unterirdischen Gang (s. T 37–46) eine Variante, die aber auch sonst vorkommt.
Ganz in den Bereich der dämonologischen Sage (s. u.) gehört die Begegnung des Köhlers mit dem Teufel.
Eingebracht ist auch der missglückte Versuch, den Schatz zu heben.
Der Text erweckt den Eindruck, als habe Friedrich Panzer (s. S. 33) in Dinkelscherben selbst Feldforschung betrieben. Als Gewährsmann des ersten Teils erwähnt er einen achtzigjährigen Greis (was aber auch Topos sein könnte). Die Schatzgräberepisode erfuhr er von einem zweiten Gewährsmann und offensichtlich war ein Kreis von Leuten versammelt, bei dem er nachfragte – und hier geht er in die Ich-Form über – und er erfährt die Sage von der betrogenen Blinden bei der Teilung des Schatzes (s. T 28). In dieser letzten Passage wählte Panzer den Dialekt. Ein Hund (im Schwäbischen natürlich ein *Hündle*) bewacht den Schatz. Als einmal an Ostern der Hund besonders stark bellte, versuchte ein Mann seine Frau *Rösle* (wohl Rosa, ein einst geläufiger Frauenname) zu überreden, den Schatz zu heben, denn sie kam gerade von der Beichte, war daher rein von Sünden und stand in der Gnade Gottes. Eine derartige Voraussetzung, um einen Schatz heben zu können, gehört wie das häufigere Schweigegebot zu den Bedingungen.

Der Raunlbrunnen auf dem Schlossberg in Markt-Biberbach

Die Burganlage in Markt wurde, wie sie heute steht, von den Fuggern geschaffen.[45]

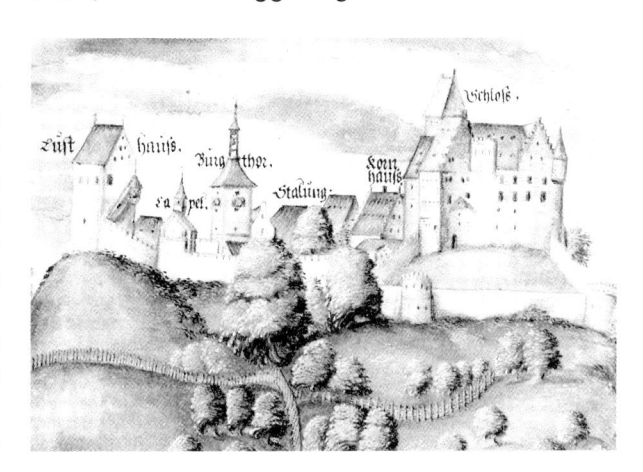

Burg Markt um 1550.
Abb. aus: Pötzl, Walter (Hg.): Der Landkreis Augsburg. Natur, Geschichte, Kunst und Kultur, Augsburg 1989, 73.

Der tiefe Brunnen und der Anfang des unterirdischen Ganges sind noch heute vorhanden, die Sage ist aber nicht bekannt (frdl. Hinweis von Frau Anni Fries, Markt).

(**T 59**) *Auf dem Schloßberg in Markt-Biberbach, am Einflusse der Biber in die Schmutter, in Schwaben, steht ein alter Turm, Rappenturm genannt. Bei diesem Turm ist der Raunlbrunnen, ein tiefer Brunnen. Zu heiligen Zeiten horchen abergläubische Leute an diesem Brunnen und schauen dabei hinab, um den Raunl zu sehen. Im Raunlbrunnen liegt ein Schatz, welchen der Raunl auf unrechte Weise erworben hat und deswegen umgehen muß. Vom Rappenturm bis nach Plankenburg, ein schöner freier Platz im Burgholz, zieht ein unterirdischer Gang. Im Burgholz läßt sich das wilde Gjaig hören, auch das Fräulein sehen. Es kommt vom Mühlberg herab und will erlöst sein. Erzähler sah sie selbst.*
(Panzer, Sagen Bd. 1, 136, Nr. 203)
Schätze sind mitunter unrecht erworbenes Gut. Ansonsten ist der Text ein Konglomerat verschiedener bekannter Motive. Der Erzähler will das umgehende Fräulein selbst gesehen haben.

Der Schlossschatz von Kleinaitingen
Von einer Burg in Kleinaitingen ist nichts bekannt.

(**T 60**) *Einst stand hier ein Schloß. Lange Zeit war noch ein unterirdischer Gang vorhanden, der zu einem Kellergewölbe führte. Hier saß auf einer Truhe voll Geld ein Fräulein. Vor ihr stand ein Tischlein mit einem brennenden Licht. Wohl wagte sich mancher, den nach dem Gelde gelüstete, in den Gang. Aber niemand konnte den Schatz heben. Denn sobald man sich der Truhe näherte, löschte das Licht aus.*
Einst war eine Magd in der Nähe auf einem Acker mit Mistbreiten beschäftigt. Sie war fast fertig und hatte nur noch drei Haufen vor sich. Da kam das Fräulein in weißem Gewande mit schwarzer Schleife und sagte: „Du kannst mich erlösen, wenn du dich nicht fürchtest. In einem dieser drei Haufen ist eine Schlange versteckt, die auf dich losfahren wird. Du darfst aber weder erschrecken noch ein Wort reden. Das Tier wird dir nichts zuleide tun. Wenn du die Probe bestehst, ist der Schatz in deiner Hand. Ein Drittel gehört davon den Armen, ein Drittel der Kirche, der Rest sei dein Lohn." Die Magd arbeitete weiter und aus dem letzten Haufen schoß wirklich eine Schlange und fuhr zischend an dem Mädchen empor. Das erstemal überwand es die Furcht und blieb standhaft. Als aber die Schlange immer zudringlicher wurde, schrie sie entsetzt: „Jesus, Maria und Josef!" Wie mit einem Schlage war das Fräulein, das auf der Straße wartend stehen geblieben, unter Jammergeschrei verschwunden. Noch drei Tage lang hörte die Magd in den Lüften weinen.
(LK Schwabmünchen, 364) (= ins Hochdeutsche übertragener Text von Anton Birlinger, Wörterbuch, 467 II,1) s. Abbildung:

1.

'S Fraile uff der druhhə z'Kloinoitinga.

Dao ist ə maol ə frailə gwēsə ond die ist im ə gmaurətə kélər dinn gwēsə ond ist uff ə-r-ə druhhə vol geld gsēszə am ə chloinə dischlə ond ə liehtlə haot bronnə und nao wemmə haot wellə nā gaū, nao ist 's liəht āglēscht ond nāchommə haot mə chönnə niə, wie mə 's gmacht haot. nao haot ə maol ə mād mist broitət, nao haot sē glei voll broit ghett, nao ist dés frailə zu 'r nā chommə; haot ə weisz bās āgchett; nao haot's gsait: in 3 hauflə wear ə schlang 'rouszfarə und die schlang wear an 'r 'nouffarə druimaol: nao deəb sē iər aber nix, sē wēar nō drui maol an 'r 'nouffarə, aber sē dárf nitt schwāzə ond nao chriəg sē də schāz. der viertl doil gchear in' chirchə; oi doil də armə, ond oi doil iərə seall. beim drittə hauffə ist āədələ die schlang 'rouszgfarə. nao ist sē an'r 'nuff; s'ēst maol haot sē itt gschwāzt ond nao dēs fraile ist ā d'er straosz stau bliəbə. nao 's zweit maol haot sē ›Jess mandd Josef‹ gschriə. nao ist dés frailə vertschwondə; nao haot sē 's drei dāg in də liftə döbə hearə heinə. wenn də nao Kloiāitingə gaogt, dao ist ə onterirdischer gang 'nei ½ stond.

Dialektfassung.

Schlangen gehören zu den klassischen Bewachern von Schätzen, Aufgrund ihrer edelmetallisch glänzenden Schuppen ist ihre Affinität zur Schatzmotivik natursymbolisch leicht verständlich; zudem werden ihr die Eigenschaften Geiz und Neid und damit die Neigung, Schätze zu hüten, zugeschrieben. Die Überwindung der natürlichen Angst vor der Schlange gehört zur häufig belegten Anforderung, wenn man den Schatz gewinnen will. Die vorliegende Sage geht aber nicht so weit, von der Magd den Schlangenkuss zu fordern. Die Magd versagt bei der ihr zugedachten Erlösung. Warum das Fräulein umgehen muss, wird nicht gesagt. Da der Schatz als Lohn für die Erlösung auf die Armen und die Kirche (und die Erlöserin selbst) aufgeteilt werden soll, deutet das auf Wiedergutmachung. Das Fräulein hat sich offensichtlich in diesem Bereich etwas zuschulden kommen lassen und muss deswegen umgehen.[46]

Das Schlossfräulein von der Giessenburg

Dass in dem abgegangenen Weiler Giessenburg an der Südgrenze der Gemarkung Untermeitingen eine Burg stand, darauf deutet schon der Name hin (s. o.).
Theodor Jörg nahm folgende Sage auf:
(**T 61**) *Südlich von Untermeitingen auf der Höhe des Lechrains stand die Giessenburg. Das Volk erzählt, daß hier ein Schloßfräulein umgegangen sei und einen verborgenen Schatz bewacht habe. Eines Nachts kehrte der Schäfer von Untermeitingen zu seinem Pferch zurück, der nahe der ehemaligen Burg geschlagen war. Als er bis zur Hühle (Hohlweg) an der Lehmgrube kam, saß zu seinem Schrecken das Fräulein auf einer Reisetasche. Er rief es an, bekam aber keine Antwort. Vielmehr ging das Fräulein vor ihm her und niest ein paar Mal heftig. Aber der Schäfer hatte nicht den Mut, kräftig „Helf Gott!" zu rufen. Vielleicht hatte er sich dadurch sein Glück verscherzt, denn sicher hätte ihm das Fräulein den Schatz gezeigt. So aber drückte das Versäumte wie eine Zentnerlast auf seinen Schultern. Um sich selbst Mut zuzusprechen, rief er: „Du kascht mir da Buckl ra-rutscha!" Unserm Schäfer war dabei nicht geheuer. Schwitzend vor Angst erreichte er seinen schützenden Schäferkarren.*
(LK Schwabmünchen, 364f)
Die Begegnung des Fräuleins, das den Schatz bewacht, mit dem Schäfer gerät zur Begegnung mit dem Ungeheuren, die aber recht widersprüchlich verläuft. Die Angerufene reagiert nicht, auf ihr Niesen hin findet der Schäfer nicht das erlösende Wort und verspielt dabei die Chance, an den Schatz zu gelangen. Das Versäumnis bedrückt ihn, er schwitzt vor Angst. Andererseits reagiert er dann mit einem derben Spruch auf die Begegnung.

Der Schatz im Schöpfbrunnen im Eichenloh

Panzer hat (verlesen oder verschrieben) Eschenloh, doch die Lage dieses kleinen Waldes wird auf den Karten eindeutig als Eichenloh bezeichnet und ist auch noch heute als solcher bekannt.
(**T 62**) *Eschenloh heißt ein ehemaliger kleiner Wald auf dem Abhange eines Berges an der Landstraße zwischen Oberhausen und Gersthofen im Kreise Schwaben. Da ist ein Schöpfbrunnen mit einer steinernen Einfassung, wo ein Schatz verborgen sein soll.*
Vor etwa dreißig Jahren gingen mehrere junge Leute in das Eschenloh, um Holbeeren zu brocken. Einer nahte sich dem Brunnen und sah auf der Brunneneinfassung eine altmodische Uhr. Staunend rief er seine Kameraden herbei, aber die Uhr war verschwunden. Vermeinend, sie sei in den Brunnen gefallen, sahen sie hinab, erschraken aber nicht wenig, als eine ungeheuere Kröte heraufstarrte, und flohen.

Ein anderes Mal, als Knaben im Eschenloh Holbeeren suchten, winkten ihnen zwei weiße Jungfrauen zum Brunnen, aber die Furchtsamen flohen.

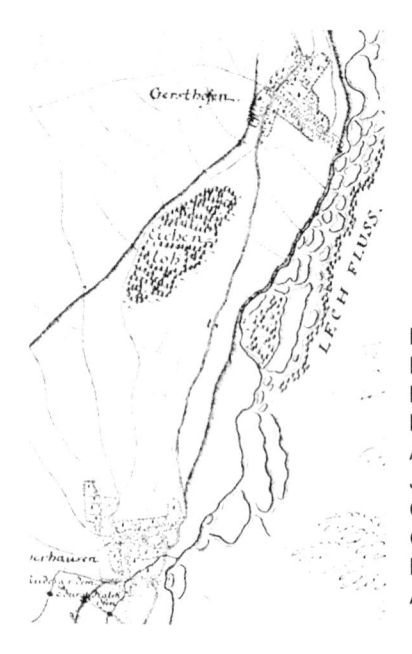

Das Wäldchen Eichenloh auf der Karte von Johann Lambert Kolleffel. Abb. aus: Krauße, Johannes (Hg.): Chronik der Stadt Gersthofen, Gersthofen 1989, 28 Abb. 12.

Das wilde Gjaig wurde öfters im Eschenloh gehört.
Um den Ort zu ermitteln, wo der Schatz liege, gebrauchte ein Weber von Augsburg eine an einem Faden hängende Kugel. Sie war von dunkelgrauem Horn. Wie nun der Weber, das andere Ende des Fadens in der Hand, suchend um den Brunnen herumging, war die Kugel anfangs ganz ruhig; als sie aber gerade über dem Platz hing, wo der Schatz lag, fing sie an zu tanzen. Voll Freude eilte er zu einem Pfarrer in Bayern, welcher der Kunst Schätze zu heben kundig war. Dieser befahl dem Weber, eine Hand voll Erde von dem Platze zu bringen, unter welchem der Schatz liege. Wieder suchte der Weber die Stelle mit der Kugel, welche aus sogleich zu tanzen anfing, als sie gerade über dem Schatz hing. Er tat, wie ihm befohlen, und der Pfarrer hieß ihn nach acht Tagen wiederzukommen. Inzwischen wollte sich der Weber durch seine Kugel überzeugen, ob der Schatz noch vorhanden sei. Da diese nicht mehr tanzte, so begab er sich eilend zum Pfarrer, um seinen Anteil zu holen. Dieser aber leugnete und jagte den Weber den Pfarrhof hinaus.
(Panzer, Sagen Bd. 2, 134 Nr. 201)
Der Schatz wird offensichtlich doppelt bewacht: einerseits von einer ungeheuren Kröte, andererseits von zwei weißen Frauen. Die Kröte im Brunnen erinnert an den Frosch im bekannten Märchen und die Kugel, die hier allerdings zur Auffindung des Schatzes verwendet wird, an den Ball.[47] Auf dem Engelshof ließ man eine eiserne Kugel hinab, um die Tiefe des Brunnens zu ergründen (T 38). Der Hinweis auf die wilde Jagd stört die Erzählung und wird als Einschub, wohl von Panzer, erkennbar. Der Augsburger Weber pendelt den Platz des Schatzes aus. Im Volk ging die Meinung, dass bestimmte Personen besonders befähigt seien, Schätze zu finden. Im vorliegenden Fall ist es ein Pfarrer, der aber dann den Weber um den Schatz betrügt.

Kriege

Obwohl Augsburg und die großen Verkehrswege dorthin immer wieder in die Kriege einbezogen waren, spielen damit zusammenhängende Sagen keine große Rolle.[48]
Von der „Schlacht auf dem Lechfeld" liegt nur ein echter sagenhafter Text vor, die anderen sind Dichtungen im Stil von Sagen (s. S. 126–129, T 20 und T 21). In Großaitingen wurde im Zusammenhang mit dieser Schlacht[49] ein weit verbreitetes Motiv verortet:

(T 63) *Der Ritter im goldenen Sarg*
Als 955 die Ungarnschlacht auf dem Lechfeld geschlagen wurde, dehnte sich der Kampf bis zur Wertach aus. Auch unsere Schinderwiesen waren Schlachtfeld. Ein Ritter, der bei diesem Kampfe fiel, sei in einem goldenen Sarg begraben worden. Später wurden Grabungen nach dem Sarg unternommen, aber ohne Erfolg. Vermutlich wurde der Sarg einmal heimlich ausgegraben.
(Aus: Gemeinde Großaitingen (Hg.): Ortschronik Großaitingen, Großaitingen 1976, 199f)
Das Haus des Schinders lag südlich der Straße nach Reinhartshofen, kurz vor der Wertachbrücke. Der in einem goldenen Sarg begrabene Ritter ist eine Variante zu den in drei verschiedenen Särgen begrabenen Rittern (s. T 57). Dass die Sage geglaubt wurde, verraten die Grabungen und die Meinung, der Schatz sei schon heimlich geborgen worden.[50]

Aus einem Quellentext zu folgern, ein Ereignis habe nicht stattgefunden oder eine Sache habe es nicht gegeben, weil sie nicht erwähnt werden, ist nach der Methodik der Geschichtswissenschaft fragwürdig. Bei Josef Rühfel (s. S. 35–39) aber, der sein Gebiet, das ins Lechfeld hineinreichte, so gründlich erforscht hat, darf man annehmen, dass er eine Sage über die „Schlacht auf dem Lechfeld" mitgeteilt hätte, wenn ihm eine zugetragen worden wäre. Auf das Lechfeld (im heutigen Verständnis) wurde die Schlacht erst im 19. Jahrhundert verlegt.
Wohl kein anderer Krieg hat die Bevölkerung so getroffen wie der **Dreißigjährige Krieg**. Dabei erreichen die eigentlichen Kriegsereignisse unsere Region erst von der dritten Phase, dem schwedischen Krieg (1632 – 1635) an und finden dann nach einer zehnjährigen Ruhepause eine Fortsetzung in der vierten Phase, dem schwedisch-französischen Krieg (1646 – 1648).

Dem schwedischen Krieg voraus ging eine entsetzliche Pestwelle (1627 – 1629) und die Pest brach dann immer wieder aus. Eine der letzten großen militärischen Aktionen auf deutschem Boden war die „Schlacht bei Zusmarshausen", eigentlich ein Verzögerungsgefecht, das sich am 17. Mai 1648 von Zusmarshausen über Schäfstoß bis zur Schmutter bei Hainhofen hinzog. Vielleicht bewirkte die Erinnerung daran, dass sich in diesem Raum einige Sagen erhalten haben.
Hermann Endrös, mein verdienstvoller Vorgänger im Amt des Kreisheimatpflegers, hat intensiv Sagen gesammelt. Unter den Volkssagen vom mittleren Zusamtal, die er für das Schullandheim Zusamzell zusammentrug, finden sich folgende Beispiele:

Neuanfang nach dem Krieg
(T 64) *Vor über dreihundert Jahren nahm der Dreißigjährige Krieg (1618 – 1648) in einer letzten Schlacht vor Zusmarshausen sein Ende. Fast alle Höfe in Zusmarshausen und Wollbach waren unbewohnt. Die Leute hatten vielfach in der Stadt Zuflucht gesucht und waren dort meist in ihren Elendsquartieren der Pest erlegen. Vieh und Fahrnis waren gestohlen oder zerstört, Stall- und Haustüren standen offen in den Brandruinen, denn sie hatten kein kostbares Eigentum mehr zu schützen.*
Nur auf dem Salenbacherhof waren die Hausleute noch da. Als die letzten Soldaten abgezogen waren, kam die Altbäuerin, eine Wittib, in die Stube und setzte sich an den Tisch, legte den Kopf auf die Hände und weinte zum Steinerweichen. Der Wind blies durch die leeren Fensteröffnungen und spielte mit ihren grauen Haaren. Da stieg ihr ältester Sohn, ein mutiger und braver Kerl, auf den Getreideboden hinauf; doch da war gähnende Leere. Da nahm er einen an der Wand steckenden Flederwisch, kletterte auf allen Brettern unter den Dachsparren herum und kehrte alle Getreide-

körnlein sorgfältig in seine Kappe. So machte er es auch in den Resten des Stadels, und so ward sein seltsames Kornsäcklein eben voll. Dann ging er tief in den Wald hinein und kam mitten im Dickicht an eine Lichtung. Dort rief er, wie man Kühe zu locken pflegt, einen halben Tag. Nun konnte er schon fast nicht mehr. Da teilte sich auf einmal das Gebüsch und ein elend abgemagertes Stück Rind kam heraus und schaute ihn gar mitleidig mit seinen großen Augen an. Es hieß, das Stücklein habe der selige Gisebert, der damals noch allgemein als Beschützer des Viehs im Zusamtal (wo er im 11. Jahrhundert gelebt hatte) verehrt wurde, selbst in seine Hut genommen, um dem armen Volk wieder einen Anfang zu ermöglichen.

Der junge Salenbacher aber hatte zuerst vor lauter Glück einen Teufelstrug befürchtet, weshalb er sich mehrmals bekreuzigte. Dann aber brachte er den kostbaren Fang nach Hause, holte den letzten verkommenen Pflug hervor, bandelte aus alten Stricken und Riemen ein Ackergeschirr zusammen und spannte das Kühlein an. Es kostete ihm große Mühe, bis er das durch den langen Aufenthalt im Walde ziemlich verwilderte Tier soweit abgerichtet hatte, daß einige wackelige Furchen zustande kamen. Schließlich aber konnte er doch den Inhalt seiner Mütze aussäen und von den paar Körnlein und der Kalbel ist man in der Gegend durch Gottes Gnade und des seligen Gisberts handgreifliche Hilfe wieder zu Vieh und Korn gekommen. Wie elend aber die Leute bis zur zweiten Ernte ihr Leben fretten mußten, ist gar nicht zu sagen.
(LRA KHPF OA Zusamzell)

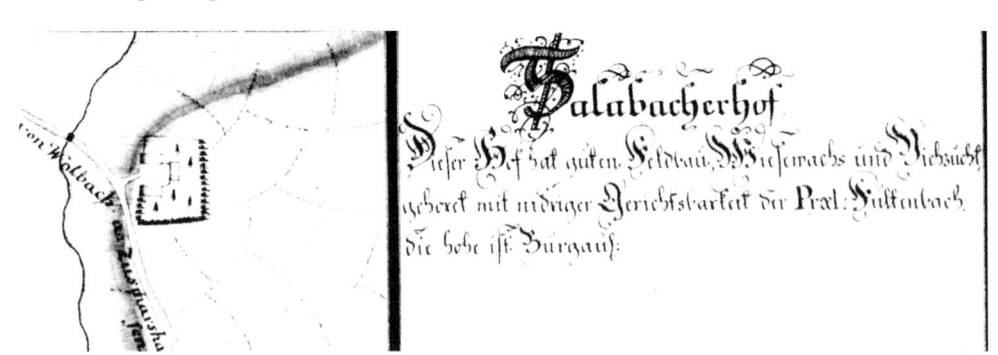

Der Salenbacher Hof bei Johann Lambert Kolleffel. Abb. aus: Kolleffel, Johann Lambert: Schwäbische Städte und Dörfer um 1750 Bd. 2, Weißenhorn 1974, 170 unten.

Die Legende vom Heiligen Gisebert, der das Vieh hütete (T 17) war dem Erzähler dieser Sage bekannt, ansonsten wirkt die Erzählung sehr realistisch.

Stammeltern für Zusmarshausen
(T 65) *Ein Bild von den traurigen Zuständen im Ort Zusmarshausen selbst gibt die lange Zeit erzählte Geschichte von der schönen Zottin, die in dem verlassenen Ort eine Art Sibyllendasein führte. Sie hatte sich im Beinhaus auf dem Gottesacker neben der stark beschädigten Kirche mitten unter den Totengerippen verkrochen und hatte ganz richtig damit gerechnet, daß die durchziehenden Heerhaufen nichts gegen ihr sonderbares Gefängnis unternehmen würden. Vorsorglich hatte sie einen Sack alten gedörrten Brotes bei sich und konnte es so ziemlich lange aushalten, bis die letzten wilden Horden das Dorf passiert hatten.*

Als sie keinen Lärm mehr hörte und keinen Feuerschein mehr wahrnahm, getraute sie

sich inmitten einer stockdunklen Nacht aus ihrem Verließ. Da erschrak sie aber ob der Totenstille und tastete sich nach der uralten Dorflinde oben vor dem Schloß und umarmte sie laut heulend gleich wie den letzten Getreuen, der ihr aus der Gemeinde verblieben wäre. Und wie erschrak sie erst, als sie beim fahlen Morgenlicht sich über den Schloßbrunnen neigte und sah, wie die Not und der Kummer aus ihr eine Greisin gemacht hatten.
Schon wollte sie wieder ins Beinhaus zurückkehren, um dort freiwillig des Hungertodes zu sterben. Aber eine innere Stimme sagte ihr, sie solle doch noch einmal um ihren geliebten Heimatort herumgehen, um von ihm Abschied zu nehmen. Sie tat es, so gut ihre Füße sie trugen. Und wie sie sich von der Zusammühle wieder den Markt hinaufschleppte zur Kirche, hörte sie abseits aus einer verfallenen Scheune ein leises Wimmern. Sie traf es trotz der leidvollen Klage wie ein Sonnenstrahl in dunkler Nacht: In der Scheune lagen etliche Dutzend Leichen und unter ihnen todwund der Schmiedsohn, der noch ein wenig atmete. Mit ihren letzten Kräften zog sie ihn ans Licht und brachte ihn mit Löwenzahnbrühe wieder zum Leben, nachdem sie an einer Feuerstätte noch einen glimmenden Aschenrest gefunden hatte. Der junge Schmied genas zusehends und das Mägdlein wurde jünger und lebenslustiger, je mehr der Bub zu Kräften kam. Was wunder, daß sie den ersten Kapuziner, der wieder durch den Ort kam, flehentlich baten, sie zu kopulieren, und daß sie nach der Sage so etwas wie die Stammeltern des Ortes wurden nach dem furchtbaren Aderlaß dieser Kriegszeiten? (LRA KHPF OA Zusamzell)
Sich unter Toten zu verstecken, um zu überleben, war eine weit verbreitete Praktik. Eine Familie Zott lässt sich weder im Steuerbuch von 1611 noch im Steuerbuch von 1677 nachweisen; vielleicht handelt es sich um einen Hausnamen.[51]

Das geheimnisvolle Femegericht

Die Sage ließe sich auch unter den Gerichtssagen (s. u.) einordnen, doch mag sie hier stehen bleiben, da sie zeitlich so angesetzt ist und auch Kriegsgewinnler aburteilt.

(**T 66**) *Volkskundlich interessant ist auch die Tatsache, daß wenige Jahrzehnte später, als der Ort wieder zu Menschen und Vieh gekommen war, die Furcht vor den geheimen Gerichten der geisterhaften Freischöffen in der Gegend irrlichterte. Den tatsächlichen historischen Hintergrund bilden die sogenannten westfälischen Fehme- oder Freigerichte, die neben der ordentlichen Gerichtsbarkeit im geheimen auf Recht und Gerechtigkeit sahen und viele Verbrecher zur Rechenschaft zogen, die für den Arm des ordentlichen Richters unerreichbar waren. Das Volk sah natürlich in dieser merkwürdigen Einrichtung etwas Überirdisches und Geisterhaftes. So hieß es in der Zusmarshauser Gegend, daß zu gewissen Zeiten, namentlich an den Vorabenden der Hauptfesttage, zwischen* Lindach *und* Zusmarshausen *auf den buchenbestandenen Höhenrücken Geistergestalten in alter, unheimlicher Tracht aus der Erde stiegen, um über habsüchtige Händler, die aus der Not des Volkes Nutzen zogen, zu Gericht zu sitzen. In weiteren Kreisen saßen sie dann in einer Waldlichtung um den Angeklagten, dem der Nachrichter mit dem Schwert zur Seite stand. Eine Glockenstunde dauerte jeweils die erregte Verhandlung; doch klaglos waren alle Reden und jedesmal vernichtend für den Angeklagten, dessen Haupt mit dem ersten Stundenschlag der Zusmarshauser Turmuhr zu fallen pflegte. Ertönte dieser Stundenschlag nicht, d. h. war er wegen ungünstigen Windes nicht hörbar, dann verschwand das Geistergericht unter Zurücklassung des Delinquenten. Ein so Geretteter hat dies alles erzählt.*
(LRA KHPF OA Zusamzell)
Der letzte Satz darf als Topos gelten. Da die

Femegerichte geheim tagten, sind sie schlecht fassbar.[52]

Der Gerechtigkeitssinn der Schlossliesl von Zusmarshausen

(**T 67**) *In den Tagen nach der Nördlinger Schlacht (5./6. September 1634), in der die Schweden von den Kaiserlichen besiegt worden waren, kam ein zersprengter Heerhaufen von etwa einem Dutzend Schweden und Dänen und sonstigem nordländischem Kriegsvolk ohne rechte Waffen und Ausrüstung durch den schwer heimgesuchten Markt Zusmarshausen, in der begreiflichen Absicht, zu betteln, wo es noch etwas zu betteln gab, wo aber nicht, zu stehlen, was des Leibes Wohlfahrt erforderte. Schon hatten sie von beiden Möglichkeiten einigen Gebrauch gemacht, da kamen einige der wenigen noch handfesten Bauern mit Sensen und Dreschflegeln hinter ihnen her. Da sie mit ihren, wenn auch erbärmlichen Waffen in der Übermacht waren, gelang es ihnen, die Marodeure zu überwältigen und durch des Bischofs Vogt in Schloß und Gewahrsam nehmen zu lassen.*

Schon in kurzem war es aber den meisten der Verhafteten gelungen, wie sie später sagten, „aus dem hölzernen Hennenstall mit linder Gewalt" zu entweichen. Sie verübten nun teils aus Rache, teils aus Hunger die fürchterlichsten Gewalttaten und blieben noch viele Wochen der besondere Schreck der Gegend, die sie von den dichten Wäldern und von verlassenen Gehöften aus unsicher machten. Die restlichen Viere mußten es natürlich büßen und wurden fest in die Eisen getan, bekamen noch weniger Nahrung als bisher, und eines Tages tat man ihnen zu wissen, daß sie es mit dem Leben büßen müßten, wenn ihre tollgewordenen Kameraden weiterhin fortführen, zu rauben, zu plündern, zu stehlen und zu schänden.

Davor wurde es dem Ärmsten natürlich angst und bange. Nur des Vogtes Nichte, eine angenommene, bildschöne Weibsperson, ließ einiges Licht in das Dunkel des trostlosen Kerkers scheinen. Die schwarzhaarige „Schloßliesl", wie sie allgemein hieß, hatte nämlich trotz ihrer fünfzehn Jährlein bereits eine sehr schwache Seite für den langen, blondhaarigen Dänen unter den Delinquenten, der ihr beim Essenbringen oft in gebrochenem Deutsch gar traurige Dinge berichtet hatte, etwa wie ihn die Werber des großen Schwedenkönigs betrunken gemacht und so im Schnapsrausch von seinem alten Mütterlein weg unter die Fahnen gestohlen hätten. Dort habe es ihm zwar anfänglich nicht übel gefallen, da es hieß, er gehöre nunmehr zu des Evangeli Soldaten und der Schwedenkönig sei nur Christi Werber. Aber dann seien ihm doch große Zweifel gekommen ob des Elends, das Christi Krieg hüben wie drüben den Menschen gebracht habe. Mit einigen ähnlich gesinnten Kameraden habe er sich, zumal Gottes Segen das Heer sichtbar verließ, daran gemacht, nun in seine Heimat zu kommen. Aber nirgends traute man ihnen. Verstoßen, gejagt, geprügelt und halb verhungert schlossen sie sich wieder einem Heerhaufen an, als elendes Pack, endgültig reif für den Untergang, als bei Nördlingen alles verloren war. Nun sei es mit ihnen aus, da ihre ausgebrochenen Kameraden nicht an ihre Rettung dächten und alles auf die letzte Karte setzten. Er selbst wolle noch ganz gern leben. Seine Mitgefangenen aber hätten genug und ersehnten nichts als den Tod.

Diese Mär tat es dem schönen Mägdlein vollends an, und als es nach einem weiteren Raubüberfall durch die Kollegen der Inhaftierten hieß, jetzt werde dem längsten der vier Arrestanten zum abschreckenden Beispiel der Prozeß gemacht, da schlug sich das tapfere Mädchen mit einer Mistgabel bewaffnet in einer Mondnacht ohne Wissen seiner Angehörigen zum Waldlager der berüchtigten neun

Schnapphähne durch, die vor Überraschung nicht mehr aus und ein wußten. Das Mädchen las ihnen ordentlich die Leviten und machte ihnen vor allem klar, daß sie am Tode des langen Blonden schuld seien, der am kommenden Morgen an der Galgengasse gehängt werde, wenn sie es nicht verstünden, das Schlimmste mit List und Schläue und allenfalls mit Gewalt doch noch zu verhüten. Dann ging sie wieder ihren Weg zurück.

Tatsächlich zog man den armen lebenshungrigen Dänen am folgenden Tag auf dem Schinderkarren zur Richtstätte, ohne viel Aufsehen; denn es war ja nicht mehr viel Leben am Ort. Als der traurige Zug gerade den Ort verlassen wollte, gellte ein schriller Pfiff und aus einer Brandruine preschten mit einem Schlag drei rußige Gestalten hervor, rissen auf einen fremdländischen Ruf hin den Todeskandidaten vom Karren und gingen mit ihm querfeldein auf und davon, eh sich`s die anderen versahen. Aber die Zusmarshauser und ihr Vogt hatten ja noch drei Trümpfe in der Hand. An die hatte wohl die Schloßliesel zuerst weniger, um so mehr aber der Gerettete gedacht, der zwar wußte, daß sie vom Leben nicht mehr viel hielten, dem jetzt aber die Liesel doch in den Wald hinaus wissen lassen konnte, daß sie nun, da es unweigerlich ans Sterben ging, gar kläglich jammerten und von Müttern, Weibern und Kinder sprachen. Nun hatte aber die Schloßliesel beim Herrn Bischof – es war der berühmte Gegenreformator Heinrich von Knöringen –, der oftmals in seinem Zusmarshausener Schloß geweilt hatte, einen besonderen Stein im Brett, weil sie ein gar herzliebes Kind war, das den Mund am rechten Fleck hatte und dem man nicht böse sein konnte. Sie wußte, daß der hohe Herr in zwei Tagen wieder käme, und brachte ihren Onkel dazu, die Exekution noch so lange aufzuschieben. Als der hohe Besuch eintraf, da verstand sie es, für den Blonden freies Geleit zum Bischof selbst zu erbetteln.

Tatsächlich scheint alsbald im Schloß ein merkwürdiges Tribunal stattgefunden zu haben, wobei die Liesel ordentlich das Wort führte. Noch vor einem halben Jahrhundert erzählte man sich vom Freimut des Dänen, der die ganze Tragik seines Soldatenlebens enthüllte. Der unglückliche, zum Räuber gewordene Soldat sprach aber nicht nur für sich und für seine Kameraden im Gefängnis und Waldlager, sondern für seinen ganzen Stand, „wie wenn's ihm Gottes Geist selbst gegeben". Stellt man sich dazu vor, wie die Liesel in ihrem kindlich-natürlichen Gerechtigkeitsgefühl ihn sekundiert haben wird, und bedenkt man, daß an Herrn Heinrich von Knöringen von Freund und Feind seine edle Aufgeschlossenheit und Sachlichkeit gerühmt wird, wiewohl er ein Eiferer der katholischen Sache war, und daß er auch seine Gegner oft durch Liebe und Entgegenkommen überraschte, so wundert man sich nicht über den Erfolg: allen Arrestierten und den Entwichenen im Walde wurde das Leben geschenkt und freier Abzug gewährt, „da sie keines Menschen Leben zu ernstlichem Schaden gebracht und nur aus Hunger geplündert" hätten.

Vom langen Blonden hieß es, er sei Jahre später wieder aus dem Norden nach Zusmarshausen zurückgekehrt, um seine Retterin zu freien. Die habe aber damals schon längst die Pest hinweggerafft gehabt. Da sei er gar in des Bischofs Dienste gegangen und habe ihn noch zum Schluß seines Lebens auf all seine Fahrten durch die vom Krieg gepeinigte Diözese begleitet. Nach Herrn Heinrichs Tod aber sei er in Augsburg in einen Bettelorden eingetreten.
(LRA KHPF OA Zusamzell)

Die Erzählung bietet ein anschauliches Bild vom Soldatenwesen des Dreißigjährigen Krieges und verbindet es mit einer couragierten jungen Zusmarshauserin.

Fürstbischof Heinrich von Knöringen leitete von 1598 bis 1646 Bistum und Hochstift.

Ein unbekannter Held des Dreißigjährigen Krieges

Die mächtige Bildsäule mit dem Gnadenbild von Violau, die einst wohl am Wallfahrtsweg stand und sich heute im Heimatmuseum befindet, stiftete im Jahre 1654 laut Inschrift der Bierbräu Hans Widmann.[53] Die Bildsäule forderte geradezu zu einer Erklärungssage heraus:

Bildsäule (mit Blick auf Zusmarshausen) an ihrem ursprünglichen Standort (Aufnahme von 1959).
Abb. aus: Pötzl, Kreuze, 51 oben.

(**T 68**) *An der Reichsstraße unweit des Friedensdorfes stand bis vor kurzem ein Bildstöckl, genannt die „Schwedensaul", die einst der hiesige Bierbrauer Hans Widmann zum Gedenken an einen Fuhrmann, der von schwedischen Reitern ermordet wurde, errichten ließ. Und dies ist die traurige Geschichte: Es war in den letzten Monaten des Dreißigjährigen Krieges. Noch durchstreiften räuberische Schweden das Schwabenland, verübten rohe Gewalttaten und plünderten die Dörfer. Da fuhr eines Tages in der Abenddämmerung ein Frachtwagen auf der Straße von Günzburg nach Augsburg. Der Fuhrmann, ein älterer, kräftiger Mann starrte gedankenversunken vor sich hin.*

Plötzlich tauchte neben dem Gefährt ein Mädchen auf. Inständig bat es: „O, ich bitt euch, nehmt mich mit! Die Nacht bricht herein und ich kenne den Weiterweg nicht und fürchte mich." Die Maid war ungefähr 20 Jahre alt. „Wohin willst du?" – „Nach Augsburg", war die Antwort. „Gut, ich fahre auch dorthin; steig in Gottes Namen auf! Aber was führt dich zu so ungewohnter Zeit in die Stadt?" fragte er. Darauf weinend das Mädchen: „Es ist Schnellpost eingetroffen, darin steht, daß mein Verlobter am Sterben liegt; ich soll noch zu ihm kommen. Die Bitte kann ich ihm nicht abschlagen." Dazu bemerkte der Fuhrmann: „Du hast Mut, den Weg in diesen bösen Zeiten zu wagen, wo doch überall Gesindel lauert." Und plötzlich wendete er sich um: „Hollah, da kommt noch jemand hinterdrein!"

Das Mädchen stieß einen leisen Schrei aus; drei schwedische Reiter sprengten im Galopp daher. Im Nu brachten sie das Fuhrwerk zum Stehen. Frech und unverschämt näherten sie sich der Jungfer. Der Fuhrmann aber herrschte sie an, sie möchten die Hände von ihr lassen; die Unglückliche sei auf dem Weg an ein Sterbebett. Umsonst! – Einer der Unholde griff dem Mädchen in die Haare, um es vom Wagen zu zerren, während dieses markerschütternd um Hilfe schrie. Da rief der Fuhrmann: „Nun helf mir Gott!" und er versetzte dem Schweden mit seinem Knotenstock einen furchtbaren Schlag, daß er vom Pferde stürzte. Im Moment wichen die andern daraufhin zurück. Dem Mädchen aber bedeutete der wackere Helfer: „Flieh!" Zwischen den Reitern und dem Fuhrmann entspann sich nun ein wilder Kampf, der aber nicht lange währte. Ein feiger Stich in den

*Rücken brachte diesen zum Fallen; am Straßenrain liegend verlöschte sein Leben.
Die Schweden halfen ihrem verwundeten Genossen aufs Pferd und ritten fluchend in die finstere Nacht hinein. Um die Maid, die im Schutze der Dunkelheit entkommen konnte, kümmerten sie sich nicht mehr. Glücklich erreichte sie Augsburg und konnte dort noch ihren sterbenden Bräutigam in die Arme schließen. Hier erstattete sie auch Anzeige über das frevelhafte Geschehen und bat nach ihrem Beschützer zu suchen. Man fand den Helden tot im Straßengraben, wo er sein Leben ausgehaucht hatte.*
(Both/Helmschrott, Zusmarshausen, 216)

Die Angst der Frauen und Mädchen vor Vergewaltigung durch die Soldaten ist bis in unsere Tage ein Kriegsthema. Aus der Erzählung geht auch nicht nur andeutungsweise hervor, welche Beziehung es zwischen Hans Widmann, dem Stifter der mächtigen Bildsäule, und dem geretteten Mädchen bzw. dem Fuhrmann gegeben hat. Das spricht dafür, dass es sich um eine Erzählung handelt, die Licht in das Dunkel um die Bildsäule bringen wollte. Insofern könnte man sie auch den Erklärungssagen (s. o.) zuordnen.
Die Bezeichnung „Schwedensäule" wird von der Nähe des Datums zum Krieg verständlich, wurzelt aber auch in der Neigung des Volkes, Dinge, von deren Entstehung man nichts mehr wusste, den Schweden zuzuschreiben (vgl. etwa die Bezeichnungen „Schwedenkreuz" für ein doppelbalkiges Kreuz (wohl ein Caravaca-Kreuz) bei Wollbach oder für das Sühnekreuz in Bobingen). Auch darin zeigt sich, wie stark der Dreißigjährige Krieg (als schwedischer Krieg) im geschichtlichen Bewusstsein verwurzelt war.

Das Mädchen und die Schweden
(**T 69**) *Im Dreißigjährigen Krieg ging ein Mädchen von Dinkelscherben nach Fleinhausen und wurde von schwedischen Reitern verfolgt. Das Mädchen fand nirgends Hilfe und Rettung. In seiner Not rief es das heilige Kreuz um Hilfe an. Im Zusamtal lag dichter Nebel, so daß man von Fleinhausen und der dort sich senkenden Straße nichts mehr sah. Das Mädchen eilte in den Nebel, kam den Schweden außer Sicht, die glaubten, daß hier ein großer See sei. Sie ließen von der Verfolgung ab. Das Mädchen war gerettet.
Die Bevölkerung glaubte an die Hilfe des Kreuzes. Von da an ist ein frommer Brauch, zum heiligen Kreuz auf den Kalvarienberg zu wallfahrten.*
(LRA KHPF OA Dinkelscherben)

Zunächst denkt man an die Wallfahrt zum Hl. Kreuz in Fleinhausen, doch die Erwähnung des Kalvarienberges spricht für Zusameck. Der Kalvarienberg wurde allerdings erst um die Mitte des 19. Jahrhunderts angelegt. In der Not des Dreißigjährigen Krieges hatten acht umliegende Gemeinden eine jährliche Wallfahrt nach Zusameck versprochen, die am Fest Kreuzauffindung (3. Mai) stattfinden sollte. Die Erwähnung des Kalvarienberges verrät aber, dass die Sage erst in der zweiten Hälfte des 19. Jahrhunderts aufgezeichnet wurde.[54]

In den Bereich des Mirakels verweist auch die folgende Sage, die Alexander Schöppner Gumppennbergs Atlas Marianus (IV, 107) entnommen hat:

Wie ein Augsburger die Schweden vom Kloster Lechfeld vertrieb
(**T 70**) *Auf dem Lechfeld bei Augsburg ist zum Gedächtniß des Sieges, so Kaiser Otto wider die Hunnen auf diesem Feld erhalten, eine große runde Kapell erbauet worden. Das Frauenbild von Holz ist sehr groß auf dem Altar, hat*

gleich Anfangs Kirchfahrter mit Opfer bekommen.

Ein aufrichtiger katholischer Bürger von Augsburg hat erzählt, daß er einsmals von Augsburg nach Landsberg gangen, sei er etwas mehr als hundert Schritt von der Kapell gewesen, da habe er ziemlich viel Schwedische Räuber ersehen, mit etlichen leeren Wägen von vier Pferden bespannt, gedachte, sie kämen, das Kupfer, mit dem die Kapell bedeckt war, hinwegzunehmen, welches ihm zu Herzen gangen, und gedacht, wie er doch dieses verhindern könnte, war aber allein, zu Fuß, und müd, könnte auch den Reutern nicht entfliehen; da fallet ihm plötzlich ein, er solle so geschwind er könne, in die Kapell hineinlaufen. Als sich die Soldaten schon zu dem Raub rüsten wollen, haben sie den Laufenden aufgehalten und gefragt, warum er also laufe, da ihm doch Niemand nachjage, darauf er geantwortet, er fürchte die Kroaten und bitte Gott, daß er ihnen entrinnen möchte. Als die Schweden Solches vernommen, haben sie sich alsobald zur Flucht begeben, habe derowegen er der Mutter Gottes Dank gesagt, daß er bei der Gefahr entronnen, auch genug gelacht, daß er allein die Soldaten aus dem Feld geschlagen.
Die Kapell hat also an Wunderwerken und Reichthum zugenommen, daß ein zierlich weites Langhaus daran gebauet worden. (s. S. 91)
(Schöppner, Sagenbuch Bd. 2, 40 Nr. 501; siehe auch: LK Schwabmünchen, 360)
Die Erzählung schwankt zwischen Schelmengeschichte und Mirakel. Die Kapelle auf dem Lechfeld, die jetzt den Chor bildet, wurde in den Jahren 1603/1604 gebaut, das Langhaus wurde 1656/1659 angefügt.[55] Im Auftrag des Ordensgenerals der Jesuiten verfasste Wilhelm Freiherr von Gumppenberg (1609 – 1675) den Atlas Marianus, dessen erste Auflage 1657 in zwei Bänden in Ingolstadt erschien. Die erste deutsche Ausgabe besorgte M. Wartenberg (München 1673).[56]

Der Schwarze Reiter

(**T 71**) *Als der "Alte Fritz" im Jahre 1763 nach dem siebenjährigen Krieg mit seiner Gegnerin Maria Theresia Frieden geschlossen hatte, entließ er einen großen Teil seiner Soldaten. Einer von denen war auch der Husar Georg Platzer, der wegen besonderer Verdienste sogar ein Pferd mitnehmen durfte. Wohlgemut ritt er von Schlesien her nach Südwesten, seiner Heimat Stoffenried zu, die er vor Jahren aus Abenteuerlust verlassen hatte. In der "Goldenen Sonne" in Augsburg nahm er zum letztenmal Herberge und erzählte, daß er anderentags durch den "Rauhen Forst" auf der Ulmer Landstraße nach Stoffenried reiten werde. Man warnte ihn, denn dort treibe eine Räuberbande unter dem "Schwarzen Peter" ihr Unwesen und niemand getraue sich ohne starken Schutz in das wilde Waldgebiet. Georg lachte und verwies auf seine Erlebnisse in Brandenburg und Schlesien, wo er bei General Ziethen das Fürchten verlernt habe. Aber er hatte Pech, denn er verirrte sich im Rauhen Forst und ritt zwei Tage lang suchend in der Wildnis umher. In der zweiten Nacht gewahrte er einen Feuerschein, stieg vom Gaul und schlich vorsichtig näher. In einem Schlupfwinkel saßen mehrere Männer, aus deren Unterhaltung Georg erkannte, daß es sich um die Bande des "Schwarzen Peter" handle, die schon viele Menschenleben auf dem Gewissen hatte. Er wartete bis alle schliefen, fesselte dann, nachdem er ihre Waffen versteckt hatte, den Anführer und zwang ihn mit vorgehaltener Muskete, ihm zum Pferd zu folgen. Die Spießgesellen hielt er mit der Drohung in Schach, den Hauptmann sofort zu erschießen, wenn sie näherkommen würden. Er band den "Schwarzen Peter" an den Sattel und sprengte mit ihm in die Nacht hinein. Während er die Bande belauert hatte, war nämlich von einem nahen Turm das Abendläuten erklungen und hatte ihm die Richtung gewiesen. Das Dorf,*

Gedächtnistafel im Wald zwischen Biburg und Horgau.
Abb.: Landratsamt Augsburg, Kreisbildstelle.

das er nach kurzer Zeit erreichte, war Horgau. Hier schlug er Lärm und gab seinen Gefangenen ab. Der wurde am anderen Tag nach Augsburg gebracht, wo man nicht wenig erfreut war, den lange gesuchten Räuber nun in Händen zu haben. Der Rat verfügte, daß dem tapferen Husaren eine hohe Belohnung ausgehändigt werde. Dieser war aber mittlerweile nach Stoffenried weitergeritten. Freilich, von dem fröhlichen Übermut, den er noch in Augsburg gezeigt hatte, stand nichts mehr in seinen Zügen und es schien fast, als hätten seine tapfere Tat und die vielen Ehrungen, die ihm in Horgau zuteil geworden waren, sein Herz nur verdüstert. Seine Traurigkeit aber hatte einen anderen Grund. Er hatte in den Tagen, da man ihn als Helden feierte, sein Herz an Lieschen, die Tochter eines reichen Horgauer Bauern, verloren und wußte, daß er sie nimmer würde freien können, denn außer dem Gaul, der ihn trug, nannte er nichts sein eigen. In seinem Heimatdorf Stoffenried nahm man den schon seit Jahren tot geglaubten Georg herzlich auf. Als dann gar wenige Tage später eine Abordnung des Augsburger Rates erschien und mit dem Dank der Stadt eine hohe Belohnung für den mutigen Husaren überbrachte, war alles stolz auf den Platzer Georg, der den gefährlichen Räuber gefangen hatte. Georg aber, nun plötzlich wohlhabend geworden, kehrte nach Horgau zurück, erwarb dort die Taferne und heiratete sein Lieschen.
(Aus: Jörg, Theodor: Sagen aus dem Landkreis Krumbach und seiner Umgebung: Der Stoffenrieder Husar, Krumbach 1956)
Soweit die Sage, die in verschiedenen Formen im Gebiet des Rauhen Forstes heute noch lebendig ist. Hinter Biburg steht an einem von der Ulmer Landstraße abzweigenden Seitenweg im Wald eine Gedenktafel, die an die eigenartigen Erlebnisse des Georg Platzer bei seiner Heimkehr aus dem Siebenjährigen Krieg erinnert. Tatsache ist, daß er in Stoffenried beheimatet war und im Jahre 1764 die Taferne in Horgau für 55 Gulden erwarb. Er starb dort, 81 Jahre alt, im Jahre 1805. Seine Nachkommen leben heute noch dort. In Stoffenried starb das Geschlecht der Platzer, das nach dem Dreißigjährigen Krieg aus Tirol eingewandert war, vor wenigen Jahrzehnten aus. Die Augsburger Gerichtsprotokolle melden auch, daß ein Georg Platzer in Horgau einmal mehrere Räuber geschickt gefangen habe.

Einzelfälle

Nicht alle überlieferten Sagen lassen sich einer Gruppe zuordnen.
Es verwundert nicht, dass man sich auch von den Fuggern und ihrer Herkunft aus Graben erzählte:

Hans Fugger aus Graben

(T 72) *An einem warmen Septembertag des Jahres 1367 nahm der junge Webergeselle Hans Fugger von seinen Eltern in Graben herzlichen Abschied. Er wanderte voll Hoffnung Augsburg zu, um dort sein Glück als selbständiger Weber zu finden. Nach 5 Stunden Marsch erreichte Hans das Gögginger Tor der reichen Handelsstadt. Er schüttelte den Wanderstaub ab, schritt durchs Tor und da es schon zu dämmern begann, trat er bald in eine Herberge, verzehrte seine Abendsuppe und begab sich zur Ruhe. Am nächsten Vormittag sprach Hans im Rathaus vor: „Ehrerbietigen Gruß, Ihr edlen Herren!" So wandte er sich an die anwesenden Ratsmitglieder. „Ich bin Hans Fugger, eines Meisters Sohn, der Weberhans von Graben ist mein Vater. Auch ich bin im Weberhandwerk wohl erfahren." Bei diesen Worten legte er ein großes Tafeltuch vor, dessen Muster er selbst ausgedacht und gezeichnet hatte. Es war mit zierlichen Blumen und Vögeln durchwoben. Die Herren prüften das Gewebe ernst und stumm. Die Arbeit war gediegen und schön. Hans fuhr fort: „An Hab und Gut bringe ich ein strammes Säcklein*

schwarzer Pfennige mit. So bitte ich Euch, weise Herren, mich in Eure Stadt aufzunehmen und einen Webstuhl aufstellen zu lassen." Nach längerer Beratung sprach der Bürgermeister: „Nicht gerne lassen wir einen Freimeister, der nicht das Bürgerrecht besitzt und nicht zur Zunft gehört, in unseren Mauern zu. Doch wegen Deiner Redlichkeit und Handwerkstüchtigkeit wollen wir Dir die Niederlassung gewähren." Dankend verabschiedete sich Hans Fugger. Von seinem Hauswirt erfuhr er den Namen einer Webermeisterswitwe. Diese suchte er auf. „Ich bin ein junger Weber", sprach er nach der Begrüßung, „darf ich die Werkstätte Eures seligen Mannes sehen?" Die Frau führte ihn in eine große Stube, in der ein Webstuhl stand. Fugger sah sich um und sagte: „Da wäre ja Platz für 6 Stühle". „Das hatten wir auch, aber nach meines Mannes Tod mußte ich nach und nach die Stühle verkaufen". Hans wollte gerne Stub und Stühle übernehmen, und bald war er mit der Frau handelseinig. Nachdem er noch eine Verkaufsbude auf einem der Marktplätze gekauft hatte, fing er mit Fleiß und Ausdauer zu arbeiten an. Bald konnte er sein Geschäft vergrößern. Der Grundstein zum Reichtum der Fugger war gelegt.
(LK Schwabmünchen, 360)

Die Erzählung geht etwas an der Handwerkswirklichkeit vorbei, denn Handwerksgerechtigkeit erbte man entweder vom Vater oder erwarb sie durch Heirat einer Witwe oder einer Meistertochter, die im Besitz dieser Gerechtigkeit waren. Hans Fugger heiratete im Jahre 1370 die Tochter des ehemaligen Weberzunftmeisters Widolf, die bald starb; 1380 heiratete er die reiche Weberstochter Elisabeth Gfaltermann.[57]

In einen ganz anderen Bereich führt die Sage, die Josef Rühfel aufgezeichnet hat:

Vom Klaffenberg bei Schönenfeld
(T 73) *In der Klosterchronik lesen wir, wie schwer sich die Klosterfrauen an die Klausur gewöhnten, und wie schwer ihnen das Gebot fiel, nie aus dem Kloster zu gehen und nicht einmal den nahen Klaffenberg mit seiner Kapelle, seinem Kreuzweg, seinem Waldesschatten und Quellengemurmel besuchen zu dürfen. Nur langsam wurde die völlige Absonderung durchgesetzt. Das Volk, das die Gründe nicht begriff und nicht erfuhr, suchte Geheimnisse dahinter. So entstand die Sage, die Klosterfrauen von Schönenfeld dürften deshalb nicht mehr auf den Klaffenberg, weil einstmals eine von ihnen dort einen Fehler beging und das Kloster in Schande brachte. Die Chronik, die sonst ehrlich und redlich auch das Unliebsame berichtet, meldet nichts davon.*
(Rühfel, Volkskundliches, 134 Nr. 7)

Josef Rühfel (s. S. 35–39) kannte die Sage, die in den Bereich der häufigen Sagen von sittlichen Verfehlungen von Nonnen gehört (die auch in den Schwänken häufig auftauchen), suchte danach in der Klosterchronik, fand darin aber die Sage nicht, wohl aber Hinweise, dass sich die Nonnen mit der Einhaltung der Klausur schwer taten.

Auf den Klaffenberg führt kein Kreuzweg, sondern eine verwandte Andachtsform, die Sieben Fußfälle.[58]

Verstoß gegen die Ordnung
Die Sage von dem bei Zusmarshausen tagenden Femegericht (T 66) wurde in ihrem Zusammenhang belassen (man hätte sie auch hier bei den Gerichtssagen einordnen können). Weil den Kern der folgenden Sage ein Vaterschaftsprozess (I) und ein geprellter Advokat (II) bilden, wurde sie hier eingereiht; die Schelmengeschichte ließe sich aber auch unter den Schwänken oder unter den Ortsneckereien unterbringen.

„Wo (so) geht's Bobingen zu?"
Alexander Schöppner nahm mündlich folgende Sage auf:

(**T 74a**) *Drei Stunden südlich von Augsburg an der sogenannten Hochstraße liegt das große und schöne Dorf Bobingen. Da ist es aber nicht gut fragen: „wo geht es Bobingen zu?" und gar Manche haben darob nicht selten blutige Köpfe heimgetragen; zum mindesten wird Einer mit Schimpf und Spott und den lästerlichsten Reden traktirt, er mag nur fragen, wen er immer will.*

Dieß kommt nun daher. Es war einmal vor langer Zeit ein Bursche von Bobingen zu Gericht belangt, welchen eine Dirne als Vater ihres Kindes angegeben hatte. Der Beklagte wendete sich an einen Advokaten in Augsburg, der im Rufe stand, daß er Alles „durchfechten" könne. Dieser gab ihm den Rath, sich vor Gericht blödsinnig zu stellen und auf jede an ihn gerichtete Frage die Anwort zu geben „Bobingen zu," und dabei mit der rechten Hand unter der Nase von der rechten nach der linken Seite zu zeigen. Er that genau wie ihm gerathen war, und wurde, da weder ein Eingeständnis noch etwas Anderes aus ihm zu bringen war, vom Gerichte entlassen.

Nach einiger Zeit kommt er Geschäfte halber in die Stadt und begegnet dem Advokaten, der ihn neugierig um den Ausgang fragte. Nachdem er den glücklichen Erfolg gehört, fragte er: „Nun ist`s aber an dir, mich für diesen Rath zu belohnen; ich verlange für meine Bemühung nur zwei Karolin." Der Bursche aber warf dem Verblüfften ein „Bobingen zu" hin, bog um das Straßeneck und läßt seit der Zeit den Advokaten auf seinen Lohn warten.

(Schöppner, Sagenbuch Bd. 2, 98 Nr. 499)

Vaterschaftsklagen tauchen in den Gerichtsakten (im Gegensatz zu den häufigen Fornikationsfällen) sehr selten auf, was wohl daran liegt, dass die beiden heirateten, wenn die Frau schwanger war. Dass sie dennoch verbreitet waren, zeigt eine Staffage auf der Landtafel der Markgrafschaft Burgau, auf der ein Vater mit seiner schwangeren Tochter bei einem Juristen Hilfe sucht. Da in den Prozessen der Frühen Neuzeit bei uns kaum Advokaten auftauchen, spricht einiges dafür, dass der Kern der Schelmengeschichte (falls es einen solchen gibt), ins 19. Jahrhundert gehört.[59]

Herbert Schäfer publizierte folgende Variante:

(**T 74b**) *Ein Bobinger hatte sich wegen irgendeiner krummen Sache vor Gericht zu verantworten. Als der Tag der Gerichtsverhandlung festgesetzt war, überlegte er verzweifelt hin und her, wie er sich bei dieser Sache, bei der es um seinen Kopf und Kragen ging, am besten verteidigen könne. Ihm fiel kein Ausweg, keine Ausrede ein.*

Da nannte ihm ein Bekannter einen weitgerei-

Das "Bobinger Büble".
Abb.: Stadtarchiv Bobingen.

sten, erfahrenen Mann in Augsburg, der in solchen Angelegenheiten stets Rat wisse. An diesen wandte sich der verzweifelte Bobinger, schilderte ihm seinen Fall und bat um gute Hilfe. Nachdem sich der gerichtserfahrene Augsburger die Jereminade des Bobingers angehört und er gründlich nachgedacht hatte, kam ihm ein guter Gedanke. Er riet dem Bobinger, sich einfältig und dumm zu stellen und auf jede Frage des Richters nur zu antworten: "So geht's Bobingen zu!" Gleichzeitig solle er sich mit der Hand unter der Nase entlangfahren. Der Augsburger meinte, diese Rolle könne der Bobinger am besten spielen und durchhalten. Der Angeklagte eilte glücklich nach Hause und übte Spruch und Geste wiederholt, bis sie ihm zur zweiten Natur wurde. Immer wiederholte er: "So geht's Bobingen zu" und fuhr sich mit einem kräftigen Strich quer unter der Nase durch. Vor Gericht endlich spielte er seine Rolle so vollendet, daß der Richter voller Mitleid für den armen Tölpel ihn freisprach. Sogleich eilte unser Bobinger erleichtert und froh zu seinem Augsburger Ratgeber und berichtete diesem vom vollen Erfolg seines Bauerntheaters. Nun forderte aber der Winkeladvokat für seine Beratung unvorhergesehen ein kleines Honorar von einigen Talern, und die wollte der sparsame Bobinger nun gar nicht zahlen. Flugs probierte er das eben bewährte Rezept bei seinem Ratgeber aus, stellte sich dumm, sagte: "So geht's Bobingen zu" und wischte sich triumphierend die Nase. So hatte der kleine Gauner den großen Gauner geprellt, und da offenbar beide den Mund nicht hielten, sprach bald jeder Mann zwischen Bobingen und Augsburg über diesen doppelten Streich und seine Urheber.

Auf diese Weise erfuhr auch das Gericht, daß es getäuscht worden und wie das ungerechte Urteil zustandegekommen war. Beide wurden nun verhaftet und alsbald zum Tode am Galgen verurteilt. Dem Vernehmen nach sollen beide noch zur selben Stunde von Augsburg über Bobingen nach Bannacker zur Hinrichtung gefahren worden sein. So ging es für beide nun „Bobingen zu", aber in einer anderen Weise, als sie sich das gedacht hatten.

(Schäfer, Herbert: Bobingen. Beiträge zur Heimatgeschichte, Bobingen ²1990, 104–106)

Die längere Fassung zeigt vor allem am Anfang inhaltliche Defizite (keine exakte Angabe des Vergehens, dennoch soll es *um Kopf und Kragen* gehen). Die breiter angelegte Erzählung ist keineswegs ein Gewinn. Der Schlussabschnitt wirkt angehängt und konstruiert (in Bannacker gab es keinen Galgen, offensichtlich eine Verwechslung mit Burgwalden; in Augsburg Verurteilte wurden auch in Augsburg hingerichtet).

Die Gerichtssage dient als Erklärung für einen Spottnamen, oder besser für eine Spottgeste. Unter den Bobingern in der Fremde hat sie die Funktion des Erkennungszeichens übernommen (Herbert Schäfer). Seit 1966 erinnert das „Bobinger Büble", eine Plastik aus Juramarmor an der Ecke Bahnhofstraße/Hochstraße an die Sage und seit einigen Jahren feiern die Bobinger das Büblefest. So leistet eine Sage einen kleinen Beitrag zur Identifikation.

Hell und frei stand die Kapelle in der Sonne – Die wunderbare Geschichte der Nachtkapelle von Aretsried

Volkserzählungen fragen nicht nach Gattungen (s. S. 15–24: Erzählgattungen). Die folgende Erzählung handelt von einer schweren Körperverletzung und damit von einem potentiellen Gerichtsfall, zu dem es aber nicht kam, und von einer freiwilligen Sühneleistung. Sie hat die Aufgabe, den Bau einer Kapelle zu erklären, von deren Entstehung niemand etwas wusste. Von daher könnte sie auch als Erklärungssage (s. u.) eingestuft werden.

(T 75) *Wo die fruchtbaren „Kiereschäcker" der Dorfgemarkung sich zur „Totenhühle" neigen, steht noch heute die in schönem Gleichmaß erbaute alte Bildsäule, die man im Volksmund kurz „das Käppele", die Kapelle, nennt. Mehr als zwei Dutzend Dörfer und Kirchtürme aus der weiten Reischenau grüßen hier herauf und auch das weiß getünchte Käppele ist von unten aus schon von weitem zu sehen. Niemand weiß mehr Jahreszahl und Erbauer, doch die Sage weiß die Herkunft genau zu erzählen.*

Nahe bei dem buschverdeckten Hohlweg, der von Aretsried *über die Kiereschäcker nach* Reitenbuch *führt, und der den Namen „Totenweg" oder „Totenhühle" trägt, weil man hier seit alter Zeit die Verstorbenen der nach Aretsried eingepfarrten Ortschaft Reitenbuch zum Friedhof trägt, steht ein Bildstöcklein, das man „die Nachtkapelle" nennt. Sie wurde nämlich zur Nachtzeit erbaut.*

Zwei angesehene Bauern kamen in alter Zeit im Wirtshaus in Streit, den sie auch auf dem Heimweg nicht beilegen wollten. Die zwei Starrköpfe lärmten in der Nacht vom Dorfe bis zum Waldrand. Da sie nicht einig werden konnten, riß der eine von den beiden eine Stange vom Zaun und schlug im Jähzorn den anderen nieder. Da hatte der Zank ein schnelles Ende. Der am Boden Liegende blutete aus einer klaffenden Wunde und wand sich in wilden Zuckungen. Es konnte nicht mehr lange dauern, bis der Tod ihm das Lebenslicht auslöschte. Der Uebeltäter ging ruhig seines Weges und kümmerte sich nicht um den Schwerverletzten. Wie aber der Rausch der Wut verraucht war und schon das erste Morgengrauen im Osten erwachte, erwachte auch das Gewissen des Bösewichtes und es trieb ihn zurück an den Ort seiner Untat. Auf dem Wege dorthin tat er das feierliche Gelübde, eine Kapelle auf dem Platze seiner Tat zu erbauen, wenn der Nachbar mit dem Leben davon käme. Wie erschrak er aber, als er den Verletzten nicht mehr fand. Die Blutspuren wiesen auf den Heimweg. Sollte der Totgeglaubte irgendwo im Dickicht des nahen Jungwaldes elendiglich verblutet sein? Er suchte und suchte und rief den Namen des Niedergeschlagenen, der endlich mit röchelnder Stimme Antwort gab. Ein schwerer Stein war damit dem Jähzornigen vom Herzen gefallen. Er half dem Verletzten auf die Beine, brachte ihn nach Hause und ließ sofort den Wundarzt holen. Der Verwundete genas langsam wieder und der Täter begann sein Versprechen einzulösen. Er trug in der Nacht heimlich Steine und Mörtel herzu, verbarg sie im dichten Buschwerk und fing an, den Grund auszuheben. Sorgfältig fügte er Stein auf Stein. Alle Arbeiten machte er zur Nachtzeit. Das Ganze wußte er so geschickt verborgen zu halten, daß ihn kein Mensch bei seiner Arbeit beobachten konnte. Als das Bauwerk fertig war, hieb er das verdeckende Buschwerk weg. Hell und frei stand so eines Morgens die Kapelle in der aufgehenden Sonne. Niemand wußte, wer sie erbaut hatte. So konnte sich im Volke die Meinung bilden, die Kapelle sei auf wunderbare Weise über Nacht aus dem Boden gewachsen. Man nannte sie darum „die Nachtkapelle".

Noch heute steht „das Käppele" wie neu, hell und frei an seiner Stelle und schaut mahnend über die Fluren, weit hinaus über die Felder und Fluren der schönen Reischenau und spricht mit stummer Sprache: „Halte das Leben deines Mitmenschen für ebenso wertvoll wie dein eigenes!"

(LRA KHPF OA Aretsried, Schmuttertalbote vom 29.05.1953)

Die meisten Anwesen von Reitenbuch gehörten nach Aretsried, einige aber nach Ustersbach. Der Erzähler ist sich über die Begrifflichkeit (Bildsäule/kleine Kapelle) nicht ganz im Klaren. In der Tat gibt es auch kleinere Kapellen, in die man gerade mit einem Fuß hineintreten kann, die ein bisschen wie Bildstöcke wirken.[60]

Erklärungssagen

Im System für Sagenkataloge bilden Erklärungssagen den ersten Hauptpunkt (s. S. 20). Solche Ätiologien können verschiedenen Gattungen angehören, sie stellen keine Formkategorie dar.[61] Elemente und Motive des Erklärens sind so in den bisher vorgestellten Sagen wiederholt aufgetaucht, am deutlichsten in

T 68 und T 74.

Da nur zwei weitere (reine) Erklärungssagen bekannt sind, seien sie im folgenden an die historischen Sagen angehängt.

Alexander Schöppner hat die folgende Sage *mündlich* aufgenommen.

Der Tabakshändler zu Ostendorf

In Ostendorf befindet sich in den Chor der Pfarrkirche eingemauert ein 1,1 m hoher Kalksteinquader mit dem Relief eines bärtigen, bekränzten Gottes. Alexander Schöppner interpretierte die Figur als Bachus oder einen Verehrer dieses Gottes, Wolfgang Czysz als den gallischen Sucellus, „der hier als Weingott verehrt wurde und vielleicht eine Stiftung Augsburger Weinhändler war".[62]

Reliefquader mit der Darstellung des gallischen Weingottes Sucellus in der Pfarrkirche von Ostendorf (CSIR 223), H. 1,1 m. Abb. aus: Pötzl, Walter, Schneider, Otto (Hg.): Vor- und Frühgeschichte. Archäologie einer Landschaft, Augsburg 1996 (Der Landkreis Augsburg Bd. 2), 223.

(**T 76**) *In dem am Leche gelegenen, zum Pfarrdorfe Westendorf gehörigen, Filialdorfe Ostendorf, befindet sich im Presbyterium der Kirche ein römisches Monument, welches den Gott Bacchus selber oder einen Verehrer des Gottes darstellen soll. Sein Haupt ist mit dichtem Epheu bekränzt, sein Mantel zurückgeschlagen, in der Linken hält er einen Thyrsusstab und in der Rechten ein Rebmesser, während zu seinen Füßen rechts drei mit vielen Reifen versehene Weinfässer aufeinander liegen.*

Ueber dieses Bild geht eine gar sonderbare Sage unter den Bewohnern des Dorfes. Es soll nämlich dasselbe den Stifter der Ortskirche, einen reichen Tabackshändler vorstellen, zu dessen Füßen auch die dafür gehaltenen Tabacksrollen angebracht wären. Dieser habe zwar sein ganzes Vermögen der Ortskirche vermacht, aber weil er unkeusch gelebt habe, sei er zur Strafe und gleichsam zur Kirchenbuße nur mit halb bedecktem Oberleib dargestellt worden. Die Tafel, welche seine Schandthaten erzählte, habe ein frommer Pfarrer beseitigen lassen.

(Schöppner, Sagenbuch Bd. 3, 192 Nr. 1169)

Die Filialkirche in Ostendorf stammt im Kern aus dem 16. Jahrhundert; im Jahre 1682 erhielt sie einen neuen Dachreiter und eine Täferdecke. Der Tabakhändler passt nicht zu diesen Jahren (vor allem nicht zum ersten). Vielleicht hängt er mit dem bei Kolleffel erwähnten Tabakanbau in Meitingen zusammen. Ungewöhnliches führt oft zur Sagenbildung.[63] Bei diesem Ansatz erscheint es nur konsequent, dass man die Fässer als Tabakrollen interpretiert. Die teilweise Nacktheit des Mannes wurde als Hinweis auf sein unkeusches Leben gedeutet und die abgetretene Inschrift sollte seine Ausschweifungen erzählt haben.

Die drei Kreuze bei Gessertshausen

Kreuzigungsgruppen stehen in der Regel auf Kalvarienbergen, unabhängig davon sind sie selten. Das dürfte der Grund für die folgende Erklärungssage sein. Die drei Kreuze an dieser Stelle lassen sich bereits 1670 und dann 1709 nachweisen; sie wurden immer wieder erneuert (so auch in jüngster Zeit). In der Sage schwingt auch die Erinnerung daran mit, dass einst bei Totschlagsdelikten Sühnekreuze errichtet wurden.[64]

Die drei Kreuze an der Abzweigung der Straße nach Oberschönenfeld sollen nach einer Sage an einen Totschlag erinnern.
Abb. aus: Pötzl, Kreuze, 124.

(T 77) *Außerhalb des Dorfes Gessertshausen, am Weg nach Schönenfeld, stehen drei Feldkreuze. Da, wo der Fußweg abzweigt, sind sich einmal zwei Handwerksburschen verkommen. Der eine fragte, indem er auf Dietkirch deutete: Wie heißt die Kirche? Der Gefragte entgegnete nach der heimatlichen Aussprache: Diekirch! Der erste hielt sich für genarrt, und da er auf die zweite und dritte Frage die gleiche Antwort erhielt, schlug er beim drittenmal den Kameraden im Zorn tot. Zum Andenken an diese Tat sollen die drei Feldkreuze errichtet und immer wieder erneuert worden sein.*
(Rühfel, Volkskundliches, 134 Nr. 8)

Christus am Kreuz.
Abb. aus: Pötzl, Kreuze, 124.

(T 77a) *Der beliebte Gessertshauser Arzt Dr. Gottfried Jung (1899 – 1954) hat die Geschichte dieses Platzes in einer anderen Form erzählt. Er behauptete, daß an der alten Straßenkreuzung von dem Dietkircher Lenhart Miller und seinen Helfern der Valentin Jeger anno 1541 wegen Streitigkeiten über einen bei Nacht und Nebel versetzten Grenzstein erschlagen worden ist. Der langjährige Zwist eskalierte in der Wollishauser Schenke und endete hier mit dem Tod des Valentin Jeger. Eine alte Oberschönenfelder Klosterurkunde* *scheint das zu bestätigen, heißt es doch unter dem 11. Oktober 1541: Urba(n) Braun, oberster Vogt und Landrichter zu Eyßlingen, Markgrafschaft Burgau, entscheidet auf Bitten der Räte des Bischofs und der beteiligten Parteien gütlich wegen des Totschlags, den Leonhart Miller zu Die(t)kirch mit den unten genannten Helfern an Valentin Jeger (ebenfalls aus) Diekirch begangen hat: Der Täter soll für den Erschlagenen in der Pfarrkirche Diekirch 5 Messen mit gesungener Vigil lesen lassen. Dabei soll er mit einer "clagkappe" erscheinen und in der Hand eine "fierthung" wachsene angebrochene Kerze tragen. Auf der Bahre sollen 4 wachsene Kerzen, jede 1 "Fürdung" schwer, aufgesteckt werden und brennen. Danach soll die abgebrochene Kerze dem Pfarrer, die 4 Kerzen den Heiligen gehören. Kinder und Freundschaft des Toten sollen über den Täter nicht "schreyen". Der Täter soll nach Abkommen mit dem Landvogt ein eichenes Kreuz setzen. Weiter muß er und die Helfer der Witwe und den Kindern 54 Gulden zahlen. Helfer: Blesse Miller von Diekirch, Bruder des Täters, Hans Buggele von Scheneberg, Jerg Rieger von Margertzhaußen, Jacob Fryß von Schenvelt, Utz Spatz von Gessertzhaußen. (Fleiner, Sagen, 84f)*

[1] Es erscheint bezeichnend, dass die Enzyklopädie des Märchens zwar einen Beitrag „Schloß", aber keinen Beitrag „Burg" enthält. Sabine Wienker-Piepho (EM 12, 75–80) verweist zwar darauf, dass in Sagen mit historischer bzw. pseudohistorischer Thematik eher von einer Burg die Rede sei – was zumindest für das Landkreisgebiet nicht zutrifft –, doch der Artikel geht um das Schloss-Motiv.

[2] Mahnkopf, Gisela: Burgen und Burgställe, in: Pötzl, Herrschaft, 86–113; Kohlberger, Alexandra: Schlösser des 17. und 18. Jahrhunderts, in: ebenda, 266–277. Von den übrigen Beiträgen bringen die Bilder zu Kießling, Rolf: Patrizier und Kaufleute als Herrschaftsträger auf dem Land, in: ebenda, 216–237 am meisten zu dem Thema. Vgl. dazu jetzt: Metzger, Christof, Heiß, Ulrich, Kranz, Anette: Landsitze Augsburger Patrizier, München-Berlin 2005.

[3] HA Augsburg-Land, 136–142; Pötzl, Walter: Geschichte und Volkskunde des Marktes Dinkelscherben. Von den Anfängen bis zum Beginn des 19. Jahrhunderts, Dinkelscherben 1987, 38ff; Herrmann, Thomas, Beck, Friedrich: Geschichte des Ortes Steinekirch und seiner Bewohner, Zusmarshausen 1998, 14–17 (Die Burg Wolfsberg), 28–33 (Die Fraße von Wolfsberg); Mahnkopf, Burgen (wie Anm. 2), 106f.

[4] Herrmann/Beck, Steinekirch (wie Anm. 3), 34–38.

[5] Herrmann/Beck, Steinekirch (wie Anm. 3), 39; Both/Helmschrott, Zusmarshausen, 214; Mayer, Bettina: Bildschnitzerpersönlichkeit und Regionale Stilausprägung im Spätmittelalter, Augsburg 2002 (Beiträge zur Heimatkunde des Landkreises Augsburg Bd. 16), 47f, hält die entsprechende Figur für ein Werk des 19. Jahrhunderts.

[6] Pötzl, Herrschaft, 120.

[7] Herrmann/Beck, Steinekirch (wie Anm. 3), 49–51.

[8] Zoepfl, BA IX, 451; Mahnkopf, Burgen (wie Anm. 2), 102f.

[9] Helmer, Friedrich, Pöhlmann, Barbara, Renn, Manfred (Bearb.): Gemeinde Heretsried, Augsburg 1998 (Bayer. Flurnamenbuch Bd. 6), 85.

[10] Wörner, Hans Jakob: Ehemaliger Landkreis Wertingen, München 1973 (Bayerische Kunstdenkmale XXXIII), 119f.

[11] Schmid, Alois: (7.) Otto I., Herzog von Bayern, in: LMa VI, 1572.

[12] Helmer u.a., Gemeinde Heretsried (wie Anm. 9), 74, 108.

[13] Pötzl, Kirchengeschichte, 63f, 66f.

[14] Mahnkopf, Burgen (wie Anm. 2), 95 (Karte), 98.

[15] Zoepfl, BA IX, 104–115; Bauer, Hans: Schwabmünchen (Historischer Atlas), München 1994, Register.

[16] Moser, Dietz-Rüdiger: Brot, in: EM 2, 805–813, besonders 810 (Unwürdiger Gebrauch des Brotes).

[17] Schröder, BA VIII, 595. Ein Ministerialengeschlecht ist für Wehringen belegt (ebenda, 590), doch dürften sie kaum hier ihren Sitz gehabt haben.

[18] Neu, Wilhelm, Otten, Frank: Landkreis Augsburg,

München 1970 (Bayerische Kunstdenkmale XXX), 25 (Das Wasserschloss wird als „wahrscheinlich frühmittelalterlich" eingestuft); vgl. dazu auch den Kolleffel-Plan (Pötzl, Märkte, 97); Pötzl, Herrschaft, 82.

[19] Pötzl, Kriminalgeschichte, 218–281 (*Das abscheulich und erschrecklich Laster der Zauberey und hexenwerkkhs*. Hexenprozesse in Schwabmünchen und Zusmarshausen, in Dinkelscherben und Welden; dort S. 269 eine kurze Erwähnung des Prozesses gegen die Achsheimerin Magdalena Prezlin). Ausführlich aus den Archivalien aufgearbeitet ist der Hexenprozess gegen die Achsheimerin bei: Schaller, Christa: Achsheim/Eggelhof. Über eintausend Jahre kirchliches Leben, Achsheim 2002, 88–91 (dort S. 17 eine Aufnahme des „blauen Stegs", s. u. T 27b). Zu den Todesstrafen: Kohlberger, Alexandra: Ehren-, Verstümmelungs- und Todesstrafen, in: Pötzl, Kriminalgeschichte, 86–102, 98 (Das Ertränken).

[20] Vgl. das Beispiel aus Batzenhofen, wo ein Hof verkam, weil gegen ein Mädchen ein Hexenprozess geführt wurde, der mit einer Freilassung endete (Pötzl, Kriminalgeschichte, 264–268).

[21] Wörner, Wertingen (wie Anm. 10), 97 (Beschreibung des Burgstalls Stuhleberg), 40 (Beschreibung der Fliehburg Wallberg); Mahnkopf, Burgen (wie Anm. 2), 104; Hoffmann, Herrmann (Bearb.): Die Urkunden des Reichsstifts Kaisheim 1135 – 1287, Augsburg 1972 (Veröffentlichungen der Schwäbischen Forschungsgemeinschaft Reihe 2a, Bd. 11), Nrn. 90, 195, 339, 340.

[22] Gruber, Udo: Vor- und Frühgeschichte Teil II, in: Nozar, Manfred, Pötzl, Walter (Hg.): Neusäß. Die Geschichte von acht Dörfern auf dem langen Weg zu einer Stadt, Neusäß 1988, 47–56, hier 50–56 (Mittelalterliche Burgställe und unerforschte Erdwerke); Scheuenpflug, Lorenz: Die Flur und ihre Namen, in: ebenda, 89–104, hier 100f; Seitz, Reinhard H.: Stetebach – Steppach 1150 – 1848, in: Baer, Wolfram (Hg.): Steppach bei Augsburg. Beiträge zur Ortsgeschichte, Steppach 1978, 25–54.

[23] Mahnkopf, Burgen (wie Anm. 2), 93, 96.

[24] Der Artikel Rodin, Kerstin: Hahn, Huhn, in: EM 6, 370–376 kennt dieses spezielle Motiv nicht.

[25] Zoepfl, BA IX, 294f (Rittergeschlecht), 302 (Bruderhof); Neu, Wilhelm, Otten, Frank: Landkreis Schwabmünchen, München 1967 (Bayerische Kunstdenkmale XXVI), 29; Mahnkopf, Burgen (wie Anm. 2), 104.

[26] Neu/Otten, Landkreis Augsburg (wie Anm. 18), 35; Pötzl, Herrschaft, 83; Münterfering, Robert (Bearb.): Die Traditionen und das älteste Urbar des Klosters St. Ulrich und Afra in Augsburg, München 1986 (Quellen und Erörterungen zur Bayerischen Geschichte NF Bd. XXXV), Register.

[27] Neu/Otten, Landkreis Augsburg (wie Anm. 18), 125 (Schloss Gablingen), 127 (Burgstall „Schlossberg"); zum Dorf Gablingen im 17. Jahrhundert: Pötzl, Kriminalgeschichte, 283–285; zum Schwedischen Krieg (und zur Flucht des Oberschönenfelder Konventes): Pötzl, Kirchengeschichte, 146–152.

[28] Pötzl, Herrschaft, 33 (31–43: Liste der vor 1200 genannten Siedlungen).

[29] Schröder, BA VIIII, 456; Neu/Otten, Landkreis Schwabmünchen (wie Anm. 25), 139.

[30] Schröder, BA VIII, 214.

[31] Pötzl, Jahrhundertwende, 65, 113, 140.

[32] Zoepfl, BA IX, 287–290; Neu/Otten, Landkreis Schwabmünchen (wie Anm. 25), 51; Aufnahmen der Schlosskapelle Hardt in: LK Schwabmünchen, 433.

[33] Kohlberger, Alexandra: Maria Hilf auf dem Lechfeld. 400 Jahre Wallfahrt, Augsburg 2003 (Beiträge zur Heimatkunde des Landkreises Augsburg Bd. 18), 32f.

[34] Zender, Matthias: Gang, Unterirdischer Gang, in: EM 5, 671–676.

[35] Dumpfe Erinnerungen an die Höhlen der Urzeit spielten bei der Bildung solcher Sagen mit, am stärksten aber wohl der Glaube an die drei Schicksalsschwestern, die unter der Erde wohnten. „Auf dem Engelshof lebten die Hengste, in Schönenfeld die Stuten" hieß es Mitte der fünfziger Jahre auf dem Engelshof. Ob der Spruch eine einfache Rohheit war oder mythologischen Hintergrund hat, ist nicht zu entscheiden.

[36] Zoepfl, BA IX, 290f.

[37] Bönisch-Brednich, Brigitte: Schatz, in: EM 11, 1253–1259.

[38] Pötzl, Herrschaft, 304–310 (Die Koalitionskriege).

[39] HDA 2, 72–75; Wimmer, Otto, Melzer, Hartmann (Hg.): Lexikon der Namen und Heiligen, Innsbruck-Wien

40 Stadtlexikon, 430.
41 Pötzl, Kreuze, Register.
42 Spiecker, Ira: Sarg, in: EM 11, 1123–1128.
43 Mahnkopf, Burgen (wie Anm. 2), 106ff; Pötzl, Dinkelscherben (wie Anm. 3), 40 (Die Ettelrieder), 114f (Wolfgang Andreas Rem von Kötz auf Zusameck).
44 Pötzl, Dinkelscherben (wie Anm. 3), 330.
45 Wörner, Wertingen (wie Anm. 10), 169–179.
46 Bies, Werner: Schlange, in: EM 12, 34–50 (besonders 44f: 5. Die Schlange als Hüterin und Wächterin); Röhrich, Lutz: Erlösung, in: EM 4, 195–222 (besonders 207–214: 11. Gelungene und misslungene Erlösung, 12. Erlösung in der Sage).
47 Newall, Venetia: Frosch, in: EM 5, 393–401; Berlioz, Jaques: Kröte, in: EM 8, 494–499; Ranke, Kurt: Ball, Kugel, in: EM 1, 1146–1150.
48 Pötzl, Herrschaft, 278–315 (Kriegsereignisse der Frühen Neuzeit); Lehmann, Albrecht: Krieg, in EM 8, 421–430. Der Artikel konzentriert sich mehr auf das Erzählen im Krieg und vom Krieg (3) und auf Erinnerungserzählungen (4) und geht nur relativ kurz auf den Krieg in historischen Sagen ein.
49 Pötzl, Herrschaft, 287–299 (Der Dreißigjährige Krieg); Pötzl, Kirchengeschichte, 145–155 (Kriegsnöte der Klöster und Pfarreien).
50 Pötzl, Kriminalgeschichte, 119f.
51 Pötzl, Walter (Hg.): Zusmarshausen. Markt, Pflegamt, Landgericht und Bezirksamt, Zusmarshausen 1992, 40f, 79–83 (= Anhang zum Beitrag von Rolf Kießling); vgl. ebenda, 21–23 (Der Dreißigjährige Krieg) und 156–174 (Ernst Höfer, Die Schlacht bei Zusmarshausen).
52 Kroeschell, Karl: Feme, in: LMa IV, 346–349.
53 Pötzl, Kreuze, 49–54 (mit Widemann-Biographie).
54 Pötzl, Kirchengeschichte, 157f (Zusameck), 167f (Fleinhausen); Abröll, Georg J.: Franz Xaver Egger 1798 – 1869. Pfarrer und Sparkassen-Gründer in Dinkelscherben, in: Pötzl, Lebensbilder, 225–229.
55 Pötzl, Kirchengeschichte, 139–143 (Eine römische Kirche auf dem Lechfeld); Kohlberger, Maria Hilf (wie Anm. 33).
56 Hotz, Monika: Atlas Marianus, in: Marienlexikon 1, 265; Krausen, Edgar: Gumppenberg, Wilhelm Freiherr v., SJ, in: Marienlexikon 3, 61.
57 Vogel, Rudolf: Handwerk, Manufaktur und Hausindustrie bis 1870, in: LK Schwabmünchen, 177–184, hier 177.
58 Pötzl, Kreuze, 218f.
59 Pötzl, Kriminalgeschichte, 320 (ein Fall aus Stadl), 392f (der Sohn des Obervogtes in Dinkelscherben). Nach einer Gerichtsordnung der Äbtissin von Holzen wird die Fornikationsstrafe halbiert, wenn der Mann die schwangere Frau heiratet (ebenda, 49). Heydenreuter, Reinhard: Kriminalgeschichte Bayerns, Regensburg 2003, 191f.
60 Steichele, BA II, 18; vgl. Pötzl, Kreuze, 69, 81, 144, 185, 187. In Schwaben sagt man nicht Bildstock, sondern Bildsäule (nach der ursprünglichen Form).
61 Lixfeld, Hannjost: Ätiologie, in: EM 1, 949–953.
62 Czysz, Wolfgang: Das Umland von Augsburg in der römischen Kaiserzeit, in: Schneider, Otto, Pötzl, Walter (Hg.): Vor- und Frühgeschichte. Archäologie einer Landschaft, Augsburg 1996 (Der Landkreis Augsburg Bd. 2), 203–266, hier 221, 223.
63 Wörner, Wertingen (wie Anm. 10), 189f (Beschreibung des Steins und der Tafel mit der abgetretenen Inschrift).
64 Pötzl, Kreuze, 89–91 (Kreuzigungsgruppen auf Kalvarienbergen), 117 (Thierhauptener Kreuzwiese), 123 (zwei Kreuze bei Schwabmühlhausen), 124ff (Gessertshausen – Oberschönenfeld), 127 (Achsheim), 129 (Gablingen), 26–45 (Alte Steinkreuze als Sühnekreuze).

Die Burg beim Bruderhof gegenüber Scherstetten (T 32) ist noch heute gut im Gelände zu erkennen.
Aufnahme: Pötzl.

Mathias Brentan
oder der sogenante Bayer-
sche Hießl samt seinem Jung
und grossen Hund
nach dem Leben
gezeichnet.

Man wird oft vor Begierde brennen
Den bayrschen Hießl von Statur
Und dem Gesicht recht zuerkennen
Hier ist sein Bild nach der Natur.

ad Vivum delineavit Joseph D'Lander S.E.B. Pict. Aul.   Söckler Sculp. Mon.

Abb. aus: Heydenreuter, Reinhard: Altes Recht in Bobingen, in: Pötzl/Wüst, Bobingen, 206.

Der bayerische Hiasl und sein Bube Andreas Mayr aus Neusäß

Die Gestalt des bayerischen Hiasls, eines Verbrechers, der in Erzählungen und zahlreichen Liedern zum Volkshelden stilisiert wurde und von dem zahlreiche Stiche in Umlauf waren, soll im Anschluss an die historischen Sagen in einem eigenen Kapitel behandelt werden. In der neuesten Literatur wird er unter die „Räuberhelden und Sozialbanditen" eingereiht, als deren Kriterien u.a. gelten: (1) Er nahm von den Reichen und gab den Armen, (2) Sein Kampf galt nicht dem System, sondern der Unterdrückung durch lokale Inhaber der Macht, (3) Er ist unverwundbar bzw. er kann nur unter bestimmten Umständen getötet werden; bisweilen besitzt er auch die Fähigkeit, sich unverwundbar zu machen, (4) Dem Tod geht der Verrat voraus. Auf den bayerischen Hiasl treffen diese Kriterien (von Punkt 3 abgesehen) mehr oder minder zu, doch gilt es zwischen dem zu unterscheiden, was die Akten in den Archiven überliefern und was die verklärende Volkserzählung daraus gemacht hat.[1]

Wie sehr das Räuber-Thema der Zeit entsprach, verdeutlicht auch Friedrich Schillers Schauspiel „Die Räuber", das ein Jahrzehnt nach der Hinrichtung des bayerischen Hiasls erschien.

Matthias (eigentlich Matthäus) Klostermair, Sohn eines Taglöhners, wurde am 13. September 1736 in Kissing getauft. Seine Jugendjahre verbrachte er als Knecht und Jagdgehilfe und wurde dabei zum Wilderer. Durch Verrat wurde er 1761 gefangen genommen und zu neun Monaten Zuchthaus verurteilt. Nach seiner Entlassung wurde er noch mehr zum berühmt-berüchtigten Wildschütz, doch blieb es nicht dabei. Hiasl scharte eine Bande um sich und führte als Räuberhauptmann einen politisch motivierten Kampf gegen weltliche und geistliche Landesherrn. Von weiten Kreisen der Bevölkerung wurde er dabei unterstützt oder wenigstens gedeckt. Ab 1770 wurden der Hiasl-Bande immer mehr Einbrüche in Amtshäuser (so auch in Täfertingen), Plünderungen und schließlich Morde angelastet. Man suchte ihn mit einem Steckbrief (25. November 1770), kleinere Territorien schlossen sich zu seiner Verfolgung zusammen, am 14. Januar 1771 wurde er schließlich in Osterzell gefangen genommen, ins Zuchthaus nach Buchloe gebracht, von dort nach Dillingen überführt, abgeurteilt und hingerichtet (6. September 1771).

Als Hiasls Vorbild und Lehrmeister gilt der 1732 in Bobingen geborene Franz Xaver Bobinger. Man nannte ihn den *Krettenbub* oder den *Krätzenbub,* weil er sich zunächst seinen Lebensunterhalt durch die Anfertigung von Weidenkörben verdiente. Seine Kenntnis der Lechauen und die schlechte Gesellschaft in den Gasthäusern machten ihn zum Wilderer. Hauptsächlich hielt er sich in Oberottmarshauen, Graben und Klosterlechfeld auf. Neben Wilddiebereien lastete man ihm bald auch Räubereien, Tätlichkeiten und Überfälle auf Beamte und Soldaten an. Auch als Begleiter des bayerischen Hiasls lässt er sich nachweisen. Am 14. September 1770 wurde Bobinger in Günzburg hingerichtet.[2]

Matthias Klostermairs und seiner Bande Verbrechen im Landkreisgebiet
Nach Ausweis der Kriminalakten beging der bayerische Hiasl im Landkreisgebiet folgende Verbrechen:

Anfang März 1767	Auseinandersetzung mit einer Streife im so genannten Münsterkau des Waldberger Waldes nordwestlich von Schwabmünchen; dabei schießt Hiasl auf den Jägerssohn Johann Geyer aus Waldberg und trifft ihn (Schelle, Hiasl, 66)
Anfang März 1767	Hiasl zielt im Waldberger Forst auf den Jagdgehilfen Anton Farison, trifft ihn jedoch nicht (Schelle, Hiasl, 66f)
Anfang März 1767	Überfall auf das Mesnerhaus in Straßberg; dabei bedroht Hiasl die hochschwangere Mesnersfrau sowie deren Kinder und schlägt die Fensterscheiben des Hauses ein (Schelle, Hiasl, 67)
Ende der 1760er	der Wirt Hansjörg Geldner aus Gabelbach kauft öfter Wild vom Hiasl; auch die Pfarrer von Mickhausen, Scherstetten und Untermeitingen gehörten zu den Abnehmern des Wildes (Schelle, Hiasl, 109)
07.03.1770	Sieg über eine Augsburger Streife am Pferseer Steg (Schelle, Hiasl, 218)
1770	Überfall auf den Jägersknecht Jakob Schick aus Bergheim im Wirtshaus von Straßberg; dabei prügelt Hiasl auf den Mann mit einem Hirschfänger ein und raubt ihm schließlich den Stutzen und das Seitengewehr (Schelle, Hiasl, 126)
15.09.1770	Überfall auf den landvogteiischen Revierjäger Eustach Bitsch in der Nähe von Zusmarshausen; Hiasl hetzt seinen Hund auf Bitsch und schlägt ihn anschließend zusammen; erst als Bitsch zu verbluten droht, lässt Hiasl von ihm ab, streut Schießpulver in dessen Wunden und verbindet ihn mit Hemdsstreifen; die Büchse und den Hirschfänger raubt Hiasl ihm aber dennoch (Schelle, Hiasl, 126f)
1770	Überfall auf drei Soldaten des Hochfürstlich-Augsburgischen Kontingents in der Nähe von Untermeitingen (Schel-

	le, Hiasl, 133)
11.12.1770	Hiasl feiert ein ausgelassenes Fest beim Wirt in Untermeitingen und prellt die Zeche (Schelle, Hiasl, 143)
14.12.1770	Überfall auf das Vogtshaus in Täfertingen; der dort angerichtete Schaden beläuft sich auf 2102 fl. (Schelle, Hiasl, 144ff, 219)
17.12.1770	Überfall auf den Amtsknecht von Agawang, Franz Schleißheimer; dieser wird aus einem Wirtshaus in Unternefsfried bis nach Agawang geschleift, schwer misshandelt und niedergestochen; das Opfer hat u.a. acht Kopfwunden, mehrere Wunden an der Hand, ferner abgetrennte Finger und verstirbt durch einen Stich in die linke Seite (Schelle, Hiasl, 146f, 219)
06.01.1771	Raubüberfall auf das Haus des Jägers Jakob Vonison in Gessertshausen; Plünderung des Inventars; der Schaden beläuft sich auf 316 fl. 42 kr. (Schelle, Hiasl, 158)

Der Steckbrief, mit dem der Hiasl gesucht wurde, und die zahlreichen Stiche, mit denen seine Raubzüge und Überfälle bekannt gemacht wurden, zeigen immer wieder neben dem Hiasl den Buben. Mit drei weiteren Männern der Bande gelang ihm am 15. Juli 1771 abends zwischen 9 und 10 Uhr die Flucht aus den Blockhäusern in Dillingen. Die *Beschreibung der 4 Bößwichte von der Hieselischen Bande* enthält folgenden Steckbrief:[3]

4. Andreas Mayr, der sogenannte Bub, ist 19-jaehrigen Alters / mittern Groeße / von runden / braunlechten / bleichen Angesicht / von aufgeworfenen Lefzen und Nase / hat dunkelbraune Haare / leidet an der Zunge / dann er gatzet; ist keiner Profession beygethan / ja nicht einmal ein Bauern-Pursche / sondern ein ausgemachter Landschwermer. Neben dem hat er ein Wundmale am Knie oberhalb / ab welcher und hauptsaechlich ab dem Gatzen er gar wohl zu erkennen ist. Und weil er bey Uebersetzung ueber die Stadtmauer einen Fuß verstaucht hat / so hinkt er zur Zeit / und kommt im Gehen sehr hart fort. Traegt dermal eine weiße Haube / ein abgetragenes grautuechenes Kamisol / und abgenutzte schwarzlederne Hosen / leinene weiße Struempfe / und Schuh ohne Schnallen.

Ludwig Mittermaier bringt in seinem Sagenbuch (Dillingen 1851; 96–98) folgende Geschichte, der er Verse von Karl Immermann voran stellt:
(**T 78**) *Des bayerischen Hiesels Bub.*
„*Ihr Raben, was krächzt ihr und jubelt so laut?*
Für diesmal verspeist ihr noch nicht meine Haut!
Bald wehen die Lüfte des Himmels mich an,
Bald brachen die Stäbe, dann ist es gethan!
Ich feile!"
K. Immermann.
Unter der Bande Hiesels befand sich auch ein

gewisser Andreas Mayr aus Neusäß, der ihm durch seine Tollkühnheit und Tapferkeit so lieb geworden war, daß er ohne ihn nicht leben zu können glaubte, ihn nie von seiner Seite ließ und ihn nur seinen „Buben" zu nennen pflegte. Der Bub war aber auch dem Hiesel so ergeben, daß er sich für ihn gerne in Stücke hätte hauen lassen. Mit Hiesel wurde auch er gefangen und im festen Blockhause des Spitals zu Dillingen, vor welchem Tag und Nacht Schildwachen mit geladenen Gewehren standen, verwahrt gehalten. Jedem Entweichen der Gefangenen glaubt man durch die äußerste Aufmerksamkeit zuvorgekommen zu sein. Hiesel wurde nie anders als von 2 starken Männern an der Kette gehalten, mit gefesselten Händen und von 8 Grenadieren und einem Korporal umgeben, zum Verhöre geführt. Auf die hiesigen Universitätsstudenten machte Hiesels und seines Buben Schicksal einen großen Eindruck; denn junge Männer sind oft nur geneigt, solche Karaktere im besten und günstigsten Lichte zu betrachten. Man vermuthete daher überall, die Studenten seien bei der folgenden Begebenheit betheiligt gewesen, weil ohne Beistand von Außen das Entweichen aus dem festen Blockhause rein unmöglich gewesen wäre. Trotz der Schildwachen gelang es dem Buben und einem Mitschuldigen, von dessen fernerem Schicksale die Sage schweigt, auszubrechen und zu entfliehen. Doch alle Thore waren verschlossen und den Anbruch des Tages abzuwarten, hieße sich wieder in die Hände des Gerichts zu liefern. Der Bub stieg daher über die Stadtmauer bei dem damaligen Batholomäer-Seminar, heutzutage die Schwanenwirthschaft, fiel und brach den Fuß. Furchtbar war sein Schmerz; doch wäre er liegen geblieben, so wäre sein Tod durch die Hand des Scharfrichters auch gewiß gewesen. Er strengte denn in namenloser Angst alle Kräfte an, um zu entrinnen. Auf allen Vieren kroch er zum Dorfe Hausen, wo ein Bauer, den er früher kannte, mitleidig genug war, ihn zu verbergen und ihn in einem Wagen mit Stroh bedeckt nach Unterbächingen führte, allwo ihm der Bader den sehr geschwollenen Fuß einrichtete.

Nach Jahr und Tag, (Hiesels und seiner Mitverurtheilten Leichname waren längst schon auf dem Rabensteine verfault) zog in Dillingen österreichisches Militär ein und in ihren Reihen auch der Bub als Feldwebel, und wurde bei dem Kreuzwirthe Maier einquartiert. Er ging nach dem Wertplatze, auf welchem sein Freund Hiesel gerädert worden, und wo auch des Buben Blut geflossen, so ihm die Flucht mißlungen wäre. Dort weinte, daß eine Thräne die andere schlug, der bärtige Mann, und als die Trommeln die Oesterreicher zum Abmarsche riefen, gab er sich mehreren hiesigen Bürgern vor dem Scheiden zu erkennen.

In der Taufmatrikel der Pfarrei St. Peter und Paul in Oberhausen, zu der damals Neusäß gehörte, lässt sich in den Jahren 1751 bis 1754 kein Andreas Mayr nachweisen. Der Name Andreas war damals in der Pfarrei Oberhausen ganz unüblich. Das Fehlen in der Taufmatrikel besagt noch nichts, denn seine Eltern können erst später nach Neusäß gezogen sein. Nach dem Steckbrief gehörte er der Unterschicht an (*ist keiner Profesion beygethan, ja nicht einmal ein Bauern-Pursche*). Gerade diese soziale Schicht ist durch einen häufigen Wechsel gekennzeichnet.[4]

Erinnerungen an den bayerischen Hiasl
Josef Rühfel (s. S. 35–39) bringt zwei kurze Notizen (Volkskundliches, 199 Nrn. 17 u. 18):
(**T 79**) *Der bairische Hiesel kam öfter nach Straßberg. In einem gewissen Hause pflegte er einzukehren und zu übernachten. Zum Eigen-tümer, der vor dem Gewaltigen zitterte, soll er begütigend gesagt haben: Du darfst schon dableiben.*

(**T 80**) *Beim Kirchenschuster in Döpshofen ließ er schuhen. Die alte Scheiblerin hat ihm als Kind immer die Schuhe ins Holz hinaustragen müssen, hat jedes Mal einen Sechser bekommen.*

Eine heimatkundliche Stoffsammlung für Dinkelscherben hielt fest:
(**T 81**) *Der Bayerische Hiasl übernachtete öfter im Tiroler Hof bei Ettelried und soll in unserer Umgebung gebrandschatzt haben.*
(LRA KHPF OA Dinkelscherben)

Josef Rühfel berichtet folgende Hiasl-Aussage:
(**T 82**) *„Guggenbergl, bei dir wenn i drüben war!" sagte der bairische Hiesel, als er gebunden auf dem Schlitten saß und zwischen Mittelstetten und Großaitingen fuhr.*
(Rühfel, Volkskundliches, 202 Nr. 31)

[1] Köhler-Zülich, Ines, Kawan, Christine Shojaei: Räuber, Räubergestalten, in: EM 11, 307–323; Schelle, Hans: Der Bayerische Hiasl. Lebensbild eines Volkshelden, Rosenheim 1991.

[2] Heydenreuter, Reinhard: Altes Recht in Bobingen, in: Pötzl/Wüst, Bobingen, 195–221, hier 205–210 (Räuber und Wilderer).

[3] StAA Hochstift Augsburg, 837/II.

[4] In Neusäß sitzen um die Mitte des 18. Jahrhunderts auf zwei Höfen „Mayr": das Hofbauern- oder Hanselgut ging zwischen 1732 und 1738 an Johann Mayr über, 1753 übernahm Georg Mayr den Neubauernhof (Greiner, Richard, Greiner, Winfried: Die Grundherrschaften in Alt-Neusäß, Neusäß 1973, 63, 263), doch hier wird man den Buben des Hiasl kaum zuordnen dürfen. Die Vermutung, Andreas Mayr könnte in Biburg (Pfarrkirche St. Andreas) geboren sein, lässt sich leider nicht weiter verfolgen, da die Matrikel für die entsprechenden Jahre fehlen. Nach Schelle, Hiasl (wie Anm. 1), 64, kam Andreas Mayr aus Baierberg.

Verhör des Bayerischen Hiasls. Links neben ihm sein Bube. Radierung von J. M. Will. Im Besitz von M. Schallermeir.
Abb. aus: Schelle, Hans: Der bayerische Hiasl. Lebensbild eines Volkshelden, Rosenheim 1991, 192 u. 193.

David Mannassers Flugblatt über den *Bot mit den Newen Zeitungen*.
Abb. aus: Schwegler, Wunderzeichen (wie Anm. 1), Abb. 1.

Sensationen auf Flugblättern

Sagen wurden erzählt, Legenden auch gelesen, doch damit ist die Breite von gedruckten und dann gelesenen und weiter erzählten Geschichten längst nicht erschöpft. Von den zahlreichen, in Augsburg gedruckten Flugblättern beziehen sich einige wenige auch auf Ereignisse im Landkreisgebiet. Dazu kommt noch ein bei Sebald Mayer in Dillingen gedrucktes Blatt. Flugblätter (als „neue Zeitungen") sollen hier nicht übergangen und mit den phantastischen Geschichten Paul von Stettens zwischen die historischen Sagen und die dämonologischen Sagen eingeschoben werden.

Das Flugblatt als einseitig bedrucktes offenes Blatt kommt im letzten Drittel des 15. Jahrhunderts als Nebenprodukt der Buchdruckerkunst auf. In der Kunstgeschichte werden die Drucke der Inkunabelzeit (bis 1500) als Einblattdrucke zusammengefasst (doch findet der Begriff auch darüber hinaus Verwendung). Bis weit ins 17. Jahrhundert hinein sind die meisten Blätter illustriert.[1] Sie konnten die verschiedensten Inhalte (z. B. auch Andachtsbilder und Ablassbriefe, Heiltumsbriefe und Bruderschaftszettel, Neujahrswünsche und Kalender) aufnehmen, doch interessieren im Folgenden nur „neue Zeitungen".

Titel-Auswahl

Zur Zeit der weitesten Verbreitung dieser Kleindrucke, im 16. und 17. Jahrhundert, gibt es dafür keine einheitliche Sammelbezeichnung. Die Blätter (im Sinn der neuen Zeitung, s. u.) nennen sich: *Warhafftige vnd aigentliche Abcontrafactur vnd newe Zeytung / von einem hailsamen Brunnen für mancherley vnhailbare Kranckhaiten / wölcher ... bey dem Dorff Walkershofen / im M.D.L.I. Jar / erfunden worden ist* (Sebald Mayer, Dillingen, 1551),[2] *Wunderbarlich gantz warhaft geschicht* (Hanns Zimmermann, 1553), *Warhaffte Abconterfectur der Erschrocklichen wundergeburt* (T 84), *Newe Zeytung von einem seltzamen Meerwunder* (Matthäus Franck, 1565), *erschroeckliche newe zeittung* (T 83), *Warhafftige Beschreibung einer newen Wundergeburt* (T 86), *Wunderbarlich Geschicht, so sich ... warhafftig zu getragen* (Hans Rogel d. Ä., 1567), *Warhafftige Beschreibung einer wunderbarlichen / seltzamen vnd erschröcklichen Geburt* (Michael Manger, 1569), *Warhafftige / doch Grewliche vnd Erschröckliche Geschicht* (Hans Moser, 1570), *Aigentliche Contrafaktür der gewaltigen Niderlag des Türken Armada* (Hans

Der Verkäufer neuer Zeitungen. Kupferstich von Jost Amman auf einem Druck von 1589. Abb. aus: Hortzitz, Nicoline: Von den unmenschlichen Taten des Totengräbers Heinrich Krahle zu Frankenstein und andere warhaftige „Neue Zeitungen" aus der Frühzeit der Sensationspresse, Frankfurt/M. 1997, 147.

Rogel, 1571), *Merckliche beschreibung, sampt eygentlicher Abbildung eines frembden vnbekanten Volcks* (= Eskimos auf Grönland, Michael Manger, 1578), *Gründtliche vnd warhaffte Abconterfettung der belegerung der Statt Mastricht in Brabant* (Michael Manger, 1579), *Ein groß vn(d) sehr erschröcklichs Wunderzeychen / so man / im Jar 1580 den 10. September / in der keyserliche Reichstatt Augspurg / ... gesehen hat* (Bartholomäus Käppeler, 1580), *Warhafft Zeitung ausz Stettin* (Hanns Schultes d. Ä., 1585), *Warhafftige Abconterfectur vnd eigentlicher bericht / der gewaltigen Schiffbrucken ..., die der Printz von Barma vor der Statt Antdorff auff dem Wasser hat Bawen lassen* (Hans Schultes, 1585), *Ein Erschröckliche vnerhörte Newe Zeyttung von einem grausamen Mörder* (Hans Rampf, 1585), *Newe Zeyttung auß Ghendt in Flandern* (Hans Schultes, 1586), *VNerhörte greuliche / vnd erschröckliche / Newe Zeyttung vnd gesiecht* (Hans Schultes d. Ä., 1587), *Warhafftige Contrafactur / vnd Newe Zeyttung / eines Kneblins* (Hans Schultes d. Ä., 1588), *Newe Zeyttung* (Josias Wörly, 1588), *Ware Abcontrafectung ainer erbaermlichen / vnd erschroecklichen Newen Zeytung* (T 87), *Ein Newe Zeytung eines Erschröcklichen Wolckenbruchs* (Bartholomäus Keppeler, 1589), *Erschröckliche Newe Zeitung vn(d) warhafftige Erbärmliche beschreibung* (= Einfall der Türken im südlichen Polen, Bartholomäus Käppeler, 1589), *Warhafftige vnd wunderbarliche Newe zeitung / von einem Bawren / der sich durch Zauberey ... zu einem Wolff verwandelt hat* (Johann Negele, 1589), *Ein groß Wunderbarlich vnnd vnerhörtes Mirackel / Welches sich warhafftig zugetragen hat / bey der Statt Remis* (Josias Wörly, 1589), *Ein Wunderbarlich vnd Ein groß vnerhörtes Mirackel / welches sich warhafftig zugetragen hat bey der Statt Remis* (Heinrich von Aich, 1589), *Warhafftige vnd Erschröckliche newe Zeitung auß Wien* (= Erdbeben, Hans Schultes, 1590), *Ein erschröckenliche vnerhörte Newe zeyttung* (Hans Schultes, 1590), *Ein erschröckenliche vnerhörte Newe zeyttung* (Bartholomäus Käppeler, 1590), *Warhafftige Newe Zeytung / Von einer grossen vnnd zuuor weil / die Welt steht nit erhörter Wunderthat* (Bartholomäus Käppeler, 1590), *Warhafftige newe Zeytung von einem wunderbarlichen Weintrauben* (Bartholomäus Käppeler, 1590), *Warhafftige vnd erschröckliche newe Zeitung, von einer ser grossen ..., Schlangen* (Bartholomäus Käppeler, 1590), *Warhafftige vnd Erschröckliche Newe Zeyttung von dem Erbfeind dem Türken* (Georg Kreß, 1591), *Gründlicher Bericht vnd Bezeugnuß / von dem herrlichen Wunderzeichen* (Chrysostomus Dabertshofer), *Abriß / der gewohnlichen grösse Georg Sailers* (Marcus Antoni Hannas, 1612), *Ein Warhafftige vnd doch erbärmliche newe Zeitung* (Georg Kreß, 1612), *Ein warhafftige vnd Erbärmliche geschicht von einer grewlichen Fewers not* (Georg Kreß, 1620), *Ein warhafftige Newe Zeitung Vnd erbärmliches Wunderwerk* (= Erscheinung eines Kometen, Heinrich Müller, 1621), *Beschreibung eines gar grossen Walfisches* (Michael Frömmer, 1620/21), *Kurtze Erzehlung der Kayserlichen Execution, wie dieselbige an den Böhmischen Rebellanten, zu Prag ... geschehen* (Andreas Güntsch, 1621), *Wahrhaffte vnd gründliche Newe Zeitung vnd eygentlicher Bericht* (Daniel Manasser, 1621), *Ein Warhafftige vnd doch erbärmliche newe Zeitung / von der scharpffen Ruthen / gleichsamb einem Flamenten Schwerdt / so an dem Himel gestanden* (Georg Kreß, 1621), *Etliche vnd Fürnembste MIRACVLA, vnnd Wunderwerck / so Gott der Allmächtig in deß Heiligen Römischen Reichstatt Augspurg / durch Krafft deß Allerhailigsten ... Sacraments / effectuiert vnd gewürcket hat* (Andreas Aperger, 1622), *Warhafftige vnd erschröckliche newe Zeittung* (= Kugelblitz im

Wertachtal, Melchior Hirli, 1623), *Warhaffte / doch gantz Klägliche vnd erbärmliche Zeitung. Wie es in der Löblichen / deß Heiligen Römischen Reichs Statt Regensburg ... Ein erschröckliches Wetter gehabt* (Melchior Hirli, 1623), *Christliche Erinnerung / neben kurtzer Historischer Verzaichnus / wie oft Gott der Herr / von Anno 1042 biß dahero / ... mit / der Pest ... dise Statt Augspurg habe haimgesucht* (Johann Schultes im Verlag Raphael Custos, 1629), *Warhaffte RELATION des von Gott verlihenen Sigs* (= Gefecht bei Freystadt, Wolfgang Kilian, 1632), *Wahrer Bericht / wie vnd wann Ihr Königl(iche) May(jestät) in Schweeden mit dero Kriegs Armada für Augspurg geruckt* (Daniel Manasser, 1632), *Warhafftiges Geschicht vnd Wunderwerck* (T 88), *Warhaffte Historische Abbild: vnd kurtze Beschreibung* (= Hexenprozess, Elias Wellhöfer, 1654), *Außführliche Relation deß hefftigen See-Gefechtes der zwey grossen See-Flotten* (Martin Zimmermann, 1665), *Relation oder Beschreibung* (= Hexenprozess, Elias Wellhöfer, 1669).

Nur wenige Flugblätter weisen keine derartige Überschrift auf und konzentrieren sich gleich auf den Inhalt, z. B.: *Ein wunderbarliche seltzame erschroeckliche Geburt* (T 85).

Diese (mehr zufällige) Aufzählung gewährt doch einen repräsentativen Blick auf die Vielfalt der Bezeichnungen und reiht die Blätter mit Ereignissen aus dem Landkreisgebiet entsprechend ein.[3] Die beherrschende Bezeichnung ist **neue Zeitung**; sie trifft fast auf die Hälfte der Blätter zu, während die übrigen Bezeichnungen weit streuen. Unter ihnen sind Geschicht(e), Bericht und Beschreibung gleich stark vertreten. Auch die Begriffe Mirakel und Relation (= Bericht) tauchen häufiger auf. Die genannten Begriffe zielen auf den Text ab, während Begriffe wie (Ab)conterfectur (u. Ä.), Abriss und Abbild das Bild in den Mittelpunkt stellen. Mitunter stehen auf einem Blatt auch zwei Bezeichnungen (*Abcontrafactur vnd newe Zeytung, Abconterfectur und Bericht, Contrafractur und neue Zeitung, Abcontrafectum und neue Zeitung, neue Zeitung und Beschreibung, Bericht und Bezeugnis, neue Zeitung und Wunderwerk, Zeitung und Bericht, Mirakel und Wunderwerk, Geschicht und Wunderwerk, Abbild und Beschreibung, Relation und Beschreibung*). Zum einen verweisen sie auf die Parallelität von Bild und Text, zum anderen ergänzen oder ersetzen sie den Hauptbegriff „neue Zeitung" (Beschreibung, Bericht, Geschichte) oder spezialisieren ihn (Mirakel, Wunderwerk). Das Wort „Relation" steht damals noch nahe beim vorausgehenden lateinischen Wort *relatio* (Bericht, Berichterstattung). Auch das Wort „Zeitung" wird nicht im heutigen Sinn (periodisch ausgegebene Zusammenstellung von Nachrichten) gebraucht. Es bedeutet bis ins 19. Jahrhundert hinein „Nachricht von einer Begebenheit".

So wie bei den Bezeichnungen die <u>neue Zeitung</u> deutlich dominiert, ist es bei den weiteren Attributen das Wort <u>wahrhaftig</u> (*wahrhaft, wahr*). Die Neuigkeit und die Wahrhaftigkeit machen die Qualität einer Nachricht (Zeitung) aus. Von den anderen Adjektivattributen werden für die Zeitung lediglich „eigentlich" (im Sinn von „gewiss", „genau") und „unerhört" etwas öfter gebraucht. Häufiger wird das Adjektiv *erschröcklich* verwendet, sowohl als Attribut für die Nachricht wie für deren Inhalt. Gleiches gilt auch für das Adjektiv *erbärmlich*, das aber nicht so häufig auftaucht. Gelegentlich werden die Inhalte auch als *grewlich* (Grauen erregend) und *seltsam* bezeichnet.

Die Aufzählung zeigt auch die Breite der Inhalte, die in den *neuen Zeitungen* verbreitet wurden.[4] Die Ereignisse aus dem Landkreisgebiet reihen sich hier gut ein: eine Himmelserscheinung, zwei Missgeburten, eine Fünflingsgeburt, ein Mord und ein Mirakel.

Die Jahrzehnte zwischen 1550 und 1660 waren geprägt von Missernten infolge einer klimatischen Verschlechterung, die zu Agrarkrisen führten und zu einer Verknappung und massiven Verteuerung der Grundnahrungsmittel. Hungersnöte trafen vor allem die ärmere Bevölkerung hart. Die immer wieder auftretenden Pestepidemien wüteten besonders bei den vom Hunger geschwächten Menschen. Dazu kamen noch die Kriege, bei uns besonders der schwedische Krieg und der schwedisch-französische Krieg (1632 – 1635 und 1646 – 1648). Die schweren Krisen wurden als Zeichen für den Zorn Gottes über die Sünden der Menschen gedeutet. „Dabei verstärkte sich das durch die krisenhaften Erscheinungen der Zeit hervorgerufene pessimistische Gefühl noch insofern, als man eine Zunahme von Wunderzeichen (Prodigien) zu bemerken glaubte. Außergewöhnliche Naturerscheinungen, denen man schon in der Antike Zeichenhaftigkeit unterlegt hatte, wurden vor dem christlichen Horizont als göttliche Mahnungen aufgefasst. Monstra-Geburten, (vermeintliche) Gesichte am Himmel und Blutregen, seit altersher als Unglücksboten gedeutete Kometen sowie meteorologische Erscheinungen wie Unwetter und Wintergewitter (die als Folge der Klimaveränderung tatsächlich vermehrt auftraten) ließen bei vielen Zeitgenossen ein Gefühl der Verunsicherung und des Bedrohtseins entstehen" (Nicoline Hortzitz).[5]

Augsburg war neben Nürnberg, Straßburg und Basel ein Zentrum auch der Herstellung von Flugblättern. Mehr als ein Viertel der Flugblätter der Frühen Neuzeit erschien in Augsburg. Augsburg ist als Druckerstadt sehr gut erforscht.[6] Gleiches gilt auch für Dillingen.[7]

Nur selten nennen Flugblätter den Verfasser des Textes und die wenigen Namen gehören in Augsburg nicht zu den bekannten Autoren. Der wichtigste Grund für diese Anonymität dürfte darin zu suchen sein, dass ein Text ohne individuellen Autor als Stimme einer größeren Öffentlichkeit wirken und somit eine höhere Glaubwürdigkeit und breitere Akzeptanz erreichen konnte. Die Anonymität schützte zudem den Autor vor der Zensur.[8] Anders verhielt es sich bei den Produzenten und Verlegern, die nicht selten auch ihre Adresse angeben und damit für das Blatt werben (z. B. T 87, T 88). Als eine Augsburger Besonderheit stuft Michael Schilling das Briefmalerhandwerk des 17./18. Jahrhunderts ein, das in der Reichsstadt, vor allem auch durch die Unterstützung der katholischen Kirche, einen goldenen Boden hatte. Viele von den Briefmalern kolorierten nicht nur, sondern brachten auch Flugblätter heraus (T 85–87).[9]

Der ambulante Handel (Laufkundschaft, Verkauf an der Haustür und in Wirtsstuben) bildete die wichtigste Vertriebsform des Kleinschrifttums überhaupt. Dazu kommt die Verkaufsform des Ausrufens und Aussingens. Der Verkaufspreis lag mit zwei bis vier Kreuzern, was in etwa dem Stundenlohn eines Maurers oder dem Preis für zwei Maß Bier entsprach, relativ niedrig. Das bedeutet, dass sich zwar nicht die ganz arme Unterschicht, aber doch alle, die über ein geregeltes Einkommen verfügten, solche Blätter leisten konnten. Man darf davon ausgehen, dass die Blätter auch weiter gegeben wurden und auch so ein breites Publikum erreichten. Durch die Illustration sprachen sie auch die breite Schicht der Leseunkundigen an und veranlassten wohl auch die des Lesens Mächtigen, vorzutragen, was da beim Bild stand. Lesen und Erzählen ergänzten sich so und man darf davon ausgehen, dass die Inhalte für eine bestimmte Zeit weite Kreise zogen.

Zeichen am Himmel und Missgeburten kündigen die Endzeit an

Titelblatt von Lycosthenes` Wunderzeichenbuch Prodigiorvm ac ostentorvm chronicon. Abb. aus: Schwegler, Michaela: „Erschröckliche Wunderzeichen" oder „natürliches Phänomen"? Frühneuzeitliche Wunderzeichenberichte aus der Sicht der Wissenschaft, München 2002 (Bayerische Schriften zur Volkskunde Bd. 7), Abb. 2.

Ungewöhnliche Ereignisse wie Kometen und Missgeburten wurden schon in der römischen Republik als den Zorn der Götter verkündende Zeichen (*prodigia*) gedeutet; sie wurden entsühnt, um den Zorn der Götter abzuwenden. Die in den Evangelien genannten Vorzeichen des Jüngsten Gerichts (Mk 13, 24f: ... *wird sich die Sonne verfinstern, und der Mond wird nicht mehr scheinen, die Sterne werden vom Himmel fallen und die Kräfte des Himmels werden erschüttert werden*) werden seit dem 12. Jahrhundert zu *15 Zeichen vor dem Jüngsten Gericht* weiter entwickelt. Seit dem 15. Jahrhundert lässt sich ein schnell wachsendes Interesse an Vorzeichen feststellen und seit dem Beginn des 16. Jahrhunderts werden systematische Sammlungen angelegt, die sich nach der Jahrhundertmitte häufen. Dem römischen Verständnis von Vorzeichen kamen die Lutheraner am nächsten. Natürlich wurden die heidnischen Götter durch den christlichen Gott ersetzt und die Entsühnungsriten durch Buße und Gebet. Voraussetzung dafür war das hohe Endzeitbewusstsein im 16./17. Jahrhundert, das bei den Katholiken schwächer ausgeprägt war.[10]

Bis 1552 wurde das „Buch der Vorzeichen" (*Prodigiorum liber*) des Julius Obsequens ungefähr fünfundzwanzigmal gedruckt, dann wurde eine ergänzte und illustrierte Ausgabe, die Conrad Lycosthenes besorgte, häufig nachgedruckt. Lycosthenes gab dann eine eigene Sammlung heraus, die bis zum Erscheinungsjahr 1557 reichte. Kurz zuvor waren die *Wunderzeichen* des Job Fincel erschienen, denen noch 1557 das *Wunderwerck vnd Wunderzeichen Buch* des Kaspar Goldtwurm folgte. Bei der hohen Aufmerksamkeit für dieses Thema verwundert es nicht, dass auch die Geschichtsschreiber derartige Vorzeichen stärker registrierten. So berichtete der Augsburger Stadtarzt und humanistische Universalgelehrte Achilles Pirmin Gasser zum Jahr 1549: *Den 28. selbigen Monats vor Mittagszeit / wurden allhie an dem Himmel drey Sonnen / mit einem weißen Creutz / vnd dreyfachen Regenbogen bey einander gesehen. So hatten auch in diesem Monat innerhalb dreyer Tagen / drey leibliche Schwestern / deren eine Ursula genannt / einen Sattler allhie hatte / die anderen zwo aber in nechst hiebey gelegenen Dörffern gewohnt / 8. lebendige Kinder auff die Welt bracht welche alle nach Christlicher ordnung getaufft worden / vn(d) lang gelebt haben.*[11] Gasser spricht zwar nicht direkt von einer Kausalität zwischen den Himmelszeichen und den Mehrfachgeburten dreier Schwestern innerhalb von drei Tagen, doch die unmittelbare Zusammenstellung beider Nachrichten legt es doch nahe, dass er einen Zusammenhang angenommen hat.

Kometen und andere Himmelszeichen

Achilles Pirmin Gasser erwähnt in seiner Chronik folgende Vorfälle:
1556 erschiene zu ende deß Hornungs ein heller Comet / der ließ sich auff den Abend sehen / hatte ein sehr schnelle bewegung / stiege je lenger je mehr gegen den Mitnächtigen Meerstern / vnd kame noch vor Ostern der Sonnen zuvor / daß er sich darnach Morgens gegen Tag / etlich mal mit vnglückhafftiger Bedeutung sehen ließe.
1558: Vmb den 15. Tag selbigen Monats (= August) / hat bey vns ein Comet zu Nacht sub cauda vrsae maioris (unter dem Schweif des Großen Bären) zuscheinen angefangen.
1560: Den 28. Tag Decembris ist am Morgen frü vor der Sonnen Auffgang / der Himmel als ober allenthalben brendte / vnd der gantze Lufft von allen Orthen der Welt / gleich wie ein Fewerflammen glenzend / gesehen worden: welches Wunderzeichen allein die Wechter auff dem Berlenberg hatten wahr genommen.
1568: Als es auch den dreyzehenden selbigen Monats zimlich warm vnd schön ward / ward vmb Vesperzeit / gehlingen ein schrecklich Donnern / mit einem großen Regen / vnnd Regenbogen vngewöhnlicher Gestalt allhie gesehen vnnd gehöret worden
1572: In der sechßten Nacht deß Monats Nouembris / oder vmb dieselbe Zeit / erschiene erstmals allhie ein newer vngewöhnlicher vnd sehr heller Stern / viel höher im Firmament / dann einiger Comet / oder andere himmlische Zeichen / bißhero wahrgenommen worden / gleich in dem Gestirn der Cassiopeae. Derselbe Stern bliebe stetigs am einem Orth / nemlich beynahe am siebenden Grad deß Stiers / vnbeweglich / vnnd vollbrachte täglich seinen Lauff / durch bewegung deß ersten himmlischen Circkels / vnnd vbertraffe an der Größe vnd Helle / den klaren vnd liechten Venus Stern weit / vergienge auch nicht / biß im December deß folgenden Jars.
Deßgleichen wurden den 17. Nouembris ein gantze Stunde vber / nemlich vmb 9. Vhr Vormittag / drey Sonnen allhie bey hellem Wetter gesehen.
1573: Den siebenden Tag Junij / der schön vnd

heiter gewesen / wurde allhie zu Nacht / nach ein Vhr von Nidergang der Sonnen / ein fewrige Kugel / einer zimlichen Größe von Auffgang gegen den Nidergang / mit einem hellen Schein laufend / gesehen.
1574: Den 20. Septebris zu Abendts vmb 9. Vhren wurden fewrige Stralen am Himmel / vmb den mitternächtigen Circkel gesehen.

Pirmin Gasser.
Abb. aus: Stadtlexikon, 430.

In diese Chronik muss man die Himmelserscheinung vom 18. Dezember 1564 im Gericht Schwabmünchen stellen (T 83). Es fällt auf, dass keine der acht bei Gasser zwischen 1556 und 1574 erwähnten Himmelserscheinungen in einem Flugblatt verbreitet wurde und dass das Schwabmünchner Beispiel in Dillingen gedruckt wurde. Ein Grund für diese Zurückhaltung wird nicht erkennbar. In Augsburg lässt sich das erste Flugblatt mit einer Himmelserscheinung erst 1572 nachweisen. Dabei handelt es sich um zwei Blätter, die Hans Rogel herausbrachte, die aber kein heimisches Ereignis, sondern ein *Gesicht* in Konstantinopel vorstellen. Parallel dazu erschien bei Rogel die achtseitige Flugschrift *Warhaffte Zeitung vnd beschreibung der Stadt Constantinopel dreyer Creutz gesicht.* Im Jahre 1560 hatte sich eine ebenfalls achtseitige, bei Hans Gegler herausgebrachte Flugschrift mit dem *Hymlischen Fewrzeychen im Dorf Reychenaw* befasst. Der Komet, der am 12. November 1577 über Augsburg hinzog, wurde dann in zwei Flugblättern (Bartholomäus Käppeler und Valentin Schönig/Hans Schultes) vorgestellt und damit setzt dann eine größere Aufmerksamkeit für solche Phänomene ein.[12]
(Fortsetzung auf S. 210)

Komet über Augsburg am 12. November 1577.
Abb. aus: Strauss, Walter L.: The German Single-Leaf Woodcat 1550 – 1600. A Pictorial Catalogue Bd. 2., New York 1975, 480.

(T 83) *Ein erschroeckliche newe zeittung / von einem grossen wunderzeichen / so in dem Gericht Schwab Menchingen / vier meil von Augspurg gelegen / den 18. tag des Christmonats [Loch] 1564. Jar gesehen worden.*

ERstlich hat sich von dem Auffgang / die Sonn gantz fewrig vnd bluotfarb erzeigt / vnd als bald darauff / zum offtermals grewlich vnd erschroecklich vber vnd vber geworffen / Nachmaln ist sie still gestanden / vnd hat sich hefftig erschüttet / Inn dem sein auch zwen lange spitzige strich / je weiß / je rot / je bleich / je bluotfarb / sampt einem langen strich vnd einem creutz dardurch an der Sonnen erschinen / Volgends hat sich auch ein Regenbogen herfür gethon / so die spitz gegen dem Himmel auffwartz gekoert / Auch haben die zwen lange strich / so neben der Sonnen immerzuo her gangen / gleich als weren mehr Sonnen darinnen / biß zuo Mittag ire spitz gegen dem Himmel gewandt worden. Was aber solchs bedeutte / ist dem jenigen wol bewüßt / der vns dasselbig für augen gestellt. Auch haben wir menschen vns hiebey zuerinnern / daß dergleichen wunderzeichen / so jetz vil jar her an dem Himmel erschinen / gewisse vorbotten seind der zuokunfft Christi / dardurch wir gewarnet vnd ermanet werden / von allem argen abzustehen / das alte boßhafftig leben zuuerlassen / vnd rechtgeschaffne frücht der buoß zuwürcken / auff daß wir entlich dem zorn Gottes vnd der künfftigen not / so vber die verruochte welt erghn wirdt / zuentfliehen / vnd in der Genaden Christi die seligkeit erlangen moegen / Das wolle vns der Herr in disem newen Jar alle miteinander genaediglich verleihen / Amen.

Abb. aus: Weber, Bruno (Hg.): Erschröckliche und warhafftige Wunderzeichen 1543 – 1586. Faksimiledruck von Einblattdrucken aus der Sammlung Wikiana in der Zentralbibliothek Zürich, Dietikon-Zürich 1971, Tafel 10.

Ein erschröckliche newe zeittung/ von einem grossen wunderzeichen/ so in dem Gericht Schwab Menchingen/ vier meil von Augspurg gelegen/ den 18. tag des Christmonats 1554. Jar gesehen worden.

MITTAG

AUFGANG

NIDERGANG

MITNACHT

Erstlich hat sich von dem Auffgang/ die Sonn gantz fewrig und blutfarb erzeigt/ vnd als bald darauff/ zum offtermals grewlich vnd erschröcklich vber vnd vber geworffen/ Nachmaln ist sie still gestanden/ vnd hat sich hefftig erschüttert/ Jnn dem seind auch zwen lange spitzige strich/ je weiß/ je rot/ je bleich/ je blůtfarb/ sampt einem langen strich vnd einem creutz dardurch an der Sonnen erschinen/ Volgends hat sich auch ein Regenbogen herfür gethon/ so die spitz gegen dem Himmel auffwarts gekört/ Auch haben die zwen lange strich/ so neben der Sonnen immerzů her gangen/ gleich als weren mehr Sonnen darinnen/ biß zů Mittag je spitz gegen dem Himmel gewandt. Diß wunderzeichen ist von ehrlichen erbarn Mann vnd Weibs personen/ sampt vil anderm gesind vnd Bawrsvolck gesehen worden. Was aber solchs bedeute/ ist dem jenigen wol bewüßt/ der vns dasselbig für augen gestellt. Auch haben wir menschen vns hiebey zuerinnern/ daß dergleichen wunderzeichen/ so jetz vil jar her an dem Himmel erschinen/ gewisse vorbotten seind der zůkunfft Christi/ dardurch wir gewarnet vnd ermanet werden/ von allem argen abzusehen/ das alte boßhafftig leben zuuerlassen/ vnd rechtgeschaffne frücht der bůß zuwürcken/ auff daß wir entlich dem zorn Gottes vnd der künfftigen not/ so vber die verrůchte welt ergehn wirdt/ zuentfliehen/ vnd in der Genaden Christi die seligkeit erlangen mögen/ Das wölle vns der Herr in disem newen Jar alle miteinander genädigklich verleihen/ Amen.

Getruckt zů Dilingen durch Sebaldum Mayer.

(T 84) *Wahrhaffte Abconterfectur der Erschrocklichen wundergeburt / so dises gegenwaertig 1560. Jar / im Marckt zuo Zusmerhausen am 21.tag Aprilis von ainer Frawen geborn ist.*

Im Jar als man zalt 1560. Auff den 21. tag Aprilis / zuo nacht / zwischen 9. und 10. vr / ist dise wunderbarliche vnd erschrockliche geburt / in dem Marckt zuo Zusmerhausen / drey meyl wegs von Augspurg / geborn worden / durch ain Frawen / mit namen Maria Albrechtin / vnd ir Mann Lienhart Albrecht / seines Handwercks ain Schuochmacher. Und ist solliche geburt zuo warer vrkund / durch den Edlen vnd vesten Joergen von Schwangaw / Pflegern daselbs / mit ainem gantzen Gericht besichtiget / Darbey auch gewesen der Edel vnd vest Onoferus von Berwang / zü Vogach / mitsampt ettlichen andern vilen ehrlichen leütten / Und ist letstlich durch Maister Columbanum Bertschin Illuminierer zu Augspurg / warhafftig abcontrafect / wie sy vor augen / vnd als in truck gegeben.

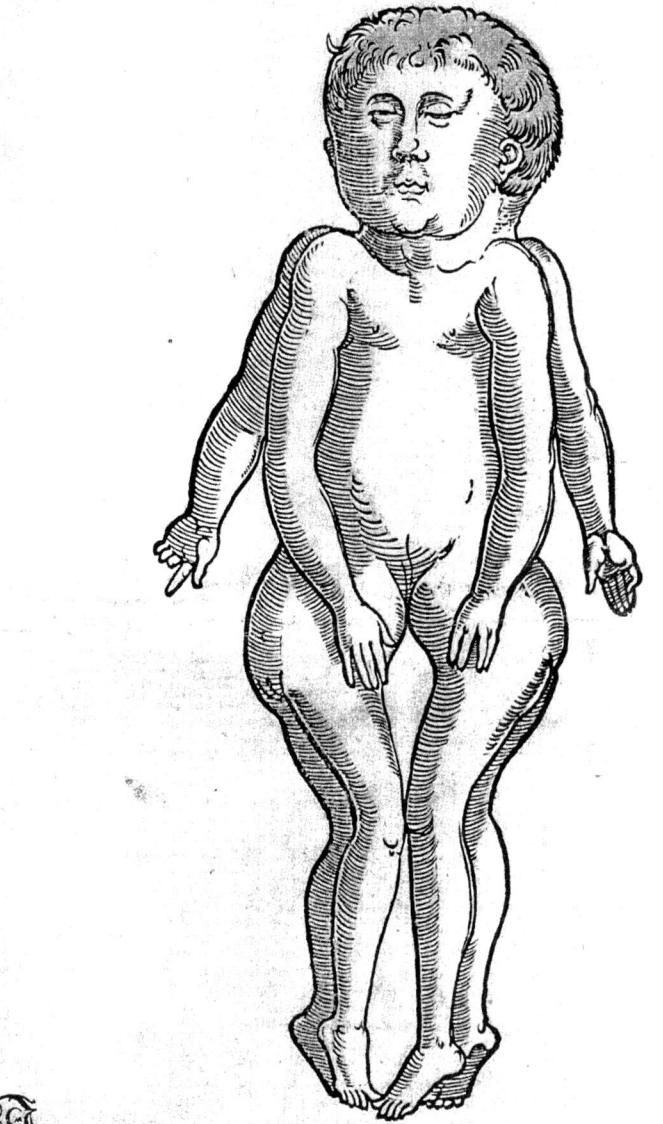

Warhaffte Abconterfectur der Erschrocklichen wundergeburt/ so dises gegenwärtig 1560. Jar/ im Marckt zů Zusmerhausen am 23. tag Aprilis von ainer Frawen geborn ist.

IM Jar als man zalt 1560. Auff den 23. tag Aprilis/ zů nacht/ zwischen 9. vnd 10. vr/ist dise wunderbarliche vñ erschröckliche geburt/ in dem Marckt zů Zusmerhausen/ drey meyl wegs von Augspurg/ geborn worden/ durch ain Frawen/mit namen Maria Albrechtin/ vnd jr Mañ Lienhart Albrecht/ seines Handtwercks ain Schůchmacher. Vnd ist solliche geburt zů warer vrkund/ durch den Edlen vnd vesten Jörgen von Schwangaw/ Pflegern daselbs, mit ainem gantzen Gericht besichtiget / Darbey auch gewesen der Edel vnd vest Onoferus von Bertrang/ zů Vogach / mitsampt etlichen andern vilen ehrlichen leütten/ Vnd ist letstlich durch Maister Columbanum Bertsch Illuminierer zů Augspurg/ warhafftig abcontrafett/ wie sy vor augen/ vnd als in truck gegeben.

Cum Gratia & Priuilegio Imperiali. Getruckt zů Augspurg/durch Philipp Vlhart.

Abb. aus: Harms, Flugblätter VI, 207.

(T 85) *Ein wunderbarliche seltzsame erschroeckliche Geburt / so zuo Lauterbrunnen / drey meyl von Augspurg / hat zuogetragen / in disem 61. Jar / den 18. tag Decembris.*

IN disem ein vnd sechtzitzigisten Jar / den 18. tag Decembris / hat ein Jüdin / Reitlin genandt / deß Tefelins Juden wonhafft zuo Lautterbrunnen drey meyl von Augspurg / (dem Herren von Bapenheim zuogehoerig) dises Monstrum oder wunderbarliches Kind / mit grossem Schmertzen geboren (wiewol zuo gedencken.) Dann das Kind tod gewesen / vnnd hat ein sollliche gestallt / wie oben verzeichnet / hat zwey Kelber ohren gehabt / der ein Fuoß ist vornen vbersich gewachsen / der ander hinden vbersich gewachsen / vnnd an statt des Nabels / ist ein groß Loch gewesen / sonst hat es eines Manns scham oder zeichen gehabt / Auß disen vnd andern vorgehenden zeichen / die yetz etliche Jar mit hauffen gangen / vnnd noch (wie taeglich vor augen) gehn werden / Die alle seind warnungen / das wir buoß thuon / vnnd von sünden sollen abstehn / wie uns unser Herr Jhesus Christus gantz trewlich warnet / Matthei am 24. Luce am 17. vnd 21. Die welt werde in sicherheit stecken / da werde man Bawen / Pflantzen / Heüratten / biß sie das verderben schnell vberfallen werde / wie der schmertz ein schwanger Weyb / vnnd wie zuo der zeit der Sündtflus / vnnd der zeit Loths / wie zulesen ist Genesis am 6. vnd 19. Vnnd wie der heilige Pettrus sagt / 2. Pettri am 2. vnd 3. Es werden spoetter auffstehn / vnnd sagen / Wa ist die verheyssung seiner zuokunfft / vnd werden den Jungsten tag tausent Jar weg werffen / dann die gottlosen ohne das sagen / Es seind wol mehr zeichen geschehen / vnd dannoch der Jungste tag nit kommen / schlagen also alle straffen / zeichen / vnnd warnungen in wind / Aber ware Christen / werden sich nach der lehre vnd vermanung vnsers Herren Jhesu Christi wol wissen für zuosehen / vnnd sich vor Fressen vnd Sauffen von allem argen / da die welt in ligt / huetten / wie Johannis in seiner ersten Epistel sagt am fünfften / Damit sie würdig sein moegen / zuo entpfliehen disem allem / vnd zuostehn vor des menschen Son / Gott der Herr sagt / Johelis am 2 Actorum am 2. Er werde zeichen vnnd wunder gehn lassen / ehe das der grosse offenbarliche tag des Herren kompt / Gott der Allmaechtig woelle vns vmb seines lieben Sons willen / durch mitwürckung des heiligen Geistes vnsere Sünden zuoerkennen geben / damit wir buoß thuon / vnnd nicht mit der gotlosen Welt (die inn verachtung goetliches Worts ligt) verdampt werden.

Ein wunderbarliche seltzsame erschröckliche Geburt / so zů Lautterbrunnen / drey meyl von Augspurg / hat zůgetragen / in disem 61. Jar / den 18. tag Decembris.

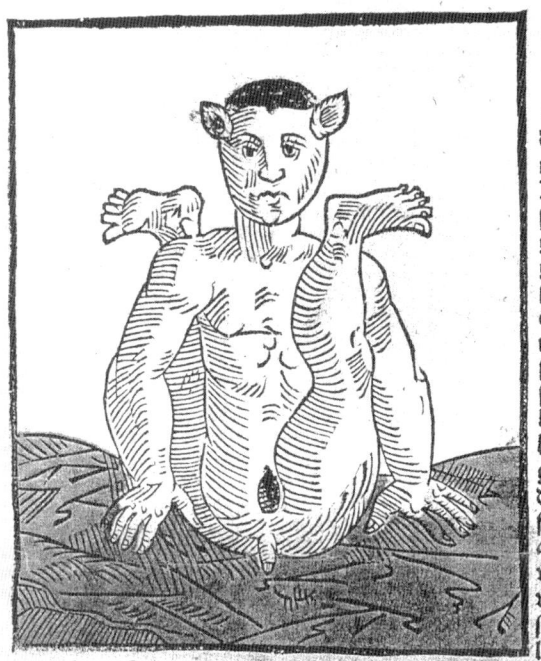

IN disem ein vnd sechtzigisten Jar / den 18. tag Decembris / hat ein Jüdin / Reitlin genandt / deß Teselins Juden wonhafft zů Lautterbrunnen drey meyl von Augspurg / (dem Herren von Bapenheim zůgehörig) dises Monstrum oder wunderbarliches Kind / mit grossem schmertzen geboren (wiewol zů gedencken.) Dann das Kind tod gewesen / vnnd hat ein sollche gestallt / wie oben verzeichnet / hat zwey Kelber ohren gehabt / der ein Fůß ist vornen vbersich gewachsen / der ander hinden vbersich gewachsen / vnnd an statt des Nabels / ist ein groß Loch gewesen / sonst hat es eines Manns scham oder zeichen gehäbt / Auf disen vn andern vorgehenden zeichen / die yetz etliche Jar mit hauffen gangen / vnnd noch (wie täglich vor augen) gehn werden / Die alle seind warnungen / das wir büß thůn / vnnd von sünden sollen abstehn / wie vns vnser Herr Jhesus Christus gantz trewlich warnet / Matthei am 24. Luce am 17. vnd 21. Die welt werde in sicherheit stecken / da werde man Bawen / Pflantzen / Heüratten / biß sie das verderben schnell vberfallen werde / wie der schmertz ein schwanger Weyb / vnnd wie zů der zeit der Sündtflus / vnnd der zeit Loths / wie zulesen ist Genesis am 6. vnd 19. Vnnd wie der heilige Pettrus sagt / 2. Pettri am 2. vnd 3. Es werden spötter auffstehn / vnd sagen / Wa ist die verheyssung seiner zůkunfft / vnd werden den Jungsten tag tausent Jar weg werffen / dann die gottlosen ohne das sagen / Es seind wol mehr zeichen geschehen / vnd dannoch der Jungste tag nit kommen / schlagen also alle straffen / zeichen / vnnd warnungen in wind / Aber ware Christen / werden sich nach der lehre vnd vermanung vnsers Herren Jhesu Christi wol wissen für zůsehen / vnnd sich vor Fressen vnd Sauffen von allem argen / da die welt in ligt / hütten / wie Johannis in seiner ersten Epistel sagt am fünfften / Damit sie würdig sein mögen / zů entpfliehen disem allem / vnd zůstehn vor des menschen Son / Gott der Herr sagt / Johelis am 2. Actorum am 2. Er werde zeichen vnnd wunder gehn lassen / ehe das der grosse offenbarliche tag des Herren kompt / Gott der Allmächtig wölle vns vmb seines lieben Sons willen / durch mitwürckung des heiligen Geistes vnsere Sünden zůerkennen geben / damit wir büß thůn / vnd nicht mit der gotlosen Welt (die in verachtung göttliches Worts ligt) verdampt werden.

Bey Michel Moser Brieffmaler.

Abb. aus: Harms, Flugblätter VI, 241.

(T 86) *Warhafftige Beschreibung einer newen Wundergeburt / welche an ort vnd enden / wie hernach genennet sich begeben hat.*
Anno M. D. LXVI.

IN einem Dorff zwischen Augspurg vnd Dilli[n]gen / auff halben weg / von yedem deren ort vngefaerlich drey meil wegs gelegen / mit namen Emersacker weylandt des Edlen vnnd gestrengen Herren Ulrichs von Knoeringen Ritters / nachgelaßnen Soenen vnderworffen / vnnd zuogehoerig / hat sich auff den XXII. vnd XXIII. tag December jüngst verschines LXV. Jars zuogetragen / das eines armen Bauren Weib / mit namen Anna Risin / Caspar Risen / daselbsten wonhafft Eheliche Hawßfraw / fünff lebendiger Kindlein welch gantz volkomenlich / vnd an allen glidmassen gantz gewesen / geborn / vnd auff erden gebracht / Als naemlich auff Sontag / vor dem Christag / zuo abends hat sie ein Knaeblein / so vngefaehrlich zwo stund gelebt / erzeuget. Folgens an dem heyligen abent der geburt Christi / hat sie noch ein Son sampt dreyen Töchterlein / vnd also in zweyen tagen fünff vnderschidlicher lebendiger Kinder geboren. Nach dem aber bemelte newgeborne Kindlein etwas sehr schwach gewesen / seind sie also nach altem Christlichem brauch / also mit eyl in dem Hauß getaufft / vngefaerlich zwo stund gelebt / vnnd nach irem absterben / zuo der erden / wie gebreüchlich bestattet worden. Die gezeügen der wunderbarlichen geburt / so selbsten darbey / vnd gegenwertig gewesen / von der Oberkeit deßhalben seind examiniert worden / seind diese. Erstlich die Hebam heist vnd wirt genant Hilaria Buotzin / die geuatter Anna Gaugenriederin / auch Anna Oertlein / Voegtin daselbst. Item / Agatha Kratzeren / vnd andere vil Personen mehr / welche all genuogsam anzeigung dieser sachen halber gathan. Es ist auch zuo mercken / das obbestimptes Weib / zuo vor auch durch ein Geburt drey Kinder auff Erden gebracht hab.

Was nun der Allmechtig Gott / durch solche vnd andere wunderbarliche schickungen / uns zuouerstehn will geben ist nicht schließlichs / oder Endtliches daruon zuo schreiben. Doch ist da neben wol zuo wünschen / ja fleissig zuo floehen / vnd zuo bitten / das er durch sein Goettliche Gnad vnd Allmechtigkeit / solche seine wunderwerck / in welchen wir ihn allzeit loben vnd preisen sollen / vns zuo rechter betrachtung seiner Göttlichen Mayestatt in warer bekantnuß vnsers Christlichen Glaubens / vnd erhaltung seiner Gebott / allzeit zuo guotem kommen laß / durch das verdienst seines engebornen Sons / vnsers Erloesers vnd Seligmachers Jesu Christi / der mit jm vnd dem heilgen Geist / Regieret von ewigkeit zu Ewigkeit / Amen.

Abb. aus: Hortzitz, Nicoline: Von den unmenschlichen Taten des Totengräbers Heinrich Krahle zu Frankenstein und andere wahrhaftige „Neue Zeitungen" aus der Frühzeit der Sensationspresse, Frankfurt/M. 1997, Abb. 14.

(T 87) *Ware Abcontrafectung ainer erbaermlichen / vnd erschroecklichen Newen Zeytung / so sich zu Erlingen / 4. Meil Wegs von Augspurg / oberhalb Schwab Münching gelegen / verlauffen / alda ein Inwoner vnd Brott Kauffer / mit Namen Hanns Altweckher / sein Schwangers Weyb benannet Christina / vnd 4. seiner Kinder. Nemlich Annalein 10. jar. Thoma. 9. jar. Aphra. 3. jar. Marthin / 2. jar Greuolich ermoert vnnd umb gebracht hat /*

OB das Sprichwort war sey. Man hoeret baelder drey boeses / dan ein gutes / ist meines erachtens / nit von noten solches mit Exempeln zu Probieren / dann es zu diser zeit dahin kommen / das Layder Gott erbarme es / schier nichts Wahrhafftigers kan gesagt noch gehoert werden / vnd das hoch zu beklagen / vber tag sich meret vnd heuffiglich erwachsen thut wer nun wol von noeten diser Rauhen Gottlosen / sicheren Welt / etliche für die Augen zu stellen / ob sie doch deren mal aynes irer boßheit sich erinnerte / Ihr sicherheyt zu gmuoet furet / vnnd zu warer Buoeß sich begebe / Jedoch vor grossem Heyland vnd trawten / Javil mehr vor entsetzung Menschlicher Natur / wird solches kein Scribent leichtlich verbringen moegen / damit aber die zaghafftigkeit nit ablige / vnnd die Hoffnung das guet zu erwecken / durch stillschweigen / nit vber wunden werde das Viehische / vnd Menschlich Leben zu straffen / kann sich nit umb gehen / Auß allen vebeln / nur aynes zuerzelen. Wie volgt.

Als man zaelt nach der Geburt Christi / Tausent Fünffhundert / Achtzig vnnd Neün Jar. Den 17. Tag des Monats Juoly. Ist in einem Dorff / Erlingen genandt / Ein jaemmerliche / erschroeckliche / grewliche / abschewliche / Gottslaesteriche / verzweifelte that begangen worden / dann daselbsten / ein Inwoner / der Brot zu Augspurg kaufft / vnd dahaim wider hin geben hat / mit Nammen Hans Altweckh er befunden welcher als Er durch des Teüffels eingebung / sein böse gedancken / in die bewilligung gesetzet / hat Er zu hand / sein aigen / vnnd der zeit Schwangers Weyb / mit Nammen Cristina sambt Vier seiner Kinder. 2. Toechterlein vnd zwey Knaeblein / ohn alle erbarmung / In vergessen Ehelicher versprochner pflicht / vnd Vaetterlicher Lieb vnnd Threw / Jaemmerlich / ermoerdet / erwuerget vnd vmbgebracht / welches Er / nach anzeigung der Nachbauoren / also angestelt / das Er sein Weib so zu Morgens früe das Viech auß zutreiben auffgestanden / Widerumb haissen ain weil nider zu Bett gehen / in dem sy im gefolget / vnd im nichts boeß zu trawet auch also entschlaffen / hat er als Baldt mit ainer hawen oder Hacken dise greüliche that Begangen / nach volender mord that / Dise Fuenff Personen / Sambt dem vnschultigen Kind in Mutter Leib / ellendiglich ligen lassen / auß dem Hauß gangen / ainem kleinen Hoeltzlin / nit fehr von seinem Hauß zugeeylet / alda Er vnder wegen einen Roßhirten angetroffen / dem er sein Laidigen fal eroeffnet / vnd darbey Ine gebetten / das er zu seinem Bruoder gehen vnd sagen wolte / Er solt in sein Hauß kommen vnd s. Guldin / so er in der Truhen hette / zu seinen Handen nemen vnd damit davon ziehen / vnd er woell Sich ietzt selbst erhencken welches der from ainfaltig Hirdt / in sondern schrecken nit verschweigen woellen / vnd solche Trawrige Botschafft ohne verzug dem Richter von Erlingen angezeigt / vnd da nun disem verzweifelten Mörder; auff seinem Fuoßsteig nachgeeylet / ist er in angezeigtem hoeltzlin / an einem Baum hangende gfuonden worden vnd da nun alle ummstend durch den Vogt oder Amptman / mit Namen Joerg Schneyder ayner Lobwürdigen Obrykeit in Augspurg also fürgehalten vnd angezeigt / Hatt die selbig erkandt / das sein Doder Coerper zu Puoluer vnd Aschen solte verbrennt werden / Nach vollender handlung der Richter sein Raiß haim gestelt / vnd ainem Maller von Augspurg / solche mort gschicht abzu Raisen und zu Abcontrafecten mit sich genommen / wie in diser Figur angedeütet gleichfals auch der nach Richter von Augspuorg hinauß geschickt worden / der den vbelthaeter / eben auff der Stett da er in Hangend befunden / zu Puluer verbrannt hat. Derwegen O Christen Mensch laß dir solches zu Herzen gehen / hab Gott vnd sein Wort allzeit vor Auogen / vnd du sicherer vnd vermessner Sünder / stehe von Sünden ab, damit der zoren Gottes dich nit vbereyle vnd die zeit Buoß zu thon dir zu kurtz werde / Betracht flevssig die gerechtigkeit Gottes / durch welche nit allein hie in zeit / Sonder auch dort mit ewiger pein Gott der Herr den Sünder straffet Halt aber bey Gott an Im gebett / das er dich vor aller versuchung / anfechtung / vnd allen Suonden / Behuote / der selbig guotig getrewe Gott / woelle vns alle sein gnadt vnd Heyligen geyst verleihen / das wir nach seinem willen Leben / durch dise vnd der gleichen schroeckliche that / vns selbst von alen lastern abmanen / vnd sonderlich die Eheleuot also bey ainander wonen / in Lieb vnd Laid ihren Ehestand halten / auff das sie in ewiger frewdt vnd Saeligkeit / Gott den Stiffter des Ehestands / Loben / ehren / vnd Preysen.

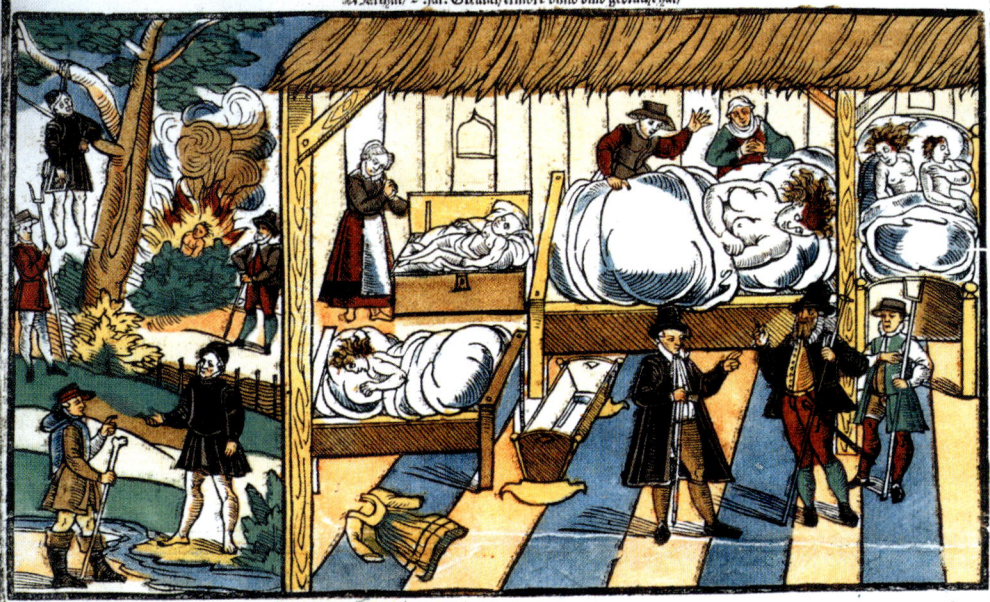

Original in der Staats- und Stadtbibliothek Augsburg.
Abb. aus: Pötzl, Lebensbilder, 55.

(**T 88**) *Wahrhafftiges Geschicht und Wunderwerck / so sich in deß H. Röm: Reichsstatt Augspurg / den 19. April Anno 1648. zugetragen / mit einem fuenff jaehrigen Knaeblein von groß Aytingen gebuertig / welches durch Krafft vnd würckung deß allerheyligsten wunderbarlichen / vor allbereit 450 Jahren verwandleten / vnnd in dem Gottshauß zum H. Creutz Canonicorum Regularium S. Augustini noch heutiges Tages / mit vilen vnd grossen Wunderwercken leuchtenden Sacraments / vbernatuerlicher weiß bey dem Leben erhalten worden.*

Demnach Hanß Lauter Bawer zu groß Aytingen Anno 1648 im Frueeling / deß einfallenden Kriegsvolcks halber / die Flucht mit den seinigen naher Augspurg genomen / vnnd den 19. Aprilis mit einem laehren Wagen in das Blatterhauß gefahren / allda 5. Schaff Haber gefast / solchen mit sich nach Hauß zunemmen / hat er sein bey sich gehabtes Soehnlein / seines Alters im fuenfften Jahr / im zurück fahren / zu sich auff das Handroß gesetzt / weilen er selbiges nit fueglicher mit sich zubringen gewust. Als er aber vber das erhoechte Pruegglein in Jacober Vorstatt mit besagten Wagen (welcher allein acht vnd ein halben Centner gewogen/) sambt denen darauff geladenen 5. Schaff Haber zurück gefahren / vnnd das Handroß etwas schnell gewesen / ist ihme ermeltes sein Soehnlein unversehens zwischen die Roß hinunder gefallen / und ob er zwar gleich nach demselben griffen / hat er's doch nit mehr erlangen / noch die Pferdt (weiln sie den Wagen zu schnell angezogen / vnnd solcher ohne das an dem Pruegglen abwarts gelauffen) erhalten koennen / sondern gleich mit sehr grossem Schroecken seiner / und vilen andern umbstehender Persohnen / den Wagen sambt den darauff geladenen 5. Schaff Habern / mit dem rechten fordern / sowol auch mit dem hindern Rad vber das Kind der gestalt gehen lassen muessen, daß der Kopff jedesmahl zwischen den Rädern vnd beede Fueßlein ausser der Raeder gewesen / vnd also beede / hinder vnd fordere Rad / dem Knaben vber die Gemaechtlein gangen / vnd denselben also vndersich getruckt vnd zerknirscht / daß jedesmahl der Kopff sowol als beede Fueßlein vnder jedem Rad vbersich gestanden / vnd der mitter Leib vndersich gezwungen worden. Wiewol nun deß Vatters schroecken / auch von anderen das Geschrey / vnd zulauff so groß / daß der Vatter vnd andere gaentzlich vermaint / das Kind waere zerschmettert / vnnd gantz zu todt gefahren / gestalten dann es auch fuer todt vmbgezogen / vnd dem betruebten Vatter auß gedachten vrsachen in sein Hand nit gelassen / sondern von einer bekandten Burgerin in Augspurg in dero Schoß in ihr Hauß fuer todt getragen worden / ist doch endtlich ihme dem Vattern in solchen seinen schroecken vnd Kummer / das hochheylige wunderbarliche Sacrament zum H. Creutz eingefallen / welcher das Kind also gleich mit einem H. Meßopffer naegst dahin versprochen. Bald nach gethanen Geluebd / ist das Kind wunderbarlicher weiß widerumb zu sich selbsten kommen / also vnder der gestalt / daß der Vatter solches ohne sonderbahre verletzung mit sich heimb genommen / nit ohne grosse verwunderung aller der jenigen / so disen trawrigen Fall zuvor gesehen / vnd darbey gewesen / oder darzu beruffen worden / welche dann samentlich Catholisch sowol als auch Uncatholisch es fuer ein sonderbahres Wunderwerck Gottes gehalten / massen dann neben andern der Vatter / Gott dem Allmaechtigen in dem hochheyligen wunderbarlichen Sacrament die Ehr gegeben / auch der Vateer zur schuldigen dancksagung sein gethanes Geluebd vnd versprechen / durch das H. Meßopffer auff dem Altar vor dem hochwuerdigen Sacrament alsobald verrichten lassen. Zu mehrer bekraefftigung dises grossen Wunderwercks / seynd von der hochlöbl: geistlichen hohen Obrigkeit allhiezu Augspurg die Sezeugen gebuehrent verhoert / alles ordentlich examiniert, vnd fuer ein wahres vnnd sonderbahres Wunderwerck Gottes in forma authentica approbiert, vnd erkennt worden.

Original in der Staats- und Stadtbibliothek Augsburg.
Abb. aus: Pötzl, Lebensbilder, 167.

Eine Haloerscheinung über Schwabmünchen

Das „Schwabmünchner Blatt" (T 83) erreicht das Format von 33,5 cm x 26,3 cm. Den Holzschnitt, der dann koloriert wurde, schuf vermutlich Matthias Gerung (Nördlingen um 1500 – Lauingen um 1579). Der Künstler stand der protestantischen Theologie nahe und bevorzugte kunstvolle Kompositionen mit „apokalyptischen Akzenten".[13] Er zeigt die Himmelserscheinung über einer Siedlung, die von einem Etterzaun umgeben ist. Entlang des Zaunes und um die kleine Kirche scharen sich Bauernhäuser mit strohgedeckten Krüppelwalmdächern. Nach Osten (AVFGANG) zu fallen dann drei mächtige Häuser mit steilen Satteldächern auf, von denen das am Bildrand von zwei Rundtürmen flankiert wird. Diese drei Häuser sprengen den Dorfcharakter. Sollen sie andeuten, dass es sich um einen Amtssitz handelt? Die beiden Rundtürme, die nur die halbe Höhe des steilen Daches erreichen, lassen an die Toreinfahrt zum ehemaligen Pflegamt, die die Schwabmünchner Hexentürmle nennen, denken. Auch das Haus in der Mitte flankieren zwei Türme. Bei beiden Häusern ist die Giebelzier zu einem kleinen Dachreiter erweitert. Man darf von Matthias Gerung keine authentische Dorfansicht erwarten, aber der Künstler deutet offensichtlich bestimmte Gegebenheiten an. Meint er mit der kleinen Kirche die Frauenkapelle, die in der Tat ja die Größe einer Dorfkirche erreicht, mit dem großen Haus in der Mitte den Vorgängerbau des Fuggerschlosses und mit dem Haus am Bildrand das Pflegamt? Die Überschrift spricht nicht vom Dorf sondern vom Gericht (Straßvogtei/Pflegamt) Schwabmünchen. Geht sie bei dieser Wortwahl vom Gerichtsgebäude am linken Bildrand aus? – Dass die Himmelserscheinung im Dezember (Christmonat) stattfand, gibt der Künstler mit den entlaubten Bäumen wieder. Vielleicht soll auch die Kleidung der Personen, die dieses Ereignis beobachten, darauf hindeuten.[14]

Mit einiger Phantasie ließe sich die Ansicht auf dem Flugblatt mit der Ansicht auf einem Stich aus der Mitte des 18. Jahrhunderts, der Schwabmünchen allerdings von Westen zeigt, in Einklang bringen.
Abb. aus: Pötzl, Walter (Hg.): Bauern – Handwerker – Arbeiter. Beiträge zur Wirtschafts-, Sozial- und Bildungsgeschichte, Augsburg 2001 (Der Landkreis Augsburg Bd. 4), 126.

Bei der Himmelserscheinung gehen von der noch im Osten (AVFGANG) stehenden Sonne drei breite Strahlen in Richtung Westen (NIDERGANG) aus, an deren Ende ein Querstreifen ein Kreuz andeutet. Über der Kirche erhebt sich ein nach oben offener Halbkreis in den bewölkten Himmel. Bei der Schwabmünchner Himmelserscheinung dürfte es sich um eine nur in Bruchstücken ausgebildete oder sichtbare Haloerscheinung handeln (griechisch halo = Hof (um Sonne und Mond); atmosphärische Lichterscheinungen in Form von Ringen, Bögen, Säulen und Lichtflecken, die durch Spiegelung, Brechung und Beugung an Eiskristallen in der Atmosphäre entstehen). Somit stellten der obere und der untere nach Westen führende Streifen Teile des sogenannten gewöhnlichen Rings dar, der sich in ca. 22° Entfernung um die Sonne zieht. Vielleicht waren noch die zu einem gewöhnlichen Ring gehörenden Nebensonnen zu sehen, die der Text andeuten könnte (*als weren mehr Sonnen darinnen*). Der mittlere, längere Strahl entspräche dann einer Lichtsäule, die oftmals über der Sonne bei geringem Sonnenstand beobachtet werden kann. Die Querverbindung zu den Strahlen interpretiert der Text als Kreuz. Hier zeigte sich vermutlich ein Teilstück des oberen Berührungsbogens, der den gewöhnlichen Ring umschreibt und besonders häufig am Scheitelpunkt des gewöhnlichen Rings zu sehen ist. Der nach oben geöffnete Halbkreis (*ein Regenbogen*) wäre als Teil des sogenannten großen Rings zu verstehen, der sich um die Sonne in 46° Entfernung zieht, der aber nur selten vollständig ausgebildet ist. Die Angabe, dass sich diese Himmelserscheinung *biß zu Mittag* hingezogen habe, wirkt glaubwürdig, weil sich derartige Halophänomene in den Wintermonaten nahezu ausschließlich in den späten Vormittagsstunden abspielen. Dass sich die dargestellten Bruchstücke einer Haloerscheinung nicht immer eindeutig zuordnen lassen, verweist wohl auf Matthias Gerung als Künstler, der der protestantischen Theologie nahe stand und kunstvolle Kompositionen mit „apokalyptischen Akzenten" bevorzugte.[15]

Der kurze Text gliedert sich in zwei Abschnitte. Der erste beschreibt genau die Himmelserscheinung und hebt besonders die auffallende Färbung hervor, der zweite deutet sie als göttliche Warnung. Derartige Wunderzeichen, die jetzt oft am Himmel erscheinen, sind gewisse Vorboten der Wiederkunft Christi. Damit steht der Text voll in der Tendenz der Zeit (s. o.).[16] Die Wunderzeichen warnen und mahnen, *das alte boßhafftig leben* zu verlassen und Buße zu tun, um dem Zorn Gottes und der künftigen Not, die über die verruchte Welt kommen wird, zu entgehen. Im Schlusssatz hebt der Text auf das neue Jahr ab und schließt dann wie ein Gebet mit einem Amen.

Die beiden Flugblätter, die den Kometen, der im November 1577 über Augsburg erschien, vorstellen (s. o.), schildern die „künftige Not" sehr drastisch.[17] Das Blatt von Bartholomäus Käppeler zählt auf: langwierige Krankheiten; Kriege; Wetterkatastrophen mit den Folgen Hunger, Pest und Aufruhr, Schande, Laster und Unzucht. Valentin Schönigk und Hans Schultes wissen um die *natürlich vrsachen* der Himmelserscheinungen, verweisen aber auch auf ihre *schreckliche bedeutung*. Dazu zählen sie: eine große Hitze mit ihren Folgen, ein allgemeines Sterben wegen der Luft, aus der die natürliche Feuchtigkeit heraus gesogen ist, Kriege und Aufruhr, *abgang grosser Herren*, schädliche Überschwemmungen, Stürme und Erdbeben. Gott pflegt durch Himmelszeichen seinen Zorn anzuzeigen und die Menschen zu ermahnen, *ein Gottselig leben zu füren*. Gegenüber dem „Schwabmünchner Blatt" steigern diese beiden Augsburger Blätter die Endzeitsituation deutlich.

Wunderbarliche seltzame erschroeckliche Geburten in Zusmarshausen und Lauterbrunn

Neben Himmelserscheinungen gehören Missgeburten zu den häufigsten Prodigien. Im 16. Jahrhundert, als das Wort Monstrum für Missgeburt aufkam, wuchs die Zahl der Berichte stark an.[18] Achilles Pirmin Gasser erwähnt für Augsburg (ab 1550) nur eine Missgeburt für das Jahr 1569. Er beschreibt sie derart genau, dass man annehmen muss, er habe sie gesehen.[19] Ein Flugblatt scheint davon nicht angefertigt worden zu sein. Im selben Jahr brachte aber Michael Manger ein Flugblatt über eine Missgeburt in Burgbernheim (zwischen Rothenburg und Bad Windsheim) heraus.[20] Georg Kölderer zeichnete zwei auswärtige Wundergeburten des Jahres 1578 nach und erwähnt Missgeburten der Jahre 1587, 1590 (Aichach), 1592 und 1606. Die Missgeburt von 1587 hat Kölderer gesehen und er wertete sie als Warnzeichen und Strafe für die *grausaum*

Unzucht, die er immer wieder beklagte. Von der Missgeburt des Jahres 1606 kam ein Flugblatt heraus, das der Chronist kritisierte, weil die Abbildung nicht so grausam war wie in natura.[21]

Aus dem Landkreisgebiet liegen zwei Flugblätter mit Missgeburten vor, die sich in der Textgestalt grundsätzlich unterscheiden. Das Blatt, das die Missgeburt des Jahres 1560 in Zusmarshausen vorstellt (T 84), begnügt sich mit kurzen Angaben, das Blatt mit der Missgeburt von 1561 in Lauterbrunn (T 85) deutet darüber hinaus den Vorfall ganz im Sinn der Prodigienliteratur.

Das bei Philipp Ullhart d. Ä. (1522 – 1567) gedruckte „Zusmarshauser Blatt" erreicht, obwohl lediglich die Missgeburt dargestellt und der Text sehr kurz gehalten ist, die stattliche Größe von 36,7 cm x 23,1 cm. Philipp Ullhart gehörte zu den herausragenden Druckern seiner Zeit, doch sind Flugblätter nur eine Randerscheinung. Am unteren Rand des Blattes verweist er auf sein kaiserliches Privileg, das er erstmals 1551 für ein Buch in Wien beantragt hatte. Philipp Ullhart stand den radikalen Strömungen der Reformation nahe, weswegen es auffällt, dass er die Missgeburt nicht deutet. Den Holzschnitt, der dann koloriert wurde, schuf Columbanus Bertschin, vielleicht ein Sohn von Nikolaus Bertschy, der 1512 das berühmte Lorcher Graduale, das Leonhard Wagner geschrieben hatte, illuminierte. Das Blatt setzt auf die Wirksamkeit des Bildes und spricht so besonders den des Schreibens und Lesens unkundigen Betrachter an, „für den das Bild zur verbalen Mitteilung ein analoges Medium war" (Carsten-Peter Warncke).[22]

Der knappe Text enthält wichtige Angaben: Maria Albrecht(in), die Frau des Schuhmachers Lienhart Albrecht, hatte am 21. April 1560 nachts zwischen neun und zehn Uhr *dise wunderbarliche vnd erschrockliche geburt*. Dieses bezeugten der Pfleger Jörg von Schwangau mit seinem ganzen Gericht und Onoferus von Berwang zu Vogach mit vielen anderen Leuten. Eine Familie Albrecht lässt sich in Zusmarshausen nicht nachweisen (was auch an der schlechten Quellenlage für diese Zeit liegt), wohl aber in mehreren Orten des Umlandes. Jörg von Schwangau wird seit 1536 als Vogt des Hochstifts in Zusmarshausen erwähnt. Er ist 1567 gestorben. Sein Begleiter Onoferus von Berwang lässt sich nicht nachweisen.[23]

Eine Vorstellung von der Zusmarshauser Missgeburt vermittelt allein der Holzschnitt, der aber keine medizinische Dokumentation bieten will, denn sonst wäre bei der komplizierten Verwachsung eine zweite Ansicht aufgenommen worden. Dem Künstler (und Auftraggeber) ging es um das Außerordentliche der Missbildung. Es handelt sich um einen monosymetrischen Kephalothorakopagen (Doppelmissbildung mit Verwachsung im Kopf-Brust-Bereich). Da derartige Missbildungen beim Menschen selten vorkommen, haben sie immer ein großes Aufsehen erregt. Bei der monosymetrischen Form ist für den Betrachter nur ein einziges, scheinbar normales Gesicht zu erkennen, während sämtliche Extremitäten doppelt vorhanden sind. Charakteristisch sind der durch die Verschmelzung der Köpfe sehr breite Schädel und der breite Hals, der durch die Annäherung der beiden Wirbelsäulen im Halswirbelbereich entstanden ist. Derartige Kephalothorakopagen sind nicht lebensfähig und werden meist schon tot geboren wie das Zusmarshauser Beispiel.[24]

In Aufmachung, Größe (26,9 cm x 19,8 cm) und Textgestalt unterscheidet sich das Blatt mit dem Fall aus Lauterbrunn (T 85) wesentlich von dem „Zusmarshauser Blatt". Der Fall trug sich lediglich zwanzig Monate später zu. Das Blatt brachte der Briefmaler Michael Moser heraus, der von 1557 bis 1571 tätig war. Als

Inhaber von Lauterbrunn nennt er die Herren von Pappenheim, in einem Beritt der Markgrafschaft Burgau aus dem Jahre 1560 heißt es dagegen: *Lautterbronnen, gibt der würdt vom aimer 4 maß, gehörth dem Marx fugger, und hoch in Oberkhait in die marggr. Burgaw.* Die Diskrepanz löst sich auf, weil sich der Besitzwechsel offensichtlich länger hinzog und der Augsburger Briefmaler davon noch nichts wusste, während der Burgauer Vogt informiert war. In einem alten, wohl vor 1565 angelegten Urbar heißt es: *Item Deffele Jud hat ein Söld, gibt jarlich 50 Eier, 1 Hennen.* Damit ist der *Tefelin Jud* des Flugblattes urkundlich gesichert. Im Urbar von 1565 taucht er allerdings nicht mehr auf (es sei denn er verbirgt sich hinter dem armen Juden oder hinter dem hitzigen Juden). In diesem Jahr wohnen in Lauterbrunn acht Juden, von denen zwei neben der Sölde auch einen Hof bewirtschaften. Diese Juden leisten neben ihren sonstigen Abgaben den stattlichen Betrag von ungefähr 100 Gulden Schutzgeld. Die Abgaben, die der Tefelin Jude, dessen Frau dieses *Monstrum* geboren hat, zu leisten hatte, entsprechen denen einer einfachen Sölde.[25]

Das „Lauterbrunner Blatt" stellt die Missgeburt, das *Monstrum*, nicht nur im kolorierten Holzschnitt vor, sondern auch im Text, der zudem darauf verweist, dass dieses *wunderbarliche Kind mit grossen Schmerzen (wiewol zu gedencken)* geboren wurde. Der unpräzise Holzschnitt zeigt den totgeborenen Buben unrealistisch mit offenen Augen und in einer Hockstellung. Zu den auffallenden Merkmalen zählen die Verschlussstörung der vorderen Bauchwand, die Verbiegung und Verdrehung der Beine mit unnatürlicher Streckung der Kniegelenke und die Missbildungen der Ohren (*zwey Kelber ohren*). Bis vor kurzem wurde dieser Fall zu den Missgeburten, die „mit der Wirklichkeit nicht mehr viel zu tun haben", deren Gestaltung „durch die Phantasie der Illustratoren" beeinflusst zu sein schien, gerechnet. Jetzt weiß man, dass es sich um einen „OEIS-Komplex" (Assoziation verschiedener Fehlbildungen) handelt. Die genaue Analyse von Holzschnitt und Text verweist auf ein bestimmtes Missbildungssyndrom mit charakteristischen, in Kombination auftretenden Fehlbildungen. Wichtigstes Merkmal ist ein Nabelbruch. Spinale Defekte der Wirbelsäule und des Beckens bewirkten hier die Verbiegung und Verdrehung der Beine und es lag eine bei Neugeborenen unnatürliche Streckung der Kniegelenke vor. Deutlich gezeigt und genannt wird im Bereich des Beckens nur der Penis. Neueste Untersuchungen verweisen auf weitere Merkmale des Syndroms: Eine Analtresie (das angeborene Fehlen einer Aftermündung), die in der Regel mit Fehlbildungen des Darms und des Harn- und Geschlechtstraktes kombiniert ist, was wiederum aus der Fehlentwicklung des gesamten unteren Beckens und der unteren Wirbelsäule resultiert. Man geht davon aus, dass der „OEIS-Komplex" vererbt wird. Aus genetischer Sicht könnte von Bedeutung sein, dass die Eltern Juden sind, denn in bestimmten isolierten Populationen kommen rezessive Merkmale leichter zum Vorschein. Kinder mit derart schweren Defekten sterben bereits vor der Geburt. Das „Lauterbrunner Blatt" ist wissenschaftlich bedeutsam, da ein derartiger Fall bisher erst aus dem Jahre 1709 bekannt war.[26]

Das Blatt verfolgt aber nicht medizinische, sondern eschatologische Ziele. Die Missgeburt gehört zu den Zeichen, die jetzt gehäuft auftreten und die man als Warnungen begreifen muss, Buße zu tun und keine Sünden mehr zu begehen. Es folgen zahlreiche Hinweise und Zitate von Bibelstellen eschatologischen Charakters. Besonders im Luthertum wurde angenommen, dass die Monstren zu den die Endzeit prophezeienden Zeichen gehören.

Dadurch gewann die Apokalyptik bei den lutherischen Theologen eine größere Bedeutung als etwa bei den Katholiken.[27]

Die beiden noch in den 60er Jahren in Augsburg gedruckten Flugblätter mit Missgeburten unterscheiden sich in der Bewertung von einander, aber auch vom „Lauterbrunner Blatt". Beide Drucker, Hans Zimmermann und Michael Manger, sind protestantisch.[28] Hans Zimmermann (Bernhardsweiler, 1565) hält sich sehr zurück. Über die Bedeutung solcher Wundergeburten kann es *mancherlay mutmassungen* geben, denn niemand kann etwas Gewisses sagen, denn diese Dinge weiß Gott allein. Dennoch sollen die schwangeren Frauen und ihre Ehemänner sie als christliche Warnung begreifen. Vielleicht rührt diese Zurückhaltung von den Schwierigkeiten her, die Zimmermann wiederholt mit der Zensur hatte. Michael Manger (Burgbernheim, 1569) betont zwar auch, dass man keine Gewissheit habe, was diese Geburten bedeuten, doch sei *hoch zuvermuten*, dass sie eine *sonderliche bedeutung* haben, *dieweyl sich auch sonst vil erschroeckliche zeychen am Himmel vnd andern Elementen inn disem 69. Jar zugetragen* haben, deswegen wird es ohne Strafe und Unglück nicht abgehen. Gott warnt uns durch solche Zeichen zur Buße. Im Gegensatz zum „Lauterbrunner Blatt" wird nur auf eine Bibelstelle hingewiesen und die Apokalyptik ist nicht so stark ausgeprägt.

Die vier vorgestellten Missgeburten wurden tot geboren oder starben kurz nach der Geburt. Einen anderen Aspekt von Menschen mit starken Missbildungen, die aber das Erwachsenenalter erreichten, stellt Gasser (s. o.) in seiner Chronik vor: die Zurschaustellung. Im Jahre 1557 wurden *zwey setzame Wundermenschen* nach Augsburg gebracht *vnd jedem vmb einen Creutzer gewiesen*.[29]

Von der *wunderseltsamen* Missgeburt zu Bernhardsweiler (1565).
Abb. aus: Hortzitz, Nicoline: Von den unmenschlichen Taten des Totengräbers Heinrich Krahle zu Frankenstein und andere wahrhaftige „Neue Zeitungen" aus der Frühzeit der Sensationspresse, Frankfurt/M. 1997, 28.

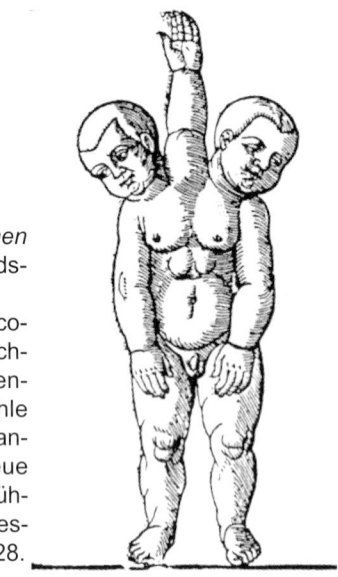

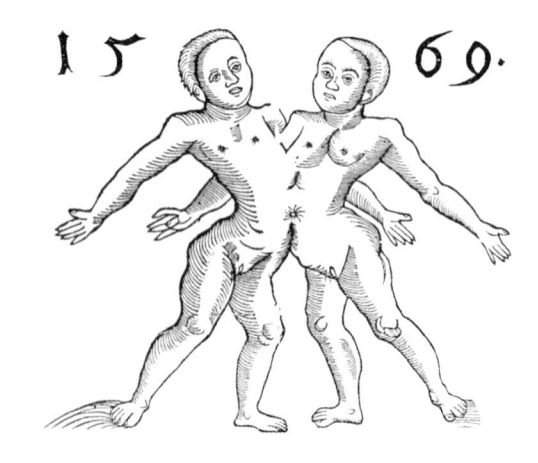

Von der *erschroecklichen* Missgeburt zu Burgbernheim (1569). Abb. aus: Hortzitz, Nicoline: Von den unmenschlichen Taten des Totengräbers Heinrich Krahle zu Frankenstein und andere wahrhaftige „Neue Zeitungen" aus der Frühzeit der Sensationspresse, Frankfurt/M. 1997, 37.

1565: Fünflinge in Emersacker

Holzschnitt aus dem Straßburger Flugblatt.
Abb. aus: Harms, Flugblätter VI, 295.

Fünflingsgeburten fanden noch größere Beachtung als Missgeburten, da sie noch seltener waren. So fand die Fünflingsgeburt, die sich am 22. und 23. Dezember 1565 in Emersacker ereignete, nicht nur eine Darstellung in einem Augsburger, sondern auch in einem Straßburger Flugblatt; beide erschienen im folgenden Jahr. Der Text ist identisch, die Holzschnitte unterscheiden sich wesentlich; das Straßburger Blatt wird von einer Bordüre gerahmt. Der Historiker Pietro Bizzaro hat die Fünflingsgeburt in Emersacker seinem Werk über den ungarisch-türkischen Krieg (Basel, 1573) zugefügt.[30]

Vom Augsburger Blatt lässt sich, da es verschnitten wurde, nur die Größe des Holzschnittes angeben (18,7 cm x 25,1 cm). Matthäus Franck, tätig von 1558 bis 1569, hat es gedruckt und wohl auch koloriert. Das Straßburger Blatt stammt von Thiebold Berger, tätig von 1551 bis 1584. Die beiden Drucker standen miteinander in Verbindung und haben sich Nachrichten zukommen lassen.

Der Text nennt neben der Mutter Anna Ris(in) und dem Vater Caspar Ris als Zeugen die Hebamme Hilaria Butz(in), die Gevatterin (Patin) Anna Gaugenrieder(in), die Vögtin Anna Oertl(in) und Agatha Kratzer(in). Es scheinen dies vier von den fünf Frauen zu sein, von denen jede einen der Fünflinge versorgt. Aus ihren Kopfbedeckungen zu schließen waren es verheiratete Frauen (und noch lange war es Brauch, dass in erster Linie Frauen, die selbst schon geboren hatten, die Neugeborenen versorgten), während die sechste Frau, die eine Wiege und einen Krug bringt als ledige Magd einzustufen ist. Dass eine Frau als Hebamme bezeichnet wird, überrascht für ein abgelegenes Dorf im 16. Jahrhundert etwas. Die Familiennamen sind nicht ungewöhnlich; die Namen der Heiligen Drei Könige wurden den Buben gern gegeben; Hilaria war nach der Legende die Mutter der Hl. Afra und wurde im Bistum Augsburg mit verehrt. Leider haben sich weder im Staatsarchiv Augsburg noch im Fuggerarchiv Dillingen Dokumente für die Geschichte von Emersacker im 16. Jahrhundert erhalten. An der Nordseite der Pfarrkirche ist allerdings das Epitaph für den im Jahre 1550 verstorbenen Gerichtsvogt Michael Orthl eingemauert; so lässt sich wenigstens der Mann einer der genannten Frauen belegen. Emersacker erlebte in der zweiten Hälfte des 16. und zu Beginn des 17. Jahrhunderts eine große Wachstumsphase. Stephan von Knöringen meldete 1492 37 Feuerstätten; 1610 zählte der Ort 75 Feuerstätten *vnd 11 new erpawen Heuslin*. Die Einstufung von Caspar Reslin als „armen Bauern" entspricht wohl mehr einem Topos als sozialgeschichtlicher Wirklichkeit, denn wenn er wirklich Bauer, d. h. Inhaber eines Hofes war, gehörte er zur Oberschicht im Dorf.[31] Die Siedlung im Ausblick, der nicht als Fenster gestaltet ist, soll wohl Emersacker darstellen, doch ist es sicher kein authentisches Bild, denn die Burg lag nicht so hoch und war wohl auch nicht so mächtig, zudem war sie zehn Jahre zuvor im Schmalkaldischen Krieg zerstört worden.

Von der Konstruktion des Bettes, in dem die Wöchnerin liegt, ist nichts zu erkennen, es konnte aber mit einem Vorhang, der gerade zurückgerafft ist, vom übrigen Raum abgetrennt werden. Vor dem Bett wird ein Pfostenstuhl erkennbar, den man als Gebärstuhl deuten darf. Auf dem schwächeren Stuhl daneben sitzt offensichtlich die Hebamme, denn an ihrem Gürtel trägt sie einen größeren Beutel, aus dem der Schaft eines Messers herausschaut; auf der niederen Truhe daneben liegt die Schere, mit der die Nabelschnur abgetrennt wurde. Die Frau direkt unter dem Ausblick sitzt auf einem Hocker, die Frau links daneben auf einer Betttruhe, die man vor eine mächtige Sockeltruhe gestellt hat. Zu Bad und Waschung stehen ein länglicher Holzzuber und eine Zinnschüssel bereit. Auf der großen Truhe liegt neben einer Zinnkanne und einem Zinnteller ein Holzlöffel, dahinter steht ein grünes Nuppenglas. Auf der kleinen Truhe wartet (neben der Schere) ein Kerzenhalter. Auf dem Augsburger Blatt kümmert sich keine der Frauen um die Wöchnerin, auf dem Straßburger Blatt spricht ihr eine Frau zu. Hier liegt die Frau in einem mächtigen Himmelbett, dessen kunstvolle Säule links hinter dem zurück gerafften Vorhang erkennbar wird. Zum Bett führt eine Betttruhe, auf der ein Krug steht, davor auf dem Dielenboden eine Schüssel. Die gefatschten Fünflinge liegen auf einem mächtigen kunstvollen Wangentisch, neben dem ein großer Zuber auf das Bad wartet. Der Pfostenstuhl daneben darf als Gebärstuhl gedeutet werden. Der Kachelofen verrät die Wohnstube, die aus Bohlen gezimmert ist und zu der eine schwere Türe führt.[32]

Die Geburt der Fünflinge zieht sich länger hin. Der erste stirbt nach zwei Stunden und auch die anderen sind so schwach, dass sie nur ungefähr zwei Stunden leben, sie aber werden vorher *mit eyl in dem Hawß getaufft*. Dahinter steckt die große Sorge der Menschen, Kinder könnten, ohne die Taufe zu empfangen, sterben, die zu speziellen Wallfahrten führte und von der noch im 19. Jahrhundert Votivtafeln mit toten, aber vorher getauften Kindern zeugen.[33] Anna Ris hatte eine Disposition zu Mehrlingsgeburten. Der Text bemerkt, dass sie schon einmal Drillinge geboren hatte. Die Disposition zu Mehrlingsgeburten nimmt mit der Zahl der Geburten und mit zunehmendem Alter der Mutter zu. Daraus erklärt sich auch, dass Anna Ris (insbesondere auf dem Straßburger Blatt) als sehr alt dargestellt wird. Mehrlingsschwangerschaften bedeuten eine große Gefährdung der Mutter und der Kinder, der Geburtsverlauf ist häufig von Komplikationen begleitet, so dass in der Regel früher alle Kinder starben. Erstmals haben 1934 geborene kanadische Fünflinge das Erwachsenenalter erreicht.[34]

Der letzte Textabschnitt, im Augsburger Blatt in kleinerer Type gesetzt, enthält nur einen schwachen Ansatz, die Fünflingsgeburt als Prodigium zu werten. Das macht ein Vergleich von T 83 und T 85, mit dem Flugblatt zur Missgeburt von Burgbernheim und zum Kometen von 1577 (s. o.) deutlich. Von dem noch im ausgehenden Mittelalter in Europa verbreiteten Aberglauben, eine Frau könne nur jeweils ein einziges Kind von einem Mann empfangen, der die Mütter mit Mehrlingsgeburten schweren Verdächtigungen aussetzte, ist im vorliegenden Text nicht einmal andeutungsweise etwas zu spüren.[35]

Langerringen 1589: Hans Altweckers fünffacher Mord und Selbstmord

Auch in einer Zeit, in der es häufig zu Tötungsdelikten, insbesondere zu Totschlägen, kam, erregten ein fünffacher Mord und ein sich anschließender Selbstmord großes Aufsehen. Das zeigt sich am deutlichsten darin, dass der mit dem vorliegenden Fall befasste Augsburger Richter zu seinen Untersuchungen einen Maler mit nach Langerringen hinausnimmt.[36]

Das Flugblatt

Der Einblattdruck, heute würden wir sagen: ein Extrablatt einer Zeitung, informiert in Wort und Bild über eine schreckliche Bluttat, die sich 1589 in Langerringen ereignete. Der mit dem Fall beschäftigte Augsburger Richter hat einen *Maller von Augsburg / solche mort geschicht / abzu Raisen vnd zu Abcontrafecten* mit sich genommen. Richter und Maler holten Erkundigungen ein und berichteten dann nach *anzeigung der Nachbauren*. Das Blatt wurde dann in Augsburg *bey Hanns Schultes Briefmaler vnd Formschneyder vnder dem Eysenberg* gedruckt. Es erreicht die Größe von 40,0 cm x 31,5 cm. Das erhaltene Exemplar der Staats- und Stadtbibliothek Augsburg (2° S Einblattdrucke nach 1500 Nr. 6) hat ein Briefmaler, wohl Hans Schultes selbst, koloriert.[37]

Parallel zur recht ausführlichen Erzählung des Einblattdruckes stehen die Berichte im Hofratsprotokoll des Hochstifts und in den Beschlussbüchern des Augsburger Domkapitels.[38]

Die Familie Altwecker in Langerringen

Der Einblattdruck erweist sich als sehr informativ. Er nennt die schwangere Ehefrau Christina und die Kinder Anna (10 Jahre), Thomas (8 Jahre), Afra (3 Jahre) und Martin (1 Jahr). Als Beruf nennt das Blatt im Titel *Brott Kauffer* und beschreibt die Tätigkeit im Text: *ein Inwoner / der Brot zu Augsburg kaufft / vnd dahaim wider hin*gibt.

Die Familie Altwecker (auch: Altwögg o. ä.) lässt sich bereits seit dem späten 15. Jahrhundert in Langerringen nachweisen. Ein Hans Altwegker gehörte 1497 zu den Sechsern. Der junge Ulrich Altwegker stiftete 1499 für seine Eltern (Ulrich und Margaretha), seine drei Frauen (Margaretha, Elisabeth, Barbara) und deren Kinder einen Jahrtag. Dasselbe tat dann 1504 ein Jakob Altwecker. Eine Elisabeth Altwecker saß 1539 auf einem Hof, ein Hans Albecker auf einer Sölde. Ein Anton Altwecker bewirtschaftete 1573 einen Hof. Eine Anna Altwecker, *des gewesten Pfarrers daselbst dienerin* reichte 1585 und 1586 ihres Söldhauses wegen beim Domkapitel eine Supplikation ein. Eine Anna Klosterbeurin, etwa 50jährige Tochter des Hans Altwecker, stand 1597 verschiedener Betrugsdelikte wegen in Augsburg vor Gericht. Thomas Altweckhens Witwe bat 1586 das Domkapitel um ein Gnadenjahr. Die familiären Beziehungen zwischen den verschiedenen Altweckern lassen sich kaum klären. Fest steht aber, dass eine Linie auf einem Hof saß und wenigstens zwei auf Sölden. Martin Altwöcker (der Bruder des Straftäters?) übergab 1591 eine Sölde (unterhalb der Kirche), die er vier Jahre innegehabt hatte, an Bastian Müller. Ein Hans Altwecker überließ 1593 eine Sölde (oben im Dorf am neuen Weg), die er neun Jahre bewirtschaftet hatte, an Hans Lacher, und Hans Altwecker (derselbe oder ein anderer?) 1594 ein Sölde (unter der Kirche), die er drei Jahre nutzte, an Paul Keren.

Hans Altweckers Behausung lag offensichtlich am Ortsrand. Nach dem Einblattdruck ist er nach der Bluttat *auß dem Hauß gangen / ainem kleinen Hölzlin / nit fehr von seinem Hauß zugeeylet*, um sich dort zu erhängen. Nach dem Beschlussbuch des Domkapitels hat er sich *Inn dem Hölzlin bey Erringen, der Kag genannt erhenkht*. Nach dem Hofratsprotokoll aber geschah der Suizid *in dem Burkholzin ober an der Burckh zu Erlingen*.

Die schreckliche Bluttat
Die Nachbarn erzählten, dass Altwecker *sein Weib, so zu Morgens frue das Viech auß zutreiben auffgestanden / Widerumb haissen ain weil nider zu Bett gehen / in dem sy im gefolget vnd im nichts boeß zu trawet auch also entschlaffen / hat er als Baldt mit einer hawen oder Hacken dise greüliche that begangen / nach volender mord that / Dise Fuenff Personen Sambt dem vnschultigen Kind in Mutter Leib / ellendiglich ligen lassen.* Von der schrecklichen Tat selbst war in der Überschrift und in der Einleitung bereits die Rede. In der Sitzung des Domkapitels am 18. Juli berichtete der Domkustos, dass gestern spät am Abend der Richter und zwei Gerichtsleute (aus Langerringen) angezeigt haben, dass *morgens zwischen 5 vnnd 6 Uhr Hanns Altwöcker daselbst sein Weib so / schwangers leibs gewöst sambt vier Kindern mitt einer Reithauen jemerlich ermordt vnnd vmgebracht hat.* Im Hofrat wurde berichtet *wie Hannß Allwegger zu Errlingen sich einer laidigen Tadt vnnd Mord vnder standen vnnd sein groß schwanger Weib (den 17. diß (Monats)) vnnd vier kleine Khinder ohne alle gegebene Vrsach inn gemeltem Flecken Erlingen jämmerlich Inn seinem Hauß ermordet hat.*

Die drei voneinander unabhängigen Berichte ergänzen sich in Nuancen. Das Austreiben des Viehs durch die Frau am frühen Sommermorgen, so dass danach noch Zeit bleibt, sich wieder hinzulegen – vor allem, wenn der Mann darauf drängt –, erscheint realistisch wie die Tatzeit zwischen 5 und 6 Uhr. Sieht man von der allgemeinen Wendung auf dem Einblattdruck, der Mord sei *durch Teuffels eingebung* geschehen, ab, wussten weder die Nachbarn noch der Richter ein Motiv.[39] Der Berichterstatter im Hofrat hatte offensichtlich nach einem Motiv geforscht, musste dann aber gestehen, dass die Tat *ohne alle gegebene Vrsach* geschah. Die Nachbarn und der Richter wussten aber von der Begegnung mit dem (Ross-)Hirten auf dem Weg zum Wald.

Nach dem Bericht des Richters hat Altwecker, *nachdem Er dem Hirtten zu Erringen, wöllichem er vfgestossen, gebetten, Er soll seinem Brudern Martin Altwecker anzaigen, Er hab all sein gesündt vmgebracht, vnnd weill er noch Inn seinem Haus Acht gulden, soll Er Martin die zu Ime nehmen.* Die Nachbarn erzählten, dass *Er vnderwegen eine Roßhirten angetrof-*

fen, dem er sein Laidigen fal eröffnet / vnd darbey Ine gebetten, das er zu seinem Bruder gehen vnd sagen wollte, Er solt in sein Hauß kommen vnd 8 Guldin, so er in der Truhen hette, zu seinen Handen nehmen vnd damit davon ziehen, vnd er wöll sich jetzt selbst erhencken.* Auch hier ergänzen sich die Berichte (Name des Bruders; der Rosshirt; die acht Gulden in der Truhe).

Allein die Erzählung der Nachbarn hielt die folgende Episode fest: *Der from ainfaltig Hirdt hat die Mordkunde in sonderm schrecken nit verschweigen wöllen vnd solche Trawrige Bottschafft ohne verzug dem Richter von Erlingen angezeigt vnd da nun disem verzweifeltem Mörder auff seinem Fußsteig nachgeeylet, ist er in angezeigtem Höltzlin ainem Baum hangende gfunden worden.*

Die Behandlung des Falles
Der Einblattdruck schreibt undifferenziert von *eyner Lobwürdigen Obrykeit in Augspurg.* Die Herrschaftsverhältnisse in Langerringen waren umstritten zwischen der Straßvogtei des Hochstifts und dem Domkapitel, das 1590 sogar ein Rechtsgutachten einholte. Das Domkapitel stellte aus der Mitte der Bauernschaft einen Richter auf, gab ihm aber schon zu Ende des 16. Jahrhunderts einen juristisch gebildeten Gerichtsschreiber zur Seite. 1578 und noch 1587 wird Jörg Schneider, 1596 Hans Strauss als Richter genannt; einer von ihnen war wohl mit dem Fall Altwecker befasst.[40] Der Richter von Langerringen beauftragte das Domkapitel *Belangendt die entleibt Fraw vnnd Kinder da beim Richter oder Pfarrer zu befinden, daß die Gatten zu österlicher Zeit communicirt, sollen sie samentlich christlicher ordnung nach Inn dem gericht begraben werden.* Die Verlassenschaft der Altwecker soll der Richter unter Zeugen inventarisieren. *So vil döß erhenkhten Körper belangt, weil sich befindt, das das Iheims holz, darin Altwöckher sich erhenkht, ohne mittel meinem gnedigen Herrn* (d. h. dem Bischof) *Jurißdiction vnderworffen,* wird die Sache dem Sindicus übertragen. Der Hofrat beschloss *als bald dem Straßvogt zu wissen thuen, daß er Verfügung thue, damit er selbs erhennkhte vom Wasenmaister abgeschnitten vnnd verprennt werde.*[41] Ferner sollte er die Inventur bei dem Entleibten durchführen. Nach dem Einblattdruck beschloss die Augsburger Obrigkeit, *das sein Doder Cörper zu Pulver vnd Aschen sollte verbrendt werden.* Dazu ist der Nachrichter hinausgeschickt worden, *der den Vbelthäter eben auff der Statt, da er in Hangend befunden, zu Pulver verbrandt hat.* Durch das Verbrennen sollte das Böse völlig vom Erdboden vertilgt werden.

Die Abwicklung des Falles hatte noch ein kleines Nachspiel. Die Amtleute des Bischofs protestierten, der Erringer Richter erhob eine *Gegen-Protestation.* Das Domkapitel beauftrage den Richter, mit Altweckers Gläubigern einen ordentlichen Rechtstag anzusetzen. Am 28. Juli wurde im Kapitel ein Protestbrief des Bischofs verlesen, weil der Richter und seine Mitgehilfen *in die straßvogteiliche obrigkeit sollten eingegriffen haben.* Das Domkapitel entschuldigte sich mit einem Brief.

Ein Nachspiel gab es auch für den Bruder des Verbrechers. Der Richter ließ ihn einsperren, weil die beiden Brüder *daß nechst zu Zusamögk ... gesöllschafften gewest sollen sein.* Das heißt, Hans Altwecker saß Wochen vorher auf Zusameck irgendwelcher Vorwürfe wegen ein, und der Vogt hoffte offensichtlich, über den Bruder Näheres über das Verbrechen zu erfahren. Führt vom Gefängnis auf Zusameck eine Erklärung zum Verbrechen in Langerringen? Am 24. Juli schickte Katharina Geisenhofin, *des zu Erringen verhafften Martin Altweckers eheliche Hausfraw* eine Supplikation an das Domkapitel, in der sie um die Entlassung ihres Mannes bat.

Das Bild

Der Maler entschied sich für ein Simultanbild. Er öffnete die Wand eines strohgedeckten Hauses für den Blick in das Innere, das aus einem großen Schlafraum und einer kleineren Kammer besteht. Die Betten der beiden kleineren Kinder befinden sich beim Elternbett ebenso wie die Wiege (ein Hinweis auf das erwartete 5. Kind?). In der Kammer liegen die beiden älteren Kinder in einem Bett. Die Menschen schliefen, wie es damals noch üblich war, nackt. In der Szene stellte der Maler nicht den Mord selbst, sondern dessen Entdeckung durch die Nachbarn dar. Das Mordinstrument ist in der leeren Wiege sichergestellt.[42] Im Vordergrund gestikulieren zwei höhere Beamte (der Straßvogt und der Richter, oder der Richter und der Gerichtsschreiber?), von denen der eine, der einen Spieß hält, von einem Gehilfen, der sich einer zweizackigen[43] Gabel bedient, unterstützt wird. Die kleinere Bildhälfte nimmt drei Szenen auf: vorne Hans Altwecker und den Hirten, in der Mitte den Erhängten und neben dem Baum rechts und links den Beamten und seinen Gehilfen (aus der Stube) und rechts hinter dem Baum den brennenden Scheiterhaufen.

Der Text berichtet nicht nur den Mord, sondern bettet ihn ein in eine allgemeine Einlassung über Sprichwort und Exempel und in eine religiöse Ermahnung (= letzter Abschnitt des Flugblatts, der mit einem AMEN schließt).

Der fünfjährige Johann Lauter aus Großaitingen wird durch die Anrufung des Wunderbarlichen Gutes gerettet

Ein Einblattdruck (40,0 cm x 34,3 cm) den Andreas Aperger *auff vnser lieben Frawen Thor* herausbrachte, verkündet in Wort und Bild ein *Wunder werck*, das sich durch Anrufung des Wunderbarlichen Gutes ereignete. Wolfgang Kilian fertigte den Stich (14,0 cm x 18,5 cm), der vor einer Häuserzeile der Jakober Vorstadt den Unfall schildert. Man darf davon ausgehen, dass Wolfgang Kilian einige typische Häuser der Jakober Vorstadt (davon einige mit zur Straße hin geöffneten Läden) wiedergegeben hat. Er hat dabei allerdings die Perspektive um fast 45° gedreht, da der (obere) Lauterlech, über den mehrere Stege führen, aber nur eine Brücke (kurz vor St. Jakob) von Osten nach Westen fließt und gegenüber der Brücke dann nur die Jakobskirche möglich wäre. Es fällt auf, dass er ausschließlich giebelständige Häuser zeichnet, von denen sich unweit des Brückleins auf seinem Stadtplan von 1626 nur wenige finden. Er kann eigentlich nur die Häuser an der Südseite der Jakoberstraße kurz bevor sie sich gabelt, meinen. Das Geländer im Vordergrund des Stiches, von dem aus drei das Unglück beobachten, bezieht sich dann auf den letzten Steg kurz vor St. Jakob. Die Richtung des Fuhrwerks, mit dem Hans Lauter vom Platterhaus kam und sich einen Weg durch die Stadt nach Süden suchte, stimmt.[44]

In der Wallfahrtsliteratur sind Drucke, auf denen ein Mirakel über einen Einblattdruck verbreitet wurde, höchst selten.[45] Diese Form ist nicht mit den sekundären Mirakelbildern vergleichbar, wie sie – oft lange nach dem Ereignis – in die Mirakelbücher gedruckt wurden oder wie man sie auf Bildtafeln (z. B. in Altötting, Tuntenhausen, Dettelbach) oder Fres-

Abb. aus: Pötzl, Lebensbilder, 167.

ken (Inchenhofen, Maria Steinbach, Bobingen Frauenkapelle) in den Wallfahrtsorten anbrachte, sondern rückt der Unmittelbarkeit wegen in die Nähe der Votivtafel (auch wenn sie nicht vom Votanten veranlasst wurde).

Sie dient aber auch – wie gedruckte Mirakelbücher und Mirakelbilder – der Kultpropaganda. Andreas Aperger brachte 1622 den Einblattdruck *Etliche vnd Fürnembste MIRACVLA, vnnd Wunderwerck*, die Gott in der Reichsstadt Augsburg durch das Wunderbarliche Gut gewirkt hat, heraus.

In Versform zählt Johann B. Mayer, päpstlicher und kaiserlicher Notar und Präfekt bei Hl. Kreuz, über zwanzig Wunder auf. Auf der Abbildung tragen Engel das Wunderbarliche Gut. Andreas Aperger druckte dann 1625 im Auftrag von Daniel Manasser das umfangreiche Mirakelbuch von Octavian Lader (*HISTORIA vnd Wunderzaichen deß allerheiligsten Wunderbarlich verwandleten SACRAMENTS ...*). Der weitere Titel kündigt auch an, dass das Buch 131 Kupferstiche enthält.

Octavian Lader ordnete die Mirakelberichte

thematisch (in *Figuren*). Gegenüber den Seiten, auf denen eine neue Figur beginnt, kombinierte Daniel Manasser jeweils fünf Mirakelbilder, von denen ein größeres die Mitte einnimmt. In der Tradition dieser Mirakelbilder steht der vorliegende Einblattdruck und es taucht die Frage auf, ob er wirklich ein Unikat ist.[46]

Marcus Eschenloher, Augustinerchorherr bei Hl. Kreuz, nahm das Mirakel als Nr. CXV in sein 1678 bei Johann Schönigk gedrucktes Mirakelbuch *MEDICUS / EVCHARISTICO- / AUGUSTANUS / Oder / Göttlicher Augspurgischer / Artzt* auf (S. 208–210). Er griff beim Text offensichtlich nicht auf das Flugblatt, sondern auf das handschriftliche Mirakelbuch zurück, aus dem auch der Text des Flugblattes schöpfte.

Daraus ergeben sich einige inhaltliche Präzisionen gegenüber dem Flugblatt-Text. Der 19. April war ein Sonntag. Lauter ist *ein dem Hochw. Thum-Capitel in Augspurg zugehöriger Vnderthan*. Erwähnt wird auch Lauters Bruder, der den Buben *mit sich auff seinem Wagen hinaus geführt*. Lauters Wagen wog *allein neunthalb Centner*. Während der Flugblatt-Text ganz allgemein von einer bekannten Augsburger Bürgerin spricht, die das Kind zu sich nahm, macht der Mirakelbuchtext ganz konkrete Angaben: *von Caspar Dochtermanns / Burgers vnd Bierbräwens zu Augspurg / Hausfrawen*. Andererseits stellt der Mirakelbuchtext das Wunder nicht so emphatisch dar: *Bald darauff ist das Kind wieder zu sich selbtsen kommen / also / daß es der Vatter mit sich heimb genommen*. Die Anerkennung des Wunders fehlt im Mirakelbuchtext. Der Vergleich zeigt die noch stärker auf die Öffentlichkeit ausgerichtete Form des Flugblattes. Der vorliegende Einblattdruck nennt *Hanß Lauter Bawer zu groß Aytingen* und dessen Söhnlein von fünf Jahren.

Johann Lauter aus Eisenbrechtshofen, Bauer in Großaitingen

Am 25. Juli 1639 heiratete der Junghirt Johann Lauter aus Eisenbrechtshofen in Großaitingen die Jungfrau Elisabeth Mägeler. Eisenbrechtshofen gehört zur Pfarrei Biberbach; die Biberbacher Pfarrmatrikel beginnen erst 1629, und die Großaitinger Sterbematrikel enthalten keine Altersangaben, so dass wir das Geburtsjahr nur etwa um 1610 vermuten dürfen. Der ledige Hans Lauter aus Eisenbrechtshofen leistete 1629 in Biberbach Patendienste. Er dürfte der jüngere Bruder des Bauern Christoph Lauter sein, der als Pate begehrt war, was Ansehen und Wohlstand voraussetzte.

Die Familie

Die Mägeler (Megeler, Megelin, auch Meglach) waren in Großaitingen in mehreren Familien vertreten. Zwischen 1619 und 1638 heirateten 12 Männer und sechs Frauen dieses Namens. Zwischen 1619 und 1634 starben über 20 Mägeler. Die gelegentlichen Berufsangaben markieren die gesellschaftliche Schicht: Neben dem Bauern Hans Megelin und dem Müller der oberen Mühle Mattheis Megele stehen allerdings auch der Mühlknecht Christian Megele und der Roßhirt Hans M. Bei der Hochzeit der Elisabeth Mägeler mit Hans Lauter fungierten als Trauzeugen: der Siegler Johann Pruggmair und der Vogt (praefectus) Michael Danzer. Was bedeuten die beiden Beamten des Domkapitels als Trauzeugen? Sollten sie den Fremden aus Eisenbrechtshofen beim Einleben in Großaitingen unterstützen?

Zwischen 1641 und 1650 brachte Elisabeth Lauter fünf Kinder zur Welt:
    Georg (1641 IV 18)
    Johannes (1644 III 9)
    Michael (1646 I 30)
    Maria (1648 I 10)
    Caspar (1650 X 27)
Zwischen März 1652 und Februar 1653 fehlen

Taufeinträge in der Matrikel; in den folgenden Jahren werden keine Lauter-Kinder genannt, und dann klaffen immer wieder Lücken in den Matrikeln. In der Liste der Firmlinge des Jahres 1671 stehen als Kinder von Johann und Elisabeth Lauter:
  Franziskus
  Dionysius
  Elisabeth

Sie sind nach dem März 1652 geboren. Einen weiteren Sohn nennt der Seelenbeschrieb von 1671, der offensichtlich an einem anderen Tag als die Firmliste entstand. Zwischen Caspar und Franz erwähnt sie (den offensichtlich schon gefirmten) Christoph. 1671 war Johann Lauter sen. bereits gestorben (1667), der älteste Sohn (Georg) hatte sich offensichtlich auswärts und Johann Lauter jun. (1667) in Großaitingen verheiratet. Der Seelenbeschrieb für das Haus Nr. 180, den Dosselbauer, führt auf: die (Witwe) Elisabeth L., Michael, Maria, Caspar, Christoph, Franz, Elisabeth und zwei Ehalten. Der Sohn Dionys wird als *abwesend* erwähnt. Nach dem Erweis dieser Quellen hatten Johann und Elisabeth Lauter wenigstens neun Kinder. Die Liste der Firmlinge nennt Hans und Maria Lauter, die Liste von 1680 Rosina Lauter, doch dürfen diese Kinder eher als Enkel von Johann Lauter sen. angesehen werden als seine Kinder.

Das Anwesen

Auf welchem Anwesen das Ehepaar zunächst lebte, geht aus den Büchern des Augsburger Domkapitels nicht hervor.

Am 2. März 1640 richtet Hans Lauter eine Supplikation an den Großaitinger Probst, den (Ober-)Vogt des Domkapitels. Ein Jahr später, am 15. April 1641, geht es um den Kauf eines Hofes. Diesen leibfälligen, in die Kornproptei giltbaren Hof hatte jahrelang (so 1629) der Centurio (= Hauptmann) Müller innegehabt. Er wird meist als Scherstetter Hof geführt, heißt aber auch Huebrechter Hof (so 1667). Der Hof lag *in der vndern Huettschafft*. Er stieß vorne auf *die Gemein Gass oder Straß*, hinten d. h. gegen Westen auf die *selbsthabende Söldhofstatt*, oben an die Gemein, *die Bachgaß genannt* und unten an ein kleines Gäßle, *so einen Erbsteig hat*. Die Hofstelle war *mit einer wohlerbauten, ganz gemauert(en) Behausung mit angehegten Roß vnd 2 Viehstallungen, 2 absonderlichen Stadell, einem Bachofen (und) einem Brunnen* bebaut. Die Hofraite entsprach mittlerer Größe, der Garten erreichte ein Viertel Tagwerk. Zum Hof gehörten 25 Jauchert Ackerland (350 fl.) und 43 ½ Tagwerk Wiesen (261 fl.), 1 ganzes Breitlehen (635 fl.), ½ Unter- und ½ Oberlehen (144 fl.). Der Viehbestand rekrutierte sich 1667 aus 6 Rössern, 1 Jährling, 8 Kühen, 4 Jährlingen und 10 Schafen. Zehn Jahre später waren es 13 Kühe, aber nur 4 Schafe. Im Jahre 1667 wurde das Anwesen insgesamt mit 2640 Gulden, einer stattlichen Summe, veranschlagt. An Abgaben waren u.a. zu leisten: 6 Schaff Kern, 6 Schaff Roggen, 6 Schaff Haber. Mesner und Öschhirt erhielten je 4 Winter- und 4 Sommergarben, der Mesner noch zwei Kreuzlaibe.

Der Centurio (Hauptmann) Müller hatte den Hof auf die Gant gebracht. Nach dem Beschluß des Domkapitels vom 23. November 1639 sollte der Probst dem Centurio Müller anzeigen, dass er sein Hofgut innerhalb von 8 Tagen verkaufen soll. Müller übergab den Hof dann seinem Sohn (1640 VII 23), der ihn aber auch nicht halten konnte. Am 15. April 1641 wird im Domkapitel erstmals über Lauters beabsichtigen Hofkauf verhandelt. Am 24. Oktober ersteht Lauter dann den Scherstetter Hof.

Lauter hatte längere Zeit an der Kaufsumme zu beißen. Am 17. Januar 1642 schlug ihm das Domkapitel den begehrten Nachlass auf die 500 fl. Kapital und Zinsen für das Breitlehen ab, am 11. Januar 1644 aber gewährte ihm das

Domkapitel von einer Schuld von 500 fl. in das Kammeramt einen Nachlass von 150 fl. *sambt dem, was er noch an Zins vom Vogt negst Jar hero ausstendig* hat.

Das *Wunderwerck* von 1648, das auch *Unkatholische* anerkennen

Der Text des Flugblattes informiert ausführlich. Hans Lauter hatte im Frühjahr 1648 *deß einfallenden Kriegsvolcks halber / die Flucht mit den seinigen naher Augspurg genommen*.[47] Hans Lauter und seine Frau Elisabeth gerieten ein zweites Mal unter die Räder des schrecklichen Krieges. Eisenbrechtshofen und Biberbach lagen wie Großaitingen an der großen Durchzugsachse der Heere. Noch bevor 1632 die Schweden einfielen, wütete 1627/28 in Großaitingen die Pest und forderte viele Opfer.[48] Der schwedisch-französische Krieg traf seit 1646 ein Land, das sich in einem Jahrzehnt von den Folgen des Schwedischen Krieges nicht hatte erholen können. Beim Blatternhaus, das im 15. Jahrhundert am Rand der Stadtmauer (H 282, heute Riedlerstraße 8) für die von der Franzosenkrankheit befallenen Menschen gegründet worden war, konnte man Getreide erstehen. Hans Lauter fasste dort am 19. April fünf Schaff Haber. Auf dem Rückweg setzte er seinen Buben *seines Alters im fuenfften Jahr* (d. h. den am 9. März 1644 geborenen Johannes), zu sich auf das Handross, *weilen er selbiges nit fueglicher mit sich zubringen gewust*. Als er dann mit seinem Wagen über das erhöhte Brücklein in der Jakober Vorstadt fuhr und das Handross etwas schneller anzog, fiel ihm sein Söhnlein unversehens zwischen die Pferde hinunter. Obwohl er gleich nach demselben griff, konnte er es doch nicht erreichen, weil die Pferde den Wagen schnell anzogen und dieser ohnedies vom Brücklein her abwärts lief. Der Wagen (mit einem Gewicht von achteinhalb Zentnern zusätzlich der geladenen fünf Schaff Haber) ging mit den Rädern über das Kind, *der gestalt …, daß der Kopff jedesmahl zwischen den Rädern vnd beede Fueßlein ausser der Raeder gewesen / vnd also beede / hinder vnd fordere Rad / dem Knaben vber die Gemaechtlein gangen / vnd denselben also vndersich getruckt vnd zerknirscht / daß jedesmahl der Kopff sowol als beede Fueßlein vnder jedem Rad vbersich gestanden / vnd der mitter Leib vndersich gezwungen worden* ist. Der Vater und das hinzulaufende Volk meinten, *das Kind waere zerschmettert / vnnd gantz zu todt gefahren*, weswegen man es in das Haus einer Bürgerin trug und *fuer todt vmbgezogen* hat. In seiner Not fiel dem Vater das Wunderbarliche Gut bei Hl. Kreuz ein, und er versprach das Kind dorthin mit einem heiligen Messopfer. Bald nach diesem *Geluebd / ist das Kind wunderbarlicher weiß widerumb zu sich selbsten kommen*, und der Vater konnte es *ohne sonderbahre verletzung* mit sich heim nehmen. Alle die den Vorfall erlebt hatten, *Catholisch sowol als auch Uncatholisch* haben das Geschehene *fuer ein sonderbahres Wunderwerck Gottes gehalten*. Zur Bekräftigung hat die geistliche Obrigkeit die Zeugen gebührend verhört, alles ordentlich examiniert *vnd fuer ein wahres vnnd sonderbahres Wunderwerck Gottes in forma authentica approbiert*.

In einer konfessionell gespaltenen Stadt, deren Bevölkerung in einer deutlichen Mehrheit evangelisch war, war die Publikation eines Mirakels auf einem Flugblatt ein Wagnis, wurde das Wallfahrtswesen doch von evangelischer Seite abgelehnt und bekämpft. Von daher gewinnt die Behauptung, auch Evangelische (*Uncatholische*) hätten das Geschehene als Wunderwerk Gottes akzeptiert, Bedeutung. Der Text sagt nicht, welche geistliche Obrigkeit (Der Bischof? Der Propst von Hl. Kreuz?) die Zeugen verhörte und examinierte und das Mirakel approbierte. Die Zeit war nicht bedenkenlos wundergläubig. Im Rahmen der

Möglichkeiten und der zeitbedingten Anschauungen ging man mit solchem Geschehen durchaus kritisch um.

Das religiöse Leben in Großaitingen um 1660

Die Familie Lauter nahm, so darf man unterstellen, am kirchlichen und religiösen Leben der Pfarrei teil. Notizen in einer Pfarrmatrikel (vor 1668) gewähren Einblicke.

Im Bereich des Dorfes und der Flur bewegten sich die Prozessionen am Urbanstag (25. Mai; zum Erhalt der Feldfrüchte; um die Äcker, wobei die vier Evangelien gesungen wurden und man mit dem Kreuz(partikel) oder dem Agnus Dei den Segen gab; *vulgo vmb die Ösch*), an Christi Himmelfahrt (um die Äcker; *vulgo umb die Kreuzlein*) und an Fronleichnam. Nicht so aufwendig verliefen: die Totenprozession am Samstagabend, die über den Friedhof zur Krypta, wo sich die ausgegrabenen Gebeine stapelten, führte, und die Prozession zum Zehentstadel am Walpurgistag, wo Brote gesegnet wurden, die man dann an die Armen verteilte. Am Leonhardstag (6. November) zog die Gemeinde – wie jetzt am darauf folgenden Sonntag – zur Leonhardskapelle, die kurz vor 1676 neu gebaut wurde. An den Bittagen gingen die Großaitinger nach Wehringen (Markustag und 1. Bittag), nach Kleinaitingen (2. Bittag), in die Justina-Kapelle (ca. 700 Meter südwestlich von Reinhartshofen). Reinhartshofen besuchten die Großaitinger am Jakobustag, wo dort das Patrozinium gefeiert wurde, zur Justina-Kapelle gingen sie (wiederum) am Afra-Tag (6. August).[49]

Das Wallfahrtsjahr begann am 3. Mai mit Klimmach. Am 2. Bittag brachen die Wallfahrer nach Andechs auf, nachdem sie den Pilgersegen empfangen hatten. Am Abend des Himmelfahrtstages wurden die Andechs-Pilger wieder zuhause empfangen. Am Dienstag nach Christi Himmelfahrt (*vulgo Hagelfest*) und an Mariä Geburt (8. September) ging man nach Maria Hilf auf dem Lechfeld. An Maria Heimsuchung (2. Juli) besuchten die Aitinger seit 1664 die Frauenkapelle in Schwabmünchen. Am Tag der Hl. Maria Magdalena (22. Juli) führte der Wallfahrtsweg zur Loreto-Kapelle beim Scheppacher Hof. Auf dem Rückweg kehrte man in der Laurentius-Kapelle bei der Fugger-Burg Reinhartshausen ein. Am Tag vor St. Johannes (23. Juni) kam etwas später noch ein zweiter Wallfahrtsgang nach Klimmach hinzu.

Die Patrozinien der Pfarrkirche wurden am 1. Mai (Walburga) und am 6. Dezember (Nikolaus), das Kirchweihfest am Sonntag nach Jakob (25. Juli) gefeiert.

Als Ablasstage galten in der Sebastianskapelle: der 7. Januar (Gottesdienst zur Abwendung der Viehseuche, im Volk *schälfeyr* genannt), der 20. Januar (St. Sebastian), der 3. Mai und der 25. Mai. An den genannten Maitagen beteiligte sich die Sebastiansbruderschaft. In der eigenen Kapelle bestand seit 1631 in der Pfarrkirche die Isidorbruderschaft.

Des jungen Hans Lauters eigener Weg

Das reiche religiöse Leben der Pfarrei band wohl auch den heranwachsenden Hans Lauter. Die Eltern mögen ihm noch lange erzählt haben, durch welches *Wunderwerck* er einst gerettet worden war. Dass sich daraus eine besondere Dankbarkeit und Frömmigkeit entwickelte, können wir nur vermuten.

Im Alter von nicht ganz 23 Jahren heiratete Hans Lauter am 25. Januar 1667 die um einige Monate ältere Katharina Schmid (geb. 1643 IX 5), die Tochter von Bartholomäus Schmid aus seiner (2.) Ehe mit Magdalena Schwab.[50] Als Trauzeugen traten die Väter des Brautpaares an. Johann Lauter sen. allerdings erlebte das Ende dieses Jahres nicht mehr. Er starb am 22. September 1667. Die Mutter übergab nun nicht etwa den Hof an einen der

Söhne, sondern bewirtschaftete ihn selbst weiter. Nach dem Seelenbeschrieb von 1671 lebten mit ihr auf dem Hof die Kinder Michael, Maria, Caspar, Christoph, Franz und Elisabeth sowie zwei Dienstboten. Die Mutter starb am 21. Juli 1694. Der Pfarrer rühmte sie als sittsames Weib (*pudica mulier*).

Hans Lauter erwarb 1667 von Christian Mögele einen eigenen Hof, der als Lehen des Hochstiftes zur Jakobspfründe in Augsburg gehörte. Der Hof lag im unteren Dorf beim Kreuz, weswegen er auch Kreuzbauer genannt wurde. Als weitere Lokalisation gibt das Steuerregister von 1667 an: *negst gegen Lupergaß*. Als Nachbarn werden angeführt der junge Hans Baumüller und der Sattler Michael Mögele; vorne stieß der Hof auf die Gasse und hinten auf den Lehengarten der Rößlerin und der Anna Mögele. Auf dem Grundstück standen 1667: *eine pawfellige mit Ziegel bedeckte Behausung mit angehängten Roßstall, ein unlengsten mit newen geschwellen vnderfangen*(er) ... *alter paufelliger Stadel mit Stroh bedeckht*, eine mit Ziegel gedeckte Backküche und in der weiten Hofraite ein Brunnen. Zum Hof gehörten 30 ¾ Jauchert Äcker (in sieben Stücken) und 24 ½ Tagwerk Wiesen (in 4 Stücken); daneben bewirtschaftete der junge Lauter noch ein Feldlehen von 4 ¾ Jauchert. Im Stall standen 4 Rösser, 1 Zweijährling, 3 Kühe und 2 Zweijährige. An Gilt musste Lauter abliefern: 5 Schaff Kern, 5 Schaff Roggen, 10 Schaff Haber. Er zahlte 2 Gulden Wiesgilt. An weiteren Naturalleistungen waren zu erbringen: 4 Fastnachtshennen, 8 Hühner auf Bartholomä, 2 Gänse auf Martini und 200 Eier auf Ostern. Der Kirche (dem Heiligen) in Großaitingen standen zu: 1 Metzen Kreuzroggen und 12 Kirchenlaibe; Mesner und Öschhirt erhielten jeder 2 Winter- und 2 Sommergarben, dem Mesner des weiteren noch ein Kreuzlaib. Da die Taufmatrikel größere Lücken aufweisen, lässt sich die Familie nicht zweifelsfrei rekonstruieren. Nach dem Seelenbeschrieb von 1671 lebten auf dem Hof neben den Eltern und zwei Ehealten die Kinder Johann, Maria und Walburga, die ihrer jungen Jahre wegen als *non communicantes* aufgeführt werden. Die Mutter dieser (und wohl weiterer) Kinder starb am 23. Juni 1678. Johann Lauter heiratete bereits am 1. August Helena Schuster. Als Trauzeugen fungierten: Bartholomäus Schmid, der untere Schmied, und Leonhard Schuster, der untere Maier. Da in dieser Zeit die Matrikel die Eltern nicht angeben, lässt sich – bei mehreren Lauter-Familien – die zweite Ehe Johann Lauters nicht rekonstruieren.[51]

In Großaitingen waren von Johann Lauters Geschwistern verheiratet: Caspar, der Wirt (Ehen: 1677 mit Maria Schuster, 1682 mit Anna Mair, Witwe, 1687 mit Anna Wiedemann aus Erringen), der Bauer Franz (Ehen: 1686 mit Walburga Trauch, 1690 mit Maria Schmid, 1694 mit Rosina Schöffl von Langerringen, 1723 mit Ursula Fleiner, Witwe aus Batzenhofen), Christoph Lauter (Ehe mit Jacobina Schuster aus Kleinkitzighofen), Johannes Lauter, Jüngling (Ehe: 1695 mit Maria Seitz).[52] Johann Lauter starb am 18. Februar 1709 im Alter von nicht ganz 65 Jahren, seine (zweite) Frau folgte ihm am 20. Dezember 1714 in den Tod. Den St.-Jakobs-Pfründ-Hof übernahm Bartholomäus, der Sohn aus zweiter Ehe. Der Hof wurde auf 2040 fl. geschätzt. Auf Bartholomäus folgte Melchior Lauter (1785 saß Anton Wachter, 1801 Anton Wiedemann auf dem Hof).[53]

1 Brückner, Wolfgang: Einblattdrucke, in: LMa III, 1732; Brednich, Rolf Wilhelm: Flugblatt, Flugschrift, in: EM 4, 1339–1358; Schilling, Michael: Bildpublizistik der frühen Neuzeit: Aufgaben und Leistungen des illustrierten Flugblattes in Deutschland bis um 1700, Tübingen 1990 (Studien und Texte zur Sozialgeschichte der Literatur Bd. 29); Schwegler, Michaela: „Erschröckliche Wunderzeichen" oder „natürliches Phänomen"? Frühneuzeitliche Wunderzeichenberichte aus der Sicht der Wissenschaft, München 2002 (Bayerische Schriften zur Volkskunde Bd. 7), 15–41 (Wunderzeichenberichte in frühneuzeitlichen Flugblättern und Flugschriften), 204–247 (Primärquellen I: Flugblätter und Flugschriften über Wunderzeichen. Meteorologische Himmelserscheinungen) und 288–292 (Primärquellen II: Theoretische Schriften. Meteorologische Himmelserscheinungen).

2 Mit Walkershofen ist nicht Walkertshofen gemeint, sondern Waltershofen oder (Ober)weikertshofen, beide bei Oberschweinbach. Nach der Aussage des Flugblattes liegt das Dorf im Fürstentum Bayern, *vier meil von Augspurg / vnd fünff von München* (Strauss, Walter L.: The German Single-Leaf Woodcat 1550 – 1600. A Pictorial Catalogue, 3 Bde., New York 1975, hier Bd. 2, 729).

3 Hauptquellen für die Zusammenstellung: Zeitgeschichte in Flugblättern, in: Welt im Umbruch Bd. I, Augsburg 1980, 306–316; Schilling, Bildpublizistik (wie Anm. 1); Hortzitz, Nicoline: Von den unmenschlichen Taten des Totengräbers Heinrich Krahle zu Frankenstein und andere wahrhaftige „Neue Zeitungen" aus der Frühzeit der Sensationspresse, Frankfurt/M. 1997. Aufgenommen wurden nur Flugblätter mit Nachrichtencharakter (neue Zeitungen), die in Augsburg oder in Dillingen gedruckt wurden. Aus technischen Gründen werden die Umlaute in der heutigen Form wieder gegeben.

4 Vgl. Schilling, Michael: Augsburger Einblattdruck. In: Gier, Helmut, Janota, Johannes (Hg.): Augsburger Buchdruck und Verlagswesen. Von den Anfängen bis zur Gegenwart, Wiesbaden 1997, 381–404, hier 387–390 (Themen und Inhalte der Augsburger Einblattproduktion).

5 Hortzitz, Sensationspresse (wie Anm. 3), 154f; Abel, Wilhelm: Agrarkrisen und Agrarkonjunktur. Eine Geschichte der Land- und Ernährungswirtschaft Mitteleuropas seit dem hohen Mittelalter, Hamburg 1966; Ders.: Massenarmut und Hungerkrisen im vorindustriellen Europa, Göttingen 1972; Hippel, Wolfgang von: Armut, Unterschichten, Randgruppen in der Frühen Neuzeit, München 1995 (Enzyklopädie deutscher Geschichte Bd. 34); Behringer, Wolfgang: Hexenverfolgung in Bayern. Volksmagie, Glaubenseifer und Staatsräson in der Frühen Neuzeit, München 1987, 96–121 (Eine „Krise des späten 16. Jahrhunderts", darin 96–106 Hexenprozesse und Agrarkrisen); Roeck, Bernd: Eine Stadt in Krieg und Frieden. Studien zur Geschichte der Reichsstadt Augsburg zwischen Kalenderstreit und Parität, 2 Bde., Göttingen 1989 (Schriftenreihe der Hist. Kommission bei der Bayer. Akademie der Wissenschaften Bd. 37); Lederer, David: „Wieder ein Fass aus Augsburg" – Suizid in der frühneuzeitlichen Lechmetropole, in: Mitteilungen des Instituts für Europäische Kulturgeschichte der Universität Augsburg 15, 2005, 47–72; Pötzl, Kriminalgeschichte, 180–186 (Der Stadt verwiesen wegen Bettelei und Hurerei).

6 Schilling, Augsburger Einblattdruck (wie Anm. 4), 381–404, Wüst, Wolfgang: Censur und Censurkollegien im frühmodernen Konfessionsstaat, in: Gier/Janota, Augsburger Buchdruck und Verlagswesen (wie Anm. 4), 569–586; Schilling, Bildpublizistik (wie Anm. 1), bringt im Anhang I (Abdruck archivalischer Quellen) zahlreiche Belege auch zu den oben genannten Herausgebern, von denen mehrere mit der Obrigkeit in Konflikt geraten waren.

7 Bucher, Otto: Sebald Mayer, der erste Dillinger Buchdrucker (1550 – 1576), in: Jahrbuch des Historischen Vereins Dillingen 54, 1952, 107–129; Ders.: Bibliographie der deutschen Drucke des 16. Jahrhunderts Bd. 1, Dillingen-Bad Bocklet 1960; Ders.: Erhard Lochner als Fürstbischöflich-Augsburger Hofbuchdrucker in Dillingen/Donau, in: Archiv für Geschichte des Buchwesens 5, 1964, 445–460; Rupp, Paul: Fünfhundert Jahre Buchdruck in Lauingen und Dillingen. Ausstellung anläßlich des 100jährigen Bestehens des Historischen Vereins Dillingen, Dillingen 1988. Im Gegensatz zu Augsburg wurden in Dillingen kaum „neue Zeitungen"

gedruckt.
8 Schilling, Augsburger Einblattdruck (wie Anm. 4), danach auch die folgenden Ausführungen. Zur Zensur s. Anm. 6. Zu den Druckern, Briefmalern und Verlegern vgl. neben den einzelnen Artikeln im Stadtlexikon: Künast, Hans-Jörg: Dokumentation: Augsburger Buchdrucker und Verleger, in: Gier/Janota, Augsburger Buchdruck und Verlagswesen (wie Anm. 4), 1205–1340.
9 Schilling, Augsburger Einblattdruck (wie Anm. 4), 392–396. Die katholischen Orden förderten nicht in erster Linie die „neuen Zeitungen", es sei denn es handelte sich um Mirakel (vgl. T 88), von denen aber nur wenige auf Flugblättern verbreitet wurden, sondern die Andachts- und Erbauungsblätter (die auch als Wandschmuck dienten).
10 Beyer, Jürgen: Prodigien, in: EM 10, 1378–1388.
11 Beyer, Prodigien (wie Anm. 10), 1379f; Ewinkel, Irene: De monstris. Deutung und Funktion von Wundergeburten auf Flugblättern im Deutschland des 16. Jahrhunderts, Tübingen 1995 (Frühe Neuzeit Bd. 23), 15-24 (Die Erneuerung der Prodigienlehre in der 2. Hälfte des 16. Jahrhunderts); Schenda, Rudolf: Die deutschen Prodigiensammlungen des 16. und 17. Jahrhunderts, in: Archiv für die Geschichte des Buchwesens 4, 1963, 637–710. Zu Gasser: Stadtlexikon, 430; Welser, Marcus: Chronica Der Weitberuempten Keyserlichen Freyen vnd deß H. Reichs Statt Augspurg Teil 3, Basel 1596, 75.
12 Schwegler, Wunderzeichen (wie Anm. 1), Primärquellen I Nrn. 104, 105 und 188, 167 (Gegler), 199 (Steiner Heinrich: *Der dreyer Sonnen / mit iren Regenbogen vn(d) ringen beschreibung*, 1541, achtseitige Flugschrift). Weitere Augsburger Flugblätter mit Himmelserscheinungen: 67, 68, 73, 83, 112, 114; ferner: 47 (Donauwörth, gedruckt in Nürnberg) und 88 (Schwabmünchen = T 83). Die Flugblätter des Kometen von 1577 bei Strauss, Single-Leaf Woodcat Bd. 2 (wie Anm. 2), 480 und Bd. 3, 939. Michaela Schwegler scheint diese beiden Blätter übersehen zu haben. Nach einer statistischen Zusammenstellung (Hellmann, Gustav: Die Meteorologie in den deutschen Flugschriften und Flugblättern des XVI. Jahrhunderts. Beiträge zur Geschichte der Meteorologie, Berlin 1921, 1–31) brachten in Augsburg 16 Drucker 39 Veröffentlichungen zu prodigiösen Himmelserscheinungen heraus. In Nürnberg waren es 25 Drucker mit 65 Veröffentlichungen. Dass Nürnberg mehr vorzuweisen hat als Augsburg rührt daher, dass man in Augsburg erst später dem Phänomen eine größere Aufmerksamkeit schenkte.
13 Strauss, Single-Leaf Woodcat Bd. 2 (wie Anm. 2), 248–330; Weber, Bruno: Wunderzeichen und Winkeldrucker 1543 – 1586. Einblattdrucke aus der Sammlung Wikiana in der Zentralbibliothek Zürich, Dietikon-Zürich 1972, 89.
14 Der Künstler gibt nur die Haupthimmelsrichtungen an. Wenn er sich von Nordosten her Skizzen zum Norden Schwabmünchens gemacht hat, dann stimmt die Topographie zwischen den Bauernhöfen um die Frauenkapelle und dem Pflegamt in etwa. Zu Schwabmünchen: Jahn, Joachim: Schwabmünchen. Geschichte einer schwäbischen Stadt, Schwabmünchen 1984; Bauer, Hans: Schwabmünchen, München 1984 (Historischer Atlas), 106–122 (Die Straßvogtei), 123–153 (Die Augsburger Domkirche). Zum Hausbau und zur Kleidung: Pötzl, Walter, Hartmann, Anni: Häuser, Möbel, Trachten. Zur Sachkultur des Volkes, Augsburg 1993 (Der Landkreis Augsburg Bd. 8), 16–22 (Bilder des 16. und frühen 17. Jahrhunderts aus dem Augsburger Raum), 200–224 (Kleidung im 16. und in der ersten Hälfte des 17. Jahrhunderts).
15 Harms, Flugblätter VI, 281.
16 Winklhofer, A.: Eschatologie, in: Fries, Heinrich (Hg.): Handbuch theologischer Grundbegriffe Bd. 1, München 1962, 327–336; Rahner, Karl: Eschatologie, in: Lexikon für Theologie und Kirche (2. Auflage) 3, 1094–1098; Pax, Elpidius, Rahner, Karl: Parusie, in: Lexikon für Theologie und Kirche (2. Auflage) 8, 120–124; Kottinger, Wolfgang: Eschatologie, in: EM 4, 397–411.
17 Georg Kölderer zeichnete den Kometen in seine Chronik ein und deutete ihn als Ankündigung eines großen Sterbens. Gott stecke mit dem Kometen eine Rute in das Fenster des Himmels, um die Menschen zu warnen, von den Sünden abzulassen (Maurer, Benedikt: „Gemain Geschrey" und „teglich Reden". Georg Kölderer – ein Augsburger Chronist des konfessionel-

len Zeitalters, Augsburg 2001 (Studien zur Geschichte des bayerischen Schwaben Bd. 29), 335–338 (Himmelsbeobachtung), vgl. auch 329–335 (Wunderwahrnehmung, Analysetechniken).

[18] Ewinkel, De monstris (wie Anm. 11); Bayer, Jürgen: Missgeburt, in: EM 9, 702–707.

[19] *Die ander Nacht im Jar vnsers Herrn Christi 1569. gebahr allhie zu Augsburg zu rechter zeit jrer Außrechnung / vnd aller Beschaffenheit nach / wie sonsten / Anna Geblerin / Caspar Clausenburgers eines Webers Haußfraw / ein lebendig Kindt / von der Scheittel biß auff den Nabel gantz formiert / allein daß es an der rechten Handt kein Daumen hatte. Aber vnderhalb deß Nabels (an welchem ein groß Gewächß von Fleisch / voller Adern hienge) ward es alles nur ein Fueß / ohne Arsch vnd Arschbacken / an dem gleichwol die Kniescheub vnd Schinbeyn auch gestanden: Der Fürfueß aber hatte von den Knotten an / zween Tatzen hinauß / hart neben einander / vnd acht Zeen mit Nägeln / vn(d) vnderhalb dem rechten Knotten ein angewachsen Fleischlin / gleich einer langen vn(d) hangenden Wartzen / welche man für kein Zeen erkennen kundte / weil dieselbe nit an einem natürlichen Orth stunde / auch kein Nagel hatte: Bey der Hüfft vornen an der rechten Seiten / ward ein klein Loch einem Nabel nicht vngleich / vnnd auch der Weiberscham nicht eigentlich oder allerdings ähnlich: Am Hinderstell der lincken Seiten zu / hienge auch ein lenglicht Fleischlin herab / welches aber dem männlichen Glied auch nit zu vergleichen ward / weil es kein Knöllin / Vorhaut / noch auch vornen das Knöpfflin hatte: Wurde von der Hebammen getaufft / schrye wie andere Kinder / vnd lebte bey anderthalb Stunden.*

[20] Hortzitz, Sensationspresse (wie Anm. 3), Nr. 18.

[21] Maurer, Georg Kölderer (wie Anm. 17), 62f (Nachzeichnungen), 338–346 (Wundergeburten und die Einordnung des Fremdartigen).

[22] Zu Philipp Ullhart vgl. Künast, Dokumentation (wie Anm. 8), 1220; Koppitz, Hans Joachim: Kaiserliche Privilegien für das Augsburger Druckgewerbe, in: Gier/Janota, Augsburger Buchdruck und Verlagswesen (wie Anm. 4), 41–53; Pötzl, Walter: Der Kalligraph Leonhard Wagner aus Schwabmünchen (1454 – 1522). Leben und Werk, in: HVLA Jb 1973, 106–132; Ders.: Hans Holbein d. Ä. zeichnet Leonhard Wagner aus Schwabmünchen und Peter Wagner, 1502 – 1511 Abt in Thierhaupten, in: Lebensbilder, 4 – 30, hier 21: Abbildung aus dem Lorcher Graduale, die *Nicolaus Bertschy Illuminista Auguste vxor eius Margareta* an einem Tischpult zeigt. Der Taufname Columban (Bertschin) ist in Augsburg ungewöhnlich, könnte aber auf das Benediktinerklosterkloster St. Ulrich und Afra verweisen. Vielleicht lebten die Bertschins im Umfeld des Klosters (wie Philipp Ullhart auch); Warncke, Carsten-Peter: Sprechende Bilder – sichtbare Worte. Das Bildverständnis der frühen Neuzeit, Wiesbaden 1987.

[23] Eine Familie Albrecht taucht weder im Feuerstattguldenregister von 1492 noch im Steuerbuch von 1611 auf (Pötzl, Walter (Hg.): Zusmarshausen. Markt, Pflegamt, Landgericht und Bezirksamt, Zusmarshausen 1992, 40f). Vergleichbare Zusammenstellungen fehlen für das 16. Jahrhundert. Unter den Urkunden des Hochstifts (StAA HU) befinden sich nur wenige Beispiele, die sich auf Zusmarshausen beziehen. Durchgesehen wurde die Kartei für die Zeit von 1545 bis 1570 (Nrn. 3098–3628). Mehrere Zusmarshauser tauchen in einer Urkunde von 1554 XII 19 (Nr. 3305) auf, in der es um Wildwasser in der Kothgasse geht, doch befindet sich darunter kein Albrecht. Die Familie Albrecht lässt sich im 16. Jahrhundert in Altenmünster, Anhausen und Oberhausen nachweisen, im 17. Jahrhundert auch in Biburg, Kutzenhausen, Maingründel und Wollbach (Puchner, Karl (Bearb.): Die Urkunden des Klosters Oberschönenfeld, Augsburg 1953 (Veröffentlichungen der Schwäbischen Forschungsgemeinschaft Reihe 2, Bd. 2), Register). In den Oberschönenfelder Urkunden taucht auch der Vogt Jörg von Schwangau wiederholt auf (Register). Zur Herrschaftsgeschichte von Zusmarshausen vgl.: Wüst, Wolfgang: Zusmarshausen. Die Entwicklung eines bischöflichen Amtsortes, in: Pötzl, Zusmarshausen (wie Anm. 23 oben), 91–155.

[24] Harms, Flugblätter VI, 207.

[25] Pötzl, Märkte, 272; Fuggerarchiv Dillingen 5.2. 31 (zwei Urbare). Das Urbar von 1565 nennt bei zwei

Juden Berufe: Seiler und Goldschmied (*Bymbman Jud*). Das Kaufregister von 1573 (ebenda, 84. 3) führt nur mehr drei Juden auf.

26 Harms, Flugblätter VI, 240f.

27 Vgl.: Leppin, Volker: Antichrist und Jüngster Tag. Das Profil apokalyptischer Flugschriftenpublizistik im deutschen Luthertum 1548 – 1618, Gütersloh 1999 (Quellen und Forschungen zur Reformationsgeschichte Bd. 69).

28 Künast, Dokumentation (wie Anm. 8), 1226, 1228; Strauss, Single-Leaf Woodcat Bd. 2 (wie Anm. 2), 663–675, Bd. 3, 1203–1207; Ewinkel, De monstris (wie Anm. 11), Abb. 2 und 10; Hortzitz, Sensationspresse (wie Anm. 3), Nrn. 13, 18.

29 *Das erste war ein Mann eines gestandenen Alters / welchem zwischen dem Magen und Nabel ein gantzes Mägdlin biß an Hals angewachsen war / der Gestalt / als wann es das Haupt in seinem Leib verborgen hette: Wiewol aber dasselbige kein vnderschiedliche oder eigne Bewegung hatte / sondern gleichsam ein angewachsener Kropff / oder sechßter Finger an dem Mann hienge / pflegte es doch täglich einmal zu harnen. Das ander ein Weib 30. Jar alt / die weder Hände noch Arm von Mutter Leib an gehabt / jedoch mit den Füssen / schreiben / nähen / essen vnd trincken selber zu sich nemmen / vnnd jhr selber die Kleyder an vnd außthun können: Vnd das noch mehr mit einem Besem das Hauß kehrte / darzu sie das Kin brauchte.*

30 Harms, Flugblätter VI, 292–295.

31 Wörner, Hans Jakob: Ehemaliger Landkreis Wertingen, München 1973 (Bayerische Kunstdenkmale XXXIII), 95 (Grabdenkmal), 96 (ehemaliges Schloss); Pötzl, Märkte, 182; Ders.: Bauern – Handwerker – Arbeiter. Beiträge zur Wirtschafts-, Sozial- und Bildungsgeschichte, Augsburg 2001 (Der Landkreis Augsburg Bd. 4), 11–14 (Höfe und Huben), 86–89 (Landwirtschaft in den Dorfordnungen des 16. Jahrhunderts).

32 Kühnel, Harry (Hg.): Alltag im Spätmittelalter, Graz u.a. 1985; Pötzl/Hartmann, Häuser, Möbel, Trachten (wie Anm. 14), 135–144 (Möbel und ländliche Wohnkultur: Das 16. und die erste Hälfte des 17. Jahrhunderts), 200–216 (Kleidung im 16. und in der ersten Hälfte des 17. Jahrhunderts: Frauenkleidung); Pötzl, Walter, Hartmann, Anni: Geschirr und Gerät in alter Zeit, Augsburg 1995 (Beiträge zur Heimatkunde Bd. 13), 37–44 (Der Ofen in der Stube), 54–60 (Küchen- und Tischkultur im Mittelalter), 66ff (Haushaltsgeräte und ihre Materialbeschaffenheit), 90f (Becken aus Kupfer und Messing), 92 (Löffel), 96ff (Krüge und Kannen), 109ff (Nuppengläser).

33 Prosser, Michael: Erweckungstaufe. Säuglingssterblichkeit und Wallfahrt für tote Kinder in vormoderner Zeit, in: BJbVk 2003, 101–138; Pötzl, Brauchtum, 244f (Hebammen), 251–254 (Tauftermine, Ursberg).

34 Harms, Flugblätter VI, 294.

35 Gobrecht, Barbara: Mehrlingsgeburten, in: EM 9, 490–494.

36 Pötzl, Lebensbilder, 53–55; Ders., Kriminalgeschichte, 192–197. Seit neuestem fand der Fall Eingang in die historische Suizid-Forschung. Vgl. Lederer, Suizid in der frühneuzeitlichen Lechmetropole (wie Anm. 5), 47–72, (Der Ortsname wird falsch interpretiert). Im Titel schreibt das Flugblatt: zu *Erlingen / 4. Meil Wegs Augspurg / oberhalb von Schwab Münching gelegen*. Es handelt sich eindeutig um einen Druckfehler. Oberhalb von Schwabmünchen kann mit Erlingen nur (Lang)-Erringen gemeint sein. Über jeden Zweifel erhoben wird diese Identifikation noch durch die für die fragliche Zeit in Langerringen archivalisch nachweisbare Familie Altwecker.

37 Zu Hans Schultes d. Ä. (ca. 1577 – 1619) s. Künast, Dokumentation (wie Anm. 8), 1229f; Hortzitz, Sensationspresse (wie Anm. 3), Nr. 30 (ein Augsburger Flugblatt von 1585, das die Morde des Blasius Endres zu Wangen und das über ihn gefällte Urteil schildert).

38 Quellen:

a) Zum Vorfall: StAA Hochstift Augsburg Akt 1202f 417v (= Hofratsprotokoll); Hochstift Augsburg NA Akt 5518 (Beschlussbuch des Domkapitels zum 18., 24., 26., 28. und 31. Juli).

b) Zur Familie Altwecker: StAA KL Augsburg St. Moritz 135; StAA Hochstift Augsburg MüB 909 (= Salbuch der Burs v. 1539), Hochstift Augsburg NA 620 (zu 1591 XI 7, 1593 XI 10, 1594 II 3); Hochstift Augsburg NA Akt 5514 (zu 1584 V 11), NA 5515 (zu 1585 V 2); NA 5516 (1586 I 29, IV 18, V 21, X 3 u. 7), NA L 607 (zu 1573),

L 1773 (zu 1576); StadtA Augsburg Urgicht 1597 c Nr. 174, 1597 VIII 6.

39 Vgl. Lederer, Suizid in der frühneuzeitlichen Lechmetropole (wie Anm. 5), 55 ff (Der Teufel, die Ängste und die Ehre).

40 Schröder, BA VIII, 375–379 (Die Ortsherrschaft seit dem späteren Mittelalter und die Hoheitsrechte); Bauer, Schwabmünchen (wie Anm. 14), 114–122 (Inhalt und Umfang der Herrschaftskompetenzen der Straßvogtei), 315–321 (Die Territorialherren, 1. Das Hochstift Augsburg).

41 Die Reichstadt Augsburg „entsorgte" die Körper von Selbstmördern, indem sie sie in ein Fass schlossen und in einen Fluss warfen (vgl. Lederer, Suizid in der frühneuzeitlichen Lechmetropole (wie Anm. 5), 51 ff).

42 Zu den Möbeln und zur Kleidung: Pötzl/Hartmann, Häuser, Möbel, Trachten (wie Anm. 14).

43 Pötzl, Lebensbilder, 165–169. Zu Andreas Aperger, dem einzigen katholischen Drucker während des Dreißigjährigen Krieges in Augsburg, der während der schwedischen Besatzung die Stadt verlassen musste: Stadtlexikon, 240f; Künast, Dokumentation (wie Anm. 8), 1237; zu Wolfgang Kilian: Stadtlexikon, 558f.

44 Stadtlexikon, 535f (Jakoberstraße, Jakobertor, Jakobervorstadt), 603 (Lauterlech); Pfaud, Robert: Das Bürgerhaus in Augsburg, Tübingen 1976 (Das deutsche Bürgerhaus Bd. XXIV), T 8 (Ausschnitt aus dem Kilianplan), T 17 (Südseite der Jakoberstraße, Stich von Martin Engelbrecht (1684 – 1758), rechts vorne der Lauterlech mit einer einfachen Brücke. Zu den Häusern auf dem Kilian-Stich besteht keine Gemeinsamkeit); Pötzl/Hartmann, Geschirr und Gerät (wie Anm. 32), 141f (Abb. eines Wagens mit durchbrochenen Leitern, wie ihn auch Hans Lauter benützte, aus dem Jahre 1488), 169–171 (Wagen).

45 Größeres Aufsehen erregte der Fall einer Magd in Reims in der Champagne, die unschuldig gehängt und durch Gottes und der Heiligen Hilfe nach drei Tagen noch am Leben war. Der Bericht darüber, der nicht dem Stil einer Mirakelerzählung entspricht, erschien als Einblattdruck 1589 bei Josias Wörli in Augsburg (Strauss, Single-Leaf Woodcat Bd. 3 (wie Anm. 2), 1194), im gleichen Jahr auch bei Heinrich von Aich in Würzburg (Hortzitz, Sensationspresse (wie Anm. 3), Nr. 35). Über ein *Wunderzeichen / so sich den 25. Maij / Anno 1608 zu Fauerne in HochBurgund / mit dem Hochheiligen Sacrament deß Altars zugetragen* berichtete Chrysosthomus Dabertshofer 1611 in einem Flugblatt (Strauss, Single-Leaf Woodcat Bd. 1 (wie Anm. 2), 158); zu Dabertshofer s. Künast, Dokumentation (wie Anm. 8), 1235.

46 Strauss, Single-Leaf Woodcat Bd. 1 (wie Anm. 2), 26; Pötzl, Walter: Augsburger Mirakelbücher, in: Gier/Janota, Augsburger Buchdruck und Verlagswesen (wie Anm. 4), 653–682 (dort Abb. 2b: Mirakelbilder zur siebten Figur im Mirakelbuch von Octavian Lader; zwei weitere Beispiele in: Pötzl, Zusmarshausen (wie Anm. 23), 204f.

47 Vgl. den Abschnitt „Krieg und Migration" bei: Roeck, Eine Stadt in Krieg und Frieden (wie Anm. 5), 791–843. Pötzl, Herrschaft, 291–299 (Der Schwedisch-Französische Krieg 1646 – 1648).

48 Zimmermann, Winfried: Die Pest und der Bau der St. Sebastians-Kapelle in Großaitingen, in: HVLA Jb 21, 1987/88, 137–163.

49 Zur Kirchengeschichte von Aitingen: Schröder, Alfred: Das Bistum Augsburg Bd. 8, 30–49. Vgl. dazu: Pötzl, Walter: Brauchtum und Volksfrömmigkeit, in: Pötzl/Wüst, Bobingen, 405–443, besonders 410–420 (Karwoche, Kreuzgänge und Prozessionen); Ders., Brauchtum, 144–151 (Segen auf Feld und Flur), 166–172 (Fronleichnam), 173–182 (Das Patrozinium und andere Heiligenfeste); Zimmermann, Winfried: Die Wallfahrt der Großaitinger nach Andechs, in: HVLA Jb 20, 1985/86, 239–284; Ders.: Die Wallfahrt der Großaitinger auf das Lechfeld, in: HVLA Jb 24, 1993/94, 141–200; Ders. Die Bruderschaften in Großaitingen, in: HVLA Jb 25, 1995/96, 127–215; Ders.: Die Pfarrkirche Großaitingen, in: HVLA Jb 28, 2001/2002, 322–391 und HVLA Jb 29, 2003/2004, 431–456; zur Justina-Kapelle siehe in diesem Band S. 83–85, zu Klimmach und Klosterlechfeld S. 89–95. Zur Scheppacher Kapelle: Pötzl, Kirchengeschichte, 130–139 (Loreto-Kapellen).

50 Bartholomäus Schmid hatte 1631 Afra Seitz und nach deren Tod Magdalena Schwab geheiratet (1637 VII 27). Als Trauzeugen fungierten: der Centurio Müller

und Hans Baumüller, als Taufpaten für Katharina: der Vogt (päfectus) Georg Mersi und Magdalena Baumüller.

51 Lauter-Kinder: Helena (1679 V 8), Georg (1680 IV 20), Franz (1681 V 31), Anna (1683 VII 12), Bartholomäus (1685 VII 24), Ottilia (1688 III 21), Christoph (1690 I 22), Gertrud (1692 III 10), Clara (1694 IV 4), Michael (1696 VIII 26), Christina (1699 VI 13). Es besteht allerdings eine hohe Wahrscheinlichkeit, dass damit die Kinder von Johann Lauter erfasst sind. Gestützt wird diese Wahrscheinlichkeit auf die vom Hochzeitsdatum her begründete Geburtenfolge (wobei Bartholomäus als Sohn feststeht) und auf die Paten: Christoph Mayr (1679 – 1690), Barbara Mögeler (1679 – 1681), Christina Schuster (1683 – 1699) und Matthäus Betz (1692 – 1699).

52 Anna Lauther(in), wohl die Frau von Caspar Lauter, verlobte sich 1699 wegen Schmerzen im Fuß nach Maria Hilf auf dem Lechfeld (Kohlberger, Alexandra: Maria Hilf auf dem Lechfeld, Augsburg 2003 (Beiträge zur Heimatkunde des Landkreises Augsburg Bd. 18), 158 Nr. 2658).

53 Quellen: StAA Hochstift Augsburg NA L 131 (Grundbuch v. 1670) S. 74-77, 140 f., NA L 271 (Steuerbuch v. 1667) S. 111r-115v, NA 273 (Steuerbuch v. 1687) S. 20-23, 48-52, 70f., NA 276 S. 55 f., NA L 621 (Bestandbuch 1686) S. 33 u. 349, NA 5555-5561 (Rezessionalien des Domkapitels 1639 (zu IX 23, X 19, X 31) 1640 (zu III2, VII 23) 1641 (zu III 11 u. 22, IV 15, X 30) 1642 (zu I 17, III 12) 1644 (zu I 11), 1650 (zu XI 23 u. 26).

Ausschnitt aus dem Kilian-Plan von 1626. Teil der Jakobervorstadt.
Abb. aus: Pfaud, Robert: Das Bürgerhaus in Augsburg, Tübingen 1976 (Das deutsche Bürgerhaus Bd. 24), T 8.

Anna Schäfler, die dann in Augsburg 1654 als Hexe verbrannt wurde, stammte aus Langerringen.
Abb. aus: Pötzl, Kriminalgeschichte, 262.

In einer Folge von 15 Bildern erzählt ein ebenfalls bei Elias Wellhöfer herausgebrachter Einblattdruck die Geschichte der Maria Bihler, der die Anna Schäfler als Wärterin diente. Die Bilder **B** bis **O** erzählen den Versuch, der Besessenen mit geistlichen Mitteln beizukommen. **M**: auf Drängen des Teufels flößt Anna Schäfler der Besessenen eine Suppe ein, **N**: Anna Schäfler stößt die beiden anderen vom Schürhaken, **Q**: Verhör der Anna Schäfler und der Barbara Frölin, **R**: Hostienschändung der Anna Schäfler, **S**: Anna Schäfler wird auf der Fahrt zur Hauptstatt *mit glühenden Zangen zweymahlen in die Brüst gewickt*, **T**: (am Boden) die enthauptete Barbara, **V**: Enthauptung der Anna Schäfler, **W**: *beeder Leichnamb aber mit Feur zu Aschen verbrennet*.

Porträt Paul von Stettens d. J., Stich von J. C. Schleich nach einem Gemälde von Georg Anton Urlaub.
Abb. aus: Pörnbacher, Literaturgeschichte, 212 Abb. 68.

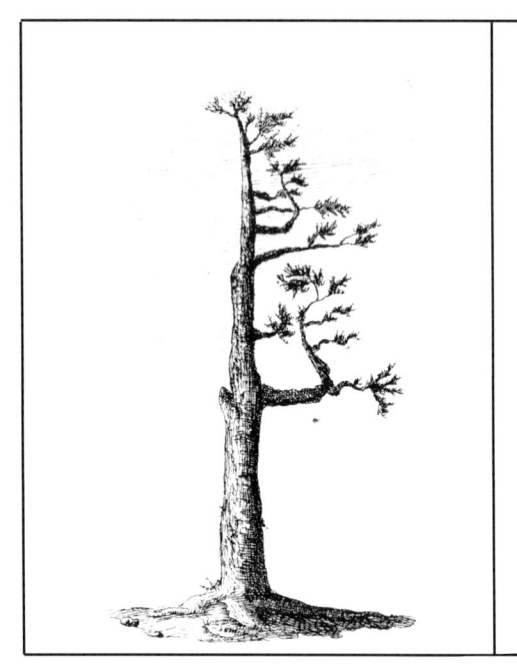

Titelbild.
Abb. aus: Original in der Staats- und Stadtbibliothek Augsburg.

Erfundene Geschichten von Paul von Stetten dem Jüngeren

Paul von Stetten d. Ä. (1705 – 1786) verdanken wir die umfangreiche *Geschichte des Heil. Röm. Reichs Freyen Stadt Augspurg* (2 Bde., Augsburg 1743 und 1758). Sein Sohn Paul von Stetten d. J. (1731 – 1805) erbte das Interesse an Geschichte und trat in die Fußstapfen seines Vaters. Zu seinen bedeutendsten Geschichtswerken, zu denen es sich auch heute noch zu greifen lohnt, gehören:
- *Geschichte der adelichen Geschlechter in der freyen Reichsstadt Augsburg*, Augsburg 1762.
- *Adeliches Wappenbuch der Patriciat-Familien, welche in des H. R. Reichs Stadt Augspurg von alten Zeiten bis Ao. 1762 sich befunden haben*, Augsburg 1763.
- *Neues Ehrenbuch oder Geschichte des adelichen Geschlechtes der von Stetten*, Augsburg 1766.
- *Die vornehmsten Merkwürdigkeiten der Reichsstadt Augsburg*, Augsburg 1772.
- *Kunst-, Gewerbe- und Handwerksgeschichte der Reichsstadt Augsburg*, Augsburg 1779, 2. Teil Augsburg 1788.

Mit diesen, auf umfangreichen Quellenstudien beruhenden Werken sicherten sich Vater und Sohn einen bleibenden Platz in der Augsburger Geschichtsschreibung.[1]

Paul von Stetten d. J. begnügte sich aber nicht mit der Erforschung und Darstellung der Geschichte, er nahm sie auch als Anlass für seine Dichtungen, die fast ausschließlich historischen Charakter tragen. Dabei wandte er sich dem Mittelalter zu, zur damals „modernen" Ritterdichtung. Dabei verfolgte er auch eine pädagogische Komponente zur *Erweckung bürgerlicher Tugend*. In der zweiten Hälfte des 18. Jahrhunderts verkörperte er das literarische Augsburg.[2]

Ein Baum in Hammel erzählt Geschichte

Die Herren von Stetten waren seit der Zeit um 1700 im Mitbesitz des Hammeler Schlosses. Dort musste 1761 eine verdorrte Zirbelkiefer umgehauen werden, was Paul von Stetten zur *Abschied-Rede des Zirbel-Baumes zu Hammel im Monat October 1761 am Tage seiner Umhauung* veranlasste, die er 1762 bei Elias Tobias Lotter anonym herausbrachte. In der *Zuschrift an einen Freund* erinnert er daran, dass sie *so vielfältiges Vergnügen an diesem in hiesigen Gegenden so seltenen Baum gehabt hatten*, dass sein Ende nicht ohne *Ehren-Bezeugungen vor sich gehen* soll. Der Baum wurde abgemalt, so wie man einen sterbenden Menschen, den man verehrt, auf dem Totenbett abzumalen pflegt. Die Schlossbewohner bildeten einen Halbkreis um den Baum und als Anton Schnitzer, der alte Gärtner, zum ersten Hieb ansetzte, begann der Baum mit freundlicher Stimme zu reden. Er, Paul von Stetten, *habe sich in sein Zimmer begeben und in der Schreib-Art der alten Chronik-Schreiber diese Rede aufgesetzt*.

Der Baum erzählt, er sei *von einem der vornehmsten Geschlechte der Bäume* und seine Vorfahren hätten von ewigen Zeiten her den Gipfel des Hügels bewohnt, an dessen Fluss er nun schon lange einzeln und verlassen gestanden sei. Seine Geschichtserzählung beginnt bei den Höhlenmenschen, denen die Bäume heilig gewesen seien. Die Amazonen machten sie zu einem kriegerischen Volk, das auf Beutezüge ging, doch die Römer schickten ein mächtiges Heer. Die Männer wählten Habino zu ihrem Hauptmann, doch sie wurden von den Römern (die nie als solche benannt werden, sondern wegen ihren Rüstungen die *eisernen Männer heißen), geschlagen und Habino versammelte den Rest auf dem Berg.* Habino und seinen Leuten gelang es nicht, die Römer (die nie als solche benannt werden) am Bau von Augsburg zu hindern. Die Römer rüsteten schließlich einen größeren Zug gegen die Leute auf dem Berg und als diese sahen, dass sie gegen die Übermacht keine Chance hatten, töteten die Frauen ihre Kinder und schließlich sich selbst, die Männer aber kämpften verzweifelt. Als Letzter erlag Habino seinen Wunden. *Da nannte man den Berg nach ihm Habino-Berg, und daraus enstund sein Name Hammel-Berg, wie ihr ihn heißet.* Paul von Stetten bezieht sich hier in einer Anmerkung auf die lateinische Meisterlin-Chronik. Dies alles habe ihm (dem Baum) seines Urgroßvaters Großvater erzählt. Zum Rest-Volk kamen schließlich Männer, die es zum Christentum bekehrten (*sie redeten mit dem Volk, und beteten, und sangen darinn, nicht zu Ehren der Cisa, sondern zu Ehren dem Gott des Himmels, der euch und die Bäume erschaffen hat*). Die Alamannen besiegten die Römer und die Stadt blieb lange ein Steinhaufen und als sie wieder erbaut wurde, *glich sie nicht an Größe der Stadt, die von den eisernen Männern war erbauet worden.* Schließlich verwüsteten die Hunnen Augsburg. Die Bedrohung durch die Hunnen geht in die Bedrohung durch die Ungarn über, die schließlich unter Otto dem Großen auf dem Lechfeld besiegt wurden. Auf den Berg kamen schließlich ungefähr vierzig Männer (Augustiner-Mönche). Damals lebte der (Baum-)Großvater, der auch die Schlacht am Hammelberg sah. Zum Schluss erzählt der Baum, was er selbst erlebt hat. Das beginnt mit dem Bau des Schlosses durch (Wolfgang) Paller. Die Besitznachfolger werden lediglich in einer Anmerkung mit dem Anfangsbuchstaben angeführt (*S°°°°° (u) E°°°°°, von St°°°°° und von R°°°°°*). Diese Buchstaben stehen für Wolfgang Leonhard **S**ulzer (1639 – 1687), Raimund **E**gger (1687 – 1717), **St**etten und Christoph von **R**ad (1717).[3] Das Büchlein beschließt eine Trauerode.

Interessant ist der Versuch, den Namen Hammel-Berg aus Habino-Berg zu erklären. Das Wort „Ham(m)el" leitet sich vom mittelhochdeutschen *hamel* (schroffe Anhöhe, Berg) her. Der Ortsname bedeutet: Siedlung am Bergvorsprung. Erst in der Frühen Neuzeit, als man das mittelhochdeutsche Wort nicht mehr verstand, begann man das Wort mit zwei „m" zu schreiben. – Mit der Anspielung auf die Schlacht am Hammelberg meint er wohl die nur in der Geschichte seines Vaters erwähnte Auseinandersetzung von 1251 (gut belegt dagegen ist die „Schlacht" von 1270).[4]

Dichtung und Wahrheit

Zwei Jahre später gab Paul von Stetten ebenfalls anonym bei Lotter die Dichtung **Selinde, eine Ritter-Geschichte in dreyen Büchern** heraus. Am Ende der Vorrede klärt er in einer Anmerkung auf: *Elisabetha R°°°° von Augsburg, welche hier Selinde heisset, eine gebohrene Egen, und Schwester des unter dem Namen Peter von Argon berühmten Bürgermeisters, wurde Witwe. Da sie reich, jung und schön war, suchte sie ein mächtiger Ritter aus der Nachbarschaft Marquard von Sch°°°° der hier Huldreich heißt, zur Ehe und verlobte sich mit ihr. Als er seine Braut an St. Elisabethen Tage mit einem Zug von 70 Pferden abholen wollte, wurde er von seinen Feinden besonders Cunzen von Villenbach bey dem Dorf Ustersbach angegriffen und erschlagen. Nach einiger Zeit hat dieses Frauenzimmer einen anderen mächtigen Ritter, Hans von K°°°°, der hier Göz gennenet wird, geheurathet. Dieses wenige ist wahr, alles übrige ist erdichtet. Siehe Burckart Zenks Augsburgische Chronik zum Jahr 1416 in M(anus)s(ri)pto u.a.*

Titelbild. Original in der Stadt- und Staatsbibliothek Augsburg. Aufnahme: Pötzl.

Titelbild. Original in der Stadt- und Staatsbibliothek Augsburg. Aufnahme: Pötzl.

Paul von Stetten nahm hier Vorfälle auf, die in mehreren Augsburger Chroniken des Mittelalters – er nennt davon nur Burkhart Zink – berichtet werden, und macht daraus eine rührende Rittergeschichte im Stil seiner Zeit. Er gesteht aber ein, dass nur Weniges Geschichte, das andere aber erdichtet ist. Die Rittergeschichte kam nicht gut an und Paul von Stetten wandte sich von dem Stoff für über ein Jahrzehnt ab, bis er ihn dann 1777 in den **Briefen eines Frauenzimmers aus dem 15. Jahrhundert** wieder aufnahm. Briefromane erfreuten sich damals großer Beliebtheit (1771: Sophie La Roche: Geschichte des Fräulein von Sternheim; 1774: Johann Wolfgang von Goethe: Die Leiden des jungen Werthers).[5] In dieser Form war dem Stoff Erfolg beschieden. Das Büchlein erlebte mehrere Auflagen und wurde sogar ins Französische übersetzt (Paris 1788). Der sehr kritische Friedrich Nicolai bezeichnete es als kleines *Meisterstück in seiner Art*.[6]

Die historische Wahrheit

Der historische Kern des Briefromans ist hinreichend erforscht.[7] Im Folgenden sollen nur die wichtigsten Fakten wiedergegeben werden:
Die Stammburg der Schellenberger lag in Lichtenstein. Im Verlauf des 14. Jahrhunderts tauchen sie an mehreren Orten des Allgäus auf. Am 1. März 1392 versetzte Bischof Burkhart die Herrschaft Seifriedsberg an Eglof von Schellenberg und seine Gemahlin Katharina Ohnsorg um die stattliche Summe von 2400 ungar. Gulden in Gold.[8] Burkhart von Schellenberg hatte einen Heiratsvertrag mit der verwitweten Elisabeth Rehlinger geschlossen. Elisabeth war die Tochter Peter Egens, die Ulrich von Rehlingen geheiratet hatte, die jetzt aber verwitwet war. Burkhart von Schellenbergs verabredete Hochzeit erscheint sozialgeschichtlich typisch für diese Zeit, in der der Adel Heiratsverbindungen mit dem wohlhabenden Patriziat der Reichsstadt Augsburg einging.[9] Am 19. November ritt Burkhart von Schellenberg offensichtlich mit einem größeren Gefolge von Seifriedsberg nach Augsburg, um dort Hochzeit zu halten. Kurz nach Ustersbach wurden sie von den Baiern überfallen; im Verlauf der kämpferischen Auseinandersetzungen wurde Burkhart von Schellenberg erschlagen. Der Totschlag ereignete sich im Verlauf der Fehden Herzog Ludwigs des Bärtigen von Bayern. Eine Augsburger Chronik berichtet: *… und als ward er und seine gesellen dernider gelegt zu Usterspach von den Bairn und er selb ward erschlagen und sein gesellen gefangen gen Landsperg.* Die Chronik des Erhard Wahraus ergänzt: *… ritten ir 7 Schällenberg her gen Augsburg und vil ander edel leut mit in ze ainer hochzeyt … also ward der prutgeb erschlagen zu Usterspach unverwand; es starb nyemant dann er.* Diese Chronik nennt sieben Schellenberger und ihre Genossen. Nach einer anonymen Chronik ging der Angriff von Dienern der Herzöge Ernst und Wilhelm von Bayern-München aus. Diese Chronik schildert Hintergründe und Umstände so: *… und wolt her reiten und hochzeit haben und auf dieselbig nacht beiligen; und rit mit 10 pferden, und da sie kamen gen Ustersbach, da kamen die von Landsperg und die von Bayrn an sie und schlugen den preigof zu tod und seinen pruoder und viengen die andern und füerten sie gen Landsperg und verpeiggeten ire ros und harnasch, und suchten Hainrichen von Eisenburg, iren feind, der was nit da, also muosten sie rein gefangen Hansen von Fillenbach, wan derselb Fillenbach und sein pruder waren feind herr Hainrichs von Eisenburg, ritter, der was dabei, der ward beschatzt umb tausent guldin von den Fillenbach.* Mit der Nennung von Hans von Villenbach und Heinrich von Eisenburg wird der personelle Umkreis der Fehde größer.

Das Denkmal am heutigen Standort (mit freigelegter Inschrift).

Das Ustersbacher Sühnedenkmal am ursprünglichen Standort nördlich der Bundesstraße. Die Inschrift steckte im Boden.

Beide Abb. aus: Pötzl, Kriminalgeschichte, 146.

Dass auch ein weiterer Schellenberger erschlagen wurde, steht nur in dieser Chronik. Auch Hektor Mülich betont, nach dem Burkhart erstochen wurde: ... *und waren bei im siben von Schellenberg und vil ander edelleut, die wund wurden, aber ir kainer starb dann er.*[10] Die Welser Chronik, die offensichtlich aus weiteren Quellen schöpft, bemerkt, dass die *Beyrischen kein ander Vrsach für den wenden wußten, dann daß Hainrich von Eisenburg / Hansen Fullenbachs ihres Bundtsverwandten abgesagter Feindt / vnder derselben Reutterey gewesen.* Demnach wäre Burkhart von Schellenberg geradezu Opfer einer Verwechslung beim Überfall geworden. – Der Stoff, ein auf dem Weg zur Hochzeit erschlagener Ritter, faszinierte Jahrhunderte später die dichterische Phantasie. Die politischen Motive wurden umgebogen in die Eifersuchtstat eines Nebenbuhlers, des wilden Ritters Kunz von Villenbach (Briefe eines Frauenzimmers aus dem XV. Jahrhundert, Augsburg 1777).

Die Braut des erschlagenen Burkhart von Schellenberg heiratete dann Hans von Königseck, Ritter von Marstetten. Er befand sich im Gefolge der Schellenberger, das in Ustersbach angegriffen wurde. Die Witwe stiftete am 9. Februar 1421 zum Seelenheil ihres verstorbenen Mannes, ihres Vaters und aller Vorfahren im Augsburger Dom einen Altar zu Ehren der Hll. Georg, Barbara und Afra und eine ewige tägliche Messe.

Nach mittelalterlichem Recht konnte Totschlag mit einem Vergleich und mit Sühneleistungen geahndet werden, die sich nach Stand und Vermögen richteten. Dazu gehörten Geldleistungen an die Angehörigen, die Stiftung von Gottesdiensten und das Setzen eines Denkmals, eines Sühnekreuzes aus Stein oder Holz. Bei einem Ritter begnügte man sich nicht mit einem Steinkreuz, sondern ließ eine Kreuzigungsszene in Stein meißeln.

Die zitierte anonyme Chronik beendet den Abschnitt mit der Bemerkung: ... *also muoßten die Bayr geben 6 tausent guldin an ain ewige meß zu peßerung dem preigof.* Diese Summe nennt dann auch die Rem'sche Chronik. Die Welser-Chronik dagegen gibt „nur" die (wesentlich wahrscheinlichere) Summe von 1000 Gulden an. Weil sich die Schellenberger mit der „Entschuldigung" nicht zufrieden gaben, *haben sie durch lang vnd vielfältige Vnderhandlung erhalten, daß sie nachmals deß entleibten Seel auß dem Fegefewer zu erlösen 1000 Gulden zu Stiftung einer ewigen Meß erlegt.* Von der Stiftung eines Sühnekreuzes ist in den Chroniken nicht die Rede, sie verstand sich wohl von selbst.

Heinrich von Eisenburg bekannte am 25. November, dass er und sein Bruder den Herzögen Ernst und Wilhelm und der Herzogin Elisabeth sowie deren Landen und Leuten *und allen, welchen bei dem Gereit waren*, (d. h. beim Treffen bei Ustersbach) *nicht feind sein wollen.* Dass sie an den Herzögen nicht Rache nehmen *sonderlich aber von Burchkarts von Schällenberg wegen der des Tages erschlagen ist worden, gegen Niemand hinfüro Krieg oder Feindschaft haben wollen,* schwören am 27. April 1409 in Landsberg: Konrad von Haymenhofen, Egelin von Schellenberg, Hans von Königseck, der Töltzer von Schellenberg und Märchk sein Bruder, Märchk von Schellenberg zu Zusameck, Ulrich von Hainhofen, Peter Höheneck und Haupt Marschalchk. Am 4. Dezember 1411 bekannte Ritter Egelin von Schellenberg, *daß ihm die Herzöge für seine Schäden, die er an der Niderlegung zu Uestersbach nahm, indem er von den Dienern niedergelegt ward,* 60 Gulden bezahlt haben. Zwischen 1410/15 wurde aus braunrotem Veroneser Marmor das auch kunstgeschichtlich bedeutsame Sühnedenkmal geschaffen. Es zeigt unter einer Rundbogenblende mit Dreipassmaßwerk, die auf schmalen Säulen ruht, eine Kreuzigungsgruppe mit Maria und

Johannes, zu dessen Füßen Burkhart von Schellenberg kniet. Am Kreuzesstamm lehnt das Wappen. Darunter erinnern drei Zeilen an die Bluttat, die mit dem Gebetsruf beginnen: *herr erbarm dich vber her burchart von / schelle(n)be(r)g eine(n) ritt(er) der hie erslage(n) wart am / (san elsbeten) tag anno d(omi)ni m(cccc)viii.* Der Künstler stand offensichtlich unter französischem Einfluss. Die breiten Gesichter erinnern an Jacques de Baerze, der in Burgund und Flandern wirkte, wozu allerdings der Faltenwurf nicht mehr passen will.[11] Der religiöse Sinn, warum Sühnekreuze gesetzt wurden, lag darin, dass die jäh Verstorbenen nicht mehr die Chance hatten, die Sterbesakramente zu empfangen und so in besonderer Weise Gottes Erbarmens und der Gebetshilfe der Gläubigen bedurften.

Der Briefroman
Paul von Stetten gab diesen Roman anonym heraus, gebrauchte aber im Vorwort die Ich-Form. Er beginnt mit dem Topos der zufällig aufgefundenen Briefe und verwundert sich, dass es zu Beginn des 15. Jahrhunderts Frauen gegeben haben soll, *die Briefe wechselten, und folglich schreiben konnten.* Er erklärt aus der Familiengeschichte, wie die Briefe in seinen Besitz gelangten. Er kritisiert die Augsburger Chronisten des zeitlichen Ansatzes und des Namens Burkhart wegen, doch liegt er hier falsch. Er kannte offensichtlich die Inschrift des Sühnedenkmals nicht. Die Kritik dient dazu, den Briefen einen historischen Wert zuzuschreiben. Die Briefe sind an *Frau Teutiche Vetterinn, Frizen des Vetters Ehefrau.* Eine Anmerkung in der dritten Auflage erklärt *Teutiche* als Verkleinerungsform von Dorothea. Die Briefschreiberin, Frau von Königseck (Elisabeth von Rehlingen), war eine Tochter des Augsburger Bürgermeisters Lorenz Egen. Der erste Brief soll *Am Donnerstag nach St. Annen Tag* geschrieben sein. Die folgenden 34 Briefe erstrecken sich über einen Zeitraum von zweieinhalb Jahren. Die Form der spätmittelalterlichen Datierung nach dem Heiligenkalender soll den Eindruck der Authentizität vermitteln. Dazu dienen auch bestimmte Datierungen, die auf Augsburg verweisen (neben Ulrich und Afra vor allem Simpert und Dionysius).

Im Gegensatz zu den Chroniken bewegt sich der Zug, der überfallen wurde, von Augsburg nach Seifriedsberg. Den Überfall erzählt die Schreiberin im 26. Brief. Darin heißt es u.a.: *So mußten wir aber Stille halten zu <u>Gessertshausen</u>, das halb Weg ist, und unsere Pferde füttern, und beschlossen wir, unterdessen in die Kirch zu gehen, und zu beten. So ist nicht weit davon eine gar schöne Kirch, die man <u>Diekirch</u> heisset, darum daß es eine alte Sage ist, daß eine Stimme vom Himmel sie so genennet, und hielten wir uns daselbst auf wohl eine Stund.* So erfahren wir beiläufig von einer Sage, eigentlich einer Legende, die vom nicht verstandenen Namen Dietkirch ausgeht (vgl. T 77). Der Überfall ereignete sich in einem Wald bei Ustersbach. Der 29. Brief berichtet von der Errichtung des Sühnedenkmals: *Auch habe sie* (die Schellenberger) *einen Stein setzen lassen bey Usterspach, auf dem Platz, da er gestorben war, der gar schön ist, und ist darauf gearbeitet unser lieber Herr Gott am Kreuz, mit seiner heil. Mutter und dem Schooß-Jünger Johannes, auch das Wappen der von Schellenberg und Schrift und Jahrzahl zum Andenken des schröcklichen Mordes.* Die dritte Auflage bringt dazu die Anmerkung: *Dieses schöne Denkmal stehet noch wohlbehalten bey dem Dorfe Usterspach. Doch ist die Schrift gänzlich verwittert.*

Der Briefroman erreicht im Oktavbändchen 204 Seiten, die hier wiederzugeben nicht notwendig ist. Eine Inhaltsangabe, die 1829 in den Beiträgen für Kunst und Altertum im Oberdonaukreis (44, Nr. VI) erschien, soll als Ersatz dienen:

(T 89a) VI. Der interessante Roman über die Zerstörungs-Geschichte der Ritter-Burg Villenbach, auch die Kunzen-Burg genannt.

Nach dieser Brieflichen Geschichte paßte der von der Wittwe Else Rehlinger, gebohrnen Egen oder von Argon verschmähte Liebhaber Kunz von Villenbach dem Brautzuge nach der Burg Seifriedsberg des Marquard`s von Schellenberg, welchem Else ihre Hand reichte, mit einem Zuzuge von 200 Reisigen, wozu er auch Söldlinge der Stadt Landsberg geworben hatte, in dem Walde bei Usterbach auf, um Rache an dem begünstigten Mitwerber zu nehmen, und ihm die Braut mit Gewalt zu rauben. Der Zug der Seifriedsberger mit vielen Wagen, und nur etwa von 40 Reitern begleitet, hatte sich zu Gessertshausen, wo gefüttert, und in der Kirche gebethet wurde, verspätet, und waren in früher Nacht in 3 Abtheilungen weiter aufgebrochen. Das Braut-Paar zog mit Fackeln in der Mitte dieser Abtheilungen. Als nun der Bräutigam näher kam, so drückte der sich hinter einem Baume verborgen gehaltene Kunz v. Villenbach einen Pfeil auf denselben ab, und Marquard v. Schellenberg sank plötzlich neben der Braut todt vom Pferde. Nun stürzte der Hinterhalt hervor, plünderte die Braut-Wägen, und nahm die Begleiter gefangen, welche den Landsberger Söldlingen überlassen wurden, die Landsberger mußten später 1000 Goldgulden Schadens-Ersatz leisten; Kunz selbst bemächtigte sich der schönen Else, die getrennt von ihrem Kinde erster Ehe fuhr, knebelte sie, und brachte sie in dem Zustand einer fortwährenden Bewußtlosigkeit auf Ab- und Umwegen nach seiner Burg Villenbach.

Diesen Mord- und Straßen-Raub rächte Elsens Bruder Peter v. Argon, welcher damals Bürger-meister in Augsburg war. Er vermochte den Rath zu dem Beschluß, die Burg, von welcher so viel Unheil ausgieng, zu brechen. Die Reichs-Stadt bot demnach ihre Söldlinge zum Zuge, und zur Belagerung von Villenbach auf; an ihre Spitze stellte sich der von der schönen Else ebenfalls verschmähte dritte Liebhaber, welcher sich aber großmüthig in seine heimathliche Burg zurückgezogen hatte, Hans v. Königseck.

Nach einer in jenen Briefen (p. 84 u. f.) abgedruckten, (sich aber wie v. Stetten sagt, in dem Städtischen Archive nicht mehr vorgefundenen) Kriegs-Relation dieses mit den Hauptleuten Stephan Hangenohr, und Jörg Rem ausgezogenen Feld-Obersten forderte Hans v. Königseck, nachdem er die Burg Villenbach umzingelt hatte, den Kunz v. Villenbach auf, die geraubte Braut herauszugeben, und wegen des Todschlags und Straßen-Raubs gebührenden Schadens-Ersatz zu leisten. Der Antrag wurde aber zurückgewiesen, und hierauf die Burg gestürmt. Kunz mit seinen tapfern Genossen schlug jedoch den Sturm zweimal ab, und verfolgte sein Kriegs-Glück durch einen heftigen Ausfall, allein auch er wurde zurückgeschlagen. Bei einem 3ten Sturme gelang es den Belagerern, die Burg zu ersteigen, und zu erobern. In diesen Stürmen und Ausfällen sollen 200 Söldlinge gefallen seyn.

Während der Belagerung wurde Else, welche die Ehlichungs-Anträge des Kunz standhaft zurückgewiesen hatte, in ein kellerartiges Burg-Verließ gebracht; ihr waren zur endlichen Beschlußfassung für Ehe, oder Schande noch 8 Tage als letzte Frist anberaumt worden. Bey der Eroberung der Burg schleppte sie der wilde Kunz, der schwere eiserne Kisten durch seine Vertrauten wegtragen ließ, durch einen unterirdischen, ½ Stunde langen, mit vielen eisernen Thüren verschlossenen Gang, welcher in der Nähe eines nicht genannten Dorfes endigte, wo dann Else, abermals geknebelt, mit den Geld-Kisten auf einen bereit gehaltenen Wagen geworfen wurde, welchen Kunz und seine Vertrauten, gräßlich fluchend, zu Pferde begleiteten.

Bilder aus: Stetten, Paul von: Briefe eines Frauenzimmers aus dem XV. Jahrhundert, Leipzig 1793, ND Leipzig 1968.
Aufnahmen: Pötzl.

Als Hans v. Königseck die Burg Villenbach leer fand, so vertheilte er seine Reisigen in Rotten zu 10 Pferden, und ließ in jeder Richtung dem Flüchtling nachjagen. Er selbst war so glücklich, in dem nemlichen Momente den Kunz in dem Walde gegen Borber zu erreichen, als dieser zur Ermordung der schönen Else sein Schwert geschwungen hatte, er hieb den Kunz zusammen, und dieser hauchte unter freyem Himmel seine schwarze Seele aus.
Hierauf wurde die Burg Villenbach in Brand gesteckt, und zerstört, Else aber zu ihren Verwandten, und zu ihrem Kinde nach Augsburg gebracht. – Zur glücklichen Beendigung des Romans reichte sie nach ihrer Genesung, und nachdem sie ihre Gelübde durch Stiftung eines Altars bey St. Anna in Augsburg, und die Errichtung eines Monuments bey Usterbach gelößt hatte, dem heldenmüthigen Befreyer als Gattin ohne weiteres Unglück ihre Hand.

Eine weitere Inhaltsangabe steht bei Leo Fischer, der schwäbische Sagen und Geschichten nach Paul von Stetten sammelte:
(**T 89b**) Elsbeth von Rehlingen.
Ritter „Burkhart von Schellenberg" hatte sich zu Augsburg mit der reichen, schönen Witwe „Else von Rehlingen" vermählt. Vermählung im Dom zu Augsburg am 19. November 1423 um 10 Uhr. Als nun der Brautzug nach Seifriedsberg, dem auf waldiger Höhe bei Ziemetshausen gelegenen Schlosse Burkharts dahinzog, lauerte Kunz von Villenbach mit seinen Reisigen im Walde bei Usterbach, um dem Schellenberger die Braut zu entführen (aus Rache für die zurückgewiesene Werbung). Der Zug mit seinen vielen Wagen hatte sich zu Gessertshausen, wo er gerastet und gebetet hatte, verspätet und erreichte erst bei eintretender Dunkelheit den Wald bei Ustersbach. Das Brautpaar, von Fackeln umgeben, befand sich in der Mitte des Zuges, der nur von etlichen vierzig Reitern begleitet war.
Da fliegt plötzlich ein Pfeil aus dem Dickicht und in demselben Augenblicke sinkt der Schellenberger neben seiner Braut tot vom Pferde. Der Villenbacher stürzt aus dem Hinterhalt hervor, bemächtigt sich der schönen Braut und bringt sie gefesselt nach seiner Burg.
Elsbeths Bruder, Peter von Argon, welcher damals Bürgermeister von Augsburg war, rächte diesen Mord und Straßenraub. Unverzüglich bot die Reichsstadt ihre Söldlinge auf. Hans von Königseck, ihr Führer, lagerte vor Villenbach und forderte Kunz auf, die Geraubte herauszugeben und wegen des Totschlags und Straßenraubs Schadenersatz zu leisten. Da der Raubritter der Aufforderung nicht Folge leistete, wurde die Burg berannt. Kunz wehrte sich tapfer; erst beim dritten Sturme konnte die Feste erobert werden. – Als endlich nach verzweifeltem Kampfe die Feinde in die Burg eindrangen, schleppte der Villenbacher Elsbeth gebunden durch einen geheimen Gang aus der Burg und führte sie von dannen.
Hans von Königseck fand die Burg leer; er verteilte seine Reisigen in Rotten zu zehn Pferden und befahl, den Flüchtling nach jeder Richtung hin zu verfolgen. Er selbst eilte allen voran, erreichte Kunz im Walde bei Modelshausen/Bocksberg um Laugnatal und versetzte ihm eben in dem Augenblicke, als dieser sein Schwert zur Ermordung Elsbeths ziehen wollte [was er ihm versetzte, fehlt im Text].
1423. Die Burg Villenbach wurde in Brand gesteckt und bis zum Grunde zerstört; Elsbeth aber zu ihren Verwandten nach Augsburg gebracht, woselbst sie später ihrem Befreier die Hand zum Ehebunde reichte.

Noch interessanter als die Inhaltsangabe ist die anschließende Bemerkung:
Die Volkssage von der Zerstörung der Burg von Villenbach hat sich in der Umgebung lange erhalten, und so mancher ist noch heute nach Schätzen lüstern, welche Kunz bei der schnellen Flucht nicht hatte fortschaffen können. In

der Nähe von Ustersbach zeigt ein Stein die Stelle, wo Burkhard v. Schbg. ermordet wurde.
Zusatz: Der Gedenkstein erfreute sich von Seiten der Gemeinde keinerlei Pflege. Unlängst wurde er durch den Anhänger eines Lasters vollständig zertrümmert. – Die Begebenheit ist in „Briefe eines Frauenzimmers aus dem 15. Jahrhundert" genau romanhaft geschildert; befinden sich gedruckt 1918/N: 52 in „Die Weltliteratur" in meiner Hand. Dasselbe schildert der Villenbacher Lehrer Wilhelm Ritter in der Broschüre „Geschichte der Villenbacher Burg" vom März 1924.
(LRA KHPF OA Oberschöneberg)
Das Denkmal wurde 1963 durch einen Lastwagen schwer beschädigt, doch dann von der Gemeinde renoviert an einem sicheren Platz aufgestellt. Seitdem ist auch die Schrift wieder lesbar.
Wie sehr diese Geschichte den letzten Jahrzehnten des 18. Jahrhunderts entsprach, zeigt das Trauerspiel *Elsbeth oder der Frauenraub* von Johann Christoph von Zabuesnig, das 1783 in Augsburg gedruckt wurde.[12]

[1] Stadtlexikon, 852–854 (Stetten, Kaufmanns- und Patrizierfamilie); Herre, Franz: Paul von Stetten der Ältere und der Jüngere, in: Lebensbilder, 1954, 314–345.

[2] Killy, Walther (Hg.): Literaturlexikon. Autoren und Werke deutscher Sprache Bd. 11, München 1991, 193f; Pörnbacher, Literaturgeschichte, 213f.

[3] Metzger, Christof, Heiß, Ulrich, Kranz, Anette: Landsitze Augsburger Patrizier, München-Berlin 2005, 118–121; zu Sigmund Meisterlin s. Stadtlexikon, 648; zur Frühgeschichte Augsburgs s. in diesem Band S. 45–47, zum kurzzeitigen Kloster auf dem Hammelberg s. in diesem Band S. 50, 54.

[4] Nübling, Edward: Die Ortsnamen des Landkreises, in: Grundriß der Heimatkunde des Landkreises Augsburg, neu bearbeitet von Hermann Endrös und Johannes Krause, Augsburg ²1969, 343–376, hier: 350; Pötzl, Walter: Herrschaftsgeschichte, in: Ders./Nozar, Manfred: Neusäß. Die Geschichte von acht Dörfern auf dem langen Weg zu einer Stadt, Augsburg 1988, 105–233.

[5] Mattenklott, Gert: Briefroman, in: Killy, Walther (Hg.): Literaturlexikon. Autoren und Werke deutscher Sprache Bd. 13, München 1992, 129–132.

[6] Pörnbacher, Literaturgeschichte, 213. Von der dritten Auflage aus dem Jahre 1793 kam 1968 in der Edition Leipzig eine Faksimile-Ausgabe mit einem Nachwort von Johannes Müller heraus.

[7] Pötzl, Lebensbilder, 31–33 (Auf dem Weg zur Hochzeit erschlagen: Ritter Burkhart von Schellenberg); Ders., Kreuze, 38–41 (Das Sühnedenkmal in Ustersbach); Ders., Kriminalgeschichte, 146–149.

[8] Steichele, BA V, 802, 808f; HA Augsburg-Land, 425–433; Die Chroniken der schwäbischen Städte, 9 Bde., Augsburg 1865 – 1929; Augsburger Chronika 1545, Faksimile-Ausgabe, Neusäß 1984; Regesta Boica XII, 25, 37, 51, 53 und 361; Steichele, BA II, 96 Anm. 2.

[9] Kießling, Rolf: Bürgerliche Gesellschaft und Kirche in Augsburg im Spätmittelalter. Ein Beitrag zur Strukturanalyse der oberdeutschen Reichsstadt, Augsburg 1971 (Abhandlungen zur Geschichte der Stadt Augsburg Bd. 19); Jahn, Joachim: Die Augsburger Sozialstruktur im 15. Jahrhundert, in: Gottlieb, Gunther u.a. (Hg.): Geschichte der Stadt Augsburg von der Römerzeit bis zur Gegenwart, Stuttgart 1984, 187–193.

[10] Vgl. Weber, Dieter: Geschichtsschreibung in Augsburg. Hektor Mülich und die reichsstädtische Chronistik des Spätmittelalters, Augsburg 1984 (Abhandlungen zur Geschichte der Stadt Augsburg Bd. 30).

[11] Mayer, Bettina: Bildschnitzerpersönlichkeit und Regionale Stilausprägung im Spätmittelalter, Augsburg 2002 (Beiträge zur Heimatkunde des Landkreises Augsburg Bd. 16), 102 Nr. 225. Neu, Wilhelm, Otten, Frank: Landkreis Augsburg, München 1970 (Bayer. Kunstdenkmale XXX), 289.

[12] Pörnbacher, Literaturgeschichte, 314f.

Milchzauber nach Teufelspakt, Kirchenmalerei (1440 – 1480) im kurpfälzischen Eppingen, kath. Pfarrkirche, Zeichen für die Ausbreitung des dämonologischen Hexenbegriffs in der zweiten Hälfte des 15. Jahrhunderts.
Abb. aus: Lorenz, Sönke, Schmidt, Jürgen Michael (Hg.): Wider alle Hexerei und Teufelswerk. Die Europäische Hexenverfolgung, Ostfildern 2004, 240, Abb. 19.

Wie die Hexen Milch aus einem Axthelm melken, (Die Emeis des Straßburger Predigers Johannes Geiler von Kaysersberg, Straßburg 1516).
Abb. aus: Lorenz, Sönke, Schmidt, Jürgen Michael (Hg.): Wider alle Hexerei und Teufelswerk. Die Europäische Hexenverfolgung, Ostfildern 2004, 216 Abb. 16.

Hexen, Geister und Irrlichter

Die von den Brüdern Grimm grundgelegte Einteilung in historische Sagen und **dämonologische Sagen** behielt im Wesentlichen ihre Gültigkeit. Im internationalen System für nationale Sagenkataloge werden sie unter Punkt 3 „**Übernatürliche Wesen und Kräfte/Mythische Sagen**" erfasst (s. S. 20).

„Dämonen können definiert werden als übernatürliche Wesen relativ niederen Ranges, die zwischen Göttern und Menschen stehen und mit heilsamen oder schädlichen Kräften ausgestattet sind. Der Begriff überschneidet sich mit einer Reihe von anderen gebräuchlichen Ausdrücken zur Kennzeichnung übernatürlicher Wesen in Volkserzählungen, wie Jenseitige, Wesen der niederen Mythologie, Gespenster, Geister, Elementargeister, Unholde, Ungeheuer, Monstren. Scharfe begriffliche Abgrenzungen sind nicht immer möglich" (Lutz Röhrich). Als wichtigste Quellengruppe für Dämonen im Erzählgut gelten Sagen und Volksglaubensberichte, während der Dämonen-Katalog des Märchens auf relativ wenige Gestalten zusammengeschmolzen ist. – Dämonische Wesen sind Erzeugnisse der menschlichen Phantasie, die bestimmt werden vom Wunsch-, häufiger aber noch vom Furchtdenken: sie sind Angstphänomene.

Das internationale System (s. S. 20) setzt „Schatzsagen" als letzten Abschnitt unter Punkt 3 (3. 13). Oben wurden die Sagen von verborgenen Schätzen (T 47–62) aus inhaltlichen Gründen zu den historischen Sagen gestellt. Besonders unter ihnen, aber auch unter den anderen historischen Sagen treten immer wieder Motive auf, die auch zu den dämonologischen Sagen gehören. Schon dass Schlösser nicht nur durch militärische Aktionen zerstört werden (T 22, T 33), sondern dass sie weit häufiger (T 25a, T 26, T 28, T 30, T 31, T 32, T 45) auf geheimnisvolle Weise versinken, weil ihre Bewohner ein ausschweifendes Leben führten, verweist auf die Einwirkung übernatürlicher Kräfte. Als Strafe für ein vergessenes Rosenkranz-Gebet drohte sogar die Kirche in Ettelried zu versinken (T 58). Häufiger treten umgehende Tote auf (T 24a, T 55, T 59, T 60, T 61), noch häufiger mythische Tiere wie der Unheil verkündende Schimmel (T 24a), der Hund (T 24a, T 28, T 58) und der Hahn (T 24a, T 31, T 32), die Schlange (T 60) und die Kröte (T 62). Einmal (T 28) wird ausdrücklich gesagt, dass der Hund der Teufel ist, ein anderes Mal wird er an seinem Geißfuß erkannt (T 58). Zweimal (T 59, T 62) taucht auch die Wilde Jagd auf. Sagen wurden weiter erzählt und konnten dabei weitere Motive aufnehmen. Wenn sie dann aufgezeichnet wurden, erwiesen sie sich mitunter als mehrschichtig, was dann später, wenn man sie in ein System einordnen wollte, Probleme aufwarf.

Aberglauben in Volksglaubensberichten

Dämonologische Sagen hängen eng mit dem Aberglauben zusammen. Volksglaubensberichte sind neben den Sagen die wichtigsten Quellen zu den Dämonenvorstellungen im Erzählgut (s. o.). Die Anweisung zu den Physikatsberichten von 1858 enthielt auch den Punkt Aberglauben. Dr. Karl Immel, Landgerichtsarzt für Göggingen bemerkte dazu: *Der Aberglaube ist mehr beim Bauern zu Hause, als beim Handwerker, welcher meist Soldat und in der Fremde war, dann kommt aber bald der Jäger, der alsbald heimkehrt, wenn ihm früh am schönsten Jagdtage zuerst ein altes Weib oder eine Heerde Schweine begegnen. Der Glaube an Hexen wird bei den Bauern so lange bestehen müssen, als die Ställe noch benedicieret und geweihte Sträuße an die Stall-*

thüren gehangen werden pp. um vor Viehfall zu schützen, da die Hexe nicht hinein kann. Dr. Ludwig Lauk, Landgerichtsarzt in Zusmarshausen, der zum Volksleben den umfangreichsten Bericht lieferte, klingt zunächst etwas optimistisch, geht dann aber ins Detail: *Der Aberglaube ist noch nicht ganz ausgerottet. Natürlich ist es der Glaube an Hexen, der noch hie und da wurzelt, aber auch anderwärts durchaus noch nicht geschwunden ist. Daß es Hexen gebe, welche dem Menschen Krankheiten anzaubern oder auch das Vieh krank machen können, lassen sich viele nicht ausreden. Namentlich sind die Hexen fast immer alte gebrechliche Weiber mit rothen Augen. Auch an böse Geister glaubt man, besonders wenn das Vieh unruhig und erschreckt mit den Ketten rasselt. Sehr häufig werden daher Hexenräucherungen angewendet, die aus verschiedenen Kräutern bestehen. – Der geringe Milchgewinn, eine ungewöhnliche Färbung der Milch wird nie in der Fütterung oder in der Behandlung der Thiere, sondern immer in bösen Personen gesucht, welche sogar im Stande seyn sollen, dadurch den Milchertrag ihrer Kühe zu vermehren. Man führt daher fremde Leute nicht gerne in die Stallungen. Während des Wochenbettes der Frau geben die Bauern nichts aus dem Hause, weil dadurch ein Weg zu vielen Nachtheilen, besonders für Frau und Kind, geöffnet würde. – Bei Kuren chronischer und akuter Krankheiten werden nicht selten übernatürliche Mittel in Bewegung gesetzt, theils indirekter Natur wie Sympathien, z. B. bei Blutungen, bei Atrophie (Schwund) der Muskeln, theils materielle, so sieht man z. B. um nur Eines anzuführen, bisweilen unter dem Bette des Kranken einen neuen Besen, der der Verschlimmerung der Krankheit vorbeugen soll.* Zum Aberglauben rechnet Lauk auch die Wallfahrt nach Marzelstetten, die er ausführlich beschreibt. An anderer Stelle kritisiert er die Kurpfuscherei, die besonders von Schäfern und Wasenmeistern, aber auch von Personen anderen Standes ausgeübt wird, und geht noch einmal auf das Antun ein: *Es herrscht noch vielfach der Glaube, man könne es Einem „anthun", d. h. man glaubt, gewisse Leute, die ein geheimnißvolles düsteres Wesen an sich haben, heimlich Gänge thun, könnten in Verbindung mit dem Teufel Krankheiten machen und sie ohne weiteres einem Beliebigen anhängen. Auch Geisteskranke werden sehr häufig für vom Teufel besessen gehalten. In solchen Fällen wendet man sich gern an katholische Geistliche, Klostergeistliche etc.* Leider geht Dr. Jakob Lodter, der Landgerichtsarzt in Schwabmünchen, in dessen Bezirk das Rühfel-Gebiet liegt (s. S. 36), nicht auf Beispiele zum Aberglauben ein. Einen gewissen Ersatz bieten die Physikatsberichte des Landgerichts Krumbach, zu dem die Gemeinden im Neufnachtal gehörten. Dr. Clemens Zink, Landgerichtsarzt in Krumbach, befasst sich zunächst allgemein mit dem Aberglauben, dem das schwäbische Bauernvolk im Allgemeinen sehr ergeben ist. Er bezeichnet den Aberglauben als *ein Kind der Unwissenheit*. Weil er die *ganz große Maße in vollem Umfange nicht behandeln kann*, hebt er einige *Hauptpunkte* heraus. Das häufigste, wovon gesprochen wird, ist das sogenannte *Anthun: Eine Hexe hat vermöge eines Kräutleines, einiger Zauberformeln die bösen Einwirkungen auf den Körper des Verhexten hervorgerufen, sie hat es ihm angethan. Vom Menschen gehen sie auf das Vieh über. Erkrankt ein Stück Vieh im Stall, gleich hat eine Trud resp. Hex in der Nachbarschaft durch böse Bannsprüche dieses hervorgerufen. Wenn die Milch gerinnt, so hat dieses ein böser Genius gemacht. Hexen kann man erkennen, wenn man auf einem Schemel, der aus neunerlei Holz bestehen muss, während der Wandlung in der Weihnachtszeit nach rückwärts schaut.* Dr. Zink schließt diesen Abschnitt mit neun verschiedenen abergläubischen Sprichwörtern. Dr. Schmid, Landgerichtsarzt in Türkheim, wozu die Gemeinden Mittelneufnach, Scherstetten und Schwabegg gehörten, begnügte sich mit allgemeinen Feststellungen: Die religiöse Haltung schließt *einen großen Hang zum Aberglauben und bei einigen, namentlich dem weiblichen Geschlechte Angehörigen zur religiösen Schwärmerei* nicht aus. Dr. Thomas Götz, Landgerichtsarzt in Wertingen, ergänzt seine Nachbarn: *An Aberglauben fehlt es nicht. Man glaubt ans wilde Gjäg – es fährt der Teufel die Hexen durch die Luft; man glaubt, daß es in der Gemeinde, wo sich Jemand erhängt hat, im nächsten Jahr hageln werde; man glaubt, böse Leute können Krankheiten machen, solche Krankheiten können nur durch Gebete, Seegen entfernt werden; es wird ferner geglaubt, daß gewiße Heilige bestimmte Krankheiten vertreiben können.*[1]

Die Berichte der Landgerichtsärzte vermitteln ein anschauliches Bild vom Aberglauben um 1860. Die Umfrage von 1908, in der viel gezielter und differenzierter nach diesen Phänomenen gefragt wurde (s. S. 41), lässt nur gewisse Abschwächungen erkennen. Viel hat sich in dem zurückliegenden halben Jahrhundert nicht geändert.

Michael Geldhauser, Lehrer in Dinkelscherben, stellte fest: *Der Glaube an Gespenster, Hexen, Druden pp. ist noch stark vorhanden*, und an anderer Stelle: *Der Glaube an Hexen und Hexenmeister ist allgemein. Ein solcher Hexenmeister wohnt innerhalb des Gemeindebezirks und wird weithin geholt. Er soll viel auf Reisen sein und manchmal vernünftige Ratschläge erteilen.* Den Glauben an das *Hexenstühle* (s. o. Dr. Zink) war nach Geldhauser allgemein, *aber gemacht wird es von niemand*. In Häder glaubte man an Gespenster, auch war *der Glaube an Hexen und Zauberer vorhanden*. Nach Bürgermeister Ludwig Berger glaubte man in Reinhartshausen nur noch *teilweise an Druden* (was Josef Rühfel anders sieht, s. u.). Der Hauptlehrer Ludwig Maier schrieb für Wörleschwang: *Der Glaube an Geister, umgehende Toten, Irrlichter pp. ist verschwunden; Der Glaube an Hexen aber, besonders an solche, welche das Vieh verhexen können, scheint noch nicht ganz ausgestorben zu sein.* Ähnlich einschränkend und spezialisierend urteilte der Lehrer in Kutzenhausen: *Glaube an Hexen ganz vereinzelt, nur bei schlechtem Milchertrag und Unglück im Stalle.*

Der Glaube an Hexen, besonders im Stallbereich, war noch weitgehend ungebrochen. In den Ställen wird ein schwarzer Bock gehalten (allgemein belegt für Altenmünster, Bergheim, Bobingen, Gessertshausen und Welden, mit Einschränkungen für Biburg (manchmal), Gersthofen (in einigen Ställen) und Steinekirch (früher in einzelnen Häusern)). Der Lehrer von Steinekirch gibt auch den Grund an: *gegen Unglück*. An anderer Stelle präzisiert er: *Den Stallgeistern (Hexe) wird noch großer Einfluß zugeschrieben, namentlich bei Unglück im Stalle.* Nach Franz X. Bobinger wird der Bock gehalten, *daß keine Hexe in den Viehstall kommt*. Der Bock hatte (im Kuhstall) ausschließlich diese Funktion. Seine abwehrende Kraft wurde ihm seines großen Gestankes wegen zugesprochen. In Dinkelscherben haben noch einzelne Bauern Bockshörner über den Stalltüren. Daneben erwähnt Geldhauser noch eine andere Hexenabwehr: Der Stallbesen wird aufrecht, d. h. mit den Reisern nach oben und dem Stile nach unten in eine Ecke des Stalles gelehnt, damit die Hexen und Truden nicht in den Stall können.

Der Glaube an Geister und Gespenster wurde bei den Texten von Dinkelscherben und Wörleschwang bereits angesprochen. In Welden schrieb der Lehrer ganz allgemein vom *Aberglaube(n) an Gespenster*. Bürgermeister Ehle von Biburg bemerkte dazu: *Von Gespensterglaube hört man wenig.* Pfarrer Joseph Weckerle in Mittelneufnach kannte weder Gespenster noch Spuk, wusste aber von einem Irrlicht (wie der Lehrer in Wörleschwang, s. o.).

Der Glaube an umgehende Tote wurde bereits mit dem Wörleschwanger Text angesprochen. Nähere Angaben dazu machten die Lehrer von Dinkelscherben und Steinekirch. Michael Geldhauser erzählt ausführlich: *Wer Grenzsteine verrückt, der muß nach dem Tode umgehen und rufen: „Wohin soll ich ihn stecken?" Bekommt der umgehende Geist dabei die Antwort: „Stecke ihn hin, wo du ihn genommen hast", so ist der Geist erlöst und bekommt Ruhe.* Tobias Steinlehner schränkt lokal ein: *Von denen, die Grenzsteine verrückten, wurde behauptet, daß sie nach dem Tode auf dem betreffenden Grundstücke umgehen.*[2]

Die Volksglaubensberichte in den Physikatsberichten und in den Antworten auf die Umfrage von 1908 zeigen ein breites Spektrum des Aberglaubens auf, wie es dann auch in den Sagen auftaucht. Im Mittelpunkt stehen die Hexen mit ihrem Schadenzauber besonders im Stall, aber es ist auch von Zauberern und Hexenmeistern die Rede, vom Antun, von Geistern und Gespenstern und vom Wilden Heer, von umgehenden Toten (besonders beim Grenzstein-Versetzen) und von Irrlichtern.

Josef Rühfel (s. S. 35–39) erzählt nicht nur Sagen, sondern bringt dazwischen auch Volksglaubenstexte wie die Physikatsberichte und die Antworten auf die Umfrage von 1908. Im Anschluss an den Hinweis, wie die Bäuerin auf dem Engelshof die Rufe der Nachteulen deutete, verweist er auf mehrere Praktiken, wie man sich der Hexen erwehrte (T 102). Manches, was auch in den Physikatsberichten und den Antworten auftaucht, präzisiert er. So schreibt er über das Hexenstühlchen: *Wer alle Hexen des Dorfes sehen will, der muß sich aus neunerlei Holz ein Stühlchen machen; das Holz muß er jedoch zu einer gewissen Jahreszeit und Stunde holen und das ganze Jahr daran arbeiten. Auf diesem Stühlchen kniee er in der heiligen Nacht in der Kirche, dann drehen sich in der Wandlung alle Hexen um. Dann muß er schnell fort und im nächsten Haus das Stühlchen verbrennen, sonst zerreißen ihn die nachstürzenden Hexen.* Er weiß auch vom schwarzen Geißbock, den man zum Schutz gegen Hexen und Krankheiten in großen Ställen hält, klärt aber auf, dass bei den Geißbockgehörnen, die man an die Stalltüren nagelt, kein Aberglaube mehr im Spiel ist; die Gehörne sollen Schmuck sein, und die angenagelten Hennenvögel sollen die anderen Räuber vom Hühnerhof abhalten. Diese sachliche Erklärung überrascht, weiß sich doch Rühfel sonst sehr stark der Grimm'schen Mythologie verpflichtet. Auch eine andere Praktik gegen Hexen stellt er einfach fest, ohne sie als Opfer zu deuten oder in ihr eine Analogiehandlung zu sehen: *Ist im Stall nicht alles richtig, so wirft man ein Stück Kleinvieh, etwa ein junges Schwein oder sonst ein Tier, vielleicht auch eine Katze in den Backofen und verbrennt es.* Rühfel nennt auch Verhaltens- und Anstandsregeln: *Es gibt noch Leute in unseren Dörfern, von denen man nichts ißt, und die man nicht in die Ställe läßt, weil man glaubt, daß sie einem schaden. Es gehört auch zum ländlichen Anstand, ungerufen und ungebeten nicht in einen fremden Stall zu gehen, auch das Vieh des anderen nicht auffällig zu loben* (im Anschluss an T 91).

Rühfel achtet auch auf Sprachgewohnheiten. So brauche man, wenn man beim Alpdrücken aufwacht, nur zu sagen: *Morgen früh kommst*, so sei das Weib, das am anderen Morgen zuerst in den Hof komme, die Trud. Wenn eine Frau spät am Abend noch in ein fremdes Haus komme, so entschuldige sie sich mit den Worten: *Ich komm auf die Nacht wie die Hexen.* Wenn eine Arbeit nicht vorankomme, sage man: *Es ist gerade wie vermeint und verhext.*[3]

Sie tauchen immer wieder bei Josef Rühfel auf: Straßberg und Guggenberg.

Östliche Ansicht vom Guggenberg.
Abb. aus: LK Schwabmünchen, 406.

Schloss und Gut Straßberg auf einem Kupferstich von Johann Kaspar Gutwein von 1711.
Abb. aus: Pötzl/Wüst, Bobingen, 902.

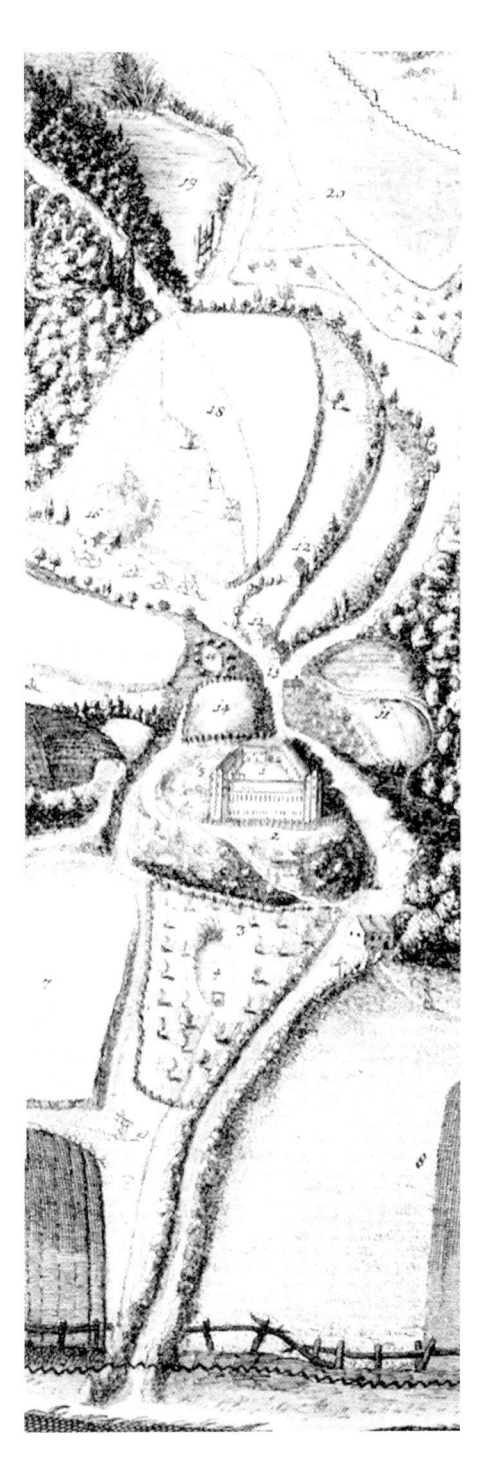

Diese Volksglaubenstexte markieren das Umfeld der dämonologischen Sagen. Sie ersetzen manchen Kommentar. Zusammen mit den Sagen vermitteln sie ein anschauliches Bild von den Vorstellungen, die im Volk geläufig waren. Die Sammlungstätigkeit von Josef Rühfel bedeutet für das Landkreisgebiet einen Glücksfall (s. die Karte „Das Rühfel-Gebiet" S. 36). Sie zeigt aber auch die Defizite für die übrigen Gebiete auf, aus denen sich nur sporadisch Texte erhalten haben. Nun darf man davon ausgehen, dass um 1900 auch andernorts, insbesondere in den hinteren Stauden (Neufnachtal) und im Holzwinkel, noch eine ähnliche Dichte der Sagenüberlieferung bestand wie im Gebiet zwischen Wertach und Schwarzach, nur hat sie dort niemand gezielt gesammelt. Die Männer, die die Antworten auf die Umfrage von 1908 geschrieben haben, wandten diesem Komplex bei weitem keine so große Aufmerksamkeit zu wie Josef Rühfel. Die Lehrer Michael Geldhauser in Dinkelscherben und Ludwig Link in Altenmünster dürfen als Ausnahme gelten.

Die meisten der dämonologischen Sagen (71 v. H.) stammen von Josef Rühfel (T 90–116, T 118–184, T 186–190, T 192–193, T 236–253). Er hat sie unter bestimmten Überschriften zusammengefasst (s. S. 38). Diese Bestände sollten, von kleineren Umstellungen abgesehen, beisammen bleiben. Rühfel gibt auch manche interessante Erklärung über die (mögliche) Entstehung von Sagen, die unser Interesse beanspruchen dürfen. Sie sollen im Kontext bleiben. Konsequenterweise werden dann auch seine Überschriften übernommen. Die anderen Sagentexte werden jeweils „angehängt", bleiben aber, wenn es mehrere Texte sind, zusammen. Das gilt vor allem für Texte, die Theodor Jörg zusammengetragen hat (T 194–197, T 209, T 210), für Texte aus der Ortschronik Großaitingen (T 205–208), aus der heimatkundlichen Stoffsammlung Dinkelscherben (T 213–218) und aus der Umfrage von 1908 (T 219–225).

Die Milchhexe aus Tengler, Ulrich: Der neue Laienspiegel, Augsburg 1511.
Abb. aus: Behringer, Wolfgang: Hexenverfolgung in Bayern. Volksmagie, Glaubenseifer und Staatsräson in der Frühen Neuzeit, München 1987, 81 Abb. 3.

Von Zauberern, Hexen, Druden, Kobolden und elbischen Wesen

(**T 90**) *Wie früher verschiedene Döpshoferinnen zum Seegrasrupfen gingen, war auch ein Weibsbild aus den Stauden dabei; den Ort, wo sie her war, habe ich vergessen. Wenn die durstig war, hängte sie ihr Tüchlein an die nächste Tanne und molk daraus Milch in eine Schüssel, daß es schäumte. Damit löschte sie ihren Durst. Doch hätte es keine ihrer Mitarbeiterinnen gewagt mitzutrinken.*

(Seegrasrupfen spielte einst als Nebenerwerb insbesondere für Frauen eine gewisse Rolle.)[4]

(**T 91**) *1886 kam ein Weib von Straßberg in den Stall von Bannacker. Dort hatte man eine schöne weiße Kuh, die sehr viel Milch gab. Die Frau sagte, indem sie der Kuh über den Rücken strich: Das wär' ein guts Mutschele, das wär' ein guts Mutschele! Mit dem Schurz machte sie es so – sie bewegte ihn etwas mit der Hand. Von diesem Tag ab gab die Kuh keine Milch mehr, und vom selben Tag an trug das Weib doppelt soviel Milch zum Käfer wie früher.*

(Nach Birlinger, Wörterbuch, 341, ist *Mutschel* in der Kindersprache eine Bezeichnung für Kuh, besonders als Lockruf.)

(**T 92**) *In* Wehringen *war ein Haus, das als verhext und verzaubert galt. Besonders viel hatten die Leute von einem Kobold zu leiden, der sie unaufhörlich plagte. Er sah aus wie ein Eichhalm. Einst saßen die Leute in der Stube beisammen, da blickte er unten zum Fenster herein. Voller Zorn ergriff der Mann sein Gewehr und schoß durchs Fenster nach ihm. Doch umsonst, lachend guckte der Kobold durch den oberen Teil des Kreuzstocks.*

Mit der Zeit wurde es so arg, daß die Leute den Hof verkauften und anderswohin ziehen wollten. Als der Wagen mit dem Hausrat aus dem Hof fuhr, da fragte der Bauer: „Haben wir alles?" „Ja", rief der Eichhalm fröhlich lachend, „ich bin schon auch da!" Er saß hinten auf dem Langwied.

(Vgl. hierzu Rochholz, Ernst Ludwig: Schweizersagen aus dem Aargau Bd. 1, o. O. 1856, 75; Grimm, 1, Nr. 73 (Der Bauer und sein Kobold).
Eichhalm ist besonders in den Stauden eine Bezeichnung für Eichhörnchen. Birlinger, Wörterbuch, 136: Langwied heißt die Stange, die den vorderen mit dem hinteren Wagen verbindet.)[5]

(**T 93**) *Wenn jemand beim Essen immer recht gelüstig und vorndran ist und von allem haben muß, so sagt man: Du bist gerad wie die Hex von* Konradshofen. *Diese wohnte sieben Jahre lang in einem Haus und zwar in der Höll hinter dem Ofen. Wenn man das Essen brachte, holte sie sich jedesmal eine Nudel oder was es sonst gab aus der Pfanne, und Abhilfe gab es keine. Endlich entschloß sich der Bauer, das Haus zu verkaufen, fand auch bald einen Käufer. Er sagte ihm, warum er verkaufen wolle; dieser entgegnete, ihm läge nichts an der Hexe, er wolle schon fertig werden. Nun lud der Bauer seinen Hausrat auf den Wagen. Als er fertig war, rief er: Haben wir alles? „Ja", schrie die Hexe, die auf dem Langwied saß „ich bin schon auch da." So wurde der Handel wieder rückgängig gemacht, und es war die alte Geschichte. Der Besitzer versuchte es bei allen Geistlichen und Teufelsbannern, doch keiner konnte ihm helfen. Endlich fand er einen, der ihm riet, gewisse Gebete zu verrichten und hierauf in den höchsten drei Namen dreimal mit einer Rute über die Höll zu schlagen. Der Mann tat wie ihm geheißen, doch als er zum drittenmal zuschlagen wollte, rief die Hexe: Bist du wirklich so keck und haust mich* noch einmal? Da packte den Bauern die Angst, und er unterließ den dritten Streich. Darauf kam der Geisterbeschwörer selbst und vertrieb den Unhold.

(Höll heißt der Teil des Hinterofens, auf dem Kinder gerne sitzen. Vgl.: Birlinger, Wörterbuch, 234)

(T 94) *Ansgen, ausngen, beides genäselt gesprochen, bedeutet soviel wie stöhnen, mit schweren Atemzügen jammern. Zu einem, der viel bei der Arbeit klagt, sagt man: Du bist wie die Kreuzanger-Aunsgel. Das war ein Geist, der in einem Hause zu Kreuzanger laut stöhnte und so die Leute ängstigte. Zuletzt sei die Aunsgel erlöst worden.*

(Birlinger, Wörterbuch, kennt das entsprechende Wort nicht. Fischer, Wörterbuch I, 95: ausgen = ächzen, stöhnen, wimmern.)

(T 95) *Um das Jahr 1854 in der heiligen Nacht kamen die Engelshofer Dienstboten von Döpshofen aus der Kirche heim. Der Bauer war noch auf und sah vor dem Schlafengehen nochmals im Kuhstall nach. Da hörte er melken und schrie: „Morgen kommst zur Supp, ich geb dir meinen Löffel dazu, du alte –." Am andern Morgen molk der Schweizer die paar Tropfen Milch, die der Kuh noch geblieben waren, sott sie und trieb allerlei schwarze Kunst dabei. Unterdessen kam die Schwägerin des Bauern die Stiege herunter und wollte ein Messer entlehnen. Sie und ihr Mann waren irgendwo auf die Gant gekommen und lebten nun auf dem Engelshof. Der Schweizer sagte: „Mit dem Messer wird es jetzt nichts, geh nur wieder hinauf." Sein Zauber geriet, und die Frau lief mit furchtbar verbranntem Kopf umher. Nun gab es schwere Händel zwischen den Verwandten, und zuletzt mußte der Schweizer den Hof verlassen und froh sein, daß er nicht noch Schläge bekam. Als er den Berg hinaufstieg, Schönenfeld zu, wandte er sich um und schrie hinunter: Und sie ist doch die Hex!*

(T 96) *Zwei übel beleumundete alte Weiber, welche beide hinken, hörte ich bestimmt als Hexen bezeichnen. Sie hinken deshalb, sagte man mir, weil sie andern Hexen etwas antun wollten, aber an solche gerieten, die mehr konnten als sie.*

(T 97) *Ein Weib von Wehringen hatte eine Kuh, die gab keine Milch mehr. Auf den Rat von einer gewissen Seite holte sie einen Totenkopf aus dem Beinhaus, zerstampfte ihn und gab der Kuh das Knochenmehl in einem Saufen. Seit dieser Zeit sah man nachts im Stall immer ein Lichtlein brennen.*

(T 98) *Der Schneider von Langenneufnach ging eines Morgens auf die Stör in ein Haus. Die Frau schimpfte, daß er so früh käme. Er entschuldigte sich damit, daß er zu früh aufgewacht sei. Da noch nichts für seine Arbeit hergerichtet war, legte er sich auf die Aufforderung des Weibes noch ein wenig auf das Kanapee, während sie zu rühren begann. Der Schneider wunderte sich, daß das Rühren so lange dauerte, und was sie denn so viel zu rühren hätte, da er doch wußte, daß man in diesem Hause keine Kühe, sondern nur ein paar Geißen besaß. Je länger sie rührte, desto voller wurde der Kübel, aber Butter gab es keine. Als das Weib einmal hinausging, sah er nach und fand einen Schlüssel im Butterfaß; den nahm er mit, probierte ihn daheim und gab ihn dann dem Pfarrer.*

(Ähnliche Geschichten finden sich bei Pröhle, Heinrich: Harzsagen, Leipzig 1854, 52 und bei Rochholz, Ernst Ludwig: Schweizersagen aus dem Aargau Bd. 2, o. O. 1856, 169)

(T 99) *Der Veitstanz gilt als Verhexung. 1885 ereignete sich ein solcher Fall in Döpshofen bei einem Mädchen. Ein Nachbarsweib hatte ihm unter schmeichlerischen Worten eine Zwetschge gegeben und ihm dadurch das furchtbare Leiden angehext. Die Kranke soll später in Herrgottsruh geheilt worden sein.*

(Veitstanz meint die besonders im Spätmittelalter epidemisch auftretende, psychogene Tanzkrankheit.)[6]

Totenköpfe waren in den Friedhöfen leicht verfügbar, da die beim Ausheben der Gräber gefundenen Gebeine in einer Nische der Kirchen- oder Friedhofsmauer geborgen wurden. In Häder ist diese Situation noch gegeben. Aufnahme: Pötzl.

(T 100) *In einem Haus in Gessertshausen waren den Gäulen jeden Morgen die Känz geflochten. Dieses Flechten der Mähnen wird meistens Druden und Hexen zugeschrieben, seltener den Zwergen.*

(Birlinger, Wörterbuch, kennt das Wort *Känz* nicht. Fischer, Wörterbuch IV, 197: Kanz = Mähne des Pferdes.)

(T 101) *In Straßberg ging vor ein paar Jahren ein fremder Mann herum, der sagte, er wolle das Unheil vertreiben, das die Hexen in den Ställen anrichteten. Zu diesem Zwecke mußte man Löcher in die Stalltüren bohren und gewisse Sprüche hersagen. Ein paar ganz Dumme fielen auf den Schwindel herein und ließen sich um ihr Geld bringen.*
Nicht immer geht die Sache so verhältnismäßig harmlos ab. Der gleiche Hexenmeister, der in Straßberg sein Unwesen trieb, verleitete in Hard ein törichtes Weib zu unsinnigen Dingen. Durch ihre Schwatzhaftigkeit wurde die Geschichte ruchbar und machte die arme Frau eine Zeitlang zum Gegenstand des Gespötts und des Mitleids der ganzen Gegend.

(T 102) *Wenn die Nachteulen in mondhellen Frühlingsnächten stark das Tal entlang riefen, so galt das Geschrei der alten Engelshofer Bäuerin als die Rufe von Geistern und Hexen. Wenn ein Kind lange schrie, so drückte es die Drud.*
Über jede Türe steckte sie ein Messer, mit der Schneide über sich, zum Schutze gegen Druden und Hexen.
Jeden Abend stellte sie den Besen mit dem Stiel nach unten an die Stalltür, in den höchsten drei Namen.
Wenn eine Kuh nicht rindern wollte, nahm man

auf ihr Geheiß Brot, steckte drei Haften hinein und gab sie dem Tier zu fressen. Es mußten jedoch drei gleiche Haften sein, drei Männlein oder drei Weiblein.

Bei einer Viehseuche schnitt man einer gefallenen Kuh den Kopf ab, tat ihn in eine Kiste und vergrub alles zusammen unter der Stalltür. Selbstverständlich glaubte man auf dem <u>Engelshof</u> noch an andere Arten von Hexerei und Mittel dagegen. Ob sie angewandt wurden, weiß ich nicht.

Wenn im Stall Hexerei herrscht, so muß man eine schwarze Katze zum Deichselloch hinausschieben, das hilft.

(Haften = Haken (Männlein) und Schleifen (Weiblein) zum Verschließen von Kleidung)[7]

(**T 103**) *Ein Knecht in irgend einem Dorf an der <u>Straß</u> hat im Kegeln alleweil Glück gehabt. Man wußte nicht, was er dafür tat, aber in seiner Truhe hatte er einen Totenkopf.*

(**T 104**) *In einem Haus in <u>Wehringen</u> legte ein Weib einen Totenkopf unter das Butterfaß. Eine andere vergrub einen unter die Türschwelle, um von den Hexen Ruhe zu haben.*

(**T 105**) *Der Hafner Basti von <u>Wehringen</u> erzählte mir: Als ich in den fünfziger Jahren auf dem <u>Engelshof</u> diente, tagwerkte dort der alte Kohlbarthl von <u>Burgwalden</u>. Dieser war früher ganz der schwarzen Kunst ergeben gewesen. Er konnte Wetter machen und Gewitter vorhersagen, wenn am ganzen Himmel kein Wölkchen stand. Der ging einst nachts nach Wehringen und holte sich unter dem Zwölfuhrschlagen einen Totenkopf aus dem Beinhaus. Wie er dies tat, sei es ihm gerade gewesen, als wäre der ganze Gottesacker voller Totenschädel, die ihn höhnisch anlachten. Er wollte den Schädel wieder wegwerfen, konnte es jedoch nicht mehr, weil die Uhr schon ausgeschlagen hatte. So kehrte er nach Burgwalden zurück und zauberte dem alten Paulus ein schreckliches Kopfleiden an, so daß sich der Mann vor Wehtagen nicht mehr zu helfen wußte; dies tat er, indem er einen langen Nagel in den Totenschädel trieb. Er verübte noch andere Schandtaten damit, bis jede Nacht ein böser Geist zu ihm kam und ihn peinigte. Endlich trug er den Schädel an seinen Platz zurück, gab seine Hexerei auf und hatte nun Ruhe.*

(**T 106**) *In einem Hause zu <u>Straßberg</u> sollen in alter Zeit die Hexen zusammengekommen sein und nackt getanzt haben. Im Schloß von Walkertshofen, das später versank, tanzten die Ritter nackt.*

(Zum Schloss in Walkertshofen s. T 23.)

(**T 107**) *Das Hexenmahd zwischen <u>Burgwalden</u> und dem <u>Engelshof</u> (nördlich des Sträßchens, auf den Katasterplänen noch angegeben, jetzt schon längst aufgeforstet), der Hexenberg und die Hexenschlucht bei <u>Straßberg</u> haben ihre Namen ohne Zweifel davon, weil sie in früherer Zeit als Tanzplätze und Versammlungsorte der Hexen galten. Nächtliche Tänze und Gastmähler, bei denen der Teufel der Anführer und Ratgeber ist, gehören zum Hexenwahn. Auch in der Heimat erzählt man darüber einige Geschichten.*

(**T 108**) *Einst nahmen Leute in den <u>Wertachwiesen</u> an einem prächtigen Hexenmahle teil. Da kam der heilige Ulrich und fragte sie, ob sie denn wüßten, wo sie wären und was sie äßen. Sie verneinten es. Darauf machte er mit der Hand das Zeichen des Kreuzes über das Mahl und die lustige Versammlung, da verschwanden die feinen Leute und die köstliche Tafel, Kröten, Schlangen und Unrat lagen umher.*

(T 109) *Vom Schloßgut Straßberg bis ans Wehringer Hölzle erstreckt sich der Baumgarten, früher ein Wald von alten Obstbäumen. Vor vielen Jahren, als das alte Schloß noch stand, und die Gutsgebäude unten am Schloßberg noch nicht gebaut waren, gingen einst nachts einige Frauen vorbei. Sie sahen die Räume zwischen den alten Apfelbäumen hell erleuchtet. Da ging es zu wie auf einer Hochzeit, es wurde aufgetragen, gegessen, getrunken und getanzt. Lange weißgedeckte Tische standen da mit Schüsseln voll Speisen. Daran saßen unbekannte vornehme Herren und Frauen und aßen, und die Musik spielte zum Tanz auf. Wie die Weiber so zusahen, trat jemand auf sie zu und lud sie zum Mahl ein. Das ließen sie sich nicht zweimal sagen; sie nahmen ihre Rückenkörbe ab und setzten sich. Bevor sie zu essen begannen, machte eine von ihnen das Kreuz, da verschwand die ganze Herrlichkeit.*

(Das Schloss in Straßberg brannte 1755 nieder.)[8]

(T 110) *In Hard, Reinhartshofen, Guggenberg, Leitau, Könghausen und an der ganzen Halde soll es von schwarzen Nattern gewimmelt haben, man konnte nicht mehr gehen und stehen vor ihnen; sie sind dort noch daheim. Es gibt darunter solche mit goldenen Krönlein, die kann man erwerben, wenn man ein seidenes Tuch hinbreitet und die Schlange darüberkriechen läßt (Reischenau, Burgwalden, Straßberg, Leitau, Könghausen). Sie schüttelt dann die Krone ab, und der Finder kann sie mitnehmen. In der alten Wirtschaft zu Leitau gab es genug Ringelnattern; sie pfiffen oft des Abends wie die Grillen, und es habe wild geklungen, wenn sie so anfingen.*

(Hier liegt wohl eine Verwechslung mit Hausgrillen vor. Hausottern nennt man die schwarzen Nattern, die sich in den Häusern aufhalten. Am häufigsten findet man sie da, wo die Häuser sandigen und trockenen Untergrund haben.)

(T 111) *Der Meierlehof bei Guggenberg war geradezu verrufen wegen der vielen Nattern; sie waren überall; im Garten, im Stadel, in den Ställen, ja in die Betten kamen sie. Kein Pächter wollte zuletzt den Hof noch übernehmen.*

(T 112) *In Leitau war ein Haus, wo eine Schlange mit dem Kind aus einer Schüssel fraß. Eines Tages, als sie nur Milch trank und keine Brocken nehmen wollte, schlug sie das Kind mit dem Löffel auf den Kopf und sagte: Iß Mocke au, it lauter Laps! Das Gleiche ereignete sich in der Reischenau, im Haus des Maxel in Burgwalden, in Reinhartshofen mehrfach.*

(Mockel = Brocken (Fischer, Wörterbuch IV, 1721f); Laps (Substantiv zu lappen) = saufen, vgl. Birlinger, Wörterbuch, 305)

(T 113) *Auf dem Meierlehof erhielten die Nattern bis in die neueste Zeit herein Tag für Tag, morgens und abends ihr Schüsselchen Milch. Auch in Reinhartshofen und auf dem Hard, wo es ganze Haufen gab, fütterte man sie. Der Duckdihans in Straßberg tat es auch.*

(T 114) *Die Straßberger hatten früher den Spitznamen Schlangenfanger. Es war nämlich einer im Dorf, der konnte die Schlangen beschwören. Wenn er in seinem Häuschen saß und auf einer Pfeife spielte, kamen die Schlangen aus ihren Löchern hervor, bis die Stube voll war. Das tat er daheim zu seinem Vergnügen, anderswo jedoch des Erwerbs wegen. Wo die Schlangen durch ihre Überzahl lästig wurden, rief man ihn herbei, so in Hard, Reinhartshofen und Guggenberg; er pfiff die Nattern zusammen und erschlug sie. Auch soll er sie gegessen und Erdfische genannt haben.*

(T 115) *Unter den Schäfern gibt es Schwarzkünstler. In Gessertshausen war einmal einer, der konnte sogar den Teufel bannen. Ihre berühmteste Kunst besteht jedoch darin, ihre Feinde zu bannen.*

(T 116) *Ein Schäfer in Burgwalden verstand das Bannen auch. Wenn er in die Wirtschaft kam, legte er seinen Stecken neben sich auf die Bank; kam nun einer in seiner Abwesenheit an den Pferch, so find der Stecken an auf der Bank hin und her zu wargeln.*
(T 90–116: Rühfel, Volkskundliches, 155–166, Nr. a) 1–23)

(T 117) Die Hexe ritt Huckepack

Es ging einmal – so erzählt die Sage in Bobingen – ein Mann mit einem Schaff Getreide auf dem Rücken von Augsburg nach Schwabmünchen. Ein Schaff Getreide entspricht heute dem Gewicht von 320 Pfund. Der Mann hatte also schwer zu tragen. Als er in Inningen ankam, sprach ihn ein altes Weib an, welches eine Hexe war, und machte ihn auf die viel zu schwere Last aufmerksam. Der Starke prahlte, sie könne sich noch auf den Sack draufsetzen, er trage sie als altes Weib noch dazu. Gesagt – getan. Wie aber der Mann in Bobingen ankam, drückte ihm die Hexe das Leben ab. Zur Erinnerung an dieses Ereignis wurde in Inningen ein Steinkreuz und in Bobingen ein gleiches Kreuz erstellt. Einen kleinen, schlammigen Hohlweg, der einmal wenige Meter nördlich des Kreuzes von der Hochstraße zur Römerstraße hinunterführte, nannte der Volksmund „das Hexengäßle".
(Schäfer, Herbert (Hg.): Bobingen. Beiträge zur Heimatgeschichte, Bobingen ²1990, 100)

(Die Steinkreuze in Inningen und Bobingen sind Sühnekreuze für einen begangenen Totschlag.)[9]

Von umgehenden Toten, Gespenstern, gespenstigen Tieren und Lichterscheinungen

(T 118) *In der ersten Hälfte des vorigen Jahrhunderts ging die Sage, daß es im Teufelstal, zwischen Reinhartshausen und Burgwalden, geisterte; es soll dort ein Geistlicher im vollen Ornat umgegangen und gesehen worden sein.*

(T 119) *Zwischen Gessertshausen und Dietkirch steht eine Kapelle; da zeigte sich früher öfter ein Geist. Einer vom Veitenbauern in Dietkirch traf ihn einmal nachts an und fragte ihn, was denn sein Verlangen sei. Der Umgehende bat, daß man für seine Seelenruhe eine Kapelle an eine genau bezeichnete Stelle hinbaue. Der Bursche versprach ihm, dafür zu wirken. Darauf reichte ihm der Geist die Hand; der vom Veitenbauern gab ihm die seinige, wickelte aber erst sein Sacktuch herum. Dennoch hat ihm der andere alle fünf Finger in die Hand gebrannt, und der junge Mensch ist bald darauf gestorben. Wer einen Verstorbenen erlöst, lebt nicht mehr lange.*

(T 120) *Von Reinhartshofen nach Waldberg, in der Sulz, ging man nachts irre, ob es finster war oder mondhell.*

(T 121) *Am Nonnenberg geisterte es in früheren Zeiten; Lichter zogen zwischen dem Berg und Leitau hin und her.*

(T 122) *Ein Geist kam oft in das Haus des alten Valle (Valentin) zu Leitau, saß hinter und neben dem Ofen und rauchte dort, daß man die Glut sah, und die Schwaden durch die Stube zogen. Als er es mit der Zeit zu arg trieb, ließen die Leute einen Geisterbanner kommen, der beschwor ihn in den Höllhafen, und dieser wurde auf dem Nonnenberg vergraben.*

(Höllhafen (zu Höll s. T 93): Er stand im Ofen und diente weniger dem Kochen als dem Wärmen von Wasser.)[10]

(**T 123a**) *Eine adelige Frau von Könghofen machte eine Stiftung nach Schwabeck. Im alten Könghauserhof ging ein Fräulein oder eine Frau um, es soll eine Besitzerin gewesen sein. Diesen Geist sah man unzählige Male, so daß man sich zuletzt gar nichts mehr aus ihm machte. Eine Menge Geschichten und Sagen wurden von ihr erzählt, man gab gar nichts darauf.*

(**T 123b**) *Sehr oft ging sie nachts mit dem Licht hin und her, außerhalb des Hofes und innerhalb; meistens wanderte sie die Gänge auf und nieder. Vor dem Hause war ein laufender Brunnen mit einem großen Trog; darauf saß sie gern in der Abenddämmerung und fuhr mit den Händen an ihrem wunderschönen, langen schwarzen Haar herunter, das ihr wie ein Mantel über den Leib fiel, und tat als ob sie sich kämmte.*

(Laufender Brunnen = Brunnen mit fließendem Wasser)

(**T 123c**) *Als die alte Bruckerin von Schwabeck und die alte Schäferin von Könghausen noch Kinder waren, spielten sie einmal unter dem alten Nußbaum, der vor dem Hofe stand. Da sah sie auf einmal das Fräulein, wie es den Berg hinunterschwebte und in einem Loche verschwand. Die Kinder schrien laut auf, liefen ins Haus und verkrochen sich in den Ofenwinkel.*

(**T 123d**) *Einst war der Hofbauer mit seinem Weib zu einer Hochzeit ins Unterland gefahren, die zwei erwachsenen Töchter waren daheim geblieben. Die eine schlief auf dem Kanapee in der Stube, die andere nebenan in der Stubenkammer. Die in der Stube erwachte plötzlich, sah sie hell erleuchtet und das Fräulein vor dem Spiegel stehen und ihr schwarzes herrliches Haar kämmen. Sie glaubte im ersten Augenblick, es sei ihre Schwester und rief laut: Ja Lisett, was fällt dir denn ein, was strählst du dich denn mitten in der Nacht? Sofort erlosch das Licht, und das Fräulein verschwand.*

(**T 124**) *Auch sonst ereignete sich manches Unheimliche in und um den Könghauserhof. Eines Abends spät saßen die Leute des Hofes beisammen und arbeiteten. Da hörten sie, daß das Vieh im Stall los war und wild durcheinanderbrüllte. Sie gingen hinüber und ketteten es an; dabei streifte etwas an ihnen vorbei, daß sie umfielen.*

(**T 125**) *Könghausen und Leitau gegenüber, ein Stück weiter draußen in der Wertachebene, liegt die Au, durchflossen von einem schönen starken Bach, der Scharlach. Eines Abends fuhren die Leute vom Hanfreiben heim. Als sie über das Brückle kamen, gab es ein gewaltiges Krachen darunter, daß die Pferde scheu wurden.*

(Hanf wurde in gleicher Weise bearbeitet wie Flachs.)[11]

(**T 126**) *Im Ried zwischen Langeringen und Falchenberg sah man oft ein Licht; das war das Riedmännle.*

(**T 127**) *Der alte Benediktle von Straßberg diente als Taglöhner auf dem Schloß. Wenn er abends heimging, so begleitete ihn ein Lichtlein bis an die Haustüre. Hier sagte der Mann: Gut Nacht, Lichtle! Und das Licht antwortete: Gut Nacht, Benediktle!*

(**T 128**) *Der Nüsseler-Fritz kehrte von Bobingen nach Straßberg zurück. Vor der Wertachbrücke, beim heiligen Johannes, setzte sich ihm einer auf den Rücken, und er mußte den Geist tragen bis zum Schloßberg; hier verschwand er. Zu Tod geängstigt und in Schweiß gebadet kam der Mann nachhause.*

(Beim heiligen Johannes = bei der Figur des Brückenheiligen Johannes Nepomuk.)[12]

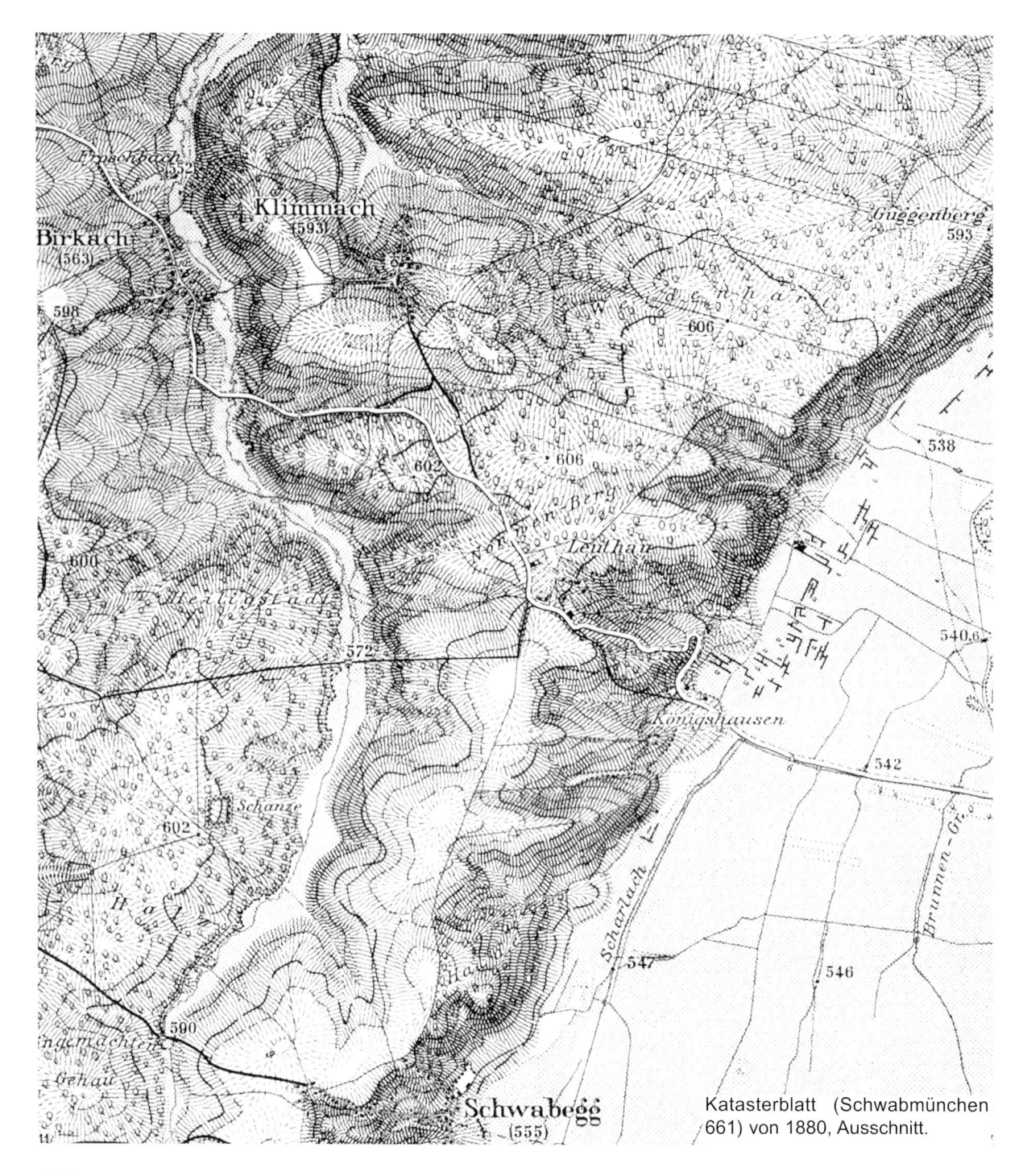

Katasterblatt (Schwabmünchen 661) von 1880, Ausschnitt.

(**T 129**) *Am Sommerhausberg, südlich des Schlosses Straßberg, begegneten die alte Bächleweberin und ihr Mann einem Geiste, einer sehr großen Gestalt. Die Frau fragte ihn, wer er sei, und was er denn wolle. Der Geist blieb still. Da gab ihm der Mann einen Hieb mit dem Stecken, doch dieser ging nur in der Luft umher.*

(**T 130**) *Als die alte Bächleweberin starb, war das ganze Haus in Aufruhr. Besonders polterte, kratzte und stöhnte es im Kamin; Scheiter und Schäffer flogen in der Küche umher.*

(**T 131**) *Eine alte Reinhartshoferin erzählte mir folgendes: Ich kam früher mit meinem Mann oft den Fußweg von Klimmach nach Reinhartshofen herunter, an der Justinaklause vorbei. Immer wenn ich nachts von zehn bis zwölf Uhr auf St. Justina zuging, erschien mir ein Geist. Sehen konnte ich ihn nie, aber er sprang mir immer auf die Fersen, als wollte er sich mir auf den Rücken setzen und reiten. Was habe ich da oft für eine Angst ausgestanden! Und mein Mann hat nie etwas davon gemerkt, dem hat der Geist nie etwas getan. Wenn wir nach zwölf Uhr vorbeigingen, habe ich nie etwas gespürt.*

(**T 132**) *Ein Mann ging von Wehringen nach Straßberg. Im Wehringer Hölzle drinnen nieste einer. Der Vorübergehende sagte: Helf Gott! und so immer wieder, so oft der Geist nieste. Endlich wurde es ihm verleidet und er rief eine grobe Einladung ins Holz. Darauf jammerte der Geist laut auf und verschwand. Hätte der Mann noch einmal Helf Gott! gesagt, so wäre dem Geist und ihm geholfen gewesen.*

(**T 133**) *In den Hartenwiesen zwischen Straßberg und Bannacker verkam den Beerenweibern immer ein großer Ochs, der eine lange Kette hinter sich herschleppte. Manchmal wollten sie ihn fangen, bekamen ihn jedoch nicht, sondern gingen irre.*

(**T 134**) *In den Hartenwiesen wurden oft nachts Lichter gesehen.*

(**T 135**) *Beim Heider in Wehringen geisterte es früher. Der alte untere Schreiner ging einmal nachts vorbei und sagte: Geist, wenn du da bist, so zeige dich! Da kam ein schwarzer Pudel daher und trat ihm alle Schritt auf die Fersen bis vor seine Haustür.*

(**T 136**) *Ein Wehringer erzählte: „Ich fuhr einmal mit einem nachts nach Bobingen. Im Tiefen Tal drunten schoß auf einmal eine feurige Säule haushoch vor uns auf, daß der Gaul scheu wurde, und ein Pudel lief immer um den Wagen. Wir zitterten an allen Gliedern, und ich bin doch gewiß kein Mann, der leicht Angst hat."*

(**T 137**) *Ein alter Mann in Döpshofen hatte die Gewohnheit, wenn er nachts heimging und am Gottesacker vorbei kam, sich an die Mauer zu lehnen und für die armen Seelen ein Vaterunser zu beten. Wie er dies einmal wieder tat, sah er eine Klosterfrau knien und mit ausgespannten Armen beten.*

(**T 138**) *Im Ried zwischen Graben und Kleinaitingen treibt in manchen Nächten der Riedschimmel, ein Schimmel ohne Kopf, sein Wesen.*

(**T 139**) *Zwischen Graben und Kloster Lechfeld sah man zu Zeiten zwei bis drei Lichter.*

(**T 140**) *Auf dem Engelshof wollten einst einige Burschen Äpfel stehlen, wurden jedoch durch ein unheimliches Licht vertrieben. Der Obstgarten stößt an den verlassenen Gottesacker östlich des unteren Hofes.*

(**T 141**) *Bei der Leonhardskapelle in Aitingen ging ein feuriger Pudel um, der Leatspudel, damit schreckte man die Kinder.*

(Zum Leonhardspudel vgl. T 198.)

(**T 142**) *In Aitingen erzählte man den Kindern, die nicht beten wollten, von einem Bauern, der auch nicht betete und deshalb nach dem Tod in seinem Haus umgehen mußte. Ein Handwerksbursch durfte auf dem Kanapee in der Stube übernacht bleiben. Er kam jedoch nicht zum Schlafen, denn der Geist des Bauern kam um Mitternacht, schritt in der Stube hin und her, blickte bald zum Fenster hinaus, bald ins Ofenloch, bald dem Handwerksburschen ins Gesicht. So trieb er es die ganze Nacht bis zum Hahnenschrei.*

(**T 143**) *Ein Geist setzte sich einem Mann auf den Rücken, und er mußt ihn vom Wehringerberg und dem Turmkopf bis zur Metzgertafel tragen.*
Ein anderer ging den Wehringerberg hinauf und der Metzgertafel zu; auch diesem sprang der Geist auf den Rücken, und er mußte ihn tragen bis zum Straßberger Gottesacker. Der Geist war dem Wesen nach wie ein großer Hund.

(**T 144**) *Einer machte die Wette, daß er sich nicht fürchtete und ging des Nachts auf den Freithof, um einen Schädel aus dem Beinhaus zu holen. Er wurde jedoch von einem gespenstigen Mann zurückgeschreckt, der zu ihm sagte: der Tag ist dein, die Nacht mein!*

(**T 145**) *Zwölf maskierte junge Leute gingen im Übermut durch einen Gottesacker; hier gesellte sich ein dreizehnter zu ihnen und verließ sie erst am Ausgang wieder.*

(**T 146**) *Die Sandgrub hinauf von Hard bis ans Waldberger Holz ging früher eine starke Hecke, die bildete die Grenze zwischen dem Lotzbeckschen Gut Hard und der Reinhartshauser Flur. Da geisterte es, man sah oft ein Licht und einen feurigen Pudel, den Sandgrubenpudel.*

(**T 147**) *Lichter wurden oft von Schönenfeld bis nach Döpshofen gesehen, besonders beim Weiherhof und am Kirchberg bei Döpshofen.*

(**T 148**) *Die Sage vom Schnoirmann wird auch in Leitau und Klimmach erzählt, doch auch in dieser Art: Früher, als man in Kriegen oft Fuhren leisten mußte und nachts durch die Wälder fuhr, hörte man oft vier- bis sechsmal den Schnoirmann sein lautes Höh Höh schreien.*

(**T 149**) *Ein Schnoidmann treibt in der Schnoid (Schneid, Schneise) oberhalb Birkach sein Wesen.*

(**T 150**) *Der Schloßpudel von Klimmach ist ein gespenstiger Pudel, der zwischen Klimmach und Birkach, besonders auf dem Schloßberg oder Spindelsberg sein Wesen treibt.*

(**T 151**) *Einige Leute sprachen eines Abends von einer unheimlichen Stelle an einem Wege gegen den Berg Heiligenstatt zu, wo ein Geist umginge. Sie wetteten, daß sich keiner hintraue; doch einer der Anwesenden erbot sich, bis zur fraglichen Stelle zu wandern und auf dem Weg ein mitgegebenes Zeichen niederzulegen, damit die anderen am folgenden Morgen seine Anwesenheit feststellen konnten. Er machte sich auf den Weg und erreichte den Ort. Da stand ein Gespenst da, das hatte keinen Kopf, und in seinem hohlen Brustkorb brannte ein Licht. Es fragte den Burschen: Willst dein Geldle gewinnen? Willst dein Geldlein gewinnen? Der Mensch legte sein Pfand hin und kehrte eiligst um. Der Geist folgte ihm* bis zu einem Kreuz und fragte immer: Hast jetzt dein Geldle gewonnen? Hast jetzt dein Geldle gewonnen? Voller Todesangst erreichte der Wagehals seine Freunde und starb kurz darauf vor Schrecken. (Leitau, Birkach, Klimmach.)

(Ein Berg „Heiligenstatt" ist bei uns unbekannt, doch wusste man um die Geschichte in den genannten Orten.)

(**T 152**) *In Untermeitingen haben sich einmal zehn Burschen an der Fastnacht zusammengetan und sind vermaschkert gegangen. Sie gingen in verschiedene Häuser und trieben es nicht zum Feinsten. Wie sie so aus einem Haus treten, sind es ihrer auf einmal elf. So kommen sie in ein anderes; der elfte setzt sich an den Tisch, die anderen zehn drücken sich bald. Wie er so dasitzt, merken die Leute, daß er einen Geißfuß hat. Da hat man einen Geistlichen kommen lassen, der sollte ihn vertreiben. Der Teufel sagte jedoch zu ihm: Du kannst mir gar nichts machen, du hast als Student einmal ein Kreuzerröggle gestohlen und bist einmal durch einen Samenacker gelaufen! Ein zweiter Herr konnte dem Teufel auch nichts anhaben, erst ein dritter hat ihn warm gemacht, da hat er müssen reisen. (Leitau, Klimmach.)*

(Kreuzerröggle: Ein „Röggle" ist nach Birlinger, Wörterbuch, 375, eine Mundsemmel gewöhnlichen Schlages, ein Kreuzerröggle ist eine Semmel um einen Kreuzer. Ein Samenacker ist ein Acker nach der Ansaat, durch den man nicht laufen durfte. Warnzeichen (nach Auskunft älterer Leute in der Regel ein um einen Stecken gebundener Strohwisch) machten darauf aufmerksam.)

(**T 153**) *Geisterspuk in Klimmach. In Klimmach ist es früher nicht immer sauber zugegangen, es spukte viel. So wurde in einem Haus jeden Abend die Küchentür heftig aufgerissen und zugeschlagen, und sonst manches Unheimliche verübt. Endlich gelang es, den Geist in eine Flasche zu beschwören; die versenkte man in einen Brunnen, der sich im Hause befand.*

(**T 154**) *In Mittelneufnach ist ein Geist in den Turm beschworen.*

(**T 155**) *Auch im Bauhof zu Guggenberg ist ein Geist in einen Keller oder Brunnen beschworen.*

(**T 156**) *Es war einmal ein Geistlicher, der hatte einen Bruder, mit dem er oft ausritt (Zwei Reiter, vgl. dazu die 2 Ritter auf dem Schloßberg zw. Klimmach und Birkach, das achtfüßige Roß). Eines Tages sagte er zu seinem Bruder: Bleib heute lieber daheim, es wird spät werden, ich komme in die Nacht hinein und muß an einer bösen Stelle vorbei. Der Bruder ritt aber dennoch mit. Sie ritten lange und kamen nachts durch einen tiefen Wald und näherten sich dem unheimlichen Platz. Da sagte der Geistliche: Jetzt wird nichts mehr geredet. Guck ihn (den Geist) nur recht an! Er selbst ritt auf der Sattelseite, der andere auf der Handseite, also links. Plötzlich sahen sie ein Licht vor sich, an dem ritten sie schnell vorbei ohne etwas zu reden. Wie sie vorüber waren, sagte der Herr: Hast du nun gesehen, wie er ist? Ja, entgegnete sein Bruder; auf der Brust ist er hohl, und ein Licht brennt drinnen. Doch konnten beide nicht einig werden, ob der Geist einen Kopf gehabt habe oder nicht. (Klimmach.)*

(**T 157**) *Ein alter Mann und ein junges Mädchen kamen einst auf dem Heimweg über den Guggenberg. Als sie auf der Höhe dahingingen, sahen sie auf einmal drunten im Tal, so weit sie blicken konnten, von Aitingen und den Schafstädeln im Viehweidle an bis hinauf nach Leitau und Schwabeck unzählige Lichter in langen Reihen wie Bittprozessionen auf und ab ziehen. Das Mädchen erschrak, der Mann*

*aber tröstete sie und sagte: das sind lauter arme Seelen, vor denen brauchst du keine Angst zu haben.
Diese vielen Lichtlein hat man früher am Leitenberg oft gesehen, später nicht mehr; ein Papst soll sie verbetet haben. (Leitau, Klimmach, Birkach).*

(T 158) *Der alte Reckel von Wehringen mähte einst auf dem Lechfeld. Da kam ein Geist zu ihm, wetzte ihm die Säges und sagte: "Wetzen darfst du nicht mehr, sonst bringst du keinen Watz mehr hin." Der Reckel mähte nun die ganze Nacht, die Sense schnitt wie ein Flieder, und er brauchte die ganze Nacht nicht mehr zu wetzen. Gegen Morgen zu packte ihn die Neugier, er sagte: "Ich will doch sehen, ob es wahr ist, was der Geist gesagt hat." Er wetzte, und die Sense schnitt keine Schmelle mehr.*

(T 159) *Leichtsinnige Buben und Mädchen eines Dorfes kamen oft zur Nachtzeit auf einem verlassenen Schloß zusammen und tanzten. Einst fand sich auf dem Tisch die Schrift: Laßt euer Tanzen, geht zu, laßt die Toten in Ruh!*

(T 160) *Zwischen Burgwalden und Engelshof, auf der Höhe, links des Sträßchens, soll ein Schloß versunken sein. Ein Vorübergehender hörte dort einmal schweres Stöhnen, und eine Stimme klagte: Wo soll ich ihn denn hinstecken? Der Mann sagte: "Narr, dahin, wo du ihn herausgezogen hast." Im selben Augenblick erhielt er eine kräftige Ohrfeige. Diese Sage von einem Grenzsteinverrücken ist etwas wirr und weicht von anderen ab.*

(T 161) *In einem Dorfe des Schwarzachtales, ich weiß nicht mehr war es in Döpshofen oder in Gessertshausen, schlief ein kleines Mädchen in der Stube. Da kam einmal nachts eine verstorbene Frau hinter dem Stubenkasten hervor, nackt, wie sie Gott erschaffen hatte, und leichenhaften Aussehens. Die sagte zu dem Mädchen: So, bist du hier unten? Und sie befahl ihm, es solle für sie drei Dreißiger beten und drei weitere beten lassen, dann sei sie erlöst. Das Mädchen traute sich am andern Tag nichts davon zu sagen, deshalb kam der Geist zum zweiten und dritten Mal, bis das Kind seinen Willen erfüllte.*

(Der Dreißiger scheint eher eine besondere Form des Rosenkranzgebetes zu sein als der Dreißigste (33 Vater unser zu Ehren des Lebens Jesu), den der Kamaldulensermönch Michael von Florenz 1516 einführte, der aber bei uns nirgendwo auftaucht.)[13]

(T 162) *In der Bernhardsschlau bei Scheppach soll Geld vergraben liegen, das hat nach Schönenfeld gehört. Die Äbtissin habe es vergraben lassen. Die Leute, die damit beauftragt waren, vor allem eine Klosterfrau, sollen umgehen, man hörte sie früher in stillen Nächten oft schreien. Doch nicht nur in der Bernhardsschlau ging die Klosterfrau um, sondern überall in den Wäldern zwischen Scheppach, Engelshof, Döpshofen, Weiherhof und Schönenfeld, denn die ist weit gegangen, die hat man weit schreien hören. Am meisten fürchtete man sich vor ihr auf dem Weg zwischen Döpshofen und Scheppach. Sie ist weiß gekleidet und hat einen schwarzen Schleier; sie tut niemand etwas, sie weint nur sehr. Eine ganze Truhe voll Geld hat sie vergraben, wenigstens was zwei Schaff Roggen ausmachen nach unserm heutigen Gemäß.
Der Sohn auf dem Scheppacherhof hätte sie erlösen sollen, der hatte aber nicht das Herz dazu, sie zu fragen, was sie erlösen könnte.
Beim Tannetweiher zwischen Scheppach und Engelshof hat man früher oft sein Gras holen können, da hat man immer zum Erschrecken schreien hören, und das soll auch die Klosterfrau gewesen sein. Da fürchteten sich die Leute und ließen oft das Gras im Stich. Es war in*

der Zeit, als Scheppach noch stand, und seine Mähder bis zum Tannetweiher und zur Engelshofer Flur reichten.

(Der Scheppacher Hof wurde 1864 abgebrochen.)[14]

(**T 163**) *Zwischen dem Weiherhof und Schönenfeld hat es manchmal gegeistert, ebenso von Döpshofen nach Fischach; hier sollen Leute erschlagen oder erschossen worden sein.*

Der Scheppacher Hof im Jahre 1864 (vor dem Abbruch).
Abb. aus: Eberlein, Hans (Hg.): Das Kloster Oberschönenfeld in seiner Bedeutung als Grundherrschaft und Kulturträger, Augsburg 1961 (Beiträge zur Heimatkunde des Landkreises Augsburg Bd. 2), o. S.

(**T 164a**) *Beim Gottesacker in Reinhartshausen und gegen die Hühle zu, an der die Straße nach Burgwalden abzweigt, ist es nicht geheur. Einem Burschen aus Burgwalden, der heim wollte, kam etwas Ungerades über den Weg; er erschrak so, daß er umkehrte und sich nicht mehr heimtraute, sondern in Reinhartshausen über Nacht blieb.*
(**T 164b**) *Der Daniel St. aus Burgwalden fuhr einmal in der Abenddämmerung hier durch, da sah er zwei oder drei graue Gestalten an seinem Fuhrwerk vorüberhuschen. Sie waren so groß wie etwa zehnjährige Kinder. Er wollte sie ansprechen, da waren sie verschwunden.*

(**T 165**) *Auf der Straße vom Galgenberg bis gegen das Burgwalder Forsthaus zeigen sich ab und zu gespenstige Katzen und unheimliche Gestalten, man weiß aber nicht, für was man sie halten soll. Unten am Galgenberg war eine Richtstätte, und das Tal, das nördlich davon gegen das Obere Tannet zustreicht, heißt noch die Schindküche. Hier lag der Schindanger, auf dem wurden gerichtete Verbrecher und gefallenes Vieh verscharrt.*

(Seit 1518 besaßen die Inhaber der Herrschaft Burgwalden die hohe Gerichtsbarkeit.)[15]

(**T 166**) *In Reinhartshausen, an Nerlingers Berg, wo das Schloß stand, geht es manchmal um.*
Das Schloss in Reinhartshausen erwähnen die Beritte der Markgrafschaft Burgau von 1621 und 1721; zum Kolleffelplan (ca. 1750) heißt es dann: *Ehedem war allhier ein Schloß, wel-*

ches aber zur vergrößerung der Kirche genommen worden. Die Kirche wurde 1742 gebaut. Im Katasterblatt heißt das Feld südlich der Kirche Schloßgarten.[16]

(**T 167**) *Als das Kloster Schönenfeld 1633 als Beute an den schwedischen Oberst Schlammersdorf fiel, wurde dieser bald durch unheimliche Erscheinungen daraus vertrieben und siedelte nach Augsburg über. (Klosterchronik)*

(Das Regiment des Obristen Thomas Sigismund Schlammersdorf gehörte zur schwedischen Besatzung von Augsburg.)[17]

(**T 168**) *Oft werden die Leute nachts durch morsche Stöcke erschreckt, die im Dunkeln wie blaue Feuer flammen. Auch sind mir zwei Fälle bekannt geworden, wo augenscheinlich das St. Elmsfeuer die Leute erschreckte. Das eine Mal war es auf dem Weg von Burgwalden nach Engelshof in der kleinen Hühle am Eingang des Holzes, das andere Mal auf der Straße von Straßberg nach Reinhartshausen, dicht vor dem Bache; hier seien die Flauden (Flammen) nur so zwischen den Rädern des Fuhrwerks herumgeschlagen.*

(**T 169**) *In Guggenberg zeigt sich im Bauhof zuweilen ein Gespenst. Es ist der Geist der alten Steigerin, die einst Baumeisterin war und die Leute unmenschlich behandelte.*

(Vgl. dazu T 210. Ein Baumeister bewirtschaftet einen großen Hof im Auftrag des Besitzers.)

(**T 170a**) *Auf Alpträumen beruhen sicherlich folgende zwei Erzählungen: In Döpshofen kam jede Nacht zu einem kleinen Mädchen ein Männlein, das war ungefähr zwei Schuh hoch. Man bettete das Kind in die Stubenkammer zu den Eltern, doch half es nichts, der Geist kam nach wie vor. Endlich ging man mit ihm nach Herrgottsruh, von da ab wurde es besser.*

(**T 170b**) *Ein Mann in Straßberg, der Georg R., der später wahnsinnig wurde und im Irrenhaus starb, sah immer schwarze Zwerge.*

(**T 170c**) *Ein anderer, ein Säufer, sah vor seinem Tod einen Raben auf dem Tisch sitzen.*

(**T 171**) *In Neuhaus bei Königsbrunn, so erzählte mir ein Mann, da diente ich mit einem anderen als Knecht. Wenn wir ins Bett gingen, stellte er alle Stühle vor die Kammertür. Was machst du denn, Karl? fragte ich ihn, als ich das zum erstenmal sah. Ja, sagte er, du siehst freilich nichts, du schläfst wie ein Gaul. Wie es zwölf Uhr schlägt, kommt etwas bei der Tür herein und bei der andern geht es wieder hinaus. Ich habe nie etwas gesehen, aber er: Wenn wir beim Bier waren, ging er jedesmal mit mir heim, er getraute sich nicht länger zu bleiben, er hatte Angst vor dem Geist.*

(**T 172**) *In der alten Anlage, südlich des Straßberger Schlosses, dornige Heide hat man es geheißen, da hat früher immer nachts ein Licht gebrannt.*

(**T 173**) *Auf dem Engelshof, im unteren Bauernhof, dem alten Schlößle, sah man früher öfters einen Schimmel ohne Kopf, und im Hausgang brannte oft dicht unter der Decke ein Lichtlein.*

(**T 174**) *Die alte Engelhofer Bäuerin erzählte oft, ihre Brüder hätten einst von Scheppach herunter ein Licht gesehen, das vor ihnen herschwebte.*

(**T 175**) *In Scheppach sei die Rede oft auf Geister gekommen und auf unheimliche Wesen, die in den Hölzern und Schluchten gegen Döpshofen, Schönenfeld, Burgwalden, Reinhartshausen, gegen den Engelshof und den Weiherhof zu nächtlichen Wanderern begeg-*

neten. Besonders bei einer alten Eiche am Wege nach Döpshofen soll es stark gegeistert haben, und mancher Hasenfuß bezahlte nach verbürgter Mitteilung nicht selten dem Knecht einen halben Gulden dafür, daß er ihn bis dahin begleitete, wo er sich wieder sicher fühlte. Die Sage scheint auf folgender Begebenheit zu beruhen: Ein Mann von Tronetshofen holte Mehl aus der Burgwalder Mühle und trank auf dem Heimweg noch ein Glas Weißbier in der Scheppacher Wirtschaft. Später ruhte er auf einem Stock aus, und der alte Jäger-Balthes soll ihn heruntergeschossen und verscharrt haben. Dies soll im Pfaffengehau geschehen sein im Hungerjahr 1817. Man hat von dem Mann nichts mehr gesehen und gehört.

(**T 176**) *Auf dem Moos draußen, auf den Wertachwiesen, sah man vom Bannacker aus nachts vielfach Lichtlein brennen.*

(**T 177**) *Irrwandern wird heute noch manchmal dem Einfluß von Geistern zugeschrieben, wie in alter Zeit. Ein Mann und eine Frau trieben für einen Straßberger Viehhändler dreizehn Stück Vieh nach Augsburg. Um drei Uhr morgens gingen sie fort, um sieben sollten sie auf dem Markt sein. Sie zogen den Kanal entlang, der früher vom alten Heustadel auf den Waldteil Viehtrieb und die Hartenwiesen zulief. In den Wertachauen verliefen sie sich und standen um 7 Uhr an der unteren Bobinger Brücke; erst um 10 Uhr kamen sie an ihr Ziel. Der erwähnte Kanal soll in alter Zeit von Sträflingen gegraben worden sein.*
Die Gegend zwischen der Leite und der Wertach enthält viele Stellen, wo es geistert. Auch das wilde Heer zog dort die Wälder entlang.

(**T 178a**) *Fünf oder sechs Erdbeerweiber gingen um 12 Uhr nachts, es kann auch etwas später gewesen sein, von Straßberg nach Augsburg. Am Graben vor der Wertach begeg-* netete ihnen eine Gestalt, die sah aus wie der Hühlenkaspar aus ihrem Dorfe und hatte einen langen Kretzen auf dem Buckel, wie man diesen Mann fast immer sah. Eins von den Weibern sagte: Da luget, da kommt der Hühlenkaspar schon wieder herauf von der Stadt! Die andern schauten hin, erschraken sehr, und zuletzt sagte eine: Gang, das ist schon der recht Hühlenkaspar! Damit wollte sie sagen, daß es ein Geist sei.

(**T 178b**) *Straßberger Beerenweiber, die nachts mit ihren Körben nach Augsburg gingen, sahen auf dem Geländer der Gögginger Wertachbrücke vier oder fünf Geister sitzen, die boten ihnen aus Gläsern und Bechern zu trinken an.*

(**T 179**) *An der Diebelbrücke, über welche die Straße nach Burgwalden führt, ertrank vor Jahren im Straßengraben, in dem ein elendes Wässerlein rinnt, ein Mann aus Bobingen. Seit dieser Zeit sah man ab und zu an dieser Stelle eine Feuerflamme herumwargeln. Das war der Geist des toten Jachem.*

(**T 180**) *Im Schwettinger und am Leitenberg, wo das Leitenbad gestanden ist, geistert es zuweilen, ebenso am Sommerhausberg und am Hexenberg, also fast die ganze Halde entlang. Als einst ein Straßberger nachts von Reinhartshausen heimging, sah er drei Männer vor sich hergehen, die hatten keine Köpfe.*

(Das Leitenbad bestand vom Ende des 15. Jahrhunderts bis ins 18. Jahrhundert und war einst stark besucht.)[18]

(**T 181**) *Ein Mann aus Döpshofen wanderte einst von Menkingen (Schwabmünchen) über den Hard Döpshofen zu. Am Leitenberg sah er einen Mann ohne Kopf, den Mantel hatte er über sich her.*

(**T 182**) *Was dem Franz A. vom Hard nach* <u>Straßberg</u> *herunter begegnet ist. Ich gebe das Erlebnis in doppelter Form wieder, nämlich wie ich es zuerst von einem andern Mann in seiner Erweiterung, später in seiner echten Fassung vom Franz A. selbst gehört habe. Beide Berichte bieten ein lebendiges Beispiel, wie sich ein unheimliches Erlebnis zu einer Geistergeschichte entwickelt, anderseits geben sie Hilfsmittel, aus manchen solchen Erzeugnissen des Schreckens und der Einbildung den Kern herauszuschälen.*

(**T 183a**) *Einst kam der Franz A. in der heiligen Nacht totenbleich und in Schweiß gebadet zum oberen Wirt in* <u>Straßberg</u> *herein und erzählte auf die verwunderte Frage, was ihm denn zugestoßen sei, es hätte sich bei der Metzgertafel eine Gestalt zu ihm gesellt und ihn mindestens zwanzigmal gefragt: Ja, so sag doch, wer du bist! Bis fast zum Dorf ging sie mit und erst beim Gottesacker verließ sie ihn.*

(**T 183b**) *Es war Weihnachten in der heiligen Nacht. Ich war in Hard gewesen und hatte mit dem Grau und dem Wirt gekartet. Dann gingen wir auseinander, und ich machte mich auf den Heimweg. Ich kannte den Weg so genau, daß ich ihn nicht besser hätte kennen können, denn ich kam ja jede Woche drei- oder viermal nach Hard.*
Damals ging die neue Straße vom Turmkopf bis zur Schnepfenlücke noch nicht. Der alte Fahrweg führte an der Metzgertafel vorbei. Es lag Schnee, der Mond schien, und es war so hell wie am Tag. Und als ich an die Metzgertafel kam, hörte ich von Straßberg her mit der großen Glocke das erste Zeichen zur heiligen Nacht läuten. Wie ich mich einmal umguckte, sehe ich einen, der steht da. Herrgott, denk ich, was ist das? Mir ist Angst geworden, ich hatte Geld im Sack. Und dann bin ich heruntergegangen. Der ist alleweil neben mir her, ungefähr vier Schritt von mir weg, und als ich aus dem Holz herauskam, ist er verschwunden. Und so schnell bin ich gelaufen und bin beim Zusammenläuten zum obern Wirt gekommen, und das Wasser ist mir herüben und drüben heruntergelaufen.

(**T 184**) *Wie eine Geistergeschichte entstehen könnte, und wie sicherlich schon manche entstanden ist: Wie ich als Bube in* <u>Döpshofen</u> *ministrierte, erzählte mir jemand, war eben in der Woche, in die die heilige Nacht fiel, die Reihe an mir. Wer die Woche hatte, mußte auch läuten. Nun verschlief ich mich am heiligen Abend und wachte erst nach 11 Uhr auf. Ich lief ins Schulhaus und holte den Kirchenschlüssel, eilte zur Kirche und schloß auf. Wie ich hineinkomme, da tritt etwas aus der Sakristei. Ich hätte wohl entlaufen können, tat es aber doch nicht, sondern ging trotz meiner Angst vorwärts. Die geisterhafte Gestalt kam immer näher; als sie fast vor mir stand, sah ich, daß es die alte Kirchenschusterin war. Die hatte für mich das erste Zeichen geläutet, dann noch eine Zeitlang in der Kirche gebetet und ging nun wieder heim.*
(Nrn. 118–184: Rühfel, Volkskundliches, 169-175 Nr. b) 1–13; 175–180 Nrn. 3–24)

(**T 185**) <u>Biburg</u>: *Einige Alte erzählen vom „Umgehen" des „Lindenmändle" in der Waldabteilung Lindach.*
(Pötzl, Jahrhundertwende, 48)

Gespenstige Tiere

(**T 186**) *Im Hörele, an der Straße von* <u>Straßberg</u> *nach* <u>Bobingen</u>*, wurde früher manchmal ein gespensterhafter Stier gesehen; am Wehringerhölzle, wo das Strächen in den Wald tritt, ein feuriger Pudel ohne Kopf, ebenso an der Wertachbrücke.*

(**T 187**) *Ein Mann aus Wehringen fuhr nach*

Menkingen, da tauchte plötzlich ein Schaf auf und lief neben dem Wagen her bis zu einem Feldkreuz, wo es verschwand. Der Mann und das Pferd hätten solche Angst ausgestanden, daß sie zitterten.

(**T 188**) *Ein anderer Wehringer begegnete einem Geist, der sah erst aus wie ein Hund, dann war er auf einmal so groß wie ein Huisel (Fohlen).*
Gespenstertiere stehen oft im Zusammenhang mit dem Wilden Heer, sie entstehen zumeist aus dem nächtlichen Alptraum, dem Mittagsalp und dem Schwindel, der sich durch Hitze, Müdigkeit, Hunger und Erschöpfung einstellt.

(**T 189**) *Wenn die Regendünste aus den Waldschluchten aufsteigen, sagen manche Leute: Die Hasen kochen. In anderen Gegenden spricht man bei solchen Gelegenheiten von kochenden Waldfrauen und schmiedenden Zwergen. Der Hase kommt in unzähligen Sagen als gespenstiges Tier vor.*[19]
(T 186–189: Rühfel, Volkskundliches, 181 Nrn. 25–28)

Droh- und Scherzgestalten, Waldgeister

(**T 190**) *In der Bobinger Leite, gegen das Diebeltal zu, treibt der Schnoirmann sein Wesen. Sein lautes Hoihoihoihoi unterbricht zuweilen die Stille des Waldes.*

(**T 191**) *So führt am Augraben in der Reischenau das Hoihomännchen den Nachtwanderer vom rechten Weg ab.*
(Stauber, Anton: Neuer Führer durch Augsburgs Umgebung, Augsburg 1901, 60)

(**T 192**) *Bei Grimoldsried geht das Kretzenweible im Kretzenholz um; es sitzt am Brücklein im Tal und ängstigt die Leute, ist ein korbtragender Waldgeist.*

(**T 193**) *In den Sommern 1886 und 1887 behaupteten verschiedene Frauen und Kinder steif und fest, in der Leite, besonders am Weg von Straßberg nach Bannacker, ließe sich ein nackter Mann sehen; er husche rasch über die Straße und verschwinde im Dickicht des Armenseelengehaus. Wären nicht täglich Männer den gleichen Weg gegangen, die den Waldmenschen niemals zu Gesicht bekamen, so hätte es vielleicht eine neue Sagengestalt für die Leite gegeben.*
(T 190, T 192–193 Rühfel, Volkskundliches, 182–184, c) 3–7)

Schimmelsagen

(**T 194**) *Am Fuße des Altisberges bei **Münster** entsprang zu jener Zeit, als noch das Benediktinerkloster Münster stand, eine Quelle mit wunderbarem, erquickendem Wasser. Beerensammelnde Kinder, fleißige Grasweiber und kräftige Holzfäller tranken gerne von dem kostbaren, erfrischenden Naß. Oft konnte man hören, die Quelle müsse besondere Heilkraft haben; denn wer aus ihr trinke, fühle sich allemal stark und gesund. Der Quell hieß im Volksmund „Schimmelbrünnle". Von ihm erzählten die Ahnen, daß seit alter Zeit alle Jahr, ehe der Herbst dem Winter weicht, ein Reiter auf weißem Roß zur Quelle käme, seinen Schimmel dort tränke, dann durch den Wald weiterreite, hinüber zum Eichberg und dann wohl in den Himmel hinein. Wer aber diesem Schimmelreiter begegne und sich nicht fürchte, dem Roß ein Büschelchen Gras und Heu reiche und dem fremden Mann einen freundlichen Blick zuwerfe, dem sei für das ganze Leben großes Glück geschenkt. Wer aber die feierliche Waldesstille störe durch wildes Springen und lautes*

Rufen, verscherze sein Glück, und Roß und Reiter stürmten in rasender Eile davon. Alle Leute behaupten, der Reiter sei niemand anderer gewesen als St. Martin.
(LK Schwabmünchen, 363)

(Das Kloster Münster ist eine Konstruktion aus dem Ortsnamen und dem Patrozinium St. Benedikt.)[20]

(T 195) Der Münzau-Schimmel
Vor alten Zeiten lebte in Unterrothan ein tüchtiger, unerschrockener Krauthobler, der im nahen Willmatshofen oft zu arbeiten hatte. Einmal zog sich sein Geschäft tief in die Nacht hinein. Erst gegen Mitternacht, den schweren Hobel auf dem Rücken, machte er sich auf den Heimweg. Nichts Böses fürchtend, schritt der Krauthobler tapfer voran. Doch plötzlich verhielt er seinen Schritt, staunend erkannte er in der Dunkelheit die Umrisse eines stattlichen Pferdes. Weil aber der Mann aus Unterrothan ein furchtloses Herz besaß, schritt er auf den ruhig stehenden Gaul zu, streichelte die volle Mähne, klopfte ihm auf das fette Hinterteil und sprach: „So, Heiterle, hast du deinen Stall auch noch nicht gefunden? Wenn dir dein Herr fehlt, so nimm nur mich!" Als der Krauthobler die flache Hand auf den breiten Rücken des zaum- und sattellosen Gaules legte, warf dieser sich nieder. Als der Krauthobler bequem saß, stieß er mit den Stiefelabsätzen in die beiden Flanken und rief: „Hui! Schimmel, auf, bring mi guat hoim!" Der Schimmel sprang auf. Der Krauthobler packte einen Wisch Mähnenhaare und lenkte damit wie mit dem Zaumriemen. Mit der anderen Hand hielt er sich am Widerrist.
Der Schimmel stürmte los und in rasendem Saus ging es hart vorbei an Baumstämmen, über Wurzeln und Stöcke, durch Unterrothan, hinaus nach Langenneufnach und weiter auf Hölden zu, über Wiesen und Felder und wieder zurück. Dem Krauthobler wurde bang und bänger, er schwitzte, daß ihm das Wasser auf dem Leibe dampfte. Dann wurde es ihm wieder eiskalt, daß er schauerte. Er klammerte sich immer fester um den Hals des Tieres, die Schenkel wie Zangenbacken an die Brustwand gedrückt. Der Krauthobel aber schlug wild im Takt auf den Buckel des verzweifelten Mannes. Der tolle Ritt währte die ganze Nacht. Da erklang der erste weiche Ton der Ave-Glocke vom Turm zu Siegertshofen. Wie in Nichts zerronnen, verschwand der Schimmel zwischen den Beinen des gehetzten Reiters. Der Gepeinigte lag am Morgen mitten im tiefen Waldesfrieden unter dem Geäst einer Eiche. Doch konnte er kein Glied regen und sein Schädel brummte. Als die Sonne hoch am Himmel stand, begann er, müde und zerschlagen, heimwärts zu wandern.
(LK Schwabmünchen, 366f)

(„Heiter" war noch in den 50/60er Jahren im Allgäu eine etwas despektierliche Bezeichnung für Pferd. Häuter = schlechtes, altes Pferd (Fischer, Wörterbuch III, 1303).
Mit der *Ave-Glocke* wird (bzw. wurde) am Morgen, am Mittag und am Abend der Angelus (Engel des Herrn) geläutet. Hingen mehrere Glocken im Turm, war eine dafür vorgesehen und entsprechend gekennzeichnet.)[21]

(T 196) Der Bärenbach-Schimmel
Im engen Waldtal des Bärenbaches westlich von Langenneufnach geistert ebenfalls ein Schimmel. Er liebt die finsteren Nächte, in denen er mit einer schwarzen Reitergestalt auf dem Rücken den Bärenbach entlang hin und her galoppiert. Aus der Finsternis leuchten seine feurigen Augen und das menschliche Ohr vernimmt den Hufschlag des Pferdes nur, wenn es über dürre Äste oder die Holzbrücke geht.
(LK Schwabmünchen, 367)

(T 197) Der Ried-Schimmel
Von ihm kennen die Lechfeldgemeinden mehrere Erzählweisen. Zur Zeit der Heuernte mußten die Mäher noch in tiefer Nacht zu ihren weit entlegenen Wiesen gehen. Wenig erfreut waren die Männer, als plötzlich der Riedschimmel erschien. Verhielten sich die Schnitter ruhig, so ging der Schimmel gemütlich nebenher, schleppte manchmal eine Kette nach und aus den Nüstern drang Feuer.
(T 197a) Als ein Fuhrmann von Gennach nach Großaitingen fuhr, sah er auf einmal einen großen Schimmel mit einem schwarzen Vogel vor sich. Seine Pferde blieben so lange stehen, bis die beiden Tiere verschwunden waren.
(T 197b) Wenn schon um die Mitternachtsstunde der Untermeitinger Bote Schaule mit seinem Fuhrwerk über den „Eselsweg" zur Landstraße nach Augsburg fuhr, konnte er manchmal den Riedschimmel wiehern hören. Selbst den Rossen war das nicht geheuer. Sie wurden unruhig, schwitzten und dampften.
(T 197c) Eine Frau mußte auf ihrem Heimweg nach Straßberg über das Lechfeld. Es war eine mondhelle Nacht, der Himmel voller Sterne. Da hörte sie über sich das wilde Traben eines Rosses und den Ruf: „Sternlein scheinen hell, und mein Pferdlein reitet schnell."
(LK Schwabmünchen, 367)

Pudel- und andere Tiersagen

(T 198) Da Seelen unsichtbar sind, nehmen sie eine Gestalt an, um sich den Lebenden zu zeigen. Bevorzugt ist das Erscheinen als Pudels. Da läuft in dunklen Winternächten knurrend ein schwarzer Pudel in Großaitingen von der St.-Leonhards-Kapelle bis zum Kreuz am Südrand des Dorfes.

(Zum Leonhardspudel vgl. T 141.)

(T 199) Im Waldteil „Paradies" bei Mickhausen beggneten einem Pferdehändler acht Pudel mit feuriger Zunge und einem Schwabmünchner bei der Nothelferkapelle ein Hund, der dem Mann drei Stunden lang den Weitermarsch verwehrte.

(T 200) In Untermeitingen treibt ein schwarzer Pudel um die Untere Schmiede sein Unwesen. Das sei der alte Strehle vom früheren Großbauernhof.

(T 201) Ein zorniger Pudel mit feurigen Augen sprang einem Gennacher Fuhrmann, von der Schranne heimkehrend, auf den Wagen.

(T 202) Im großen Wald „Auf der Schnait" zwischen Grimoldsried und Reichertshofen läuft kläffend nachts ein Pudel umher. Von ihm heißt es, das sei jener Jäger, der vor langer Zeit im Zorn ein altes Holzweiblein erschoß, weil es Reisig sammelte.

(T 203) Bei Walkertshofen geht ein Pudel in den Rohrwiesen um und in Langenneufnach fürchtet man zur Nachtzeit den Tagwerkpudel.

(T 204) Auf der Friedhofmauer zu Graben zeigte sich eine unerlöste Seele als schwarze Katze einem vorbeifahrenden Fuhrmann. Weil das Tier ihn anfauchte, schlug er mit der Peitsche nach ihm. Da sprang die Katze in einem Satz auf den Wagen, zerkratzte und biß den Mann. Zum Glück begann da eben auf dem Turm der Stundenschlag zu ertönen und augenblicklich sprang das wilde Vieh in den Friedhof zurück.
(LK Schwabmünchen, 367f)

(T 205) Die Justina
Wenn es am Abend dunkelte, erschien eine Frau im Wald mit langen, offenen Haaren. In der Hand trug sie einen Baumast, der auf dem Boden streifte. Von Guggenberg bis zur Jus-

tina konnte man ihr begegnen. Bei der Justina war eine Bank, auf welcher sie ausruhte. Wenn es am Morgen das Gebet läutete, verschwand sie.
(Gemeinde Großaitingen (Hg.): Ortschronik Großaitingen. Das Erbe unserer Ahnen, Großaitingen 1976, 198f).

(Zur Justinakapelle s. S. 83–85.)

(T 206) Der Mann ohne Kopf
Ein Bauer aus Großaitingen war in Burgwalden im Wirtshaus. Er verspätete sich und ging dann nachts durch den Wald nach Hause. Auf seinem einsamen Weg mußte er an einem Kreuz vorüber. Plötzlich bewegte sich bei diesem eine dunkle Gestalt. Es war ein Mann ohne Kopf. Der schloß sich ihm an und ging mit ihm bis zum Wegweiser an der Straßengabe-lung nahe der Wertachbrücke. Es hat fünf Uhr geschlagen und vom Großaitinger Kirchturm hörte man die Gebetglocke. Nun ist der Geist verschwunden.
(Gemeinde Großaitingen (Hg.): Ortschronik Großaitingen. Das Erbe unserer Ahnen, Großaitingen 1976, 200)

(T 207a) Die feurige Henne
Großaitingen: Eine Näherin mußte am späten Abend zum Arzt. Da sah sie eine schwarze Henne auf einem Zaun sitzen. Auf dem Rückweg werde ich sie fangen, dachte sich die Näherin. Die Henne war auch noch da, als die Frau zurückging. Als diese das Tier fassen wollte, schlug Feuer aus der Henne.
(T 207b) *In der Allerseelennacht waren in der Singold viele Enten zu sehen. Sie schlugen fortwährend mit den Flügeln ins Wasser, so daß die Leute, welche näherkommen wollten, ganz naß wurden.*
(Gemeinde Großaitingen (Hg.): Ortschronik Großaitingen. Das Erbe unserer Ahnen, Großaitingen 1976, 199)

(T 208) Fastnacht
Großaitingen: An der Fastnacht sah man bei der unteren Säge vor Mitternacht einen feurigen Wagen. Maskierte Geister trieben sich auf der Straße herum. Niemand wagte sich zu dieser Zeit auf die Straße. Als es Mitternacht schlug, verschwanden Wagen und Geister.
(Gemeinde Großaitingen (Hg.): Ortschronik Großaitingen. Das Erbe unserer Ahnen, Großaitingen 1976, 199)

Großaitingen um 1929. Abb. aus: Gemeinde Großaitingen (Hg.): Ortschronik Großaitingen. Das Erbe unserer Ahnen, Großaitingen 1976, 47.

(T 209) Der Grenzpfahlversetzer
Ein Bauer aus Birkach ackerte mehr um, als zu seinem Grund gehörte und versetzte dann den Markstein. Nach seinem Tode mußte er umgehen und er rief: „Wo muß ich den Stein hinsetzen?" Auf des Pfarrers Rat schrie der Nachbar vom Fenster aus: „Dao, wo en raus haosch!" und warf den Fensterflügel zu. Gleich darauf hörte man einen Schlag gegen das Fensterkreuz und sah am Morgen Finger eingebrannt.

(T 210) Die umgehende Baumeisterin
Die Steigerin von Guggenberg, die einst als Baumeisterin Gesinde und Taglöhner drangsalierte und um den gerechten Lohn betrog, muß noch heute um die Wirtschaftsgebäude als Poltergeist umgehen.
Vgl. T 169. (T 209 und T 210: LK Schwabmünchen, 366)

(T 211) Maaß und Gewicht kommt vors Gericht
Vor etwas sieben Jahren starb in Meitingen der Metzger, war gar ein habsüchtiger Mann, verkaufte alles auf einer verfälschten Waag. Wie er nun begraben war, kam er des Nachts zu seinem früheren Freund dem Wirth, der ganz für ihn getaugt; denn hatte jener nie das rechte Gewicht gehalten, so gab dieser nie eine rechte Maaß. Schleppernd und seufzend weizte er nun bei seinem alten Spezi, jammerte immer: `s Maaß und `Gwicht kommt vors Gericht. Das dauerte so eine Woche, der Wirth, ein schneidiger Mann, ging von seiner Uniform nit ab. Am Samstag Abend starb nun der Wirth. Jetzt gingen nun beide im Wirtshaus um, daß für einen Christenmenschen keines Bleibens mehr drinnen war. Da wollte sie der Pfarrer beschören, kam aber schlecht an, musste mit Schimpf und Schand und Schand abziehen. Wie er aus dem Wirthshaus eilig wieder fortgehen wollte, stellten sie ihn noch und sagten ihm, heut über acht Tag kämen sie in Pfarrhof, wollten fürderhin dort verbleiben. Wie gedroht so geschehen.
Im Pfarrhof war kein ruhiges Stündl mehr. Deß erbarmte sich ein Pater im Lechfeld und schwur sie, obwohl sie sich mächtig sperrten und schreckbar jammerten, in den schupfen hinein. Da gehen sie nun alle Nacht um, seufzen männiglich zur Warnung: `s Maaß und `s Gwicht kommt vors Gericht!
(Leoprechting, Karl von: Aus dem Lechrain. Zur deutschen Sitten- und Sagenkunde, München 1855, 73f)

(Mit Meitingen dürfte das wesentlich größere Untermeitingen gemeint sein, vgl. Schröder, BA VIII, 411: Meitingen ohne das Unterscheidungswort bedeutet viel häufiger Unter- als Obermeitingen)

(T 212) Das Schwoirmänndle
Es sei in den ersten Jahrzehnten nach dem 30jährigen Krieg gewesen, so geht die Sage, als ein Bobinger Viehhändler mit seinem Gäuwägelchen durchs Diebeltal heimwärts fuhr.
Schon seit dem Morgen unterwegs, war er gegen Abend eingekehrt, hatte in einer Dorfwirtschaft noch ein paar Zecher gefunden, und beim Kartenspiel ging der Abend rasch vorbei. Es ging bald der Mitternachtsstunde zu, als die Heimfahrt angetreten wurde. Ein gutes Stück, ehe das Sträßlein den Wald verließ, verfolgte das in der Gegend gefürchtete Schwoirmänndle den Heimfahrenden. Der Geist, als mächtige Gestalt mit wehendem Haar und leuchtenden Augen erkennbar, fuchtelte mit seinen langen Armen und schrie immer wieder: „Hoihoi-hoi!" Dabei krachte es hinter dem Gäuwagen her, wie wenn alle Äste des Waldes aneinander schlügen, und dem Bobinger war es, als würfe der Geist mit feurigen Tannenzapfen nach ihm. So rasch der Händler auch seinen Gaul antrieb, der unheimliche Geist folgte doch

273

immer im gleichen Abstand. Da wurde es dem Furchtlosen zu dumm. Mit angestrafften Zügeln brachte er den Gaul zum Stehen, drehte sich auf dem Wagen um, knallte in Richtung des Geistes kräftig mehrmals mit seiner Peitsche und schrieb dann mit ihr ein Kreuzeszeichen in die Luft, worauf der Geist verschwand und Mann und Gaul sicher Bobingen erreichten. (Aus der Sammlung von Theodor Jörg, Waltenhofen).
(Schäfer, Herbert (Hg.): Bobingen. Beiträge zur Heimatgeschichte, Bobingen ²1990, 100)

(T 213) *Das Hoi-hoi-Männle im Rauen Forst, das mit seinem Ruf die im Walde Verirrten erschreckt und sie hetzt und ihnen schließlich auf die Schultern springt, sich von ihnen tragen läßt und sie auf verschiedene Art peinigt.*

(T 214) *Der „Gänslesgrabamao", der ein ruheloser am Galgen gerichteter Verbrecher sein soll, der mit seinem Gestöhn und auch mit seinem Fluchen den nächtlichen Wanderer ängstigt.*

(Das Domkapitel erhielt für das Amt Dinkelscherben 1483 die hohe Gerichtsbarkeit.)[22]

(T 215) *Das Krotenstegmännlein, das am Krotengraben zwischen Ustersbach und Stadel als Pudel umgeht. Der alte kleine Wagner von Ustersbach ging als Schulbub spät abends von Stadel heim, hatte Angst als ihm etwas Schwarzes am Steg begegnete. Es rührte sich und sagte: „So Büble, jetzt hast du mich aufgeweckt, wer weiß, wie lange ich noch geschlafen hätte"* (Ein Kaminkehrer hatte hier seinen Rausch ausgeschlafen).

(T 216) *Das Jägerbüble mit Horn, es begleitet den Wanderer ein Stück, ist selbst wie ein Jäger gekleidet, zeigt aber auf einmal seinen Boxfuß und unter seiner grünen Jägermütze die Hörnlein und verschwindet dann.*

(T 217) *Die Kutsche auf dem Waldweg nach Steinekirch, sie lädt zum Mitfahren ein, fährt immer schneller, bis endlich der Gast heraus geworfen ist.*

(T 218) *Der Reiter auf dem Schimmel,* am Hagenberg bei Ried.
(T 213–218: LRA KHPF OA Dinkelscherben, Heimatkundliche Stoffsammlung)

(T 219) Dinkelscherben: *Merkwürdigerweise geht vom Schloß und seinen einstigen Bewohnern keine Sage, wohl aber vom Spitalpudel, der nächtlicherweise auf der Straße an der Südseite des Spitals sich zeigen soll, wo früher aus Eifersucht ein Bursche erstochen wurde. Vom uralten Spital existiert keine Sage.*
(Pötzl, Jahrhundertwende, 65 Nr. 36)

(T 220) *Wer spät abends auf dem Heimwege von* Altenmünster *nach dem ¾ Stunden entfernt Baiershofen ist, hat schon mitunter den Vollingschimmel gesehen und auch wiehern hören. Volling ist ein nordöstlicher Waldteil des an Violau anstoßenden Holzes. Ungläubige behaupten, daß nur der den Vollingschimmel sieht und hört, welcher zu viel unter dem Hute hat. So habe ein trinkfester Schmied und Schlosser Namens Leix von Baiershofen schon öfter den Vollingschimmel gesehen und sei wieder umgekehrt, was natürlich Täuschung der benebelten Sinne oder Unfug Dritter gegen den alleinig Furchtsamen im Wirtshaus mit dem Mundstück Tapferen war. Das Wiehern hat wohl der Waldkauz geleistet.*
(Pötzl, Jahrhundertwende, 31 Nr. III)

(T 221) *Im Mühlgumpen zu* Altenmünster *ist eine frühere Müllerin in einen Krug oder Flasche verschworen. Was sie wohl auf dem Gewissen hat, wird die ungerechte Mahl-*

gebühr sein.
(Pötzl, Jahrhundertwende, 32 Nr. III b)

(**T 222**) *Im hintern Feld, über den Lettenberg hinauf, gleich da, wo das Holz anfängt, ist linker Hand ein Brünnlein (Quelle), da ist ein Klostervogt aus* Altenmünster *verflucht. Er war von der Herrschaft Kloster Oberschönenfeld (1806 säkularisiert) aufgestellt und ein gar böser und ungerechter Verwalter, darum haben ihn die Hörigen der Klosterherrschaft oft und oft verflucht und er muß deshalb seit er gestorben ist „umgehen", das heißt seine Seele findet im Grabe keine Ruh. Wo er umgeht, hat der Klosterwald, heute Staatswald und noch „Schönefelder" geheißen, begonnen. Der Vogt wird wohl speziell wegen harter Holzfrohnen etwas auf dem Gewissen haben sollen. Abends merkt mans wenn man spät noch Vieh oder Schafe gehütet hat; auf einmal blieb das Vieh nicht mehr in der Nähe des verrufenen Platzes; „Nachtweide" geheißen, auch hat einmal ein Unbekannter dem Schäfer Romanes (Roman Wirth, gest. 1905) verschlagen helfen, derselbe hat kein Wort dabei gesprochen und ist auch wieder still verschwunden, wie er gekommen ist. (Ursache für das Vieh: Erschrekken von durchwechselnden Wild, das vielleicht „scheuchte"; oder ein Jäger oder Wilddieb, der sich den Spuck leistete, um sich freie Bahn für seine Absichten zu schaffen oder um den Platz verrufen zu machen.)*
(Pötzl, Jahrhundertwende, 32 Nr. III d)

(**T 223**) Häder: *Als Gespenster gelten: Licht in der Streitlache, Große Frau bei Schreiles Kapelle.*
(Pötzl, Jahrhundertwende, 94)

(**T 224**) Mittelneufnach: *ein Irrlicht soll sich zuweilen im sumpfingen südlichen Ried des Ortes zeigen.*
(Pötzl, Jahrhundertwende, 113)

(**T 225**) Altenmünster: *Entweder im Mühlgumpen oder auch am Eppishofer Steg (oberhalb der Mühle) sieht man mitunter eine verzauberte Gans. Ursache und Deutung unbekannt.*
(Pötzl, Jahrhundertwende, 32 Nr. III c)

(**T 226**) **Der Geist im Gut**
Der alte Färber hat ihn gesehen und vielleicht könnte uns auch mancher Bräubursche eine Geschichte von ihm erzählen. Der Geist geht im Keller um in Zylinder und Frack, im Festtagsstaat. Warum? – Das ist so zugegangen: Einmal hatte das Gut einen arg reichen, herrischen Besitzer. Die Langweider aber waren meist arme Söldner mit wenig Grund und Boden. Die einen hatten ein Kühlein, die anderen zwei. In den schlechten Jahren, wenn es die Ernte verhagelt hatte oder ein Mißwuchs war, drückte der reiche, gottvergessene Gutsbesitzer den armen Söldnern einen Acker um den anderen ab, so daß er seinen Besitz fast verdoppelte. Das kann auch in einer der vielen Kriegszeiten gewesen sein, die Langweid mitmachen mußte. Schon damals sagten die Leute: „Das kommt wieder auseinander wie es zusammengekommen ist." – So ist es auch geschehen. Das Langweider Gut wurde vor nicht allzu langer Zeit zerstört. Der schlechte Gutsbesitzer findet aber heute noch keine Ruhe und muß umgehen, wie er sich bei Lebzeiten hat am liebsten sehen lassen, mit Zylinder und Frack.
(LRA KHPF OA Langweid, Heimatkundliche Stoffsammlung)

(**T 227**) **Das Bettenfirst-Männlein**
In der südöstlich von Zusmarshausen *gelegenen Waldabteilung „Bettenfirst" lebte einst ein Waldgeist, das Bettenfirstmännlein. Einmal – so erzählt man sich – waren drei Zusmarshauser Bürger schon spät am Abend von* Lindach *her auf dem Heimweg. Mitten im Forst hörten sie auf einmal das mißmutige Brummen des*

Bettenfirstmännleins, das sich auf seinem nächtlichen Streifzug gestört wähnte. Da wurde der Geist der drei Heimgänger so verwirrt, daß sie vollkommen vom Wege abkamen. Der erste von ihnen gelangte schließlich bei Herpfenried *aus dem Wald. Der zweite fand sich beim Abstieg am „Pfingstgraben" zurecht und der dritte kannte sich erst wieder aus, als er am südlichen Ende des „Horn" die Gabelbacher Straße erreichte. – Mitunter geschah es auch, daß das Männlein nächtliche Fußgänger „beschwerte", so, daß sie glaubten, eine schwere Last zu tragen. Kamen sie dann an eines der beiden Kreuze am Südrand des Ortes – ein Feldkreuz stand im Garten des jetzigen Krankenhauses, das andere am Gäßchen beim Landwirt Hieber – war die Macht des Männleins gebrochen.*
(Both/Helmschrott, Zusmarshausen, 217)

(T 228) Der Spuk in der Kohlstatthühle
Bei der „Kohlstatthühle" in der Waldabteilung „Hesselgrub", nördlich von Zusmarshausen, *hausten die Köhler. Tag und Nacht hielten sie bei ihren Meilern Wache, daß kein unrechtes Lüftchen die Holzstöße zur Entzündung brachte und ihre Arbeit zunichte machte. Unter den Köhlern war einst ein wilder, unheimlicher Geselle, über den allerlei schauderhafte Geschichten im Umlauf waren. So nahm es auch nicht wunder, daß sich bei Nacht niemand mehr durch den Hesselgrub-Wald traute. Die Leute fürchteten sich, denn es konnte sein, daß plötzlich ein geisterhaftes Wesen den Weg kreuzte oder ein Hund mit feurigglotzenden Augen den einsamen Wanderer umstreifte. – Einst nun nahm ein Handwerksmann aus Zusmarshausen, der in* Welden *zu tun gehabt hatte, schon zu später Stunde seinen Weg über die Kohlstatthühle nach Hause. Im Walde war es stockfinster. Da sah er plötzlich eine dunkle Gestalt unbeweglich am Wege stehen. Beherzt rief er: "Wer da?" Doch als er keine Antwort bekam, schlug er mit seinem Knotenstock voll Ingrimm auf das vermeintliche Haupt des – mannshohen Fichtenbäumchens, an dem ein Lumpen gehangen und das ihn in der Dunkelheit genarrt hatte.*
(Both/Helmschrott, Zusmarshausen, 218)

(Die Köhlerei wurde noch um 1860 im Holzwinkel stark betrieben.)[23]

(T 229) Sagen und Geschichten aus dem Holzwinkel
Es ist die Sage vom Heimann; kein Wunder, denn in den Holzwinkeln geht man durch die Wälder oft lange, bis man in das Dorf kommt. Und wenn man sich verspätet hat, es Nacht wird und man durch die einsamen, dunklen Wälder muß, kommt bei etwas ängstlichen Gemütern die Furcht auf, man verfehlt und verirrt sich. Da taucht dann dabei die Erinnerung auf, die sich aus den geheimnisvollen Erzählungen der Alten vom Heimann tatsächlich (er)gibt. Denn viele sollen mit ernster Beteuerung versichert haben, daß sie diesem Heimann wirklich begegnet sind.
Der Heimann soll ein Geist sein, der seine Freude daran hat, die allein durch die Wälder Wandernden irre zu führen, sich auf ihren Rücken zu setzen und sie solange im Kreise herumzujagen, bis sie vor Müdigkeit nicht mehr weiterkönnen. So erzählt man sich, daß einmal der Ziegler von Bocksberg am Samstag vom Köhler bei Lauterbrunn *heimwärts gegangen sei. Im nahen* Emersacker *hörte er noch das Gebetläuten, so still war es. Zuerst wollte er durch flottes Gehen das Versäumte nachholen, kam durch etwas in Schweiß und mußte mit seinem scharfen Gang etwas nachlassen. Auf einmal schreit es hinter ihm hei, hei! Er denkt gleich an den Geist, von dem er schon öfters gehört hat, will sich aus dieser Gegend schnell wegmachen und fängt zu laufen an. Da, da hockt sich was auf seinen Buckel, run-*

ter bringt er es nimmer, bis auf den Weg nach Hinterbuch hinein. Dort, wo zwischen den ersten Häusern schon ein Lichtlein durchschimmert, ist es plötzlich weggewesen. Er wäre fast zusammengebrochen vor lauter Schwere und alle Glieder waren ihm wie abgebrochen. Schweißtriefend kommt er nach Mitternacht heim und erzählt das Erlebnis seinem Nachbarn, der ein alter Draufgänger und Furchtloser war. Natürlich lachte er ihn tüchtig aus und erzählte ihm, wie es der Schäffler von Osterbuch gemacht hat. Dieser ist einmal von Salmannshofen nach Osterbuch gegangen und da hockte sich auch der Heimann auf den Buckel. Da habe er zuerst das Kreuzzeichen gemacht, sich Mut genommen und habe nach rückwärts gelangt und den Kerl gepackt –, wie er ihn vorbrachte, war es eine abscheuliche Nachteule. Diesmal hat er es aber noch nicht geglaubt. Und als er wieder einmal durch den Wald des Nachts gehen mußte – sein Schwager aus Affaltern hat ihn dringend zu sich gebeten – da nahm er sein Jagdgewehr mit. Und wirklich! Im stockfinsteren Wald schrie es hei! hei! Da machte er ein Kreuz, bleibt stehen, dreht sich um und sieht aber nichts. Nach einer Weile da schreit es wieder hei, hei! Er rennt zum nächsten Baum, legt an und schießt hinauf. Patsch, platz, machte es vor seinen Füssen und da liegt eine prächtige, tote Nachteule. So fand die Mär vom Heimann seine Aufklärung und seitdem glaubt der Ziegler nicht mehr an den Heimann. Der Schmied aber meinte, es wäre nur die Angst gewesen, die sich da auf seinen Buckel hockte.
(LRA KHPF OA Lauterbrunn, Heimatkundliche Stoffsammlung)

(T 230) **Die Sage vom Hoimann**
Ebenfalls in schwarzen, stürmischen Nächten verfolgt im Wald zwischen Holzhausen und Gablingen den Wanderer der Hoimann. Auf schnellem Schimmel sprengt er an den Ahnungslosen heran. Im Nu ist er auch wieder fort; aber ständig hört man ihn rufen: Hoi! hoi! hoi! Er lockt und ruft sehr seltsam und unwiderstehlich. Gar mancher Wandersmann läßt sich von diesem Hoimann verleiten, geht dem Rufen nach und verliert den rechten Weg. Und dabei mußte schon mancher Wanderer die Nacht im Walde verbringen, zur Freude des Hoimanns.
(Theater- und Sportverein Lützelburg (Hg.): Chronik Lützelburg, Lützelburg 1980, 158)

(T 231) **Bock, Pudel und Mann ohne Kopf**
In der Nähe der Zollwirtschaft an der Straße nach Biberbach stand eine große, alte Fichte. Die betagteren Langweider wissen sie noch. Wenn nun einer, der zu lange hinter dem guten Bier des Zollwirtes gesessen ist, im Dunkeln nach Langweid heimstolperte, dann sprang ihm bei der Fichte ein schwarzer Pudel auf den Rücken. Einige, die ihn tragen mußten, sagten, er hätte feurige Augen gehabt. Andere meinen, es sei eigentlich kein Pudel, sondern ein schwarzer Bock gewesen mit Augen wie zwei Feuerräder. Wieder andere wissen von einem kopflosen Mann zu erzählen, der sich dem nächtlichen Wanderer als Begleiter anschließt. Seinen Kopf trägt er unter dem linken Arm. Er redet kein Sterbenswörtlein, sondern läuft nur schweigend genau im gleichen Schritt nebenher. Gerade das soll so unheimlich sein.
Die einzigen, die sich über den gruseligen Nachtspuk freuten, waren die Langweider Söldnerfrauen. Sie wußten bestimmt, daß ihre Männer nach einem so schlimmen Erlebnis nicht mehr zum Zollwirt gingen und vielleicht aus Furcht vor einer zweiten Begegnung mit dem unheimlichen, nächtlichen Gast sich nie wieder dem Trunke ergaben.
(LRA KHPF OA Langweid, Heimatkundliche Stoffsammlung)

(T 232) Der Bulachpudel
Die Kutzenhausener Bauern gingen früher gerne nach Buch zum Bier. Wenn sie nach Dinkelscherben in die Schrannen fuhren, dort ihre Erzeugnisse gut verkauften und auf dem Heimweg waren, konnten sie an der Gastwirtschaft in Buch nicht vorbeifahren. Sie kehrten ein und löschten tüchtig ihren Durst. Wieder einmal saßen zwei Bauern aus Kutzenhausen in der Wirtschaft in Buch. Sie tranken eine Maß nach der andern und immer besser schmeckte ihnen das Bier, je mehr sie davon kosteten. Die Mitternacht war schon längst vorbei, da machten sie sich auf den Heimweg. Die Straße war breit und der Graben nicht tief; so kamen sie gut bis zu den Bulachwiesen. Doch welch ein schreckliches Tier kreuzte da ihren Weg, einmal, zweimal, öfter! Ein Pudel war es, schrecklich anzusehen, mit langem struppigem Haar und einem feurigen Rachen. Die Männer getrauten sich nicht mehr weiter. Sie kehrten um, versuchten es nochmal, am Kreuz bei der Bulachmahd vorbeizukommen, doch der Pudel streifte immer wieder vor ihnen her und ließ sie nicht weiter. Erst als der Tag graute, verschwand er und sie konnten nach Kutzenhausen heimkehren. Dort erzählten sie ihr fürchterliches Erlebnis. Auch andere glaubten, in der folgenden Zeit, den Bulachpudel gesehen zu haben. Er hat sie in der Nacht aufgehalten und am Weitergehen gehindert. Ängstliche Leute getrauten sich deshalb bei Dunkelheit nicht mehr an den Bulachwiesen vorbeizugehen. Später wurden damit auch die Kinder geschreckt: „Geh am Abend rechtzeitig heim; verlaß bei Dunkelheit nicht das Dorf, der Bulachpudel kommt!"
(Eskau, Heike: Kutzenhausen – Kleine Ortskunde eines schwäbischen Dorfes, Würzburg 1969, 138; siehe Fleiner, Sagen, 90)

(T 233) Die Sage vom Voglach-Pudel
In unheimlichen Nächten kommt aus dem Wald in der Voglach (Flurbezeichnungen an der Straße von Lützelburg nach Muttershofen) ein großer schwarzer Hund mit feurigen Augen, feurigem Rachen und feurigem Schwanz hervor. Er stellt den einsamen Wanderer, der um Mitternacht auf dem Heimweg ist, umkreist ihn ständig und hindert ihn somit am Weitergehen. Wenn es vom Kirchturm 1 Uhr schlägt, ist der Spuk beendet, und der schreckenerregende Hund ist spurlos verschwunden.
(Theater- und Sportverein Lützelburg (Hg.): Chronik Lützelburg, Lützelburg 1980, 158)

Unerlöste Seelen
(T 234) *In der Gumpenweiler Flur kennt man heute noch den Namen „Galgenberg". Hier soll einst der Nachrichter die Malefikanten am Galgen ins Jenseits befördert haben. Darunter waren Galgenvögel, die ohne Reue und Buße oder gar mit einem Fluch auf den Lippen ihren letzten Schnaufer taten. Ist es da ein Wunder, daß sie nicht zur ewigen Ruhe eingehen können? Einmal im Jahr, zur Allerseelenzeit, dürfen sie zur Erde zurück. Dann hört man am Galgenberg schon von weitem das heisere Krächzen vieler Raben und wer näher kommt, entdeckt eine Menge hastiger, knapp über dem Erdreich hin- und herstreichender Vögel, die sich ständig von der Stätte des ehemaligen Galgens ein Stück entfernen, um alsbald darauf wieder aufgeregt flatternd und wild schreiend zurückzukehren. Man merkt ihnen an, daß sie voll Unruhe sind und es ist, als ob sie etwas suchten und es nie finden.*

(Ein Galgen lässt sich in Gumpenweiler nicht nachweisen, das Volk erzählte aber noch in den 30er Jahren von einem Schloss, dessen Inhaber die hohe Gerichtsbarkeit ausgeübt hätten.)[24]

(**T 235**) *Als die Näherin von Birkach von der Störarbeit zu Schwabegg am dunklen Abend nach Hause zog, erschien ihr in der „Wulfen" ein helles Licht und zog vor ihr her bis zum Waldende. Als sich das mehrmals wiederholte, erzählte sie ihrem Pfarrherrn davon. Dieser riet ihr, das nächstemal „Tausendmal Vergelt`s Gott!" zu sagen. Als die Näherin das am nächsten Abend tat, hörte sie: „Ich danke dir, ich hätte nur noch ein einziges `Vergelt`s Gott!` gebraucht. Darauf hin tat es einen Knall, das Licht erstrahlte noch heller und verschwand für immer über den Baumwipfeln.*
(T 234 und 235: LK Schwabmünchen, 365)

Vom Wilden Heer

(**T 236**) *Das Wilde Heer zieht zu gewissen Zeiten das Wertachtal entlang, und besonders die ganze Halde hinauf von Wellenburg bis Guggenberg hört man es.*

(**T 237**) *Am Weg von Straßberg nach Bannacker, bei der Sandhühle im Armenseelengehau wurden die Leute nachts manchmal vom Wilden Gjäg erschreckt; auch hörte man dort zu Zeiten eine wunderschöne Musik in der Luft.*

(**T 238**) *Wenn man früher im Weiherhof am frühen Morgen Gsod schnitt, löschte es einem manchmal das Licht aus, ohne daß Zugluft daran schuld sein konnte. Das hing wohl mit dem Wilden Heer zusammen, das immer seine bestimmte Richtung nimmt und oft mitten durch Häuser und Städel zieht.*

(**T 239**) *Nach dem Tode des Straßberger Schloßbesitzers Karl Fischer († 1855) erzählte man, daß er nachts unermüdlich auf seinem Schimmel zwischen Straßberg und Scheppach hin und her reite. Dieser Gedanke lag ja sehr nah, denn wie konnte der Mann im Grabe Ruhe finden, der täglich nach Scheppach gekommen war und dort nach der Jagd oft ganze Nächte hindurch gezecht hatte, bis ihm der Tod das Glas vom Munde nahm.*

(**T 240**) *Ähnliches widerfuhr dem Oberförster Fröhlich von Hard, der 1855 starb. Kurze Zeit nach seinem Tod wollten ihn verschiedene Leute bald da, bald dort, zumeist jedoch am Leitenberg gesehen haben, wie er auf seinem Schimmel nachts durch die Wälder ritt. Das ging viele Wochen lang so fort. Endlich wurde es dem damaligen Landrichter von Schwabmünchen, einem Freunde Fröhlichs, zu dumm; er erließ die Warnung, daß jeder, der den Toten noch einmal reiten sähe, fünf bis zehn Rutenhiebe oder acht Tage strengen Arrest in der Geigenburg bekäme. Das hat den Geist erlöst, sagten die Spötter, von da ab sah ihn keiner wieder.*

(Die Geigenburg/Geyerburg war das Gefängnis in Schwabmünchen.)[25]

(**T 241**) *Eine Frau von Wehringen ging nachts mit ihrem fünfjährigen Töchterchen von Reinhartshausen heimwärts. An Schweinbergers Mahd, dem schönen langen Waldanger, der sich vom Bach an in das Holz hineinzieht, sahen sie einen Schmied ohne Kopf im Holz drin stehen, der eben einen wunderschönen Schimmel beschlug.*

(**T 242**) *Von einem Schneider. Es ist einmal ein Schneider von der Stör heimgegangen. Wie er in das Holz kommt, hat er ein eichenes Laub abgebrochen und auf den Hut gesteckt. Als er so dahinging, fing das Laub auf dem Hut zu rauschen an. Der Schneider bekam Angst und fing an zu laufen, doch je ärger er lief, desto mehr rauschten die Eichenblätter, und der Schneider fürchtete sich immer mehr. Er rannte bis er nicht mehr konnte, dann flackte er sich* *hin und sagte: Jetzt friß mich nur vollends, ich kann nicht mehr.*

(Birlinger, Wörterbuch, 470)

(**T 243**) *Der alte Johann Deuringer, der Vater des letzten Besitzers von Bannacker, ehe das Gut an die Fugger kam, erlebte auf dem nächtlichen Heimweg von Straßberg an der Sandhühle folgendes: Ein Eichenblatt flog ihm auf den Hut und ließ sich nicht verscheuchen. Je mehr er darnach schlug, desto zudringlicher flog es auf ihn zu, wie eine zornige Biene, die sich nicht abwehren läßt.*

(**T 244**) *Wenn man von Klimmach nach Birkach will, geht man den Schloßberg hinunter. Da hausten einst böse Ritter, die mit den Speisen schändlichen Mißbrauch trieben. Sie ritten oft nach Schwabeck zu den Klosterfrauen, aber nicht um zu beten. Sie holten mit Fässern Wasser aus dem Froschbach und ließen dabei ihren Pferden die Hufeisen verkehrt aufschlagen, damit man nicht merken sollte, daß sie selbst an den Froschbach fuhren. Wegen ihres schlechten Lebens ist ihr Schloß versunken, und die Ritter müssen noch heut mit zwei Schimmeln das Wasser aus dem Froschbach holen. Nachts hört man sie im Wasser plätschern und mit dem Wagen rasseln; die Wälder widerhallen von ihrem Geschrei. Im Berg drin ist eine Truhe mit einem Schatz, darauf sitzt ein Pudel. Man wollte ihn schon heben, da entschlüpft einem ein Wort, und er verschwindet.*

(Birlinger, Aus Schwaben 1, 268; Ders., Wörterbuch, 467; vgl. die andere Fassung bei T 25a (ohne Schatz und Pudel) und die Dialektfassung aus Birlingers Wörterbuch.)

(**T 245**) *Einst gingen Leute vom Könghauserhof nachts auf den Nonnenberg zum Laubrechen und hängten die mitgebrachte Laterne an einen Baum. Auf einmal hörten sie ein Mordsgeschrei, und das Laternchen ging plötzlich aus, obwohl kein Wind wehte. Da sind sie fort und heim, und etwas Ungerades ist ihnen nach, immer auf den Fersen bis zum Könghauserhof. Sie liefen vor Angst mehr als sie gingen und trauten sich nicht umsehen.*

(**T 246**) *In einer Nacht zog es am Könghauserhof vorbei wie ein Heer von Rossen und Reitern mit furchtbarem Gepolter, Geschrei und Krachen. Da warfen die Leute eine schwarze Katze hinaus in die Luft und hörten sogleich das Tier entsetzlich aufschreien. Am andern Morgen lag die Katze mit verdrehtem Kreuz im Gärtchen.*

(**T 247**) *Einige Leute kehrten von Schwabeck nach Klimmach zurück. An der Halde oberhalb Könghausen erhob sich plötzlich ein solcher Sturm, daß sie meinten, er risse die Bäume um. Es gab einen schrecklichen Lärm hoch oben in der Luft, dann ertönte eine wunderschöne Musik.*

(**T 248**) *Auch zwischen Graben und Schwabmünchen zieht das Wilde Gjäg. Ein Mann ging heimwärts nach Graben, die Luft war ruhig und still. Plötzlich erhob sich ein Sausen und Brausen und ein gewaltiger Sturm. Er hörte wilden Lärm, darauf schöne Musik und herrlichen Gesang. Er warf sich auf die Erde und verhielt sich ruhig; das Wilde Gjäg zog vorbei und tat ihm nichts.*

(**T 249**) *Ein stiller, nüchterner Mann aus Straßberg kam eines Abends vom Holzmachen heim. Als er sich dem Dorf näherte, hörte er das Wilde Gjäg mit sehr schöner Musik über den Eichkobel ziehen. Das Wilde Gjäg hieß in Straßberg auch das Wilde Gschrei.*

(T 250) *Der alte Butterlorenz mußte einst nachts auf dem Heimweg von Bannacker nach Straßberg bei der Sandhühle und der Armenseelentafel eine ganze Strecke weit durch eine Art Gasse gehen, die von lauter schwarzen Tüchern gebildet war.*

(T 251) *Zwei Wehringerinnen gingen von Ottmarshausen heim und hörten über sich ein schreckliches Wüten und Toben. Sie nahmen ihre Zuflucht zu einem Schäfer, der riet ihnen, sich auf den Boden zu werfen und das Wilde Gjäg vorüberziehen zu lassen.*
Jeder, der das Wilde Gjäg kennt, rät, sich gestreckterlängs auf den Boden zu werfen, sonst nimmt es einen mit. Das Rasseln und Schreien und die schöne Musik dauern nicht lange, sie sind im Augenblick vorbei.

(T 252) *Das Wilde Gjäg geht am ganzen Leitenberg; auch auf der Höhe zwischen Döpshofen und dem Vögele (Itzlishofen) hört man es. Sie enthält das berühmte Lenorenmotiv, das uns durch Bürgers Gedicht bekannt ist.*

(T 253) *Die Frau mußte auf ihrem Heimweg nach Straßberg über das Lechfeld. Es war eine mondhelle Nacht, der Himmel voller Sterne. Da hörte sie über sich das wilde Traben eines Rosses und den Ruf: Die Sternlein scheinen hell, und mein Pferdlein reitet schnell.*
(T 236–253: Rühfel, Volkskundliches, 189–190, f) Nrn. 1–6; 190–194 Nrn. 1–16)

(T 254) *Wildes Gejäg, bei Horgau, Erlebnis eines Handwerksburschen, der vor der Gespensterschar in einen Heuschober flüchtet, vom wilden Heer mitgenommen wird und endlich auf die Erde zurückfällt.*
(LRA KHPF OA Dinkelscherben, Heimatkundliche Stoffsammlung)

Glockensagen

(T 255) *Die große Glocke in Untermeitingen, die aus dem Jahre 1534 stammte, wurde wegen ihres wunderbaren Klanges sehr geschätzt. Aber auch die Augsburger, die nach Klosterlechfeld pilgerten und den mächtigen Ton herüber hörten, wurden aufmerksam. Schließlich drang die Kunde von dem herrlichen Klang zum Rat der Reichsstadt und die Herren beschlossen, das Kunstwerk zu kaufen. Doch die Meitinger hingen so sehr an ihrer „Großen Glocke", daß kein Angebot lockte. Selbst das Versprechen, Taler für Taler auf der Straße von Untermeitingen nach Augsburg als Kaufpreis aneinander zu legen, konnte die braven Bauern nicht ins Wanken bringen und so wurde aus dem Handel zum Leidwesen der Augsburger und zur Freude der Meitinger nichts.*
(LK Schwabmünchen, 363)

(T 256) *Von Münster geht die Sage, es habe silberne Glocken gehabt, die man bis nach Augsburg läuten hörte (aus dem Volksmund ausgenommen), also wohl Glocken, die weitum für Verirrte zum rettenden Zeichen wurden.*
(Zoepfl, BA IX, 239 Anm. 71)

Menschen mit übernatürlichen (magischen) Gaben und Kräften

Im Gegensatz zu den Volksglaubensberichten (s. o.) ist die **Hexe** in den Sagen bei uns direkt nicht besonders häufig vertreten (im Vergleich etwa zu Geistern und Gespenstern, umgehenden Toten und mythischen Tieren). Gegenüber den Hexenprozessen erscheint die Vorstellung von den Hexen und ihrem Wirken sehr stark reduziert. So markante Punkte wie Teufelsbuhlschaft oder Kinderkannibalismus fehlen.[26] Flurnamen in Verbindung mit „Hexen" wurden als ehemalige Hexentanzplätze interpretiert

(T 107). In einem Haus in Straßberg sollen die Hexen nackt getanzt haben (T 106). Das erinnert an die Vorstellungen vom Hexensabbat. Auch das Hexenmahl ist bekannt und Menschen können offensichtlich daran teilnehmen, doch verschwindet es abrupt beim Zeichen eines Kreuzes (T 108, T 109). Unter den Hexen gibt es mächtigere und schwächere und unter ihnen bestehen durchaus Feindseligkeiten. Übel beleumundete alte Weiber, die hinkten, wurden für Hexen gehalten (T 96). Der Schaden, den Hexen anrichten, besteht fast ausschließlich im Milchdiebstahl (T 90, T 91, T 95, T 97, T 98), von der Schädigung des Viehs, von der die Prozessakten überquellen, ist in unseren Sagen nicht die Rede, auch die Wetterhexe ist unbekannt. Die Hexen flechten aber nachts den Pferden die Mähnen (T 100). Im Jahre 1885 wurde in Döpshofen einem Mädchen die Krankheit des Veitstanzes angehext (T 99).[27] Eine Hexe kann wie ein Kobold auftreten, der in der Höll hinter dem Ofen wohnt und sich der Speisen auf dem Tisch bedient (T 93, vgl. dazu T 92). Sie kann sich aber auch als Aufhockerin (Alb, s. u.) betätigen (T 117).

Unheilvoll war das Wirken des der schwarzen Kunst ergebenen Kohlbartl aus Burgwalden. Er konnte Wetter machen, eine sonst vor allem den Hexen nachgesagte Fähigkeit, und Gewitter vorhersagen und benützte einen Totenkopf. Einem alten Mann zauberte er ein schreckliches Kopfleiden an, indem er in den Totenkopf einen Nagel trieb (T 105). Schwarzkünstler gab es vor allem unter den Schäfern. Sie beherrschen vor allem das **Bannen**. „Bann ist der Zwang, den ein Mensch mittelst eines Zauberwortes oder einer Zauberhandlung auf andere Wesen ausübt, meistens mit dem Zweck, den Gebannten unschädlich oder unfähig zu machen, seinen Willen zu betätigen."[28] Ein Schäfer in Gessertshausen konnte sogar den Teufel bannen (T 115), ein Schäfer in Burgwalden benütze seinen Stecken als Medium (T 116). In Leuthau bannte ein Geisterbanner einen Geist in den Höllhafen, der dann auf dem Nonnenberg vergraben wurde (T 122). Als Teufelsbanner und Geisterbeschwörer treten auch Geistliche auf (ohne dass dabei vom Exorzismus die Rede ist), doch eignet sich dazu nicht jeder. Einem Geistlichen, der ihn vertreiben sollte, hielt der Teufel zwei Jugendsünden vor. Auch ein zweiter Geistlicher versagte, erst ein dritter hat den Teufel *warm gemacht* (T 142). Als der Pfarrer in (Unter-)Meitingen zwei Umgehende beschwören wollte, musste er mit Schimpf und Schande abziehen und die beiden stellten ihm noch nach. Erst einem Pater aus Klosterlechfeld gelang es, sie in den Schupfen zu bannen (T 211). Darin kommt die Volksmeinung zum Ausdruck, die Klostergeistlichen eine größere Wirksamkeit zutraute. Nicht immer wird gesagt, wer den Geist gebannt hat. In Klimmach wurde ein Geist in eine Flasche gebannt und in den Brunnen geworfen (T 153) und in Altenmünster wurde die frühere Müllerin in einen Krug oder in eine Flasche *verschworen* und in den Mühlgumpen geworfen (T 221).

Im Anschluss an die Geschichte von dem Schäfer in Burgwalden (T 116, s. o.) erzählt Josef Rühfel von einem *Zauberer*, einem Brauer in einem Dorf am Stoffersberg (s. von Igling, w. von Landsberg). Seine beiden Schäfer saßen jeden Abend in seiner Wirtschaft und ließen die Schafe allein. Ein fremder Gast wunderte sich darüber und wollte nicht glauben, dass der Brauer das Bannen versteht. Als dieser zur Probe ein Schaf entführen wollte, konnte er auf einmal nicht mehr weiter. *Der Wirt ließ ihn stehen bis gegen Morgen, dann ging er mit einigen Anwesenden hinaus, denn vor dem Morgenläuten muß der Banner den Gebannten befreien, sonst holt beide der Teufel.* Der Klang der geweihten Glocke beendet die Macht des Banners (s. T 195; s. u.). Als ein Zuschauer den Brauer bat, ihm auch diese Kunst zu lehren, antwortete er: *Ich habe drei Buben, aber keiner soll von mir lernen, was ich kann. Ich wollte, ich könnte es nicht. Es ist etwas Arges.*[29] Der Zauberer empfand demnach seine Kunst als etwas Unheimliches.

In der Literatur hat Jeremias Gotthelf in der Erzählung „Die schwarze Spinne" das Thema faszinierend gestaltet.

Der Teufel

Der Teufel spielt in unseren Sagen direkt keine besondere Rolle. Er erscheint zweimal als Überzähliger, als der Dreizehnte (T 145) und als der Elfte (T 152). Ein Köhler am Rauhenberg hatte einen vorbei gehenden Fremden gerufen und staunte, dass aus seinem Rücken Flammen sprühten. Erst dann bemerkte er, dass der Fremde einen Geißfuß hatte; der Köhler starb bald danach (T 58). Das Jägerbüble, das den Wanderer ein Stück begleitete, zeigte, bevor es verschwand, seinen Bocksfuß und unter der Mütze seine Hörnlein (T 216). Maria Anna Winkler aus Gablingen sagte 1720 in einem Hexenprozess in Schwabmünchen aus, ein Jäger sei ihr begegnet und sie habe mit ihm Unzucht getrieben. Die Indizien sprachen für den Teufel.[30] Der feurige Hund, der den Schatz im Stuhleberg bewacht, ist kein anderer als der Teufel (T 28). In anderen Sagen, in denen gespenstische Tiere auftreten (s. u.), wird das nicht deutlich gesagt, oft aber bewegt sich eine Vermutung in diese Richtung.

Umgehende Tote

Am Beginn des entsprechenden Kapitels erklärte Josef Rühfel grundsätzlich: *Da Seelen unsichtbar sind, nehmen sie eine Gestalt an, um sich den Lebenden zu zeigen.* Umgehende Tote tauchen häufig in den Sagen auf.[31] Dabei wird nicht immer gesagt, warum sie umgehen.

Im Teufelstal soll ein Geistlicher im vollen Ornat umgegangen sein (T 118). Man weiß auch nicht, warum die Besitzerin des Könghauserhofes umging (T 123a-d). In ihrer Gestalt erinnerte sie an die Lorelei. Der Geist war den Leuten so vertraut, *daß man sich zuletzt gar nichts mehr aus ihm machte*, lediglich die Kinder fürchteten sich vor ihm und verkrochen sich im Ofenwinkel. Mit ihm ist die Frau vergleichbar, die bei der Justinakapelle erschien (T 205). In einem Dorf im Schwarzachtal trat eine verstorbene Frau nackt in die Stube und bat um das erlösende Gebet (T 161). Eine Oberschönenfelder Klosterfrau dagegen ging um, weil sie geholfen hatte, Geld zu vergraben (T 162). Sie war weiß gekleidet und trug einen schwarzen Schleier. Sie ängstigte die Leute durch Weinen und Schreien, aber sie tat niemandem etwas. Ein Bauer in Aitingen musste umgehen, weil er in seinem Leben nicht gebetet hatte (T 142). Die drei Schlossfräulein vom Kirchberg bei Heretsried müssen ihres lasterhaften Lebens wegen umgehen. Sie sind in den Kirchberg gebannt, dürfen ihn aber nachts (bei abnehmendem Mond zwischen 11 und 12 Uhr) verlassen. Sie sitzen dann an einem Kreuzweg, begleitet von einem großen Hund mit glühenden Augen und feurigem Rachen und bieten einem Unschuldigen und Furchtlosen Geld aus einem Schatz an (T 24a). Die Birkacher Ritter müssen ihres liederlichen Lebenswandels wegen immer noch Wasser aus dem Froschbach holen (T 25a). Eine Armeseelentafel erinnerte an einen Bauern, der einen Schatz vergraben hatte und deswegen umgehen musste (T 55). Aus dem gleichen Grund fand der Raunl in Markt keine Ruhe (T 59). Einen zu Unrecht erworbenen Schatz darf man auch beim Schlossfräulein von Kleinaitingen vermuten (T 60). Auch das Schlossfräulein von der Giessenburg bewacht einen verborgenen Schatz (T 61).

Die Baumeisterin auf Guggenberg erscheint

als Gespenst, weil sie die Leute unmenschlich behandelt hatte (T 169 und T 210). Ein *gar böser und ungerechter* Oberschönenfelder Vogt in Altenmünster, der von den Untertanen *oft und oft verflucht* worden war, musste umgehen, *das heißt seine Seele findet im Grab keine Ruh* (T 222).

Die Unantastbarkeit der Grenze kommt auch dadurch zum Ausdruck, dass der, der Grenzsteine verrückt, umgehen muss. Solche Grenzfrevelsagen sind sehr weit verbreitet.[32] Zwischen dem Engelshof und Burgwalden ging ein Grenzsteinverrücker um (T 160) und einen Bauern aus Birkach traf die gleiche Strafe (T 209). In den gleichen Komplex gehört die Verletzung von Maß und Gewicht, deretwegen der Wirt und der Metzger in (Unter)Meitingen umgehen mussten (T 211).

Von manchen Umgehenden nennen die Sagen auch ihre Gestalt. Der herrische, gottvergessene Gutsbesitzer in Langweid muss umgehen, wie er sich zu Lebzeiten am liebsten sehen ließ, in Frack und Zylinder (T 226). Der Straßberger Schlossbesitzer reitet nachts unermüdlich auf seinem Schimmel zwischen Straßberg und Scheppach hin und her (T 239); Ähnliches widerfuhr dem Oberförster von Hardt (T 240). Ungewöhnlich ist die Erscheinungsform des toten Jachem. Sein Geist *wargelt* als Feuerflamme dort herum, wo er ertrunken ist (T 179). Häufiger treten als Geister Männer **ohne Kopf** auf. Bei einem brannte dazu noch ein Licht in seinem hohlen Brustkorb (T 151). Ein Straßberger sah vor sich drei Männer, die keine Köpfe hatten (T 180), und ein Döpshofer einen Mann ohne Kopf, der den Mantel darüber geschlagen hatte (T 181). Ein Mann ohne Kopf, eine dunkle Gestalt, begleitete einen Bauern aus Großaitingen bis die Ave-Glocke erklang (T 206). Ein Geist, der seinen Kopf unter dem linken Arm trug, begleitete den Wanderer von Zollhaus nach Langweid (T 231). Im Wald sah eine Frau aus Wehringen einen Schmied ohne Kopf, der einen wunderschönen Schimmel beschlug (T 241). – Die Kopflosigkeit ist eine der üblichen Erscheinungsformen der ruhelosen Toten, deren Lebenszeit gewaltsam verkürzt wurde. Man wird sie in Zusammenhang mit der häufig verhängten Todesstrafe der Enthauptung sehen müssen.[33] Beim Engelshof sah man auch einen Schimmel ohne Kopf (T 173). Hinter dem schwarzen Pudel von Untermeitingen vermutete man den alten Strehle vom Großbauernhof (T 200). Von einem Pudel, der nachts zwischen Grimoldsried und Reichertshofen kläffend umher läuft, sagte man, es sei jener Jäger, der ein altes Holzweiblein erschossen habe, weil es Reisig sammelte (T 202). Hinter dem Spitalpudel von Dinkelscherben dürfte sich jener Mann verbergen, der aus Eifersucht einen anderen erstochen hat (T 219). Eine unerlöste Seele verberge sich auch hinter der schwarzen Katze, die in Graben einen Fuhrmann anfauchte (T 204).

Pudel und Schimmel – mythische Tiere

Der Pudel tritt hier als Geistertier und Spukerscheinung auf. Durch Goethes Faust ist der Teufel in Gestalt des schwarzen Pudels noch bekannter geworden. Manche Pudel sind als umgehende Tote erkennbar, oft bleibt es offen, oder der Pudel hat eine andere Funktion.[34] Der gerufene Geist in Wehringen erscheint als schwarzer Pudel (T 135). Ein Pudel, der ständig um den Wagen läuft, erzeugt Angst (T 136). Der Leonhardspudel in Großaitingen war ein feuriger Pudel (T 141), in einer anderen Version ist von einem knurrenden schwarzen Pudel die Rede (T 198). Auch der Sandgrubenpudel bei Hardt wird so charakterisiert (T 146). Ein gespenstiger Pudel ist der Schlosspudel von Klimmach (T 150). Bei Mickhausen tauchten acht Pudel mit feuriger Zunge auf (T 199). Ein zorniger Pudel mit feurigen Augen sprang in Gennach einen Fuhrmann an (T 201). Ein Hund mit feurig glotzenden Augen umstreift im Holzwinkel den Wanderer (T 228). Der Bulachpudel ist ein schreckliches Tier mit langem struppigem Haar und einem feurigen Rachen (T 232). Der Voglach-Pudel ist ein großer schwarzer Hund mit feurigen Augen, feurigem Rachen und feurigem Schwanz (T 233). Die Gestalten ängstigen und hindern den Wanderer. Beim Stuhleberg (T 28) wird der feurige Hund klar als Teufel bezeichnet und man geht wohl nicht fehl, wenn man die ähnlich geschilderten Pudel ebenfalls hier einreiht. Der Hund als Herr der Unterwelt wurde im Christentum mit dem Teufel gleichgesetzt. Verwandt mit dem Bild des Teufelshundes ist die Vorstellung von den umgehenden Toten in Gestalt des Hundes (s. o.). „Teuflische oder gespenstische Hunde geben sich durch besondere Merkmale zu erkennen; dabei erinnert „Feuer" wiederum an Hölle, die Farbe „Schwarz" an die Düsterkeit der Unterwelt" (Rudolf Schenda).

Seltener sind andere Manifestationen. Die schwarze Henne in Großaitingen, aus der Feuer schlug, als man sie einfangen wollte (T 207a), ist den Pudeln vergleichbar, während die gespenstigen Katzen als Hexentiere galten. Ein scheu und wild über den Weg flatternder und jämmerlich krähender Hahn, der dann einem Berg den Namen Krähberg gab, ließ Unheilvolles ahnen (T 24a). Aus der Tiefe, in die das Schloss im Foretholz versunken ist, schickt der Hahn seinen Ruf herauf (T 31). Eine Schlange bewachte den Schatz des Schlossfräuleins in Kleinaitingen (T 60) und eine Kröte den Schatz im Schöpfbrunnen im Eichenloh (T 62).

Von den unheimlichen Gestalten am Galgenberg in Burgwalden wusste man nicht, wofür man sie halten sollte (T 165). In der Angstphase fiel die Bewertung schwer. Den Männern, die vom Zollwirtshaus nach Langweid heimstolperten, sprang ein schwarzer Pudel auf den Rücken und gebärdete sich damit wie ein Alb. Einige sagten, er habe feurige Augen gehabt. Andere meinten, es sei eigentlich kein Pudel, sondern ein schwarzer Bock gewesen mit Augen wie zwei Feuerräder. Andere erzählten wieder von einem kopflosen Mann, der sie begleitete (T 231). Geister wandelten sich. Einem Wehringer erschien ein Geist zunächst wie ein Hund, dann war er auf einmal so groß wie ein Fohlen (T 188). Zwei Geistliche, die nachts durch einen tiefen Wald ritten, konnten sich nicht einigen, ob der Geist einen Kopf gehabt hatte (s. o.), jedenfalls war seine Brust hohl und darin brannte ein Licht (T 156).

Den Reiter am *Schimmelbrünnle* bei Münster hielt man für den Hl. Martin. Wer sich nicht fürchtete und dem Schimmel ein Büschelchen Heu reichte, dem war für das ganze Leben Glück beschieden, wer aber die Stille des Waldes störte, der verscherzte sein Glück (T 194). Diese Sage steht in ihrer Harmlosigkeit allein. Der Krauthobler aus Unterrothan liegt nach dem nächtlichen Ritt auf dem Münzau-Schimmel gepeinigt auf dem Waldboden (T 195). Aus der Finsternis leuchten die feurigen Augen des Bärenbach-Schimmels (T 196). Den Ried-Schimmel sah man mit einem Schwarzen Vogel und selbst die Pferde wurden unruhig, wenn sie ihn wiehern hörten (T 197). Ein scheu und wild über den Weg jagender Schimmel kündigte dem heimkehrenden Ritter an, dass seine Burg zerstört war (T 24a).

Zu den elbischen Wesen zählt Josef Rühfel neben den Kröten die Schlagen (Nattern). Die schwarzen Nattern scheinen an der Leite eine große Population entwickelt zu haben (T 110–114). Die Schlange kann ganz unterschiedliche Bedeutungen gewinnen (vgl. T 60), sie gilt auch als Tier des Dämonischen und des Bösen.[35] Im Meierlehof bei Guggenberg war die Natternplage so groß, dass niemand den Hof übernehmen wollte (T 111). Hier und andernorts stellte man ihnen ein Schüsselchen Milch hin, in Leuthau, aber auch andernorts, aßen Kinder mit Schlangen aus der gleichen Schüssel (T 112, T 113), was eine gewisse Vertrautheit verrät. Unter den Nattern sollen sich auch welche mit einem goldenen Krönlein befunden haben, das man gewinnen konnte, wenn man die Tiere über ein seidenes Tuch kriechen ließ (T 110). Wenn die Natternplage überhand nahm, holte man aus Straßberg einen Mann, der die Schlagen mit seinem Spiel auf der Pfeife beschwören konnte (T 114).

Aufhocker und Alb

Die Vorstellung vom Aufhocken der Geister, die mit der Alpvorstellung verwandt, aber nicht identisch ist, hat zur psychophysischen Grundlage das ins „Numinose" gesteigerte Erlebnis der Angst. Im Begriff „Alb" sammelt sich eine Reihe sehr unterschiedlicher Vorstellungen: er ist ein elbisches Wesen, eine Hexe, die den Körper verlassende Seele eines Menschen oder ein als körperliche Erscheinung begegnender Mensch.[36]

Eine Hexe drückte als Aufhockerin einem Mann das Leben ab (T 117). Dem Nüsseler-Fritz aus Straßberg setzte sich einer auf den Rücken. Zu Tod geängstigt und in Schweiß gebadet kam er nach Hause (T 128). Bei der Justinakapelle sprang ein Geist einer Frau immer auf die Fersen, als wollte er sich auf den Rücken setzen und reiten. Sie stand große Ängste aus, aber ihr Mann merkte davon nichts (T 131). Ein Geist, der bei der Metzgertafel bei Straßberg den Männern auf den Rücken sprang, *war dem Wesen nach wie ein Hund* (s. o.). Die Männer mussten ihn vom Wehringer Berg bis zur Metzgertafel tragen (T 143). Dem Heimkehrer aus der Zollwirtschaft bei Langweid sprang ein schwarzer Pudel auf den Rücken (T 231). Das Hoi-hoi-Männle im Rauen Forst, das die Verirrten erschreckte und hetzte, sprang diesen schließlich auf die Schultern (T 213). Auch das Bettenfirst-Männlein *beschwerte* nächtliche Wanderer, die glaubten, eine schwere Last zu tragen (T 227). Der Heimann im Holzwinkel setzte sich auf den Rücken der Wanderer und jagte sie so lange im Kreise herum, bis sie vor Müdigkeit nicht mehr weiter konnten (T 229). Diese Gestalten entsprangen der Angst, die den Wanderer nachts im Wald erfasste. Josef Rühfel bringt diese Erklärung nicht, führt aber andere Erzählungen auf Alpträume zurück: Einem Männlein, das nachts in Döpshofen ein kleines Mädchen ängstigte, kam man nur durch eine Wallfahrt nach Herrgottsruh bei. Ein Mann in Straßberg, der später im Irrenhaus starb, sah immer schwarze Zwerge und ein Säufer einen Raben auf dem Tisch (T 170a-c). An anderer Stelle (T 188) erklärte er, dass Gespenstertiere zumeist aus dem nächtlichen Alptraum, dem Mittagsalp und dem Schwindel, der sich durch Hitze, Müdigkeit, Hunger und Erschöpfung einstellt, entstehen.

Geister und Gespenster

Mit den umgehenden Toten, mit Pudel und Schimmel und mit den Aufhockern ist der „Geisterbestand" der vorliegenden Sagen noch nicht erfasst. „Im Sinne der Volkskunde ist Geist die Bezeichnung für ein übernatürliches Wesen, das weder menschlich noch göttlich ist. Dabei ist Geist ein Sammelbegriff für höchst unterschiedliche Phänomene. Schwierig, wenn nicht unmöglich, ist die Abgrenzung der Geister einerseits gegenüber den Dämonen und Jenseitigen, andererseits auch gegenüber Gespenstern und Spuk oder auch gegenüber den Unholden. Die Begriffe Gespenst, Geist und Dämon werden weithin synonym gebraucht, so dass sie oft nur als regionale bzw. dialektale Varianten desselben Phäno-

mens zu betrachten sind."(Lutz Röhrich)[37]
Obwohl sie Josef Rühfel in der Überschrift ankündigt, bringt er nur zwei Koboldsagen, wobei in einer (T 93) der **Kobold** eine Hexe ist. In der anderen erscheint er in Gestalt eines Eichhörnchens (T 92). Die dämonisch-diabolische Dimension der Kobolde wird in beiden Sagen, die weitgehend identisch sind, deutlich.[38]
Die Kreuzanger-Aunsgel ängstigte die Leute durch lautes Stöhnen (T 94). Ein *gespenstiger Mann* schreckte einen zurück, der aus dem Beinhaus einen Schädel holen wollte (T 144). Den Erdbeerweibern erschien ein Geist, der aussah wie der Hühlenkaspar aus ihrem Dorf (T 177). Das Kretzenweible bei Grimoldsried war ein korbtragender Waldgeist (T 193).
Unheimliche Gestalten begleiten den nächtlichen Wanderer, sie antworten aber nicht, wenn sie angesprochen werden (T 183a). Ein Mann war darüber so erbost, dass der Geist, eine sehr große Gestalt, seiner Frau nicht antwortete, dass er ihm mit seinem Stecken einen Hieb versetzen wollte, doch er fuhr damit nur in der Luft herum (T 129).
Ein weit verbreiteter Geist ist der **Hoi-Hoi-Mann**, der seinen Namen vom unheimlichen Rufen hat. Er heißt auch Schnoirmann, Schwoirmänndle oder Schnoidmann (T 148, T 149, T 190, T 191, T 213, T 229). Eine Bobinger Sage beschreibt ihn *als mächtige Gestalt mit wehendem Haar und leuchtenden Augen, die mit ihren langen Armen herumfuchtelt und immer wieder Hoihoihoi schreit* (T 212). Zwischen Holzhausen und Gablingen springt der Hoimann auf einem schnellen Schimmel an die Ahnungslosen heran (T 230)
Einem Burschen, der nach Burgwalden heim wollte, kam *etwas Ungerades* über den Weg, worüber er so erschrak, dass er umkehrte (T 164a). An einem Fuhrwerk, das an der selben Stelle (unterhalb von Reinhartshausen, wo der Weg nach Burgwalden abzweigt) vorbei wollte, huschten zwei oder drei graue Gestalten vorbei, die etwa so groß waren wie zehnjährige Kinder. Sie waren verschwunden, als man sie ansprechen wollte (T 164b). In Neuhaus kam nach dem mitternächtlichen Zwölfuhrschlag *etwas* bei der einen Kammertür herein und ging bei der anderen wieder hinaus. Einer der Knechte hatte Angst vor diesem Geist (T 171). Zwischen der Leite und der Wertach soll es viele Stellen gegeben haben, wo es geisterte (T 178a).
Ungewöhnlich klingt die Geschichte von den Geistern an der Gögginger Wertachbrücke, die den Straßberger Beerenweibern zu trinken anboten (T 178b).
Die Geister zwischen dem Weiherhof und Oberschönenfeld und zwischen Döpshofen und Fischach deutete man als die Seelen erschlagener oder erschossener Leute; es ist aber nicht von Lichtern die Rede (T 163). Bei einer alten Eiche auf dem Weg nach Döpshofen soll es so stark gegeistert haben, dass sich manche nicht vorbei trauten und einen Knecht als Beschützer bezahlten. Man erzählte, ein Jäger habe hier einen Mann aus Tronetshofen erschossen und verscharrt. Der Geist wäre dann der umgehende Tote (T 175). Der Geister konnte man sich entledigen, indem man sie bannte (s. o.)

Irrlichter und Arme Seelen

Geheimnisvolle Lichter tauchen in den Sagen oft auf. So sah man zwischen Graben und Klosterlechfeld gelegentlich zwei bis drei Lichter (T 139). Lichter wurden oft von Oberschönenfeld bis nach Döpshofen und dort besonders am Kirchberg gesehen (T 147). Neben dem Sandgrubenpudel geisterte oft ein Licht (T 146). Im unteren Bauernhof beim Engelshof brannte oft dicht unter der Decke ein Lichtlein und von Scheppach zum Engelshof schwebte oft ein Licht vor den Wanderern her (T 173, T 174). Lichter zogen zwischen dem

287

Nonnenberg und Leuthau hin und her (T 121). In den Wertachwiesen sah man vielfach Lichtlein brennen (T 176). Das Licht zwischen Langerringen und Falchenberg war das Riedmännle (T 126). Das Licht in der Streitlache in Häder galt als Geist (T 223). Ein Irrlicht zeigte sich zuweilen im Ried bei Mittelneufnach (T 224). Ganz vertraut mit dem Lichtlein, das ihn immer von Straßberg nach Hause begleitete, war der alte Benediktle. Sie wünschten sich gegenseitig eine Gute Nacht (T 127). Die Bezeichnung „**Irr**licht" trifft inhaltlich für die geheimnisvollen Lichterscheinungen im Landkreisgebiet nicht zu.

„Als Irrlichter (im wissenschaftlichen Sinn) bezeichnet die Meteorologie kleine vom Boden aufsteigende, meist schnell wieder erlöschende, manchmal auch mehrere Sekunden lang stehende, mit schwacher bläulicher oder gelblich-rötlicher Flamme brennende Lichterscheinungen, die sich vor allem im Spätherbst (wenn der Fäulnisprozess in der Natur seinen Höhepunkt erreicht hat) in stillen Nächten in sumpfigen und moorigen Gegenden zeigen".[39] Im Volksglauben gelten die Irrlichter als „brennende Seelen", insbesondere von ungetauft gestorbenen Kindern. Diese Vorstellung kam erst gegen Ende des Mittelalters auf. Martin Luther fand sie vor und verwarf in seinem „Widerruf vom Fegfeuer" 1530 die Ansicht, die „Irrwische" seien arme Seelen, vielmehr erklärte er sie für *schwebende tewffel, qui homines in pericula ducunt* (die die Menschen in Gefahren führen).

Als ein junges Mädchen erschrak, weil es vom Guggenberg aus in der Ebene in langen Reihen unzählige Lichter wie Bittprozessionen auf und ab ziehen sah, tröstete sie ein alter Mann mit den Worten: *Das sind lauter arme Seelen, vor denen brauchst du keine Angst zu haben!* (T 157)

Die Vorstellung von den Armen Seelen hängt eng mit der Vorstellung vom Fegfeuer zusammen.[40] Die „Irrlichter" sind aber nur eine Erscheinungsform der Armen Seelen. Der Arme-Seelen-Kult war einst noch wesentlich stärker ausgeprägt.

Distanz und Kritik

Obwohl man Josef Rühfel unter die „Schüler" der Brüder Grimm einreihen darf, sucht er bei manchen Phänomenen wie beim Alb (s. o.), aber auch bei manchen Geistern nach natürlichen Erklärungen. So erklärt er, wie eine Geistergeschichte entstehen könnte. Ein Ministrant in Döpshofen verschlief in der Hl. Nacht, obwohl er hätte läuten sollen. Als er verspätet die Kirche aufschloss, trat etwas aus der Sakristei heraus, er hätte entlaufen können, ging aber trotz seiner Angst vorwärts und sah, dass es die alte Kirchenschusterin war (T 184). In den Sommern 1886/87 behaupteten verschiedene Frauen steif und fest, in der Leite ließe sich ein nackter Mann sehen, der rasch über die Straße husche und im Dickicht verschwinde. Wären nicht täglich Männer den gleichen Weg gegangen, die nichts bemerkten, so wäre vielleicht eine neue Sagengestalt entstanden (T 193). Als ein Hexenmeister herumzog und behauptete, er könne das Unheil, das die Hexen in den Ställen anrichteten, vertreiben, fielen ein paar ganz Dumme auf den Schwindel herein und ließen sich um ihr Geld bringen. Ein törichtes Weib ließ sich von ihm zu unsinnigen Dingen verleiten und wurde durch ihre Schwatzhaftigkeit zum Gegenstand des Gespötts und des Mitleids der ganzen Gegend (T 101). Die junge Sage vom Oberförster Frölich von Hardt wurde bald durch eine Warnung des Landrichters beendet, der jedem eine Strafe androhte, der behauptete, er habe den toten Förster gesehen. Die Spötter behaupteten, das habe den Geist erlöst (T 240). Kritisch steht auch der Lehrer Ludwig Link in Altenmünster den ihm zugetragenen Sagen gegenüber. Ungläubige behaupteten, nur der sehe den Völlingschimmel, der zu viel unter dem Hut habe. Die Täuschung der benebelten Sinne oder ein Unfug Dritter veranlassten einen trinkfesten Schmied aus Baiershofen umzukehren. Link meinte, das Wiehern des Schimmels habe wohl der Waldkauz geleistet (T 220). Auch dass das Vieh vor dem umgehenden Vogt erschrocken sein soll, erklärt er durch wechselndes Wild oder einen Spuk, den sich ein Jäger oder ein Wilddieb leistete (T 222). Die Sage vom Krotenstegmännlein, das zwischen Ustersbach und Stadel umgeht, wurde verursacht durch einen Kaminkehrer, der seinen Rausch ausschlief (T 215). Der Hoimann im Holzwinkel entpuppte sich als Nachteule (T 229).

Kritik kann sich auch in Ironie äußern. Die Frauen in Langweid freuten sich über den Geist, der die von der Zollhauswirtschaft heimkehrenden Männer schreckte, denn diese haben sich aus Furcht vor einer zweiten Begegnung mit dem unheimlichen nächtlichen Gast nie wieder dem Trunke ergeben (T 231).

Die drei Fräulein

Im Sagenbestand vieler Regionen tauchen oft drei geheimnisvolle Frauen auf, die früh das Interesse der Mythologen fanden. Die drei Schlossfräulein vom Kirchberg bei Heretsried hüten einen Schatz. Unter besonderen Bedingungen lassen sie andere daran teilhaben und eines der Fräulein habe schon Leuten in Not geholfen (T 24a). Während diese drei Damen gut miteinander auskommen, herrscht unter den drei Ritterfräulein vom Stuhlenberg Betrug an der Blinden (T 28). Eine Variante davon erzählte man in Dinkelscherben (bezogen auf das Schloss Holeberg). Dort waren die drei Fräulein vom Rauhenberg, die der Gemeinde Dinkelscherben Wald schenkten (T 58). In Gablingen ist es nur eine Frau, der man den Gemeindewald verdankt (T 34). Ähnliches erzählte man im benachbarten Achsheim (T 27b).

Um den Buschelberg (zwischen Fischach und Aretsried) rankt sich eine Sage, die viele bekannte Motive (z. B. das wilde Treiben der Ritter, die Furcht der Untertanen) enthält. Das Erbe fiel an drei Töchter mit den Namen Einbeth, Borbeth und Wildbeth. Die Namen sind Wandergut in vielen ähnlichen Sagen. Die Schwestern hatten ganz unterschiedliche Charaktere. Die beiden ersteren, die sich schon nicht am Treiben des Vaters beteiligt hatten, waren friedlich, die dritte aber ungebändigt und voller Wildheit. Als sie einen geraubten Buben töten wollte, versank die Burg. Die Schwestern ließen sich in der Nähe bei einem frommen Einsiedler nieder, schenkten den Buschelberg den Bewohnern der Umgebung, ihren reichen Goldschmuck aber den Fischersleuten an der Schmutter, die damit Fischach gründeten.

Rätsel gibt das Guttäterbild in der Kirche in Kutzenhausen auf. Die drei Personen sind bezeichnet: FELZITAS PHTLOMTA MARGKRÄFIN WEISIN BATHOLOMÄ WÜRT. Die ungewöhnliche Schreibweise der Frauennamen geht sicher auf Verschreibungen bei den Renovierungen zurück (was immer wieder zu beobachten ist). Der Name Felicitas verweist auf Anried, Bobingen oder Augsburg (s. S. 132–135), der Name Philomena war noch im 19. Jahrhundert ein üblicher Frauenname. Eine Bildunterschrift informiert: *Anno 1661 hat Maria Dalmeirin von Göggingen diese drei Personen Malen lassen, die Waid, Wasser und Holz hieher verschafft haben, zur ewigen Gedächtnuß. Anno 1762 hat die hiesige löbliche Gemeinde sie renovieren lassen, und 1866 hat ein Gutthäter von hier sie wieder neu Malen lassen.*

Das Guttäterbild in der Pfarrkirche in Kutzenhausen.
Abb. aus: Fleiner, Sagen, o. S.

Die drei Personen stehen unter einer Wolke, auf der die heilige Dreifaltigkeit Platz genommen hat. Zwischen der Weisin und Bartholomäus Würt, der mit den Attributen seines Namenspatrons dargestellt ist, wird ein Schloss erkennbar, mit dem offensichtlich das sagenhafte Schloss Brand gemeint ist. In diesem Schloss sollen die Stifter gelebt haben. Noch um 1880 hat man in der Kirche für diese Wohltäter ein Vater unser gebetet.[41]

Josef Rühfel bringt in seiner Abhandlung „Die Nornen" (s. S. 38) weitere Belege. In **Bobingen** wird die Sage auf zwei verschiedene Weisen überliefert; nach der ersten waren es zwei adelige Fräulein, die den armen Leuten den Gemeindewald schenkten, nach der anderen waren es drei. Sie schrieben sich gleich. Ihre Heimat sei das obere Schlösschen gewesen. Sie sollen auch die Frauenkapelle gestiftet haben. Beim Teilen des Erbes wurde die jüngere Schwester betrogen, ein häufiges Wandermotiv (s. o.). In Wehringen schweigt zwar die Sage, doch scheint sich in der Bezeichnung „Frauenmäder" eine Erinnerung erhalten zu haben. In Großaitingen ging früher die Sage, dass drei Fräulein der Gemeinde einen Wald geschenkt hätten. Zum Dank wurden für sie nach der Wandlung fünf Vater unser gebetet. Die Gemeindewälder Schwabmünchens sind eine Schenkung dreier vornehmer Fräulein, die sich im Wald verirrt hatten und erst durch ein nahes Geläut nach Menchingen fanden. Zum Dank schenkten sie der Gemeinde die Wanne, den Weidenhart und die Zirke. Auch in Münster wurde erzählt, dass die vordere und hintere Zirke von drei adeligen Fräulein stamme. Die Frauenkapelle in Schwabmünchen sollen drei Fräulein Fugger gestiftet haben. Drei adelige Jungfrauen von Aystetten, die Fräulein Heilritter, sollen den Rauen Forst den armen Leuten geschenkt haben.[42] Rühfel, der auch aus anderen Regionen Beispiele gesammelt hat, will in den folgenden Ausführungen darlegen, *daß die drei Fräulein die Schicksalsgöttinnen sind, die Nornen, wie sie die Edda nennt.*

Hier zeigt sich doch, wie stark Rühfel der Grimm`schen Mythologie verhaftet ist. Heute kann man seinen Ausführungen nicht zustimmen. Die weit verbreiteten Schicksalsfrauen haben primär eine ganz andere Funktion. Sie bestimmen an der Wiege das Schicksal des Kindes.[43]

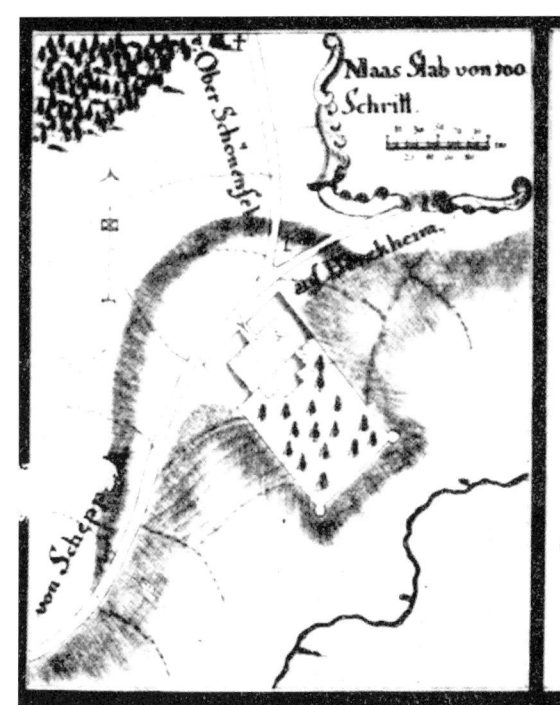

Immer wieder erwähnt Rühfel den Engelshof. Um 1750 war er im Wegenetz noch nicht an Burgwalden angeschlossen. Die Wege führten nach Scheppach, nach Oberschönenfeld und nach Bergheim.

Abb. aus: Kolleffel, Johann Lambert: Schwäbische Städte und Dörfer um 1750 Bd. 2, Weißenhorn 1974, 321.

[1] Pötzl, Walter (Hg.): So lebten unsere Urgroßeltern. Die Berichte der Amtsärzte der Landgerichte Göggingen, Schwabmünchen, Zusmarshausen und Wertingen, Augsburg 1988 (Beiträge zur Heimatkunde des Landkreises Augsburg Bd. 10), 72f, 80, 97 und 145, 168. Die Berichte von Krumbach und Türkheim: Bayer. Staatsbibliothek München cgm 6874. Für die Überlassung der entsprechenden Textpassagen danke ich Gerhard Willi M.A., Bezirk Schwaben.

[2] Pötzl, Jahrhundertwende, 61–67 (Dinkelscherben), 163, 187–191 (Volks- und Aberglaube).

[3] Rühfel, Volkskundliches, 163 Nrn. 19, 20, 167 Nrn. 28, 29, 31–33.

[4] Wahl, Karl: Geschichte der schwäbischen Seegraswirtschaft im Allgemeinen und in den Stauden im Besonderen, aufgezeigt in einem kleinen Teil der Stauden, insbesondere der Orte Döpshofen und Waldberg, in: HVLA Jb 25, 1995/96, 217–283.

[5] König, Werner: Die Mundart, in: LK Schwabmünchen, 343–350, hier 348f (Der Heuwagen).

[6] Schmitt, Michael: Veitstanz, in: LMa VIII, 1447f.

[7] Heftel = Spange zum Zusammenhalten des Kleides

(Grimm, Wörterbuch). In Nürnberg stellte der Heftelmacher gespaltene Spangennadeln her, mit denen Kleidungsstücke zusammengehalten wurden (Treue, Wilhelm u.a. (Hg.): Das Hausbuch der Mendelschen Zwölfbrüderstiftung zu Nürnberg, München 1965, f 132v). In Jost Ammans Ständebuch (Frankfurt/M. 1568; Faksimileausgabe Frankfurt/M. 1975) dichtete Hans Sachs zum Hefftelmacher:
Auch mach ich Hacken vnd schleifflein gut
Geschwerzt vnd geziert / darmit man thut
Sich eynbrüsten Weib vnd auch Mann /
Daß die Kleider glatt ligen an.
Zum Beruf vgl. Reith, Reinhold: Lexikon des alten Handwerks. Vom späten Mittelalter bis ins 20. Jahrhundert, München ²1991, 172–176 (Nadler).

8 Stingl, Wolfgang: Straßberg, in: Pötzl/Wüst, Bobingen, 902–929.

9 Pötzl, Kreuze, 26–45 (Alte Steinkreuze).

10 Hartmann, Anni: Küchengeräte und Geschirr, in: Pötzl, Walter, Dies.: Geschirr und Gerät in alter Zeit, Augsburg 1995 (Beiträge zur Heimatkunde des Landkreises Augsburg Bd. 13), 52–106, hier 76 (Höllhafen).

11 Hartmann, Anni: Geräte zur Textilherstellung, in: Pötzl/Dies., Geschirr und Gerät (wie Anm. 10), 186–202, hier 199 (Verarbeitung von Hanf).

12 Pötzl, Kreuze, 84–92 (Freifiguren – Variationen eines Prager Vorbildes).

13 Ernst, Robert: Dreißiger, in: Lexikon für Theologie und Kirche (2. Auflage) 3, 569f; Gerstl, Doris: Rosenkranz, II. Volkskunde: in: Marienlexikon, 555f; Hartmann, Anni: Der Rosenkranz als frommes Brauchgerät und Heilmittel des Volkes, in: Pötzl, Kirchengeschichte, 264–285. Hier und in anderen Werken der Frömmigkeitsgeschichte tauchen zwar die verschiedenen Formen des Rosenkranzgebetes auf, aber keine Dreißiger.

14 Rühfel, Josef: Scheppach und der Scheppacher Hof. Ein Beitrag zur Geschichte des Klosters Oberschönenfeld, Augsburg 1912.

15 Pötzl, Kriminalgeschichte, 127f; 363 (Liste der Hinrichtungen).

16 Pötzl, Märkte, 326f; Wiedemann, Ludwig: Reinhartshausen, in: Pötzl/Wüst, Bobingen, 851–876.

17 Eberlein, Hans: Das Kloster Oberschönenfeld in seiner Bedeutung als Grundherrschaft und Kulturträger, Augsburg 1961 (Beiträge zur Heimatkunde des Landkreises Augsburg Bd. 2), 49.

18 Schröder, BA VIII, 597f.

19 Schenda, Rudolf: Hase, in: EM 6, 542–555.

20 Pötzl, Kirchengeschichte, 61.

21 Schauerte, Heinrich, Gebhart, Torsten: Angelus-Läuten, in: Marienlexikon 1, 146f; Pötzl, Walter: Glocken als Zeugnisse der Kunst und der Frömmigkeit, in: Ders. (Hg.): Kunstgeschichte, Augsburg 1997 (Der Landkreis Augsburg Bd. 6), 102–139.

22 Pötzl, Kriminalgeschichte, 120–124 (Hochgericht), 364–366 (Liste der Hingerichteten).

23 Pötzl, Urgroßeltern (wie Anm. 1), 112f.

24 Zoepfl, BA IX, 467 Anm. 94.

25 Pötzl, Kriminalgeschichte, 112–115.

26 Pötzl, Kriminalgeschichte, 218–281 (Hexenprozesse in Schwabmünchen und Zusmarshausen, in Dinkelscherben und Welden); Kohlberger, Alexandra: Das Delikt der Hexerei, in: Pötzl, Kriminalgeschichte, 198–217. Aus der Fülle der Hexenliteratur: Schild, Wolfgang: Die Maleficia der Hexenleut`, Rothenburg o. d. T. 1997 (Schriftenreihe des Mittelalterlichen Kriminalmuseums Bd. 1); Gerlach, Hildegard: Hexe, in: EM 6, 960–992 (mit einer prägnanten Differenzierung zwischen der Märchenhexe und der Hexe in der Sage).

27 Weiser, Lily: verhexen, in: HDA 8, 1570–1584.

28 Mengis, Carl: Bann, in: HDA 1, 874–880.

29 Rühfel, Volkskundliches, 156.

30 Pötzl, Kriminalgeschichte, 270.

31 Geiger, Paul: Wiedergänger, in: HDA 9, 570–578.

32 Köhler, Ines: Grenze, in: EM 6, 134–139.

33 Lecouteux, Claude: Kopflose, in: EM 8, 270–273; vgl. Kohlberger, Alexandra: Ehren-, Verstümmelungs- und Todesstrafen, in: Pötzl, Kriminalgeschichte, 86–103, hier: 95f (Das Enthaupten). Im Verlaufe des 18. Jahrhunderts wurde als Todesstrafe fast nur noch die Enthauptung vollzogen, vom Beginn des 19. Jahrhunderts an ausschließlich (Pötzl, Kriminalgeschichte, 118, 124, 365, 370f).

34 Güntert, Hermann: Pudel, in: HDA 7, 381f; Schenda, Rudolf: Hund, in : EM 6, 1317–1340, besonders 3. 1

(Teuflische Hunde) und 3.2 (Gespenstische Hunde).
35 Bies, Werner: Schlange, in: EM 12, 34–50, besonders 35–41 (2. Tier des Chaos und Todes, des Dämonischen und Bösen).
36 Ranke, Friedrich: Aufhocker, in: HDA 1, 675–677; Art. "Alb", in: Handwörterbuch der Sage, 186–250; Art. "aufsitzen", in: Handwörterbuch der Sage, 708f.
37 Röhrich, Lutz: Geist, Geister, in: EM 5, 909–922; vgl. auch: Fischer, Helmut: Gespenst, in: EM 5, 1187–1194.
38 Lindig, Erika: Kobold, in: EM 8, 34f.
39 Ranke, Friedrich: Irrlicht, in: HDA 4, 779–785. In der neuesten Brockhaus-Enzyklopädie, Bd. 13, 525, heißt es: "Irrlicht, Irrwisch, Leuchterscheinung in sumpfigem Gelände: wahrscheinlich durch Selbstentzündung von Methan (Sumpfgas) oder Phosphorwasserstoff entstehend".
40 Intorp, Leonhard: Fegefeuer, in: EM 4, 964–979; Moser-Rath, Elfriede: Arme Seelen, in: Handwörterbuch der Sage, 628–641.
41 Fleiner, Sagen, 4–6 und 11f (Buschelberg). Das Geheimnis dieser Guttätertafel lässt sich nur über die Namen lüften, wobei man aber bedenken muss, dass sie z. T. verschrieben sind.
42 Rühfel, Die drei Nornen, 9–17.
43 Wilhelm, Rolf: Schicksalsfrauen, in: EM 11, 1395–1404.

Titelblatt.
Das Albertus-Magnus-Büchlein wurde oft zu Zauberpraktiken, auch zur Sympathie verwendet.
Albertus Magnus, der große Philosoph, Theologe und Naturforscher des hohen Mittelalters, gilt als Verfasser einiger naturkundlicher Schriften, doch haben die unter seinem Namen herausgegebenen Zauberbücher mit ihm nicht das Geringste zu tun. (Vgl. Pötzl, Jahrhundertwende, 189f).

Hans Sachs.
Abb. aus: Bernstein, Eckhard: Hans Sachs mit Selbstzeugnissen und Bilddokumenten, Reinbek bei Hamburg 1993 (Rowohlts Monographien 428), 116.

Titelblatt von Aurbachers Sieben-Schwaben-Büchlein. Hans Sachs hat zwar als Erster die Geschichte von den (neun) Schwaben in einem Gedicht behandelt (s. T 261), weitere Verbreitung fand der Schwank dann aber im Büchlein von Ludwig Aurbacher.
Abb. aus: Aurbacher, Ludwig: Die Abenteuer der sieben Schwaben, Memmingen 1962, 49.

Schwänke und Ortsneckereien

Schwänke leben noch stärker vom Erzählen als Legenden und Sagen. Wirtshäuser und Badstuben, aber auch die Heimgarten dürfen als ihre besonderen Erzählorte (s. S. 12–15) gelten. Insbesondere die Klöster legten Legendensammlungen an, da jeweils die Legende des Tagesheiligen vorgelesen wurde. Mit den Übersetzungen der „Legenda aurea" und mit „Der Heiligen Leben" waren im späten Mittelalter auch volkssprachliche Legendenkompendien im Umlauf. Sagen wurden lange nur in den Werken der Geschichtsschreiber tradiert bis dann im 19. Jahrhundert eigene Sagenbücher entstanden. Der **Schwank** dagegen war insbesondere im 16. Jahrhundert eine beliebte literarische Gattung (s. S. 22–24), doch lebte daneben auch der erzählte Schwank (der niemals aufgezeichnet wurde).

Die meisten **Ortsneckereien** sind eng mit Schwänken verbunden. Die Bezeichnung „Ortsneckerei" ist zu harmlos und verkennt weitgehend die Wirklichkeit (s. S. 24). Im Gegensatz zu den Sagen und Legenden wurden im Landkreisgebiet keine Schwänke aufgezeichnet, obwohl in der Umfrage von (s. S. 35 und 41) dazu aufgefordert worden war. Wenn dennoch einige Schwänke zusammen kommen, die in Orten des Landkreises angesiedelt sind, dann liegt das an „auswärtigen" Autoren wie Hans Sachs und Ludwig Aurbacher und daran, dass man aus der Biographie von Ludwig Ganghofer drei Episoden zu den Schwänken zählen darf. Etwas anders verhält es sich allerdings bei Schwänken, die zu Ortsneckereien führten bzw. Ortsneckereien erklärten.

Hans Sachs und Gersthofen

Hans Sachs siedelte drei Schwänke in Gersthofen an, von denen zwei (T 258 und T 259) eine größere Verbreitung fanden, während über dem anderen (T 257) des Inhalts wegen eine Art Tabu lag.[1]

Zunächst vermutet man, dass Hans Sachs (s. S. 32) auf einer Reise nach Augsburg durch Gersthofen kam, vielleicht auch hier nächtigte und sich den Ort einprägte.[2] In seiner Autobiographie äußerte sich Hans Sachs über seine Gesellenwanderung:

Erstlich gen Regenspurg und Braunau,
Gen Saltzburg, Hall und gen Passau,
Gen Wels, Münichen und Landshut,
Gen Oetting und Burgkhausen gut,
Gen Würtzburg und Franckfurt hernach,
Gen Coblentz, Cölen und gen Ach;
Arbeit also das handwerck mein
In Bayern, Francken und am Rein.
Fünff gantze jar ich wandern thet
In diese und vil andre stätt.

In dieser Aufzählung kommen weder Augsburg noch Schwaben vor. Sie klingt so, als hätte Hans Sachs Schwaben bewusst gemieden. Schwäbische Orte lassen sich demnach nur in dem allgemeinen Hinweis *In diese* (genannten Städte) *und vil andre stätt* unterbringen. Vielleicht führt Hans Sachs auch nur jene Städte namentlich auf, in denen er für längere Zeit Arbeit gefunden hatte. Biographen haben die ersten vier Verszeilen aus dem Reimzwang gelöst und in einen wahrscheinlichen Reiseweg eingebaut. Mit den spärlichen anderen Quellen ergibt sich folgende Route: Sachs verließ im Frühjahr 1512 Nürnberg und wanderte über Regensburg, Passau und Burghausen nach Salzburg, immer wieder bei verschiedenen Meistern für längere Zeit arbeitend, was ja der Sinn der Gesellenwanderung war. Im Winter 1513/14 hielt er sich in Hall auf und kam Ende April nach München, verließ es aber im Spätherbst wieder. Ende Dezember kehrte er nach Abstechern in benachbarte Städte nach München zurück. Hans Sachs verliebte sich in eine Münchnerin, doch der Vater beorderte ihn aus Sorge um seine weitere Ausbildung nach Nürnberg zurück.[3] Zeit für Augsburg und Gersthofen bliebe nur im Spätherbst (es sei denn man nimmt an, er sei im Frühjahr von Hall über Innsbruck nach Augsburg und dann nach München gezogen). Die Biographie von Hans Sachs enthält keineswegs ein lückenloses Itinerar. So lässt sich auch nicht ausschließen, dass Hans Sachs nach Gersthofen gekommen ist. Von irgendwoher muss er von dem *Dorf im Schwabenland* gewusst haben, sonst hätte er dort nicht drei Schwänke angesiedelt. Nach seiner Rückkehr von den Wanderjahren hat Hans Sachs Nürnberg nicht mehr verlassen.

Er gilt als einer der bedeutendsten Meistersänger. Unter dem Meistersang verstehen wir den Betrieb der zur Ausübung der Singkunst und der Dichtkunst zunftmäßig verbundenen bürgerlichen Genossenschaft. Solche Betriebe heißen Singschule und ihre vollberechtigten Mitglieder Meistersänger (Ludwig Uhland). Die Normen in diesen Meistersinger-Gesellschaften waren streng, man musste sich bestimmter „Töne" bedienen. Das waren genaue Muster für Metrik, Reim und Melodie.[4] Hans Sachs hat selbst 13 Meistertöne geschaffen, bediente sich aber auch anderer Töne. Für den Schwank vom Mönch mit der Spinnwirtel (T 257) benützte er einen Ton von Hans Folz und für den Schwank vom Schwaben mit dem Rechen (T 259) einen Ton von Heinrich Frauenlob.[5]

(T 257) *Der muenich mit dem enspon.*
(Der Mönch mit der Spinnwirtel)
In der abenteuerweis Folzen. (Bl. 107)
Ein Dorff ligt in dem Schwabenlant,
Gersthoffen so ist es genant,
Darin ein münich thermanirt,
Die pewrin darin visitirt,
Das sie im gaben air und keß;
Das war im gar ein gsünte leß.
Zw ainer pewrin er ein drat
Und sie umb kes und ayer pat,
Aber die pewrin und ir maid
Süechten an ainem enspan paid
Under der panck mit eim spanslicht.
Als die pewrin den münich sicht,
Sprach sie: „O herr, pückt eüch allein,
Helft süechen mir den enspan mein!
Denn will ich eüch fertigen ab."
Der münich war ein nasser knab,
Het sein küetten hoch aufgeschüerczt,
Pueeckt sich und hinden hoch aufpüerczt,
Das geschlewder hing im unden füer,
In dem die pewrin mit dem licht
Des münichs glockelwerck ersicht,
Das im da glunckert an der stet.
Die pewrin maint, der münich het
Iren enspon gefünden schon
Und in sein pewtel schlaichen thon,
Und im pald nach dem pewtel schnabt,
Den enspon im darin erdabt
Und sprach: „Mein herr, was sol das sein,
Das ir mir wölt den enspan mein
So diebisch tragen aus den haüs?
Balt gebt mir meinen enspon raüs!"
Der münich sprach: „Fraw, lasset ab!
Den enspan ich rein dragen hab.
Darümb get hin, last mich mit rw!"
Nach dem lewcht auch die maid darzw,
Sprach: „Fraw, es sint der enspon zwen!
(Bl. 108)
Auf recht will ich anemen den
Mir nün der Künczel aus der stat
Zümb neüen jar geschencket hat.
Den ich nechten verlor zw nacht
In der rocken stueben mit macht."
Dem münich sie an pewtel placzt,
Den andren enspon sie erpfaczt
Und hilt in also vest und hart,

Das der müenich lawt schreyen wart.
Die maid züecket ein protmesser
Und sprach: „Lang mir mein enspon her!
Aber ich schneid dirn peütel ab,
Das ich mein enspon wider hab."
Die pewrin sprach: „Gred, schneid nür drein!
Paid enspon die sint mein und dein."
Sie hilten paide starck vnd vest.
Der münich dacht, es wirt das pest,
Ich dail in die zwen enspan mit,
Sünst kümb mit lieb ich von in nit.
Also gab er die enspan paid
Der pewrin vnd ihrer maid.
Da gabens im zwen kes zv lon;
Die waren des münichs liedlon.

Anno salutis 1553, am 20 tag Februarj.

(Da das Spruchgedicht nicht mehr vorhanden ist, so gebe ich den entsprechenden Meistergesang nach MG 13, Bl. 107. V. 53 paiden MG. Wegen der Bedeutung von enspan sich Grimms Wörterbuch 1, 465 unter anspinn.)
(Goetze, Edmund (Hg.): Hans Sachs. Sämtliche Fabeln und Schwänke Bd. 1, Halle a. S. 1893, 363–365)

(leß = Tun und Lassen, Verhalten, nasser knab = liederlicher Knabe, bei Sachs auch in der Bedeutung Zechkumpan; platzen = sich hastig und lärmend auf etwas stürzten, kräftig anpacken; (auf)pürzen = hervorstehen machen, hervorstrecken; erpfatzen = erfassen; liedlon = Dienstbotenlohn, Lohn für geleistete Arbeit)

Ein terminierender Mönch ist ein Angehöriger eines Bettelordens (Dominikaner, Franziskaner, Augustinereremiten, Karmeliter). Da diese Orden auf Eigentum verzichteten, schuf der Bettel (als Demutsgeste) die Basis für den Lebensunterhalt. Der Bettel war in erster Linie Aufgabe der Terminarier, die in genau abgegrenzten Bezirken (termini) predigten und Almosen sammelten.[6] Mönche (und Geistliche) waren in der Volkserzählung schon im späten Mittelalter Spott und Kritik ausgesetzt, insbesondere in den Ehebruchschwänken, und diese verstärkte sich noch wegen der Ablehnung des Zölibats bei den Anhängern der Reformation. Auch für Hans Sachs ist der Bettelmönch *ein nasser knab*. Der Mönch betrat das Bauernhaus, als die Bäuerin und ihre Magd gerade ihre Spinnwirteln suchten. Sie benützten dazu einen Kienspan (*spanslicht*) und vermuteten die Wirteln unter der Bank, wohl der wandfesten umlaufenden Bank, da man zum Spinnen vor sich einen gewissen Bewegungsraum brauchte (was am Tisch nicht möglich war).

Drei spätmittelalterliche Spinnwirteln aus Keramik, Durchmesser zwischen 2,0 cm und 2,5 cm.
Abb. aus: Lorenz, Sönke: Spätmittelalter am Oberrhein. Alltag, Handwerk und Handel 1350 – 1525, Stuttgart 2001, 279.

Beim Handspinnen wurden lange Fasern aus einem gekämmten Vorrat, dem aufgesteckten Rocken, verzogen und gestreckt, vorgedreht und über eine freihängende, durch die andere Hand in Rotation versetzte Spindel aus Spindelstab und Wirtelgewicht zu einem endlosen Faden versponnen.[7] Diese Wirtelgewichte aus Keramik konnte man der Form nach durchaus mit Hoden vergleichen, so dass die Verwechslung im Schwank verständlich wird. Der Mönch schürzte ungeniert seine Kutte, so dass seine Genitalien sichtbar wurden, was Hans Sachs sehr anschaulich schildert. Die Bäuerin meinte, der Mönch habe die Wirtel schon gefunden und wolle sie aus dem Haus bringen. Auch die Magd vermutet ihre Spinnwirtel in seinem Beutel. Sie hat sie von einem Verehrer, dem Künzel, zum neuen Jahr geschenkt bekommen. Damit enthält der Schwank einen Beleg zu den Neujahrsgeschenken (die älter sind als die Weihnachtsgeschenke).[8] Die Magd hatte ihre Wirtel nachts bei der Rockenstube verloren (s. S. 14f). Unter ihrem harten Zugriff auf die Hoden schreit der Mönch auf, aber es kommt für ihn noch schlimmer, die Magd kastriert ihn mit dem Brotmesser. Da ziemlich große Brotlaibe gebacken wurden, benötigte man zum Schneiden ziemlich große Messer. Der Mönch gibt schließlich klein bei. Er erhält jetzt Käse und Eier als Liedlohn.

Abb. aus: Barlösius, Georg (Hg.): Hans Sachsens Schwänke, München 1914 (Jungbrunnen-Bücherei Bd. 2), o. S.

(T 258) *Waruemb die pauern lanczknecht nit gern herbergen*
(Bl. 185)
Eins tages thet ein pfaff mich fragen,
Ob ich nit warhaft west zv sagen,
Warümb die pawrn vnwillig wern
Und herbergtn die lanczknecht nit gern.
Ich sagt: „Es ligt im Schwaben lant
Ein dorff, Gersthofen ist genant,
Da hat die vrsach sich angfangen.
Im kalten winter, nechst vergangen,
Da loff ain lanczknecht auf der gart
Zerissen, vnd erfroren hart
In groser kelt fuer ainen galgen.
Darauff sach er die raben palgen
Und ainen dieb auch hangen dran,
Der het zwen guete hosen on.
Da dacht im der guet arm lanczknecht:
Die hossen kümen mir gleich recht,
Und straift dem dieb die hossen ab;
An fuessen wolten sie nit rab,
Wann sie waren daran gefroren.
Der lanczknecht fluecht vnd thet im zoren
Und hieb dem dieb ab paide fües,
Sambt den hossen in erbel sties.
Nün war es etwas spat am tag,
Das dorff Gersthoffen vor im lag,
Da trabet er gancz frostig ein,
Zv suechen da die narüng sein.
Als der nün herümb gartet spat,
Zv lecz er dan vmb herberg pat
Ein pawern; nam in an guet willig,
Gab im ein schuessel vol haiser milich,
Trueg im int stüeben ein schüet stro.
Des war der frostig lanczknecht fro.
Nün het diesem pawren darzwe
Den abent auch kelbert ain kue.
Nün war es ein grim kalte nacht,
Derhalb mans kalb int stueben pracht,
Das es im stal kein schadn entpfing. (Bl. 186)
Als iderman nün schlaffen ging
Und stil wart in des pawern haüs,
Züg der lanczknecht die hosen raüs,

Die er dem dieb abgezogen het.
Die fues er ledig machen thet
Und zueg des diebes hosen on
Und machet sich vor tag darfan
Gancz stil, das sein kein mensch war nam,
Lies liegen die diebsfues paidsam.
Als frw die paurenmaid aufston
Vnd wart hinein die stueben gon,
Trüg mit ir ain groses spansliecht;
Als sie den lanczknecht nit mehr siecht,
Allain das kalb dort in der ecken
Horet gar lawt schreyen vnd plecken,
In dem sie die diebs fues ersiecht,
Vermaint sie genczlich anderst nicht,
Den das kalb het den lanczknecht gfressen.
Erst würt mit forchten sie pesessen,
Saumbt in der stueben sich nit lang,
Hintersich zv der thuer aufprang,
Schray am thennen zeter vnd mort.
Als der pawer das mortgschray hort,
Erschrack vnd aus der kamer schrir,
Was ir wer? Sie antwort: „We mir,
O pawer! es hat vnser kalb
Den lanczknecht fressen mer den halb,
Allain liegen noch da die fües."
Der pawer züecket sein schweinspies,
Schloff in rostigen harnisch sein
Vnd wolt zuemb kalb int stueben nein.
Die pewrin sproch: „Haincz, lieber mon,
Mein vnd deinr klain kinder verschon!
Das kalb mecht auch zv reissen dich!"
Der pawer drat wider hintersich;
Die kinder grinen allesam; (Bl. 186)
Der knecht erwacht, geloffen kam;
Sie kündn des lanczknechtz nit vergessn.
Mainten, das kalb das het in fressn.
In sie kam ein solch forcht vnd graus
Vnd flohen alle aus dem haüs.
Der paur zumb schultheis sagt pose mer,
Wies mit seim kalb ergangen wer
Des lanczknechtz halb; darob würt hais
Dem schultheis, ging aus der angstschwais,
Hies pald lewten die stürmglocken

Die pawren loffen all erschrocken
Auf den Kirchoff, zitrent vnd frostig,
Mit irer wer vnd harnisch rostig.
Da sagt der schüeltheis in die mer,
Wie das ein grawsams kalb da wer,
Das het ein schrecklich mort gethon,
Gefressen ainen lanczknecht schon
Bis an die fues. „Mit diesem würm
Do muesen wir thün ainen stürm,
Das man es von dem leben thw,
Wan würt das kalb gros wie ain küe,
So fres es vns all nach einander."
Die pawren erschrackn allesander
Vnd zugen vur das haüs hinan.
Der schültheis der war ir hawbtman.
Der sprach zv in: „Nun stoßecz auff!"
Die pawren stünden all zv hauff
Vnd sahen das haus alle on.
Doch wolt ir kainer foren dron;
Vnd deten sich darob all spreissn,
Forchten, das kalb mocht sie zv reissn.
Ain alter pawr den rate gab:
„Ich rat: wir zihen wider ab
Vnd fristen vor dem kalb vnsr leben.
Wir wöln ain gmaine stewer geben
In dem ganczen dorffe durch aüs, (Bl. 187)
Dem gueten man zalen sein haüs
Vnd wöllen darein stossn ein fewr,
Verprennen sambt dem kalb vngehewr.
Die pawren schrien all: „Jo, jo,
Das ist der peste rat." Also
So zünten an das haus die pawern,
Mit gwerter hand stünden die lawern
Drümb; forchten, das kalb moecht entrinen
Vnd in dem fewer nit verprinen.
Das kalb lag doch, künt noch nit gen.
Das wolt kein narreter pawr versten.
In nam das fewer vberhant.
Das in das gancze dorff abrant.
Des kamen die pawrn zv grosem schaden,
Haben seither der lanczknecht kain gnaden
Vnd vermainen des tags noch hewt:
Lanczknecht sint vnglueckhaftig lewt.

*Derhalb herwerngs die pawern nit gern,
Thüent ir peywonüng sich peschwern,
Das in nicht weiter schaden wachs
Von solchen gesten, spricht Hans Sachs."*

*Anno salutis 1559, am 4 tag Aprilis.
(Bl. 185. A 2, 4, 104^C =Keller 9, 442. Nasser S. 118. Sprachlich erneuert: Pannier 204; Engelbrecht 2, 82. V. 56 fochten S; 80 seim) fehlt S; 109 dorff S; 127 herwegs S.)*
(Goetze, Edmund, Drescher, Carl (Hg.): Sachs, Hans, Sämtliche Fabeln und Schwänke Bd. 3, Halle a. S. 1900, 345–347)

(erbel = Ärmel; Anno salutis: im Jahre des Heils)

Der Schwank ist ein weiteres Beispiel für die schon im Mittelalter weit verbreitete Vorstellung von den dummen Bauern, die insbesondere in den Städten blühte.[9] Die Dummheit kommt besonders darin zum Ausdruck, dass eine Magd meint, das junge Kalb, das noch gar nicht stehen kann, habe den Landsknecht gefressen, und dass der Bauer und die übrigen Leute im Dorf das glauben. Dabei wissen doch gerade die Bauern genau, dass Kühe und Kälber keine Fleischfresser sind.

Das brennende Gersthofen.
Abb. aus: Barlösius, Georg (Hg.): Hans Sachsens Schwänke, München 1914 (Jungbrunnen-Bücherei Bd. 2), o. S.

Derbheit und Dummheit der Bauern waren aus Sicht der Städter lange ein beliebtes Spottmotiv.
Abb. aus: Albrecht Dürer 1471 – 1971 (Ausstellung des Germanischen Nationalmuseums Nürnberg vom 21. Mai bis 1. August 1971), München 1971, 218.

Gantende oder gartende Landsknechte, d. h. solche, die aus dem Militärdienst entlassen waren, waren im 16. Jahrhundert eine Landplage.[10] Der Augsburger Bischof, Kardinal Otto Truchsess von Waldburg, erließ 1551 ein Mandat *wider die gardende Landsknecht, Zigeuner, Bettler und Saphoyer*, in dem verboten wurde, ihnen etwas zu geben oder sie zu beherbergen. Spätere Ordnungen (Anton Fugger, Kloster Holzen) erlauben die Beherbergung von Landsknechten, allerdings nur für eine Nacht.[11] Für Diebe war die allgemeine Strafe Hängen und zur Abschreckung ließ man Körper am Galgen hängen. Der Augsburger Galgen befand sich jenseits des Hettenbachs, der nächste Galgen stand in Biberbach. Von der Geographie her wäre ein Bezug zu Gersthofen sogar möglich.[12] Der Dieb trug *zwen guete hosen*. Damit sind wohl Beinlinge gemeint, was für diese Zeit zwar etwas spät, aber durchaus noch möglich erscheint. Die spätmittelalterliche Männerhose hatte sich aus zwei zusammen genähten Beinlingen entwickelt (was noch heute darin zum Ausdruck kommt, dass wir zwar von ein Paar Hosen reden, aber nur eine Hose meinen). Da Beinlinge sehr eng, Strumpfhosen vergleichbar, geschnitten waren, erklärt sich auch, dass sie anfrieren konnten.[13] Der gastfreundliche Gersthofer Bauer bewirtet den ausgefrorenen Landsknecht mit einer Schüssel heißer Milch und schüttet ihm in der Stube Stroh zu einem Nachtlager auf. Es muss bitter kalt gewesen sein, denn dem Bauern genügte die Wärme des Stalles nicht für das gerade erst geborene Kalb, weswegen er es in die warme Stube trägt. Die Stube als einziger beheizter und rauchfreier Raum diente für Mensch und Tier in kalten Wintern als Zufluchtsraum. Der Landsknecht macht sich früh aus dem Staub, schließlich hat er einem gehängten Dieb die Hosen gestohlen und ihm die Beine abgeschlagen. Dass die Magd, die als erste am Morgen die Stube mit einem Kienspan (s. o.) betritt, ob des makabren Fundes erschrickt, verwundert nicht, dass sie aber meint, das Kalb habe den Landsknecht gefressen, spricht für ihre Dummheit. Sie schreit auf der Tenne (nicht etwa im Hausgang) Zeter und Mordio, was die Bauweise des Bauernhauses als Mittertennbau, wie er auch im Augsburger Raum üblich war, verrät.[14] Der Bauer greift zu seiner wirksamsten Waffe, dem Schweinsspieß, mit dem er sich sonst der Wildschweine erwehrte, und legt seinen rostigen Harnisch an. Während der Schweinsspieß bäuerlicher Realität entsprach, entspringt der rostige Harnisch dem Spott. Die Furcht, die zunächst im Hof und dann im ganzen Dorf eines gerade erst geborenen Kalbes wegen entsteht, erinnert an die Furchtsamkeit der sieben Schwaben vor dem Hasen (s. u.). Der Bauer rennt zum Schultheiß und überbringt ihm die schlimme Kunde (*pose mer*). Der Ausdruck „Schultheiß" ist im Augsburger Raum nicht üblich, hier spricht man vom Vogt oder Am(t)mann. Die Sturmglocke erkannte man am Klang und vor allem an der Art des Läutens. Der Kirchhof (Friedhof) war der übliche Versammlungsort. Mit dem Wurm, auf den man einen Sturm tun muss, spielt der Text offensichtlich auf den Hl. Georg, den Drachentöter an. Dass dann beim Sturm keiner vorangehen will, erinnert wieder an die Sieben Schwaben. Auf den Rat eines alten Bauern (der Rat der Alten galt etwas) entschließt man sich, das Haus in Brand zu setzen und dem betroffenen Bauern durch eine Steuer den Schaden zu ersetzen. Doch das Feuer griff auf das ganze Dorf über, was bei den mit Stroh gedeckten Häusern nicht verwundert.

Barlösius, Georg (Hg.): Hans Sachsens Schwänke, München 1914 (Jungbrunnen-Bücherei Bd. 2), o. S.

(T 259) *Der Schwab mit dem rechen.*
(Bl. 201)
In dem plaben thon Hainrich Frawenlobs.
1. Es ligt ain dorff im Schwabenland,
Zu Gershoffen ist es genant;
Dem dorff het ainer abgesagt,
Zu prennen vnd zu rauben.
Die pawren hielten ein gemain
Vnd schwüeren zsamen gros vnd klain,
Sie wollten sein gantz vnüerzagt,
Einander halten glaüben;
Bald man den feint wüerd sichtig on,
So woltens stürme leüeten,
So solt zu laufen idermon
Mit hawen, gabel, reüten
Auf den Kirchoff mit seiner wer;

So wolten sie mit ainem her
Dem feint pald haben angesigt,
Im herab thun die haüben.
2. Des grümbst ein jünger pawer ser,
Vnd nam zu im drey scharpffer wehr;
Ein krümes messer vnd darmit
Kreutzhacken vnd schweinspiese,
Trueg er mit im auff ein halb jar
Zu feld vnd haus vnd wo er war,
Er ackert, drasch, met oder schnit,
Die wehr nicht von im liese.
Ains tags er auf sein wisen kam,
Das grüene gras zu meen,
Legt sein wehr pey der heck zu sam, (Bl. 202)
Det sich vast darmit pleen.
Als er nün met in einem sümpff,
Kam im ein hümel in sein kümpff
Vnd darin hin vnd wider hümbst,
Sich vberal anstiese.
3. Vnd det lawt hümbsen: pümb pümb pümb.
Der Schwab der warff sich eilent rümb,
Sprach: „Lose! got, man lewtet stürm,
Der feinde ist im lande!"
Als er wart in dem schrecken ston,
Da fing der hümel wider on:
Pümb pümb pümb pümb in gleichem fürm.
Da floch der Schwab zu hande,
Drat aüff ein rechen zu vnglüeck
Im gras an einem rangen,
Der schnelt aüff, schlüg in vbern rüeck:
„Got, ich geb mich gefangen!"
Schray der Schwab, maint, es wer der feint. –
Also manch man grausam erscheint,
Vnd pald es an ein treffen get,
So fleücht er doch mit schande.

Anno salutis 1545, am 5 tag Januarii.

(= MG 7, Bl. 47. Nach M 8, Bl. 201'. H. Sachs im Generalregister schreibt V. 1 Bayerland, obgleich er die Ueberschrift wie oben giebt. Gedr.: K. Goedeke I, S. 164. Vergl. Kirchhof, Wendunmut 1, 274. Grimm, Märchen 3, 199 zu Nr. 119. Müllenhoff, Sagen aus Schleswig 1845.

S. 92 Nr. 108; darmacj Lpüosch, Gesammelte Werke 1856. 1, 283. Sieh auch Hans Glöglers Meisterlied: Der Schwab mit dem schuhfleck 1560 (M 5, S. 55. Bolte: Kochs Zsch. f. Littgesch. 1894. 7, 452, +)
(Goetze, Edmund, Drescher, Carl (Hg.): Hans Sachs. Sämtliche Fabeln und Schwänke Bd. 3, Halle a. S. 1900, 345f Nr. 179)

(Grumsen = sich mit etwas beschäftigen, ohne etwas anzurichten; humsen = summen)

Der Schwank wirkt wie eine Nebengeschichte zu den Sieben Schwaben gepaart mit einem Exempel zur Bauerndummheit. Dem Dorf Gersthofen hatte einer angesagt, es niederzubrennen und auszurauben, worauf die Bauern auf einer Gemeindeversammlung beschlossen, so bald man den Feind ausmache, Sturm zu läuten und sich auf dem Kirchhof mit den Waffen, d. h. mit bäuerlichen Arbeitsgeräten, zu versammeln, um den Feind mit einem Heer zu besiegen (ihm die Sturmhauben herunter zu nehmen). Ein junger Bauer nahm das besonders ernst, indem er ein halbes Jahr lang bei allen Arbeiten drei scharfe Wehren (ein krummes Messer, Kreuzhacken und Schweinspieße) mit sich führte.[15] Beim Arbeiten aber musste er die Wehren ablegen und beim Mähen geriet eine Hummel in seinen Wetzsteinkumpf, die einen Lärm machte und überall anstieß. Der Schwabe hielt das laute Humsen für das Läuten der Sturmglocke und floh. Dabei trat er auf einen Rechen, der ihn auf den Rücken traf. Er hielt ihn für einen Feind.

Michael Lindeners Anhauser Schwank

Michael Lindener (s. S. 32) lebte einige Jahre in Augsburg und erzählte einen Schwank aus Anhausen. Vom Umfang her ist sein Werk nicht im Ferntesten mit dem von Hans Sachs zu vergleichen.

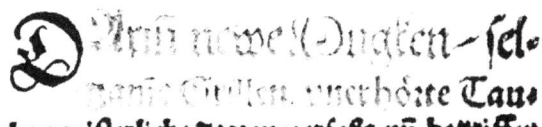

Titelblatt von Lindeners Katzipori.
Abb. aus: s. S. 304.

(**T 260**) *Ein dölpisch angeben / von einem Bawrs Son / der zuschnitten Hosen bestellt*
ZV Anhawsen imm Schwaben Landt / saß ein reicher Bawr / der het ein läppischen Son / kundt vber sibne nit zölen / vnd het doch ein zymmlichs Allter / vngefähr bey drey vnd dreissig Jaren. Der kam eins mals zuo einem Schneyder / vnnd brachte zeüg zu Hosen vnd wambes. Wie nun der Schneider fraget: Mein Fritz / wie willst du es haben? Ich höre du seyest ein Bräwtigamm / vnd spottet des guotten einfältigen troppen. Fritz der huob an zulachen / vnnd gefiel jm wol / das er Bräwtigamm gescholten ward / vnd sagt: Er solt sie jm auf Stettisch machen. Der Schneyder / dem wol war mit dem Fritzen. Fraget / wie denn? du muost mir ein Muster geben. Sagt Fritz: Auff Stettisch / wie dann zuo Anhawsen der brauch wäre / vnd dieweil es wol ein Statt wer / als Vlm vnd Augspurg. Der Schneider sprach: Ich versteh es also nit / du muost es recht sagen oder weysen. Fritz mit dem finger auff das läder / vnd deütet: Hin vmb wider / vnd sagt / auf vnd nyder / hin vnnd wider / kritzel kretzel / sützel schmetzel / So will ich es haben. Dessen mocht der Schneider wol lachen.
(Heidemann, Kyra (Hg.): Michael Lindener. Schwankbücher: Rastbüchlein und Katzipori Bd. 1: Texte, Berlin u.a. 1991 (Arbeiten zur Mittleren Deutschen Literatur und Sprache Bd. 20.1), 74f Nr. 4; dazu Bd. 2: Erläuterungen, 96 Nr. 74)

Die Bauern bildeten in den Dörfern die Oberschicht. Zwischen dem reichen Bauern und seinem tölpelhaften Sohn öffnet sich eine gewisse Spannung. Die Dummheit des Sohnes wird zunächst durch den Umstand beschrieben, dass der Dreiunddreißigjährige nicht weiter als bis sieben zählen kann. Seine Dummheit steigert sich noch bei seinem Verhalten beim Schneider. Auch auf den Dörfern lassen sich im späten Mittelalter Schneider nachweisen. Der Bauernsohn will sich Hosen und ein Wams machen lassen, wozu er Zeug (Stoff aus einem Woll-Leinenmischgewebe) und Leder mitgebracht hat. Der Bauernsohn hat keine rechte Vorstellung, aber er will die Stücke „städtisch" haben. Er versteigt sich zu der Behauptung, in Anhausen sei es Brauch, sich so zu kleiden und Anhausen sei eine Stadt wie Ulm und Augsburg. Zwischen der Kleidung der städtischen Oberschicht und der der ländlichen Bevölkerung klafften damals große Unterschiede, die auch noch durch Kleiderordnungen gefestigt waren.[16] Auch Hans Sachs tadelte in seinem Schwank *Der pawren knecht mit dem zerschnitten kittel* den Kleiderluxus der Bauern. Auch in Lindeners Schwank steckt diese Kritik, wird aber vom Motiv der Bauerndummheit überlagert.[17]
Michael Lindener war mit dem Augsburger Raum vertraut. In dem Schwank von der Frau des Buchbinders, die das Symbolum Athanasii las, taucht eine Magd auf, die *het ein Buolschaft mit nammen Clauß von Batzenhofen / den sie gern imm hawß gehabt het / der sie getröst müst haben / der ein fein ansehen hat.* In der *Warhafftige(n) newe(n) von einem gar vnerhörten grossen Mann / auß Calabrien bracht / vnd dem großmächtigen Künige auß Franckreich / newlich zuogeschickt* siedelt Lindener einen Vergleich auf dem Lechfeld an: *Dieser ist einmal kranck gewesen / hat jm ain Doctor ein Recept inn die Apoteken geschriben / hat er ain natürlichen stuohl gehabt / vnnd ain solchen Dreck mit lawb vnd graß geschissen / das man von Landsperg biß gehen Augspurg das Leckfeldt reychlich thungen mochte / das sehr guot ist für die guotten Schlucker / dann man nun Dörffer drauff bawen wirt / vnd gantz kurtzweylig sein / vnd freüwen sich vil armer Bawren drauf die da reich dardurch werden wöllen / Stinckt aber leider vbel.*
(Heidemann, Kyra (Hg.): Michael Lindener. Schwankbücher: Rastbüchlein und Katzipori

Bd. 1: Texte, Berlin u.a. 1991 (Arbeiten zur Mittleren Deutschen Literatur und Sprache Bd. 20.1), 179f Nr. 110, 196–206 Nr. 125) Derartige Derbheiten kommen bei Lindener, aber auch sonst in den Schwänken der Zeit, besonders im Eulenspiegel, öfter vor.[18] Als Realitätsbezug ist in diesem Schwank die Hochschätzung guten Düngers präsent.[19]

Die sieben Schwaben

Die älteste vollständige Version des weit verbreiteten Schwankes bietet **Hans Sachs** in einem Meisterlied vom 1. September 1545 (T 261). Bei ihm sind es allerdings neun Schwaben, die vor einem Hasen fliehen, den sie für ein grausames und wildes Tier halten. Sie ertrinken, weil sie den Ruf eines Frosches als Aufforderung missverstehen, in den See zu springen.
Über mögliche historische Hintergründe für diesen Schwank wurden in der Literatur verschiedene Überlegungen angestellt. Hans Sachs spielt an einer Stelle auf den Schwäbischen Bund an.[20] Klaus Graf bringt ein lateinisches Siegesgedicht zur Schlacht von Giengen an der Brenz von 1462, das den Triumpf Herzog Ludwigs IX. von Bayern-Landshut rühmt, ein.[21] In diesem Gedicht vergleicht ein bayerischer Kleriker die fliehenden Schwaben mit furchtsamen Hasen und bezieht sich dabei auf ein sonst nicht nachgewiesenes Sprichwort. Er gibt zu erkennen, dass er eine *historia* wisse, doch teilt er diese nicht mit. Es handelt sich dabei wohl um eine Anspielung auf den Sieben-Schwaben-Stoff. Ein kurzer lateinischer Dialog, veröffentlicht in einer vor 1498 in Tegernsee geschriebenen Handschrift, handelt vom Hasen und den sieben Schwaben. Klaus Schreiner vermutet den Ursprung des Schwankes in „schwäbisch-bayerischen Stammesrivalitäten an den Ostgrenzen Schwabens." Ausgangspunkt war wohl der Spott bayerischer Kriegsleute, die die Schwaben schmähten, indem sie sie als Hasenfüße bezeichneten. Damit konterkarierten sie das Bild, das die Schwaben selbst von sich pflegten. Infolge der Tapferkeit in den Reichskriegen hatten sie das Recht, an der Spitze des Heeresverbandes zu marschieren.

(T 261) *Die neun Schwaben*
In der lilgenweis weis H. Vogels

1. Neün Schwaben zügen vberlant
Und kamen alle sant
In einen grünen walt
Darin sie fünden palt
In ainer doren hecken
Liegen ein hasen in dem gras,
Der da entschlaffen was
Mit offen augen hart,
Sam glesren vnd erstart;
Sein oren det er strecken.
Sie hielten rat,
Sie wolten spat
Ein küne dat
All neün peweisen schiere
An diesem grawsamen vnd wilden diere.
All neün hettens ein langen spies,
Den fasten sie gewies
Vnd stünden zitrent dron
Nach einander gar schon,
Wolten den hasen schrecken. (Bl. 283v)

2. Der hinterst sprach vnd sach gar strang:
„Ragenor, anher gang!"
Der forderts sprach darzw:
„O gsel, vnd werestv
Der forderst an dem spiese,
Dw jechst nit: Ragenor, gang ron!"
Der has erwacht darfan
Fur auf, loff in den walt.
Der schwebisch pünd floch pald
Vnd den spis fallen liese,
Vnd kam in we

An ainen se;
In grüenem kle
Ein frösch verporgen sase,
Der mit der quaterten stim schreyen wase:
„Wat, wat! wat, wat! wat, wat! wat, wat!"
Ein Schwab von dem gestat
Hinein in den se sprang
Vnd det ein vntergang,
Zw grünt ins wasser stiese. (Bl. 284)
Als die acht sahen in,
Maintens, es wüet da hin
Ir lancz man vor in allen.
Der frösch schray wider: Wat, wat, wat!"
Die Schwaben sprachen: „Gat!"
Hort, hört! vnser lanczman
Der schreit vns alle an,
Wir sollen nit lang kallen,
Sunder vile
Springen in se."
Nach dem in we
Sie es gewaget haben.
Also erdrenket der frosch die neun Schwaben,
Die vor im wald der schlaffend has
Schrecken vnd jagen was. –
Des sint die Schwaben heint
Hassen vnd fröschen feint.
Das las ich iezund fallen.

Anno salutis 1545, am 1 tag Septembris.

(231. MG /, Bl. 260. Nach M 195, Bl. 283. Gedruckt: K. Goedeke I, S. 166. Sieh Joh. Bolte zu Martin Montanus` Schwankbüchern, Tübingen 1899 S. 596 zu Nr. 18)
(Goetze, Edmund, Drescher, Carl (Hg.): Hans Sachs. Sämtliche Fabeln und Schwänke Bd. 2, Halle a. d. Saale 1900, Nr. 231)

(lilgenweis = Lilienweise; jechen = sagen)

Der Schwank von den neun Schwaben, das „bekannteste Beispiel des Stammesspotts", wurde seit der 2. Hälfte des 16. Jahrhunderts durch Druckwerke verbreitet. Hans Wilhelm Kirchhof fügte in seinem *Wendunmuth* als Vorgeschichte eine Episode ein, in der die Schwaben durch das Summen eines Insekts in Panik geraten. Martin Montanus übertrug die Geschichte in seiner *Gartengesellschaft* auf neun Bayern.[22] Meistens aber zielte der Spott auf die Schwaben, die in der Frühen Neuzeit wie kein anderer Stamm Adressaten derartiger Neckereien waren.[23] Seit Beginn des 17. Jahrhunderts löste die Siebenzahl die Neunzahl ab. Der Schwank wurde auch in Einblattdrucken verbreitet und die Sieben Schwaben waren auch an Häusern in München (mit der Jahreszahl 1674), Wien und Straßburg dargestellt. In Peru wurde 1717 ein Reisender aus Augsburg von einem Böhmen gefragt, ob in Schwaben noch *jene 7 Bauern anzutreffen, welche sich mit gesamter gewaffneter hand wider einen Hasen gesetzet.* Sebastian Sailer, Prämonstratenser in Obermarchtal, der „Vater der schwäbischen Mundartdichtung" schrieb um 1756 die Dialektkomödie in zwei Aufzügen *Die sieben Schwaben, oder die Hasenjagd.* Bei ihm finden sich erstmals die bekannten Namen Gelbfüßler, Knöpfleschwab, Nestelschwab, Mückenschwab, Spiegelschwab, Blitzschwab und Suppenschwab.

An Hans Sachs orientierte sich das Gedicht *Die schwäbische Tafelrunde* in *Des Kanben Wunderhorn* und Kirchhof folgten die Brüder Grimm in ihrer Bearbeitung des Stoffes für die *Kinder und Hausmärchen* (Nr. 119), wobei sie einige gereimte Einschübe aus einem Nürnberger Kupferstich übernahmen. Bei den Brüdern Grimm tragen die Schwaben andere Namen als bei Sailer (Herr Sculz, Jackli, Marli, Jergli, Michal, Hans und Veitli). Ihr erstes „Abenteuer" ist wie bei Kirchhof die Irritation durch das summende Insekt. Doch dieses Motiv und die Episode mit dem Rechen hatte auch Hans Sachs bereits verarbeitet (T 259). Die zweite *Gefährlichkeit,* die die Schwaben zu bestehen haben, ist die Begegnung mit dem

Hasen. Hier bringen die Brüder Grimm das Gespräch ein, in dem sich z. B. der Hans gegen den Veitli mit dem Zweizeiler wehrt:
*Beim Element, du hascht gut schwätze,
bischt stets der letscht beim Drachehetze.*
Als der aufgeschreckte Hase flüchtet, sagt Hans erstaunt: *Potz, Veitli, lueg, lueg, was isch das? Das Ungehüer ischt a Has.*
Bei den Brüdern Grimm kommen die sieben Schwaben an die Mosel. Sie wollten über den Fluss und riefen einem Mann zu, der am anderen Ufer stand. *Der Mann verstand wegen der Weite und wegen ihrer Sprache nicht, was sie wollten, und fragte auf sein trierisch: „wat? wat?". Da meinte der Herr Schulz, er spräche nicht anders als: „wate, wate durchs Wasser", und hub an, weil er der vorderste war, sich auf den Weg zu machen und in die Mosel hineinzugehen.*[24]

Den bereits sehr lange tradierten und sehr populären Stoff gestaltete **Ludwig Aurbacher** (s. S. 32f) in den *Abenteuern der sieben Schwaben* noch weiter aus. Dabei lokalisierte er verschiedene „Abenteuer":

(**T 262**) ***Wie die sieben Schwaben in den Stauden stecken bleiben***

Als die sieben Schwaben tiefer in die Stauden kamen, blieben sie darin stecken. Der Wald wurde immer dichter und dichter; und einstmals, als der Allgäuer vor einem Baum stand, sagte er: Bygost! durch muß ich; und druckte und beugte den Spieß so gewaltig seitwärts, daß der Knöpfleschwab zwischen einem Baum und dem Spieß eingeklemmt wurde, und sie alle weder vor- noch rückwärts konnten. Und ist also wahr geworden, was die Zigeunerin prophezeit hatte: Der Wagen wird nicht wohl geführt, wenn ungleich Ochsen angeschirrt. Die Gesellen wollten zwar ihren Kumpan wieder losmachen; da sie aber aus allzugroßem Eifer an dem Leichnam zogen, der eine nach oben, der andere nach unten, und links und rechts zu gleicher Zeit, so ging eben das Ding nicht vorwärts, und sie hätten ihn fast geviertelt. Endlich besann sich der Allgäuer, und rief: Bygost! ich mußte des Teufels sein, wenn mir Gott nicht hülfe! Und er sagte: Hy Ochs! und packte den Baum, der den armen Schächer einzwängte, und riß ihn mit einem Riß, daß es krachte, wurzelaus, so daß der Knöpfleschwab, halb entseelt, losschnellte, und hinpflumpfte, als wär er in den Boden eingerammelt. Da bekamen die Gesellen erst rechten Respekt vor dem Allgäuer, den sie sonst für tappet und talket halten mochten. Und der günstige Leser, welcher das Stücklein nicht glauben will, kann selbst nachsehen auf dem Platz, wo der Baum noch liegt bis auf den heutigen Tag.
(Aurbacher, Ludwig: Die Abenteuer der Sieben Schwaben, Memmingen 1962, 64)

Illustration von Ludwig Richter.
Abb. aus: Aurbacher, Ludwig: Die Abenteuer der sieben Schwaben, Memmingen 1962, 63.

(T 263) Wie die sieben Schwaben einem Mägdlein beggenen, und wie der Blitzschwab von ihr auf die Kirbe geladen wird
In der Gegend von Schwabeck begegnete den sieben Schwaben auf dem Feld eine schöne Bauerntochter, die ihnen allen sogleich in`s Aug` stach, dem Blitzschwaben aber am meisten. Das Töchterle sagte züchtiglich und andächtiglich: Gelobt sei Jesus Christus, und sie antworteten allesamt: In Ewigkeit, Amen. Wie man denn zur selbigen Zeit in ganz Schwabenland nichts als gute Christenmenschen antraf, und noch keine Freimaurer, wovon nun alle Stauden vollstecken, wie in der ganzen übrigen Welt. Potz Blitz! sagte der Blitzschwab; das Mädle muß ich stellen und anreden. Und er ging auf sie zu, und fragte sie: wie sie heiße? Sie antwortete: Käther, und sie sei aus der Grafschaft Schwabeck. Und dabei lugte sie ihm freundlich ins Gesicht; denn der Blitzschwab war kein unübler Kerl. Der fragte: ob sie ihn nicht heuren möchte? Das Mädle lachte, und sagte: Ja, wenn einmal die Mannsleute so fäsig wären wie die Pfeffernüsse. Jener sagte: Sie sollte ihm nur gleich ein Schmätzle geben statt dem Drangeld. Die Jungfer aber sagte: Eine Ohrfeige sei ihr feil, aber kein Kuß. Mein Schwab merkte wohl, daß das nicht ihr Ernst sei, und er nahm sie bei der Hand, was jene zuließ, und er fragte, ob er denn gar keine Hoffnung habe, wenn er wiederkäme? und er schmeichelte ihr und streichelte sie, und nannte sie Schatzhauser und Herzkäferle und Skapulierläusle, und schwätzte allerhand närrisches Zeug, wie denn verliebte Leute zu tun pflegen. Das Mädle hatte aber endlich genug, und sie sagte: Er soll ihr auf die Kirbe kommen, und ging fort, lugte aber nochmal um, und sagte: Nichts für ungut. Und so wurde denn der Blitzschwab brav heimgeschickt, und es war zwar grob, was sie gesagt, aber gut. Und die Gesellen stimmten darin alle überein, daß sie eine wunderschöne Tochter sei, wie es denn die schwäbischen Mädle alle sind, ausgenommen die wüsten. Der Allgäuer selbst sagte: Bygost! wenn die Föhl aus dem Allgäu wäre, ich wüßt nicht, was ich tät. Dem Blitzschwaben aber wollte seit der Zeit die Käther aus der Grafschaft Schwabeck nicht mehr aus dem Kopf, und er nahm sich festiglich vor, er wolle ihr auf die Kirbe kommen.
Wart e bissele,
Beit e bissele,
Sitz e bissele nieder,
Und wenn du e bissele g`sessen bist,
So komm und sag`s dann wieder.
(Aurbacher, Ludwig: Die Abenteuer der Sieben Schwaben, Memmingen 1962, 65f)

(beiten = warten)

Die Grafschaft Schwabegg bestand bis 1805. Der Gruß „Gelobt sei Jesus Christus" galt eigentlich mehr den Geistlichen. Er soll hier besonders die Frömmigkeit des Mädchens betonen. Als Kontrast zu dieser erzählten Zeit steht der Hinweis auf die Freimaurer in der Erzählzeit. Das hübsche Mädchen aus der Grafschaft Schwabegg heißt *Käther* (nach Birlinger, Wörterbuch, 272, allgemein für Katharina) und erweist sich als sehr schlagfertig. Sie will ihn heiraten, wenn die Mannsleute so fäsig (nach Birlinger, Wörterbuch, 154, mangelhaft, fehlend) wären wie die Pfeffernüsse (Konditorgebäck, vornehmlich zur Weihnachtszeit), d. h. letztlich: nie. Der Blitzschwab will ihr ein Schmätzle statt des Drangeldes geben. Das Drangeld reichte der Bräutigam der Braut zur Bekräftigung der Verlobung. Sie aber hat nur eine Ohrfeige feil (statt eines Kusses). Das Mädchen lässt sich die Schmeicheleien und Koseworte gefallen. Unter ihnen ist das *Skapulierläusle* das ungewöhnlichste. Skapuliere sind Gegenstände der Volksfrömmigkeit, die insbesondere von den Skapulierbruderschaften gepflegt wurden. Da ein Teil des Skapuliers auf der Brust getragen wurde (und sich in ihm auch ein Läuslein einnisten konnte), regte es Aurbacher offensichtlich zu diesem Kosewort an.[25] Das Mädchen lädt den Blitzschwaben auf die *Kirbe* (Kirchweih) ein, doch der Blitzschwab versteht offensichtlich den Spott nicht. Diese Redensart meint, jemand seine Missachtung dadurch bezeugen, dass man ihn mit „leck mich am Arsch" oder ähnlichen Ausdrücken bedenkt, der Sinn der Redensart besteht also in einer groben Ablehnung. An Stelle einer Beleidigung setzt der Spötter euphemistisch eine Ehrung.[26] Aurbacher lässt auch seiner Neigung zur Ironie freien Lauf: Die schwäbischen Mädle sind alle schöne Töchter, ausgenommen die wüsten.

Aurbachers Volksbüchlein wurde vielfach nachgedruckt und seine Fassung von den Sieben Schwaben wurde in die verschiedenen Volksbuchsammlungen eingereiht. Karl Millöcker vertonte den Stoff als Operette (1887). Sagenbücher bringen den Stoff (in der Regel zusammengekürzt) als sei Aurbachers literarische Phantasie altes Volksgut.
Die Sieben Schwaben sind in vielfältiger Weise gegenwärtig. „Die identitätsstiftende Umwertung des abfälligen Stammesspotts der gegen die Schwaben gerichtet war, in ein Exempel selbstironischen Schwabenstolzes ist ähnlich auch bei Ortsneckereien zu beobachten" (Klaus Graf).

(T 264) *Wie die Bobinger das Geräucherte erfanden*
Es war im Dreißigjährigen Krieg. Die Schweden rückten immer näher gegen Bobingen. Die Bauern flüchteten mit Weib und Kind in den damals noch befestigten Kirchhof und richteten sich dort zur Verteidigung ein. „Auf der Wies", wie der nordwestliche Ortsteil von Bobingen heute noch genannt wird, besaß der Wiesschuster ein kleines Gütlein (heute Singoldanger Nr. 8). Er hatte, bevor er mit seinem Weibe, der Monika, im Friedhofe Schutz gesucht und sich den Verteidigern zur Verfügung gestellt hatte, ein fettes Schwein geschlachtet und eingepökelt mit Salz, Wacholderbeeren und würzigen Kräutern. In der Hoffnung, daß der Feind mit Gottes Hilfe und der Bürger und Bauern Tapferkeit doch bald geschlagen werde, suchte der Wiesschuster nach einem geeigneten Versteck, in dem sein Pökelfleisch für die doch nur kurze Belagerungszeit den neugierigen Blicken der Feinde entzogen war. Lange rieten sein Weib und er herum, ob man das Pökelfleisch vergraben oder im Heu verstecken solle, bis der Wiesschusterin der rettende Gedanke kam: „Wir verstecken das Fleisch im Kamin, da sucht bestimmt kein Schwede und kein Teufel danach!" Und weil der Wiesschuster gewohnt war, seiner Monika zu gehorchen, so folgte dem Gedanken auch alsbald die Tat: die gepökelten Schinken wurden im Kamin aufgehängt. Der Wiesschuster stand gerade im Ausguck auf dem Kirchturm, als die Schweden in das Dorf einmarschierten, und bald stiegen aus dem einen und anderen Kamin silbergraue Rauchwolken empor, wo sich die feindlichen Soldaten ein Süpplein kochten oder ein Huhn am Spieße brieten. Auch aus dem Kamin seines eigenen Häusleins sah der Schuster bald dicke Rauchwolken hervorquellen, und so gab er denn schon alle Hoffnung auf, daß er je noch ein Bröcklein genießbaren Fleisches vorfinden werde. Der beizende Rauch und der Ruß mußten nach seiner Meinung doch das ganze Fleisch verderben. Als der Feind abgezogen war, kehrte der Wiesschuster mit seinem Weibe in sein Häuschen in der Wies zurück. Wie er auch gar nicht anders erwartet hatte, hingen die Schinken schwarz wie Kohle, im Kamin, und er wollte sie schon im Garten vergraben, weil sie doch ungenießbar wären. Aber Mo-

nika, sein kluges Weib, wusch von so einem schwarzen Teufelsbraten, wie sie in ihrem begreiflichen Ärger die vermeintlich verdorbenen Schinken nannte, den Ruß ab, versuchte ein Bröcklein, schnalzte genießerisch mit der Zunge und ließ auch ihren verdrießlichen, daneben stehenden Mann kosten. Auch er fand den schwarzen Teufelsbraten köstlich – und so war das Geräucherte erfunden.
(LK Schwabmünchen, 360f)

Es handelt sich um ein verortetes Wandermotiv. Das Geräucherte wurde sicher nicht in Bobingen erfunden.
Unter den Schwänken ließe sich auch die Schelmengeschichte „Wie ein Augsburger die Schweden vom Kloster Lechfeld vertrieb" (T 70) und die Geschichte vom „Bobinger Büble" (T 74a, 74b) einreihen.

Ludwig Ganghofers Erinnerungen an seine Weldener Zeit

Das „Buch der Kindheit" schrieb Ludwig Ganghofer 40 – 50 Jahre nach seiner Weldener Zeit (s. S. 35). Ganghofer ist nie mehr nach Welden zurückgekehrt, obwohl er zum Ehrenbürger des Marktes ernannt wurde. Auch wenn man Manches der verklärenden Erinnerung zuschreiben muss, enthält seine Biographie drei Episoden, die sich gut an die Schwänke anreihen lassen. Ganghofer setzte keine Zwischenüberschriften, die Überschriften wurden für die folgenden Textwiedergaben formuliert.

So kannten die Weldener den jungen Ganghofer. Bild aus dem Ganghofermuseum in Kaufbeuren/Sauter. Abb. aus: Langenmair, Ludwig: Welden. Ein Markt mit reicher Vergangenheit, Welden 1986, 164.

Die geschwätzige Pfarrköchin

(**T 265**) *Mit ihrem stattlichen Pfarrherrn führte die stattliche Jungfer Luis ein so friedliches Zusammenleben, wie Philemon und Baucis zu einer Zeit miteinander gelebt haben mögen, in der dieses berühmte Pärchen noch nicht so alt war, um an abgeklärter Freundschaft sein Genügen zu finden. Der Pfarrer behandelte das ‚Fräule' sehr nett und übersah geduldig die drolligen Schwächen ihrer verzeihlichen Eitelkeit. Die beiden machten täglich miteinander stundenlange Spaziergänge – der Pfarrer nannte das: ‚die Fettmühl treiben' – sie erledigten gemeinsam alle Anstandsvisiten bei den Hono-*

ratioren, und pünktlich erschienen sie miteinander zu jedem Konsumvereinsabend. Wären die beiden Mann und Frau gewesen, sie hätten nicht wohliger zusammen hausen können. Man munkelte auch mancherlei. Aber der Bauer, wenn er nur sonst mit seinem Pfarrer zufrieden ist, macht aus dem Allzumenschlichen keinen Gegenstand des Konfliktes, die Honoratioren sahen über die Sache weg, als wäre sie nicht vorhanden, in Gesellschaft war das Benehmen der beiden auch völlig einwandfrei, und aus dem Pfarrhof flatterte nie ein verräterisches Fähnchen heraus. Doch eines schönen Septembertages ereignete sich ein deklarierendes Intermezzo.

Da wurde am Nachmittag bei uns im Garten ein Kaffeekränzchen abgehalten. Acht oder zehn Gäste waren da, unter ihnen die Pfarrluis und der hochwürdige Herr. Der erzählte im Verlauf des Geplauders: er hätte am Morgen die unangenehme Wahrnehmung machen müssen, daß in der Nacht der schönste Birnbaum seines Gartens bis auf den letzten ‚Butzen' geplündert worden wäre.

Fräulein Luis, die von den gestohlenen Birnen noch gar nichts wußte, war gleich Feuer und Flamme vor Zorn über den schlechten Kerl, der die Birnen geholt hatte.

„Und denk einer," erzählte Pfarrer Hartmann, „der unverschämte Tropf, wie er den Metzesack voll Birne auf'm Buckl gehabt hat, ischt zu faul gewese, daß er wieder übers Zäunle steigt! Ganz gemütlich ischt er durch unser Höfle raus und hat mir am Gräbele 's Brückebrettle nuntertrete … so schwer hat 'r trage, der Kerl!"

„Aber gelle Se, Herr Pfarr!" fährt die Jungfer Luis in Empörung auf und gibt dem Hochwürdigen einen Klaps gehen die Schulter. „Ich hab Ihne doch in der Nacht noch gstöße, wie ich's Brettle hab krache höre!" Kaum hatte sie das gesagt, da wurde sie kreidebleich vor Schreck. Rings um den Tisch ein schallendes Gelächter.

Und die Jungfer, jetzt so rot wie ein gesottener Krebs, rollte unter grillendem Schrei mit einer Geschwindigkeit davon, wie man sie noch nie an ihren drei Zentnern gesehen hatte.

Nun wurde die Stimmung doch ein bißchen unbehaglich. Niemand lachte mehr, alles schwieg. In dieser Stille sagte der Pfarrer mit Gemütsruhe: „Die Gans, die dumme! Wär's hocke bliebe!" Aber es brannte ihm doch das Gesicht. Meine Mutter wollte eine Brücke bauen. „Recht habe Se, Herr Pfarr! Deswege hätt 's Fräule Luis net davon renne brauche. Mensche sind mehr alle. Darf ich Ihne noch e Täßle einschänke?"

Der Pfarrer nahm Zucker, man sprach sehr eifrig von was anderem, der Zwischenfall war erledigt und hatte keine schlimmeren Folgen, als daß man darüber lachte. Ein paar Tage ließ sich die Jungfer Luis nicht blicken; dann kam sie mit einer sehr geistreichen, aber doch ganz harmlosen klingenden Korrektur, die man ohne Widerspruch entgegennahm. Zwei gute Menschen werden doch für vernünftige Augen darum nicht schlechter, weil ein Grabenbrettchen das Gewicht eines Obstdiebes und eines Metzensackes voll Birnen nicht zu tragen vermag. Aber man sprach damals zu Welden, im Gegensatz zur Bibel, gerne von einem Birnbaum der Erkenntnis. Und wenn es über ein Mädel was zu munkeln gab, so gebrauchte man mit Vorliebe das geflügelte Wort: „Mir scheint, die hat's Brettle krache höre!"

Das alles weiß ich, weil Vater und Mutter in späteren Jahren noch oft und gerne über die Heiterkeiten lachten, die es aus der ‚Weldener Zeit' zu erzählen gab. Ich habe wohl jenes Intermezzo beim Kaffeekränzchen selber miterlebt. Aber damals verstand ich nicht, warum man lachte, begriff nicht, warum das Fräule Luis so ‚huidle' davonrannte; ich kapierte nur die Sache mit dem geplünderten Birnbaum und benützte jede Gelegenheit, um ‚auf Ehr und Seligkeit' zu schwören, daß ich die Birnen

im Pfarrersgarten nicht gekrapft hätte.
Pfarrer Gordian Hartmann versah die Pfarrei Welden von 1861 bis 1870. Der Konsumentenverein war die lockere Verbindung der Honoratioren in Welden, die in gewisser Regelmäßigkeit zusammen kamen.

Die Angst der Kuhmagd vor den Geistern
(T 266) *Ich glaubte nicht an Gespenster, aber ich hätte doch ums Leben gern einmal einen Geist gesehen! Wenn ich in der Nacht hinauf ‚raffelte' in mein Mansardenstübchen, spähte ich auf dem finsteren Bodenraum sehnsüchtig in alle Winkel. Aber da blieb alles schwarz, nichts Weißes wollte erscheinen. In warmen Sommernächten hielt ich mich oft so lange wach, bis ich die Mitternachtsglocke schlagen hörte – aber wie weit ich auch das Köpfl zum Fenster hinausstreckte, niemals sah ich etwas Leintuch=Ähnliches um den Dachgiebel fliegen oder durch den Garten schleichen. Und wenn mich der Vater, was oft geschah, noch spät in der Nacht um einen Krug Bier zum Bräuhaus schickte, weil die müden Dienstboten ihre Ruhe brauchten – dann machte ich mit Vorliebe den kleinen Umweg durch den Kirchhof, blieb vor der Beinkapelle stehen und guckte aufmerksam die bleichen Knochen und Schädel an, ob sich da drinnen nicht ein bißchen was Geisterhaftes rühren möchte. Es raschelte auch manchmal – aber nur, weil die Mäuse liefen.*
Was mich da so stehen und spähen ließ, das war nicht etwa kecker Knabenmut, nur unüberwindliche Neugier, der ich gehorchen mußte. Und wenn ich auch nie einen ‚Geischt' gesehen habe, so sah ich doch sonst gar mancherlei. Eine von den vielen Beobachtungen, die ich auf dieser ruhelosen Geistersuche machte, verursachte ein Ereignis, das ich nicht verstand. Da wollte Papa eines späten Abends noch etwas mit dem Forstgehilfen bereden, der drüben in der Gehilfenstube des Ökonomiegebäudes wohnte. Der Vater ging, um den Gehilfen zu rufen, kam zornig zurück und schalt: „Das ist doch unerhört! Der Kerl ist aber auch nie daheim!"
Ich hatte den Forstgehilfen lieb und konnte ihn zu meiner Freude auch gleich und gut verteidigen. „Vaterle! Der isch gwies daheim! Der isch nur bei der Kuehmagd drin im Stüble, ja, weischt, die traut sich nimmer alleinig schlafe! So viel Angst tuet's habe vor die Geischter!"
„Wasss?" sagte Papa. Und ging mit seinem langen Schritt aus der Stube.
Die Mutter war sehr ärgerlich und schickte mich ins Bett. Am anderen Morgen übersiedelte der Forstgehilfe mit bleichem Gesicht in ein Bauernhaus, die gute dicke Magd blieb ganz verschwunden, und noch vor Abend bekamen wir eine neue Stalldirn, die mager und häßlich war. Warum? Dieses Unerklärliche verstand ich nicht. Und als ich einige Tage später dem geliebten Forstgehilfen erzählte, wie treu und gut ich ihn verteidigt hätte, gab er mir eine fürchterliche Maulschelle. Das war nun wieder eine Sache, die ich nicht begriff. Und damals, unter Tränen, empfand ich zum erstenmal, wie schwer es ist, die Menschen in ihren dunklen Regungen klar zu erkennen.

Abb. aus: Kugelmann, Klemens (Hg.): Ludwig Ganghofer. Buch der Kindheit, Lebenslauf eines Optimisten, Welden 2006, 12.

Die Rache der Forstgehilfen
(T 267) *Diese Geschichte, die heimlich als zärtlicher Liebestraum in zwei jungen Herzen begann, endete unter Mitleidenschaft von hundert Menschen mit der derben Komik einer schwer zu erzählenden Volksgroteske.*
Neben jenem geisterscheuchenden Freunde unserer dicken Stallmagd von einst und neben dem zitherkundigen Harlander hatte mein Vater noch einen dritten Forstgehilfen, einen jungen, schmucken Menschen, welcher Xaver hieß und den Spitznamen ‚das stille Wässerle' bekam. Der ging nach fröhlichem Einstand immer so wunderlich verträumt herum, war selten zu sehen und redete wenig. Das Geheimnis seiner Schwermut wurde schließlich eine landkundige Sache. Er hatte sich über Hals und Ohren in eine reiche Wirtstochter aus einem zwei Stunden von Welden entfernten Dorfe verliebt; aber nicht um ihres Geldes willen. Seine Erkorene hieß Babettle und war ein schlankes, frisches und bildhübsches Mädel mit rosigem Madonnengesicht und herzlieben, nußbraunen Augen; auch ein bißchen eitel war sie und liebte es, sich zierlich nach städtischer Art zu kleiden; besonders gerne trug sie jene gestärkten, mit Spitzen besetzten Batistkrawatten, die man ‚Bärblen' nannte. Dieses feine Mädel verdrehte nicht nur dem Xaver, sondern noch vielen anderen den Kopf. Auch mir fiel ein heißes Fünklein in das zehnjährige Knabenherz – und bei einem Ausflug, den ich mit den Eltern nach dem ‚Wirtshaus zum zuckrigen Mädele' unternahm, machte ich den Versuch, diese niedliche Schönheit zu besingen. Meine erste lyrische Dichtung! Aber sie blieb Fragment. Denn ich fand nur diesen einzigen Reim:
„Babettle, Babettle, mit deim nette Krawättle …"
Der Vers wurde im Holzwinkel populär, und das Babettle hörte ihn so oft zitieren, daß sie die weißgestärkten ‚Bärblen' nimmer tragen mochte. Jetzt ging sie mit bloßem Halse – und da war sie noch viel hübscher, und der Xaver wurde noch viel schwermütiger, obwohl er beim Babettle alle anderen Bewerber ausstach und freundliche Gegenliebe fand. Das war eine Liebe, bei der um so weniger herausschaute, je tiefer der Xaver dem Babettle in die glänzenden Augen hineinguckte. Die zwei jungen Leutchen hätten einander gerne geheiratet. Aber der neugebackene Forstgehilfe konnte nicht darauf rechnen, daß ihm die Regierung den Konsens zur Heirat erteilen würde; und die Eltern des Mädels, die das Wirtshaus ihrem großgewachsenen Sohn übergeben wollten, wünschten für die Tochter was Besseres zu finden als einen ‚hungrigen Forschtner'. So wurde, was zwischen Xaver und Babettle spielte, ein Glück mit Trauer und Tränen. Man schwatzte viel von der Sache, die Leute nahmen Partei, und Babettle und Xaver wurden als Liebespaar im Holzwinkel so berühmt, wie Romeo und Julia in aller Welt. Hier aber siegte weder die Liebe noch der Tod. Babettles Eltern setzten ihren Willen durch und verlobten das Mädel, das wohl auch keinen sonderlich tapferen Widerstand geleistet hatte, mit einem wohlsituierten Bauernsohn, der ein frecher Kerl und ein hochmütiger Lümmel war. Jetzt, nach der Entscheidung, nahm alle Welt im Holzwinkel einstimmig Partei für den verstörten Xaver, der mit dem Gedanken umging, sich aus Liebeskummer totzuschießen. Man mußte ihn bei Tag und Nacht bewachen.
Babettles Bräutigam, der seinen Triumph vor allen Leuten feiern wollte, ließ eine ‚große Hochzeit' rüsten, lud hundert Mahlgäste ein – und um seinen Sieg recht gründlich auszukosten, schickte er den Hochzeitslader zu allen Forstgehilfen, Praktikanten und Eleven – und auch zum Xaver. Diese offensichtliche Verhöhnung eines in Liebe trauernden Herzens hatte böse Folgen. Die jungen Forstleute betrachteten die Sache als einen Schimpf gegen die grüne Farbe, beschlossen, sich zu rächen,

und suchten nach einem Mittel, um diese hochmütige Hochzeit in einen brüllenden Spott zu verwandeln. Unter allen Mitteln, die dazu helfen konnten, fanden sie das allerschrecklichste.

Meinem Vater fiel es auf, daß seine Forstgehilfen und Eleven in dieser Zeit die Fuchsjagd mit besonderem Eifer betrieben. Einen Fuchs um den anderen brachten sie heim. Innerhalb zweier Wochen erlegten sie vierunddreißig Füchse. Darüber freute sich mein Vater um seiner Hasen und Rehe willen. Von der Verschwörung, die da mitspielte, hatte er keine Ahnung.

Dann kam der Hochzeitstag. Und weil man eine blutige Prügelei befürchtete, war die Gendarmerie sieben Mann hoch aufgeboten. Doch die vierzehn jungen Forstleute in ihren grauen und grünen Uniformen erschienen manierlich mit dem Anschein aller Friedfertigkeit zum Feste. Auch Xaver kam, ein bißchen blaß, aber sonst ganz ruhig. Daß ihm die schöne Braut in ihrer Verlegenheit gar nicht bemerken wollte, das erleichterte ihm seine Haltung – und was er kommen sah, schien seinen Liebeskummer schon halb geheilt zu haben.

Nach der Trauung wanderte der festliche Zug hinter den dudelnden Trompeten und Klarinetten, unter Böllergekrach und Flintenschüssen nach dem geschmückten Wirtshaus und über die steile Treppe hinauf in den Tafelsaal, an dessen reichgedeckten Tischen die hundertzwanzig Gäste so enge sitzen mußten, wie die gepöckelten Heringe zu liegen pflegen. Die bedienenden Mägde mußten sich beim Umtragen der Schüsseln mühsam zwischen den Stuhllehnen hindurchzwängen; war eine für diese Schlangenarbeit zu dick, dann gab`s allerlei Scherze und viel Gelächter.

Das erste Gericht war die festübliche schwäbische Spätzlesuppe. Dazu trank man süßen Wein. Und der Bräutigam sprach in seiner triumphierenden Freude dem Glase fleißig zu, prostete die Forstleute und den Xaver an, jauchzte und jodelte und war der stolze Held dieser schmatzenden Stunde seines Glückes. Nach dem zweiten Gange, der, wie gebräuchlich, das ‚saure Voressen' brachte, hielt der Pfarrer seinen Tafelspruch und ließ das Brautpaar leben. Im Tanzsaal ein Trompetentusch, der die Ohren sausen machte. Und drunten im Wirtsgarten krachten die Böller.

Einer von den Verschworenen soll bei diesem Pulverdonner gesagt haben: „Da herinne weard`s au bald krache!" Diesen Scherz begriffen die Mahlgäste nicht; aber die Forstleute verstanden ihn. Sie lachten. Und alle stießen sie freundlich und unter wohlwollenden Segenswünschen mit dem Brautpaar an. Nur der Xaver hielt sich ferne, war blaß und schweigsam.

Nun kam als drittes Gericht, das ‚Eahreschüssele', das bei keiner schwäbischen Hochzeit jener Zeit zu fehlen pflegte. Auf einer solchen Hochzeit gab es immer zweierlei Gäste: die Tanzleute, die erst nach Schluß der Tafel erschienen und ihr hüpfendes Vergnügen gratis hatten – und die feierlich geladenen Mahlgäste, die ihren Anteil an der Tafel mit schweren Kronentalern bezahlen mußten. Doch jeder Gast konnte da seinen Besitz nach Belieben dokumentieren und seine ‚Eahr' und Würde nach Gutdünken einschätzen. Auf einer großen Zinnplatte wurde eine schöngeschnitzte Holzschüssel mit süßem Milchreis herumgereicht; dieser Brei war fingerdick mit Zimt bestreut – und die braune Zimtkruste war dicht gespickt mit großen Himbeeren aus rotem Zuckerguß. Für jede Himbeere, die ein Gast herausfischte, mußte er einen Kronentaler auf die Zinnplatte werfen. Dabei protzten die Leute gerne. Was ein großer Bauer war, der fischte seine zehn Himbeeren und einen festen Löffel voll Zimt. Und dieses ‚Eahreschüssele' wurde nach strenger Etikette herumgereicht. Zuerst nahm der Pfarrer – gewöhnlich nur eine Him-

beere, aber viel Zimt und Reis – dann nahmen die Eltern des Brautpaares, dann Bräutigam und Braut, die nächsten Anverwandten, der Bürgermeister, die großen Steuerzahler, die kleinen Bauern, dann die Beamten, die Gendarmen und zuletzt der Lehrer und der Hochzeitslader, der die Kasse revidieren und ein gereimtes Sprüchlein aufsagen mußte. So war's auch auf der Hochzeit des schönen Babettle – und bei dem mancherlei Hin und Her, das die Ehrenschüssel machen mußte, fiel es nicht auf, daß die Forstleute wohl ihren Kronentaler auf die Zinnplatte warfen, aber den spärlich genommenen Zimtreis mit der Himbeere auf ihrem Teller liegen ließen. Auch gab's gerade am Tisch der Hochzeitsleute einen Zwischenfall, der viel Aufsehen erregte und Spott und Gelächter weckte. Denn als die Braut das Löffelchen mit der ersten Himbeere zum Mäulchen heben wollte, stand plötzlich aufgeregt und blaß der Xaver mit seinem Glas an ihrer Seite, um auf ihr Wohl zu trinken. Dabei benahm er sich so wunderlich und täppisch ungeschickt, daß er Babettles Teller mit dem Zimtreis vom Tisch hinunter auf den Boden warf. Lustiges Gejohle und allerlei Stichelreden über den abgedankten Liebhaber. Der wütende Hochzeiter fischte, damit seine Braut beim Ehrengerichte nicht zu kurz käme, flink ein paar Löffel voll Zimtreis und Zuckerbeeren für sein Babettle auf einen frischen Teller heraus und wurde grob gegen Xaver. Auch ein paar von den Forstleuten schienen sich übers Xavers Benehmen zu ärgern, warfen ihm heftige Worte zu und verließen ihre Mahlplätze. Und Xaver sah das schmausende Babettle traurig an – und weil er doch den Teller mit dem Zimtreis nicht ein zweitesmal vom Tisch hinunterwerfen, auch seine Kameraden nicht verklatschen konnte, ging er mit schwülem Seufzer stumm davon.

Nun muß ich das schon halb verratene Geheimnis der Verschworenen völlig entschleiern. Beim Lohnkutscher, der alles für die Hochzeit Nötige aus der Stadt zu liefern hatte, war der Zimt in der großen Blechbüchse heimlich gegen was anderes vertauscht worden. Und Fuchsleber, die man in der Sonne dörrt und dann zerpulvert, sieht genau so aus wie Zimt – und ist ein rapid und grauenvoll wirkendes Erleichterungsmittel. Vielleicht hatten die Verschworenen der Fuchsnatur auch noch ein bißchen nachgeholfen.

Denn kaum war das ‚Eahreschüssele' um den letzten Tisch herumgegangen – kaum hatte der Hochzeitslader die Mahlkasse revidiert und seinen Spruch begonnen:

„Aelle sein mehr guete Zahler!
`s feahlt mehr bloß e wunzigs Bissele,
Und druihundert Kroanetaler
Liege drin im Hochzetsschüssele –"

da wurde plötzlich der Herr Pfarrer kreidebleich, sprang vom Sessel auf, zog die schwarzen Rockschöße nervös auseinander und steuerte dem Tanzboden zu, so flink, als er zwischen den enggereihten Stühlen nur durchzukommen vermochte. Die Musikanten im Tanzsaal, die just die Reste der Ehrenschüssel verspeisten, fingen fidel zu lachen an, als sie den geistlichen Herrn so angstvoll laufen und im Korridor verschwinden sahen. Inzwischen brach an der Hochzeitstafel die Katastrophe wie der Anfang einer Lawine los. Zuerst bekam der Vater des Bräutigams die weiße Mauerfarbe und mußte springen. Dann fiel das bleichmachende Unglück die beiden Mütter des Brautpaares an. Die anderen lachten und wußten noch immer nicht recht, wie sie daran waren – und brüllten vor Vergnügen, als der Bräutigam, der den langen Umweg durch die engen Sesselreihen nicht mehr wagte, gleich einem Irrsinnigen über den Hochzeitstisch hinübersprang. Er war leichenblaß, fand so himmelschreiende Flüche, wie sie sonst nur der Förster Regenbogen von Emmersacker zu finden wußte, machte Sprünge wie ein aus der Falle

befreiter Löwe und erreichte trotz aller Geschwindigkeit die Türe viel zu spät. Während er mit allen Anzeichen hochgradiger Übelkeit gegen die Mauer taumelte, hörte er draußen im Korridor die Stimmer seiner verzweifelten Mutter schreien: „Jöises! Herr Pfarr! O jöises Maaaria! So tean S' doch's Tuerle aufriegle!"
Der Bräutigam in seinem Elend schien jetzt den Zusammenhang der Dinge zu erraten. Trotz seiner schlotterigen Verfassung machte er wütend den Versuch, den Xaver oder sonst einen von den jungen Forstleuten beim Kragen zu erwischen – und dann hätte es wohl Blut und Mord gegeben, da auch die Gendarmen bereits in ihrer Amtswürde irritiert erschienen. Doch die vierzehn Verschworenen waren vom Hochzeitsfeste verschwunden.
Und das arme, halbschuldige Babettle! Das sich vom barmherzigen Xaver nicht hatte warnen lassen! Zitternd stand es mit Rosmarin und Myrtenschmuck in einer Fensternische, wagte sich aus irgendwelchen Gründen nicht mehr vom Fleck zu rühren und schrie dem sakramentierenden Bräutigam unter Tränen zu: „Jetz hascht es! Gell, jetz hascht es!"
Die katastrophale Lawine rollte streng nach der Etikette weiter. Nach dem Brautpaar erfaßte sie die großen Steuerzahler; dann kamen die kleineren Bauern an die Reihe, die Gendarmen wurden bleich, zuletzt erblaßten der Lehrer und der Hochzeitslader und zu allerletzt die Musikanten, die das ‚Eahre-schüssele' sauber ausgelöffelt hatten. Auf dem Tanzboden und draußen im dunklen Korridor staute sich die hilfesuchende Menge – der bedrängte Pfarrer hatte noch immer nicht ‚aufgeriegelt' – ein ohrenbetäubendes Geschrei erhob sich im ungeduldigen Belagerungsheere, alle Gesetze der guten Erziehung begannen sich zu lösen, es gab ein fürchterliches Gedränge und auch sonst noch mancherlei Dinge, die schrecklich waren. Die Weibsleute bekamen Ursache, ihre Kleider wie beim Menuett zu schürzen und auf den Fußspitzen zu gehen – wenn ein Bauer seinen Hut verlor, dann hob er ihn nicht mehr auf – und die steile Treppe, auf der sich die Flüchtenden und Festgewurzelten stießen, verwandelte sich in eine Kaskade der menschlichen Verzweiflung.
Draußen vor dem Wirtshaus standen die Ungeladenen mit schadenfrohem Halloh und endlosem Gelächter und guckten zu, wie Hof und Garten sich in allen Winkeln mit den Flüchtlingen des gestörten Mahles bevölkerten, und wie die Dienstleute des Wirtes immer wieder mit großen Schäffern zum Brunnen liefen, um rettendes Wasser zu holen. Doch keine Wasserflut war groß genug, um dieses Unheil fortzuschwemmen. Alles, was Hochzeitsfreude hieß, war zunichte gemacht, den ganzen Nachmittag wurden die blassen Ehrengäste auf dem Laufenden erhalten, und als es Abend wurde, konnten die Musikanten dem Hochzeitspärchen nach ländlicher Sitte nicht zum Heimweg blasen. Denn der Bräutigam mußte flink vorausspringen, und von den Trompetern und Klarinettisten mußte einer nach dem anderen in den Stauden des Wegrandes zurückbleiben. Auch die Nacht bescherte den bewegten Seelen keinen Frieden. In allen Bauerngehöften sah man unter den ruhigen Sternen der Finsternis die trüben Laternen des irdischen Lebens ruhelos hin- und hergaukeln zwischen den Haustüren und jenen kleinen Nebengebäuden, die nach dörflicher Sitte hinter dem Stall zu stehen pflegen.
Durch viele Wochen hatten die dreitausend Menschen in den sieben Dörfern des Holzwinkels was Ausgiebiges zu lachen.
(Ganghofer, Ludwig: Lebenslauf eines Optimisten. Buch der Kindheit, Stuttgart 1910, 194–198, 220–222, 233–245)
Das Ehrenschüssele ist im schwäbischen Hochzeitsbrauchtum nicht bekannt, obwohl wir darüber gerade durch die Physikatsberichte bestens informiert sind.[27]

Das Forsthaus Welden (Zustand 1955).
Abb. aus: Kugelmann, Klemens (Hg.): Ludwig Ganghofer. Buch der Kindheit, Lebenslauf eines Optimisten. Welden 2006, 126.

Das mittelschwäbische Schilda in Kleinaitingen, Oberottmarshausen, Grünenbaindt und Langenreichen

Vor allem die in der Literatur und in *Schulbüchern* verbreitete Schwänke konnten zu Wandermotiven werden, die dann irgendwo verortet wurden. Am bekanntesten ist hier Schilda in Sachsen. Unmittelbarer Vorläufer des Schildbürgerbuches von 1598 ist das Lalebuch von 1597, das wiederum aus dem Eulenspiegel und aus Hans Sachs geschöpft hatte. Die sächsische Kleinstadt Schilda wurde so zum Zentrum närrischen Treibens. Ein sächsischer Topograph schrieb 1650: *Es seyn die von Schilda, gleich wie die von Hirschau in der Oberen Pfaltz, wegen ihrer einfältigen, lächerlichen Thaten, so man von ihnen begangen zu sein erzehlet, vor Jahren berühmt gewesen.* Die sprichwörtlichen Redensarten *Ein Schildbürger sein* und *Es ist ein Schildbürgerstreich* sind noch geläufig. Josef Rühfel, Volkskundliches, 196f, führt Beispiele aus Kleinaitingen (T 268a) und Oberottmarshausen (T 269) an.[28]

(**T 268a**) *Den Kleinaitingern sagt man nach, sie hätten an der Kirchweih die Kirchenuhr gestellt, damit es nicht Nacht würde; sie sollen einen Ochsen auf den Turm gezogen haben, damit er das Gras abweide, das dort wuchs; sie hätten Nadeln gestupft, daß eiserne Stangen aus der Saat wüchsen.*
Mit den Ulmern haben sie gemein, daß sie einen Wiesbaum überzwerchs auf ein Fuder banden und ihn auf beiden Seiten absägten, als sie nicht zum Stadeltor hineinkonnten.
Wie ist es zu erklären, dass Kleinaitingen zum mittelschwäbischen Schilda geworden ist?
Die Kleinaitinger erhielten von daher die Spitznamen Zeigera`binder, Wiesbaumabsäger oder Naudlastupfer.

(**T 268b**) *Zu Kleinaitingen kann man sich rühmen, das Schilda des Landkreises zu sein.*
Auf einem Kirchweihtanz gefiel es den Burschen und ihren Tänzerinnen besonders gut und sie wünschten, es möge nicht Nacht werden. Einige erstiegen also den Turm und banden den Uhrzeiger fest, damit die Zeit stillstehe. Seitdem sind die Kleinaitinger die Zeigera`binder oder Uhrrichter.
Ein Bauer führte einst Heu heim. Versehentlich hatte er den Wiesbaum quer über den Wagen gelegt und konnte nun beim Scheunentor nicht durch. Das „Gigab! Gigab!" der schnatternden Gänse im Hof deutete der Bauer als Aufforderung zum Absägen der über den Wagen hinausragenden Wiesbaumenden. Also sind die Bewohner heute noch die „Wiesbaumabsäger".
Auch „Naudlastupfer" nennt man sie, weil sie einmal glaubten, durch Säen von Nadeln Eisenstangen zu erhalten. Diese Tat ist im Vers verewigt:

*Z`Kloiaitinga send d`Leut durnai g`scheut:
Die hand Naudla` gschtupft und hand g`moit
es wachsat draus Eisaschtanga.*
(LK Schwabmünchen, 369)

(T 269) *Die Ottmarshauser haben Nadeln gestupft wie man Rettigsamen stupft.
Die Ottmarshauser haben ihre Kirche verschoben, und der Bürgermeister hat dabei seinen Kittel eingebüßt.*
(Rühfel, Volkskundliches, 196f)

In diese Reihe gehört auch folgende Geschichte:
(T 270) Die Grünenbaindter Nebelstupfer
Über Grünenbaindt lag einmal im Herbst so dicht der Nebel, daß man kaum die Hand vor den Augen sehen konnte. Das verdroß die Leute sehr. Der Bürgermeister hatte schließlich einen rettenden Einfall. Nach dem Sonntagsgottesdienst trug er den Dorfbewohnern seinen Plan vor. Die trüben Gesichter hellten sich auf. Zuversichtlich und sehr stolz auf die Klugheit ihres Bürgermeisters gingen sie heim. Am nächsten Morgen lag wieder dichter Nebel über dem ganzen Dorf. Zur vereinbarten Stunde zogen die Bewohner mit Stangen bewaffnet aus und begannen die Nebelschwaden zu stupfen und zu stoßen, um sie zu vertreiben. Ob das Mittel wohl geholfen hat? Der Spitzname „Nebelstupfer" aber ist den Grünenbaindter bis in unsere Zeit geblieben.
(Fleiner, Sagen, 21)

In den Dörfern war es vielfach noch in den 50er Jahren des vorigen Jahrhunderts üblich, dass der Bürgermeister nach dem Sonntagsgottesdienst auf dem Platz vor der Kirche seine Bekanntmachungen vorgetragen hat.
(T 271) *Auf einen Schildbürgerstreich geht sicher auch der Spitzname von* Langenreichen *zurück. Sie heißen* „**Balke`strecker**"*, weil sie versucht haben sollen, die zu kurz geschnittenen Balken für den Kirchendachstuhl zu strecken.*
(Moser, Volkshumor, 90)
Auch die *Sonnenfanger* und die *Mondfischer* von Mittelstetten gehören hierher.

(T 272) *In* Feigenhofen *zeigte sich, daß dem neugewählten Bürgermeister der Amtsrock zu klein war, und die Gemeinde entschied daraufhin: „Freile, wann dr Rock it passe` tuat, nao lamr`s beim alte". Seitdem ruft man den Feigenhofenern nach: „s bleibt beim alte!" Aber gelegentlich wurden aus solchen Neckereien feste Necknamen.*
(Moser, Volkshumor, 101)

Schwänke und Ortsneckereien

Viele Ortsneckerein gehen auf einen Schwank zurück. Dabei kann sich eine Begebenheit tatsächlich zugetragen haben, sie kann aber auch einem Wandermotiv entsprechen, das verortet wurde.
Anton Birlinger (s. S. 34) hat *Schwabenneckereien* gesammelt und in der Zeitschrift *Alemannia* publiziert. Eine erste Zusammenstellung für das Königreich Bayern erschien 1907 nach Bezirksämtern geordnet in Band 8 der Deutschen Gaue. Josef Rühfel (s. S. 35–39) hat sie unter der Überschrift *Orstneckereien, kleine Geschichte, Märchentrümmer* für sein Gebiet publiziert. Bei der Umfrage von 1908 wurde gezielt nach *Schnurren, Nachbar- und Ortsneckereien* gefragt (IV, 3 s. S. 41), aber nur die Antworten aus Altenmünster, Häder, Kutzenhausen, Welden und Wörleschwang gingen darauf ein; zu Gessertshausen heißt es: *Das Dorf hat keinen Spitznamen.*[29] Hugo Moser hat dieses Material ergänzt und in seinem Buch „Schwäbischer Volkshumor" publiziert und Theodor Jörg baute auf diesem Material (für den Altlandkreis Schwabmünchen) auf (s. S. 39).
Eine auf dieser Basis erstellte Liste wurde an

die Gemeinden und an die Mitglieder des Kreistages mit der Bitte verschickt, anzukreuzen, welche Spitznamen noch bekannt sind und Ergänzungen mitzuteilen. Reagiert haben die Gemeinden Altenmünster, Biberbach, Großaitingen, Langenneufnach, Mittelneufnach, Stadtbergen, Thierhaupten und Untermeitingen sowie die Kreisräte/Kreisrätinnen Dieter Gerstmayr (Biberbach), Ulrike Höfer (Dinkelscherben), Fritz Hölzl (Thierhaupten), Gabriele Huber (Schwabmünchen), Manfred Buhl (Königsbrunn) und Gerhard Ringler (Langerringen). Wertvolle Informationen lieferten auch Jörg Klinger (Leitershofen) und Anton Waigel (Hainhofen). Auf diese Weise konnten nicht nur Ergänzungen der Namen, sondern damit zusammenhängende Schwänke in Erfahrung gebracht werden. Auch wenn man nie einen endgültigen Stand wird erreichen können, gewinnt die (neue) Zusammenstellung Bedeutung, denn das Wissen um diese Zeugnisse schwäbischen Volkshumors ist nicht mehr sonderlich verbreitet. In dieser Dokumentation werden sie erhalten.

Z`Döpshofen hat der Schimmel glacht

Anton Birlinger und Josef Rühfel bringen je zwei Varianten zum lachenden Schimmel in Döpshofen. Birlingers erste Variante erweist sich als Verortung eines Schildbürgermotivs. Auch Rühfel kennt dieses Motiv und sieht die Ursache für die Übertragung im Altarbild der Döpshofer Kirche (T 273c).

(**T 273a**) *In Depshofen ist esz nicht ratsam zu fragen, warum der Schimmel lachte. Sie sollen, wie anderwärts esz auch erzält wird, einen Schimmel den Kirchturm hinaufgezogen haben, um das Gras dort abfreszen zu lassen. Bereits oben bleckte er noch vor seinem Ende die weiszen Zäne, wobei die Depshofer schrien: jetzt lacht er.*
(Birlinger, Wörterbuch, 115f)

(**T 273b**) *Döpshofen, urkundlich Tebeshofen, ligt in den Stauden. Wer den Namen hört, muß gleich lachen, weil er an den Schimmel denkt. Am Kirchberge zu Döpshofen stand eine große Eiche, die zum Gemeindenuzen verwendet werden sollte. Da die Eiche gefällt und den Kirchberg hinaufgebracht werden muste, so spannte man an den Gipfel derselben des Vorstehers Schimmel, der das Bergabstürzen der Eichen verhüten sollte; allein der Baum war stärker denn der Schimmel und in der Wucht des Sturzes schnellte sie den Schimmel über sich hinaus, so daß er weit hinflog fast biß zum Jägerg`hau. Es liefen nun alle dem Schimmel nach, der beim Verenden die Oberlippen verzogen und das Gebiß herausgeblekt haben soll. Als diß die Döpshofer sahen, war große Freude unter inen und sie riefen aus: der Schimmel ist noch nicht hin er lacht noch. Das hören freilich die Döpshofer nicht gerne; müßen`s doch zum Eckel oft hören. Die Streiche, die es in den Augsburger Ställen unter den Furleuten absezt, möchte ich nicht aushalten.*
(Birlinger, Anton: Schwabenneckereien V, in: Alemannia 9, 1881, 107)

Es scheint so zu sein, dass zunächst der Schildbürgerstreich verortet wurde, dass man dann aber eine eigene Version schuf, in der die Döpshofer als nicht so dumm erschienen wie die Bürger von Schilda, die einen Schimmel auf den Kirchturm zogen, damit er dort das Gras abfresse. Die Döpshofer Aktion liegt näher an der bäuerlichen Arbeitswelt, nicht aber der lachende Schimmel.

(**T 273c**) *In Döpshofen hat der Schimmel gelacht, behaupten die Umwohner. Dieser Spott erklärt sich aus dem Umstand, daß der Döpshofer Schutzheilige Martin ist. Auf dem Altarbild und im Pfarrsiegel ist er in seiner gewöhnlichen Darstellung zu sehen, nämlich als Kriegsmann zu Pferd. Die Nachbarn dichteten den Döpshofern eine ähnliche Tat an, wie sie die Schildbürger mit der Kuh und die Ottmars-*

hauser mit dem Ochsen vollbrachten.
Es gibt noch eine zweite Erklärung; ich gebe sie wieder, wie ich sie gehört habe und überlasse es der künftigen Forschung, sich für die erste oder zweite Lesart zu entscheiden: Am Kirchberg in Döpshofen, wo man von Scheppach kommt, stand einmal eine große Eiche; ein Haus steht neben dem Platz, beim Späth heißt man`s. Da hat man einen Schimmel gehabt, und die Eiche hat man ummachen wollen, und sie hätte bergaufwärts fallen sollen. Da holte man den Schimmel heraus und machte ein Seil hin. Als der Vater und der Bub genug gesägt hatten, schrie der eine Hüh! Die Eiche fiel bergab und riß den Schimmel mit. Da hat der Alte gejammert: O, jetzt ist mein Schimmel hin! Der Bub aber sagte: Noi, Vater, er löbt no, er lacht no! Denn der Gaul streckte die Zunge heraus.
(Rühfel, Volkskundliches, 198 Nr. 12)

(T 274) *Döpshofen am Jordan*
Von den Döpshofern gibt's aber noch etwas. Der von Birkach herkommende Froschbach, der oberhalb Döpshofen streckenweise „Krump" heißt, wird von den Leuten auch Jordan genannt. Als einsmal bei der Aushebung der Döpshofer Müller seinen Son, der es verspilt hatte, losbetteln wollte, fragte der Amtmann: an welchem Fluße seine Müle lige? Dem Müller fiel der Froschbach nicht eben ein; doch wuste er den Jordan aus seiner biblischen Geschichte. Er nannte den Jordan, biß zum allgemeinen Gelächter einer der Umstehenden dem Amtmann den Sachverhalt wis.
(Birlinger, Anton: Schwabenneckereien V, in: Alemannia 9, 1881, 107f)
Lorenz Scheuenpflug konnte 1964 noch einen Spruch aufnehmen, der den Döpshofern Langsamkeit und Einfältigkeit unterstellt: *Z`Döpshofa isch amola Schneck bis aufn Kirchturmspitz krocha; dös hot sieben Johr dauert, no isch`r ra`gfalla und hot g`sagt: Eile tuat net guat.* Dazu kommt dann noch der keineswegs schmeichelhafte Spruch: *Der isch dümmer wie zwoi Dumme vo` Döpshofe.*[30]

(T 275) *Die Agawanger „Weinvertilger"*
Vor langer Zeit soll sich folgendes zugetragen haben: Einige Männer aus Agawang und Nefsried waren dem Pfarrer beim Umzug behilflich. Wie es damals üblich war verstauten sie das Mobiliar auf ihren Fuhrwerken. Dabei entdeckten sie auch den reichlichen Weinvorrat des Pfarrherrn. Die Fahrt dauerte lange, die Sonne schien warm vom Himmel und verursachte einen entsetzlichen Durst. Was lag da näher, als des Pfarrers Wein zu probieren! Dabei blieb es aber nicht; er schmeckte immer besser und so „vertilgten" sie ihn bis auf den letzten Tropfen. Die Nachricht über diese Tat verbreitete sich rasch in der Umgebung, und es fehlte auch nicht an entsprechender Ausschmückung. Den Spitznamen „Weinvertilger" bekamen die Agawanger nun oft zu hören. Es entstanden auch einige Spottverse wie z. B.:
Agawanger, Nefsariedr
Weinvertilger, noble Briadr,
hättn dr em Pfarrer da Wai it gnomma.
Wärat ir it in Zeitung komma.
(Fleiner, Sagen, 21)

(T 276) *Wie die Untermeitinger und die Gräbinger zu ihren Spitznamen kamen*
Zur Zeit einer Hungersnot waren den Gräbingern alle Vorräte zu Ende gegangen. Ein Bauer aber hielt noch ein Schwein versteckt. Durch das Grunzen wurde es verraten und die erzürnten Mitbürger nahmen das Tier weg. Die Untermeitinger waren ihren Nachbarn ob des Fleisches neidig und nannten die Gräbinger „Schweinerne" und „Schweinige" und ärgerten sich blau. Weil aber die Untermeitinger für blau „bloo" sagen, erwiderten die von Graben mit: „Ihr Blooe!"
Man hört auch: „Z´ Graba ka ma`s haba, die

scheana Mädle em Sauschtall, d`Buaba em Daubaschlag."
(LK Schwabmünchen, 369)

(T 277) *Die Teufelstotschlager in Anried und Aystetten*
Man sagte ihnen nach, sie hätten in der Nacht ein Schaf für den gehörnten Teufel gehalten und mit Mistgabeln und Dreschflegeln totgeschlagen.
(Moser, Volkshumor, 63)

(T 278) *Die Endivescheisser von Aystetten*
Nach einer nächtlichen Zechtour kam den Heimkehrern in den Sinn, dem Pfarrgarten einen Besuch abzustatten. Just in diesem Augenblick verspürte einer der Heimkehrer ein menschliches Bedürfnis. Ein weit geöffneter Endivienkopf bot sich an. Nach der Verrichtung, um seine schändliche Tat zu verdecken, wurde der Endivienkopf oben zu gebunden.
Ein wildes Geschimpfe der Pfarrköchin, die den Sonntagsbraten mit einem wohlschmeckenden Salat garnieren wollte, offenbarte die schändliche Tat. Dieser üble Scherz blieb natürlich nicht geheim und machte in den umliegenden Gemeinden die Runde.
(Gewährsmann: Anton Waigel)

(T 279) *Die Ottmarshauser Haarschneider*
Eine feuchtfröhliche Männerrunde suchte ein Opfer für ihre derben Scherze. Nach reichlichem Bierkonsum hatte man eine bestimmte Person im Auge. Um diese Person ausgehfein zu machen, dachte man an einen ordentlichen Haarschnitt. Trotz heftiger Gegenwehr wurde dem armen Mann mit einer Schere, die man sonst zum Schafe scheren verwendete, das Haupthaar geschoren. Wegen der heftigen Gegenwehr des Opfers ging dies nicht ohne blutige Blessuren ab. Der Malträtierte konnte sich aus Angst vor dem Gespött der Dorfbewohner längere Zeit nicht am geliebten Stammtisch zeigen.
(Gewährsmann: Anton Waigel)

(T 280) *Die Täfertinger Kuderschneider*
Eine streunende Katze war den Dorfhonoratioren ein Dorn im Auge. Das Tier wurde gefangen genommen und wehrte sich dabei mit all seinen Kräften. Erbost über so viel Widerstand und in der Erkenntnis, dass es sich nicht um ein weibliches Tier, sondern um einen Kater handelte, schnitten sie dem „Kuder" kurzerhand den Schwanz ab. Jämmerlich miauend entkam das Tier seinen Peinigern.
(Gewährsmann: Anton Waigel)

(T 281) *Die Hainhofer Adamfänger*
Ein verwirrter Mann rannte am Sonntagmorgen vor der heiligen Messe im Adamskostüm den Kirchberg hinauf, um im Gotteshaus Zuflucht zu finden. Einige Frühaufsteher eilten herbei, hüllten den Mann notdürftig in eine Pferdedecke und brachten ihn wieder nach Hause zu seiner schlafenden Frau, die von dem Vorfall nichts bemerkt hatte.
(Gewährsmann: Anton Waigel)

Weitere Erklärungsgeschichten

Nicht alle Ortsneckereien basieren auf Schildbürgerstreichen oder Schwänken. Bei den Erklärungsgeschichten lässt sich nicht ohne weiteres entscheiden, ob sie nicht sekundärer Natur sind (d. h. später entstanden, als man den wahren Grund für den Spitznamen nicht mehr wusste, dennoch aber nach einer Erklärung verlangte).

(T 282) *Die Bobinger nennt man Heckel; dieses Wort bedeutet Eber. Der Grund zu dieser Benennung liegt nach der heutigen Auffassung darin, daß die Bobinger nach dem Urteil ihrer Nachbarn mehr als billig auf ihren Nutzen bedacht sind. Man sagt ihnen nach, daß sie wühlen, also mit Neid und Geiz arbeiten. Das*

ist natürlich üble Nachrede. Ob die Bezeichnung Heckel einen mythologischen Hintergrund hat, läßt sich vorerst nicht sagen.
Beim Heidelbeersuchen rufen die Straßberger Buben den Bobingern zu:
*Die Bobinger Heckel, die sind so fein,
die reiten den Teufel beim Hennenloch 'nein;*
oder: *Die Bobinger Narren,
die schieben den Karren,
die schieben den Block
dem Teufel ins Loch.*

(T 283) *Die* <u>Straßberger</u> *werden von den Bobingern die* **Siedigen** *geheißen. Das kommt daher, daß jene von jeher etwas wild und aufgeregt waren. Besonders wild gebärdeten sich, selbstverständlich zumeist wegen nichts, einige Straßberger Viehhändler, die in der Raidlschen Wirtschaft zur Bekräftigung ihrer Ansichten mit ihren schweren Stöcken über den Tisch schlugen, daß es krachte. Dabei gebrauchten sie gern anstatt der zahmen Ausdrücke „geh mir weiter damit" oder „das gefällt mir nicht" das kraftvolle „gang mir zum siedigen Teufel mit dem". Ihr früherer Spitzname war* **Schlangenfanger***, wie wir oben gehört haben.*

(T 284) *Die* <u>Reinhartshauser</u> *führen den Spitznamen* **Buttenmauser***, wohl hauptsächlich des Reimes wegen. Es kam allerdings in früherer Zeit, wo wandernde Händler das Land unsicher machten und oft ihre Butten manchen Leuten zum Aufbewahren gaben, gelegentlich vor, daß solche Butten untersucht und erleichtert wurden.*

(T 285) *Den* <u>Ottmarshausern</u> *oder Appetshausern ruft man* **Glufe** *nach. Gluf bedeutet Stecknadel. Junge Burschen sollen einstmals die Zipfel ihrer Sacktücher außen an den Taschen angegluft haben, um zu zeigen, daß sie welche hätten.*

Es ist übrigens noch gar nicht lange her, daß es auch sonst auf dem Lande Sitte war, das Schnupftuch aus der Joppentasche gucken zu lassen. Die Bauern geben allmählich diese Narretei auf, die Städter behalten sie bei.

(T 286) *Die* <u>Wehringer</u> *werden* **Wilde** *oder wilde Leut genannt. So oft sich die Wehringer und Aitinger beim Kreuzgehen begegneten, beteten die Aitinger Ledigen aus Leibeskräften: Hochgelobt und gebenedeit,
die Wehringer sind wilde Leut.
Um dem Unfug zu steuern, richtete es der Pfarrer Schäffler ein, daß die Wehringer von da ab mit dem Kreuz nach Bobingen gingen, wenn die Aitinger kamen.*
(Rühfel, Volkskundliches, 195f Nrn. 4, 5, 6, 7, 8)

(T 287) *Als* **Eselreiter** *verspottet man die* <u>Zusamzeller</u>*. Sie pflegten früher, während der Bittwoche nach Welden zu ziehen. Dort bewahrte man auf der Kirchenempore einen alten Palmesel auf. Die Zusamzeller Burschen versuchten einmal im Übermut, darauf zu reiten, aber er brach unter ihrem Gewicht zusammen.*
(Moser, Volkshumor, 159)

(T 288) *Die* **Schmalzgrübler** *in* <u>Eppishofen</u>*: Vor ca. 50 Jahren wurde vom heimkehrenden Besitzer des Franzenbaurhofes die Magd genötigt zum Eiereinschlagen erwärmtes Schmalz zur Außgußgrube auszuschütten, wo es sichtbar von den Leuten auffallenderweise geronnen zu sehen war.*
(Pötzl, Jahrhundertwende, 34)

(T 289) *Die* **Gockeler** *in* <u>Hennhofen</u>*: Zur Zeit der Viehseuche soll vom Geflügel nur mehr ein Hahn (Gockel) übrig geblieben sein und geschrien haben.*
(Pötzl, Jahrhundertwende, 34)

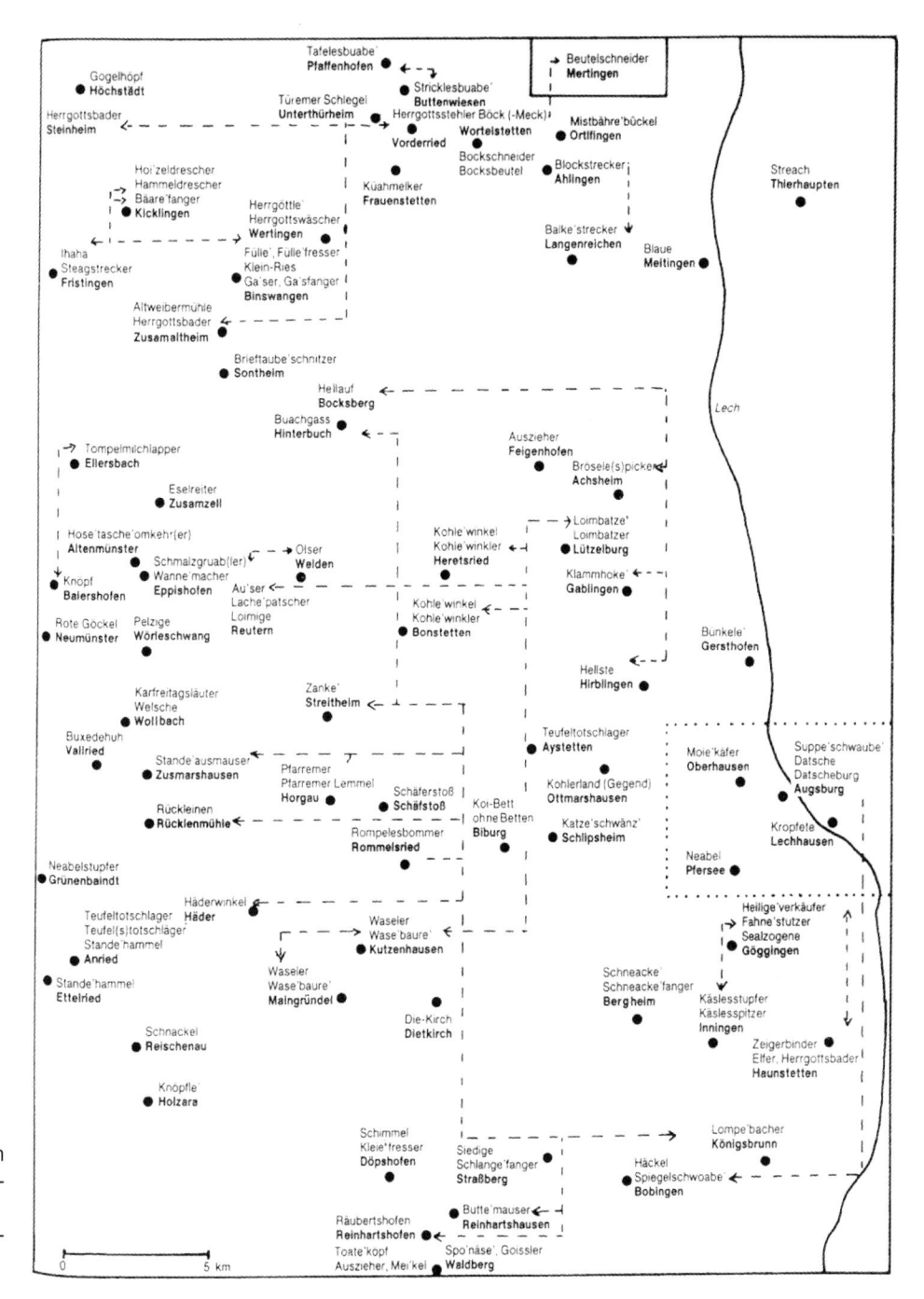

Necknamen zwischen Augsburg und Wertheim.
Abb. aus: Moser, Volkshumor, 595.

(**T 290**) *Drüben in Waldberg lädt alle Jahr am 4. Sonntag nach Pfingsten das Radegundisfest zum Besuche ein. Einmal ereignete sich folgendes: Es war sehr heiß. Nach dem Gottesdienst gab es schon großen Durst und das Wirtshaus hatte Massenbesuch. Doch ehe man zum Mittagessen kam, lagen die Siegertshofer Burschen mit denen von Waldberg in einer handfesten Rauferei. Um nicht zu unterliegen, warfen die Waldberger mit Totenschädeln aus dem Beinhaus. Seitdem spotteten die Siegertshofer über ihre Nachbarn: „Ihr **Toataköpf!**"*
(LK Schwabmünchen, 370)

(**T 291**) *Die Scherstetter wurden als **Katznei`kneater** verspottet, weil dort einer Bäuerin das Mißgeschick passiert sein soll, beim Kneten des Brotteiges eine Katze hinein zu arbeiten.*
(LK Schwabmünchen, 370)

(**T 292**) *Als **Pelzige** kennt man die Wörleschwanger. Man weiß ihren Necknamen auch so zu erklären, daß sie bei einer Wallfahrt an einem kühlen Sommermorgen ihre Peltzmützen aufsetzten und die dicken Winterkleider anzogen.*
(Moser, Volkshumor, 156)

(**T 293**) *Die Hirblinger kamen bei einer Wallfahrt zu spät in Andechs an, da sie einen anderen Weg genommen hatten als die übrigen Wallfahrer. Das trug ihnen den Necknamen **Hellste** ein.*
(Moser, Volkshumor, 155)

(**T 294**) *Die Nachbarorte heißen die Steppacher „**Schärrafresser**". Diesen Namen erhielten die Steppacher deshalb, weil sie von Nudeln und Brot immer die „Schärren" (Krusten) weg aßen, wenn sie von ihrem Einkauf beim Bäcker nach Hause gingen.*
(LRA KHPF OA Steppach)

Necknamen konnten sich auch auf Landschaften und Regionen beziehen. So wurden die Leute in den Stauden als **Staudahengste** verspottet und die Bewohner des Lechfeldes als **Lechfeldhasen** oder **Lechkosaken**.[31]

Spott in Versen

Spott vollzog sich nicht nur in Spitznamen, sondern auch in Zwei- oder Vierzeilern, in die mitunter die Necknamen eingebaut sind (s. T 268b, T 273, T 274, T 280, T 284).
Anton Birlinger veröffentlichte in der Alemannia 9, 1881, 117 Nr. 40, folgende

(**T 295a**) ***Neckreime***
Dinkelscherben und Hagaried
Vierzehn Häuser und fünfzehn Dieb.
Burtabacher
Leutauslacher
Z` Uotenhofa
Schiebt ma de alta Weiber in Ofa.
Z` Scheanabach laot ma da Weiher ab
Z` Ried sind lauter Dieb.
Z` Hollsara
Sind d` Knöpfle verfahra.
Z` Broitabronna
Sind se wieder zemmakomma.
Z` Ustersbach
Wargelet ma über da Kirchaberg nab.
Z` Schwabeck
Ist der Gockeler in der Schublad verreckt.
Antwort der Schwabecker: O ihr hand
`n gfreßa!
Eine kürzere Variante davon lautet:
(**T 295b**) *Z Holzara*
send Knöpfle` verfahra`,
z Broite`bronne`
isch s Geald verronne`,
z Ried
dao isch dr Dieb,

ond z Dinkelscherbe
teant all verderbe!
(Moser, Volkshumor, 493)

Auch in Langenneufnach kannte man einen Sammelvers:
(**T 296**) *Langenneufnach – große Stadt*
Habertsweiler – kleiner Sack,
Oberrothan – Stiefelhupfer
Walkertshofer – Fiedlabutzer,
Grimoldsrieder – Seifasiader,
Ellenrieder –Schmellensiader,
Klimmacher – Scheameahlmuesser,
Scherstetter – Katznei`kneater.
(LK Schwabmünchen, 370)

Josef Rühfel leitete den Abschnitt *Ortsneckereien* mit zwei Vierzeilern gegen die Großaitinger ein:
(**T 297a**) *Die Reinhartshofer ärgerten die Großaitinger mit dem Spruch:*
Die Aitinger Schnickl
Die tragen den Stückl,
Die tragen den Block
Dem Teufel ins Loch.
(**T 297b**) *Oder sie sagten:*
Z` Aitinge, wenn man ei gaut,
Da sicht ma glei d` Noat:
Da haurend drei Baure
Um a Renkele Broat.
(Rühfel, Volkskundliches, 195)

Von Birkach haben sich zwei Langzeiler erhalten, von denen der eine auf den Holzreichtum, der andere auf die Weber anspielt:
(**T 298a**) *Birkach isch a scheane Schtadt,*
pflätschtrat mit Holz.
Buaba geut`s nauch d`r Wahl, aber – so schtolz!
(**T 298b**) *Dött Oberland, dött Unterland und in der Mitt isch Birka.*
Und wenn d`r Deufl d`Weab`r holt, nao müaßat d`Weib`r wirka.

Nicht gut weg kamen die Bobinger Mädchen in dem Vierzeiler:
(**T 299**) *Von Bobinga auf Straßberg isch dreiviertel Stond,*
und von da Bobinger Mädla wiegt koine a Pfond,
die erscht wiegt en Vierling, die zwoit a halbs Pfond,
die dritt isch marode und die viert it reacht g`sond.

Von Schwabegg hat sich eine Erweiterung zu einem Teilvers von T 295 erhalten:
(**T 300**) *Z`Schwabeck isch Katz en d`r Schublad verröckt,*
sie hot koi Bröckala Broat meah g`schmöckt.

Den Spott auf das Gefängnis in der Geierburg in Schwabmünchen hält folgender Zweizeiler fest:
(**T 301**) *Z`Schwabmüncha auf d`r Geigaburg,*
dao haot`s mir it guat g`falle,
D`r Ofa haot koin Absatz it,
und d`Schtubadier koi Schnalla.

Von Straßberg kennt man den Reim:
(**T 302**) *D`r Straßberger Tura haut drei schöene Knöpf,*
Und Straßberger Mädla hand all` roate Zopf.

Ein ähnlicher Vers war auch von Waldberg in Umlauf:
(**T 303**) *Der Waldberger Tuara hat vier roate Eck,*
und d`Waldberger Mödla hant fuirroate Schöpf.
Gegen Rothaarige bestanden lange große Vorurteile.[32]

In Walkertshofen entstand bei der Glockenweihe 1888 der Vers:
(**T 304**) *Die Walkertshofer Khlockha, dia hand an schöana Khlang,*
Die Walkertshofer Mädla, dia hand an schöna

Gang.
Dieser Zweizeiler gehört nicht zu den Neckreimen; er soll aber zeigen, dass auch freundliche Dinge gedichtet wurden.
(T 298a–304: LK Schwabmünchen, 369–371)

Auf das Hochgericht in Dinkelscherben, auf dem viele Menschen verdarben, spielen die Wendungen an:
(**T 305**) *Gib acht! Z`Dinkelscherba muß der zehntescht Baur verderba.*

(**T 306**) *Z`Dinkelscherba muaß jedweder verderba.*
Not und Bettelei kommen, ob berechtigt oder unberechtigt, in vielen Neckreimen zum Ausdruck. Das gilt auch für Dinkelscherben:

(**T 307**) *Am Vormittag dens städtela
Am Namittag dens bettala.*
(T 305–307: LRA KHPF OA Dinkelscherben)

Ortsneckereien wurden lange ausschließlich mündlich überliefert (und von den in der Liste aufgeführten Namen, sind viele hier erstmals schriftlich fixiert). Ortsneckereien wollen die Bewohner der betreffenden Orte auf kurze und treffende Weise charakterisieren, darüber hinaus aber auch verspotten, beschimpfen, ausgrenzen oder diskriminieren. Sie sind auch Ausdruck dafür, dass das Zusammenleben insbesondere mit den Nachbarn nicht problemfrei verlief.[33] Die Spitznamen lebten in den Nachbarorten, sie in den verspotteten Orten zu gebrauchen, war mit gewissen Risiken, u. U. mit einer Tracht Prügel verbunden. Hugo Moser trifft mit dem Titel seines verdienstvollen Buches „Schwäbischer Volkshumor" die Wirklichkeit nicht ganz. Vor etwa zehn Jahren erzählte mir ein Kreistagskollege, dass einem Mann, der die Bewohner von Neumünster verspotten wollte und dazu seine Hosentaschen nach außen kehrte und so durch den Ort ging, die Hosentaschen mit einem Messer abgeschnitten wurden (s. Liste). Andererseits kann man vielleicht auch feststellen, dass die Menschen früher vielleicht etwas mehr Humor hatten.
Im rezenten Bestand wissen nur mehr wenige um die alten Necknamen. Hinsichtlich ihres Bekanntheitsgrades scheinen sie sich in solche aufzuteilen, die allgemein bekannt waren, und in solche, die nur in bestimmten Kreisen, insbesondere in Stammtischrunden, kursierten.
Die vorangehenden Abschnitte konnten viele Necknamen klären, bei manchen genügt die Worterklärung, andere verstehen sich von selbst. Dennoch bleibt ein Rest, der einfach stehen bleiben muss, weil keine Geschichte und kein Wörterbuch Auskunft zu geben vermag. Auch diese Necknamen sind ein Teil der (einstigen) Volkskultur wie Sagen, Legenden und Bräuche.

Die wackeren Gersthofer (siehe T 258).
Abb. aus: Barlösius, Georg (Hg.): Hans Sachsens Schwänke, München 1914 (Jungbrunnen-Bücherei Bd. 2), o. S.

Ortsneckereien im Landkreis Augsburg
(mit aufgenommen wurden in Klammern die Spitznamen der nach Augsburg eingemeindeten Orte aus der Umfrage von 1908)

Achsheim	Brösele(s)picker, Eade, Sumpfbiber
Adelsried	Einspreißer
Agawang	Weinvertilger
Ahlingen	Blockstrecker
Altenmünster	Hose`tasche`omkehr(er), Ahntrachtler (v. Enterich), Turascheißer oder Turarascheißer
Anhausen	Moosgrapfen (runde kurzwachsende Moose aus dem Wald wurden und werden besonders beim Grabschmuck zu Allerheiligen verwendet)
Anried	Teufeltotschlager/Teufel(s)totschläger, Staude`hammel
Aystetten	Teufeltotschlager, Endivescheisser
Baiershofen	Knöpf (Hefeteiggebäck)
Batzenhofen	Balkenstrecker
(Bergheim	Schneacke`/Schneacke`fanger)
Biberbach	Herrgottslimmel, Heile Kreuz Lackl, Heilig-Kreuz-Lümmel
Biburg	koe`Bett (ohne Betten)
Bobingen	Häckel (= Eber), Spiegelschwabe
Bonstetten	Kohle`winkel, Kohle`winkler
Deuringen	Ziehbrunner, Zisterner (mühsame Wasserversorgung), Hack-hack-hack (mit dem Handbeil in den Arm gehauen), Hochgebirgler (weil auf der Anhöhe Wohnende), Grenzstoirucker
Dietkirch	Diekirch (s. T 77)
Dinkelscherben	Hoimische, Dreigschmeckte
Döpshofen	Schimmel/Schimmellacher, Kleie`fresser, Kleirüassl, Döpshofen am Jordan
Ehingen	D´Ehlämmleschneider
Eppishofen	Schmalzgruab(ler), Wanne`macher
Ettelried	Staude`hammel
Feigenhofen	Auszieher (große Schritte)
Gablingen	Klammhoke` (Geizhälse)
Gennach	Moosschnepfa, Schwäbisch Genua
Gersthofen	Bunkeler (kleine Dicke)
Gessertshausen	Lackschubaura
(Göggingen	Heilige`verkäufer, Fahne`stutzer, Sealzogene)

Großaitingen	Schmellahupfer, Leadsbüdel (Leonhardspudel, s. T 198)
Grünenbaindt	Neabelstupfer
Gumpenweiler	Lumpenweiler
Habertsweiler	kleiner Sack, Häwei
Häder	Häderwinkel (Streitwinkel)
Hainhofen	Adamfänger
Hammel	Blausieder
(Haunstetten	Zeigerbinder, Elfer, Herrgottsbader, Kartoffelstehler)
Hegnenbach	Hexabacher
Hennhofen	Gockeler/Göggl
Heretsried	Kohle`winkel/Kohle`winkler
Hiltenfingen	Entascheißer
Hirblingen	Hellste
Holzara	Knöpfle`
Horgau	Pfarremer/Pfarremer Lemmel, Was woo?
(Inningen	Käslesstupfer, Käslespitzer, Käslastecher)
Kleinaitingen	Zeigera`binder, Wiesbaumabsäger, Naudlastupfer, Schnepfle'
Klimmach	Scheameahlmuesser
Königsbrunn	Lompe`bacher
Kutzenhausen	Torfmolle, Wasaböck, Waseler`/Wase`baure`
Langenneufnach	große Stadt
Langenreichen	Balke`strecker
Leitershofen	Kropferte
Leuthau	Staudentor
Lützelburg	Loimbatze`/Loimbatzer
Maingründel	Waseler/Wase`baur
Mittelneufnach	Katzafresser
Mittelstetten	Fledermausmünster, Sonnenfanger, Mondfischer
Neuhäder	Bug
Neukirchen	Holzfüchse
Neumünster	Rote Göckel, Lachapatscher (3 Dorfweiher (Lacha) u. einige Pfützen drei Tümpel (Lacha) im Dorf bis in die 1950er Jahre), seit Ende 1800 Hosasäckraushänger
Neusäß	Heukorbprediger (von Westheimern)
(Oberhausen	Moie`käfer)
Oberottmarshausen	Gluafa, Hosaàschwärzer
Oberrothan	Stiefelhupfer
Ortlfingen	Mistbähre`buckel (Mistbahre)
Ottmarshausen	Haarschneider

(Pfersee	Neabel)
Reinhartshausen	Buttamauser
Reinhartshofen	Räubertshofer
Reischenau	Schnackel (einfältiger, läppischer Mensch)
Reutern	Au`ser (Anser = Sack zum Umhängen), Lache`patscher, Loimige
Rommelsried	Rompelesbommer
Schäfstoß	Schäferstoss
Scherstetten	Katznei´knealer
Schlipsheim	Katze`schwänz´, Krautgartenscheisser, Hosatäschraushänger, Froscher
Schwabegg	Gockeler, Froscher
Schwabmünchen	Stricker
Stadtbergen	Gsodmolle (Ochsen), Kübelesträger (wohl in Bezug auf das örtliche Bräuhaus, Name kam aus Leitershofen), Lachabatscher
Steppach	Schärrafresser
Straßberg	Siadige (Hitzköpfe), Schlange`fanger
Streitheim	Zanke` (Streiten, *Streite` ist it weit vo`Zanke´*)
Täfertingen	Kuderschneider (Kuder = Kater)
Thierhaupten	Streach
Untermeitingen	Blooe
Unterschöneberg	Heißen von den Wörleschwangern Lachapatscher u. von den Reutern die Loamtrapper, Leumtrapper (v. früherer Ziegelei)
Vallried	Buxedehuh (Nachahmung des Eulensufes)
Violau	Kaffeeriasel
Waldberg	Toataköpf, Kleirüassl, Meitl (wohl: Mäntel), Auszieher (Große Schritte), Spo`nase, Goißler
Walkertshofen	Fiedlabutzel, Albanes (Kirchenpatron St. Alban)
Wehringen	Wilde mit`m Huat, Neger, Talatta, Bergesel
Welden	O`ser (Aas)
Wollbach	Karfreitagsläuter, Welsche
Wörleschwang	Pelzige
Zusamzell	Eselreiter
Zusmarshausen	Staude`ausmauser

1 Anstößiges wurde nicht rezipiert, das gilt nicht nur für Hans Sachs, sondern etwa auch für Till Eulenspiegel oder die vom Volk gesungenen Lieder. Ich stieß auf T 257 im Aufsatz von Hahn, Reinhard: Zur Darstellung von Sexualität in den Gedichten des Hans Sachs, in: Erlach, Daniela u.a. (Hg.): Privatisierung der Triebe? Sexualität in der Frühen Neuzeit, Frankfurt/M. 1994 (Frühneuzeit-Studien Bd. 1), 470–501, hier 489.

2 Dass die Straße von Augsburg über Donauwörth nach Nürnberg stark frequentiert war, zeigen die Zolleinnahmen in **Meitingen**, die mit 3141 Gulden fast doppelt so hoch lagen wie in Kriegshaber mit 1605 Gulden (Pötzl, Märkte, 33). Die Taferne in Gersthofen, der „Strasser", war auf Übernachtungen eingestellt (Pötzl, Walter: Bauern – Handwerker – Arbeiter. Beiträge zur Wirtschafts-, Sozial- und Bildungsgeschichte, Augsburg 2001 (Der Landkreis Augsburg Bd. 4), 114.

3 Bernstein, Eckhard: Hans Sachs mit Selbstzeugnissen und Bilddokumenten, Reinbek bei Hamburg 1993 (Rowohlts Monographien 428), 24f.

4 Pörnbacher, Literaturgeschichte, 104–110, besonders Anm. 89 mit der wichtigsten Literatur; Brunner, Horst: Meistersinger, in: LMa VI, 486f.

5 Brunner, Horst: Folz, Hans, in: LMa IV, 617; Bertau, Karl H. L.: Heinrich von Meißen (Frauenlob), in: LMa IV, 2097–2100.

6 Elm, Kaspar: Bettelorden (Mendikantenorden), in: LMa I, 2088–2093.

7 Ludwig, Karl-Heinz: Spinnen, Spinnrad, in: LMa VII, 2119f.

8 Pötzl, Brauchtum, 58–65 (Silvester und Neujahr).

9 Krämer, Karl-Sigmund: Bauer, in: EM 1, 1327–1338.

10 Gantende Landsknechte sind Landsknechte, die keinen Dienst mehr hatten. Auf sie wurde das Wort „Gant" (= gerichtliche Versteigerung) übertragen. Gartenbrüder sind nach Pirmin Gasser beurlaubte Landsknechte, Kameraden der Straßenräuber und Mörder. Er bringt sie mit den Wiedertäufern zusammen, die in den Winkeln und Gärten ihre Versammlungen abhielten (Birlinger, Wörterbuch, 180f; Schmeller, Wörterbuch, 939f).

11 Pötzl, Kriminalgeschichte, 34, 37, 45, 49.

12 Kohlberger, Alexandra: Ehren-, Verstümmelungs- und Todesstrafen, in: Pötzl, Kriminalgeschichte, 86–103, hier: 97 (Das Hängen), 104 (Karte „Galgen und Richtstätten"), 107–112 (Hauptstatt und Galgen in Augsburg), 126 (Hochgericht Biberbach).

13 Wolter, Gundula: Die Verpackung des männlichen Geschlechts. Eine illustrierte Kulturgeschichte der Hose, Marburg 1988.

14 Pötzl, Walter, Hartmann, Anni: Häuser, Möbel, Trachten. Zur Sachkultur des Volkes, Augsburg 1993 (Der Landkreis Augsburg Bd. 8), 14–42 (Häuser des Mittelalters in der Frühen Neuzeit).

15 Vgl. Pötzl, Walter, Hartmann, Anni: Geschirr und Gerät in alter Zeit, Augsburg 1995 (Beiträge zur Heimatkunde des Landkreises Augsburg Bd. 13), 130–185 (Bäuerliche Arbeitsgeräte und Werkzeuge).

16 Pötzl, Bauern – Handwerker – Arbeiter (wie Anm. 2), 100–108 (Handwerk im Mittelalter); Pötzl/Hartmann, Häuser, Möbel, Trachten (wie Anm. 14), 216–224 (Männerkleidung); Anhausen zählte 1560 53 Feuerstätten (Pötzl, Märkte, 110).

17 Goetze, Edmund, Drescher, Carl (Hg.): Hans Sachs. Sämtliche Fabeln und Schwänke Bd. 1, Halle a. d. Saale 1899, Nr. 55.

18 Z. B. Kapfhammer, Schwänke, 86f (Von einem Augsburger Sauersemfer).

19 Pötzl, Bauern – Handwerker – Arbeiter (wie Anm. 2), 70f (Mist und Mergel).

20 Carl, Horst: Der Schwäbische Bund 1488 – 1534. Landfrieden und Genossenschaft im Übergang vom Spätmittelalter zur Reformation, Leinfelden-Echterdingen 2000 (Schriften zur südwestdeutschen Landeskunde Bd. 24).

21 Graf, Klaus: Sieben Schwaben, in: EM 12, 649–654. Danach im Wesentlichen die Ausführungen.

22 Röcke, Werner: Kirchhof, Hans Wilhelm, in: EM 7, 1391–1395; Uther, Hans-Jörg: Montanus, Martin, in: EM 9, 831–836; Kapfhammer, Schwänke, 77f.

23 Graf, Klaus: Die „Schwäbische Nation" in der frühen Neuzeit, in: Zeitschrift für württembergische Landesgeschichte 59, 2000, 57–69.

24 Kinder- und Hausmärchen gesammelt durch die Brüder Grimm (Insel 829), 276–280.

25 Pötzl, Kirchengeschichte, 224–245 (In der religiösen Gemeinschaft der Bruderschaften), hier besonders

235.

26 Röhrich, Lutz: Lexikon der sprichwörtlichen Redensarten Bd. 3, Freiburg 1999 (Taschenbuchausgabe), 841f.

27 Pötzl, Brauchtum, 278–287 (Der Hochzeitstag).

28 Rühfel, Volkskundliches, 196f; Röhrich, Lutz: Lexikon der sprichwörtlichen Redensarten Bd. 4, Freiburg 1999 (Taschenbuchausgabe), 1336f; Wunderlich, Werner: Schildbürger, in: EM 11, 1428–1438.

29 Pötzl, Jahrhundertwende, 33f, 81, 94, 106, 146, 151.

30 Pötzl, Walter, Gutmann, Horst: Das Staudenhaus aus Döpshofen, Augsburg 1985 (Beiträge zur Heimatkunde des Landkreises Augsburg Bd. 9), 34; Moser, Volkshumor, 29.

31 Theodor Jörg in LK Schwabmünchen, 368. Die Bezeichnung **Hochsträßler** für die Bewohner an der Hochstraße hat eigentlich nicht den Charakter eines Spitznamens.

32 Brednich, Rolf Wilhelm: Rothaarige, in: EM 11, 850–854; Pötzl/Wüst, Bobingen, 430.

33 Brednich, Rolf Wilhelm: Ortsneckereien, in: EM 10, 376–382.

Ein Schwank auf der Landtafel der Markgrafschaft Burgau von Johann Andreas Rauch (1613/14). Der kleine Bub mit dem Steckenpferd verrät dem Vater, der gerade mit dem Holzhacken beschäftigt ist, den Ehebruch der Mutter. Text beim Bild: oben: *wo seind sy mit einandern in der Kammer*
unten: *Vater kom haim muter ist kranck / daß Herlin ist bei ihr*
Abb. aus: Pötzl, Märkte, 69.

Abkürzungsverzeichnis I:
Literatur und Quellenwerke

Birlinger, Wörterbuch	Birlinger, Anton: Schwäbisch-Augsburgisches Wörterbuch, München 1864.
Both/Helmschrott, Zusmarshausen	Both, Leonhard, Helmschrott, Franz: Zusmarshausen. Heimatbuch einer schwäbischen Marktgemeinde, Weißenhorn 1979.
EM	Enzyklopädie des Märchens, Handwörterbuch zur historischen und vergleichenden Erzählforschung, 12 Bde., Berlin u.a. 1977 – 2005.
Geschichte Thierhaupten	Fassl, Peter (Hg.): Geschichte, Sanierung und heutige Nutzung des Klosters Thierhaupten. Dauerausstellung der Heimatpflege des Bezirks Schwaben (Katalog), Augsburg 2000.
Grimm, Augsburg	Grimm, Albert: Kirchliche Altertümer und Kunstdenkmale im Archidiakontasbezirk Augsburg, in: Archiv für die Geschichte des Bistums Augsburg 1, 1856, 461–494.
Fischer, Wörterbuch	Fischer, Hermann: Schwäbisches Wörterbuch, weitergeführt von Wilhelm Pfleiderer, 7 Bde., Tübingen 1904 – 1936.
Fleiner, Sagen	Fleiner, Lorenz: Sagen, Dorfneckereien und Erzählungen aus unserer engeren Heimat um Steinekirch, Kutzenhausen und Willishausen, Diedorf 2005.
Harms, Flugblätter	Harms, Wolfgang: Deutsche illustrierte Flugblätter des 16. und 17. Jahrhunderts, 7 Bde., Tübingen 1980 – 2005.
HA Augsburg-Land	Jahn, Joachim: Historischer Atlas von Bayern. Teil Schwaben, Heft 11, Augsburg Land, München 1984.
HDA	Handwörterbuch des deutschen Aberglaubens, 10 Bde., Berlin-Leipzig 1927 – 1942, ND Berlin-New York 1987.
Kapfhammer, Sagen	Kapfhammer, Günther (Hg.): Bayerische Sagen. Sagen aus Altbayern, Schwaben und Franken, Köln 1971.
Kapfhammer, Schwänke	Kapfhammer, Günther: Schwäbische Schwänke. Anthologie aus einem Jahrtausend Volksliteratur, Regensburg 1983.
Kapfhammer, Stadtsagen	Kapfhammer, Günther (Hg.): Augsburger Stadtsagen, Regensburg 1985 (Schwaben – Landes- und Volkskunde).
LMa	Lexikon des Mittelalters, 9 Bde., München-Zürich 1980 – 1998.
LK Schwabmünchen	Landkreis Augsburg (Hg.): Landkreis Schwabmünchen. Landschaft, Geschichte, Wirtschaft, Kultur, Augsburg ^{2}1975.

Marienlexikon	Bäumer, Remigius (Hg.): Marienlexikon, 6 Bde., St. Ottilien 1988 – 1994.
Moser, Volkshumor	Moser, Hugo: Schwäbischer Volkshumor. Neckereien in Stadt und Land, von Ort zu Ort, Stuttgart ²1981.
Panzer, Sagen	Panzer, Friedrich: Bayerische Sagen und Bräuche, 2 Bde., München 1848 – 1855.
Pörnbacher, Literaturgeschichte	Pörnbacher, Hans: Literaturgeschichte. Tausend Jahre Literatur aus Bayerisch-Schwaben, Weißenhorn 2002.
Pötzl/Wüst, Bobingen	Pötzl, Walter, Wüst, Wolfgang: Bobingen und seine Geschichte, Bobingen 1994.
Pötzl, Brauchtum	Pötzl, Walter: Brauchtum. Von der Martinsgans zum Leonhardiritt, von der Wiege bis zur Bahre, Augsburg 1999 (Der Landkreis Augsburg Bd. 7).
Pötzl, Herrschaft	Pötzl, Walter: Herrschaft und Politik. Vom frühen Mittelalter bis zur Gebietsreform, Augsburg 2003 (Der Landkreis Augsburg Bd. 3).
Pötzl, Jahrhundertwende	Pötzl, Walter: Brauchtum um die Jahrhundertwende. Die Antworten auf die Umfrage von 1908 in den Bezirksämtern Augsburg, Schwabmünchen und Zusmarshausen, Augsburg 1990 (Sonderband zum 21. Jahresbericht des Heimatvereins für den Landkreis Augsburg e.V.).
Pötzl, Kirchengeschichte	Pötzl, Walter: Kirchengeschichte und Volksfrömmigkeit, Augsburg 1994 (Der Landkreis Augsburg Bd. 5).
Pötzl, Kreuze	Pötzl, Walter: Kreuze, Bildstöcke und Feldkapellen, Augsburg 1996 (Beiträge zur Heimatkunde des Landkreises Augsburg Bd. 14).
Pötzl, Kriminalgeschichte	Pötzl, Walter: Mörder, Räuber, Hexen. Kriminalgeschichte des Mittelalters und der Frühen Neuzeit, Augsburg 2005 (Beiträge zur Heimatkunde des Landkreises Augsburg Bd. 20).
Pötzl, Lebensbilder	Pötzl, Walter: Lebensbilder zu Bildern aus dem Leben, Augsburg 1991 (Beiträge zur Heimatkunde des Landkreises Augsburg Bd. 11).
Pötzl, Märkte	Pötzl, Walter: Märkte, Dörfer, Weiler, Einöden in der Markgrafschaft Burgau, Augsburg 2004 (Beiträge zur Heimatkunde des Landkreises Augsburg Bd. 19).
Rühfel, Volkskundliches	Rühfel, Josef: Volkskundliches aus der Augsburger Gegend, in: Bayerische Hefte für Volkskunde 6, 1919, 131–212.
Rühfel, Die drei Nornen	Rühfel, Josef: Die drei Nornen. Ein Beitrag zur germanischen Mythologie mit besonderer Berücksichtigung süddeutscher Überlieferungen, Dresden-Weinböhla 1920.
Rühfel, Der Zwerg	Rühfel, Josef: Der Zwerg. Eine mythologische Untersuchung, Dresden-Weinböh-

	la 1923.
Schmeller, Bay. Wörterbuch	Schmeller, Johann Andreas: Bayerisches Wörterbuch, 4 Bde., München 1872 – 1877, ND München 1996.
Schöppner, Sagenbuch	Schöppner, Alexander: Sagenbuch der Bayerischen Lande. Aus dem Munde des Volkes, der Chronik und der Dichter, 3 Bde., München 1852.
Schröder, BA VIII	Schröder, Alfred: Das Bistum Augsburg Bd. 8: Das Landkapitel Schwabmünchen, Augsburg 1912 – 1932.
Stadtlexikon	Grünsteudel, Günther u.a. (Hg.): Augsburger Stadtlexikon, Augsburg ^{2}1998.
Steichele, BA II	Steichele, Anton von: Das Bistum Augsburg Bd. 2: Die Landkapitel Agawang, Aichach, Baisweil, Bayer-Mänching, Burgheim, Augsburg 1864.
Steichele, BA V	Steichele, Anton von, Schröder, Alfred: Das Bistum Augsburg Bd. 5: Die Landkapitel Ichenhausen und Jettingen, Augsburg 1895.
Zoepfl, BA IX	Zoepfl, Friedrich: Das Bistum Augsburg Bd. 9: Das Landkapitel Kirchheim, Augsburg 1934 – 1939.

Abkürzungsverzeichnis II:
Archive, Bibliotheken, Zeitschriften und Reihen, Allgemeines

Alemannia	Zeitschrift für alemannische und fränkische Geschichte, Volkskunde, Kunst und Sprache 1873ff
BJbVk	Bayerisches Jahrbuch für Volkskunde
Deutsche Gaue	Zeitschrift für Heimatforschung und Heimatkunde 1899ff
HVLA Jb	Heimatverein für den Landkreis Augsburg e.V., Jahresbericht
JbVAB	Jahrbuch des Vereins für Augsburger Bistumsgeschichte
Lebensbilder	Lebensbilder aus dem Bayerischen Schwaben (Veröffentlichungen der Schwäbischen Forschungsgemeinschaft Reihe 3)
LRA KHPF OA	Landratsamt Augsburg: Kultur- und Heimatpflege Ortsakt
ZHVS	Zeitschrift des historischen Vereins für Schwaben (und Neuburg)

Geographisches Register

Aachen: 85, 154
Aargau: 74
Ach: 106, 295
Achsheim: 148f, 289, 327
Affaltern: 145f, 276
Agawang: 187, 320, 327
Ahlingen: 327
Aichach: 211
Aitingen: 231, 262f, 283, 322, 325
Allgäu: 25, 238, 270, 307f
Alpen: 45, 50
Altenburg: 45
Altenmünster: 12, 35, 150, 153, 249, 252, 274f, 282, 284, 288, 318f, 327
Altisberg (Münster): 269
Altkirch: 35
Altötting: 85, 220
Ammer: 153
Andechs: 85, 225, 324
Anhausen: 38, 77, 79, 81, 85, 123, 151f, 303f, 327
Anhauserbach: 157
Anried: 132ff, 289, 321, 327
Appetshausen: 322
Aretsried: 177f, 289
Aschach: 159
Auf der Wies`n (Bobingen): 309
Augsburg: 19, 25ff, 31f, 35, 37–41, 45f, 48, 50–54, 56–59, 63, 65, 67, 70–76, 78, 80ff, 85, 87f, 91f, 94, 98, 103, 115f, 120, 122f, 125–128, 130, 132–135, 138–141, 146, 150, 156ff, 164, 170ff, 174, 176f, 179, 191, 193f, 196ff, 200, 202, 204, 206f, 211, 213–217, 219, 221–224, 226, 228f, 231, 233, 235f, 238, 240ff, 244f, 258, 266f, 271, 281, 289, 295f, 301, 304, 306f, 310, 319, 323
Aystetten: 290, 321, 327

Baden: 87
Bad Windsheim: 211
Bärenbach: 270, 285
Baierberg: 189
Baiershofen: 274, 289, 327
Bamberg: 33
Bannacker: 159, 177, 253, 261, 267, 269, 279ff
Basel: 194
Bath: 45
Batzenhofen: 182, 226, 304
Baunach: 105
Bay. Wald: 89
Bayern: 26, 50, 56f, 59, 74, 78, 127, 164, 295, 318
Benediktbeuern: 50
Bergheim: 123, 186, 249, 327
Berlenberg: 196
Bernhardsschlau: 264
Bernhardsweiler: 214
Bettenfirst: 275
Biberach: 153
Biberbach: 22, 31f, 45, 47ff, 50f, 56f, 63ff, 82, 85–89, 107, 161f, 222, 224, 277, 301, 319, 327
Biburg: 153, 173f, 189, 249, 268, 327
Binabiburg: 105
Birkach: 98, 147f, 262ff, 273, 279f, 283f, 320, 325
Blankenburg: 162
Bobingen: 40, 61, 63, 65, 118, 132, 159, 171, 174, 176f, 184f, 220, 249, 258f, 261, 267f, 273f, 287, 289f, 309f, 321f, 325, 327
Bobinger Brücke: 267
Bobinger Leite: 269
Bocksberg: 244, 276
Bodensee: 65, 84
Böhmen: 73
Bonn: 34
Bonstetten: 82, 98, 327
Brabant: 192
Brandenburg: 172
Braunau: 295
Braunschweig: 43
Breitenbronn: 324
Brennberg: 76
Breithfeld: 115

Brennburg: 76
Bruderhof: 151, 183
Buch: 278
Buchenberg: 153
Buchloe: 185
Burgau: 73, 76, 79, 81, 87, 89, 117, 176, 213, 265, 231
Burgbernheim: 211, 214, 217
Burghausen: 295
Burgheim: 74
Burgund: 241
Burgwalden: 177, 256, 258, 264–267, 272, 282, 284f, 287
Burtenbach: 324
Buschelberg: 137, 289

Calatin: 51
Cisaris (Augsburg): 46

Dettelbach: 220
Deubach: 154
Deuringen: 327
Deutschland: 16, 20, 48, 52, 57, 65, 114, 120, 135
Diebelbrücke: 267
Diebeltal: 268, 273
Dießen: 32
Dietkirch: 65, 74, 127, 180f, 241, 258, 327
Dillingen: 65, 68f, 71, 73–76, 78, 87f, 104, 185, 187f, 191, 194, 204, 216
Dinkelscherben: 35, 83, 96, 133, 153, 160f, 171, 182, 189, 249f, 252, 274, 278, 289, 319, 324–327
Döpshofen: 156, 158, 188, 253ff, 261f, 264–268, 281, 286ff, 319f, 327
Donau: 44f, 48f, 74, 82, 87
Donauwörth: 60, 76, 87, 89
Donnsberg (Nordendorf): 59, 61–65
Druisheim: 31

Ebenhofen: 84
Eberbach: 120
Eggelhof: 238
Ehingen: 327
Eichberg: 269
Eichenloh: 163, 285

335

Eichkobel: 280
Eichstätt: 117
Eichstegen: 63
Eisenbrechtshofen: 222, 224
Elchingen: 74
Ellenried: 325
Ellgau: 31
Elsass: 37
Emersacker: 95f, 204, 215f, 276, 315
Engelshof: 156, 164, 182, 250, 254ff, 261, 264, 266, 284, 287, 291
Eppishofen: 150, 322, 327
Eppishofer Steg: 275
Erkhausen: 151
Erlingen: 206, 218f, 230
Eschenfelden: 33
Eschenloh: 164
Eselsweg: 271
Ettelried: 137, 159ff, 189, 247, 327
Ettenbeuren: 139f
Etting: 117f

Falchenberg: 259, 288
Feigenhofen: 318, 327
Fischach: 137, 156, 265, 287, 289
Flandern: 192, 241,
Fleinhausen: 89, 171
Flotzheim: 100
Foret: 285
Foretholz:151
Franken: 295
Frankenthal: 98
Frankfurt: 295
Frankreich: 56, 68, 304
Freystadt: 193
Friedberg: 32, 98
Friedensdorf: 170
Froschbach: 147f, 280, 283, 320
Fünfstetten: 100
Fürstenfeld: 146
Fürth: 35, 37
Fulda: 33, 131

Gabelbach: 25, 186
Gabelbachergreut: 85
Gabelsberg: 159f
Gablingen: 152, 276, 283, 287, 289, 327
Gablinger Hart: 153
Galgenberg: 265, 278
Gallien: 46
Genazzano: 96
Gennach: 271, 285, 327
Gershofen: 12, 32, 51ff, 163, 249, 295f, 298, 300–303, 326f
Gessertshausen: 38, 40, 180f, 187, 241f, 244, 249, 255, 258, 264, 282, 318, 327
Giengen a. d. Brenz: 305
Giessenburg: 153, 163, 283
Gockelhahn: 151
Gögginen: 127, 247, 289, 327
Gögginger Tor: 174
Gögginger Wertachbrücke: 267, 287
Graben: 147, 153, 157, 174, 185, 261, 271, 280, 287, 320, 327
Gräbinger-Flur: 157
Grafrath: 85
Gremheim: 74
Griesstetten: 117
Grimoldsried: 269, 271, 287, 325, 327
Großaitingen: 41, 83f, 118, 164, 189, 208, 220, 222–226, 252, 271f, 285, 290, 319, 325, 328 (siehe auch: Aitingen)
Grünenbaindt: 317f, 328
Günzburg: 87, 170, 185
Guggenberg: 83, 129, 156, 189, 251, 257, 263, 266, 271, 273, 279, 283, 285, 288
Gumpenweiler: 278, 328
Gundelfingen: 87

Habach: 129
Habertsweiler: 74, 95f, 108, 325, 328
Habino-Berg: 236
Häder: 249, 255, 275, 288, 318, 328
Hafnerberg: 101
Hagenberg: 274
Hagenried: 324
Hainhofen: 165, 319, 321, 328
Halde: 267, 279
Haldenberg: 148
Haldenburg: 137
Hall: 295f
Hammelberg (Neusäß): 50, 53, 82, 101, 236
Hameln: 44, 54
Hammel: 235, 328
Hardt: 38, 154f, 255, 257, 262, 267f, 279, 284, 288
Hartenwiesen: 261, 267
Hattenberg: 65, 67f
Haunstetten: 328
Hausen: 53f, 82f, 143, 146, 188
Hegnenbach: 328
Heidelberg: 31, 122
Heiligenstatt: 82, 262f
Heiligkreuztal: 74
Heimenkirch (Lindau): 117
Helfenstein: 75
Hennhofen: 322, 328
Heretsried: 53, 82, 98, 143, 145f, 328
Herpfenried: 276
Hesselgrub: 276
Heszilinbach: 54
Hettenbach: 301
Hexenberg (Straßberg): 256, 267
Hexengässle: 258
Hexenschlucht (Straßberg): 256
Hiltenfingen: 118, 328
Hirblingen: 324, 328
Hirschau: 317
Hochstraße: 159, 258
Höchstadt: 87
Hölden: 270
Hohlenberg (Wehringen): 148, 156
Holeberg (Dinkelscherben): 160f, 289
Holzara: 324, 328
Holzen: 49f, 53f, 59ff, 63ff, 97, 103, 145f, 301
Holzhausen: 277, 287
Holzwinkel: 276, 285f, 289, 313, 316
Horas: 131
Horgau: 173f, 281, 328
Horn: 276
Holzheim: 63, 76, 103
Holzwinkel: 252
Hübrechter Hof: 223
Hürbel (Biberach): 117

336

Hungerberg: 69, 71, 74, 76

Inchenhofen: 85, 220
Ingolstadt: 31, 117
Inningen: 258, 328
Innsbruck: 296
Irsee: 59
Istanbul: 197
Italien: 85, 121f, 143
Itzlishofen: 156

Jakober Vorstadt (Augsburg): 208, 220, 224, 232
Jauzhofen: 157
Jerusalem: 120

Kaiserberg: 246
Kaisheim: 68f, 71, 73ff, 78, 80, 82f, 100, 102, 105, 122
Kalvarienberg: 171, 180
Kapellacker: 82
Kapellenwiese: 96
Katharinenberg: 151
Kaufbeuren: 35, 47, 65, 310
Kehlheim: 117
Kemnat: 47, 55, 66ff, 74, 80, 103
Kempten: 22
Kirchberg (Döpfshofen): 262, 287, 319f
Kirchberg (Heretsried): 143–146, 283, 289
Kirchberg (Schwabegg): 324
Kirchberg (Wörleschwang): 115f, 118
Kirchheim: 39
Kissing: 185
Kitzenberg: 101
Klaffenberg: 38, 71, 75, 156, 174
Klattau: 95
Kleinaitingen: 157, 162, 225, 283, 285, 317, 328
Kleinkitzighofen: 153, 226
Klimmach: 85, 89f, 108, 129, 147, 156, 225, 261–264, 280, 282, 284, 325, 328
Klosterlechfeld: 22, 53, 85, 185, 261, 281f, 287
Kobel: 85, 97

Koblenz: 295
Köln: 85, 120, 295
Könghausen: 148, 257f, 280
Könghauserhof: 259, 280, 283
Könghofen: 259
Königsbrunn: 319, 328
Kohlstatthühle: 276
Konradshofen: 151, 158, 253
Krähberg: 143, 146, 285
Kramersberg: 45
Kremsmünster: 55ff
Kretzenholz: 269
Kreuzanger: 156, 254, 287
Kreuzberg: 88
Kriegshaber: 101
Krotengraben: 274
Krumbach: 174, 248
Krumbad: 138, 142
Krump: 320
Kühlenthal: 51, 59, 65
Kutzenhausen: 12, 249, 278, 289f, 318, 328
Kyburg: 69, 71, 73ff

Landsberg: 172, 238, 240, 242, 304
Landshut: 295
Langenneufnach: 158, 254, 270f, 319, 325, 328
Langenreichen: 317f, 328
Langerringen: 217ff, 226, 230, 233, 259, 288, 319
Langweid: 151, 275, 277, 284ff, 289
Laugnatal: 244
Lauingen: 26, 85, 87
Lauterbrunn: 82, 143, 202, 211–214, 276
Lauterlech: 220
Lech: 45, 49, 56f, 59, 74, 94, 126–129, 151, 153, 179
Lechauen: 185
Lechfeld: 26, 34, 90f, 94, 126, 128, 155, 164f, 171f, 225, 232, 236, 264, 271, 273, 281, 304, 310, 324
Lechfeldgemeinden: 271
Lechrain: 37, 163
Lechsgmünd: 82
Leipzig: 32
Leite: 267, 269, 285, 288

Leitenbad: 267
Leitenberg: 82, 264, 267, 279, 281
Leitershofen: 52, 319, 328
Leoprechting: 34, 37
Lepanto: 90
Lettenberg: 275
Leuthau: 38, 53f, 82f, 85, 96, 147f, 257ff, 262ff, 282, 286, 288, 328
Lichtenstein: 238
Liezheim: 65
Lindach: 167, 268, 275
Lithau (Kloster): 38
London: 44, 47
Lorsch: 55
Lothringen: 56
Lüneburg: 45
Lützelburg: 145f, 328

Maastricht: 192
Madrid: 118
Magdeburg: 45
Maierhof: 52
Maingründel: 328
Manshofen: 45
Margertshausen: 37, 181
Mariabuchen: 105
Maria Steinbach: 220
Markt: 31, 51, 161f, 283
Markt Wald: 156
Meierlehof: 257, 285
Meinhartshofen: 54
Meitingen: 34, 179, 273, 281, 330
Memmingen: 117
Menchingen: 290
Menkingen (Schwabmünchen): 267, 269
Mickhausen: 34, 98, 128, 186, 271, 284
Mindelheim: 39
Misslhardt: 149
Mittelneufnach: 12, 25, 35, 153, 249f, 263, 275, 288, 319, 328
Mittelstetten: 189, 318, 328
Möttingen: 75
Modelshausen: 244
Mosel: 307
Mühlberg: 162
Mühlgumpen: 274

337

Müllerberg: 160
München: 32–35, 57, 103, 154, 295f, 306
Münnerstadt: 33
Münster: 55, 97f, 108, 127ff, 158, 270, 281, 285, 289
Münsterkau: 186
Münzau: 270, 285
Muttershofen: 50, 53f, 63, 65, 82, 101, 145f

Nachtweide: 275
Neckar: 88
Nefsried: 320
Neresheim: 55, 74
Nerlingersberg: 265
Neuburg: 45
Neufnachtal: 252
Neuhäder: 328
Neuhaus (Königsbrunn): 266, 287
Neukirchen: 328
Neumünster: 114, 326, 328
Neusäß: 50, 185, 187ff
Neuss (Düsseldorf): 120
Neuwasser (Rügenwald): 60
Niederschönenfeld: 74, 78, 80
Nördlingen: 168, 210
Nonnenäcker: 83
Nonnenberg: 82f, 258, 280, 288
Nonnenmahd: 83
Nordendorf: 63,
Nürnberg: 22, 32f, 46, 194, 228, 292, 295f, 306

Oberbayern: 22, 58
Oberelsass: 35
Obere Tannet: 265
Obergermaringen: 118
Oberhausen: 45, 114ff, 163, 188, 328
Oberhof: 81
Oberhofen: 65, 69ff, 73ff, 77,80, 82, 104
Oberösterreich: 159
Oberottmarshausen: 104, 185, 317, 328
Obermarchtal: 87
Oberpfalz: 33, 317

Oberrothan: 325, 328
Oberschönenfeld: 37f, 53ff, 65, 67–71, 73–76, 78, 80–83, 102, 106, 122, 133, 152f, 180, 275, 283, 287
Oberschweinbach: 227
(Ober)weikertshofen: 227
Oberzell: 87
Ötting: 295
Ortlfingen: 328
Ossegg: 73
Ostendorf: 179
Osterberg: 89
Osterbuch: 276
Osterzell: 185
Ottenbeuren: 22, 135
Ottmarshausen: 74, 104, 281, 318f, 321f, 328

Pappenheim: 30f, 45, 47, 50f, 64f, 213
Paradies (Waldteil bei Mickhausen): 271
Passau: 90, 295
Peru: 306
Perugia: 31
Peterhof: 145f
Pfaffengehau: 267
Pfersee: 101, 329
Pferseer Steg: 186
Pfingstgraben: 276
Polen: 192
Prag: 192

Randeck: 59
Rauhenberg: 137, 159ff, 283, 289
Rauhen Forst: 172, 174, 274, 286, 290
Re: 95, 108
Rechberg: 45, 73
Rechtenstein (Ehingen): 117
Regensburg: 56ff, 117, 193, 295
Reichenau: 87
Reichertshofen: 271
Reichsstraße: 170
Reims: 231
Reinhartshausen: 94, 156f, 225, 249, 258, 265ff, 287, 322, 329
Reinhartshauser Flur: 262

Reinhartshofen: 83, 165, 225, 257f, 261, 325, 329
Reischenau: 69ff, 73, 76, 83, 96, 177f, 197, 269, 329
Reisensburg: 117
Reitenbuch: 178
Remis: 192
Reutern: 118, 329
Reutersteig: 146
Rhein: 44, 122, 295
Ried: 65, 259, 271, 274f, 285, 288, 324
Ringgraben: 148
Römerstraße: 258
Rohrwiesen: 271
Rom: 44ff, 90f, 94
Rommelsried: 329
Roth: 141
Rothenburg (ob der Tauber): 211
Rothtal: 119

Salmannshofen: 53f, 82f, 143, 145f, 276
Salzburg: 123, 295
Sandberg: 127
Sandhühle: 280
Saulgau (Bad): 34, 63, 74
Schäfstoß: 141f, 165, 329
Scharlach: 259
Schatzberg: 150
Scheppach: 37, 156, 264–267, 279, 284, 287, 320
Scheppacher Hof: 225, 264f
Scherstetten: 151, 157, 183, 186, 223, 249, 324f, 329
Scheyern: 89
Schilda: 317
Schimmelbrünnele: 269, 285
Schindanger: 265
Schinderwiesen: 165
Schindküche: 265
Schlessien: 172
Schlipsheim: 329
Schlossberg: 143, 147, 151, 153, 160ff, 257, 259, 262f, 280
Schmutter: 37f, 48, 98, 127, 148ff, 162, 289
Schmuttertal: 80

Schneeburg: 137
Schönau (Heidelberg): 113, 119ff, 122
Schönebach: 324
Schönenberg: 181
Schönenfeld: 38, 74, 78, 81, 156, 175, 180ff, 254, 262, 264ff
Schottland: 113f, 116
Schwabegg: 89, 137, 156f, 249, 259, 263, 279f, 308, 324f, 329
Schwaben: 22, 26, 46, 69, 73, 88, 102, 116, 120, 132, 162f, 170, 183, 295f, 298, 302, 304ff, 308f, 316
Schwabmünchen: 39f, 98, 153, 159, 182, 186, 197f, 206, 210f, 225, 228, 230, 248, 258, 260, 279f, 283, 290, 319, 325, 329
Schwäbischwörth (Donauwörth): 55, 58
Schwarzach: 69, 71, 73f, 147, 252
Schwarzachtal: 264, 283
Schweden: 68, 87f, 152, 193
Schweinbach: 127
Schweinberger Mahd (Waldanger): 279
Schweiz: 14, 26, 44, 254
Schwettingerberg: 267
Seehühle: 157
Seifriedsberg: 238, 241, 244
Siefenwang: 83, 96
Siegertshofen: 25, 158, 270, 324
Siegharthof: 127
Singold: 272
Söflingen: 74
Sommerhausberg: 261, 267
Speinshart: 105
Speyer: 33
Spindelsberg: 262
Stadel: 90, 96, 274, 289
Stadtbergen: 127, 319, 329
Stauden: 26, 34, 55, 123, 127, 157, 251, 253, 307f, 319, 324
Steinekirch: 12, 47, 138, 141, 152, 154, 249f, 274
Steppach: 127, 150, 324, 329
Stettenhofen: 151
Stoffersberg (Igling/Landsberg): 282
Stoffenried: 172, 174

Straß: 256
Straßberg: 35, 37, 156–159, 186, 188, 253, 255ff, 259, 261, 266–269, 271, 279–282, 284, 286, 288, 322, 325, 329
Straßburg: 22, 35, 194, 215ff, 251, 306
Streitheim: 329
Streitlache: 275, 288
Stuhleberg: 150, 153, 283, 285, 289
Sulz: 258

Täfertingen: 14, 25, 185, 187, 321, 329
Tannetweiher: 264
Tegernsee: 305
Tessin: 95
Teufelstal: 258
Theklaberg: 98
Thierhaupten: 11, 26, 53–59, 102, 106, 123, 129, 319, 329
Tirol: 114
Tiroler Hof: 189
Totenhühle: 178
Totenweg: 178
Tronetshofen: 267, 287
Truhendingen: 75
Tübingen: 34
Türkheim: 32, 249
Tuntenhausen: 220

Ulm: 74, 134, 304, 317
Ulmer Landstraße: 172, 174
Ungarn: 19, 50, 52, 57f
Unterbächingen: 188
Untermeitingen: 90, 92, 94, 153, 163, 186, 263, 271, 273, 281f, 284, 319f, 329
Unternefsried: 187
Unterrieden (Pfaffenhausen): 135
Unterrothan: 270, 285
Unterschöneberg: 329
Ursberg: 45
Ustersbach: 178, 236, 238–242, 244f, 274, 289, 324

Vallried: 329
Verona: 121

Via Claudia: 53
Villenbach: 242, 244f
Vindelicia: 47
Violau: 53f, 62f, 85, 122, 170, 274, 329
Vögele (Itzlishofen): 281
Vögele-Loch: 156
Voglach (Lützelburg/Muttershofen): 278, 285
Volling (Waldteil v. Violau): 274

Waldberg: 110, 123, 125, 186, 258, 324f, 329
Waldberger Holz: 262
Waldburg: 301
Waldrast: 26
Walkertshofen: 142f, 227, 256, 271, 325, 329
Wallberg: 150, 153
Waltershofen: 227
Wanne (Wald): 290
Wehringen: 38, 40f, 53, 102, 148, 156, 158, 181, 225, 253f, 256, 261, 264, 268f, 279, 281, 285, 290, 322, 329
Wehringerberg: 262
Wehringer Hölzle: 257, 261, 268
Weidach: 148
Weidenhart (Wald): 129, 290
Weihenberg: 50
Weiherhof: 65, 74, 81, 262, 264ff, 279, 287
Weinhausen (Buchloe): 135
Weinsberg: 44, 47
Welden: 35, 53, 62, 69, 71, 89, 98f, 137, 182, 249, 276, 310–313, 317f, 322, 329
Wellenburg: 26, 44, 85, 113, 123, 125f, 133, 156f, 279
Wertach: 37f, 88, 157, 165, 252, 267
Wertachauen: 267
Wertachbrücke: 268, 272
Wertachebene: 259
Wertachtal: 193, 279
Wertachwiesen: 256, 267, 288
Wertingen: 50, 87, 98, 249
Wessobrunn: 55
Westfalen: 26

Westendorf: 179
Westerringen: 85
Westheim: 323
Wettenhausen: 26, 139
Wettingen: 74
Wiblingen: 32
Wien: 98, 192, 306
Wildenstein: 31
Willmatshofen: 76, 270
Windach: 152
Winterthur: 75
Wittenberg: 26
Wörishofen (Bad): 85
Wörleschwang: 12, 22, 63, 85, 113–119, 130, 249f, 318, 324, 329

Wörnitzstein: 74
Wolfsberg: 47, 138–141, 143, 152, 154
Wollbach: 165, 171, 329
Wollishausen: 180
Wollmetshofen: 65
Wolpertstetten: 74
Worms: 119
Württemberg: 86ff
Würzburg: 33, 295
Wulfen: 279
Wulfertshausen: 126
Wurmlingen: 34

Xanten: 44

Zaisertshofen: 156
Ziemetshausen: 95, 133, 244
Zirke (Wald): 290
Zusam: 48, 63, 83, 116
Zusameck: 83, 153, 159, 171, 219, 240
Zusamtal: 87, 112, 116ff, 139f, 166, 171
Zusamzell: 322, 329
Zusmarshausen: 40, 111–116, 118ff, 122, 130, 138f, 141, 165–170, 174, 182, 186, 200, 211f, 229, 248, 275f, 329

Tanz um den Maibaum in Leitershofen (Stich von Jeremias Wolff, um 1700).
Abb. aus: Pötzl, Brauchtum, 132.

Stumpenliedlein aus:

Titelblatt.

Wenn unser Magd kei` Kraut nit frißt,
Was Teufels frißt sie dann?
Man schneid`t der Katz den Wedel ab
Und röß`t ihn in der Pfann`.
Horgau, Zusmarshausen, 1900

Unser Magd und Nachbars Magd
Die haben mit einander g`riffa
Unser Magd hat Nachbars Magd
`en Fetzen vom Hintern g`rissa.
(g`riffa = gerauft)
Blankenburg, Donauwörth, 1900

Da wo i daheim bin
Hat man an hilzenen Kamin
Und an buxbaumenen Herd;
Hast D`ies auch schon amal g`hört?
(hilzenen = hölzern)
Nordendorf, Donauwörth, 1900

Wie dumm als d` Bauern sind,
Dies glaubt ma net.
Neulich hab` i ein` Strohschneiden seh`n
Mit ei`m Trumm Brett.
Mit der Heugabel hat er g`ackert,
Mit der Mistgabel hat er g`eggt.
Wie dumm als d` Bauern sind,
Dies galubt ma net.
Allmannshofen, Donauwörth, 1900

Hochzeiter, i sag dir fein:
Guck in kein Hafen `nei(n);
Rühr mir kei` Schüssel an!
Dann bist D` a Mann
Blankenburg, Donauwörth, 1900

Im Zuchthaus geht a Loch `naus;
Der wo Geld hat, der kommt glei `naus;
Der wo keins hat, der muß d`rinn bleiben,
Muß `s Spinnradl umtreiben.
Nordendorf, Donauwörth, 1900

Der Wirt, der geht in d` Keller `na(b)
Zum Wassergumpá (an `s Bier)
Und d` Wirtin schreit zum Guckerle `na(b):
`s ist gut g`nug für die Lumpá.
(Guckerle = Kellerloch)
Nordendorf, Donauwörth, 1900

Mei` Vater hat g`sagt:
Bua, führ Di` guat auf.
Wenn du keine (Frau) bringst,
Mußt D` in Taubenschlag `nauf.
Horgau, Zusmarshausen, 1870

Und d` saure Kraut, das mag i nit
Und d` Hutzla sind mir z` süß
Und Bauramädla mag i nit,
Die haben so dieckige Füß
(Hutzla = gedörrte Birnen)
Zusmarshausen, 1900

I lieb Di(ch) nit, i mag Di(ch) nit
I sag Dir `s gleich, warum?
Du hast ja keine Waden nit
Und deine Füß sind krumm.
Schwabmünchen, 1870

I weiß schon, wenn `s gut fluckere ist,
Im Sommer wenn `s recht trucken ist;
Im Winter hat `s `en Schnee, `en Schnee;
Da fluckeret niemand meh(r).
(fluckere = schussern)
Zusmarshausen, 1900

Mei Mutter, dies Luder,
Hat d` Nudla verbrennt.
Mei Vater, der Spitzbub
Hat`s in d` Kämmi `naufg`henkt.
(Kämmi = Kamin)
Willmatshofen, Zusmarshausen, 1900

Die Näherin vom Stiegel
Macht Nähten wie Prügel;
Und wenn man `s nit leid`t,
Macht sie `s grad wie a Scheit.
Ellgau, Donauwörth, 1890

Mei Schatz ist a Näh`rin,
A wunderbar`s Kind,
Hat feuerrote Bäckla
Und schneeweiße Händ.
Ziemetshausen, Zusmarshausen, 1900

Morgen soll i auf d` Hochzeit ganga
Und i hab kein Schuah.
Da nimm i mei`m Vater d` Pudelkapp
Und näh s` unten zua.
Mittelneufnach, Schwabmünchen, 1870

Da drunten, da droben,
Da geht `s a so zue;
Da schlagen die alten Weiber
Mit de(n) Kochlöffel zue.
Blankenburg, Donauwörth, 1900

Der Hans von Leitershofa (Augsburg)
Hat sei Weib in d` Ofa g`schoba;
Wer sie find`t und nimmer bringt,
Der kriegt a recht gut`s Trinkgeld
g`schenkt
Horgau, Zusmarshausen, 1900

Im Wald draus
Steht a Wirtshaus,
Hat blaue Fenster.
Geh du `naus,
Treib s` Du `raus,
Die Lumpenmenscher.
Ellgau, Donauwörth, 1870

Z` Schwabmünchen auf der Geigenburg,
Da hat mir `s nit gut g`fallen;
Der Ofen hat kein Absatz nit
Und d` Stubentür hat kei` Schnallen.
(Die alten Oefen waren alle auf einen Absatz gebaut.
Die Geigenburg ist Amtsgerichtsgefängnis)
Nordendorf, Donauwörth, 1870

Die Königsbrunner (Schwabmünchen) Bauern,
Die fahren in d` Schrannd
Und wenn sie kein (Ge)treid haben,
Schreien sie: Fegsand!
(Schrannd = Schranne in Augsburg)
Haunstetten, Augsburg, 1890

Tanzlieder aus den Stauden
(aus: Birlinger, Wörterbuch, 463-466)

Tänze ausz den Stauden.

Hinter der Stubadür
Hanget zwoi Oxagschīr,
Komet zwoi Schanndarma reī
Di spann mər eī.

Lustig sind d'Bauraknecht,
Hând se Geald, saufens reacht;
Hând se koīs, land se 's sein:
So machts der meī.

Ein und zwuo fürcht i nett
Drei und vier ao nô nett:
Fünf und sexs müszets seī;
Nao schlâ i dreī.

Bua, wia weard's mər morga gaũ?
Mååərə muəsz i z'Gvatter staũ?
I woisz nett, duet ma d'Hosa-n-ã
Oder staot ma im Hĕmmet nã.

Und wenn meī Vater wissa dät,
Wie lustig als i wär:
Nao käm 'r mit 'm Prügele
Und prüglet mi brav hear.

I kã nemma lustig seī,
'S frait mĕ nex mea;
Bald schempfet mĕ d'Leut
Nao dend se mər mẽə schẽə.

Im Oberland, im Unterland
Und in der Mitt ist Birka:
Und wenn der Teufel d'Weber holt,
Nao müeszet d'Weiber wirka.

Schẽə bin i wol, reich bin i wol,
Geld hab i 'n ganzen Beutel vol,
'S Beutele ist ziemlĕ kleī
'S gond nõ drei Heller neī.

Schẽə bin i itt, reich bin i itt
Brav kõt i seī,
Möga duə i nitt
Beas bin i geara,
D'Leut duə-n-i scheara,
Dês ist mei fraid.

Alte mach Falta
Junge trag auf!
Gretel will tanza,
Musikanta spilts auf!

Dreizehthalb Schneider
Weaget vierzehthalb Pfund
Und wenn sie's ett weaget
Nå sind sie itt gsund.

Annabärbele Lisabet,
Sag mər mer wao deī Betstat stet?
In der Kāmer in der Mit,
Gelt du Narr i sā dr's nitt.

Mueszt auf dea Gansberg steiga,
Darfst a Schneid haba,
Darfst koin Jäger scheua
Und koī Pulver spara;
Wenn se auf de schieszet
Därf's di nett verdriesza
Schiesz nue a druff nuff,
Mei lieber Bua!
   Zu S. 130ᵃ·ᵇ.

Weaberle, Weaberle wirk,
Moara komt der Dirk,
Moara komt der Bockelmã
Und legt 'm Weaber d'Hosa ã.
   Zu S. 68ᵇ.   (Klimmach.)

Du mit deim Spāzafrack
Du hoscht koin Geld im Sāck;
Du mit deim runda Huet
Du duest koī Guet.
               (Klimmach.)

Schao nõ wie 's renget,
Jazt schao nõ wie 's guiszt,
Und schao nõ wie meī Brueder
Im Kegelplaz schuiszt?
Und lasz 'n nõ schiesza
Und lasz 'n nõ gau,
Ear wead nimma lang schiesza
Wenn's i will itt haŭ.

Juhe der Wald ist greã!
I haŭ koī Muoter meã,
Sie ist fott in d'Ewigkeit
Komt nēma meã.

A kreidaweisz Daŭble
Fliecht über meī Haus,
Därst ett so laut reda,
Sind Zuoloser drausz.

Die Sonna gaot unter
Gaot nâ über da Berg,
Heunt darf i nett fuetera
Heunt fuotret meī Herr.

Die Sonna gaot unter
Sie ist schon blut rot:
Wer ist den gstorba?
Der liebvolle Gott!

Die folgenden 16 Seiten erscheinen gesondert auch als Broschüre.

Heimat im Buch

DER LANDKREIS AUGSBURG

Geschichte, Kunst und Kultur erforschen und darstellen, in Vorträgen und Führungen, insbesondere aber in Büchern, darin sieht **Prof. Dr. Walter Pötzl** eine wichtige Aufgabe der Heimatpflege. Fundierte, auf entsprechenden Forschungen basierende Kenntnisse zu vermitteln erscheint in unserer Zeit wichtiger denn je. Nur was man kennt, kann man auch schätzen und lieben. Der Lebensraum soll zur Heimat werden, mit der sich die Menschen identifizieren. So erhält Heimatpflege eine wichtige staatspolitische Bedeutung.

Im Vergleich zu anderen Aktivitäten zeichnen sich **Bücher** durch eine viel größere Nachhaltigkeit aus. Was auf intensiver Archivarbeit basiert, behält Gültigkeit und muss nur selten ergänzt und korrigiert werden. Die Bücher des Landkreises und die Bücher des Heimatvereins werden den Schulen kostenlos zur Verfügung gestellt. Den Lehrerinnen und Lehrern steht damit umfangreiches Material zur Verfügung.

In die folgende Präsentation wurden auch die vergriffenen Bände aufgenommen, da die beiden Reihen in ihrer Gesamtheit vorgestellt werden sollen. Der Gesamtbestand kann bei der Kultur- und Heimatpflege im Landratsamt, aber auch im Lesesaal der Staats- und Stadtbibliothek Augsburg und im Benutzersaal des Staatsarchivs eingesehen werden.
Eine Liste der Veröffentlichungen von Prof. Dr. Walter Pötzl kann im Internet unter: http://www.landkreis-augsburg.de/websg/KH/Veroeffentl_Poetzl06-06.pdf (Stand: Dezember 2005) abgerufen werden.

Das Heimatbuch des Landkreises
Das Titelbild der vorliegenden Broschüre wurde vom **Einführungsband** genommen. Dieser Band stellt auf 125 ausgewählten Bild- und Textseiten die acht Themenbereiche vor, die dann in den einzelnen Bänden bearbeitet wurden. Zu den einzelnen Themenbereichen wird die allgemeine Literatur und zu den einzelnen Textseiten die spezielle Literatur angegeben. Die Texte stammen von 37 verschiedenen Autoren; Prof. Pötzl, der Herausgeber, hat selbst 59 Texte geschrieben. Der Band wird mit Registern erschlossen. Er erreicht einen Gesamtumfang von 304 Seiten.
Der Band ist seit vielen Jahren vergriffen.

Das Heimatbuch des Landkreises Augsburg.
Im Auftrag des Kreistages herausgegeben von Kreisheimatpfleger Prof. Dr. Walter Pötzl.

Nach einem umfangreichen Beitrag (S. 7–166) von Lorenz Scheuenpflug über die Entstehung unserer Landschaft beschäftigen sich Prof. Dr. Hermann Oblinger, Dr. Michael Achtelik, Klaus Kuhn, Roland Paravicini, Caterina Steffin und Herrmann Stickroth mit der heimischen Tier- und Pflanzenwelt. Klaus Hager befasst sich mit dem Wetter.

352 Seiten; 23.- €

Die Autoren Catharina Kociumaka, Otto Schneider, Stefan Wirth, Dr. Hilke Henning, Dr. Hans Peter Uenze, Dr. Wolfgang Czysz und Dr. Marcus Trier schildern aufgrund der Ausgrabungen und der archäologischen Forschung die Epochen von der Steinzeit bis zur frühmittelalterlichen Besiedlung. Dr. Günther Krahe gibt eine Einführung und Udo Gruber beschreibt die Forschungsgeschichte. Ein umfangreiches Register erschließt den Band.

336 Seiten, reich bebildert und mit vielen Karten versehen; 23.- €

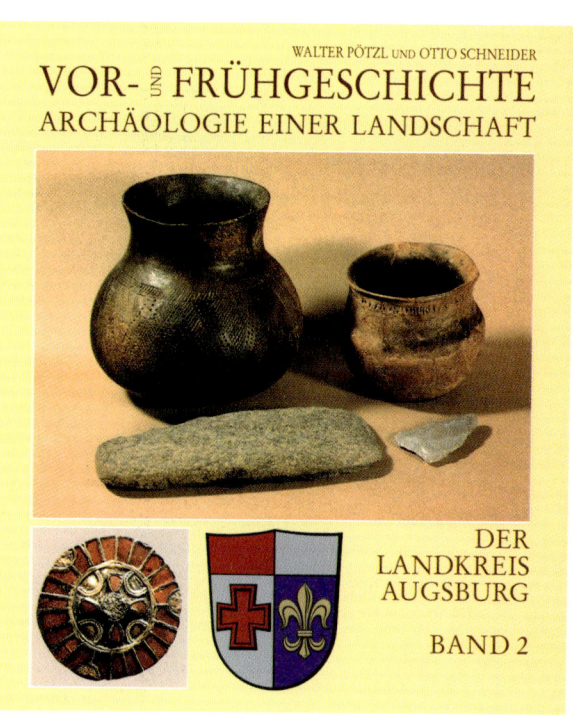

WALTER PÖTZL

HERRSCHAFT UND POLITIK

DER LANDKREIS AUGSBURG

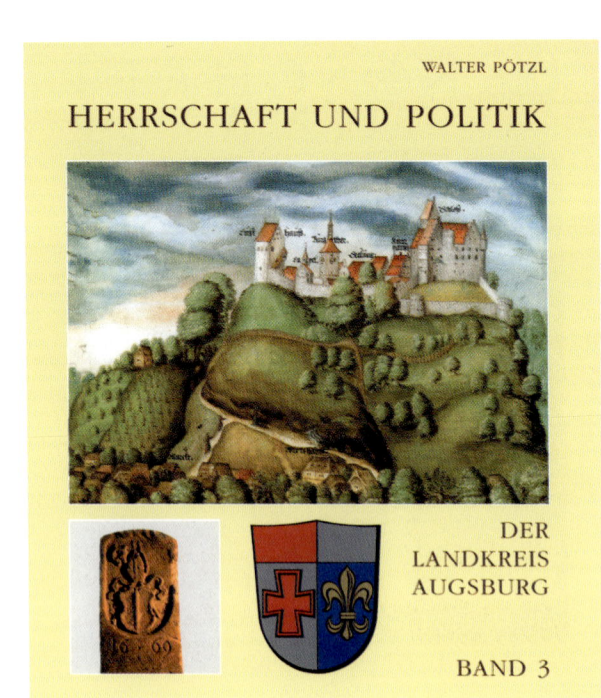

BAND 3

Prof. Dr. Walter Pötzl, der selbst acht Beiträge (u.a. über die Schlacht auf dem Lechfeld) geschrieben hat, konnte weitere 18 kompetente Autorinnen und Autoren für dieses **grundlegende Geschichtswerk** für das Landkreisgebiet gewinnen: Dr. Peter Fassl, Prof. Dr. Pankraz Fried, Gerhard Fürmetz, Dr. Gerhard Hetzer, Gottfried Holzberger, Franz Karg, Prof. Dr. Rolf Kießling, Alexandra Kohlberger, Peter Lengle, Dr. Eugen Liedl, Gisela Mahnkopf, Herbert May, Dr. Richard Merz, Melita Müller, Christof Paulus, Dr. Doris Pfister, Richard Wagner und Prof. Dr. Wolfgang Wüst. Der zeitliche Bogen spannt sich vom frühen Mittelalter bis zur Gebietsreform.

464 Seiten; € 25.-

WALTER PÖTZL

BAUERN HANDWERKER ARBEITER

DER LANDKREIS AUGSBURG

BAND 4

Nach einem Beitrag über die Grundstrukturen der Siedlungen, befasst sich Prof. Dr. Walter Pötzl mit der Geschichte der Landwirtschaft und mit dem Handwerk auf dem Land, Prof. Dr. Rolf Kießling stellt nach einem Beitrag über das Textilgewerbe die Märkte vor. Dr. Elisabeth Plößl verweist auf die Bedeutung der Strumpfstricker und Prof. Dr. Pötzl geht den frühen Fabriken nach, nachdem er sich zuvor mit den Spitälern beschäftigt hatte. Die Entwicklung des Eisenbahnwesens verfolgt Walter Zeitler und die Geschichte der Kreditinstitute schreibt Dr. Richard Merz. Im Kapitel Bildungsgeschichte gibt Georg Fritz einen Rückblick auf das Volksschulwesen und Fritz Hölzl schreibt über das weiterführende Schulwesen.

400 Seiten (mit drei Registern); € 23.-

Prof. Dr. Walter Pötzl schreibt mehrere Beiträge über Kirchen- und Frömmigkeitsgeschichte, Anni Hartmann beschäftigt sich mit Rosenkränzen. Otto Schneider erläutert die Ergebnisse der Kirchengrabungen. Gottfried Holzberger schildert die Säkularisation der Klöster und stellt die Geschichte der evangelischen Kirche vor. Prof. Dr. Rolf Kießling berichtet über das religiöse Leben der jüdischen Gemeinden.

376 Seiten, reich mit Bildern (ein Großteil in Farbe) und Karten ausgestattet; Personen- und Ortsregister im Anhang; 23.- €

Der zeitliche Bogen spannt sich von den „Spuren romanischer Kunst" über die Gotik, über Barock und Rokoko und die Nazarener zum Kirchenbau nach dem zweiten Weltkrieg. Prof. Dr. Walter Pötzl, der u.a. die „Glocken als Zeugnisse der Kunst und der Frömmigkeit" würdigte, konnte für die Beiträge kompetente Autoren gewinnen: Wilhelm Neu, Dr. Norbert Leudemann, Bettina Mayer, Ingo Gabor, Dr. Karl Kosel, Dr. Georg Paula, Dr. Cornelia Andrea Harrer, Dr. Peter Fassl und Ulrich Reitmayer. Der Band ist reich mit Bildern, auch mit zahlreichen Farbbildern ausgestattet und wird mit einem Orts- und Personenregister erschlossen.

436 Seiten; € 25.-

WALTER PÖTZL
BRAUCHTUM
DER LANDKREIS AUGSBURG
BAND 7

Das Brauchtum „von der Martinsgans zum Leonhardiritt, von der Wiege bis zur Bahre" (Untertitel) verfolgt Prof. Dr. Walter Pötzl, der über 20 Jahre an der Katholischen Universität Eichstätt Volkskunde lehrte, in seiner geschichtlichen Entwicklung. Dabei wird bei den einzelnen Bräuchen zunächst auf ihre allgemeine Geschichte eingegangen, um dann ihre Bedeutung im Landkreisgebiet zu erläutern. Zwischen die beiden Hauptabschnitte „Brauchtum im Jahreslauf" (S. 17–225) und „Brauchtum im Lebenslauf" (S. 237–298) stellt er einen Abschnitt über das Tanzen. Zahlreiche, auch alte Aufnahmen beleben den Band.

332 Seiten; € 25.- (nur noch wenige Restexemplare)

WALTER PÖTZL UND ANNI HARTMANN
HÄUSER MÖBEL TRACHTEN
DER LANDKREIS AUGSBURG
BAND 8

Auf der Grundlage intensiver Archivforschung, ausgewogener Interpretation von Bildquellen und der Erfassung erhaltener Stücke beschreiben Anni Hartmann „Kleidung und Tracht im Wandel der Zeit" (S. 194–329) und Kreisheimatpfleger Prof. Dr. Walter Pötzl die „Geschichte des Hausbaus" (S. 11–132) und „Möbel und ländliche Wohnkultur" (S. 133–193). Beide Autoren zeichnen für den Beitrag „Inventare als Quellen für die Sachkulturforschung" (S. 330–350) verantwortlich, der eine Liste der herangezogenen Inventare enthält.

360 Seiten, reich bebildert, Geographisches- und Personenregister; 23.- €

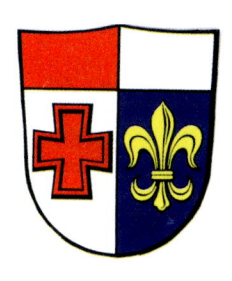

Der Heimatverein für den Landkreis Augsburg e. V.

Der Heimatverein entfaltet verschiedene Aktivitäten:

1. Publikationen
1.1. Der **Jahresbericht** hat sich längst zu einer Zeitschrift von ca. 300–400 Seiten Umfang entwickelt. Er bringt die Fundberichte des Arbeitskreises für Vor- und Frühgeschichte und jeweils mehrere Aufsätze zu verschiedenen Themen. Der Jahresbericht erscheint alle zwei Jahre.
1.2. Die Reihe „**Beiträge zur Heimatkunde des Landkreises Augsburg**", von denen die Bände 9 bis 21 auf den folgenden Seiten vorgestellt werden.
1.3. Sonderbände zum Jahresbericht.
2. Vorträge und Exkursionen. Der Heimatverein hält jeweils im Frühjahr und im Herbst Seminarreihen mit jeweils 5–6 Vorträgen und oft auch mit Exkursionen ab. Die Vorträge finden jeweils immer an Montagen im großen Sitzungssaal des Landratsamtes statt. Zu besonders ortsbezogenen Themen werden Seminarreihen auch in den Gemeinden des Landkreises abgehalten.
3. Arbeitskreise. Manche Mitglieder engagieren sich auch in den verschiedenen Arbeitskreisen.
3.1. Arbeitskreis für Vor- und Frühgeschichte. Sprecherin: Gisela Mahnkopf. Das Fundgut des Arbeitskreises wird in den **Museen** in Königsbrunn (Leitung: Rainer Linke, Öffnungszeiten: jeden 3. Sonntag im Monat von 10–12 Uhr, Gruppenführungen nach Vereinbarung) und Gablingen (Leitung: Gudrun Nitsch, Öffnungszeiten: jeden 1. Sonntag im Monat von 10–12 Uhr und 14–16 Uhr sowie nach Vereinbarung) präsentiert.
3.2. Arbeitskreis Bauernmuseum „Staudenhaus" beim Kloster Oberschönenfeld. Leitung: Dr. Alexandra Kohlberger-Bauer, Öffnungszeiten: von April bis Oktober an Samstagen, Sonn- und Feiertagen von 13–17 Uhr).
3.3. Arbeitskreis Geologie (Leitung: Willem Haegebaert).

Vorsitzender des Heimatvereins: Prof. Dr. Walter Pötzl, Kreisheimatpfleger; Stellvertreter: Fritz Hölzl, stellvertretender Landrat; weitere Stellvertreter: Gisela Mahnkopf, Kreisheimatpflegerin für Vor- und Frühgeschichte; Richard Wagner, Kreisheimatpfleger (Altlandkreis Schwabmünchen).
Büro: Landratsamt Augsburg, Kultur- und Heimatpflege, Prinzregentenplatz 4, 86150 Augsburg, Tel. 0821/3102-547, Fax 0821/3102-591.

Prof. Dr. Walter Pötzl gibt zunächst einen Überblick über die Geschichte von Döpshofen und stellt dann das Leben der Bewohner einer Sölde in der Zeit von 1542 bis in die 70er Jahre des vorigen Jahrhunderts vor. Auf dieser Sölde lebten Schmiede, Glaser, Mesner und Lehrer, Schuster und Metzger.

Horst Gutmann schildert im zweiten Teil (S. 77–137) die Einrichtung des Hauses, das heute als Museum dient.

144 Seiten; 9.- €

Auf Anordnung von König Max II. beschrieben die Landgerichtsärzte 1861 die Lebensverhältnisse in ihren Bezirken. „In ethnographischer Hinsicht" sollten sie die Bevölkerung charakterisieren, deren „geistig-seelische Konstitution" würdigen, aber auch die Wohnungsverhältnisse und die Kleidungsweise beschreiben, Beschäftigung und Wohlstand erforschen, Fest und Brauch verfolgen, die Reinlichkeit beobachten und sich zu Ehe und Geschlechtlichkeit äußern.
Prof. Dr. Walter Pötzl edierte diese interessanten Berichte und erläuterte sie.

232 Seiten, zahlreiche Abbildungen, Zeichnungen und Skizzen, 8 Farbbilder; vergriffen

Biographien von bedeutenden Persönlichkeiten wie von den Äbtissinnen von Holzen und Oberschönenfeld und den Äbten von Thierhaupten oder von dem berühmten Pfarrer Anton Ginter von Biberbach, aber auch von einfachen Leuten wie den Bauern von Bobingen schreibt Prof. Dr. Walter Pötzl in diesem Buch. Ergänzungen liefern Georg J. Abröll, Dr. Peter Fassl, Dr. Bernhard Hagel, Reinhold Lenski, Barbara Michal, Dr. Karl Vogele, Richard Wagner, Ludwig Wiedemann und Gerhard Willi.

272 Seiten, reich bebildert, auch mit vielen Farbaufnahmen; 19.- €

Dr. Bernhard Hagel und Doris Pfister haben in enger Zusammenarbeit mit den Vertriebenenverbänden und unter Auswertung umfangreichen Archivmaterials die Geschichte der Vertreibung und der Ansiedlung der Vertriebenen in Schwaben erforscht. Dabei werden auch die Aufbauleistungen der Vertriebenen gewürdigt. Ein Kapitel gilt den Landsmannschaften.

386 Seiten; 14,50 €

Auf der Basis umfangreicher Forschungen schreibt Anni Hartmann über „Küchengeräte und Geschirr" (S. 53–105) und über „Geräte zur Textilherstellung" (S. 186–201) und Prof. Dr. Walter Pötzl über „Herd und Ofen, Backküche und Backofen" (S. 29–51) sowie über „Bäuerliche Arbeitsgeräte und Werkzeuge" (S. 131–185). Gudrun Schmid beschäftigt sich mit Gläsern aus Gabelbach und Gudrun Nitsch mit dem Hafnerhandwerk in Lützelburg.

212 Seiten, reich bebildert; vergriffen

Auf der Basis eigener und der Erhebungen des Kreisverbandes für Gartenbau und Landespflege und auf der Grundlage umfangreicher Archivarbeiten zeigt Prof. Dr. Walter Pötzl in sechs Kapiteln die technische und künstlerische Entwicklung der Kreuze, Bildstöcke und Feldkapellen. Eigene Kapitel gelten den Motiven und Anlässen und den Inhalten. Verschiedene Objekte werden biographisch eingebunden. So wird deutlich, welche Personen Bildsäulen stifteten und Kapellen bauen ließen oder für wen Kreuze oder Gedenksteine errichtet wurden.

240 Seiten, reich bebildert, mit umfangreichem Register; vergriffen

Einen „Beitrag zur europäischen Kult- und Kulturgeschichte" (Untertitel) legt Prof. Dr. Walter Pötzl mit diesem Band vor. Loreto, der bedeutendste Marienwallfahrtsort Italiens, in dem das Hl. Haus von Nazareth verehrt wird (S. 11–60), strahlte ins ganze katholische Europa aus (S. 61–114) und erfasste so auch Schwaben und Bayern. So wurde 1602 eine Nachbildung des Hl. Hauses auch auf dem Kobel gebaut. Mit der Entstehung und Entwicklung dieser Wallfahrt, zu der einst über 30 Pfarreien aus dem Raum zwischen Lechhausen – Langweid – Altenmünster – Häder – Döpshofen – Haunstetten jährlich kamen, befassen sich die weiteren Kapitel des Buches.

256 Seiten; € 19,50

Bettina Mayer legt in ihrer Eichstätter Dissertation (Fach Kunstgeschichte) „Studien, entwickelt aus dem Skulpturenbestand der Altlandkreise Augsburg, Schwabmünchen und Wertingen" (Untertitel) vor. In einem Skulpturenkatalog werden 281 **spätgotische Kunstwerke** (Achsheim – Zusmarshausen) vorgestellt und in den folgenden Kapiteln bestimmten Stilausprägungen zugewiesen. In 40 Farbbildern und 295 schwarz-weiß Aufnahmen sind die Kunstwerke präsent. So veranschaulicht der Band das reiche Erbe der späten Gotik in unseren Kirchen und Kapellen.

384 Seiten; € 29.-

Stefan Siemons geht in seinem Buch den „Veränderungen in den Formen der Volksfrömmigkeit durch Aufklärung und Säkularisation" nach und liefert so „Eine Untersuchung zu den Eigenheiten in der Reichsstadt Augsburg und ihrem schwäbischen Umland" (Untertitel). Er zeigt das am Brauchtum im Kirchenjahr, an der Heiligenverehrung in Augsburg und an der Wallfahrt Violau auf. Ein Register führt zu den Orten, aus denen einst Wallfahrer nach Violau kamen.

236 Seiten; € 17,50

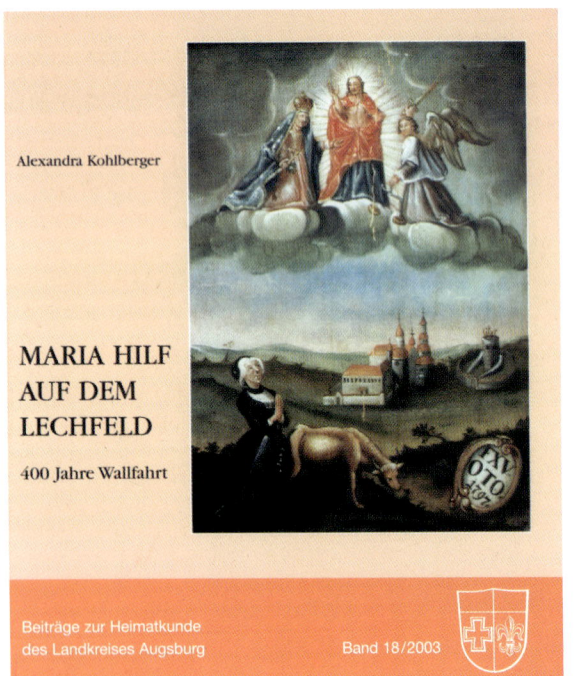

Alexandra Kohlberger arbeitete in ihrer Eichstätter Dissertation (Fach Volkskunde) das umfangreiche Archivmaterial zur Wallfahrt auf dem Lechfeld, die zu einer der stärksten Wallfahrten in Bayern gehörte, auf und schuf so eine **repräsentative Monographie**. Fast 8000 Mirakel werden in Regestenform vorgestellt und mit Registern erschlossen. Dadurch entsteht ein wichtiger Fundus für orts- und familiengeschichtliche Forschungen in dem großen Einzugsgebiet der Wallfahrt.

312 Seiten sowie 464 Seiten Mirakelregesten; € 25.-

In der Markgrafschaft Burgau, zu der der größte Teil des Landkreisgebietes gehörte, wurden in der Frühen Neuzeit wiederholt Ortsbeschreibungen verfasst und Karten und Pläne gezeichnet. Sie werden von Prof. Dr. Walter Pötzl erläutert und in alphabetischer Reihenfolge publiziert. Ausschnitte aus den großen Kartenwerken werden farbig wiedergegeben. So entstand ein **Quellenhandbuch**, auf das jede Ortsgeschichte zurückgreifen kann.

464 Seiten; € 25.-

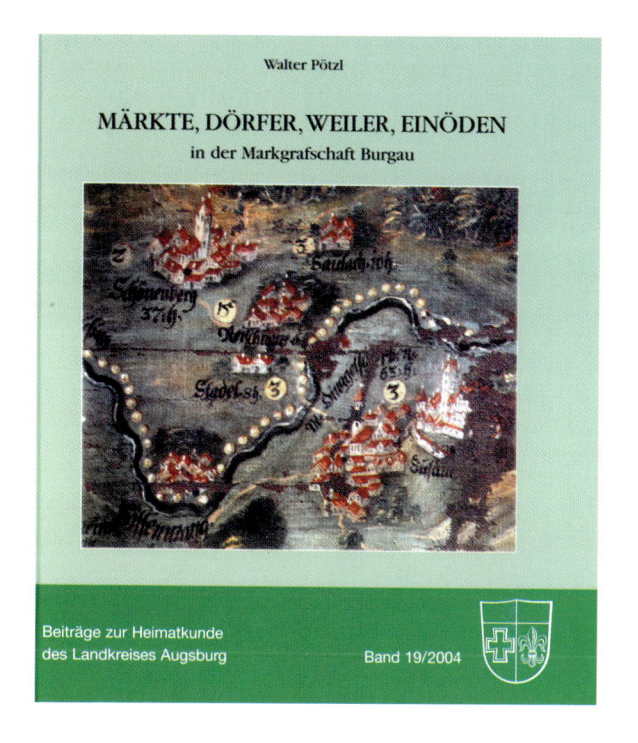

Die **Kriminalgeschichte** des Mittelalters und der Frühen Neuzeit von Prof. Dr. Walter Pötzl stellt zunächst die Gesetze, dann die Verfahren (Prof. Dr. Reinhard Heydenreuther), die Strafen (Dr. Alexandra Kohlberger) und die Hinrichtungsstätten vor, um dann konkrete Kriminalfälle (S. 138–393) aufzurollen, unter denen die Hexenprozesse den größten Raum einnehmen (S. 218–281). Ein Orts- und Personenregister erschließen den Band.

416 Seiten; € 25.-

Walter Pötzl

SAGEN UND LEGENDEN
Schwänke und Ortsneckereien

Beiträge zur Heimatkunde des Landkreises Augsburg
Band 21/2006

Texte und Bilder machen den größten Teil dieses Buches aus, man könnte es deshalb auch als **Lesebuch** bezeichnen. Die Texte werden unter historischen und volkskundlichen Aspekten von Prof. Dr. Walter Pötzl ausführlich kommentiert. Der Band im Umfang von 360 Seiten wird mit einem Ortsregister erschlossen. Er kostet im Buchhandel und im Landratsamt € 23.-.

Aus dem Inhalt:
Die beiden Einleitungskapitel befassen sich mit dem, was die Leute erzählten (S. 10–29) und dem, was verschiedene Personen aufgeschrieben haben (S. 30–41). Das erste große Hauptkapitel „Sagen und Legenden" (S. 42–105) bringt die Gründungssagen und Gründungslegenden (Römergründungen, Klostergründungen, Wallfahrten, Kirchen und Kapellen).

Die 17 **Farbbilder** zu diesem und zum folgenden Kapitel werden auf den Seiten 106–112 zusammengefasst. Die „Legenden unserer Heiligen" (S. 112–135) sind noch vielfach in Bildern gegenwärtig. Im Mittelpunkt der „Historischen Sagen" (S. 136–183) stehen die Erzählungen von zerstörten und untergegangenen Burgen und von Kriegsereignissen. Der bayerische Hiasl (S. 184–189), „Sensationen auf Flugblättern" (S. 190–233) und die erfundenen Geschichten Paul von Stettens (S. 234–245) schließen sich an. Bei den dämonologischen Sagen (S. 246–293) spielen Hexen und Geister eine große Rolle. Das letzte große Kapitel bringt „Schwänke und Ortsneckereien" (S. 294–331), unter denen die Abschnitte über „Hans Sachs und Gersthofen" und über die Sieben Schwaben sowie die drei Erzählungen aus der Biographie von Ludwig Ganghofer ein besonderes Interesse beanspruchen dürfen. Den Abschluss bildet eine Liste der noch ermittelten Spitznamen zahlreicher Orte (S. 327–329). Im Anhang stehen Stumpenliedlein.

Der bayerische Verein für Volkskunst und Volkskunde führte 1908 eine Umfrage durch, in der er sich über Sitte und Brauch, über Nahrung und Kleidung, Wohnung und Geräte, Glaube und Sage, Volksdichtung und Mundart erkundigte. Aus dem Gebiet der Stadt und des Landkreises Augsburg gingen 20 Antworten ein, die in diesem Buch herausgegeben werden: Adelsried, Altenmünster, Bergheim, Biburg, Bobingen, Dinkelscherben, Gersthofen, Gessertshausen, Göggingen, Häder, Haunstetten, Kutzenhausen, Mittelneufnach, Neumünster, Pfersee, Reinhartshausen, Siegertshofen, Steinekirch, Welden und Wörleschwang.

Prof. Dr. Walter Pötzl wertet die Berichte dann in dem Kapitel „Alltag, Brauchtum und Volksleben vor 80/90 Jahren" aus (S. 153–202).

206 Seiten, zahlreiche Abbildungen, Zeichnungen und Skizzen; 9.- €

Als Sonderbände zum 25. Jahresbericht (1998) erschienen:

Richard Wagner: **Das Ende am Lech**. Versuch einer kriegsgeschichtlichen Darstellung der militärischen Bewegungen zum Ende des Zweiten Weltkrieges im Regierungsbezirk Schwaben (Nachdruck des Bandes von 1975).

56 Seiten; vergriffen

Nationalsozialismus und Nachkriegsjahre.
Der Band enthält die Aufsätze von:
Melita Müller, M.A.: Zeitzeugen berichten über die NS-Zeit und über die Nachkriegsjahre (S. 5–44) und
Jürgen Fiedler: Das Kriegsende im nördlichen Teil des Landkreises Augsburg im Spiegel zeitgenössischer Berichte (S. 45–99) und ein Vorwort von
Prof. Dr. Walter Pötzl: Einige grundsätzliche Überlegungen zum Umgang mit der NS-Zeit (S. 4f).

103 Seiten; 6.- €

Ausblick auf 2007/08

Im Frühjahr 2007 erscheint der **30. Jahresbericht,** der neben den Fundberichten der Archäologen mehrere Aufsätze und die Berichte der Arbeitskreise enthält.

Als Beiheft bringen wir dazu ein **Titelregister** heraus, das die Inhaltsverzeichnisse aller 30 Bände enthält und sie mit verschiedenen Registern erschließt. Das Beiheft hat Frau Verena Golling erstellt. Mit diesem Register steigt der Wert der 30 Bände für die Forschung allgemein und besonders für die Ortsgeschichtsforschung.

Stellvertretender Landrat Fritz Hölzl und Prof. Dr. Walter Pötzl vor der Bücherwand mit den Bänden der Jahresberichte.

Die Seminarreihe „Unsere Nachbarn IV" wendet sich im Frühjahr den **Augsburger Klöstern und Stiften und ihren Kirchen auf dem Land** zu. Im Herbst befassen sich die Kultur- und Heimattage des Landkreises mit **Unseren Klöstern und ihren Dorfkirchen**. Im Jahre 2008 wird die Reihe „Unsere Nachbarn" mit den Folgen V (Inchenhofen, Herrgottsruh, Friedberg) und VI (Kaufering, St. Leonhard; Landsberg, Türkheim) fortgesetzt. Dann stellen unsere Archäologen in einer Vortragsfolge und in einer Ausstellung ihre neuesten Funde vor.

In unserer Reihe **„Beiträge zur Heimatkunde des Landkreises Augsburg"** sollen als die nächsten Bände erscheinen: Band 22/2007: Bischler, Werner, Hager, Klaus: 150 Jahre Militärgeschichte **Lechfeld**. 50 Jahre Jagdbombergeschwader 32. Der Band erscheint rechtzeitig im Spätherbst zur Vorbereitung des Jubiläums.

Band 23/2008: Walter Pötzl: Die **Wappen** des Landkreises und der Gemeinden. Dabei geht es nicht nur um die Wiedergabe der offiziellen Wappenbeschreibungen, sondern um die Geschichte der Symbole und Zeichen und ihre Bedeutung. Berücksichtigt werden auch die Gemeinden, die nur bis zur Gebietsreform bestanden.

Werden auch Sie Mitglied des Heimatvereins!

Der Mitgliedsbeitrag beträgt pro Jahr € 13,00. Dafür erhalten Sie:
a) alle zwei Jahre kostenlos den Jahresbericht,
b) die Bücher zum Sonderpreis,
c) die Programme der Seminarreihen

Informationen im Büro: Landratsamt Augsburg, Kultur- und Heimatpflege, Prinzregentenplatz 4, 86150 Augsburg, Tel. 0821/3102-547, Fax 0821/3102-591.